Le statut juridique des établissements de microfinance (EMF) en zone CEMAC

L'encadrement de la « petite finance » du secteur informel vers le secteur formel

Logiques Juridiques

Collection dirigée par Gérard Marcou

Le droit n'est pas seulement un savoir, il est d'abord un ensemble de rapports et pratiques que l'on rencontre dans presque toutes les formes de sociétés. C'est pourquoi il a toujours donné lieu à la fois à une littérature de juristes professionnels, produisant le savoir juridique, et à une littérature sur le droit, produite par des philosophes, des sociologues ou des économistes notamment.

Parce que le domaine du droit s'étend sans cesse et rend de plus en plus souvent nécessaire le recours au savoir juridique spécialisé, même dans des matières où il n'avait jadis qu'une importance secondaire, les ouvrages juridiques à caractère professionnel ou pédagogique dominent l'édition, et ils tendent à réduire la recherche en droit à sa seule dimension positive. À l'inverse de cette tendance, la collection « Logiques juridiques » des éditions L'Harmattan est ouverte à toutes les approches du droit. Tout en publiant aussi des ouvrages à vocation professionnelle ou pédagogique, elle se fixe avant tout pour but de contribuer à la publication et à la diffusion des recherches en droit, ainsi qu'au dialogue scientifique sur le droit. Comme son nom l'indique, elle se veut plurielle.

Dernières parutions

Aurore GRANERO, *Les personnes publiques spéciales*, 2016.

Khaled MEJRI, *Le droit international humanitaire dans la jurisprudence internationale*, 2016.

Tiphaine THAUVIN, *Les services sociaux dans le droit de l'Union européenne*, 2016.

Louis-Marie LE ROUZIC, *Le droit à l'instruction dans la jurisprudence de la Cour européenne des droits de l'Homme*, 2015

Delphine COUVEINHES-MATSUMOTO, *Les droits des peuples autochtones et l'exploitation des ressources naturelles en Amérique latine*, 2015

Michel LASCOMBE Gilles TOULEMONDE, *Le droit constitutionnel de la Ve République*, 2015.

Sabrine Maya BOUYAHIA, *La proximité en droit international privé de la famille*, 2015.

Caroline LECLERC, *Le renouvellement de l'office du juge administratif français*, 2015.

Bolleri PYM

Le statut juridique des établissements de microfinance (EMF) en zone CEMAC

L'encadrement de la « petite finance » du secteur informel vers le secteur formel

L'Harmattan

L'Université n'entend donner aucune approbation ni improbation aux opinions émises dans cette thèse. Ces opinions doivent être considérées comme propres à leur auteur.

5-7, rue de l'École-Polytechnique, 75005 Paris

http://www.harmattan.fr
diffusion.harmattan@wanadoo.fr
harmattan1@wanadoo.fr

ISBN : 978-2-343-09012-2
EAN : 9782343090122

DEDICACE

- A mes chers parents *ad vitam aeternam* ;

- A ma chère épouse Lyslie Laure PYM, pour ton inusable épaule de soutien ;

- A toute ma famille.

REMERCIEMENTS

Au moment où ce travail s'achève, l'auteur voudrait payer tribut à tous ceux qui, de près ou de loin, d'une manière ou d'une autre, ont favorisé son aboutissement.

Aux professeurs **Henri-Désiré MODI KOKO BEBEY et Joël MONEGER**, déférente gratitude pour leurs précieux conseils et sincères remerciements pour toute la patience, la disponibilité dont ils ont fait preuve à l'occasion de la direction de ce travail.

L'auteur voudrait également exprimer ses profonds remerciements aux docteurs **Justin NOUIND, ETHY NYAKE, Guy MPONDO MBOKA et Albert MANDJACK** pour leurs encouragements.

Quelle reconnaissance l'auteur ne doit-il pas aux collègues, ami(e)s et frères pour le soutien constant qu'ils n'ont cessé de lui apporter tout au long de ce travail. Cette gratitude va particulièrement à l'endroit de **Fils Dieu le Fit NGUIYAN**, qui partage mon amour pour la science.

Une profonde reconnaissance au Conseil pour le développement de la recherche en sciences sociales en Afrique **(CODESRIA)** pour son précieux soutien.

Enfin, une égale gratitude à tous mes **enseignants** et remerciements à mes **étudiants**.

« Tout homme et toute femme porte en soi une capacité d'invention, qui lui permet de créer son propre emploi, pour autant qu'il ait accès au capital et que l'environnement institutionnel le lui permette ».

Maria NOWAK,

L'espoir économique, JC Lattès, p. 19.

LISTE DES PRINCIPALES ABREVIATIONS

al.	:	Alinéa
Ann.	:	Annales
Art.	:	Article ou articles
AUDCG	:	Acte Uniforme portant Droit Commercial Général
AUDSCGIE	:	Acte Uniforme relatif au Droit des Sociétés Commerciales et du Groupement d'Intérêt Economique
AUPCAP	:	Acte Uniforme portant organisation des Procédures Collectives d'Apurement du Passif
AUS	:	Acte Uniforme relatif aux Sûretés
BEAC	:	Banque des Etats de l'Afrique Centrale
BCEAO	:	Banque Centrale des Etats de l'Afrique de l'Ouest
BM	:	Banque Mondiale
BRVM	:	Bourse Régionale des Valeurs Mobilières de l'Afrique de l'Ouest
Bull	:	Bulletin
BVMAC	:	Bourse des Valeurs Mobilières Centrale
Cass.	:	Cour de cassation française
CA	:	Cour d'appel
CA BEAC	:	Conseil d'administration de la BEAC
C.E.	:	Conseil d'Etat français
Civ.	:	Chambre civile
Com.	:	Chambre commerciale
CECEI	:	Comité des Etablissements de Crédit et des Entreprises d'Investissement
CEMAC	:	Communauté Economique et Monétaire de l'Afrique Centrale
CIMA	:	Conférence Interministérielle des Marchés d'Assurance
CJC	:	Cour de Justice Communautaire de la CEMAC
Chr.	:	Chronique

CMF	:	Commission des Marchés Financiers
CNC	:	Conseil National du Crédit
COBAC	:	Commission Bancaire de l'Afrique Centrale
Concl.	:	Conclusions
Crit.	:	Critique
C.T.	:	Code du Travail
D.	:	Dalloz
Doct.	:	Doctrine
Dr.	:	Droit
éco.	:	Economie ou Economique
éd.	:	Editions
EC	:	Etablissement de crédit
EMF	:	Etablissement de Microfinance
F&D	:	Finances et Développement
fin.	:	Financier ou financière
F.M.I.	:	Fonds Monétaire International
FCFA	:	le franc de la coopération financière africaine. Il a une parité fixe avecl'euro ; ainsi 1 Euro = 655, 957 franc CFA
FOGADAC	:	Fonds de Garantie des Dépôts en Afrique Centrale
IR	:	Informations Rapides
JCP	:	Jurisclasseur Périodique
jur.	:	Juridique
Jurisp.	:	Jurisprudence
L.P.A.	:	Les Petites Affiches
M.	:	Millions
Mds.	:	Milliards
Mél.	:	Mélanges
n°	:	Numéro
OHADA	:	Organisation pour l'Harmonisation en Afrique du Droit des Affaires
op. cit.	:	Opere citato (cité plus haut)
p.	:	Page
PE	:	Petite Entreprise
PME	:	Petites et Moyennes Entreprises
PMI	:	Petites et Moyennes Industries
pp.	:	Pages

PUF	:	Presses Universitaires de France
RDBB	:	Revue de Droit Bancaire et de la Bourse
RDBF	:	Revue de Droit Bancaire et Financier
Rev.	:	Revue
Rev. jur. com.	:	Revue de jurisprudence commerciale
Rev. stés.	:	Revue droit des sociétés
RJA	:	Revue Juridique Africaine
RJDcom	:	Revue de jurisprudence de droit commercial
RTDcom	:	Revue trimestrielle de droit commercial
s.	:	Suivant ou suivante
Somm.	:	Sommaire
Spéc.	:	Spécialement
SRCC	:	Société de Recouvrement des Créances du Cameroun
TCM	:	Taux Créditeur Minimum
TDM	:	Taux Débiteur Maximum
TFD	:	Techniques Financières et Développement
TGI	:	Tribunal de Grande Instance
TEG	:	Taux Effectif Global
TPE	:	Très Petite Entreprise
TPI	:	Tribunal de Première Instance
Trib.	:	Tribunal
UDEAC	:	Union Douanière des Etats de l'Afrique Centrale
UEMOA	:	Union Economique et Monétaire Ouest Africaine
UMAC	:	Union Monétaire de l'Afrique Centrale
UMOA	:	Union Monétaire Ouest Africaine
V.	:	Voir

Résumé de la thèse

L'édiction d'un statut juridique pour les établissements de microfinance (EMF) dans la Communauté Economique et Monétaire de l'Afrique Centrale (CEMAC) était une impérieuse nécessité ; car il fallait encadrer l'activité de microfinance et ses acteurs. Cette initiative s'est traduite dans le Règlement du 13 avril 2002 à travers une double mesure. D'une part, la sécurisation du secteur de la microfinance matérialisée par la régulation de l'accès à l'activité de microfinance et la règlementation de l'exercice de ladite activité. D'autre part, le législateur a procédé à la spécialisation des EMF, en leur assignant deux types de missions fondamentales, lesquelles distinguent les EMF des établissements de crédit classiques. Il s'agit de la canalisation par les EMF des exclus du système bancaire classique ; ainsi que du financement par les EMF des « initiatives économiques de base ».

Le statut juridique érigé par le législateur sous-régional de la CEMAC est une importante avancée dans la réglementation de l'activité de microfinance. Néanmoins, cette œuvre est perfectible. L'un des axes d'amélioration de l'encadrement des EMF, consiste à procéder, par-delà l'apparente unité statutaire, à une meilleure différenciation de la diversité des formes juridiques que peuvent revêtir les EMF. Ceux-ci peuvent en effet avoir, soit des formes sociétaires (capitalistes ou mutualistes) ; soit des formes associatives caritatives ou lucratives.

L'autre axe de perfectionnement de l'encadrement des EMF est l'amélioration de leur régime juridique. Pour y arriver, il faut affiner le cadre institutionnel et opérationnel des EMF. Au plan institutionnel, il est judicieux de redéfinir le rôle des institutions intervenant dans le secteur de la microfinance, en consolidant leurs atouts. Au niveau opérationnel, la spécificité de l'activité de microfinance invite à mieux assimiler les contours des liens contractuels qui se tissent entre les différents acteurs du secteur de la microfinance. L'idéal étant de normaliser les sûretés originales et les voies d'exécution atypiques parfois utilisées en microfinance.

Pour atteindre l'objectif très louable de viabilité et de pérennité des EMF en tant qu'acteurs importants de l'économie, l'effectivité et l'efficacité de la règlementation doivent être une réalité.

Abstract

The enactment of a legal status for microfinance institutions (MFIs) in the Economic and Monetary Community of Central African States (CEMAC) was an urgent need for it ought to monitor the activities of microfinance and its actors. This initiative resulted in the Rules of April 13, 2002 through two ways. On the one hand, securing the microfinance sector which has led to the regulation of access to microfinance activity and regulation of the exercise of that activity. On the other hand, the legislator has made the specialization of MFIs, assigning two types of basic tasks, which distinguish them from traditional credit institutions. Microfinance institutions come to the rescue of those who are excluded from the classical banking sector and they equally finance petty economic activities.

The legal status enacted by the sub-regional legislator of CEMAC is an important advancement in the management of the business microfinance. Nevertheless, this work can be improved upon.

One of the ways of improving the status and is prepared to make a better differentiation of various legal forms that microfinance institutions may take. They may indeed have, either company forms (capitalist or mutual), is charitable or profit associative forms. This variety of legal forms appears to contradict the statutory unit highlighted by the legislator.

Another axis of development status of microfinance institutions is the improvement of their legal status. To get there, we must refine the institutional and operational framework for microfinance institutions. At the institutional level, it makes sense to redefine the role of institutions involved in the microfinance sector, consolidating their assets. At the operational level, the specificity of the activity of microfinance invited to better assimilate the contours of contractual relationships that develop between the various actors in the microfinance sector. The ideal is to normalize the original collateral and atypical of enforcement used in microfinance.

To achieve the laudable goal of viability and sustainability of MFIs as important players in the economy, efficiency and effectiveness of the regulations must be a reality.

SOMMAIRE

Avant-propos

Le Traité instituant la Communauté Economique et Monétaire de l'Afrique Centrale (CEMAC), a été signé le 16 Mars 1994 à N'Djamena, et regroupe six (06) Etats membres, à savoir : le Cameroun, le Congo Brazzaville, le Gabon, la Guinée Equatoriale, la République Centrafricaine et le Tchad. Des Etats qui entretiennent des rapports d'intense coopération, notamment en matière monétaire et financière, sous la régulation et le contrôle de la Banque centrale, à travers la Commission Bancaire de l'Afrique Centrale, en abrégé COBAC.

De très nombreux textes, visant à juguler ou à prévenir des crises systémiques sont issus de cette régulation des activités bancaire et financière en Afrique centrale, sous l'égide de la CEMAC et de la COBAC. C'est le cas du Règlement du 13 avril 2002 relatif aux conditions d'exercice et de contrôle de l'activité de microfinance et des 21 règlements relatifs aux normes financières et prudentielles des établissements de microfinance (EMF). Le dispositif mis en place dans la Sous-région, poursuit un double objectif. Il s'agit, principalement, d'encadrer juridiquement la microfinance, et accessoirement d'assurer la migration progressive des acteurs de la microfinance, du secteur informel vers le système financier formel et structuré.

L'on observera d'ailleurs que cette vision est partagée par de nombreux autres pays du continent africain qui ont également éprouvé la nécessité d'encadrer l'activité. A titre d'illustration, le Décret n°100-2003 du 22 juillet 2006 portant règlementation des activités de microfinance au Burundi, les instructions de 2007 de la Banque Centrale de la République de Guinée relatives aux institutions de microfinance, la loi 2005/020/AN relative à l'activité et au contrôle des institutions de microfinance en République de Guinée, la loi malgache n°2005-016 relative à l'activité et au contrôle des institutions de microfinance, poursuivent des objectifs similaires.

Phénomène économique et social, la microfinance est présentée depuis quelques années, comme une révolution de la finance, tant les services offerts à une "petite clientèle" sont variés et paraissent adaptés à l'évolution de ses besoins spécifiques. La microfinance est ainsi devenue une "macro idée" qui fait l'objet de nombreuses études scientifiques.

La réflexion que consacre, M. **Bolleri PYM** à la microfinance se veut néanmoins particulière. Sous le prisme de l'analyse critique de la réglementation de la CEMAC, elle tend à démontrer que l'activité de microfinance n'est pas exempte de risques, et que son développement nécessitera toujours l'encadrement des autorités de régulation et, le cas échéant, le contrôle du juge. L'enjeu réel étant ici de soustraire la "petite finance" aux dérives répétitives d'une finance trop libérale.

Dschang le 24 février 2016
Henri Désiré MODI KOKO BEBEY
Professeur Titulaire des Universités d'Etat du Cameroun
Doyen de la Faculté des Sciences Juridiques et Politiques
de l'Université de Dschang

Préface

L'étude de M. **Bolleri PYM** consacrée au « Statut juridique des établissements de microfinance en zone CEMAC » est intéressante. A plusieurs points de vue. D'abord, son champ est peu exploré. Ensuite, les questions liées à la microfinance en Afrique centrale sont à mieux connaître pour contribuer plus efficacement au développement des très petites entreprises et, plus particulièrement, celles pilotées par les femmes africaines. Enfin, l'étude a pris une dimension internationale, au moins au niveau de la Communauté Economique et Monétaire de l'Afrique Centrale (CEMAC). Elle a été nourrie du droit commun des affaires, du droit bancaire et du droit économique. Pour un lecteur européen, elle est d'un intérêt certain à une époque où le système de la microfinance se développe en Europe sur les modèles africain et asiatique.

Le travail de M. **Bolleri PYM** porte sur un sujet en apparence facile. En réalité, son auteur a su écrire, dans une langue excellente, une étude fouillée, critique et prospective. Il a démontré l'impératif d'un statut juridique spécifique aux établissements de microfinance (EMF) dans la CEMAC. La microfinance y est essentielle pour de nombreuses populations. L'auteur montre qu'elle ne peut pas être laissée sans contrôle. Il considère, avec raison, qu'elle doit, à la fois, être régulée, quant à son accès et quant à son exercice ; mais avec un régime différents et plus souple que celui qui s'applique aux établissements de crédit classiques.

M. **Bolleri PYM** relève le grand intérêt et les avancées qui résultent du statut établi par la CEMAC, tout en explorant d'autres pistes qui devraient en améliorer le régime. A cet égard, il estime que la diversité des formes d'organisation des établissements qui pratiquent la microfinance n'est pas sans risque. Il privilégie une unité statutaire dans la diversité. Cela suppose un affinement de leur régime juridique et une amélioration des pratiques contractuelles. En outre, la question de la normalisation des sûretés et des voies d'exécution applicables en la matière, mériterait, selon M. **Bolleri PYM** de recevoir une meilleure réponse du législateur. Cela explique l'architecture de l'ouvrage qui met en exergue un statut juridique nécessaire à travers une sécurisation de l'accès à l'activité de microfinance et la régulation de son exercice ; mais également la différenciation des établissements de microfinance par rapport aux autres institutions de financement de l'économie. A cet égard, la prise en considération au-delà de la diversité des formes juridiques, de la nécessité d'un régime juridique institutionnel et opérationnel rénové lui semble nécessaire.

L'auteur confirme à travers ce travail que sa rigueur de chercheur, soutenue par une belle plume, se complète d'une passion pour le domaine exploré. On l'aura compris : l'ouvrage que nous avons le plaisir de présenter ne se borne pas au seul exposé, au demeurant très utile du droit positif, il est une œuvre de grande qualité, prenant en considération la corrélation entre les contraintes économiques et le droit qui entend les régir. En cette ère de financiarisation des économies et d'innovation financière, pareil ouvrage est sans nul doute à lire. Puissent certaines de ses suggestions retenir l'intérêt des gouvernements africains et l'auteur aurait apporté une contribution utile au développement.

Paris, le 22 Janvier 2015
Joël MONEGER, Professeur émérite de droit privé à l'Université Paris-Dauphine
Doyen honoraire de la Faculté de droit, d'économie et de gestion de l'Université d'Orléans

Introduction

1. **L'essor de la microfinance**. Selon Madame Hillary CLINTON, « *la microfinance est une macro idée* »[1]; elle apparaît même comme une révolution de la finance[2]. Le terme microfinance est très utilisé de nos jours[3]. Le langage économique, politique et social l'évoque au quotidien. Les textes juridiques, de plus en plus nombreux, y font référence[4]. Pourtant, les législations du monde ne lui accordent ni la

---

[1] V. Sommet mondial du microcrédit, février 1997, Washington, « *Micro credit, a macro idea*», v. « Le microcrédit du tiers-monde aux Etats-Unis », *in Le monde*, 10 juin 1997.

[2] J.-M. SERVET, Avant propos de son ouvrage, *Banquiers aux pieds nus, La microfinance*, éd. Odile Jacob, 2006, p. 9. Cette idée de révolution est aussi sous-tendue par d'autres auteurs tels que : M. NOWAK, *On ne prête (pas) qu'aux riches. La révolution du microcrédit*, Paris, J.-C. Lattès, 2005 ; J. MORDUCH, « *The microfinance promise* », *Journal of Economic littérature*, vol. 28, n°4, p. 61-629.

[3] A l'origine, la microfinance était surtout un objet d'études économiques, mais de nos jours de nombreuses autres études sont consacrées à cette notion. En droit, on peut citer entre autres, la thèse de M. Laurent LHERIAU sur *Le droit des Systèmes Financiers Décentralisés dans l'UEMOA*, Univ. de Picardie Jules Verne, juillet 2003; son *Précis de la Règlementation de la microfinance,* tomes 1 et 2, publié en 2009 par l'AFD ; J. NOUIND, *La microfinance en Afrique entre tradition et modernité : essai sur la microassurance informelle*, thèse sous dir. M. Georges VERMELLE, 06 novembre 1999, Univ. de Tours ; V. NHEAN, *Le microcrédit en droit français et en droit cambodgien*, Univ. Jean Moulin Lyon 3, Mémoire de DEA de droit des affaires, 2006.

[4] De nombreux pays ont adopté des textes encadrant l'activité de microfinance. V. entre autres exemples : Décret n°100-2003 du 22 juillet 2006 portant règlementation des activités de microfinance au Burundi ; instructions de 2007 de la Banque Centrale de la République de Guinée relatives aux institutions de microfinance ; loi 2005/020/AN relative à l'activité et au contrôle des institutions de microfinance en République de Guinée ; loi malgache n°2005-016 relative à l'activité et au contrôle des institutions de microfinance ; Code monétaire et financier français (COMOFI), notamment les articles L 511-6 alinéa 5 (AMC), L

même place, ni la même importance. Si certains systèmes juridiques ne consacrent à la microfinance qu'une attention marginale[5], d'autres en revanche lui réservent une place à part entière dans leur armature juridique[6]. C'est le cas notamment du législateur de la Communauté Economique et Monétaire de l'Afrique Centrale (CEMAC)[7], qui s'est voulu attentif et réaliste, en élaborant une règlementation spécifique[8] pour l'exercice de l'activité de microfinance dans cette sous-région[9]. Cette règlementation fait suite à un important développement des structures de microfinance, visant à fournir des prestations financières aux populations délaissées par le secteur bancaire classique.

312-1 (droit au compte) et L 313-5 (usure) ; et en zone CEMAC : Règlement du 13 avril 2002 relatif aux conditions d'exercice et de contrôle de l'activité de microfinance et les 21 règlements relatifs aux normes financières des établissements de microfinance (EMF).

[5] C'est le cas surtout des pays développés qui, parce que disposant des systèmes bancaires très évolués, ont tendance à minimiser l'impact de la microfinance dans le développement économique.

[6] Il en est ainsi surtout des pays sous-développés qui voient en la microfinance, un instrument intéressant pour la financiarisation des populations délaissées par le secteur bancaire classique.

[7] Signé le 16 mars 1994, le traité de la CEMAC est entré en vigueur à partir du traité de Ndjamena du 05 février 1998. La CEMAC compte 6 Etats : Cameroun, Gabon, Congo Brazzaville, Guinée Equatoriale, République Centrafricaine, Tchad.

[8] Règlement CEMAC du 13 avril 2002 relatif aux conditions d'exercice et de contrôle de l'activité de la microfinance et les 21 Règlements relatifs aux normes prudentielles.

[9] L'Afrique est divisée en plusieurs sous-régions : l'Afrique du Nord, l'Afrique de l'Est, l'Afrique de l'Ouest, l'Afrique Australe, l'Afrique centrale. Ces sous-régions constituent des regroupements volontaires qui établissent des accords économiques, socioculturels et/ou politiques entre les Etats d'une même zone ou sous région, en vue d'un progrès commun. En Afrique centrale, on a connu l'Union Douanière et Economique des Etats de l'Afrique Centrale (UDEAC), qui est devenue la Communauté Economique et Monétaire de l'Afrique Centrale (CEMAC).

L'émergence de la microfinance dans le monde en général, et en Afrique en particulier[10], s'est accompagnée d'une diversité de services : le crédit, la microépargne, la microassurance, le transfert d'argent, et d'une clientèle plus nombreuse. Les opérations de microfinance consistent donc en la fourniture d'une gamme de services financiers de faibles montants, à un ensemble de personnes marginalisées par le système financier classique. En effet, de nos jours, nous assistons à une expansion mondiale de la microfinance et de ses composantes. A titre d'illustration, 2005 a été déclarée l'année mondiale du microcrédit par l'Organisation des Nations Unies (ONU) ; un sommet mondial sur le microcrédit a réuni plusieurs experts à Halifax en Nouvelle-Écosse, au Canada, du 12 au 15 novembre 2006. De même, l'attribution en 2006 du Prix Nobel de la Paix au professeur Mohammad YUNUS[11] témoigne de cet intérêt croissant pour la microfinance. Lors de la remise de ce prix, le président du comité Nobel, OLE DANBOLT MJOES, a déclaré que : « *une paix durable ne peut pas être obtenue sans qu'une partie importante de la population trouve les moyens de sortir de la pauvreté* ». Or, la microfinance est perçue comme un moyen permettant de lutter contre la pauvreté. Ce prix contribue à la reconnaissance internationale du micro-crédit comme outil de lutte contre la

[10] L'Afrique et l'Asie sont les deux continents où le développement de la microfinance semble le plus important, en raison de la pauvreté réelle ou supposée de la plupart de leurs habitants.

[11] Professeur d'économie à l'université Chittagong et fonctionnaire à la Banque Mondiale et au FMI. Il a fait ses études doctorales et obtenu son PhD aux Etats-Unis, puis a commencé à enseigner l'économie à l'Université de Chittagong en 1972. Le prix Nobel de la paix lui a été attribué et à sa Banque, le 13 octobre 2006.

pauvreté ; le fondateur de la *Grameen Bank* - banque spécialisée dans le microcrédit -, a permis de médiatiser davantage le microcrédit.

2. Faillites bancaires et développement de la microfinance en Afrique centrale. Les multiples faillites survenues dans le secteur bancaire en Afrique centrale dans les années 90[12], ont eu pour conséquence la fermeture de nombreux guichets de banque. Cette situation a fragilisé le secteur financier, tout en aggravant l'exclusion de diverses couches sociales du système bancaire. Compte tenu de cette conjoncture, certains cadres de banque au chômage, se sont orientés vers le secteur du microcrédit pour la fourniture de services financiers aux populations non desservies par les banques classiques.

Afin de limiter la multiplication et la portée des faillites bancaires, les Etats membres de la CEMAC[13] ont adopté une réglementation commune, visant à sécuriser davantage les transactions financières[14]. Au cours des deux dernières décennies, le droit bancaire

---

[12] L. DJINE TCHAMANBE, *Crise et faillites bancaires en Afrique subsaharienne : le cas du Cameroun,* thèse, Univ. Montesquieu Bordeaux IV, oct. 2001.

[13] Les pays de la CEMAC entretiennent des rapports de coopération intense, avec en partage une banque centrale - BEAC – qui a été créée en 1972. La BEAC comprend un organe de surveillance et de supervision du secteur bancaire appelé la Commission Bancaire de l'Afrique Centrale, en abrégée COBAC (créée le 16.10.1990 entre les Etats membres de la défunte UDEAC et la BEAC, la COBAC a 4 principales attributions : administrative, normative, de contrôle et enfin elle est un organe juridictionnel) ; une riche et vaste réglementation communautaire constituée d'une diversité de règlements encadrant tout le secteur bancaire. En effet, la BEAC occupe une place centrale en matière d'organisation et de gestion du système monétaire, bancaire et financier de la zone qu'elle couvre.

[14] C'est ainsi qu'on note au sein de ladite communauté une diversité de textes et notamment les règlements encadrant le secteur bancaire. Exemple : Règlement n°02/03/CEMAC/UMAC/CM relatif aux systèmes, moyens et incidents

dans la zone CEMAC, a connu une importante évolution législative et réglementaire aux niveaux national[15] et communautaire[16]. C'est ainsi que les conditions de constitution des établissements de crédit ont été renforcées et le fonctionnement desdits établissements soumis à une surveillance accrue de la part des autorités monétaires. Néanmoins, malgré le renforcement de l'encadrement de l'activité bancaire et sa promotion[17], une frange importante de la population demeurait exclue des services financiers[18].

Dans le souci d'améliorer l'intermédiation financière[19] en zone CEMAC, on assiste depuis une vingtaine d'années, à une forte

---

de paiement ; Règlement n°01/03-CEMAC-UMAC portant prévention et répression du blanchiment des capitaux et du financement du terrorisme en Afrique Centrale etc.

[15] Cela est perceptible à travers l'élaboration par l'autorité monétaire de chaque pays, d'un ensemble de textes tels que les décrets, arrêtés, décisions et circulaires entre autres.

[16] L'adoption des normes les plus importantes et les plus nombreuses, en vertu de la compétence reconnue au législateur de la CEMAC ou de la COBAC, par les textes organiques de ladite CEMAC.

[17] Ces dernières années, on assiste au sein de la CEMAC à une véritable promotion de la bancarisation des populations. Cette dernière peut être perçue comme la vulgarisation de l'utilisation des services financiers au sein des populations. En zone CEMAC, elle se traduit par l'instauration d'un droit au compte, l'incitation à l'utilisation des moyens de paiement scripturaux etc. V. Règlement n°02/03/CEMAC/UMAC/CM relatif aux systèmes, moyens et incidents de paiement précité.

[18] Selon une étude de la BEAC, le taux moyen de bancarisation dans les pays de la CEMAC ne serait que de 7%, avec une densité bancaire d'un guichet pour 68.384 personnes en juin 2011. Source agence Ecofin : www.agenceecofin.com, page consulté le 10 octobre 2012.

[19] L'intermédiation financière peut être perçue comme le rôle des organismes financiers qui reçoivent l'épargne des ménages et qui la redistribue sous forme de crédits. V. Josette et Max PEYRARD, *Dictionnaire de finance*, Viubert, 2e éd., 2001, p. 145. L'intermédiation financière consiste donc à la mise à la disposition par les institutions financières des fonds reçus auprès des agents économiques à capacité de financement au profit des agents à besoin de financement.

émergence de nouveaux intermédiaires financiers. Ceux-ci interviennent dans une frange de clientèle inférieure, en termes de volume d'affaires par client, à celle desservie par les banques classiques : ce sont les établissements de microfinance[20].

3. La restructuration du système bancaire de la CEMAC. La restructuration bancaire des années 90 au sein de la CEMAC, a été effectuée dans le but d'y permettre le développement d'un système bancaire au service du développement de l'économie. Malheureusement, le résultat s'en est trouvé biaisé par un marché globalement dominé par des banques d'origine étrangère[21], dont le principal souci semble être la réalisation du bénéfice maximum dans des conditions optimales de sécurité[22]. L'aggravation du hiatus entre la banque et le tissu social qui s'en est suivi va doper le secteur du microcrédit dominé par les coopératives d'épargne et de crédit. Cela a également entrainé le développement spontané des structures de microfinance. Les pouvoirs publics ont alors dû prendre en charge ce

---

[20] Sur l'évolution du concept de microfinance, v. L. LHERIAU, « Séminaire sur le thème réglementer la microfinance », 29 et 30 mars 2005, *Epargne sans frontière*, p. 4.

[21] Dans les années 90, le système bancaire de la CEMAC est largement dominé par les banques occidentales. A quelques exceptions près, les banques implantées dans la sous-région à cette époque ne sont que des succursales, voire des filiales des banques étrangères appartenant aux grands groupes français notamment : Crédit Lyonnais, Banque Populaire, Société Générale, etc. Ce n'est que plus tard qu'on a assisté à la création de quelques banques dont les capitaux sont détenus majoritairement par les nationaux : c'est le cas de la *Commercial Bank-Cameroun*, de *Afriland First Bank* et de *Union Bank of Cameroon*, pour le paysage bancaire camerounais.

[22] V. J. MBOUOMBOUO NDAM, *Banque contre microfinance : les enjeux de l'intermédiation financière en zone CEMAC*, étude de cas publiée au portail microfinance, 2006, 132 pp.

secteur d'activité pour l'encadrer, sécuriser les opérations qui s'y tissent et réguler l'intervention des acteurs.

4. Distinction entre règlementation et supervision financières. Lorsqu'on envisage d'élaborer ou de réformer le cadre juridique et règlementaire d'un système financier, il est crucial de faire la différence entre la réglementation financière et la supervision financière. La réglementation financière peut être perçue comme l'ensemble des lois, règles et procédures de conformité qui dictent l'entrée, l'exercice de l'activité et la sortie des acteurs dans le système financier. La supervision financière désigne quant à elle, le suivi, le contrôle et l'évaluation des institutions afin d'assurer le respect de la réglementation financière. Autrement dit, la règlementation est un encadrement *a priori*, alors que la supervision est une surveillance *a posteriori* des institutions financières. Les procédés d'encadrement de l'activité de microfinance doivent tenir compte de cette différenciation pour être plus efficaces. Ainsi, la supervision financière devrait avoir pour finalité principale d'assurer le respect des normes prude.

5. Les différentes approches de la règlementation de la microfinance. Le développement de la microfinance nécessite une intervention des autorités publiques pour une réglementation appropriée de ce secteur d'activité[23]. Diverses tentatives de

---

[23] Pour une étude complémentaire des spécificités de l'activité de microfinance, v. L. LHERIAU, *Précis de la Règlementation de la microfinance, op.cit.*

réglementation de l'activité de microfinance sont préconisées de nos jours[24], mais trois principales approches réglementaires sont prônées par les autorités monétaires à travers le monde[25]. Il importe de les examiner successivement.

La première approche tient en une adaptation des normes réglementaires applicables aux établissements bancaires, afin de permettre à ceux-ci d'étendre leurs activités au secteur de la microfinance, sans subir de contraintes réglementaires, voire en favorisant par la réglementation, leur intervention dans ce secteur[26]. C'est ce type de règlementation qui a favorisé la création de la *Grameen Bank* au Bangladesh[27].

Une deuxième possibilité consiste à favoriser l'éclosion de la microfinance, en déléguant la réglementation aux établissements de microfinance eux-mêmes, ou à déréglementer fortement[28]. Cela a l'avantage de décharger les autorités monétaires d'une tâche importante. Cette technique règlementaire est utilisée pour la mise sur

---

[24] Pour une vision complète des approches règlementaires de la microfinance à travers le monde, V. L. LHERIAU, *Précis de la Règlementation de la microfinance, op.cit.*, n°48 et s., p. 56 et s.

[25] L. LHERIAU, *Précis de la Règlementation de la microfinance, op.cit.*, n°48 et s., p. 56 et s. ; BERENBACH, SHARI et CHURCHILL : *« Réglementation et supervision : Expérience d'Amérique latine, d'Asie et d'Afrique »*, Etude spéciale 1997, n° 1, *The Microfinance Network*, Washington.

[26] L. LHERIAU, *Le droit des systèmes financiers décentralisés dans l'UEMOA*, thèse, juillet Univ. Picardie, n° 66 et s p. 22.

[27] M. YUNUS, *Vers un Monde sans pauvreté*, éd J.C Lattès, Revue Grain de sel, n° 6 juillet 1997 p.15 cité par L. LHERIAU, *thèse précitée,* p. 9, n° 25.

[28] V. L. LHERIAU, *Précis de la Règlementation de la microfinance, op.cit., idem.*

pied des institutions participatives autogérées (Coopératives d'Epargne et de Crédit, association mutualistes etc)[29].

Une troisième approche consiste à créer une réglementation propre à la microfinance. Il s'agit de faire coexister un ensemble de textes applicable à l'activité de microfinance à côté de la règlementation bancaire classique. Tel est aujourd'hui le cas de la CEMAC[30] qui a adopté un règlement spécifique pour les établissements de microfinance (EMF)[31].

6. Adoption d'un cadre juridique pour la microfinance en zone CEMAC. Sur recommandation du Gouverneur de la BEAC, et avec l'appui de la coopération française, la Commission Bancaire de l'Afrique Centrale (COBAC) a conduit à son terme, depuis avril 2002, l'adoption d'un cadre réglementaire spécifique relatif aux conditions d'exercice et de contrôle de l'activité de microfinance, et aux normes prudentielles applicables à ce secteur d'activité[32].

---

[29] Cette approche réglementaire est perceptible dans divers pays au monde. Il s'agit ainsi notamment d'une loi de 1996 à Madagascar, d'une loi de 1998 en Mauritanie, d'une loi de 2002 en RDC ou encore de la loi camerounaise sur les COOPECS de 1992.

[30] La règlementation CEMAC relative à la microfinance a inspiré d'autres pays. C'est le cas par exemple de la loi malgache n°2005-016 relative à l'activité et au contrôle des institutions de microfinance.

[31] Règlement n° 01/02/CEMAC/UMAC du 13 Avril 2002 sur les conditions d'exercice et de contrôle de l'activité de microfinance.

[32] Règlement n° 01/02/CEMAC/UMAC du 13 Avril 2002 précité et les 21 normes prudentielles relatives à la microfinance édictées par la COBAC

Les dispositions adoptées par cette nouvelle règlementation ont valeur de convention[33] et sont directement applicables dans tous les Etats de la CEMAC. Cette réglementation ne vise que l'encadrement de l'activité de microfinance et s'interdit d'interférer dans les choix institutionnels des établissements assujettis. En outre, les opérations internationales sont prohibées aux établissements de microfinance[34]; ceux-ci sont classés en trois (03) catégories[35] en fonction du choix de leur activité qui peut être, soit ouverte au public[36], soit uniquement orientée vers les sociétaires ou membres de l'établissement[37], soit

---

[33] Le terme convention renvoie ici à un accord entre sujets de Droit international, en l'occurrence les Etats de la CEMAC, (terme parfois préféré, sans conséquences juridiques, à celui de traité pour désigner des accords multilatéraux ou des accords conclus sous les auspices ou dans le cadre d'organisations internationales, ainsi que les accords à caractère technique), v. G. CORNU, *Vocabulaire juridique*, p. 266.

[34] Aux termes de l'article 8 du Règlement du 13 avril 2002 précité, « les opérations effectuées par les établissements de microfinance en qualité d'intermédiaire sont circonscrites à l'intérieur de l'Etat où ils sont implantés. Pour les opérations avec l'extérieur, les établissements doivent recourir aux services d'une banque ou d'un établissement financier du même Etat ».

[35] L'article 5 du règlement CEMAC du 13 avril 2002 procède à la classification des EMF : 1) les EMF collectant l'épargne de leurs membres en faisant des crédits à ceux-ci seulement (pas de capital minimum) 2) les EMF collectant l'épargne en faisant des crédits aux tiers (capital minimum 50 millions de francs CFA) 3) les EMF accordant des crédits aux tiers, sans collecter l'épargne (capital minimum 25 millions de francs CFA)

[36] Il en est ainsi des EMF de deuxième catégorie, qui collectent l'épargne et accordent des crédits aux tiers ; et ceux de troisième catégorie qui accordent des crédits aux tiers, sans exercer l'activité de collecte de l'épargne. Art. 5 al. 2 du Règlement n° 01/02/CEMAC/UMAC du 13 Avril 2002 précité.

[37] C'est le cas des EMF de première catégorie qui procèdent à la collecte de l'épargne de leurs membres, qu'ils emploient en opérations de crédit, exclusivement au profit de ceux-ci. Art. 5 al.1 du Règlement n° 01/02/CEMAC/UMAC du 13 Avril 2002 précité.

enfin l'établissement peut faire du crédit et n'est pas autorisé à collecter l'épargne du public[38].

7. Objet de la recherche. L'analyse du statut juridique des établissements de microfinance en Afrique centrale, consiste à mettre en évidence les règles applicables aux EMF, afin de classer ceux-ci dans le système financier de la sous-région. Le corpus juridique régissant la microfinance et ses acteurs invite à s'interroger sur la place consacrée aux EMF, la pertinence des règles adoptées et leurs insuffisances éventuelles. Le secteur de la microfinance, en Afrique centrale, bien qu'encadré, montre des signes de dysfonctionnement qu'il faut corriger. Il est donc utile d'envisager une appréciation critique de la règlementation applicable aux EMF afin de mettre en relief ses forces et de tirer les conséquences de ses faiblesses.

8. Eclairages conceptuels : le terme microfinance. Afin de mener à bien la présente étude, le sens dans lequel sont appréhendés les termes importants du sujet mérite d'être précisé.

La microfinance recouvre une gamme de services étendue, l'ensemble des prestations financières offertes aux pauvres[39], aux populations exclues du système financier dit classique. Les services de

---

[38] Ainsi en est-il des EMF de troisième catégorie qui, selon l'article 5 al. 3 du Règlement sus cité ne sont pas autorisés à collecter l'épargne du public.

[39] Selon un auteur, « être pauvre, ce n'est pas seulement jouir de faibles ressources, autrement dit, être réduit à la portion congrue du vaste festin de l'humanité ; c'est surtout connaître des périodes durant lesquelles l'endettement est la seule issue », J.-M. SERVET, *Banquiers aux pieds nus, La microfinance*, *op. cit.* p. 48.

microfinancement, pendant longtemps, étaient essentiellement axés sur l'octroi de prêts très modiques (le microcrédit) aux pauvres[40] pour les aider à entreprendre des activités productives. Au fil du temps, les services de microfinancement se sont étendus pour couvrir un large éventail de prestations financières afin de répondre aux besoins de personnes qui n'entraient pas dans la clientèle des établissements de crédit classiques[41]. Or, ceux qui empruntent ont, non seulement un besoin d'argent, mais à des conditions ou selon des modalités appropriées qui peuvent varier sensiblement. Ceux-ci souhaitent aussi l'accès à d'autres services, habituellement associés au crédit. Trois d'entre eux accompagnent le microcrédit et constituent ensemble la microfinance[42]. Ce sont la microépargne, la microassurance[43] et le

---

[40] « D'un point de vue matériel, être pauvre est moins le fait d'avoir des ressources très faibles par rapport au système de besoins prévalant dans sa société, que le fait d'une perception erratique des revenus ; le revenu moyen par tête signifie peu de chose si cette statistique n'est pas accompagnée d'informations sur les fluctuations intra-annuelles de ce revenu, et de l'évolution de la situation de ceux et celles qui se situent en dessous du seuil de pauvreté ainsi défini.» ; alors que « être pauvre au sens économique du terme c'est non seulement disposer de revenus faibles, voire très faibles, mais surtout c'est en règle générale vivre dans une incertitude très forte de leur perception », J.-M. SERVET, *Banquiers aux pieds nus, La microfinance*, *op. cit.* pp. 51 et 78.

[41] Pour justifier le développement du microcrédit et de la microfinance, M. LELART, affirme que : « rendant compte d'un colloque à Yaoundé en 1985, le journal *Le Monde* avait donné pour titre à son article 'Les gisements d'épargne en Afrique' » ; et cet auteur de poursuivre : « dans les pays de la Zone franc, les avoirs extérieurs des banques dépassent régulièrement depuis 1994 leurs engagements extérieurs. L'excédent de leurs dépôts est donc prêté à l'étranger. Les banques financent les importations, le commerce de gros, la construction, elles ne financent pas les petites entreprises, qui déclarent toujours que le manque de capitaux est leur principal souci. Pendant ce temps, les populations locales manquent d'argent pour développer des activités qui sont souvent informelles, certes, mais qui sont génératrices de revenu. », V. *De la finance informelle à la microfinance,* éd. Archives contemporaine, AUF, 2005, p. 47.

[42] M. LELART, *De la finance informelle à la microfinance, op. cit.,* p. 53.

transfert d'argent[44] ; c'est cet ensemble qui fonde la définition de la microfinance[45].

La microfinance renvoie donc à la prestation de services financiers, notamment le crédit et l'épargne aux familles pauvres[46], aux familles ayant des revenus modestes et aux petites entreprises. Cette activité se résume pratiquement dans les pays industrialisés, comme en France, à l'octroi du microcrédit[47]. Alors que dans les pays dits sous-développés, elle consiste en la fourniture de services financiers assez variés : épargne, microassurance, transfert d'argent etc. Il est difficile de donner une définition unanimement acceptée de

---

[43] S. NGASSAM BERTELET, *« A propos d'une composante négligée et oubliée : la microassurance dans l'Ouest du Cameroun »*, *Techniques financières et développement,* n°78, mars 2005, pp. 116-127 ; L. THAMANBE-DJINE, *« La finance informelle et la prévoyance sociale au Cameroun »*, *in* M. LELART *« Finance informelle et financement du développement »,* AUF et Fiches du Monde arabe, Beyrouth, 2000, pp. 83-99; M. CADOUX, *« L'assurance au service des micro entrepreneurs »*, *L'argus de l'assurance*, n°7006, 22 décembre 2006.

[44] V. M. EL-QORCHI, « *Hawala : comment fonctionne le système informel de transfert de fonds ?* », *Finances et développement*, décembre 2002, pp. 31-33.

[45] Selon le Professeur Jean-Michel SERVET, la microfinance « ne se limite pas à une activité de crédit. Elle offre aussi des services d'épargne, de garantie des prêts, d'assurance, d'encaissement de chèques ou de transfert de fonds par des migrants à leurs pays d'origine », *Banquiers aux pieds nus, La microfinance*, éd. Odile Jacob, 2006, p. 9.

[46] La pauvreté est une notion assez vague et subjective. Elle peut revêtir des définitions assez variées selon les pays, les individus en cause etc. Le mot pauvre sera utilisé dans cette étude à la fois comme adjectif et comme nom pour indiquer une personne qui a peu de ressources, de biens, d'argent. V. *Le Petit Larousse illustré*, 2004, p. 757.

[47] V. L. LHERIAU, *Précis de la Règlementation de la microfinance, op.cit.*, p. 56 et s. M. NOWAK, *On ne prête (pas) qu'aux riches*, J.-C Lattès, Paris, 2005 : introduction au microcrédit et au crédit solidaire par la présidente de l'Association pour le Droit à l'Initiative Economique (ADIE).

la notion de « *microfinance* ». Cependant, on peut retenir trois critères pour en déterminer le contenu[48] :

- le faible montant des opérations ;
- la proximité, non seulement spatiale, mais aussi mentale et sociale, entre l'organisation et sa population cible ;
- la pauvreté supposée des client(e)s ou l'exclusion qu'ils (elles) subissent.

En outre, la microfinance n'est pas à confondre avec la finance informelle[49]. Alors que le concept de finance informelle[50] est apparu dans les années 80, le concept de microfinance a émergé pendant la décennie suivante et a connu des fortunes diverses. Malgré leur parenté évidente, la microfinance est très différente de la finance informelle. Non seulement l'importance est accordée au crédit et non plus à l'épargne, mais il ne s'agit plus de pratiques qui mettent en présence des personnes exclusivement, on est cette fois en présence d'une institution[51].

---

[48] J.-M. SERVET, *Les Banquiers aux pieds nus*, 2006, p. 225.

[49] Le secteur informel occupe une grande importance dans les économies des pays en développement. A titre illustratif, lire l'ouvrage de S. KWEMO, *L'OHADA et le secteur informel, l'exemple du Cameroun*, éd. Larcier, 2012.

[50] Pour les développements substantiels de la finance informelle, v. M. LELART, *L'évolution de la finance informelle et ses conséquences sur l'évolution des systèmes financiers*, Mondes en Développement, 2002, Tome 30, 119, 12 pp. ; *Les informalités financières : le phénomène tontinier*, CNRS-U. Orléans ; *La tontine : pratique informelle d'épargne et de crédit dans le pays en voie de développement*, éd. John Libbey, Eurotext, 1990, 356 pp (www.bibliothèque,refer,org).

[51] M. LELART, *De la finance informelle à la microfinance, éd. Des archives contemporaines,* AUF, 2005, p. 54.

De même, le terme « *microfinance* » sera perçu dans cette étude comme la prestation des services financiers par des entreprises autres que les établissements de crédit, aux personnes ayant de faibles revenus, notamment celles qui sont exclues du système financier dit classique.

De façon plus formelle, le législateur communautaire de la CEMAC définit la microfinance comme « *une activité exercée par des entités agréées n'ayant pas le statut de banque ou d'établissement financier tel que défini à l'Annexe à la Convention du 17 janvier 1992 portant harmonisation de la Réglementation Bancaire dans les Etats de l'Afrique Centrale et qui pratiquent, à titre habituel, des opérations de crédit et ou de collecte de l'épargne et offrent des services financiers spécifiques au profit des populations évoluant pour l'essentiel en marge du circuit bancaire traditionnel*»[52]. Les critères de personne et de (différence de) statut seront privilégiés dans l'acception de la microfinance tout au long de cette étude.

Pour le grand public, la microfinance se confond avec le microcrédit. Or, si le microcrédit demeure l'instrument de base des populations les plus défavorisées, son succès entraîne de nouveaux besoins tels que l'épargne, le transfert d'argent, l'assurance. C'est ici qu'entre en jeu la microfinance[53]. Vue sous cet angle, cette dernière

---

[52] V. Article 1er du Règlement n° 01/02/CEMAC/UMAC du 13 Avril 2002 sur les conditions d'exercice et de contrôle de l'activité de microfinance.

[53] De prime abord, il importe de noter que l'orthographe du terme « microfinance » comme celui de « microcrédit », varie selon les pays anglo-saxons où il s'écrit en deux mots (micro finance) et dans les autres pays où il est rédigé en un mot (microfinance) ; mais toujours est-il que dans l'un et l'autre cas, le terme désigne la même réalité.

apparaît comme une forme avancée du microcrédit et de ses services annexes.

9. Le vocable « microcrédit » n'a pas non plus une définition homogène et unanimement reconnue. Il peut être perçu comme *« un prêt de faible montant garanti par une relation de proximité et dont l'objet est de permettre à une ou des personnes économiquement faible(s), normalement exclue(s) du cycle de financement formel, de créer ou de développer sa propre activité économique (microcrédit professionnel) ou de réaliser un projet personnel en vue de son insertion professionnelle et sociale (microcrédit social)»*[54]. Il ressort de cette définition que le microcrédit est l'une des opérations de la microfinance. Quelques caractéristiques majeures se dégagent de cette acception du microcrédit : la faiblesse des montants prêtés, la proximité relationnelle des parties et l'exclusion éventuelle du bénéficiaire des prêts du circuit bancaire ordinaire.

10. Le terme « statut » a plusieurs significations en fonction des domaines d'études. Selon le Larousse, le statut est l'ensemble des textes fixant les garanties fondamentales accordées à une personne, à un corps[55]. Ainsi, peut-on percevoir le statut juridique comme la position d'un objet par rapport à un ordre déjà établi.

---

[54] V. NHEAN, *Le microcrédit en droit français et en droit cambodgien*, *op. cit.*, n° 61.

[55] V. *Le Petit Larousse illustré*, édition 2006, p. 1008.

Dans son sens strictement juridique, le terme « statut » est susceptible d'au moins trois définitions différentes. Dans un premier sens, le *statut* désigne un ensemble cohérent de règles applicables à une catégorie de personnes (statut des gens mariés) ou d'agents (statut des fonctionnaires) ou une institution (statut des collectivités locales) qui en déterminent pour l'essentiel, la condition et le régime juridique.

Dans un deuxième sens, le mot renvoie à un ensemble de normes juridiques relatives à une matière (sens issu de l'ancien Droit où il désignait toute règle de droit envisagée quant à son domaine d'application) ; désigne encore aujourd'hui en droit international privé, le droit considéré globalement, qui régit une catégorie donnée de matières. Usité surtout pour désigner le Droit applicable, d'une part, aux personnes (statut personnel), d'autre part, aux biens (statut réel). Cette définition ne répond pas à notre conception du sujet.

Dans un troisième sens, l'expression statut personnel renvoie à un ensemble de règles gouvernant la condition civile des personnes physiques et comprenant (en général), l'état et la capacité des personnes au sens de l'article 3 alinéa 3 du Code civil (y compris les relations de famille), en tant qu'objet de rattachement, ou même englobant les régimes matrimoniaux, les successions, parfois les régimes des biens. Ici, on pense certes à un ensemble de règles ; mais celles-ci sont étroitement liées à la vie civile d'un individu. Les établissements de microfinance n'étant pas des personnes physiques mais plutôt des personnes morales, ce n'est pas cette définition qui sera retenu pour le présent travail[56].

En revanche, il faudra entendre par statut dans le cadre de la présente étude, toutes les règles applicables aux EMF, en tant que personnes morales, lesquelles règles concernent aussi bien les conditions d'accès que l'exercice de l'activité de microfinance. C'est donc la première conception qui sera utilisée tout au long de la présente étude.

Le statut renvoie, selon un auteur, à « *l'ensemble formé par la qualification juridique et le ou les régimes juridiques qui lui sont associés*»[57]. Plus précisément, cet auteur définit la qualification comme « *le processus qui conduit le juriste à faire entrer les faits jugés pertinents dans les catégories de droit* »; et le régime juridique comme *« l'ensemble des règles qui, à un moment donné, s'applique à une catégorie juridique donnée »*[58]. Il faut donc avoir défini les règles qui s'appliquent à un objet ou à une institution, pour pouvoir le classer dans une catégorie juridique. Le statut d'une institution consiste à déterminer ou à rechercher l'ensemble cohérent de règles qui lui est applicable afin d'apprécier sa condition et son régime juridique. Comme le note un éminent juriste, la recherche d'un régime juridique

---

[56] Pour les différents sens du mot sus énoncés, v. G. CORNU, *Vocabulaire juridique*, pp. 979-980.

[57] V. Cyrille de KLEMM, « *Les éléments de l'environnement en droit positif* » dans Alexandre KISS (dir.), *L'écologie et la loi. Le statut juridique de l'environnement*, Paris, éd. L'Harmattan, 1989, p. 51.

[58] V. Cyrille de KLEMM, *op. cit., idem.*

dépend de la nature de la situation qui est étudiée[59]. Ainsi, dans le rapport entre la nature et le régime juridique d'une notion, c'est la nature qui est l'élément premier, et le régime l'élément déduit. La nature juridique est déterminée par la qualification dans des catégories et sous catégories. Pour ce grand juriste, la connaissance du régime juridique applicable à une situation suppose donc préalablement de qualifier, c'est-à-dire de « *juridiciser le fait* » pour le revêtir de ses différentes qualités juridiques auxquelles s'attachent des effets de droit[60]. Or, cette opération est fortement dépendante de la définition de la situation que l'on étudie. *« Face à un cas concret dont on recherche à quel régime juridique il doit être soumis, le juriste doit le définir, c'est-à-dire le faire pénétrer dans une catégorie préexistante pour lui en appliquer le régime »*[61].

A titre de comparaison, les professeurs GAVALDA et STOUFFLET estiment que le statut bancaire présente « *un particularisme marqué qui résulte d'un étroit contrôle public, justifié par la fonction monétaire des banques et par l'influence qu'exercent leurs opérations sur l'activité économique, accentué par une forte cohésion professionnelle* »[62]. Dans la même optique, le statut des établissements de microfinance renvoie à un corps de règles juridiques cohérentes qui leurs sont applicables, lesquelles permettent de mettre

---

[59] J.-L. BERGEL, *« Différence de nature (égale) différence de régime »*, *RTD Civ.* 1984, p. 258.

[60] G. CORNU, *Droit civil (Introduction- Les personnes- Les biens)*, n°185, cité par J.-L. BERGEL, *op.cit*, p. 255.

[61] J.-L. BERGEL, *« Différence de nature (égale) différence de régime », op. cit.*, p. 258.

[62] C. GAVALDA et J. STOUFFLET, *Droit bancaire*, 4e éd. n°21, p.10.

en relief leur spécificité et les distingue notamment des établissements de crédit.

11. La notion d'« établissement » peut être perçue comme une action consistant à instituer une réalité nouvelle (ordre social, ordre juridique, système, régime, méthode, activité entre autres), en lui donnant à la base, par une impulsion originaire, son existence et les moyens de sa réalisation[63]. En matière financière, on parle d'établissements de crédit[64], lesquels sont définis comme « *les organismes qui effectuent à titre habituel les opérations de banque. Celles-ci comprennent la réception de fonds du public, l'octroi de crédit, la délivrance de garanties en faveur d'autres établissements de crédit, la mise à la disposition de la clientèle et la gestion de moyens de paiement*»[65]. La doctrine bancaire a systématisé la notion d'établissement de crédit en distinguant les règles applicables à tout établissement de crédit, même s'il existe un certain degré de diversité qui assure le respect des caractéristiques particulières de certains

---

[63] V. G. CORNU, *Vocabulaire juridique,* p. 414.

[64] Il faut relever que techniquement, les établissements de crédit ne sont pas les établissements de microfinance, V. note 61 *infra.* Même dans l'espace communautaire européen, cette notion d'établissement de crédit ne revêt pas toujours le même contenu ni le même sens d'un Etat à l'autre, v. A. SCHRICKE, *La notion d'établissement de crédit en Europe (droit européen, droit français et autres droits nationaux),* DESS « BANQUES ET FINANCES », 2000, univ. Paris V, 61 pp.

[65] Article 4 de l'Annexe à la Convention portant harmonisation de la réglementation bancaire dans les Etats de l'Afrique Centrale du 17 Janvier 1992.

établissements[66]. C'est une conception proche qui est retenue pour les établissements de microfinance.

12. Les établissements de microfinance (EMF) sont perçus comme des entités agréées effectuant l'activité de microfinance telle que définie par le législateur communautaire[67]. Ce terme a plusieurs synonymes, suivant les régions et, parfois, la langue de travail des acteurs à travers le monde. Dans les pays anglo-saxons, on parle d'*« institutions de microfinance »* (IMF) pour désigner les organismes financiers effectuant des opérations de microfinance. Dans la sous-région de l'Afrique de l'Ouest, les structures opérant dans le secteur de la microfinance sont qualifiées de Systèmes Financiers Décentralisés (SFD), en raison de leur proximité avec la clientèle, contrairement aux établissements de crédit classiques.

Dans le cadre de cette étude, l'expression « établissements de microfinance » sera utilisée pour désigner les organismes se livrant aux activités de microfinance indépendamment de leur position géographique. Le présent travail aura pour cadre spatial l'Afrique centrale, en raison de la communauté économique et politique établie dans cette sous-région[68]; ainsi de manière générale, l'analyse des

---

[66] C. GAVALDA et J. STOUFFLET, *Droit Bancaire, op. cit.,* n° 42, p. 22 ; J.-L RIVES-LANGE et M. CONTAMINE-RAYNAUD, *Droit bancaire*, 6e éd., n°25, p. 27 ; S. PIEDELIEVRE et E. PUTMAN, *Droit bancaire*, n°40, p. 41, Economica, 2011.

[67] V. Article 1er du Règlement n° 01/02/CEMAC/UMAC du 13 Avril 2002 sur les conditions d'exercice et de contrôle de l'activité de microfinance précité.

[68] Pour comprendre la délimitation spatiale de la CEMAC et l'origine de cette communauté économique, lire note 7 et 9 supra.

établissements de microfinance concernera aussi bien les pays francophones ou non[69].

L'encadrement de l'activité de microfinance tel que préconisé par le législateur de la CEMAC apporte des réponses à certaines questions, mais il soulève par la même occasion d'importants problèmes juridiques qu'il faut tenter de résoudre. En effet, à l'instar du droit bancaire dont il s'inspire fortement, la diversité des questions relevant du droit de la microfinance ne permet pas d'élaborer une théorie générale du droit de la microfinance, pour paraphraser le professeur Thierry BONNEAU[70]. Ainsi, comme le droit bancaire, « *certaines questions dominent la matière et l'on peut dégager les catégories qui l'ordonnent. Mais il n'est pas possible d'affirmer que le droit bancaire est en partie composé de principes qui gouvernent l'application des questions qui en relèvent* »[71]. Cette remarque, vraie pour le droit bancaire, l'est également pour le droit applicable à la microfinance.

13. Position du problème juridique. En dépit de leur essor et des activités très similaires à celles des banques que les EMF exercent, l'appréciation de la règlementation qui leur est applicable n'est ni aisée, ni évidente. Acteurs reconnus du circuit financier, les EMF ont un champ d'action assez important dans l'économie. Ils offrent une

---

[69] Pour la présente étude, nous nous référons surtout au cas du Cameroun, pays bilingue (anglais-français) dans la sous-région CEMAC, et à la Guinée Equatoriale, qui a l'espagnol comme langue officielle.

[70] T. BONNEAU, *Droit bancaire*, 5e éd. Montchrestien, n°38, p. 33.

[71] T. BONNEAU, *Droit bancaire, idem.*

gamme de services très proches des services financiers des établissements de crédit classiques. Cependant, le règlement communautaire les instituant[72] leur refuse le statut de banque[73] et celui d'établissement financier, en édictant pour eux un ensemble de règles spécifiques. Ici, le régime commande la nature juridique de l'institution.

Ce constat soulève une interrogation majeure : En quoi l'édiction d'un statut juridique spécifique pour les établissements de microfinance en zone CEMAC se justifiait-elle, et quelle est la portée du statut ainsi élaboré ? En d'autres termes, pourquoi avoir élaboré un statut juridique spécial pour les établissements de microfinance en zone CEMAC, celui-ci est-il satisfaisant ?

14. Incidence de la nature des EMF sur leur régime juridique. Pour répondre à la question ainsi posée, on essaiera de démontrer que la spécificité de l'activité de microfinance s'est avérée incompatible avec les exigences du statut des établissements de crédit classiques,

---

[72] Règlement CEMAC n° 01-02 du 13 avril 2002, article 1er. Il s'agit là d'une conception restreinte de la notion d'établissement de crédit qui privilégie la qualité de l'institution.

[73] Les banques ne constituent qu'une espèce voire une sous-catégorie de la catégorie plus large des établissements de crédit habilités à effectuer des opérations de banque. Il convient de préciser que l'article 10 de la Convention du 17 Janvier 1992 renvoyait à la compétence réglementaire nationale pour la classification des établissements de crédit ; c'est ainsi que pour le cas du Cameroun, le décret n° 90/1469 du 09 novembre 1990 distinguait parmi les établissements de crédit deux sous-catégories à savoir les banques et les établissements financiers. Désormais, le Règlement COBAC R-2009/02/ du 1er Avril 2009 portant fixation des catégories des établissements de crédit, de leur forme juridique et des activités autorisées, précise en son article 8 que : « les établissements de crédit sont agréés en qualité de banques universelles, banques spécialisées, établissements financiers ou sociétés financières».

d'où la nécessité d'élaborer un cadre propre au secteur de la microfinance. De même, en dépit d'une volonté unificatrice de tous les EMF par le législateur sous-régional, traduite par des critères de rattachement communs (l'activité de microfinance, le terme générique d'établissement de microfinance...), il existe parmi les EMF, une diversité de formes juridiques qu'il semble difficile de concilier au sein d'un même statut juridique. Les critères d'activité et de forme juridique utilisés par le Règlement communautaire pour encadrer la microfinance, ne paraissent pas favorables à l'élaboration d'un statut juridique unitaire pour tous les EMF. Les déclinaisons du régime juridique entament alors l'unité de nature des EMF.

15. Caractéristique du statut des EMF. Pour identifier la caractéristique fondamentale (unité ou diversité) du statut des EMF, il faudra, à partir d'un ensemble de faits jugés pertinents, déterminer leur appartenance à une même catégorie juridique ou à des catégories différentes et leur(s) régime(s) juridique(s), c'est-à-dire toutes les règles qui leur sont applicables. Dans le cas présent, à partir de la définition de la microfinance, le législateur a créé une nouvelle catégorie juridique sans clarifier totalement son contenu. Bien plus, il semble soumettre au même statut des entités ayant des formes juridiques différentes voire opposées. C'est déjà dire l'intérêt de l'étude.

16. Intérêt du sujet. Au plan pratique, plusieurs raisons justifient le désir d'incorporer les institutions financières non traditionnelles dans un cadre réglementaire plus officiel. Il peut s'agir notamment de :

- la tendance croissante des institutions financières publiques et privées et des bailleurs de fonds, de n'accorder des prêts et des dons qu'aux organisations effectivement soumises à une réglementation et à une supervision officielles ;

- la diminution des dons internationaux pour les organisations caritatives (ONG, fondations etc.) et donc le désir de mobiliser des ressources auprès du public ;

- la promotion de la microfinance et de ses caractéristiques particulières dans la fourniture des services financiers [74];

- l'étude du statut juridique des établissements de microfinance vise à mieux cerner leur place par rapport aux établissements de crédit, ce qui révèle la condition de la microfinance comme instrument potentiel de lutte contre la pauvreté[75] ;

---

[74] P. COQUART, *« La microfinance : enjeux et avenir »*, *Techniques financières et développement*, n°78, mars 2005, pp. 25-31.

[75] Selon le Professeur M. LELART, l'une des raisons de l'émergence du microcrédit est la lutte contre la pauvreté, laquelle est devenue une préoccupation majeure de la Communauté internationale. L'initiative Pays Pauvres Très endetté (PPTE) de 1996 a été intégrée trois ans plus tard dans un effort plus vaste visant à réduire la pauvreté dans les pays concernés. Un document stratégique de réduction de pauvreté (DSRP) est maintenant élaboré par les autorités nationales et les institutions internationales, avec la participation active des bailleurs de fonds et de la société civile, qui participent également au suivi de son application. V. M. LELART, *De la finance informelle à la microfinance, op. cit.* p. 48.

- la protection du consommateur concernant la sécurité des dépôts[76], la collecte de ces derniers et le prix du crédit.

17. **Au plan théorique**, une analyse minutieuse du sujet nécessite de recourir à plusieurs branches de droit applicables aux EMF, à savoir le droit financier, le droit technique de la microfinance, le droit général des affaires et tout naturellement le droit civil.

18. **Le droit financier**[77] traite de manière classique des opérations financières (opérations de banque, opérations de crédit...) et à ce titre, il sera intéressant de voir dans quelle mesure il est applicable aux EMF ; parce que les EMF accomplissent des opérations de crédit[78], de

---

[76] C'est dans ce sens qu'un auteur mettant en relief les risques liés à la faillite d'une banque affirme : « si la défaillance d'un agent de la vie commerciale peut mener au sinistre, celle d'une banque peut mener au désastre », V. P.-G. POUGOUE, *« Commentaire de l'ordonnance n° 90/003 du 27 avril 1990 modifiant et complétant les dispositions de l'ordonnance n° 85/002 du 31 août 1985 relative à l'exercice de l'activité des établissements de crédit »*, *in Juridis Infos*, n° 03, spécial, juill.-août-sept. 1990, p.77, cité par KENMOGNE SIMO, *La protection des établissements bancaires contre la défaillance en Afrique noire francophone,* thèse précitée n°5, note 43. Cette affirmation pourrait avoir la même portée en ce qui concerne le secteur de la microfinance, en raison de la place croissante des services financiers dans la vie de la personne physique ou morale. Ne parle-t-on pas de plus en plus de l'économie financière en ce XXIe siècle ? Ou encore de la financiarisation des rapports sociaux ?

[77] Le droit financier s'entendait autrefois comme le droit des finances de l'État et relevait en tant que tel du domaine du droit public. L'appellation désigne aujourd'hui une tout autre réalité : il s'agit du droit régissant la finance de marché et plus généralement, les activités liées à l'expansion extraordinaire de la sphère financière dans le monde moderne des affaires. Il relève désormais du droit privé. M.-L. COQUELET, A. COURET, T. GRANIER, H. LE NABASQUE, D. PORACCHIA, A. RAYNOUARD, A. REYGROBELLET, D. ROBINE, *Droit financier*, Précis Dalloz, 1ere éd., 2008.

[78] Le législateur communautaire de la CEMAC ne donne pas une définition des opérations de banque ; il se contente d'énumérer lesdites opérations. Ainsi,

collecte de l'épargne et d'autres services financiers[79], le droit financier leur est applicable. Les sources du droit financier sont diverses (nationales, communautaires, internationales), il faut apprécier la portée de son application aux EMF.

19. Le droit technique de la microfinance concerne spécifiquement les opérations de microfinance. Il s'agit donc ici davantage d'un « droit microfinancier »[80] concernant l'activité de microfinance et ses modes opératoires. En effet, le droit de la microfinance pourrait être considéré comme une adaptation de certains aspects du droit financier et notamment du droit du crédit aux spécificités du secteur de la microfinance. Il peut en être ainsi des sûretés et garanties, des voies d'exécution utilisées par les EMF. Ce droit doit être recherché dans les législations nationales de chaque Etat accueillant des activités de microfinance, et/ou dans le droit communautaire.

---

l'article 4 de l'Annexe à la Convention portant harmonisation de la réglementation bancaire dans les Etats de l'Afrique centrale du 17 Janvier 1992 dispose que : « les établissements de crédit sont des organismes qui effectuent à titre habituel des opérations de banque. Celles-ci comprennent la réception des fonds du public, l'octroi de crédits, la délivrance de garanties en faveur d'autres établissements de crédit, la mise à la disposition de la clientèle et la gestion des moyens de paiement.»

[79] Comme la microassurance, le transfert de fonds, la formation etc.

[80] Certes au plan positif, on ne peut pas encore parler d'un droit de la microfinance autonome. Mais les spécificités de la microfinance lui confèrent une certaine originalité dans l'encadrement juridique ; ceci passe parfois par une adaptation, voire une mutation des normes juridiques, en considération des spécificités de la microfinance.

20. Plusieurs textes de droit général des affaires sont applicables à la microfinance à savoir : le droit commercial général[81], le droit des sociétés[82], le droit des sûretés[83] et les voies d'exécution[84].

21. L'applicabilité du droit commercial général à l'activité de microfinance sera appréciée à travers la nature de certains actes et opérations accomplis par les établissements de microfinance (EMF). Par exemple, il est intéressant de vérifier si les EMF accomplissent des actes de commerce tels que visés à l'article 3 de l'acte uniforme OHADA sur le droit commercial général[85]. Il faut analyser si tous les

---

[81] Il s'agit notamment de l'Acte uniforme OHADA relatif au droit commercial général, selon sa version révisée le 15 décembre 2010. Pour mémoire, l'OHADA est l'Organisation pour l'Harmonisation en Afrique du Droit des affaires. Elle a été créée par le Traité relatif à l'Harmonisation du Droit des Affaires en Afrique, signé le 17 octobre 1993 à Port-Louis et révisé à Québec au Canada, le 17 octobre 2008.

[82] L'Acte uniforme OHADA relatif aux sociétés commerciales et du Groupement d'Intérêt Economique, adopté le 17 avril 1997. Il faut souligner qu'un projet de réforme dudit acte uniforme est actuellement en cours au niveau des institutions de l'OHADA.

[83] L'Acte uniforme OHADA relatif au droit commercial général, selon sa version révisée le 15 décembre 2010.

[84] L'Acte uniforme OHADA portant organisation des procédures simplifiées de recouvrement et des voies d'exécution, adopté le 10 avril 1998.

[85] Aux termes de l'article 3 de l'Acte Uniforme OHADA portant sur le droit commercial général : « ont le caractère d'actes de commerce, notamment :

- l'achat de biens, meubles ou immeubles, en vue de leur revente ;
- les opérations de banque, de bourse, de change, de courtage, d'assurance, et de transit ;
- les contrats entre commerçants pour les besoins de leur commerce ;
- l'exploitation industrielle des mines, carrières et de tout gisement de ressources naturelles ;
- les opérations de location de meubles ;
- les opérations de manufacture, de transport et de télécommunication ;

établissements de microfinance ont ou n'ont pas la qualité de commerçant au regard de leurs activités[86].

22. Les EMF peuvent revêtir une diversité de formes juridiques : les sociétés commerciales[87], les sociétés coopératives et mutualistes[88], les associations[89]. Aussi, importe-il de rechercher dans quelle mesure l'acte uniforme OHADA sur les sociétés commerciales et le Groupement d'Intérêt Economique (G.I.E) peut être appliqué aux EMF de la deuxième catégorie, compte tenu que ceux-ci doivent avoir la forme juridique d'une société anonyme. Le droit applicable aux EMF de première catégorie (coopérative d'épargne et de crédit) tire essentiellement sa substance des textes nationaux[90] étant donné que

---

- les opérations des intermédiaires de commerce, telles que commission, courtages, agences, ainsi que les opérations d'intermédiaire pour l'achat, la souscription, la vente ou la location d'immeubles, de fonds de commerce, d'actions ou de parts de société commerciale ou immobilière ; les actes effectués par les sociétés commerciales. »

[86] Au sens de l'Acte Uniforme OHADA sus cité, « sont commerçants ceux qui accomplissent des actes de commerce, et en font leur profession habituelle. »

[87] Art. 3 al. 2 du Règlement COBAC EMF 2002/21 du 15 avril 2002 relatif aux formes juridiques liées à chaque catégorie d'EMF.

[88] Art. 3 al. 1 du Règlement COBAC EMF 2002/21 du 15 avril 2002 relatif aux formes juridiques liées à chaque catégorie d'EMF.

[89] Art. 3 al. 1et 3 du Règlement COBAC EMF 2002/21 du 15 avril 2002 relatif aux formes juridiques liées à chaque catégorie d'EMF.

[90] Pour le Cameroun, il s'agit notamment de : Loi n°92-006 du 14 août 1992 relative aux sociétés coopératives et aux groupes d'initiative commune modifiée par l'article 15 de la loi n°98-9 du 1er juillet 1998 portant loi de finance pour l'exercice 1998-1999. Décret n°92/455/PM du 23 novembre 1992 fixant les modalités d'application de la loi n°92/006 du 14 août 1992 relative aux sociétés coopératives et aux groupes d'initiatives commune modifié et complété par le décret n°2006/0762/PM du 9 juin 2006. Décret n°98-300 PM du 9 septembre 1998 fixant les modalités d'exercice des activités des COOPEC modifié et complété par décret n°2001/023/PM du 29 janvier 2001.

l'Acte Uniforme sur les sociétés coopératives et mutualistes ne leur est pas applicable[91]. La réglementation sur les associations constituera une piste de solution pour les EMF de première et de troisième catégorie, étant entendu que ces deux catégories sont constituées souvent des associations, principalement des Organisations non gouvernementales[92].

23. L'Acte Uniforme OHADA relatif au droit des sûretés, dispose en son article 1er :*« les sûretés sont les moyens accordés au créancier par la loi de chaque Etat partie ou la convention des parties pour garantir l'exécution des obligations, quelle que soit la nature juridique de celles-ci»*. Il ressort de cette disposition que ledit acte uniforme est applicable à toutes les sûretés, que l'obligation ait un caractère commercial ou civil. C'est dire qu'il est applicable aux EMF dans la mesure où ceux-ci sont parfois appelés à garantir leurs opérations de crédit.

Pour le Tchad : L'ordonnance 025/PR/92 du 7 décembre 1992 portant création des groupements à vocation coopératives et des sociétés coopératives. Décret n°066/PR/MET/94 du 1er avril 1994 déterminant les modalités de création, de fonctionnement et d'enregistrement des groupements et des sociétés coopératives.

[91] Aux termes de l'article 2 al. 2 de l'Acte uniforme OHADA relatif aux sociétés coopératives, adopté le 15 décembre 2010, « nonobstant les dispositions du présent Acte Uniforme, les sociétés coopératives qui ont pour objet, l'exercice d'activités bancaires ou financières, demeurent soumises aux dispositions du droit interne ou communautaire relatives à l'exercice de ces activités ».

[92] Au Cameroun, les associations sont régies par la loi du 19 décembre 1990 portant liberté d'association.

Toutefois, au-delà de cet acte uniforme qui constitue en quelque sorte le droit commun des sûretés, certaines techniques de garanties sont propres[93] à l'activité de microfinance.

24. A ce stade, il sera intéressant d'apprécier si l'Acte Uniforme OHADA relatif aux voies d'exécution est adapté à l'environnement de la microfinance ; sinon chercher des solutions adéquates permettant aux établissements de microfinance de recouvrer, le cas échéant, leurs créances en temps utile[94].

Enfin, le droit civil, en tant que partie fondamentale du droit privé comprenant les règles relatives aux personnes, aux biens, à la famille, aux obligations, plus spécialement aux divers contrats[95], sera naturellement applicable aux établissements de microfinance comme sujets de droit.

25. L'entrée en vigueur de la réglementation de la microfinance constitue donc une source attrayante et fertile de recherche. L'adoption de nouvelles dispositions juridiques pose généralement des problèmes d'acception, d'application effective, voire d'interprétation.

---

[93] Prêts de groupe ou solidaires, épargne-crédit, liens de proximité etc.

[94] Les EMF développent souvent des procédés assez originaux, parfois en marge de la règlementation en vigueur, pour le recouvrement de leurs créances. Par exemple, certains EMF en zone rurale saisissent l'ensemble des biens des débiteurs en violation des règles encadrant les saisies ; d'autres procèdent au placardage des photographies de leurs débiteurs pour révéler leur insolvabilité, cela, en contradiction les droits humains dont bénéficie toute personne.

[95] V. G. CORNU, *Vocabulaire juridique, op. cit.*, p. 175.

Ces problèmes doivent être traités par la doctrine, la jurisprudence et la pratique pour rendre les nouveaux textes plus efficaces. Bien plus, la microfinance apparaît comme un nouvel (récent) objet de droit, et, à ce titre, devrait retenir l'attention de tous les juristes (législateur, juge, auteur etc.) afin de systématiser le fonctionnement des EMF et de faciliter la compréhension de la règlementation qui leur est applicable.

26. La caractéristique essentielle des problèmes juridiques posés par les EMF tient à la grande hétérogénéité des règles auxquelles il faut se référer. Cette étude s'inscrit dans le processus de recensement des normes juridiques susceptibles de s'appliquer aux établissements de microfinance. De même, elle vise à mettre en relief les insuffisances de la réglementation actuelle de la microfinance. Les propositions dégagées pourraient contribuer à une meilleure compréhension de l'originalité de la microfinance, et de la spécificité des différentes formes juridiques qui caractérisent cette activité.

27. Hypothèse de recherche. L'appréciation du statut juridique des EMF au sein de la CEMAC pourrait se faire autour d'une alternative. Si on considère que les EMF sont des établissements de crédit[96] accomplissant des opérations identiques à celles effectuées par les établissements de crédit classiques, il se pose la question de l'opportunité d'une réglementation spécifique au secteur de la

---

[96] V. note 69 *supra*.

microfinance[97]. En revanche, si les EMF sont une catégorie juridique particulière, parce que leur activité revêt une originalité certaine, cela révèle le bien fondé de la différenciation des régimes juridiques de ces établissements dans de la réglementation communautaire[98]. Cette dernière hypothèse alimentera la présente étude.

28. Démarche méthodologique. L'orientation de la recherche vers le statut juridique des établissements de microfinance en zone CEMAC peut se décliner en diverses approches méthologiques.

Tout d'abord, il paraît intéressant de recourir au positivisme juridique[99] en tant que méthode de travail, pour analyser le statut juridique des établissements de micofinance. En effet, le positivisme exégétique[100] sera fortement mis en exergue au cours de cette étude ; il visera à « *prendre en considération non seulement la loi mais l'intention du législateur sans laquelle l'interprétation de la loi est*

---

[97] En effet, le règlement CEMAC n° 01-02 du 13 avril 2002 relatif aux conditions d'exercice et de contrôle de l'activité de la microfinance a été adopté en marge de la réglementation bancaire classique. C'est donc un texte spécifique encadrant ce secteur d'activité.

[98] V. articles 4 et 10 de l'Annexe à la convention portant harmonisation de la réglementation bancaire dans les Etats de l'Afrique Centrale.

[99] Par positivisme juridique, nous entendons simplement le droit positif, entendu comme un ensemble de règles de droit (droit objectif), en vigueur dans un pays donné à un moment donné, par opposition à droit naturel (ou idéal) et à droit résolu (aboli ou abrogé), reçu dans le passé (ancien droit), v. G. CORNU, *Vocabulaire juridique, op. cit.* p. 769. Pour une systématisation de la notion de positivisme en tant que doctrine juridique, v. J.-L BERGEL, *Théorie générale de droit, op. cit.*, n°18-20, pp. 24-28.

[100] De façon assez classique, on distingue quatre sortes de positivismes juridiques : le positivisme exégétique, le positivisme analytique, le positivisme pragmatique et le positivisme logique. V. A. BRIMO, *Les grands courants de la philosophie du droit et de l'Etat*, Paris, éd. Pedone, 1978, p. 275.

impossible, voire à la faire prévaloir sur les textes »[101]. Il faudra donc, à partir de l'interprétation des textes, rechercher la *ratio legis*[102] du législateur communautaire de la CEMAC.

De même, le positivisme analytique[103], notamment le raisonnement par analogie[104], sera utilisé pour une meilleure lecture de la règlementation applicable à l'activité de microfinance. Il s'agira de rechercher les solutions dans la loi, les précédents judiciaires, la doctrine, à des situations identiques[105]. Ainsi, la compréhension des règles applicables aux opérations de microfinance se fera à la lumière de certains mécanismes du droit bancaire[106]. Ce sera le cas par exemple, pour déterminer la nature civile ou commerciale des opérations de microcrédit. De même, la méthode empirique suppose

---

[101] A. BRIMO, *Les grands courants de la philosophie du droit et de l'Etat, op. cit.,* p. 276.

[102] Expression latine signifiant « raison de la loi », encore utilisée pour désigner la raison d'être de la règle établie d'où l'interpretation tire la mesure de la pleine application de celle-ci. V. G. CORNU, *Vocabulaire juridique, op. cit.,* p. 842.

[103] A. BRIMO, *Les grands courants de la philosophie du droit et de l'Etat, op. cit.,* p. 276.

[104] C'est un procédé classique d'interprétation rationnelle, relevant de la méthode exégétique qui consiste à étendre la solution édictée par un texte pour un cas semblable non prévu par le texte, en montrant que la raison d'appliquer la règle a la même force dans les deux cas, ce qui est démontré lorque, dans la *ratio legis*, ce en quoi les cas sont semblables est déterminant pour l'application de la règle ; par dérivation, extension analogique comparable appliquée à toute règle. V. G. CORNU, *Vocabulaire juridique, op. cit.,* p. 64.

[105] J.-L BERGEL, *Théorie générale de droit, op. cit.*, p. 63.

[106] Plusieurs ouvrages sont consacrés à l'étude du droit bancaire, on peut entre autres citer : J.-L. RIVES LANGE et M. CONTAMINE-REYNAUD, *Droit bancaire*, 6e éd. Précis Dalloz, 816 pp ; G. GAVALDA et J. STOUFFLET, *Droit du crédit*, t.1, les institutions, Litec, 1ere éd., 1991; G. GAVALDA et J. STOUFFLET, *Droit bancaire*, Litec 1999, 4e éd., 446 pp. F. GRUA, *Contrats bancaires*, Tome 1. Contrats de services, Economica, 1990, 327 pp. ; *Les contrats de base de la pratique bancaire*, Litec, 1ère édition, 2000 ; S. PIEDELIEVRE et E. PUTMAN, *Droit bancaire*, Economica, 2011, 808 pp.

une confrontation avec des situations comparables et l'examen des conséquences prévisibles de chacune des solutions possibles pour choisir la plus adaptée[107].

Ensuite, il semble intéressant d'effectuer la recherche à travers une démarche interdisciplinaire. L'interdisciplinarité dont il est question ici, s'oppose, comme le relève brillamment Gérard TIMSIT, *« à la mono-disciplinarité, en ce qu'elle suppose le recours à plusieurs disciplines scientifiques pour connaître d'un même objet »*[108]. L'activité de microfinance étant originellement un objet d'études économique et financière, son analyse en droit se nourrit naturellement d'une recherche interdisciplinaire, dans la mesure où cette dernière emprunte à plusieurs disciplines *« des intruments et des techniques, mieux même lorsqu'elle fait usage des schémas conceptuels et d'analyses qui se retrouvent dans plusieurs domaines du savoir afin de les faire converger après les avoir comparés et jugés »*[109]. A ces méthodes, seront associés la méthode comparative et le raisonnement dialectique pour l'analyse du droit OHADA.

Enfin, afin d'avoir des données concrètes et chiffrées sur le secteur de la microfinance, l'utilisation des techniques de recherche comme les enquêtes, l'observation et l'administration de questionnaire sera fort apprciée.

---

[107] J.-L. BERGEL, *Théorie générale de droit, op. cit., loc. cit.*

[108] G. TIMSIT, *Théorie de l'Administration*, Economica, janvier 1986, pp. 17-18.

[109] Pierre de BIE, « La Recherche Orientée », *in Tendances principales de la Recherche dans les Sciences sociales et humaines*. Première partie : Sciences Sociales, Mouton/Unesco, 1971, p. 721 cité par G. TIMSIT, *Théorie de l'Administration, op. cit.,* p. 18.

29. Annonce du plan. La question du statut juridique des EMF met en relief une diversité de problèmes dont l'examen passe naturellement par une approche bipartite. Pour y répondre, il importe, de démontrer qu'en raison d'un développement important et non régulé des structures accomplissant les opérations de microfinance, il était devenu très nécessaire que le législateur sous-régional de la CEMAC élabore expressément un statut juridique pour les établissements de microfinance (Première partie) ; mais cette œuvre bien qu'essentielle, reste inachevée, il faut donc la parfaire (Deuxième partie).

PREMIERE PARTIE

UN STATUT JURIDIQUE NECESSAIRE

30. Diversité des approches réglementaires de la microfinance. L'émergence de l'activité de microfinance a justifié une intervention du législateur. Pour la réglementer, deux voies principales[110] s'offrent aux autorités publiques[111] : soumettre l'activité de microfinance au cadre réglementaire tracé pour le secteur bancaire classique en l'adaptant[112], ou plutôt créer une réglementation spécifique pour le secteur de la microfinance. Cette dernière option a emporté l'adhésion du législateur communautaire de la CEMAC. Ce courant réglementaire soumet les structures de microfinance à une règlementation parallèle à celle applicable au secteur bancaire. Celles-ci sont considérées comme des établissements de crédit alternatifs, orientés dans une activité qui, en pratique, n'intéresse pas le secteur bancaire[113].

---

[110] A côté de ces deux voies principales, une troisième existe, même si elle semble de nos jours disparaître. Elle consiste à autoriser la microfinance en déléguant la réglementation aux EMF eux-mêmes. Cette approche a l'avantage de décharger les autorités monétaires du travail de supervision/surveillance. Mais elle présente plusieurs risques. Laisser une profession s'autoréguler dans un secteur où les intérêts sont parfois très divergents n'est pas une mesure rassurant pour les investisseurs et les acteurs de ce secteur d'activité. On retrouve cette orientation réglementaire de manière résiduelle à Madagascar et aux Comores, pour favoriser l'officialisation des micro-EMF œuvrant dans le secteur informel ou pour reconnaître un « seuil » en deçà duquel les entités de microfinance n'auraient pas à se déclarer, compte tenu de leur trop petite taille.

[111] Pour une étude complémentaire des approches réglementaires de la microfinance, voir, Ministère (français) des Affaires étrangères, *« Problèmes de réglementation et de surveillance des établissements de microfinance »*, L'épargne dans le contexte de la microfinance, rapports d'étude, DGCID, Paris, p. 307.

[112] Cette méthode a été suivie par plusieurs pays à travers le monde, notamment BRI (*Bank Rakyat Indonésia*) en Indonésie, la *Grameen Bank* au Bangladesh, la Cerudeb (*Centenary Rural Development Bank*) et l'ex –Banque coopérative en Ouganda, la BancoSol (*Banco Solidario SA*) en Bolivie.

[113] L. LHERIAU, *Précis de la réglementation de la microfinance*, n°49, p. 56 AFD, 2009.

31. Question pertinente. Les différents courants réglementaires de la microfinance mettent en exergue une question importante : Comment encadrer de façon efficace et optimale la microfinance ? Doit-on adapter les règles bancaires classiques à l'environnement de la microfinance, élaborer une réglementation propre ou plutôt conjuguer les deux approches ? La diversité des situations économiques, financières et sociales des différents pays ou régions, révèle qu'il n'existe pas de réponse unanime à cette question, mais une disparité de solutions calquées sur l'histoire, la culture et l'évolution socio-économique de chaque zone concernée. C'est à la lumière de ces différents facteurs que la réglementation CEMAC de la microfinance a été adoptée.

32. L'adoption d'une réglementation sous-régionale. L'essor des institutions de microfinance dans la CEMAC, s'est fait parfois de façon assez anarchique, parfois de manière peu structurée, cela a suscité le besoin de placer la microfinance sous le contrôle des autorités monétaires régionales (COBAC et BEAC), afin d'encadrer ce secteur en pleine expansion[114]. Cet encadrement a abouti à l'adoption d'un statut juridique spécifique pour l'activité de microfinance, laquelle est réalisée par des structures qui ne sont pas des établissements de crédit « classiques » et pour une clientèle pour l'essentiel « non bancable ».

---

[114] L. LHERIAU, *Précis de la réglementation de la microfinance, op. cit.*, n°67, p. 69, AFD, 2009.

33. Les raisons d'un statut juridique propre. Trois facteurs déterminants semblent avoir conduit le législateur CEMAC à adopter une règlementation particulière pour les entreprises accomplissant l'activité de microfinance.

D'abord, le souci de permettre l'accès aux services financiers et bancaires à une partie importante de la population. En effet, en Afrique centrale, malgré des campagnes et des stratégies de bancarisation[115], et de promotion des services financiers[116], de nombreuses franges de la population restaient exclues des circuits financiers dits formels.

Ensuite, le secteur bancaire n'apporte pas une satisfaction optimale des besoins financiers de toutes les couches de la population. Au contraire, la multiplication des prestations bancaires a laissé persister le hiatus existant entre les bénéficiaires des services bancaires et les « exclus bancaires ». Ces derniers appartenant pour la majorité aux couches de populations défavorisées.

Enfin, en raison de la spécificité des opérations de microfinance et des structures qui les accomplissent, plusieurs dispositions de la réglementation bancaire se sont révélées inappropriées pour le secteur de la microfinance. Il en est ainsi, entre

---

[115] La bancarisation désigne l'importance du nombre d'individus qui ont un compte en banque. Lorsqu'un même individu a plusieurs comptes, on parle de multi-bancarisation. B. SOUSI-ROUBI et *alii*, *Lexique de la banque et des marchés financiers*, 6e ed., Dunod, 2009, p. 25.

[116] Le droit au compte, l'obligation de paiement par les moyens scripturaux et d'autres mécanismes de bancarisation tels que prévus dans le Règlement n°02/03/CEMAC/UMAC/CM du 04 avril 2003 relatif aux systèmes, moyens et incidents de paiement.

autres, des normes prudentielles, des taux d'intérêt, des voies d'exécution, des sûretés.

34. Adaptation réglementaire. Afin de régir efficacement l'activité de microfinance, donc d'adapter la norme juridique au fait socio-économique, pour paraphraser certains auteurs[117], le législateur a établi un statut particulier pour cette activité. En effet, selon un autre penseur, « *le droit apparaît comme une technique subordonnée, un instrument de réalisation du but économique qui essaye, en raison de la multitude des intérêts en jeu, d'être en harmonie avec la situation qu'il régit, afin d'assurer la survie en priorité de son potentiel économique* »[118]. L'ajustement de la règlementation est d'autant plus important que le doyen RIPERT considérait que *« toute révolution sociale doit être en même temps une révolution juridique, sans quoi elle n'est qu'un vain trouble politique »*[119] ; et l'éminent juriste de poursuivre : *« les juristes ne sauraient appliquer, ni interpréter les règles de droit s'ils ne connaissent pas l'économie et la sociologie »*[120] Cette logique se distingue de celle qui prend en compte le développement des réseaux financiers mutualistes sans expressément évoquer la microfinance[121], ou encore des pays qui

---

[117] J.-L. RIVES LANGE et M. CONTAMINE-RAYNAUD, *Droit bancaire,* Dalloz 6e, éd, n° 4.

[118] K. M. AGBENOTO, *Le cautionnement à l'épreuve des procédures collectives*, thèse 2008, univ. Lomé et Maine, n°9, p. 10.

[119] G. RIPERT, *Aspects juridiques du capitalisme moderne*, LGDJ, 195, p. 4.

[120] G. RIPERT, *idem.*

[121] L'approche mutualiste et décentralisée des réglementations intégrées des Coopec remonte aux mouvements mutualistes lancés au XIXe siècle par Raiffeisen

articulent de façon assez pragmatique les réglementations relatives au secteur bancaire et aux institutions financières mutualistes et les textes particuliers aux entités de microfinance non mutualistes[122], ou enfin les pays qui limitent la microfinance à des associations de microcrédits spécialisées[123].

35. Structure de la première partie. La règlementation des établissements de microfinance vise la promotion des services financiers pour une population plus large, dans des conditions adéquates de protection. Cet encadrement semble se justifier par le souci de sécurisation du secteur de la microfinance (titre 1), et la spécialisation des établissements de microfinance (titre 2).

---

en Allemagne, Desjardins à Québec et les pères fondateurs du Crédit Mutuel en France. Allant dans le même sens, la loi portant réglementation des institutions mutualistes ou Coopec (« loi Parmec ») a été adoptée dans la région UMOA/UEMOA en 1993.

[122] Les réglementations mixtes, articulant loi bancaire et réglementation dérogatoire sont perceptibles dans certains pays d'Amérique latine (la Bolivie), d'Asie (le Cambodge, le Bangladesh et l'Indonésie) et d'Afrique (l'Ouaganda, le Kenya, le Djibouti, les Comores, la République Démocratique du Congo et le Rwanda).

[123] Ici, la microfinance est considérée comme une activité bancaire résiduelle. C'est le cas des pays comme le Maroc à travers la loi n°18-97 relative au microcrédit ; la Tunisie, en vertu de la loi organique n°99-67 du 15 juillet 1999 relative aux microcrédits accordés par les associations ; loi n°99-68 du 15 juillet 1999 relative aux dispositions fiscales régissant les microcrédits accordés par les associations ; ou enfin la France au titre de la loi n°2001-420 du 15 mai 2001 modifiant l'article L511-6 du Comofi (Code monétaire et financier).

TITRE 1

La sécurisation du secteur de la microfinance dans la CEMAC

36. La microfinance, une activité originale nécessitant une règlementation appropriée. Le développement de l'activité de microfinance a mis en évidence l'incompatibilité de la réglementation bancaire classique à s'appliquer aux structures de microfinance. La microfinance a des spécificités que le législateur doit prendre en compte, soit en les intégrant dans le dispositif réglementaire encadrant l'activité bancaire classique, soit en adoptant un nouveau cadre plus approprié, pour un accomplissement optimal, maîtrisé et sécurisé des prestations de microfinance. La deuxième solution a reçu l'approbation du législateur communautaire de la CEMAC, à travers un statut propre.

Le statut juridique des EMF en Afrique centrale vise la protection optimale des acteurs du secteur de la microfinance. Ainsi, pose-t-il des conditions *a piori* pour l'entrée dans la profession ; mais aussi des mesures *a posteriori*, devant garantir le bon fonctionnement des EMF. En d'autres termes, la règlementation ainsi établi met l'accent sur la régulation de l'accès à l'activité des établissements microfinance (Chapitre 1), sans pour autant négliger les dispositions réglementaires qui doivent régir l'exercice de cette activité (Chapitre 2)

CHAPITRE 1

La régulation de l’accès à l’activité de microfinance

37. Un développement non régulé de la microfinance à l'origine. La microfinance est une activité financière. A l'origine, elle s'est développée à l'initiative des particuliers et en marge de tout cadre juridique[124]. Cela a été le cas pour la plupart des Etats de la CEMAC, depuis plusieurs décennies. Dans les pays de la sous-région Afrique Centrale en effet, seule l'activité bancaire bénéficiait d'un encadrement juridique au niveau de chaque Etat membre, dans un premier temps, et au niveau communautaire[125] dans un second temps. Le développement spontané et rapide du secteur de la microfinance en zone CEMAC dans les années 90[126], a révélé un grand désordre, tant du point de vue de la création des entités de microfinance, que de leur fonctionnement.

38. Nécessité d'une régulation de l'activité de microfinance. La microfinance procède d'une diversité d'opérations : l'épargne, le

[124] La microfinance n'est pas à confondre avec la finance informelle. Alors que le concept de finance informelle est apparu dans les années 80, le concept de microfinance a émergé pendant la décennie suivante et a connu des fortunes diverses. Malgré leur parenté évidente, la microfinance est très différente de la finance informelle. Non seulement l'importance est accordée au crédit et non plus à l'épargne, mais il ne s'agit plus de pratiques qui mettent en présence des personnes exclusivement, on est cette fois en présence d'une institution. V. M. LELART, *De la finance informelle à la microfinance éd. Des archives contemporaines,* AUF, 2005, p. 54.

[125] A l'origine l'activité bancaire était réglementée par chaque législateur national ; mais suite à la crise bancaire des années 80 et 90, les Etats de la CEMAC ont manifesté la volonté d'unir leurs efforts afin d'assainir le système financier ce qui a abouti à la mise sur pied d'une Commission Bancaire (la COBAC) en 1990, puis à une réglementation bancaire harmonisée en 1992.

[126] V. Introduction de la présente étude, note 41 *supra*.

crédit et l'assurance[127] notamment. La distribution du crédit a un impact certain sur l'économie de tout pays. De même, l'appel à l'épargne du public effectué par certaines structures de microfinance[128] pose le problème de sécurité des dépôts. L'Etat a le devoir d'assurer cette dernière. Tout comme l'activité bancaire, l'accès à l'activité de microfinance doit être réglementé[129]. Les établissements de microfinance accomplissent des activités qui doivent être contrôlées. Le contrôle de l'activité relève de ce que certains auteurs qualifient d'*« ordre public économique de direction et de protection »*[130]. La surveillance des établissements de microfinance

---

[127] Au-delà de ces opérations couramment effectuées par les EMF et qualifiées d'opérations principales, ceux-ci peuvent pratiquer des opérations accessoires à savoir : le transfert d'argent, la location des coffres etc.

[128] Il s'agit surtout des EMF de deuxième catégorie ayant la forme juridique de société anonyme et à ce titre, habilités à collecter les dépôts du public ; et même après un niveau de développement conséquent, procéder à l'émission des obligations par exemple.

[129] Avant l'avènement d'une réglementation communautaire de la microfinance, l'encadrement de cette activité en zone CEMAC, a connu plusieurs évolutions en fonction des pays. Tandis qu'il existait quasiment un vide juridique dans certains pays comme la Guinée, le Cameroun avait adopté un ensemble de textes, lesquels n'étaient malheureusement pas toujours adaptés aux spécificités de ce secteur d'activité. Il s'agissait entre autres de : la loi n°73/25 du 07 décembre 1973 portant statut des sociétés coopératives au Cameroun et son décret d'application du 29 octobre 1974 ; la loi n°92/006 du 14 août 1992 relative aux sociétés coopératives et aux groupes d'initiative commune et son décret d'application du 23 novembre 1992 ; le décret n°2001/23/PM du 29 janvier 2001 modifiant et complétant certaines dispositions du décret N°98/300/PM du 09 septembre 1998.

[130] J.-L. RIVES LANGE et M. CONTAMINE-RAYNAUD, *Droit bancaire,* Dalloz 6e, éd, n° 4, III ; pour une analyse plus complète de la notion d'ordre public, voir entre autres : G. FARJAT, *L'ordre public économique*, Bibl. dr. privé, T. 37, LGDJ, Paris, 1963 ; P. RAYNAUD, *L'ordre public économique, Les cours de droit*, PARIS, 1965 ; G. RIPERT, *L'ordre économique et la liberté contractuelle*, *Etudes GENY*, T. II, Librairie Edouard Duchemin, Paris, rééd. 1977, p. 347 et s. ; Ph. MALAURIE, *Les contrat contraires à l'ordre public (Etude de droit civil comparé : France, Angleterre, U.R.S.S.)*, Matot-Braine, Reims, 1953 ; G.

par l'Etat participe à la stabilité du système financier, à la protection des clients, et plus généralement de l'ensemble de l'économie.

39. Détermination des conditions d'accès à l'activité de microfinance : jalons d'une profession règlementée ? En raison de sa spécificité[131], la soumission de l'activité de microfinance aux modes de contrôle de l'activité bancaire s'est révélée inappropriée. Cela a justifié l'adoption d'un nouveau cadre juridique[132]. Ainsi, la réglementation particulière préconisée pour la microfinance participe de *« la nécessité d'adapter constamment la norme juridique à la conjoncture économique »*, selon une formule fort illustrative de certains auteurs[133]. L'encadrement de l'activité de microfinance par le législateur communautaire de la CEMAC s'est opéré par une sorte de mimétisme avec l'activité bancaire[134], mais en tenant compte des

---

COUTURIER, *L'ordre public de protection, heurs et malheurs d'une notion neuve, Etudes offertes à J. FLOUR*, Répertoire Defrenois, Paris, 1979, pp. 95 et s.

[131] La spécificité de la microfinance est perceptible à travers les mécanismes relatifs à l'activité bancaire traditionnelle par opposition au secteur alternatif constitué par la microfinance. Cette spécificité tient à la fois à des éléments objectifs comme l'évaluation des critères de contrôle, les normes prudentielles et à des problèmes de moyens affectant la production des états financiers, la comptabilité, la supervision et le contrôle de ce secteu,r entre autres.

[132] Le cadre juridique tracé pour l'exercice de l'activité de microfinance bien que s'inspirant de la réglementation bancaire, concerne des structures dont les formes juridiques sont très variables, en raison même de la spécificité de l'activité de microfinance.

[133] J.-L. RIVES LANGE et M. CONTAMINE-RAYNAUD, *Droit bancaire, op. cit.*, n°4, p. 4.

[134] L'encadrement de l'activité bancaire se démarque du droit commercial traditionnel par la fixation des conditions d'accès à l'activité, le fonctionnement des établissements de crédit soumis à un contrôle renforcé de la part des autorités monétaires et l'émergence des règles de cessation d'activité assez particulières.

particularités[135] de chaque secteur. L'accomplissement de l'activité de microfinance répond à des conditions bien précises. Ces dernières se traduisent par l'institution d'un ensemble de barrières règlementaires[136] (section I), mais aussi des exigences financières et commerciales (section II).

Section 1 - L'institution de barrières réglementaires relatives à l'activité de microfinance

40. L'assujettissement de l'exercice de l'activité de microfinance aux habilitations règlementaires. Les barrières règlementaires renvoient à l'ensemble des « habilitations », nécessaires, reçues d'une autorité publique, pour qu'un établissement de microfinance puisse régulièrement exercer son activité. Le législateur communautaire[137] a expressément prévu que l'institution candidate à l'exercice d'une activité de microfinance, doit y être habilitée, par une autorité publique compétente, à savoir l'autorité monétaire national et/ou la COBAC. L'habilitation réglementaire prévue par le législateur peut

---

Conscient que la banque est une activité assez spécifique où les enjeux sont très importants, la régulation des pouvoirs publics y est plus importante.

[135] Pour ces particularités, voir les développements sur les normes prudentielles, chapitre 2, titre 1 de la première partie.

[136] Par barrières règlementaires, nous entendons tous obstacles émanant de l'autorité publique et limitant l'accès d'une profession à une certaine catégorie d'entreprises remplissant certaines conditions, ou imposant l'accomplissement d'un certain nombre de formalités.

[137] La notion de législateur communautaire renvoie ici aussi bien au législateur CEMAC qu'au législateur COBAC, étant entendu que les textes applicables au secteur de la microfinance relèvent de la compétence partagée entre ces deux organes de la sous-région.

revêtir plusieurs formes, et parfois nécessite diverses étapes. Généralement, l'entreprise intéressée devra obtenir, en amont, un agrément en bonne et due forme, avant le début effectif de l'activité (Paragraphe1). En outre, cette entreprise pourra avoir besoin d'autres autorisations complémentaires en aval, pour l'accomplissement de certaines prestations (Paragraphe 2).

Paragraphe 1 - L'exigence des agréments appropriés

41. Le rôle des agréments. Dans son sens général, l'agrément peut être perçu comme une approbation ou une autorisation à laquelle est soumis un projet et qui suppose un pouvoir d'appréciation. Ce dernier est, généralement, discrétionnaire et normé[138]. C'est un acte administratif individuel dont l'obtention est nécessaire pour l'exercice d'une activité[139]. Il confère un véritable pouvoir d'appréciation à l'autorité compétente; lequel, en fonction des critères établis, peut le refuser ou l'accorder à la personne qui en sollicite l'obtention[140].

42. Notion d'agrément en droit financier. En droit financier[141], on peut définir l'agrément comme, une habilitation reçue d'une autorité publique compétente, pour exercer une activité réservée à une certaine

---

[138] G. CORNU, *Vocabulaire juridique*, 7e éd., PUF, p. 42.

[139] J. M. Forges, *Droit administratif*, 3ème éd., P.U.F, Paris, 1995, p.166 ; C. BERTRAND, *L'agrément en droit public*, Préface de J. MOREAU, LGDJ, 1999.

[140] *Idem.*

[141] V. note 77 *supra.*

catégorie de personnes morales[142]. Cette autorité est, très souvent, la banque centrale, la commission bancaire, l'autorité monétaire ou, plus généralement, l'organe de régulation du secteur financier. A titre d'illustration, l'exercice de l'activité d'assurance est soumis à l'obtention préalable d'un agrément[143]. Il en est de même pour la création d'un établissement de crédit[144]. L'agrément confère à l'établissement de crédit le droit d'accomplir ses prestations, conformément à la réglementation en vigueur.

43. L'institution d'agréments appropriés en microfinance. L'extension de l'agrément des établissements de crédit classiques aux établissements de microfinance, semblait suffisante pour encadrer l'accès à l'activité de microfinance. Or, une telle conception de l'agrément s'est avérée inappropriée, d'où l'institution d'agréments spécifiques aux EMF en zone CEMAC. L'institution d'un agrément pour les établissements de microfinance à côté de celui des établissements de crédit traditionnels, est le corollaire de la spécificité de l'activité de microfinance. En effet, bien qu'empruntant beaucoup de caractéristiques au droit bancaire dit classique, la microfinance a un

---

[142] Mme B. SOUSI-ROUBI, abonde dans le même sens quand elle définit l'agrément comme « une autorisation que doit obtenir un établissement de crédit ou une entreprise d'investissement avant d'exercer son ou ses activités.», *Lexique de la banque et des marchés financiers*, 6e éd., p. 10.

[143] Art. 326 du Code CIMA

[144] Cette exigence est posée part l'art. 12 de l'Annexe à la Convention du 17 janvier 1992 portant harmonisation de la réglementation bancaire dans les Etats de l'Afrique Centrale.

domaine assez spécifique. Cela justifie des agréments distincts (A), et entraine un régime particulier (B).

A – Le domaine des agréments en microfinance

44. Similitude apparente des agréments bancaire et de microfinance, mais différence réelle. La procédure d'obtention d'un agrément pour un EMF est très proche de celle suivie dans le secteur bancaire[145]. A priori l'agrément des EMF, semble faire double emploi avec celui des établissements de crédit. Toutefois, une telle opinion ne paraît plus soutenable après une analyse approfondie des procédés aboutissant à l'obtention de l'agrément dans l'un et l'autre cas. Les similitudes sont frappantes, parce que les organes participants au processus décisionnel sont quasi identiques. Cependant, à y regarder de près, l'instauration des agréments particuliers pour la microfinance est justifiée à plus d'un titre. Et ceci, tant pour l'agrément des personnes morales (1), que pour celui des personnes physiques (2).

---

[145] Les articles 12 à 17 de l'Annexe à la Convention portant harmonisation de la règlementation bancaire dans les Etats de l'Afrique centrale, déterminent les conditions et la procédure à suivre pour obtenir un agrément qui permet à une entité d'exercer en qualité d'établissement de crédit. A la lecture de ces dispositions, il apparaît que les demandes d'agrément dans l'une des catégories d'établissements de crédit sont formées auprès de l'Autorité monétaire qui après instruction des éléments constitutifs du dossier, le transmet à la COBAC. Celle-ci apprécie l'aptitude de l'entreprise à réaliser ses objectifs de développement dans les conditions que requiert le bon fonctionnement du système bancaire et la sécurité des déposants. L'agrément est prononcé par arrêté pris par l'Autorité monétaire sur avis conforme de la COBAC.

1- L'exigence de l'agrément pour tout établissement de microfinance

45. Le comblement d'un vide juridique en microfinance. A l'origine, l'absence d'un cadre juridique approprié faisait de la microfinance une sorte de *« no man's land juridique »*[146] ; ce qui attirait les spéculateurs de toute sorte, les promoteurs et les opérateurs économiques aux objectifs parfois inavouables. La possibilité de créer une entreprise de microfinance, et de la refermer quelque temps après, au grand dam des clients et/ou épargnants[147], était devenue pernicieuse. Cette situation portait atteinte à la sécurité des

[146] Par *no man's land* juridique, il faut entendre une sorte de vide juridique favorable à des abus de toutes sortes. C'est ce que le Doyen CARBONNIER qualifie de « non droit ». Selon l'éminent juriste, « le non-droit, s'il faut en donner une approximation, est l'absence du droit dans un certain nombre de rapports humains où le droit aurait vocation théorique à être présent. Ce n'est pas, bien entendu, l'« antidroit », le droit injuste, qui est un phénomène positif. Ce n'est pas non plus le « sous-droit », tel qu'il peut se produire dans la sous-culture de certains groupements particuliers », J. CARBONNIER, *Flexible droit, pour une sociologie du droit sans rigueur*, 10 éd., Paris, LGDJ, pp. 25-26, ou encore J. CARBONNIER, *L'hypothèse du non-droit, Archives de philosophie du droit*, 1963, Sirey édition.

[147] On observe de façon régulière la fermeture des établissements de microfinance au Cameroun. Ceci, parfois en marge de toute information et procédure. La presse nationale se fait d'ailleurs très souvent l'écho de la fermeture des EMF, ce qui entraîne d'importants dommages pour la population. V. entre autres, *« Des responsables d'une micro finance s'enfuient avec plus de 100 millions Fcfa », in Le Messager* du 08 février 2010; Depuis le mois de décembre 2010, la Commission bancaire de l'Afrique centrale a placé deux établissements de microfinance, parmi les plus en vue, sous administration provisoire. Il s'agit de la Compagnie financière de l'estuaire (COFINEST, 17 milliards de FCFA de dépôts pour environ 10 milliards de crédits) et de la First Trust (11 milliards de FCFA de dépôts). Quelques mois plus tôt, un autre établissement de microfinance, GBF avait purement et simplement été mis en liquidation. V. En ce sens : *« Cameroun, vague d'assainissement dans la micro finance », in Les Afriques*, http://www.lesafriques.com/banques-et-assurances/mauvaise-passe-pour-les-banques-d-afrique-cen.html?Itemid=308?articleid=20525, page consultée le 20 juillet 2010.

transactions, mais aussi à la promotion des investissements. Ceux-ci ne pouvaient plus se faire facilement par le biais de la petite épargne.

46. Le rapport étroit entre la qualité d'établissement de microfinance et l'agrément. Afin de répondre efficacement à leurs devoirs, les Etats ont dû intervenir pour encadrer le secteur de la microfinance. La microfinance, exercée de façon anarchique avant l'intervention étatique, est devenue une activité réglementée. La réglementation établit un lien entre la notion d'établissement de microfinance et l'agrément. Ainsi, l'EMF s'apparente à un club dont la condition d'accès est l'agrément. Tous les membres de ce club, sont soumis à une tutelle, pour paraphraser un auteur[148].

47. L'obtention de l'agrément. Le règlement CEMAC du 13 avril 2002 relatif aux conditions d'exercice et de contrôle de l'activité de microfinance en Afrique Centrale, pose les conditions générales d'agrément pour qu'un établissement exerce régulièrement l'activité de microfinance (a), et des exigences supplémentaires, lorsque plusieurs établissements de microfinance veulent se regrouper en réseau pour exercer leur activité (b).

---

[148] T. BONNEAU, *Droit bancaire*, 5e éd., Montchrestien, n° 122, p. 85.

a) Les conditions générales d'agrément en microfinance

48. Autorités compétentes pour l'octroi de l'agrément en microfinance et effets induits. Aux termes de l'article 22 du Règlement du 13 avril 2002, l'exercice de l'activité de microfinance est subordonné à l'obtention de l'agrément de l'autorité monétaire, après avis conforme, de la Commission Bancaire. Cette disposition entérine une sorte de monopole de dénomination au profit des établissements de microfinance. L'entreprise agréée comme établissement de microfinance, est habilitée à exercer l'activité de microfinance. A défaut, elle est interdite d'exercer l'activité formellement.

L'article 2 du Règlement du 13 avril 2002 dispose que : *« la dénomination 'établissement de microfinance' en abrégé 'EMF', désigne les entités qui exercent l'activité de microfinance dans la Communauté Economique et Monétaire de l'Afrique Centrale, en abrégé CEMAC»*. L'article 6 du même texte, précise que : *« les établissements agréés dans l'une des catégories ci-dessus sont tenus de faire suivre leur dénomination de la mention 'Etablissement de Microfinance', suivie des références du texte qui les régit, de celles de leur agrément, de celles de la catégorie dans laquelle ils ont été agréés et de leur immatriculation»*.

49. L'instauration d'un monopole de dénomination spécifique au profit des EMF. Selon la règlementation, *« l'utilisation du mot*

'Banque' ou 'Etablissement financier' leur est interdite»[149]. Dans cette disposition, le législateur vise à limiter toute confusion pouvant naître entre la qualification des EMF et celle des établissements de crédit. C'est donc à juste titre qu'il instaure des mentions informatives au profit des tiers, en interdisant formellement aux EMF l'usage des mots banque ou établissement financier qui relèvent du monopole des établissements de crédit. Il ressort clairement de la lecture combinée des articles 2, 6 et 22 sus cités, que les EMF ont un monopole de dénomination. C'est dire qu'un établissement de crédit « classique » ne peut se prévaloir de son statut, pour revendiquer la qualité d'établissement de microfinance. A moins d'obtenir un agrément approprié pour le compte de sa filiale par exemple. Il découle de cela que l'adage *« qui peut le plus peut le moins »,* cher au droit administratif, en ce qui concerne les règles de compétence d'attribution, n'opère pas au profit des établissements de crédit, relativement à l'accomplissement des opérations de microfinance.

50. La spécialisation des agréments et pièces constitutives du dossier d'agrément. Bien plus, il importe de souligner que l'agrément est octroyé à l'établissement, en fonction de la catégorie[150]

---

[149] L'article 2 du Règlement du 13 avril 2002 précité.

[150] L'article 5 du Règlement du 13 avril 2002 relatif aux conditions d'exercice et de contrôle de l'activité de microfinance dans la CEMAC, distingue trois (03) catégories d'établissements de microfinance à savoir : les EMF de première catégorie de forme coopérative/mutualiste, les EMF de deuxième catégorie sous forme de société anonyme et les EMF de troisième catégorie ayant la forme d'association ou de projet.

sollicitée. Le dossier d'agrément de l'établissement doit comporter les pièces et renseignements ci-après[151] :

- une demande timbrée précisant la catégorie sollicitée ;
- le certificat d'enregistrement ou d'inscription ;
- le procès-verbal de l'assemblée générale constitutive ;
- les statuts de l'établissement ;
- la liste des membres fondateurs ou des actionnaires ;
- les membres du conseil d'administration ou de l'organe en tenant lieu, le cas échéant ;
- les pièces attestant des versements au titre de la libération des parts souscrites, accompagnées des relevés bancaires ou tout autre document en tenant lieu ;
- les prévisions d'activité, d'implantation et d'organisation sur trois ans ;
- le détail des moyens techniques et financiers dont la mise en œuvre est prévue ainsi que tout élément susceptible d'éclairer les autorités compétentes.

51. Conditions objectives et subjectives pour l'obtention d'un agrément. L'énumération des pièces et renseignements nécessaires pour l'octroi de l'agrément, permet de constater qu'il est exigé à toute entreprise, de remplir des conditions à la fois objectives et subjectives. Les conditions objectives tiennent, notamment à l'objet, voire à

---

[151] Ces pièces et renseignements sont énumérés à l'article 23 du règlement sus cité.

l'objectif poursuivi par la personne morale demanderesse de l'agrément. Ainsi, lcs prévisions d'activité, d'implantation et d'organisation sur les trois ans sont appréciées. En revanche, les conditions subjectives renvoient à la qualité des sujets désireux de se lancer dans l'activité de microfinance; qu'il s'agisse de la personne morale elle-même, ou de ses membres, des actionnaires et/ou administrateurs. C'est ce que révèle l'exigence d'un procès-verbal d'assemblée générale constitutive, la liste des membres fondateurs ou des actionnaires, la liste des membres du conseil d'administration.

52. Dissociation monopole de dénomination et monopole d'opérations. Le monopole de dénomination instauré au profit des EMF, et qui résulte de l'obtention de l'agrément, ne s'accompagne pas forcément, de celui des opérations. Cela, dans la mesure où, les EMF et les établissements de crédit effectuent des opérations quasi similaires. L'énoncé des conditions générales d'agrément des EMF laisse apparaître une souplesse[152] assez grande ; laquelle est justifiée, sans doute, par un souci de promotion des services financiers. La rigidité des conditions générales, nécessaires pour la création d'un établissement bancaire, n'aurait pas été propice pour la réglementation de l'activité de microfinance, d'où l'exigence d'une règlementation propre. Cette différenciation de conditions d'agrément se vérifie, en

[152] A titre de comparaison, contrairement au secteur de la microfinance où la COBAC dispose d'un délai de trois (3) mois pour statuer sur la décision d'agrément, en matière bancaire ce délai est de six (06) mois selon l'art. 14 de l'Annexe à la Convention Bancaire de 1992 précité. Cette différence se justifie sans doute par la flexibilité de la microfinance, domaine au sein duquel l'application de la rigueur bancaire semble préjudiciable.

outre, lorsque les EMF souhaitent évoluer en groupe, dans le cadre d'un réseau.

b) Les conditions particulières aux réseaux et organes faîtiers d'établissements de microfinance

53. La perspective de l'organisation d'un réseau en microfinance. Au sens de l'article 25 du Règlement du 13 avril 2002, *« aucun établissement ne peut adhérer à un réseau s'il n'a été préalablement agréé par l'Autorité monétaire, après avis conforme de la Commission Bancaire»*. La réglementation de la microfinance, offre la possibilité aux établissements de se regrouper pour former un réseau[153]. Celui-ci leur permet de coordonner leurs stratégies, et de conjuguer leurs efforts. Seulement, un tel regroupement nécessite l'agrément de chaque membre. Cette exigence vise à limiter les manœuvres et les passe-droits éventuels de certains établissements qui, sous couleur d'appartenir à un réseau, ne rempliraient pas la condition d'agrément, pourtant indispensable à l'exercice de l'activité de microfinance.

54. L'obtention d'un agrément supplémentaire : condition d'exercice en qualité d'organe faîtier d'un groupe d'EMF. En outre, la réglementation subordonne l'exercice des fonctions d'organe

---

[153] Selon l'art. 13 du Règlement du 13 Avril 2002, « le réseau est un ensemble d'établissements agréés, animés par un même objectif et qui ont volontairement décidé de se regrouper afin d'adopter une organisation et des règles de fonctionnements communes. Il peut être local ou national.»

faîtier[154] à un agrément de l'autorité monétaire, après avis conforme de la Commission Bancaire[155]. Une lecture combinée des articles 14 et 27 précités[156], laisse apparaître une imprécision quant à la nature de l'agrément de l'organe faîtier. Ce dernier acquiert-il l'agrément pour accomplir ses fonctions alors qu'il est d'abord une simple entreprise, ou alors l'agrément acquis pour exercer ses fonctions fait double emploi avec l'agrément en tant que EMF autonome ? En d'autres termes, l'organe faîtier est-il un établissement hors microfinance qui le devient avec l'agrément; ou plutôt c'est un EMF qui demande un nouvel (ou autre) agrément pour remplir ses fonctions en qualité de chef de file du réseau ?

Une lecture attentive de l'article 27, permet de comprendre que, l'organe faîtier a besoin d'un second agrément pour officier en tant que tel. En effet, l'alinéa 1er de cet article subordonne clairement l'exercice des fonctions d'organe faîtier à l'obtention d'un nouvel agrément. Cette exigence supplémentaire, paraît alourdir le processus de mise en œuvre des organes faîtiers.

55. Le bien-fondé de la soumission de l'organe faîtier à un nouvel agrément. Néanmoins, du point de vue de la sécurité juridique, la soumission de l'exercice des fonctions d'organe faîtier, à cette condition se justifie à plus d'un titre. D'une part, la reconnaissance

---

154 L'art. 14 du Règlement du 13 avril 2002 définit l'organe faîtier comme un établissement disposant d'un capital ou d'une dotation appropriée et qui assure obligatoirement les prérogatives au profit de tout le réseau des EMF membres.

155 Art. 27 du Règlement du 13 avril 2002 précité.

156 Articles 14 et 27 du Règlement du 13 avril 2002 précité.

d'importants pouvoirs[157] à l'organe faîtier nécessite, à juste titre, qu'il y soit autorisé expressément par l'autorité monétaire[158]. Cette autorisation est une barrière nécessaire, se superposant à l'agrément, dans le but de contrôler les instances dirigeantes de tout groupe d'établissements de microfinance.

D'autre part, l'étendue des pouvoirs reconnus à l'organe faîtier a pour corollaire l'extension de sa responsabilité. En effet, fort de sa qualité, l'organe faîtier est le premier garant de l'équilibre financier du réseau[159], il participe à la mise en place d'un système de contrôle interne du réseau, et veille surtout au respect des normes prudentielles. En contrepartie de ces prérogatives, l'organe faîtier peut engager sa responsabilité, s'il est défaillant dans l'accomplissement de cette mission de surveillance. Aussi, a-t-il le devoir de veiller au respect,

---

[157] Selon l'article 14 du règlement du 13 avril 2002, l'organe faîtier assure obligatoirement les prérogatives ci-après : la représentation du réseau auprès des tiers, notamment des organes de tutelle et de contrôle ; la fixation des conditions d'adhésion, d'exclusion ou de retrait des affiliés ; la définition et la mise en place des mesures nécessaires à assurer la cohésion du réseau et à garantir son équilibre financier, notamment le respect des normes prudentielles par les établissements affiliés ; l'exercice du pouvoir disciplinaire et la mise en application des mesures de redressement arrêtées et des sanctions pécuniaires à l'égard des affiliés, prévues dans le règlement intérieur du réseau ; la définition des normes et procédures comptables en rapport avec le plan comptable de la profession et les exigences des autorités de contrôle et de tutelle ; l'élaboration des documents comptables consolidés et autres états définis par règlement de la Commission Bancaire ; l'organisation de la gestion des excédents de ressources des établissements affiliés ; la préservation de la liquidité du réseau ; l'organisation de la solidarité financière entre les structures affiliées en cas de défaillance d'un ou de plusieurs affiliés, tout en veillant à la préservation de l'équilibre financier du réseau ; la mise en place d'un système de contrôle interne du réseau, conformément aux exigences des autorités chargées de la supervision ; veiller au respect des normes prudentielles par les établissements.

[158] Art. 14 du Règlement du 13 avril 2002 précité.

[159] Art. 14 du Règlement précité.

par tout EMF affilié, des normes professionnelles et prudentielles encadrant l'activité de microfinance. A ce titre, l'organe faîtier apparaît comme un auxiliaire nécessaire de l'organe de supervision du secteur de la microfinance. Ce rôle paraît assez important, voire indispensable; car la dispersion territoriale des EMF n'est pas de nature à faciliter une supervision efficace et efficiente des autorités compétentes.

56. Généralisation des agréments. La microfinance étant désormais une activité réglementée, l'imposition des conditions d'agrément pour tout EMF et le cas échéant, pour l'organe faîtier participe à la sécurité juridique. C'est dans la même optique qu'il est imposé à toute personne désireuse de diriger un EMF, ou de veiller au contrôle de celui-ci, en tant qu'expert indépendant[160], d'obtenir un agrément.

2- Le bien fondé des agréments pour la gouvernance des établissements de microfinance

57. **Gouvernance des EMF et agréments**. Les dirigeants et les commissaires aux comptes des établissements sont agréés par l'autorité monétaire, après avis conforme de la Commission Bancaire[161]. Cette disposition subordonne l'accès aux fonctions de direction et de commissariat aux comptes, de tout EMF, à l'agrément.

---

[160] Par expert indépendant, nous pensons à tout professionnel pouvant assurer efficacement le contrôle externe des EMF. Notamment : les comptables assermentés, les experts comptables, les auditeurs externes etc.

[161] Art. 29 du Règlement du 13 avril 2002.

Toutefois, compte tenu de la nature, et de la spécificité du secteur de la microfinance, les conditions d'agrément sont ici assez flexibles[162]. Lesdites conditions sont variables suivant qu'il faut octroyer l'agrément aux dirigeants (a), ou aux commissaires aux comptes (b).

a) Le rôle de l'agrément pour les dirigeants des établissements de microfinance

58. Les trois conditions essentielles pour être agréés en qualité de dirigeant d'EMF. Pour obtenir l'agrément en tant que dirigeant d'établissement de microfinance, les personnes intéressées doivent adressées une demande à l'autorité monétaire. En plus de comporter certains renseignements et pièces, le dossier doit être établi en double exemplaire[163]. La réglementation soumet la qualité de dirigeant des EMF à trois conditions essentielles : l'honorabilité, la compétence et l'expérience professionnelle adéquates.

59. L'honorabilité, condition pertinente pour être dirigeant d'EMF. La recherche de l'honorabilité[164] pour les potentiels

---

[162] La flexibilité dont il est question ici s'oppose à la grande rigueur observée pour l'obtention de l'agrément en tant que dirigeant de la banque.

[163] Les renseignements et pièces accompagnant la demande d'agrément sont énumérés à l'alinéa 2 a) de l'article 29 précité. Il s'agit de : une copie d'acte de naissance ; deux photos d'identités ; un curriculum vitae ; les copies des diplômes obtenus ; une expédition du procès-verbal du Conseil d'Administration ou de l'organe en tenant lieu portant désignation des intéressés ; le certificat de domicile ; un extrait du casier judiciaire ; une carte de séjour en cours de validité pour les étrangers.

[164] L'honorabilité exige que les dirigeants n'aient pas fait l'objet de diverses condamnations pour crime ou de mesure de faillite personnelle en application des

dirigeants des EMF est révélatrice de la nécessité d'une adaptation des dispositions juridiques aux EMF, du moins une différenciation des règles applicables aux établissements de crédit[165]. Ceci se vérifie à travers certains aspects. Jadis, la microfinance était laissée à la liberté des promoteurs peu soucieux des intérêts des épargnants et clients, des agents économiques aux desseins parfois inavoués. Désormais, la réglementation exige que les dirigeants aient l'honorabilité nécessaire. Cette qualité s'apprécie à travers une identification claire de la personne, de son domicile, et même, de la justification d'un « passé judiciaire »[166] vierge. Cette mesure vise à sortir davantage la microfinance du secteur dit informel où les aspects institutionnels[167]

---

articles 194 et s. de l'Acte Uniforme OHADA relatif aux procédures collectives d'apurement du passif.

Pour une approche comparative, J. LARGUIER, *« La nature juridique de l'interdiction d'exercer la profession bancaire »*, *Mélanges H. CABRILLAC*, 1968, p. 33.

[165] Les conditions à remplir pour être agréé en tant que dirigeant d'établissement de crédit sont assez rigoureuses. Les dirigeants doivent soit être titulaires d'au moins une licence en sciences économiques, bancaires, financières, juridiques ou de gestion ou tout autre diplôme reconnu équivalent au moment du dépôt du dossier, et justifier de solides références et d'une expérience professionnelle de cinq ans au moins dans les fonctions d'encadrement de haut niveau ; soit, en l'absence d'un diplôme de l'enseignement supérieur, justifier d'une expérience professionnelle de dix ans au moins dans les fonctions d'encadrement de haut niveau. Cette exigence posée par l'article 22 de l'Annexe à la Convention portant harmonisation de la règlementation bancaire dans les Etats de l'Afrique centrale, met en exergue d'importantes compétences requises pour les dirigeants d'établissements de crédit. De telles compétences s'accompagnent très souvent des rémunérations attrayantes. Lesquelles sont difficilement praticables dans le secteur de la microfinance où la grille des salaires est peu attractive.

[166] Par « passé judiciaire », il faut entendre tout antécédent avec la justice, donnant lieu à une condamnation civile, commerciale ou pénale. C'est dire qu'il faut vérifier le casier judiciaire du candidat à la direction de l'EMF.

[167] Selon un auteur, « malgré leur parenté évidente, la microfinance est différente de la finance informelle. Non seulement, l'importance est accordée au crédit et non plus à l'épargne, mais il ne s'agit plus de pratiques qui mettent en

ne sont pas toujours pris en compte. Mais aussi et surtout de faire un tri préalable des candidats-dirigeants, fondé sur leur moralité.

60. La possession d'une compétence minimale pour toute personne aspirant à diriger un EMF. Le niveau de compétence attendu des dirigeants potentiels est assez élevé, dans la mesure où, l'exigence vise à discipliner les acteurs du secteur de la microfinance. Cet aspect, rappelle qu'il faut avoir les compétences minimales pour être agréé aux fonctions de direction d'un établissement de microfinance. A cet effet, la réglementation exige que le dirigeant ait, au moins un baccalauréat de l'enseignement du second degré, ou une licence en sciences « spécialisées»[168], selon la taille de l'EMF qu'il souhaite diriger. Dans la pratique, l'obtention du diplôme ne donne pas forcément la compétence requise au candidat-dirigeant. Néanmoins, c'est une présomption de savoir minimum qui confère à son titulaire des outils intellectuels et psychologiques d'analyse des problèmes auxquels il peut faire face.

61. La possession d'une expérience avérée : un adjuvant à l'acquisition de la qualité de dirigeant en microfinance. L'expérience des dirigeants doit être adaptée à la taille de l'entreprise, au volume de ses activités, et au niveau d'instruction des personnes

---

présence des personnes, on se trouve cette fois face à une institution », M. LELART, *De la finance informelle à la microfinance, éd. des Archives contemporaines*, p. 54, AUF, 2005.

[168] Par sciences spécialisées, il faut entendre sciences économiques, bancaires, financières, juridiques ou de gestion. Art. 30 al. 6 du règlement du 13 avril 2002.

concernées. La condition d'expérience peut être confondue avec celle de compétence ; cette dernière peut être acquise par l'expérience. C'est donc à bon droit, que le dernier alinéa de l'article 30 précité précise que : « *en l'absence de diplôme d'enseignement supérieur, une expérience professionnelle de dix (10) ans dans une fonction d'encadrement de haut niveau*[169] *suffit pour être dirigeant d'établissements de microfinance*»[170].

Enfin, il serait judicieux de soumettre les Présidents de Conseil d'administration des EMF à un agrément préalable au même titre que les dirigeants responsables[171]. Dans le même ordre d'idées, il est recommandé la nomination des spécialistes indépendants au conseil d'administration des EMF pouvant en disposer le cas échéant[172]. Leur cahier des charges pouvant consister notamment à

---

[169] Le législateur ne définit guère l'expression « *encadrement de haut niveau* », mais selon toute vraisemblance, cela renvoie à l'occupation des fonctions de direction ou de chef service dans une entreprise d'envergure. A titre illustratif, on rencontre souvent dans la pratique des personnes qui occupent des fonctions de direction en raison de leur longue expérience, pas forcément parce qu'elles ont des diplômes de l'enseignement supérieur; encore que le diplôme ne confère qu'une présomption de connaissance.

[170] Toutefois, il faut relativiser cette affirmation dans la mesure où, une forte expérience acquise dans un domaine similaire ne garantit pas toujours la compétence pour le secteur de la microfinance. En effet, certains anciens cadres de banque se lancent parfois précipitamment dans le secteur de la microfinance dès qu'ils sont au chômage, ce qui génère une importante méprise. La spécificité de l'activité de microfinance exige des connaissances assez adaptées de la part des intervenants. Par exemple, l'appréciation des garanties ou le recouvrement des créances requièrent une bonne maîtrise des pratiques en vigueur dans le domaine de la microfinance, en plus de connaissances générales, en droit et en finance.

[171] Cette opinion est émise par M. David KENGNE, expert en microfinance, dans le Journal *Paroles* n°031 du mardi 04 septembre 2012, p. 8.

[172] Il en est ainsi notamment des EMF de deuxième catégorie qui ont la forme de société anonyme, laquelle peut avoir une gouvernance organisée avec conseil d'administration ou simplement avec administrateur général.

veiller au respect des principes de bonne gouvernance[173]. Ces mesures renforceraient sans doute les règles de gouvernance applicable à ces entreprises.

La direction d'un EMF peut être assurée par une ou deux personnes, selon la taille de l'entité en cause[174], et à condition que ces dirigeants aient été agréés conformément aux conditions précitées. Il en est de même des commissaires aux comptes.

b) L'importance de l'agrément pour les commissaires aux comptes

62. Le commissariat aux comptes, un organe indépendant soumis à des conditions précises. Les personnes candidates aux fonctions de commissaire aux comptes d'un établissement de microfinance, doivent fournir à l'autorité monétaire, une copie de l'acte d'agrément CEMAC, en qualité de comptable ou d'expert comptable, et, une copie d'inscription à l'ordre national des comptables ou experts comptables agréés, ou tout autre document en tenant lieu[175]. Il ressort de ce texte que la certification des comptes[176] d'un établissement de microfinance, peut exiger du commissaire aux comptes une double autorisation à savoir : un agrément en tant que commissaire aux

---

[173] M. David KENGNE, *idem*.

[174] Art. 30 précité.

[175] Art. 29 b du Règlement du 13 avril 2002. La formule du « document en tenant lieu » se justifie par le fait qu'au-delà des dispositions communautaires régissant la profession d'expertise comptable en zone CEMAC, chaque Etat peut avoir ses propres règles d'inscription et donc, de reconnaissance des experts comptables.

[176] Un plan comptable spécifique aux EMF et des états de *reporting* adaptés ont été élaborés par la COBAC.

comptes, et un autre délivré cette fois par l'autorité monétaire comme contrôleur, vérificateur ou réviseur de comptes des établissements de microfinance.

En outre, les conditions de certification des comptes, et les diligences des personnes concernées sont fonction du poids financier de l'établissement de microfinance. Ainsi, selon que le total de bilan est compris entre 50 millions de francs CFA[177] et 500 millions de francs CFA, le commissaire aux comptes doit être au moins, un comptable agréé par la CEMAC. Au-delà de ce seuil, il doit être un expert comptable[178]. De même, les opérations d'un réseau sont contrôlées par au moins un comptable agréé CEMAC, pour le total de bilan équivalent à 1 milliard de francs CFA. Au-delà de ce montant, le contrôle relève de la compétence d'un expert comptable agréé CEMAC[179].

63. Régime particulier des agréments en microfinance. Quelle que soit la personne - physique ou morale - sur laquelle il porte, l'agrément en microfinance relève d'un domaine assez spécifique; c'est pourquoi il obéit aussi à un régime particulier qu'il importe de préciser.

---

[177] Le franc CFA signifie le franc de la coopération financière africaine. Il a une parité fixe avec l'euro ; ainsi 1 Euro = 655, 957 franc CFA.

[178] Art. 33. du Règlement du 13 avril 2002.

[179] Art. 34 du Règlement du 13 avril 2002.

B-Le régime général des agréments en microfinance

64. Règles applicables au processus d'octroi d'agrément. Un ensemble de règles gouvernent les modalités d'octroi de l'agrément. Elles concernent aussi bien l'objet de la demande que la qualité des parties sollicitant l'agrément. En effet, la délivrance de l'agrément à une entreprise, en qualité d'établissement de microfinance, obéit à une procédure particulière qu'il faut respecter (1), laquelle peut donner lieu à un contentieux lorsqu'elle est entachée d'irrégularité (2).

1- L'instruction du dossier d'agrément

65. Procédure d'instruction de l'agrément. La demande d'agrément des établissements de microfinance est adressée à l'autorité monétaire[180]. L'autorité monétaire dispose d'un délai de trois (03) mois, après réception du dossier complet, pour le transmettre à la Commission Bancaire[181]. Cette disposition met en exergue le double rôle dévolu à l'autorité monétaire et à la Commission Bancaire dans la délivrance de l'agrément à une entreprise, en tant qu'établissement de microfinance. La première a un rôle simplement déterminant dans

[180] Art. 23 al. 1 qui précise que l'exercice de l'activité de microfinance, quelque soit la catégorie des EMF, est subordonné à l'obtention de l'agrément.

[181] Art. 23 al. 2.

l'appréciation de la demande, tandis que la seconde a un rôle beaucoup plus prépondérant[182].

En effet, pendant le délai de trois (03) mois imparti à l'autorité monétaire, elle doit vérifier si les conditions précédemment examinées sont remplies, ce qui lui donne un large pouvoir d'appréciation. Dans l'accomplissement de cette fonction, l'autorité monétaire tient compte à la fois des conditions objectives telle que l'honorabilité des dirigeants, et des conditions subjectives[183] comme l'expérience de ceux-ci. Au terme des vérifications nécessaires, l'autorité monétaire transmet le dossier à la Commission Bancaire pour avis, lequel avis lie cette autorité.

La forte implication et l'emprise de la Commission Bancaire dans l'instruction de l'agrément des établissements de microfinance peuvent faire craindre d'importantes dérives. Le risque que les membres de ladite commission, privilégient par habitude, ou par mimétisme, les critères propres à la banque au détriment de ceux de la microfinance, semble assez élevé[184].

66. Voies de contournement des blocages dans l'instruction du dossier d'agrément. Pour contourner le blocage du dossier instruit

---

[182] Relevons que l'appréciation de l'Autorité monétaire est liée à l'avis de la Commission Bancaire qui doit être conforme avant l'octroi de l'agrément.

[183] L'appréciation des conditions objectives est facilitée sous d'autres cieux par exemple par le fichier des dirigeants et actionnaires des crédits et les entreprises d'investissement - le FIDEC - qui est un traitement automatisé ayant pour objet la centralisation d'informations nominatives les concernant v. T. BONNEAU, *Droit bancaire*, 5e éd. Montchrestien n° 800, p. 573.

[184] Sur les faiblesses de la Commission bancaire dans l'encadrement institutionnel des établissements de microfinance, v. *infra* n° 513 et s.

par l'autorité monétaire, voire limiter la lenteur dans le traitement, l'alinéa 2 précité offre (*in fine*) la possibilité au promoteur d'adresser directement le dossier à la Commission Bancaire à l'expiration des trois (03) mois. Toutefois, la COBAC ne peut délivrer son avis qu'après saisine préalable de l'autorité monétaire[185]. Cette dernière disposition appelle des précisions sur l'opportunité et la portée de l'avis de la Commission Bancaire.

67. La saisine préalable de l'autorité monétaire pour toute demande d'agrément : condition substantielle. L'opportunité de l'avis de la Commission Bancaire apparaît comme une conséquence de la saisine de l'autorité monétaire ; laquelle saisine s'apprécie comme une condition préalable et substantielle. C'est dire que les promoteurs ne peuvent pas outrepasser le pouvoir d'appréciation de l'autorité monétaire en saisissant directement la Commission Bancaire, auquel cas l'avis émis serait nul.

68. Avis conforme de la COBAC dans l'octroi de l'agrément. Il ressort de l'alinéa 4 de l'article 23 précité que l'avis de la Commission Bancaire doit être conforme. Cet avis équivaut à un droit de veto. Etant obligatoirement sollicité, on ne peut outrepasser sa décision. Ainsi, en plus du fait que l'autorité monétaire soit tenue de la solliciter, elle est obligée de respecter l'avis émis par la Commission Bancaire. Cette dernière dispose aussi d'un pouvoir d'appréciation du

---

[185] Art. 23 al.2 *in fine*.

dossier d'agrément. C'est à ce titre qu'elle est habilitée à recueillir tout renseignement jugé utile dans son appréciation et dispose d'un délai de 03 mois[186], à compter de la réception du dossier complet par son Secrétariat Général, pour statuer. L'absence de décision à l'expiration de ce délai vaut avis conforme.

69. Publicité de l'agrément. A l'issue de la procédure, l'agrément est accordé par l'autorité monétaire. La décision portant agrément de l'établissement est publiée au Journal Officiel, dans un journal d'annonces légales ou dans le bulletin de la Commission Bancaire. Elle précise la catégorie dans laquelle l'établissement est classé et énumère, le cas échéant, les opérations qui lui sont autorisées[187].

Il apparaît que le délai imparti tant à l'autorité monétaire qu'à la Commission Bancaire est aussi de trois (03) mois. Cela traduit une grande souplesse dans l'instruction du dossier. Cette souplesse est justifiée par la nécessaire flexibilité du secteur de la microfinance contrairement au secteur bancaire classique[188]. La procédure d'instruction de l'agrément est essentiellement administrative et peut soulever plusieurs problèmes donnant lieu à contentieux.

---

[186] A titre de comparaison l'Art. 15 alinéa 1 de l'Annexe à la Convention bancaire prévoit 06 mois pour l'appréciation du dossier des établissements de crédit par la Commission Bancaire. De notre point de vue, la longueur de ce délai se justifie par le rôle important et le poids financier des établissements de crédit sur le système financier.

[187] Art. 23 al. 11 et 12 du Règlement du 13 avril 2002.

[188] Le caractère moyen voire infime des opérations de microfinance a justifié des allègements nécessaires afin de mieux coller à la réalité.

2- Le contentieux de l'octroi de l'agrément des établissements de microfinance

70. Un contentieux essentiellement administratif. Le contentieux de l'agrément, selon la nature de l'acte attaqué, est traité par le Conseil des Ministres de la CEMAC, soit devant la juridiction nationale compétente en matière administrative. Il peut arriver qu'on rejette la demande d'agrément. Le refus de l'agrément est néanmoins motivé et notifié au demandeur par l'autorité monétaire[189]. L'exigence de motivation en cas de rejet de la demande d'agrément donne au(x) promoteur(s) ou demandeur(s), la possibilité d'effectuer un recours devant la juridiction appropriée après notification du rejet de la demande. Le juge du contentieux peut alors effectuer un contrôle de la légalité de l'acte, mais aussi un contrôle de ses motivations. Le contentieux aura lieu en conformité avec les règles de droit national régissant le contentieux des actes administratifs individuels. Ainsi, il paraît difficile que le Ministre des Finances refuse d'accorder à une entreprise qui remplirait les conditions juridiques et économiques requises, l'agrément de l'établissement de microfinance.

Par ailleurs, la réglementation prévoit le retrait d'agrément de l'établissement, du dirigeant ou du commissaire aux comptes suivant le cas, dans la mesure où l'établissement ou l'intéressé, ne remplit plus les conditions d'agrément requises[190]. En pareille hypothèse, la

---

[189] Art. 23 al. 5. du Règlement du 13 avril 2002.
[190] Art. 35 et 36 du Règlement du 13 avril 2002.

décision du retrait d'agrément est prononcée par la COBAC[191]. A titre accessoire toutefois, la COBAC peut prononcer le retrait d'agrément comme sanction disciplinaire.

71. Publicité des sanctions et formalisme liés aux agréments. La décision de retrait d'agrément doit être motivée et notifiée aux intéressés. Ladite décision est publiée au Journal Officiel, dans un journal d'annonces légales de l'Etat ou au bulletin de la COBAC[192]. Le retrait de l'agrément, comme sa délivrance, obéit à une procédure précise. Comme tout acte, cette procédure peut être entachée d'irrégularité affectant la validité de la décision du retrait d'agrément. Pour limiter l'arbitraire pouvant résulter de l'autorité monétaire et/ou de la COBAC, la réglementation exige que la décision de retrait soit motivée et notifiée. Cette double exigence offre une protection aux promoteurs et aux établissements de microfinance qui s'estiment lésés dans leurs droits. Ils pourront ainsi saisir la juridiction communautaire ou nationale, le cas échéant, pour défendre leurs droits. Le recours contre la décision de l'autorité monétaire relèvera d'une procédure essentiellement administrative. Au Cameroun, par exemple, le demandeur devra adresser un recours gracieux préalable à l'autorité statutairement compétente[193], ce n'est que lorsque l'autorité

---

[191] Art. 57 du Règlement du 13 avril 2002.
[192] Art. 37 du Règlement du 13 avril 2002.
[193] V. Article 12 de l'ordonnance n°72-6 du 26 août 1972 fixant l'organisation de la Cour Suprême (JORUC 1er octobre 1972), modifiée par la loi n°76-28 du 14 décembre 1976.

administrative saisie du recours gracieux préalable ne satisfait pas le demandeur, qu'il peut saisir la Cour Suprême, en sa Chambre Administrative, d'un recours contentieux[194].

Dans la pratique, l'administration peut se réserver le pouvoir de régler elle-même les litiges qui l'oppose à des particuliers ou à d'autres administrations[195]. Les recours administratifs (grâcieux, hiérarchique et de tutelle) se distinguent des recours contentieux adossés à une juridiction par l'intermédiaire d'une action en justice[196]. L'autorité statutairement compétente pour connaître d'un recours grâcieux à l'encontre du Ministre des Finances est, soit le Premier Ministre, soit le Président de la République. En procédure administrative camerounaise, il faut adresser un recours grâcieux

---

En outre, le contentieux administratif au Cameroun est encadré par la loi n°75-16 du 08 décembre 1975 fixant la procédure et le fonctionnement de la Cour Suprême (JORUC, 15 décembre 1975, p.211).

Le respect d'un recours gracieux préalable avant la saisine du juge administratif a été plusieurs fois affirmée et réaffirmée. V. entre autres CFJ/AP Arrêt n°15 du 20 mars 1968, EKINDI Joël c/Etat du Cameroun; CS/CA, Jugement n°71/75-76 du 13 mars 1976, BENE BELLA Lambert c/Etat du Cameroun ; Jugement n°17/82-83 du 27 janvier 1983, SIMO Thomas c/Etat du Cameroun; Jugement n°17/83 du 27 janvier 1983 El Adj. MOHAMET Aller Lamine c/Etat du Cameroun ; Jugement n°8 du même jour NOMENY NGUISSI Emile c/Etat du Cameroun.

Pour une étude complémentaire de la question du recours gracieux en droit camerounais. V. Entre autres, R.G. NLEP, *L'administration publique camerounaise*, thèse 1985, univ. Paris 1 Sorbonne, notamment pp. 259-276 ; M. KAMTO, *Droit administratif processuel du Cameroun*, P.U.C, 1990, p. 39 et s., n°69 et s. J. OWONA, *Le contentieux administratif de la République du Cameroun,* L'Harmattan, 2011, 230 pp.

[194] V. La loi de décembre 1975 fixant la procédure et le fonctionnement de la Cour Suprême, précitée.

[195] J. OWONA, *Le contentieux administratif de la République du Cameroun,* L'Harmattan, 2011, p. 12.

[196] J. OWONA, *Le contentieux administratif de la République du Cameroun, op. cit.,* p. 14.

préalable au ministre responsable de l'administration avec laquelle on est en litige, ou le cas échéant, à l'autorité statutairement habilitée à représenter la collectivité publique ou l'établissement public en cause, avant de saisir la juridiction administrative d'un recours contentieux.

72. L'existence des autres habilitations en dehors des agréments. Le secteur de la microfinance est d'un dynamisme avéré, son implosion exposerait à des conséquences économiques et juridiques difficiles à maîtriser. Cela justifie un encadrement assez particulier. C'est la raison pour laquelle en plus de l'agrément, le législateur communautaire impose aux promoteurs des EMF des conditions supplémentaires pour exercer en toute légalité : il s'agit notamment des autorisations préalables et des déclarations.

Paragraphe 2 - L'importance des habilitations en microfinance

Le législateur a tenu à mettre plus d'ordre dans le fonctionnement des établissements de microfinance. C'est ainsi qu'en plus de l'agrément, pour mieux contrôler leur(s) activité(s), il est imposé à certains établissements de microfinance d'avoir une autorisation obéissant à une procédure et à des exigences plus strictes (A) allant au-delà de la simple déclaration (B).

A- Les autorisations préalables en microfinance

73. Notion d'autorisation en microfinance. L'autorisation[197] est une habilitation accordée à une ou plusieurs personnes désireuses d'opérer dans le secteur de la microfinance ou d'accomplir certaines opérations, ou actions particulières. Contrairement à l'agrément qui est requis de tout EMF, et dont la portée est générale, les autorisations ne sont exigées qu'à certaines entités, sous certaines conditions (1), et produisent des effets indéniables sur le fonctionnement des entités concernées (2).

1- Les autorisations préalables pour l'accomplissement de certaines activités

74. Activités concernées par les autorisations préalables. Aux termes de l'article 38 du Règlement du 13 avril 2002, *« les établissements classés en 3e catégorie, constitués en projet de microcrédit ou ceux résultants de l'activité de crédit filière d'une entreprise sont soumis à une autorisation préalable de la Commission Bancaire »*. Il ressort de cette disposition que les projets de microcrédit et l'activité de crédit filière, ne peuvent être exercés régulièrement qu'après autorisation préalable de la COBAC. Cette

---

[197] Elle est définie par le Professeur G. CORNU, comme un « acte par lequel une autorité administrative permet à un bénéficiaire d'exercer une activité ou de jouir de droits dont l'exercice ou la jouissance sont subordonnés à son obtention. », in *Vocabulaire Juridique, Association Henri Capitant*, 7e éd., PUF, p. 94.

exigence se justifie par le souci des autorités compétentes de contrôler l'activité de crédit qui doit être faite dans le respect des normes réglementaires.

En outre, l'octroi de crédit est une activité réglementée[198]. L'octroi du crédit, fut-il micro, peut s'apparenter à la création monétaire, lorsque cette activité est menée à titre habituel et de façon spéculative. L'autorisation préalable se justifie par ailleurs par le souci de protéger l'épargne au cas où l'entreprise pourvoyeuse de (micro) crédits collecte l'épargne. C'est sans doute cette exigence qui est visée par la réglementation[199]. Cette disposition préconise en effet que les entreprises exerçant une activité de crédit filière et qui procède à la collecte de l'épargne auprès des producteurs, soient tenus de créer une structure dédiée qui doit être agréée par l'autorité monétaire après avis conforme de la COBAC.

Dans le même ordre d'idées, le législateur CEMAC soumet à une autorisation préalable de la COBAC le développement d'opérations de crédit-bail[200] par un établissement de microfinance, la fusion, l'absorption, la scission, la cessation d'activité volontaire des établissements indépendants ou affiliés à un réseau ou d'un organe faîtier[201]. L'autorisation ici, vise à contrôler l'activité des établissements de microfinance, mais aussi leur création, leur mutation et, le cas échéant, leur disparition. Le contrôle effectué pour la

---

[198] Monopole bancaire notamment.

[199] V. L'article 28 alinéa 3 du Règlement du 13 avril 2002 précité.

[200] Pour mieux cerner la place du crédit-bail dans le secteur de la microfinance, lire: J. BASS et K. HENDERSON, *Crédit bail : une nouvelle option pour les institutions de microfinance*, *Wendemann Associates Inc.*, 2000, 15 pp.

[201] V. art. 39 du Règlement précité.

transformation de la taille des établissements de microfinance s'explique aisément. La fusion-absorption ou la scission[202] , s'accompagnent d'une modification des statuts, d'un changement de cap qui doit bénéficier de l'habilitation de la COBAC. Cette exigence met davantage l'accent sur le contrôle que doit exercer la COBAC sur les entités agréées.

75. L'autorisation préalable pour la cessation d'activité. L'exigence d'une autorisation pour la cessation d'activité[203] des établissements de microfinance peut étonner.

D'une part, cette exigence réglementaire paraît prendre le contre-pied du principe de la liberté commerciale qui a pour corollaire la liberté d'arrêter le commerce, sous réserve de l'apurement du passif. Certes, il est de bon aloi de contrôler la disparition de tout établissement agréé, mais il est à craindre que la diversité et la disparité des établissements de microfinance ne facilitent pas un contrôle avant la fermeture.

D'autre part, cette obligation trouve son fondement dans la mise en œuvre de l'ordre public économique de direction, de protection et de régultion effectué par les autorités compétentes. En effet, autant il est nécessaire de contrôler l'activité de microfinance,

---

[202] La fusion, la scission et l'apport partiel d'actifs sont des procédés juridiques de restructuration des sociétés commerciales encadrés par les articles 189 à 199 et 670 à 689 de l'AUSC et du GIE.

[203] La cessation d'activité se distingue de la cessation de paiement qui est l'impossibilité pour une entreprise de faire face à son passif exigible avec son actif disponible, cause d'ouverture de la procédure de redressement judiciaire (Acte Uniforme OHADA relatif aux procédures collectives d'apurement du passif).

autant il est indispensable de surveiller la fermeture des établissements afin de mieux assurer la protection de l'épargne du public[204].

Au-delà des aspects techniques liés au risque systémique que pourrait entraîner la fermeture des établissements de microfinance importants, la disparition de ces derniers peut avoir des conséquences économiques assez dramatiques pour les populations cibles. Surtout si l'établissement de microfinance fermé était le seul dans la localité. C'est ainsi que les promoteurs des établissements de microfinance devront se conformer à l'obtention d'une autorisation avant la fermeture. Il semble que cette exigence vise, pour le législateur, à prévenir l'inflation et à s'assurer que l'établissement qui ferme ses portes a respecté ses obligations en payant ses créanciers par exemple. Bien plus, la demande de fermeture adressée aux autorités par un établissement pourra les amener le cas échéant, à rechercher des partenaires pour la reprise de l'établissement.

76. L'autorisation préalable à l'ouverture des guichets ou agences des EMF de deuxième catégorie. Le législateur communautaire soumet par ailleurs l'ouverture d'un guichet ou d'une agence, par les établissements de la deuxième catégorie, à l'autorisation préalable de l'autorité monétaire, après avis du Conseil National de Crédit[205]. Cette exigence paraît assez contraignante et pourrait être perçue comme un frein au développement de la microfinance. En réalité, l'opportunité

---

[204] C'est l'une des finalités de la réglementation dérivée des EMF traduite notamment par les normes prudentielles ; v. infra, section 1 du chapitre 2 du titre 1 de la première partie de la présente étude.

[205] Art. 40 du Règlement du 13 avril 2002 précité.

d'une telle autorisation semble se trouver dans la régulation du jeu de la concurrence entre les différentes entités financières[206]. Sa mise en œuvre n'est pas facile pour toutes les entités qui devront se soumettre à un formalisme supplémentaire.

77. L'autorisation de la poursuite d'activité après le délai de maturité. Enfin, la réglementation soumet à une autorisation préalable de la COBAC la poursuite, au terme du délai de sa maturité ou au terme d'une durée de quatre (04) ans, à compter de la date de signature des conventions par les parties concernées, d'un projet de micro crédit sans volet épargne et résultant des conventions signées avec l'Etat ou initié par l'Etat lui-même[207]. Au Cameroun, le Projet Intégré d'Assistance aux Acteurs du Secteur Informel (PIASI) correspond effectivement à la finalité des EMF de troisième catégorie[208].

2- La portée des autorisations en microfinance

78. L'imprécision du régime des autorisations en microfinance. Pour certaines activités, opérations et mutations, l'EMF doit solliciter

---

[206] Le nombre élevé des établissements de microfinance et des établissements de crédit dans une même localité pourrait entrainer une entente illicite entre les différentes entités. D'un autre point de vue toutefois, une telle présence est de nature à élargir le choix au profit des bénéficiaires des services financiers ce qui n'est pas une mauvaise chose.

[207] Art. 41 du Règlement du 13 avril 2002 précité.

[208] Ce projet est suivi par le Gouvernement camerounais qui veut soutenir les acteurs du secteur informel en vue de leur institutionnalisation. Il est d'ailleurs en passe de changer de forme juridique pour devenir un fonds permanent.

l'autorisation de l'autorité monétaire après avis conforme de la COBAC. Toutefois, les textes ne précisent guère le régime d'une telle autorisation. Dans quel(s) délai(s) cette autorisation doit-elle être demandée ? Suivant quelle(s) modalité(s) ? Dans quel délai les autorités concernées doivent-elles répondre à la demande d'autorisation ? Quid du refus de l'autorisation ? Autant de questions qui mériteraient les réponses claires dans le cadre d'une instruction (ou d'un texte *ad hoc*) prise par les autorités monétaires.

79. Proposition d'interprétation. De notre point de vue, étant donné que l'autorisation est complémentaire à l'agrément, elle devrait connaître des délais assez courts, du moins comparativement à l'agrément. Il serait par exemple judicieux de laisser deux (02) mois à l'autorité monétaire pour instruire le dossier et un (01) mois à la COBAC pour donner son avis qui doit être conforme. A défaut pour l'une quelconque des autorités sus citées de se prononcer dans ces délais, l'autorisation pourrait être présumée donnée au demandeur.

80. Appréciation du contentieux des autorisations. En ce qui concerne le contentieux lié à l'autorisation, il peut obéir au même régime que celui de l'agrément étant donné qu'elle émane des mêmes autorités et est soumise à une procédure quasi identique. C'est dire que les intéressés pourront saisir la juridiction communautaire compétente[209] ou la juridiction administrative nationale compétente, en ce qui concerne les recours contre la décision de l'autorité monétaire. A cet effet, les litiges concernant les organes communautaires seront connus devant la Cour de justice de la CEMAC ; alors que les différends nationaux seront traités devant les juridictions administratives de chaque Etat membre de la CEMAC. Pour le cas du Cameroun par exemple, ce sera la saisine de la Chambre administrative de la Cour Suprême, après un recours gracieux préalable adressé à l'autorité statutairement habilitée à connaître de l'affaire. Dans certains cas toutefois, le contrôle des EMF est assoupli et ceux-ci doivent accomplir une simple déclaration.

B – Le rôle des déclarations en microfinance

81. La simple déclaration. La simple déclaration dont il est question ici, est différente de l'obligation déclarative, laquelle concerne la communication périodique des états financiers de synthèse aux autorités compétentes. Le législateur CEMAC soumet certaines décisions des EMF à une déclaration, il semble intéressant de préciser son domaine (1) et sa portée (2).

---

[209] Cour de justice de la CEMAC pour l'avis de la COBAC ou conférence des chefs d'Etats de cette institution.

1- Le domaine des déclarations faites par les établissements de microfinance

82. Des déclarations à but informatif. Aux termes de l'article 42 du Règlement du 13 avril 2002 précité, *« sont soumis à une simple déclaration à l'autorité monétaire, à la Commission Bancaire et au Conseil National de Crédit : l'ouverture d'un guichet ou d'une agence par les structures de première et troisième catégorie ; l'abandon de tout projet de microcrédit ne comportant pas le volet épargne ; la cessation des fonctions de dirigeants et de Commissaire aux Comptes ; la mise en place de crédits filières et de projets de microcrédit sans volet épargne et résultant d'une convention entre l'Etat et les bailleurs de fonds».*

De cette disposition, il ressort que certaines décisions des établissements de microfinance ou de leurs dirigeants, sont soumises à une simple déclaration. L'alinéa premier de ce texte prévoit que la déclaration doit être faite à l'autorité monétaire, à la COBAC et au Conseil National de Crédit. Ce texte semble indiquer que la déclaration doit être faite auprès des trois autorités visées. La conjonction de coordination « et » nous conforte dans cette interprétation. Toutefois, de notre point de vue, une triple déclaration pour une même décision paraît alourdir le processus décisionnel. L'idéal aurait été de faire la déclaration à l'autorité monétaire compétente[210] et que cette dernière la transmette à la COBAC. Cela paraît d'ailleurs plus plausible, en raison de la complémentarité

[210] Soit au Conseil National de Crédit (CNC).

existante entre ces différentes autorités dans l'encadrement du secteur financier en général, et de la microfinance en particulier.

Toujours est-il que cette obligation de déclaration est une nécessité pour le contrôle sur pièce de certaines décisions du secteur de la microfinance, même si sa portée doit être précisée.

2- La portée des déclarations faites par les établissements de microfinance

83. La double portée de la déclaration. La déclaration faite aux autorités vise à les informer des décisions relatives à certains aspects du développement, de l'extension, voire des mouvements connus à la direction des établissements de microfinance. Bien que les conséquences résultant de cette déclaration ne soient pas précisées, celle-ci a une double portée.

Lorsqu'elle est régulièrement faite, elle amène les autorités compétentes intéressées à prendre acte de la décision relative aux établissements de microfinance. Il en sera ainsi, par exemple, de l'ouverture d'un guichet ou d'une agence par les structures de première et troisième catégorie. Mais ce constat soulève une interrogation importante : Les autorités auxquelles la déclaration est faite peuvent-elles s'opposer à la décision se rapportant à ladite déclaration ? De notre point de vue, on pourrait y répondre par l'affirmative ou la négative tenant compte de deux hypothèses.

Si la déclaration vise à entériner la disparition d'une branche d'activité ou la cessation d'une fonction, l'autorité intéressée peut se contenter de constater l'acte; puisqu'elle n'aura pas les moyens de contraindre l'intéressé à revenir sur sa décision. Son contrôle devra plutôt être axé sur le respect des droits des différents partenaires (épargnants, membres, clients etc.) de l'établissement avant sa fermeture.

En revanche, si la déclaration vise à habiliter l'établissement de microfinance à effectuer certaines opérations, l'autorité intéressée peut refuser d'accéder à sa demande. C'est l'hypothèse où les établissements de microfinance déclarent l'ouverture d'un nouveau guichet ou d'une nouvelle agence. Ici, la déclaration peut être rejetée si l'autorité compétente estime qu'une telle initiative porte atteinte à une saine évolution du secteur de la microfinance[211]. Il serait tout de même de bon aloi que l'autorité compétente motive et notifie la décision de rejet à l'intéressé.

Lorsque la déclaration n'est pas régulièrement faite, les autorités destinataires de la déclaration peuvent tirer argument du vice qui l'affecte, pour la considérer purement et simplement comme nulle et de nul effet. Il pourrait en être ainsi de l'erreur sur la personne à qui on adresse la déclaration, ou encore une déclaration erronée.

L'encadrement de l'activité de la microfinance est une nécessité impérieuse, c'est pourquoi le législateur de la CEMAC, en plus de fixer des conditions réglementaires contraignantes pour son exercice, érige des barrières commerciales et financières spécifiques pour mieux la contrôler.

---

[211] Cela peut trouver sa justification dans la régulation du jeu de la concurrence au sein du secteur financier entre les établissements de microfinance, ou entre ces derniers et les établissements de crédit.

Section 2 - L'existence d'autres contraintes pour l'exercice de l'activité de microfinance

84. Les contraintes financières et commerciales en microfinance. Les barrières financières se rapportent essentiellement au capital minimum que doit disposer une société pour être autorisée à exercer. Tandis que, par contraintes commerciales, il faut entendre l'ensemble des conditions de fond et de forme que doit obligatoirement remplir toute personne physique ou morale désireuse d'exercer une activité commerciale.

Dans le secteur de la microfinance, ces barrières sont différentes les unes des autres. Au regard de la spécificité de l'activité, de la forme juridique de l'établissement, de la qualité des promoteurs entre autres, un cadre juridique propre aux EMF a été adopté au sein de la CEMAC. C'est sans doute pourquoi ces contraintes ont été instaurées pour limiter l'accès des aventuriers et des promoteurs véreux dans cette profession. Cet ensemble d'exigences qu'elles soient financières (Paragraphe 1), ou commerciales (Paragraphe 2), vise à réguler le secteur de la microfinance par l'institution de certaines conditions d'accès à la profession.

Paragraphe 1 - Les barrières financières dans l'encadrement des établissements de microfinance

85. L'importance du capital dans le secteur financier. L'exigence d'un capital minimum pour certaines sociétés commerciales comme condition d'exercice de l'activité, est généralement perçue comme une barrière à l'entrée d'une profession. Par son montant, le capital peut être un obstacle financier qui ne permet pas aux plus petits investisseurs de créer une société commerciale dite de capitaux. Cet obstacle paraît plus substantiel dans le secteur financier où la loi exige un capital minimum assez élevé pour la création des établissements de crédit[212]. Compte tenu de la spécificité du secteur de la microfinance, de la qualité des intervenants et des objectifs à atteindre, le législateur communautaire a fixé un capital assez allégé pour les EMF[213]. Parfois, en fonction de leur forme juridique, certains établissements sont dispensés d'un capital minimum[214]. C'est le cas notamment des EMF de première catégorie. Cette divergence de traitement traduit la différence de formes juridiques existant entre établissements de crédit et établissements de microfinance. Pour s'en convaincre, on mettra en

---

[212] A titre d'illustration, le capital minimum d'une banque était fixé avant 2009 à 1 milliard de francs CFA au Cameroun celui des établissements financiers oscillait à : Deux cent cinquante (250) millions de F CFA pour les établissements financiers de promotion de la consommation ; Cinq cent (500) millions de F CFA pour les établissements financiers de promotion des investissements ; Cinq cent (500) millions de F CFA pour les établissements de factoring ; Deux cent cinquante (250) millions de F CFA pour les établissements de recouvrement ; Deux cent cinquante (250) millions de F CFA pour les établissements de courtage financier ; Cinq cent (500) millions de F CFA pour les établissements de crédit-bail ;

Pour les sociétés financières d'investissements et de participations : Cinq (500) millions de F CFA. (V. Décret n°90/1470 du 09 novembre 1990 fixant le capital minimum des établissements de crédit en République du Cameroun).

Mais le Règlement COBAC R.2009/01/portant fixation du capital social minimum des établissements de crédit vient relever leur capital minimum. Ainsi l'article 1er dudit texte fixe le capital social minimum des établissements bancaires à 10 milliards de francs CFA et l'article 2 fixe le capital minimum des établissements financiers à 2 milliards de francs CFA.

[213] L'article 7 alinéa 2 et 3 du Règlement du 13 avril 2002, fixe le capital minimum des EMF de la 2e catégorie et de la 3e catégorie, respectivement à 50 millions et 25 millions de francs CFA.

[214] Art. 7 al. 1 du règlement précité.

relief les règles gouvernant la fixation d'un capital minimum pour les établissements de microfinance (A). En plus, l'exigence d'un capital minimum pour certains établissements de microfinance poursuit des objectifs assez particuliers, ce qui entraîne d'importantes conséquences au double plan structurel et fonctionnel (B).

A- Les règles relatives à la fixation du capital minimum pour les établissements de microfinance

86. La fixation d'un capital minimum, principe inapplicable à tous les établissements de microfinance. En fonction des besoins et des nécessités, le législateur a dispensé certains établissements de microfinance de cette obligation (1), alors que pour d'autres, il a exigé un montant minimal de capital pour exercer la profession (2).

1- La dispense de capital minimum pour les établissements de microfinance de première catégorie

87. Les raisons d'une absence de fixation de capital pour les sociétés coopératives et les associations exerçant en microfinance. En vertu de l'article 7 alinéa 1er du Règlement du 13 avril 2002, *« Il n'est pas exigé de capital ou dotation minimum pour les établissements de la première catégorie ».* Cette disposition affirme clairement la dispense de capital minimum pour les établissements de microfinance de première catégorie, lesquels ont la forme juridique de société coopérative, mutualiste, ou d'association[215].

La dispense d'un capital minimum pour les établissements de microfinance de première catégorie se justifie par plusieurs raisons juridiques et socioéconomiques.

88. Les raisons juridiques. La souplesse du législateur s'inscrit en droite ligne des principes coopératifs universellement reconnus[216] et surtout de la variabilité du capital social de la société coopérative ou mutualiste[217]. La fixation d'un capital minimum pour les établissements de microfinance coopératifs aurait été un frein considérable à l'essor de ce type de société, ce qui serait dommage compte tenu de l'impact socioéconomique positif de ces structures. En effet, il peut exister des difficultés à créer des établissements participatifs et fortement capitalisés, la caractéristique phare des sociétés coopératives étant de se constituer avec des moyens modestes de leurs membres.

89. Les raisons sociales et économiques. La dispense d'un capital minimum pour les établissements de microfinance coopératifs se

---

[215] Art. 3 Règlement EMF 2002/21, relatif aux formes juridiques liées à chaque catégorie d'EMF.

[216] A titre comparatif, ces principes sont repris à l'art. 6 de l'acte uniforme relatif aux sociétés coopératives ou mutualistes. Il s'agit de : l'adhésion volontaire et ouverte à tous ; le pouvoir démocratique exercé par les adhérents ; la participation économique des adhérents ; l'autonomie et l'indépendance ; l'éducation, la formation et l'information ; la coopération entre organisations à caractère coopératif ; l'engagement volontaire envers la communauté.

[217] V. Art. 55 de l'acte uniforme précité.

justifie à un double titre. Les sociétés coopératives n'ont pas une vocation fondamentalement commerciale. Exiger absolument un capital minimum aurait été contre productif. Bien plus, les sociétés coopératives telles que visées par la réglementation communautaire s'apparentent à des tontines modernes.

Selon un auteur, l'expression tontine serait née en France. Un banquier napolitain nommé TONTI a vendu à Louis XV l'idée d'emprunter de l'argent sans le rembourser, en versant seulement chaque année la totalité de l'intérêt correspondant aux seuls souscripteurs survivants, jusqu'à ce que le dernier décède. A la suite de cette expérience, il y a eu beaucoup de tontines publiques en France, avant et pendant la Révolution. Les tontines privées ont pris la relève comme forme d'assurance sur la vie. Aujourd'hui encore, en droit français, la clause de tontine signifie qu'un bien appartenant à plusieurs personnes reviendra aux survivants au décès de l'un d'eux[218].

Cependant, il se pourrait que les juristes français aient ainsi désigné un contrat pratiqué en Indochine (la *houei*) par lequel plusieurs personnes décident d'épargner ensemble et de se prêter cet argent les uns les autres[219].

L'acception de la tontine dans les pays en voie de développement – comme les pays de la zone CEMAC – renvoie à une

---

[218] M. LELART, *De la finance informelle à la microfinance, op. cit.* p. 20.

[219] T. PAIRAULT, *« Approches tontinières (première partie) – De la France à la Chine par la Cochinchine et autres lieux »*, études chinoises, vol. IX, n°1, printemps 1990, p.7-34 ; F. ROCHETEAU et C.W. CHEN, « Analyse juridique des groupements rotatifs d'épargne et de crédit en Asie : la houei », *Revue internationale de droit comparé*, n°1, 2001, pp. 83-124

opération bien différente. Ainsi, selon Madame B. SOUSI-ROUBI, il s'agit d'un mode d'épargne collective, où chaque membre d'une communauté affecte à un « pot commun » une somme d'argent, chacun pouvant profiter de la totalité de la somme épargnée à tour de rôle[220]. Cette dernière conception de la tontine est très voisine de la société coopérative ou mutualiste telle que visée par le règlement du 13 avril 2002 relatif aux conditions d'exercice de l'activité de microfinance.

La dispense de capital minimum aux établissements de microfinance de première catégorie vise pour ainsi dire, à sortir progressivement les structures, notamment les tontines, du secteur dit informel pour les soumettre à un cadre plus formel et institutionnel.

90. Les exigences minimales des EMF de première catégorie en matière de capital. Il faut préciser que selon la réglementation, le capital constitué par les établissements de microfinance de première catégorie *« doit être représenté et respecter l'ensemble des normes*

---

[220] B. SOUSI-ROUBI, *Lexique de la banque et des marchés financiers*, 6e éd. Dunod, p. 312. Pour une étude substantielle des tontines africaines, lire O.TOGOLO, *Pour une approche institutionnelle de la tontine*, Communication aux premières journées du GEREA, université de Douala, 5-8 mai 1998. M. NZEMEN, *Théorie de la pratique des tontines au Cameroun*, Yaoundé, SOPECAM, 1988 ; *Tontines et développement ou le défi financier de l'Afrique*, Yaoundé, SOPECAM, 1993 ; *Monnaie, franc CFA et tontines – La monnaie dans les réalités africaines*, Yaoundé, Mandara, 1997, pp. 86. E. KAMDEM BUKAM, *Tontines ou Schwa, banque des pauvres*, Abidjan, Edilis, 1995, 132 pp. C. MAYOUKOU, *Le système des tontines en Afrique, un système bancaire informel*, L'Harmattan, coll. Logique éco, 2000, Préf. M. LELART, 143 pp. F. TIANI KEOU, *Les tontines au Cameroun : Eléments fondateurs et contraintes internes*, *Juridis-Info,* n° 14, p. 85

arrêtées par la COBAC»[221]. Cette disposition appelle deux observations. Le capital doit être représenté c'est-à-dire être expressément indiqué dans les statuts ; même s'il n'est pas exigé un minimum pour se faire. Néanmoins, le capital de ces établissements doit être en adéquation avec les exigences réglementaires en matière de fonds propres et autres normes prudentielles. En effet, selon l'article 1er du Règlement COBAC EMF 2002/01 relatif au champ d'application des règlements COBAC sur les normes prudentielles des EMF, *« les dispositions des normes prudentielles sont applicables à tous les EMF»*. Bien que n'imposant pas un capital minimum, la loi encadre l'activité des établissements de microfinance de première catégorie en exigeant d'eux des conditions financières équivalentes à la taille de leurs structures[222].

2- L'exigence d'un capital minimum pour les autres catégories d'établissements de microfinance

91. Les fondements de la règle de fixation d'un capital minimum pour certains EMF. Aux termes de l'alinéa 2 de l'article 7 précité, pour les établissements de la deuxième catégorie, le capital minimum est fixé à 50 millions de francs CFA. L'alinéa 3, quant à lui, fixe le capital minimum des établissements de microfinance de troisième catégorie à 25 millions de francs CFA.

---

[221] Art. 7 précité.
[222] Règlement COBAC EMF 2002/03 relatif aux fonds propres précité.

Il importe de noter que les établissements de microfinance de deuxième catégorie doivent nécessairement avoir la forme juridique de société anonyme[223]. Cette exigence s'apparente à celle imposée aux établissements de crédit dits « classiques », mais s'en distingue par le montant du capital minimum. En effet, les établissements de crédit doivent avoir un capital minimum de dix (10) milliards de francs CFA quand il s'agit des banques et de deux (02) milliards de francs CFA s'agissant des établissements financiers[224]. Il apparaît que le capital minimum des établissements de crédit est un obstacle financier qui ne permet pas aux plus petits opérateurs d'intervenir dans le secteur bancaire. C'est tout le contraire de la microfinance où il est question d'encourager les petits investisseurs.

Les établissements de microfinance de troisième catégorie quant à eux sont des structures qui accordent des crédits sans collecter les dépôts[225]. A ce titre, ils s'apparentent aux établissements financiers[226]. La fixation de leur capital minimum à vingt cinq (25) millions de francs CFA, participe du souci du législateur à obtenir de

---

[223] Art. 3 al. 2 R EMF 2002/21 relatif aux formes juridiques liées à chaque catégorie d'EMF. Or l'AUSC et GIE prévoit en son art. 387 que le capital social minimum d'une SA est fixé à Dix Millions (10 000 000) de francs CFA.

[224] Règlement COBAC R 2009/01/portant fixation du capital minimum pour les établissements de crédit.

[225] Art. 5 du Règlement du 13 avril 2002.

[226] A titre de rappel, il importe de relever que les établissements financiers ou sociétés financières sont des établissements de crédit ne pouvant recevoir des fonds du public à vue et à moins de deux ans de terme. Elles assurent le financement de leur activité par leurs capitaux ou toute autre voie non contraire à la loi. V. Art. 11 du Règlement COBAC R-2009/02/ portant fixation des catégories des établissements de crédit, de leur forme juridique et des activités autorisées.

leurs promoteurs, la garantie financière qu'ils ont les moyens de leur politique.

92. Les finalités attachées à la règle de fixation de capital minimum. La fixation d'un capital minimum pour les établissements de microfinance poursuit deux types d'idéaux selon qu'il s'agit d'un établissement de microfinance de deuxième, ou de troisième catégorie. Dans le premier cas en effet, la fixation du capital minimum à hauteur de cinquante (50) millions de francs CFA, vise à assurer aux épargnants une certaine protection étant donné que le capital d'une société anonyme est le gage commun des créanciers[227], en dépit de l'absence d'une responsabilité indéfinie et solidaire des actionnaires[228]. Dans le second cas, la fixation du capital minimum à vingt cinq (25) millions pour les établissements de microfinance de troisième catégorie vise à assurer une mission sociale. En réalité, le législateur de façon préventive, voudrait s'assurer que les entités agréées peuvent valablement assurer la mission de lutte contre la pauvreté à travers l'octroi des microcrédits.

---

[227] Art. 385 de l'AUSC et GIE.

[228] J. MONEGER, *Le contrôle de la constitution de l'entreprise, facteur de sa viabilité initiale*, th. doct. Paris 1, 1976, s. dir. A. TUNC. S. DIOMANDE, *Regards sur les fonctions attribuées au capital social - Aspects de droit comparé : droit uniforme de l'OHADA et droit français des sociétés,* th. doct. Univ. Normandie, 14 déc. 2012. H.-D. MODI KOKO BEBEY, « La réforme du droit des sociétés commerciales de l'OHADA », *Revue des sociétés,* n° 2, avril – juin 2002, p. 255.

B- La portée de la règle de fixation du capital minimum en microfinance

93. La fixation du capital minimum pour les établissements de microfinance, moyen d'assainissement du secteur de la microfinance. Il fallait encourager l'émergence des activités de microfinance, mais le développement de cette dernière passe par le respect d'un certain nombre de conditions, donc l'exigence d'un capital minimum. Cet impératif est fondamental pour le contrôle de l'activité de microfinance et produit des effets tant au niveau structurel (1) que fonctionnel (2).

1- La portée de la règle au plan structurel

94. Les conséquences structurelles de la fixation du capital minimum. La règle de fixation du capital minimum pour les établissements de microfinance produit des effets structurels considérables. Elle permet de distinguer l'établissement de microfinance régulièrement constitué des entités du secteur informel, de par la structure du capital, mais aussi des établissements de crédit « classique ».

La spécificité de la microfinance se traduit ici par la souplesse des éléments structurels. La structure devant accueillir l'activité de microfinance ne doit être ni trop lourde pour se confondre aux établissements de crédit, ni trop légère pour s'apparenter aux entités du secteur informel. La fixation du capital vise donc à sortir les promoteurs, le cas échéant, du secteur informel pour leur permettre d'exercer leur activité dans un cadre légal moins contraignant que le cadre bancaire classique.

L'impact des barrières financières à la constitution des établissements de microfinance est assez important. On peut considérer qu'elles limitent la création des structures de microfinance de petite taille, ou encore qu'elles confinent les petites entités financières dans le secteur informel. Mais, toujours est-il que lorsque l'établissement de microfinance est constitué dans le respect de la limite du capital, son mode de fonctionnement se distingue sans doute selon l'importance du capital minimum en question.

2- Les effets de la règle au niveau fonctionnel

95. Les implications de la fixation du capital minimum au niveau du fonctionnement des EMF. En matière de microfinance, il importe de noter que le faible niveau des transactions (épargne et crédit) ne permet d'atteindre un niveau considérable des fonds propres qu'avec un nombre élevé de clients. Cette exigence pousse à établir une barrière financière moins élevée afin de permettre aux établissements de microfinance de bien fonctionner. Cela entraîne des contraintes fonctionnelles importantes.

96. Différenciation capital et fonds propres. Le capital social[229] ne doit pas être confondu avec les fonds propres mis initialement à la disposition de l'établissement de microfinance par les associés. Les fonds propres, appelés également capitaux propres, sont des sommes investies par les propriétaires d'une entreprise par opposition à ses ressources extérieures. Ils comprennent le capital, les primes d'émission et primes assimilées, les écarts de réévaluation, les réserves, le résultat de l'exercice, les subventions d'investissement et les provisions réglementées[230]. Le capital social et les fonds propres sont des garanties importantes pour les partenaires de l'établissement de microfinance. Ceci, dans la mesure où la détérioration du capital social ou des fonds propres peut être révélatrice des difficultés financières traversées par l'établissement de microfinance. De même, le mode de fonctionnement de l'établissement de microfinance paraît plus rigoureux et efficient, selon que ledit établissement a des fonds propres positifs, un capital stable ou non.

97. Le respect du capital minimum. La fixation du capital minimum pour les EMF s'apparente à une exigence d'efficacité managériale pour les dirigeants des établissements de microfinance, dans la mesure où le capital minimum fixé pour un EMF est un seuil infranchissable ;

---

[229] Le capital social renvoie à la valeur inscrite au passif exprimant la dette de la société envers ses associés ou ses actionnaires et égale à la somme de la valeur nominale des parts sociales ou actions émises par la société. V. G. CORNU, *Vocabulaire juridique*, *op. cit.*, p. 130.

[230] V. B. SOUSI-ROUBI, *Lexique de la banque et des marchés financiers*, 6e éd., Dunod, 2009, p. 45.

en deçà de celui-ci, l'établissement ne semble plus satisfaire la garantie de remboursement au profit des créanciers et/ou épargnants. Les dirigeants de l'EMF doivent donc veiller scrupuleusement au respect du capital minimum, faute de quoi, l'établissement s'expose à des sanctions.

Au-delà des mesures limitatives relatives au capital minimum éventuel des EMF, des contraintes d'ordre juridique conditionnent aussi l'accès à la profession.

Paragraphe 2 - L'institution des contraintes d'ordre juridique en microfinance

98. Les exigences d'ordre juridique. Les contraintes d'ordre juridique renvoient à toutes les obligations de nature commerciale qu'un établissement doit remplir, faute de quoi, il n'aura pas la qualité requise pour exercer. Certaines sont fixées comme condition d'acquisition de la qualité d'établissement de microfinance, les autres conditions d'accès à l'activité de microfinance sont parfois liées à l'obligation d'immatriculation des entreprises (A), ou encore à la forme juridique imposée pour l'autorisation d'exercer (B).

A- L'intérêt d'une immatriculation des établissements de microfinance

99. Il est fait obligation à tout commerçant d'être inscrit au registre du commerce et du crédit mobilier (RCCM). Certains établissements de microfinance devant avoir la qualité de commerçant sont astreints à suivre la procédure nécessaire à l'immatriculation. Il en sera ainsi de tous ceux de deuxième catégoric (par exemple) qui ont la forme juridique de société anonyme (1). En revanche, les sociétés coopératives ou mutualistes doivent être inscrites à un registre spécial (2).

1- L'immatriculation au Registre du Commerce et du Crédit Mobilier

100. L'immatriculation au RCCM : une condition classique pour l'exercice de l'activité commerciale. Selon les termes de la réglementation commerciale OHADA, le RCCM a pour objet de recevoir les demandes d'immatriculation des personnes physiques ayant la qualité de commerçant, des sociétés commerciales entre autres[231]. De ces dispositions, il apparaît que les entreprises voulant effectuer l'activité de microfinance à caractère commercial, doivent au préalable être immatriculées au RCCM. Ce sera le cas surtout pour les entités voulant effectuer les opérations d'épargne et de crédit même au profit des tiers. La réglementation financière exige qu'elles aient la forme juridique de société anonyme[232]. Or, les sociétés anonymes étant les sociétés commerciales par la forme, elles doivent nécessairement être immatriculées au RCCM[233].

---

[231] Art. 35 de l'AUDCG dans sa version adoptée le 15 décembre 2010.

[232] Art. 3 al. 2 du Règlement EMF 2002/2 relatif aux formes juridiques liées à chaque catégorie d'établissements de microfinance.

[233] Art. 27 AUDCG précité.

L'exigence de l'immatriculation s'explique par le fait qu'elle facilite l'identification de la personne morale candidate à l'exercice de l'activité de microfinance. Bien plus, l'entité en question n'acquiert la personnalité morale qu'à partir de son immatriculation. Cette immatriculation est une formalité qui peut s'avérer assez contraignante pour un très petit établissement de microfinance, bien qu'elle se justifie par l'acquisition de la personnalité juridique[234], et la nécessité de tenir un fichier répertoriant les sociétés commerciales existantes dans un pays donné[235].

101. Une immatriculation au RCCM généralisée pour tout EMF ? On peut raisonnablement se demander si les établissements de microfinance de première et troisième catégories doivent également s'immatriculer au RCCM. La réponse à cette question doit être nuancée. Les établissements de microfinance de première catégorie étant notamment de type associatif, coopératif ou mutualiste obéissent à un régime spécifique. Les établissements de microfinance de troisième catégorie quant à eux, peuvent être des sociétés accordant les crédits filières ou des sociétés de caution mutuelle[236]. Si l'on

---

[234] Art. 29 et 98 de l'AUSC et du GIE.

[235] Aux termes de l'article 36 de l'AUDCG : « le RCCM est tenu par le greffe de la juridiction compétente ou l'organe compétent dans l'Etat partie sous la surveillance du président de ladite juridiction ou du juge délégué par lui à cet effet ou de l'autorité compétente dans l'Etat partie.

Un fichier national centralise les renseignements consignés dans chaque RCCM.

Un fichier régional, tenu auprès de la Cour Commune de Justice et d'Arbitrage, centralise les renseignements consignés dans chaque fichier national ».

[236] Art. 3 al. 3 Règlement EMF 2002/21…précité.

considère qu'ils sont des sociétés commerciales parce qu'ils sont soumis en tout ou en partie à l'AUSC et GIE, compte tenu de leurs activités commerciales (opérations de crédit), ces établissements doivent solliciter l'immatriculation[237] au RCCM par application de l'acte uniforme relatif au droit commercial général.

102. L'acquisition de la personnalité juridique pour un EMF. La procédure d'immatriculation peut s'enchevêtrer avec la réglementation de la microfinance. La superposition, voire l'imbrication des barrières liées à l'immatriculation et l'obtention de l'agrément soulève une question majeure : A partir de quel moment l'établissement de microfinance acquiert-il la personnalité juridique ? Deux hypothèses doivent être distinguées dans le processus conduisant l'EMF à acquérir la personnalité juridique.

103. Reconnaissance de la personnalité juridique antérieure à l'obtention de l'agrément. Si l'entité sollicitant l'agrément en tant qu'établissement de microfinance a déjà une forme juridique et est régulièrement constituée, cela suppose qu'elle a acquis au préalable la personnalité juridique. Ainsi, l'obtention de l'agrément auprès des autorités compétentes ne sera qu'une « autorisation » complémentaire nécessaire à l'activité de microfinance. Ce sera le cas par exemple lorsqu'une société anonyme régulièrement constituée veut se lancer

[237] L'obligation d'immatriculation peut être assortie de sanctions pénales définies par les législations nationales, en cas de défaut d'inscription ou de fraude V. Art. 69 AUDCG du 15 décembre 2010.

dans les opérations de microfinance. Néanmoins, il faudra qu'elle respecte les autres conditions nécessaires à l'obtention de l'agrément d'établissement de microfinance. En conséquence, il apparaît que l'obtention de l'agrément permet l'accomplissement des opérations par une société ayant déjà la personnalité juridique. De même, une association ou une organisation non gouvernementale (ONG) régulièrement constituée[238], acquerra la personnalité juridique en raison de l'autorisation administrative reçue et l'agrément sollicité lui donnera la possibilité d'effectuer les activités de microfinance. Toujours est-il que l'obtention de l'agrément est une autorisation administrative pouvant se superposer avec l'immatriculation de la société.

104. Refus de l'agrément en l'absence de la personnalité juridique. En revanche, si les promoteurs d'un EMF n'ont pas encore créé une entité de façon régulière, la demande de l'agrément risque ne pas aboutir, car la réglementation de la microfinance exige un *«certificat d'enregistrement ou d'inscription»* comme pièce nécessaire au dossier d'agrément[239]. Il sera donc difficile à une société

---

[238] La création d'une association obéit généralement à deux types de régimes à savoir : le régime déclaratif qui voudrait que les promoteurs de l'association après accord et signatures des statuts, déclare l'existence de leur association auprès de l'autorité administrative compétente. Ce régime est beaucoup plus applicable aux associations à but non lucratif et apolitiques.

Le régime d'autorisation par contre, soumet l'exercice de l'association à une autorisation (habilitation) préalable de l'autorité administrative. Ce régime prévaut très souvent pour les partis politiques par exemple.

[239]Art. 23 du Règlement du 13 avril 2002. Cette formulation du législateur communautaire paraît assez équivoque. Elle donne à penser qu'il existerait un

de fait d'obtenir un agrément en qualité d'établissement de microfinance.

Le régime de l'immatriculation au RCCM, bien que distinct en raison de la nature des sociétés concernées, a suffisamment inspiré celui des sociétés coopératives.

2- L'immatriculation spéciale au registre des sociétés coopératives

105. Une inscription nécessaire au contrôle des sociétés coopératives. Les sociétés coopératives et mutualistes se distinguent des sociétés commerciales par la nature civile de leur objet et leur mode de gouvernance. Dans le souci d'exercer sur elles un contrôle effectif, la loi les oblige à s'inscrire sur un fichier tenant lieu de registre dédié à leur activité. Ainsi, chaque pays de la CEMAC doit tenir à jour un registre répertoriant les sociétés coopératives y exerçant. Au Cameroun par exemple, les sociétés coopératives étaient immatriculées auprès des délégations provinciales du Ministère de l'Agriculture, administration de tutelle compétente sous la loi de 1992[240]. Désormais, avec l'entrée en vigueur de l'acte uniforme

---

certificat spécifique conférant la personnalité juridique aux entités désireuses d'accomplir l'activité de microfinance. Or, l'acquisition de la personnalité juridique est fonction de la forme juridique de l'entité en cause. Il s'agira de l'immatriculation au RCCM pour les sociétés commerciales conformément à l'article 98 de l'AUSCG et du GIE. Du registre des sociétés coopératives pour les EMF de première catégorie et de la déclaration et/ou autorisation administrative pour les EMF de formes associatives.

[240] Art. 7 du Décret n°92/455/PM fixant les modalités d'application de la loi n°92/006 du 14 août 1992 relative aux sociétés coopératives et aux Groupes d'Initiative Commune. Pour une étude complémentaire sur les sociétés coopératives

OHADA relatif aux sociétés coopératives, celles-ci doivent être immatriculées sur le registre spécial.

106. Un régime d'immatriculation distinct entre sociétés commerciales et sociétés coopératives. A titre de comparaison, l'acte uniforme OHADA sur les sociétés coopératives et mutualistes consacre le chapitre IV du titre I, de sa première partie, au régime de l'immatriculation des sociétés coopératives[241]. L'article 79 dudit acte uniforme apporte une utile précision sur la personnalité juridique des sociétés coopératives lorsqu'il dispose que *« toute société coopérative ou mutualiste jouit de la personnalité juridique à compter de son immatriculation au registre des sociétés coopératives ou mutualistes. Toutefois, l'exercice de son activité est soumise aux règles qui régissent cette activité»*. De cette disposition, il apparaît clairement qu'en l'absence d'immatriculation au registre des sociétés coopératives ou mutualistes, l'entreprise candidate à l'exercice de l'activité de microfinance ne pourra pas obtenir l'agrément parce qu'elle n'aura pas de personnalité juridique et donc ne sera qu'une société de fait.

107. L'importance de l'immatriculation en microfinance. L'exigence de l'immatriculation est une barrière importante pour les

---

au Cameroun, lire S. NANDJIP, *Réflexions sur le cadre juridique des coopératives*, thèse de droit de 3e cycle, Univ. de Yaoundé, Juillet 2003, Yaoundé II-SOA (Cameroun).

241 Art. 71 à 78 de l'acte uniforme relatif aux sociétés coopératives.

entreprises désireuses d'accomplir l'activité de microfinance. Cette condition se justifie à plus d'un titre.

Tout d'abord l'immatriculation vise à sortir la microfinance du secteur informel pour la ramener à un cadre plus formel d'où leur règlementation. Néanmoins, en dépit de la relative souplesse du cadre réglementaire tracée par le législateur CEMAC, certaines personnes continuent d'exercer en marge de la réglementation.

Ensuite, l'immatriculation préalable à l'agrément, permet de mieux assurer le contrôle des établissements de microfinance par les autorités compétentes, à savoir l'autorité monétaire et la COBAC. C'est dire que l'immatriculation est le premier maillon de la chaîne de surveillance des établissements de microfinance, elle permet ainsi aux autorités compétentes d'effectuer en temps opportun, et plus facilement, les contrôles adéquats. Ceci, dans la mesure où les établissements sont classés et immatriculés au registre spécial[242] du Conseil National du Crédit[243].

Enfin, l'immatriculation des sociétés coopératives participe à l'institutionnalisation des opérateurs ou à la création de nouvelles institutions financières conçues pour être au service du secteur

---

[242] Cette immatriculation au registre spécial du Conseil National du Crédit intervient sans doute après l'obtention de l'agrément en qualité d'EMF. Elle ne fait pas double emploi avec l'immatriculation au RCCM ou au registre des sociétés coopératives, étant donné que le Conseil National de Crédit est chargé de donner des avis sur l'orientation de la politique d'épargne et de crédit, ainsi que sur la règlementation bancaire. Pour le cas du Cameroun, voir le Décret n°96/198 du 24 juin 1996 portant organisation et fonctionnement du Conseil National du Crédit.

[243] Art. 21 du Règlement du 13 avril 2002.

informel[244], ou pour la prestation des services financiers de base, ou encore l'octroi des crédits aux exclus du système bancaire.

B – Le respect des formes juridiques par les établissements de microfinance

108. Au-delà des contraintes réglementaires, financières et commerciales, l'accès à l'activité de microfinance est aussi conditionné par la forme juridique que doivent revêtir les entreprises intéressées. Pour mieux régir le secteur de la microfinance, le législateur impose des formes sociétaires bien spécifiques (1) à côté de certaines formes associatives (2).

1- La détermination des formes sociétaires des établissements de microfinance

109. Les deux formes sociétaires principales en microfinance : la société anonyme et la société coopérative. L'analyse du règlement EMF 2002/2 relatif aux formes juridiques liées à chaque catégorie d'établissement de microfinance laisse transparaître clairement deux formes sociétaires principales. A savoir, la société anonyme pour les établissements de microfinance de deuxième catégorie[245], et la société coopérative/mutualiste pour les établissements de microfinance de première catégorie[246]. Cette énumération est assez claire et différente

---

[244] M. LELART, *De la finance informelle à la microfinance, op.cit.*, p.45.
[245] Art. 3 al. 2 du Règlement R EMF 2002/21 précité.
[246] Art. 2 du Règlement R EMF 2002/21 précité.

des formes juridiques possibles pour les établissements de microfinance de troisième catégorie.

110. Le choix large de formes juridiques pour les EMF de troisième catégorie. L'alinéa 3 de l'article 3 du Règlement EMF 2002/2001 *in fine* se contente d'évoquer que les établissements de microfinance de troisième catégorie peuvent être *« notamment l'établissement de microcrédit, de projet, de sociétés qui accorderaient des crédits filières ou de sociétés de caution mutuelle»*. A la lecture de ce texte, deux observations s'imposent.

D'une part, il apparaît, que l'énumération n'est pas limitative, l'emploi de *« notamment »* laissant la possibilité aux sociétés ayant d'autres formes juridiques de se faire agréer comme établissements de microfinance de troisième catégorie, à condition qu'elles accordent des crédits aux tiers sans exercer l'activité de collecte d'épargne. Peut-on dire que toute institution peut être agréée comme établissement de microfinance de troisième catégorie sous réserve du respect de la dernière condition ? De notre point de vue, l'octroi de l'agrément sera laissé à l'arbitrage de l'autorité monétaire, qui devra toutefois motiver sa décision en cas de refus d'agrément.

D'autre part, l'imprécision sur la forme juridique de la société accordant des crédits filières et sur la nature et le régime des sociétés de caution mutuelle semblent assez problématique. En effet, ces formes de sociétés ne sont règlementées expressément ni en droit OHADA, ni par la plupart les législations nationales de la CEMAC. Le silence de la règlementation risque d'être contreproductif, voire très permissif pour le secteur de la microfinance, en laissant la possibilité à des entreprises non autorisées, et non conformes de se lancer dans l'activité d emicrofinance.

2- La place des formes associatives dans le secteur de la microfinance

111. Pluralité des formes associatives en microfinance. Plusieurs formes associatives peuvent être agréées dans le secteur de la microfinance. Il peut s'agir notamment, des associations d'utilité publique dont le but est de combattre la pauvreté par l'octroi de petits crédits; des associations rotatives d'épargne et de crédit, encore appelées tontines, des ONG entre autres. Il importe de noter parlant de la forme associative que, le législateur COBAC range tous les établissements de microfinance de type associatif soit dans la première, soit dans la troisième catégorie. C'est dire que ceux-ci ne peuvent effectuer des opérations qu'entre leurs membres. Bien plus, il faudrait que les établissements de microfinance en question soient des associations régulièrement constituées[247].

112. La place des associations en microfinance. Les formes associatives trouvent un terrain plus fertile dans la pratique de la microfinance dite sociale, contrairement à la microfinance dite commerciale, où la spéculation est assez importante. C'est dire que

---

[247] Pour le cas du Cameroun, le régime associatif est prévu par la loi n°90/053 du 19/12/1990 portant sur la liberté d'association au Cameroun.

compte tenu de leur statut associatif certains établissements de microfinance limitent leur action à l'octroi de microcrédits aux personnes exclues du secteur bancaire traditionnel. Il semble ainsi que les établissements de microfinance de formes associatives répondent mieux à la mission de lutte contre la pauvreté assignée à la microfinance que d'autres.

113. Distinction des associations lucratives des associations caritatives. Toutefois, cette affirmation doit être relativisée dans la mesure où on distingue en microfinance les associations lucratives des associations caritatives. Pour les associations lucratives, il apparaît au-delà de la dimension sociale affirmée de celles-ci, qu'il existe un accent spéculatif permettant d'assurer la pérennité et la viabilité financière de l'entité opérant sous cette forme.

Les associations caritatives en revanche, ont pour objet principal de lutter contre l'exclusion financière en octroyant des microcrédits aux populations démunies. Ici, le crédit est plus important que l'épargne, l'essentiel étant de permettre aux plus pauvres d'accéder aux services financiers, de leur donner une chance de se prendre en charge à travers des microcrédits créateurs de petits emplois. C'est l'ambition affirmée par les ONG de microfinancement, œuvrant dans la lutte contre la pauvreté.

114. Une hétérogénéité de formes sous-tendant l'idée d'un statut propre pour les EMF. La multiplicité des formes juridiques en microfinance est justifiée par la diversité et la nature des opérations, cela sous-tend l'idée d'un statut spécifique pour les EMF. Car, contrairement aux établissements de crédit qui ont essentiellement la forme de société anonyme, mettant ainsi en exergue l'idée d'une unification statutaire, renforcée par le caractère spéculatif des opérations. La pluralité des formes en microfinance est révélatrice de la spécificité des modes d'exercice de cette activité. Cela est d'autant plus vrai qu'il existe, en plus de diverses formes sociétaires, de nombreuses formes associatives en microfinance. Un statut propre pour les EMF est dès lors légitime, et les formes juridiques doivent correspondre à la diversité des champs d'intervention.

Conclusion du chapitre 1

115. Un statut juridique fixant les normes d'entrée à la profession de microfinance La finalité principale poursuivie par l'instauration d'un statut juridique spécifique aux établissements de microfinance, est de sortir ces établissements du secteur dit informel, en leur permettant d'agir dans un cadre plus formel et officiel. A cet effet, pour limiter les interventions fantaisistes et opportunistes dans ce secteur d'activité, le législateur communautaire à édicter un ensemble de règles qui visent à contrôler l'accès à la profession de microfinance. Ainsi, au même titre que l'activité bancaire classique, l'entrée à la profession de microfinance est régulée par un certain nombre de barrières règlementaires et économiques. Plus souples que les conditions d'entrée dans la profession bancaire classique, ces barrières sont associées à des règles spécifiques pour l'exercice de l'activité de microfinance.

Au-delà des conditions d'accès à l'activité de microfinance, le législateur CEMAC réglemente spécifiquement l'exercice de l'activité de microfinance.

CHAPITRE 2

La règlementation appropriée de l'exercice de l'activité de microfinance

116. La prise en compte de la microfinance dans la règlementation financière. La microfinance est une activité qui s'est développée, à l'origine, en marge d'une réglementation appropriée. L'évolution de ce secteur d'activité a, par la suite, retenu l'attention du législateur. Ainsi, depuis quelques décennies, un grand nombre de pays en développement et des pays dotés des économies en transition, ont envisagé la création et les modalités de la réglementation de la microfinance. Le législateur communautaire de la CEMAC, conscient de l'essor de la microfinance dans sa sous-région, va s'atteler à l'encadrement de ce secteur d'activité et de ses acteurs.

117. Question préalable. L'admission[248] du principe de la réglementation de l'activité de microfinance soulève une question importante : Que faut-il réglementer ? L'activité ou les institutions ? La réponse à cette question doit apporter des réponses adéquates dans l'encadrement de l'exercice de l'activité, la typologie institutionnelle[249], l'organisation des structures[250], la transparence financière[251], la stabilité du système et l'orientation de l'activité[252].

---

[248] L'admission du principe de la réglementation de la microfinance est justifiée par le souci d'encadrer les activités financières relevant du monopole bancaire, les activités concernant les centaines de milliers de personnes ; les notions de risque systémique, la sécurité des déposants, le souci d'encadrer les activités financières informelles entre autres.

[249] Cela renvoie à la géométrie et à la concentration ou dispersion du secteur, aux systèmes mutualistes et autogérés, fondation et ONG, aux types d'investisseurs.

[250] Forme juridique, système de contrôle interne, personnes exclues etc.

[251] Normes comptables et obligations déclaratives.

[252] Les normes de solvabilité et de liquidité, la question des taux d'intérêt, la division et le plafonnement des risques...

118. Différenciation entre règlementation prudentielle et règlementation non prudentielle. Lorsque l'on s'efforce de créer un espace réglementaire pour la microfinance, la distinction entre la réglementation prudentielle et la réglementation non prudentielle est fondamentale. La réglementation est dite « prudentielle » lorsqu'elle a pour but spécifique d'assurer la protection de l'ensemble du système financier, ainsi que celle des dépôts de particuliers[253]. Elle impose aux autorités compétentes de surveiller la solvabilité financière des institutions réglementées. La réglementation « non prudentielle », quant à elle, vise de façon générale, l'encadrement de l'exercice d'une activité financière. Elle a d'autres fins que la garantie de la santé des intermédiaires financiers agréés et la protection des déposants[254]. Il importe de souligner que la distinction entre réglementation prudentielle et réglementation non prudentielle n'est pas toujours évidente. En effet, il peut arriver qu'une règle réponde à la fois à des objectifs prudentiels et non prudentiels. C'est le cas des normes qui répriment les activités financières de nature frauduleuse qui ont une finalité double : prudentielle et non prudentielle. Compte tenu de la complexité, et du coût élevé de la supervision de la réglementation prudentielle, le principe directeur en matière réglementaire consistera à éviter d'imposer une réglementation prudentielle à des fins non

[253] R. PECK CHRISTEN, TIMOTHY R. LYMAN et R. ROSENBERG, « *Directives concertées pour la microfinance, Principes directeurs en matière de réglementation et de supervision de la microfinance* », juillet 2003, p. 7 ; CGAP, 2003 ; K. BARLET, « *Le point sur la réglementation et la supervision de la microfinance* », *BIM*, n° 30 septembre 2003, p. 1.

[254] R. PECK et *alii*, *op. cit.*, note 4. p. 7.

prudentielles : c'est-à-dire à des fins autres que la protection des fonds des déposants et la solvabilité de l'ensemble du secteur financier[255].

119. Pourquoi une règlementation particulière pour la microfinance ? En plus de la distinction entre la réglementation prudentielle et la réglementation non prudentielle, l'encadrement de la microfinance incite à s'interroger sur le bien fondé d'une réglementation particulière des établissements de microfinance. Pourquoi devrait-on soumettre les établissements de microfinance à un régime différent de celui des établissements de crédit ? Etant donné que si le public cible et le montant des opérations sont différents, la nature même des opérations d'un établissement de microfinance ne se distingue pas de celle des établissements de crédit classiques ?

L'essor de la microfinance, a justifié la réflexion sur un recadrage ou un encadrement de cette composante du paysage financier. La soumission des établissements de microfinance à une réglementation financière appropriée, est la conséquence du choix opéré par les autorités monétaires, de procéder à une supervision prudentielle des établissements de microfinance. En ce qui concerne l'encadrement des établissements de microfinance en zone CEMAC, il apparaît que le législateur a opté pour une réglementation prudentielle en soumettant tous les EMF à l'obtention de l'agrément[256]. Or, au-delà

[255] En effet, on peut mettre en œuvre certaines mesures réglementaires non prudentielles dans le cadre des lois commerciales générales en les faisant appliquer par les instances publiques appropriées, en fonction des capacités de ces instances. R. PECK et *alii*, *op. cit.*, p.8.

[256] Art 6 et 22 du Règlement du 13 avril 2002.

des aspects prudentiels, la prise en compte des aspects de gestion courante est nécessaire pour la fixation du statut des établissements de microfinance.

En raison de la spécificité de l'activité de microfinance et des enjeux y relatifs, l'adoption d'une règlementation propre aux établissements de microfinance s'est traduite par l'édiction des normes prudentielles adaptées à cette activité (Section I), et l'institution des normes professionnelles assez appropriées (Section II).

Section 1- L'édiction des normes prudentielles adaptées à l'activité de microfinance

120. La considération des règles prudentielles par les autorités monétaires. Les normes prudentielles sont le reflet de la vision de l'essor du secteur de la microfinance souhaité par l'autorité monétaire[257]. Elles ont pour objectif d'orienter la gestion, afin de prévenir les risques d'insolvabilité et d'illiquidité des établissements de microfinance. La différence d'approche des autorités de régulation du secteur de la microfinance, reflète la diversité des normes prudentielles applicables aux EMF, contrairement à celles applicables aux banques, et qui sont plus ou moins convergentes[258].

---

[257] L. LHERIAU, *Précis de réglementation de la microfinance*, AFD, Département de la recherche, 2009, n°218, p.196.

[258] Pour les normes de gestion applicables aux établissements de crédit classiques. Voir entre autres le règlement COBAC R- 93/02 relatif aux fonds propres nets des établissements de crédit modifié par le règlement COBAC – 2001/01 ; le Règlement COBAC R- 2001/02 relatif à la couverture des risques des établissements de crédit, abrogeant le règlement COBAC R-93/03 ; le Règlement

La stabilisation du secteur de la microfinance et la protection des épargnants[259] sont les finalités principales de la réglementation prudentielle adoptée par la COBAC. La réglementation couvre tout le secteur de la microfinance, indépendamment de la catégorie de l'établissement[260]. C'est dans ce sens que le règlement COBAC EMF 2002/01, relatif au champ d'application des règlements COBAC sur les normes prudentielles, précise, d'entrée de jeu, que lesdites normes prudentielles sont applicables à tous les établissements de microfinance[261], qu'ils soient unitaires ou organisées en réseau. Dans ce dernier cas, ces normes prudentielles s'apprécient sur une base consolidée.

121. La finalité première de toutes les normes prudentielles. L'élaboration des normes prudentielles répond principalement à un double objectif : protéger l'épargne publique et prévenir les risques systémiques[262]. C'est dire que dans l'hypothèse où l'institution

---

COBAC R-93/06 relatif à la liquidité des établissements de crédit (modifié par le règlement COBAC R-94/01) etc.

[259] Qu'il s'agisse des membres d'une coopérative financière comme les EMF de première catégorie ou d'une société de capitaux, EMF de deuxième catégorie.

[260] Selon l'article 1er du règlement COBAC EMF 2002/01 relatif au champ d'application des règlements COBAC sur les normes prudentielles, les dispositions des normes prudentielles sont applicables à tous les EMF.

[261] Art 1er du Règlement précité.

[262] Le risque systémique est le risque que l'insolvabilité d'une banque entraîne l'impossibilité pour d'autres banques d'honorer leurs engagements d'où l'effet domino entraînant d'autres défaillances, J. et M. PEYRARD, *Dictionnaire de finance*, 2ème éd. Vuibert, 2001, p. 223.

financière ne reçoit pas de fonds du public[263], et n'a pas une taille importante, pour que sa défaillance contamine gravement le secteur financier, le superviseur peut se passer d'une mission de supervision prudentielle qui est complexe et coûteuse[264].

122. L'originalité de l'activité de microfinance implique la spécificité de sa règlementation prudentielle. En considération de la clientèle ciblée, et des opérations particulières, non par leur nature mais par leur montant, la microfinance a nécessité les adaptations des normes financières classiques de plus en plus focalisées sur les risques importants. Cela est le cas de la réglementation originaire encadrant l'accès à l'activité[265]. C'est également le cas de la réglementation dérivée, laquelle se rapporte à l'encadrement de l'exercice de l'activité, et notamment des aspects prudentiels[266].

---

[263] La notion de « fonds reçus du public » revêt une signification assez particulière en microfinance, elle renvoie aussi bien aux épargnants des EMF de deuxième catégorie qu'aux membres des sociétés coopératives pour lesquelles la distinction de la personnalité juridique avec la personne qui reçoit les fonds n'est pas toujours évidente. A titre de comparaison avec la conception du droit bancaire, voir entre autres : T. BONNEAU, *Droit bancaire*, 5e éd. Montchrestien, n° 44 à 46, p. 38 à 40 ; J.-L. RIVES-LANGE et M. CONTAMINE-RAYNAUD, *Droit bancaire*, 6e éd., Précis Dalloz, n° 27 à 30 p. 28 ; C. GAVALDA et J. STOUFFLET, *Droit bancaire*, 4e éd., Litec, n° 26 à 30 p. 16 et 17.

[264] V. L. LHERIAU, *Précis de la règlementation*, *op. cit.* Pour soutenir son point de vue, l'auteur tout en reconnaissant les conséquences néfastes de la faillite d'une IMF, affirme que la faillite d'une usine automobile ou d'une grande entreprise par exemple aura des effets aussi négatifs. Or, celles-ci ne sont guère placées sous la supervision prudentielle permanente par le Ministère du Commerce et de l'Industrie, V. n° 219, p. 196, note 361.

[265] V. *Supra*, Section 1 du chapitre 1, du titre 1 de la Première partie de la présente étude, n° 41 et s.

[266] V. Les 21 Règlements sur les normes prudentielles édictées par la COBAC.

123. Une supervision généralisée des EMF. Le législateur communautaire CEMAC adopte une position contraire de la « supervision sélective »[267]. Ainsi, il soumet tous les établissements de microfinance à la réglementation prudentielle. Cette dernière revêt une certaine originalité au regard des traits spécifiques de la microfinance. Cela relève l'inadaptation au secteur de la microfinance, des normes prudentielles « classiques » applicables aux établissements de crédit.

L'analyse des textes fixant le statut des établissements de microfinance en zone CEMAC, conduit à constater que la COBAC, s'agissant de la réglementation prudentielle de la microfinance, adopte, *grosso modo,* deux types de règles[268] : celles relatives à l'équilibre financier des établissements de microfinance (Paragraphe 1), et celles concernant la pérennité du secteur de la microfinance (Paragraphe 2).

Paragraphe 1- L'adoption des normes spécifiques relatives à l'équilibre financier des établissements de microfinance

124. Le nécessaire encadrement de la liquidité des EMF. Les établissements de microfinance sont des institutions financières qui se livrent aux opérations de crédit, et/ou de collecte de l'épargne, et offrent des services financiers spécifiques aux populations exclues du

[267] La supervision sélective consiste à ne soumettre que certains établissements aux règles prudentielles, en raison de ce qu'ils octroient des crédits au public, ou alors qu'ils sont de tailles importantes. Ainsi, les petits EMF sont en principe exclus de la supervision prudentielle.

[268] V. art. 46 du Règlement du 13 avril 2002.

circuit bancaire classique[269]. A ce titre, ils sont des intermédiaires financiers[270]; lesquels doivent être étroitement surveillés afin de protéger leur clientèle et garantir la stabilité du secteur financier. La surveillance de l'activité n'est pas spécifique au secteur de la microfinance. Toutefois, la fragilité de la structure financière des établissements de microfinance et les risques dudit secteur, justifie l'adoption des normes adéquates, afin d'assurer leur équilibre financier[271] ; cela est une préoccupation majeure pour les autorités publiques, compte tenu de la volatilité des fonds, et de la durée généralement courte du crédit. Ainsi, les autorités compétentes sont amenées à imposer des normes de solvabilité assez strictes aux établissements de microfinance (A), et à les soumettre à des normes de liquidité plus adaptées (B).

A – L'imposition des normes de solvabilité plus strictes aux établissements de microfinance

125. Le bien-fondé de la rigueur des normes de gestion en microfinance. La plupart des établissements de microfinance

---

[269] Art. 1er du Règlement du 13 avril 2002.

[270] Il y a intermédiation financière parce que les EMF, notamment de deuxième catégorie, et dans une certaine mesure ceux de première catégorie, recueillent l'épargne afin de la redistribuer sous forme de crédit. Ils sont le lien entre les déposants et les emprunteurs. J. et M. PEYRARD, *Dictionnaire de finance*, 2e éd., Viubert, p. 145.

[271] La règle de l'équilibre financier implique qu'il y ait une certaine adéquation entre le choix du mode de financement et les actifs financés. Elle exige un certain équilibre entre la date d'échéance du financement et la durée des actifs. J. et M. PEYRARD, *op. cit.* p. 104.

travaillent avec l'argent de leur clientèle ou membres. En conséquence, ils sont tenus de respecter des normes de gestion assez rigoureuses, afin de limiter les risques liés à leur activité. De telles normes sont nécessaires lorsque le capital de l'établissement de microfinance est détenu par des personnes qui prennent des risques exagérés avec les fonds qui leur sont confiés. Ces normes doivent être encore plus rigoureuses au sein des établissements de microfinance de première catégorie, qui sont des sociétés coopératives, où la plupart des membres s'intéressent plus à la fourniture de crédit qu'à la protection de l'épargne.

La réglementation prudentielle dans ce cadre, vise à imposer aux établissements de microfinance, un mode de gestion particulièrement strict, afin que ceux-ci n'exposent pas l'entreprise à des risques excessifs, en fragilisant totalement leurs créanciers, et l'économie en générale.

126. La nécessité de se prémunir contre les aléas affectant la microfinance. Toute activité économique est faite de périodes de forte croissance et de crises. Il peut arriver que la clientèle des établissements de microfinance éprouve d'énormes difficultés au moment du remboursement de crédits obtenus, ce qui peut générer une crise de liquidité. En effet, le microcrédit et les crédits aux TPE[272] sont soumis à des aléas divers et atypiques, aussi bien climatiques (sécheresse, inondation…), que conjoncturels (crédit à très court

---

[272] TPE signifie Très Petite Entreprise.

terme, absence de garanties fiables…). C'est ce qui justifie l'exigence des normes de solvabilité[273] assez adéquates, en vue de garantir la pérennité des établissements de microfinance au delà les crises conjoncturelles[274].

Les normes de solvabilité des établissements de microfinance se rapportent, aux capitaux propres (1), à la limitation des risques (2), mais aussi à celle des engagements pris sur les actionnaires et dirigeants (3).

1- L'institution des normes de solvabilité relatives aux capitaux propres en microfinance

127. Fonds propres et capitaux propres. Les fonds propres sont l'ensemble comprenant le capital social, les primes d'émission d'actions, les réserves, le report à nouveau, les subventions d'investissement et les provisions réglementées[275]. Ils constituent sur le plan juridique la garantie des tiers.

---

[273] La solvabilité est perçue comme la capacité d'une personne physique ou morale à honorer ses engagements. En microfinance elle implique un ensemble de normes se rapportant entre autres à la division et à la diversification des risques, à la mise en réserve spéciale, à la diversification des activités. La liquidité quant à elle est la possibilité de transformer rapidement un actif en moyen de paiement. Elle se rapporte entre autres aux normes de liquidité, aux financements des immobilisations…

[274] C. NENTA NDJOUKOUE, *« La problématique de la pérennité des établissements de microfinance dans la CEMAC », in « Gérer et décider »,* Rev. Facultés des Sciences Sociales et de Gestion (UCAC), vol. 1, n°1, janvier 2005, cité par J.-M. NYAMA, *Droit bancaire et de la microfinance en zone CEMAC*, vol. 1, CEFROD, p. 107.

[275] J. et M. PEYRARD, *op. cit.* p. 44.

La notion de capitaux propres[276] n'est pas synonyme de celle de fonds propres. Techniquement, les deux vocables ne revêtent ni la même signification, ni le même contenu ; toujours est-il que dans l'un et l'autre cas, le législateur encadre strictement les capitaux pour assurer la solvabilité des établissements de microfinance. Il semble dès lors pertinent de mettre en exergue, les fonds patrimoniaux, dans un premier temps (a), et les fonds propres dans le dispositif prudentiel, dans un deuxième temps (b).

a) La place des fonds patrimoniaux dans le dispositif prudentiel

128. Les fonds patrimoniaux des EMF de première catégorie. Aux termes de l'article 7 alinéa 1 du règlement du 13 avril 2002, *« Il n'est pas exigé de capital ou dotation minimum pour les établissements de la première catégorie. Toutefois, le capital reconstitué doit être représenté et permettre de respecter l'ensemble des normes arrêtées par la commission bancaire»*. Il ressort de cette disposition que les établissements de microfinance de première catégorie n'ont pas de capital, ou dotation minimum[277]. On ne saurait donc parler de fonds propres au sens strict du terme. C'est pourquoi le législateur a utilisé plutôt l'expression *« fonds patrimoniaux »* au lieu de *« fonds propres »*.

---

[276] Pour mémoire, il faut relever qu'en matière bancaire et financière en général, on parle des fonds propres en lieu et place des capitaux propres recensés pour les sociétés commerciales ordinaires.

[277] Conformément à l'art. 3 du règlement COBAC EMF 2002/21, les EMF de première catégorie sont de type associatif, coopératif ou mutualiste.

En vertu de l'article 1er du Règlement COBAC EMF 2002/03 relatif aux fonds patrimoniaux, les fonds patrimoniaux nets pour les établissements de microfinance de première catégorie, sont constitués par la somme des fonds patrimoniaux et des ressources assimilées. L'objectif visé par ce texte est de permettre aux établissements de microfinance de première catégorie d'avoir des fonds patrimoniaux pour soutenir leurs activités.

129. Contenu des fonds patrimoniaux et conséquences. Pour atteindre cet objectif, la prudence consiste principalement à éviter une confusion de la notion de fonds patrimoniaux au travers d'une définition de leur contenu[278] ; à éliminer des fonds patrimoniaux, les participations dans les établissements de microfinance[279], et à obliger ceux qui sont concernés à déclarer à la COBAC, les éléments qui composent leurs fonds patrimoniaux.

---

278 Aux termes de l'Article 2 du Règlement COBAC EMF 2002/03 relatif aux fonds patrimoniaux, « les fonds patrimoniaux sont constitués de la somme des éléments énumérés au point A, déduction faite des éléments au point B.

A) Sont inclus : les parts libérées; le fonds de solidarité ; les réserves légales ; les réserves facultatives; le report à nouveau créditeur ; les subventions à caractère de réserve ; les fonds de financement et de garantie ; les provisions non affectés ; le résultat net du dernier exercice clos, approuvé par les organes compétents et certifié par les commissaires aux comptes dans l'attente de son affectation.

B) Viennent en déduction : le report à nouveau lorsqu'il est débiteur ; les immobilisations incorporelles ; le déficit d'exercice en instance d'approbation ; les excédents d'exercice à distribuer ; les provisions complémentaires à constituer pour dépréciation ou risque de non recouvrement d'actifs, ou pour charges et pertes diverses ».

279 Aux termes de l'Article 5 du Règlement COBAC EMF 2002/03 relatif aux fonds patrimoniaux, « les titres de participation dans les EMF sont déduits des fonds propres patrimoniaux».

Il apparaît clairement que les établissements de microfinance de première catégorie revêtent une spécificité. Celle-ci révèle l'incompatibilité de l'application de la réglementation prudentielle bancaire classique. Car, cette dernière, s'appuie surtout sur la notion de fonds propres. Cette notion exige un capital dans son contenu. C'est donc à raison qu'une règlementation particulière de la microfinance s'est imposée ; surtout qu'il fallait tenir compte des spécificités des entités de formes associatives, coopératives et mutualistes.

Bien plus, malgré l'existence d'un capital minimum pour les établissements de microfinance de deuxième et troisième catégorie, l'importance des risques qui les concernent, a justifié un encadrement prudentiel plus strict que ce que prévoit le droit bancaire classique.

b) La valeur des fonds propres des établissements de microfinance dans la réglementation prudentielle

130. Le rôle central des fonds propres dans la règlementation prudentielle. L'encadrement prudentiel qui vise à assurer la sécurité des déposants et la pérennité des institutions financières, est basé pour l'essentiel sur la notion de fonds propres. En effet, les fonds propres sont le pivot de la réglementation prudentielle pour reprendre certains éminents auteurs[280]. Ils jouent un rôle fondamental dans la règlementation bancaire classique ; cela est aussi vrai pour les

[280] C. GAVALDA et J. STOUFFLET, *Droit bancaire*, n° 129, 4e éd., Litec.

établissements de microfinance, pour lesquels le législateur se veut plus strict en fixant des normes prudentielles assez rigoureuses.

Il est exigé des établissements de microfinance des deuxième et troisième catégories, des fonds propres nets (FPN)[281] constitués par la somme des fonds propres de base et les ressources assimilées[282]. Cette norme vise à obliger ces établissements, à disposer des FPN nécessaires pour soutenir leurs activités. Pour y parvenir, la prudence a consisté pour le législateur, à définir le contenu des FPN desdits établissements, afin d'éviter la confusion dans la détermination et le calcul de ces fonds[283].

Les fonds propres sont le pendant du ratio de solvabilité visant la sécurisation des créanciers des établissements de microfinance par une couverture partielle des risques[284]. En effet, lorsque l'établissement de microfinance ne dégage pas un volume important de profits, les fonds propres sont destinés à garantir et, le cas échéant, à compenser les pertes résultant de l'activité de microfinance, laquelle semble assez risquée.

131. La double justification des fonds propres. Deux raisons justifient la couverture partielle des risques par les fonds propres. Les établissements de microfinance de deuxième catégorie collectent l'argent des particuliers qu'ils utilisent pour octroyer du crédit. Les

---

[281] Art. 1er Règlement COBAC EMF 2002/04 relatif aux fonds propres nets.

[282] La détermination des fonds propres de base est prévue à l'art. 2 alors que celle des Fonds Propres Nets est énoncée à l'art. 3.

[283] Art. 2 et 3 Règlement COBAC, EMF 2002/04 précité.

[284] L. LHERIAU, *thèse précitée*, n° 646, p. 223.

autorités monétaires, en charge de l'intérêt général, doivent assurer la sécurité de l'épargne des milliers de déposants, en fixant un montant de fonds propres suffisamment élevé aux EMF, afin de demeurer en principe solvable, même en cas de crise économique.

132. Les fonds propres, une notion au service de la politique économique et financière. L'un des objectifs de politique économique générale des autorités monétaires, doit être l'édiction d'un ratio de solvabilité qui permet d'assurer la solidité financière des établissements de microfinance. Ces derniers sont des acteurs à part entière dans le financement de l'économie et l'essor économique en général.

Le respect des normes de solvabilité est un impératif que le législateur s'évertue à garantir, en imposant aux établissements de microfinance assujettis, de déclarer à la COBAC la composition de leurs fonds propres. Qui plus est, l'exigence de solvabilité effective des établissements de microfinance peut amener le Secrétaire Général de la COBAC, à s'opposer à l'inclusion de certains éléments dans la détermination des fonds propres[285].

2- Les normes de solvabilité relatives à la limitation des risques

133. Le rôle du rapport de couverture des risques. Les établissements de microfinance sont tenus de respecter en permanence

---

[285] Art. 6 Règlement COBAC EMF 2002/04 précité.

un rapport minimum, dit rapport de couverture des risques, entre le montant de leurs fonds propres nets ou fonds patrimoniaux nets, et celui des risques qu'ils encourent en raison de leurs opérations avec leur clientèle[286].

Le règlement COBAC EMF 2002/07 relatif à la couverture des risques institue un rapport de couverture encore appelé « ratio de couverture » ou « ratio de solvabilité ». Il a pour objectif de proportionner les crédits octroyés par les établissements de microfinance, à leurs fonds propres. Pour atteindre cet objectif, le règlement[287] prescrit que le montant maximal de l'ensemble des crédits qu'un établissement de microfinance peut faire, est de dix (10) fois ses fonds propres nets (FPN)[288]. C'est dire que l'ensemble des crédits ou risques est égal à 10 fois les FPN. De façon concrète, il ressort du ratio ci-dessus, qu'un établissement de microfinance dont les FPN sont de cent millions, a le droit de faire au minimum cent millions de crédit. Ce rapport institue une obligation de l'apport personnel dans la distribution des crédits. Pour un crédit octroyé, les propriétaires de l'établissement de microfinance doivent y avoir mis dix pour cent (10%) de leurs fonds propres.

---

[286] Art. 1er règlement COBAC EMF 2002/07 relatif à la couverture des risques.

[287] V. Art.5.

[288] A titre d'illustration, le rapport de conversion pourra être matérialisé comme suit :

$$\frac{FPN}{Ensemble \text{ de crédit}} = 10\%$$ ou encore

$$\frac{Ensemble \text{ de crédit ou risques}}{FPN} = 10 \text{ fois}$$

L'esprit du ratio de solvabilité en microfinance est le même que celui de la réglementation prudentielle bancaire classique. Ce ratio vise à éviter que, les promoteurs d'une entreprise financière engagent seulement les capitaux des déposants. Il faut aussi et surtout que les capitaux propres de leur entreprise soient utilisés. Toutefois, il s'avère que le contenu du ratio de couverture de risque est assez élevé en microfinance, cela est sans doute justifié par l'importance des risques liés à cette activité[289]. A titre d'illustration, il faut noter que la réglementation prudentielle bancaire de la CEMAC, prévoit un ratio de couverture des risques d'au moins 8%.

134. Le rapport de division des risques. En ce qui concerne la division des risques, encore appelée ratio de division des risques, elle a pour objectif de mettre en place une règle fondamentale de prudence dans la fourniture des crédits par les établissements de microfinance, à savoir *« diviser les risques et proportionner chacun d'eux à l'assise financière de l'établissement afin d'être toujours en mesure de faire face à la défaillance d'une contrepartie »*. Il s'agira en quelque sorte, selon un auteur, reprenant Jean de La Fontaine, de « *ne pas mettre tous ses œufs dans un même panier* »[290].

---

[289] V. Règlement COBAC R 2001/02 relatif à la couverture des risques des établissements de crédit

Ledit règlement est précisé par les instructions I-93/02 du 23 avril 1993 et I-93/08 relatives à la couverture des risques des établissements de crédit.

[290] F. TIANI KEOU, « Les Etats de la CEMAC : Comprendre les normes prudentielles COBAC applicable aux EMF, communication présentée au 3e Salon Camerounais de la microfinance », du 7 au 10 avril 2009, inédit.

La règle prudentielle de la division des risques est posée par le règlement COBAC EMF 2008/08 et se subdivise en deux ratios, lesquels visent à limiter les risques de crédit au sein des établissements de microfinance.

135. La première variante du ratio de division de risques. Il s'agit d'une part, d'un rapport minimum entre le montant des fonds patrimoniaux ou des fonds propres nets et l'ensemble des risques (crédits) sur un même bénéficiaire. Ici, la prudence consiste à établir un rapport à moins quinze pour cent (15%) des fonds patrimoniaux pour les établissements de microfinance de première catégorie, et à moins vingt cinq pour cent (25%) des fonds propres nets (FPN) pour les établissements de microfinance de deuxième et troisième catégorie[291]. C'est dire que pour un établissement de microfinance de première catégorie, par exemple, dont les fonds patrimoniaux sont de cent (100) millions, le montant maximum de risques qu'il peut prendre sur un même bénéficiaire est de quinze (15) millions[292].

136. La seconde variante du ratio de division de risques. D'autre part, il est établi un rapport minimum entre le montant des fonds patrimoniaux ou des FPN et l'ensemble des risques (crédits) sur des bénéficiaires ayant reçu chacun un montant supérieur à une certaine

[291] Art. 5 du règlement COBAC, EMF 2002/08 précité.

[292] Mathématiquement le rapport se présente comme suit : 100 millions x 15/100 = 15 000 000

proportion desdits fonds patrimoniaux, ou FPN[293]. Le ratio ici, ne concerne que les établissements de microfinance de deuxième et de troisième catégorie, pour lesquels la prudence consiste à prescrire que l'ensemble des crédits d'un montant supérieur ou égal à dix pour cent (10%) des FPN, ne doit pas dépasser huit (8) fois le montant des FPN[294].

137. La différence de taux des ratios dans le système bancaire et le secteur de la microfinance. Il apparaît qu'il y avait nécessité d'élaborer un ratio de solvabilité assez renforcé pour les établissements de microfinance, par rapport à celui exigé pour les établissements de crédit classiques. En effet, le ratio Cooke, élaboré par le comité de Bâle[295] pour les établissements de crédit, est, de nos jours, la norme de référence pour l'encadrement de la solvabilité des institutions financières[296]. Toutefois, au regard des risques importants

---

293 Art.6 règlement ci-dessous cité.

294 A titre d'illustration pour un EMF de troisième catégorie dont les FPN sont de 100 millions, l'ensemble des crédits d'un montant supérieur ou égal à 100 millions fois 10/100 = 100 millions ne doit pas dépasser 100 millions x 8 = 800 millions.

295 Le comité de Bâle regroupe les gouverneurs de banques centrales des pays développés qui décidèrent en 1974 lors de leur réunion mensuelle au siège de la banque des règlements internationaux à Bâle (Suisse), de créer un comité d'étude appelé « comité des règles et pratiques de contrôle des opérations bancaires ». Ce Comité de Bâle fut présidé à l'origine par un responsable de la *Bank of England* du nom de Peter COOKE d'où l'appellation ratio de solvabilité ou ratio Cooke.

Au fil des années, le Comité de Bâle a adopté un nouveau ratio de solvabilité appelé ratio Mac DONOUGH, qui sans remettre en question le principe d'une adéquation entre les fonds propres et les risques, ni le taux de solvabilité de 8%, élabore une analyse différente des risques.

Pour une étude complémentaire de la question, S. MEZIANE, *La réforme du ratio COOKE,* Mémoire DESS en Banque et Finance, Paris V, 1999/2000.

296 Soit 8%.

encourus dans le secteur de la microfinance, et du potentiel relativement faible de constitution des fonds propres des établissements de microfinance, un taux de huit pour cent (8%) semble insuffisant, d'où l'instauration des taux de solvabilité plus élevés en microfinance. Soit quinze pour cent (15%) des fonds patrimoniaux pour les établissements de microfinance de première catégorie et vingt cinq pour cent (25%) des FPN pour les établissements de microfinance de deuxième et troisième catégorie[297].

3- Les normes relatives à la limitation des engagements en faveur des actionnaires et des dirigeants

138. L'impact des règles de limitation des engagements au profit des actionnaires et dirigeants des EMF. L'édiction des normes limitant les risques sur les actionnaires et dirigeants n'est pas propre au secteur de la microfinance[298]. Ces normes revêtent néanmoins une portée toute particulière pour les établissements de microfinance, eu égard à la diversité de leurs formes juridiques et, des rapports de force entre les membres ou actionnaires de l'établissement, les dirigeants et l'établissement lui-même.

---

[297] Article 5 du Règlement COBAC EMF 2002/07 du 15 avril relatif à la couverture des risques.

[298] En effet, le règlement COBAC R- 93/13 tel que modifié par le règlement R-2001/05 relatif aux engagements des établissements de crédit en faveur de leurs actionnaires ou associés, administrateurs, dirigeants et personnels, fixe le ratio de risques sur actionnaires, dirigeants et assimilés à 15%. L'écart de ce taux par rapport au 20% du secteur de la microfinance se justifie par la différence du poids financier des établissements de crédit par rapport aux EMF.

139. Les raisons d'une restriction de crédits aux personnes « liées » à l'établissement. La limitation de la liberté de fournir des crédits aux membres influents de l'établissement de microfinance participatif[299] ou non, par un ratio prudentiel, se justifie par le souci de prévenir l'établissement de microfinance de la trop forte emprise, qu'auraient directement certains dirigeants, ou membres sur la direction, et le fonctionnement de l'établissement en cause. Une telle limitation parait nécessaire dans la mesure où, le risque de déviation par rapport à l'objet social serait important[300]. Dans ce cas, l'EMF au lieu de fournir des crédits aux membres, peut subir l'influence des dirigeants en octroyant plus de crédits, et pour des montants importants à ceux-ci, au détriment des premiers. Le risque de voir certains dirigeants abuser du crédit de l'établissement de microfinance, est aussi réel. En effet, fort de leur position dominante, les dirigeants pourraient privilégier l'octroi des crédits entre eux, en faisant peu de cas des autres membres de l'EMF.

La réglementation prudentielle communautaire, vise à empêcher les propriétaires et dirigeants des établissements de microfinance, de collecter l'épargne publique pour ne financer que leurs affaires, au détriment de toute la société entière[301]. En effet, l'encours global des engagements nets portés directement, ou

[299] Coopératif ou mutualiste.

[300] Par exemple, l'EMF au lieu d'œuvrer pour la prestation des services financiers aux populations exclues du secteur bancaire classique, s'activerait à satisfaire davantage une population privilégiée constituée des membres influents et des dirigeants.

[301] V. Règlement COBAC EMF 2002/10….relatif aux engagements des EMF en faveur de leurs actionnaires, administrateurs, dirigeants et personnels.

indirectement par un établissement assujetti sur ses actionnaires, administrateurs, dirigeants et personnels, ne pourra excéder vingt pour cent (20%) du montant des fonds patrimoniaux[302], ou fonds propres nets de l'établissement[303].

140. La flexibilité de la restriction à l'égard des dirigeants des sociétés mutualistes/coopératives. Cette règle de prudence s'accompagne de la limitation à hauteur de trente pour cent (30%), pour les établissements de microfinance de première catégorie, à condition que les bénéficiaires de crédit ne participent pas aux opérations d'octroi de crédit[304]. L'assouplissement du ratio pour les établissements de microfinance de formes coopératives ou mutualistes, est justifié par le fait qu'il est difficile d'éviter l'octroi du crédit aux dirigeants de ces établissements de microfinance ; en raison de ce que les dirigeants des sociétés coopératives sont, très souvent, eux même des coopérateurs membres de l'établissement. Priver les dirigeants de la possibilité de bénéficier du crédit serait certainement contreproductif. Il faut donc les y autoriser, mais pour des quotas et des montants bien déterminés. Autrement, les conseils d'administration et comités de crédit, ne seraient que des *« clubs d'épargnants »*[305]. Une réglementation draconienne ne serait pas

---

[302] Les fonds patrimoniaux et fonds propres nets sont définis par les règlements COBAC EMF 2002/3 et EMF 2002/4.
[303] Art. 2 du Règlement COBAC EMF 2002/10 précité.
[304] Art. 2 précité.
[305] L. LHERIAU, *thèse précité*, n°707, p. 242.

toujours conciliable avec le double objectif de sécurisation des fonds propres, et l'accomplissement de l'objet social[306].

La prudence réglementaire a par ailleurs consisté à limiter à cinq pour cent (5%) des fonds patrimoniaux, ou fonds propres nets (FPN), le montant de crédit qu'un établissement de microfinance peut accorder à un de ses propriétaires ou gestionnaires[307].

141. La restriction des crédits en faveur des dirigeants. Il importe de souligner que la limitation des risques au profit des actionnaires et dirigeants relève de façon plus générale, d'un principe de bonne gouvernance d'entreprise et, plus spécifiquement, d'une règle de gouvernance des EMF[308]. C'est dans ce sens que l'acte uniforme OHADA relatif aux sociétés commerciales pose des restrictions aux concours consentis aux actionnaires et dirigeants des sociétés anonymes, et des sociétés à responsabilités limitées (SARL)[309]. Ledit acte uniforme n'autorise en réalité que les « *opérations courantes conclues à des conditions normales*». L'appréciation de cette formule du législateur OHADA doit se faire *in concreto*[310]. Ainsi, pour un

---

[306] Pour s'en convaincre, il faut relever que de façon concrète le risque est grand que les élus des EMF participatifs pour contourner l'interdiction, fassent des emprunts au travers des prête-noms, des rémunérations déguisées sous formes de frais excessifs, des commissions et des détournements de fonds.

[307] Art. 3 du Règlement précité.

[308] C. ONOMO, *Mécanismes de gouvernance en microfinance : apport sur la performance des institutions de microfinance au Cameroun*, th. gestion, 2010, Univ. Douala-Cameroun.

[309] Art. 450 et 507 de l'AUSC et du GIE sur le régime des conventions interdites.

[310] Selon la jurisprudence (française), une opération courante est celle rentrant dans l'activité habituelle d'une société telle que définie par son objet social,

établissement de microfinance, une opération courante sera par exemple l'octroi d'un crédit ne dépassant pas le montant habituel des crédits fournis aux autres clients et sous réserve du respect des règles de procédure interne.

Ces dispositions de l'AUSC et du GIE, qui limitent les possibilités de crédit aux dirigeants des SA et de SARL, devraient être élargies aux établissements de microfinance de première[311]et de troisième catégorie[312]. Car, elles sont valables pour les établissements de microfinance de deuxième catégorie qui sont constitués sous forme de société anonyme.

Le souci d'adapter l'encadrement de l'activité de microfinance, en tenant compte de ses spécificités, a considérablement influencé sa réglementation dérivée. C'est d'ailleurs l'une des raisons pour lesquelles les normes de liquidités des établissements de microfinance revêtent des particularités, corroborant l'idée d'un statut propre.

B- L'édiction des normes de liquidité propres aux établissements de microfinance

142. Les enjeux de l'instauration des règles spécifiques de liquidité pour les EMF. L'élaboration des normes de liquidité n'est pas

V. Paris, 20 novembre 1998 ; Dalloz, Affaires 1999. p. 134 ; JCP E 1999, n°15 p. 669.

[311] A titre de comparaison, l'acte uniforme OHADA sur les sociétés coopératives prévoit en son article 242 une disposition similaire.

[312] Pour les EMF de troisième catégorie les textes encadrant les associations ne prévoient pas expressément de telles restrictions ; mais on pourrait soumettre les EMF de formes associatives à une telle contrainte.

l'apanage du seul secteur de la microfinance[313]. Le maintien de la liquidité des entités recevant dcs dépôts à vue, ou à très court terme, d'une clientèle de particuliers, constitue un des enjeux essentiels tant pour le secteur que pour le superviseur[314].

En matière de microfinance, les ratios de liquidité visent à se prémunir contre le risque de retrait massif des dépôts. Lequel peut se traduire par une forte panique des déposants[315]. Les spécificités de la microfinance ont justifié des adaptations nécessaires pour une mise en œuvre efficace des ratios de liquidité. Ces adaptations sont perceptibles pour la règle de liquidité *stricto sensu* des établissements de microfinance (1), pour les normes relatives à la couverture des immobilisations et des crédits par les ressources disponibles (2), mais aussi celles de comptabilisation et de provisionnement des créances douteuses (3).

1-L'émergence d'un ratio de liquidité propre aux établissements de microfinance

143. La protection des intérêts des déposants à travers le ratio de liquidité. Le législateur sous-régional institue un rapport de

---

[313] Le législateur communautaire COBAC prévoit déjà un ratio de liquidité des établissements de crédit dans le règlement COBAC R-93/06 relatif à la liquidité des établissements de crédit tel que modifié par le règlement COBAC R-94.

[314] V. L. LHERIAU, *Précis de la réglementation de la microfinance*, n°231, p. 206, éd. AFD, 2009.

[315]Lorsqu'un EMF ne satisfait pas suffisamment aux demandes de retraits de fonds de la clientèle, cela peut engendrer une forte méfiance sur la solidité de l'entité et par conséquent, les déposants peuvent se rendre précipitamment aux guichets pour retirer leurs fonds laissant l'EMF exsangue.

liquidité[316], qui a pour objectif d'obliger les établissements de microfinance à disposer constamment de liquidités suffisantes, pour faire face aux retraits. Ce rapport de liquidité est un mécanisme protecteur des intérêts des déposants dans la mesure où, il vise à établir un rapport minimum, entre les disponibilités et les exigibilités, à moins de trois mois. C'est dire que les établissements de microfinance doivent, en tant que de besoin, disposer des ressources pouvant leur permettre de faire face à tous les retraits qui sont prévus pour trois mois[317].

144. Spécificité du ratio de liquidité en microfinance par rapport au système bancaire. Bien que la gestion des risques soit proche de la formule retenue par le système de Bâle I, qui prévoit un ratio de type : « *actif disponible sur passif exigible inférieur ou égal à x pour cent* », il apparaît que la particularité de la microfinance est perceptible à un double niveau.

D'une part, la détermination des éléments constitutifs tant du numérateur[318], que du dénominateur[319], du rapport de liquidité, laisse

---

[316] Règlement COBAC EMF 2002/14 relatif à la liquidité des EMF.

[317] Art. 1er du Règlement suscité.

[318] Selon l'art. 2 Règlement COBAC EMF /14, le numérateur du rapport de liquidité comprend : les disponibilités en caisse ; les avoirs chez les correspondants locaux à moins de trois mois d'échéance ; les crédits sains de la clientèle à échoir dans les trois mois à hauteur de 100% ; les comptes débiteurs sains de la clientèle n'ayant pas un caractère douteux ou contentieux à hauteur de 75% ;les accords de refinancement irrévocables obtenus des institutions bancaires et financières ayant reçu l'accord préalable de la COBAC ;

[319] Selon l'art. 3 Règlement COBAC EMF/14, le dénominateur du rapport de liquidité comprend : les dépôts des correspondants locaux ; les refinancements des institutions bancaires et financières à échoir dans les trois mois ; les échéances

entrevoir une plus grande rigueur ; ce qui limite des erreurs d'appréciation de la liquidité des entités[320].

D'autre part, la durée des valeurs prises en compte pour la notion de « *court terme* », voire de « *très court terme* », est variable selon le secteur pris en compte. Dans le secteur bancaire classique, un crédit à court terme est d'une durée trois mois à deux ans au plus ; alors que dans le domaine de la microfinance un crédit à court terme sera d'une durée maximale de trois mois. De même, un crédit bancaire de « très court terme » sera d'une durée maximale de trois mois, tandis qu'un crédit à « très cour terme » en microfinance sera d'une durée d'au plus un mois.

Le ratio de liquidité à court terme prend en compte, au numérateur, l'actif réalisable à court terme[321], et au dénominateur, le passif exigible à court terme[322]. La fraction entre les deux doit être supérieure à cent pour cent (100%)[323]. Ce pourcentage élevé traduit un taux de couverture des dettes à court terme, par des actifs à court terme assez importants, ainsi la situation de liquidité de l'entreprise est meilleure.

---

d'emprunts à moins de trois mois ; les dépôts à terme de la clientèle à échoir dans les trois mois ; les dépôts à vue de la clientèle à hauteur de 50%.

[320] A titre d'illustration, les formules matérialisant les rapports de liquidité en zone CEMAC se présenteront comme suit : pour les établissements de crédit : total disponible TCT/ passif exigible, TCT $\geq$ 100%, TCT= 1 mois de durée prise en compte de 25% DAV. Pour les EMF : total disponible CT/ passif exigible, CT $\geq$ 100%, CT= 3 mois de durée résiduelle prise en compte de 50% des DAV.

[321] Art. 2 du Règlements COBAC EMF/14.

[322] Art.3 du même Règlement.

[323] Art. 4 *idem.*

145. L'impact des crédits à moyen et à long terme dans la règlementation du ratio de liquidité en microfinance. Les notions de crédit à moyen et à long terme[324], ont une portée assez particulière dans le secteur de la microfinance. Etant donné que les EMF ont généralement des ressources de courte durée résultant des dépôts du public, on peut raisonnablement s'interroger sur la possibilité pour les établissements de microfinance, d'accorder des crédits à moyen, mais surtout à long terme, compte tenu de leur structure financière et de leur pérennité. Bien que difficile, il n'est pas totalement impossible à un établissement de microfinance d'accorder des crédits à moyen et à long terme, mais encore faut-il que l'établissement de microfinance concerné soit viable et pérenne[325]. Et que l'octroi de crédit à moyen ou à long terme n'affecte pas la structure financière de l'EMF pourvoyeur de fonds.

2- Les normes relatives à la couverture des immobilisations et des crédits par les ressources disponibles

146. Le rôle des règles de couverture des immobilisations et des crédits en microfinance. Les établissements de microfinance doivent, en permanence, être liquides. D'où l'intérêt, d'élaborer des normes appropriées couvrant les immobilisations et les crédits, au travers des

[324] Pour mémoire, le crédit à moyen terme a une durée de deux (02) à cinq (05) ans alors que le crédit à long terme a une durée généralement supérieur à cinq (05) ans.

[325] On a du mal à imaginer un EMF d'une durée d'existence encore très faible (six mois voire un an), fournir du crédit pour une durée supérieure à celle de son existence.

ressources disponibles, en tenant compte de la spécificité du secteur de la microfinance.

147. La limitation de l'utilisation des ressources à court terme pour acquérir les immobilisations. Les établissements de microfinance sont tenus de respecter régulièrement un rapport minimum entre le montant de leurs ressources permanentes et celui de leurs immobilisations corporelles[326]. Ce rapport de couverture des immobilisations, vise à empêcher les établissements de microfinance, d'utiliser les ressources à court terme pour financer leurs immobilisations et, de ce fait, de courir le risque de manque de liquidités. Il est donc exigé aux établissements de microfinance de consacrer au plus, les cent pour cent (100%) de leurs ressources permanentes à leurs immobilisations[327]. Les établissements de microfinance devraient consacrer à leurs immobilisations, moins de 100% de leurs ressources permanentes, de façon à laisser un certain pourcentage au fonds de roulement et pour renforcer leurs liquidités. Cette exigence trouve un écho particulier dans le secteur de la microfinance où, la pérennité des établissements n'est pas toujours facile à assurer. Il en est de même de la viabilité financière, à moyen ou long terme. En principe, les immobilisations doivent être financées entièrement sur fonds propres, et même ne représenter qu'une fraction

---

[326] Art 1er du Règlement COBAC EMF 2002/09.....relatif à la couverture des immobilisations par les EMF.

[327] A titre d'illustration, le rapport s'écrira comme suit : immobilisations/ ressources permanentes = 100% minimum ou ressources permanentes / immobilisations = 100% maximum

des fonds propres, ou des fonds propres de base. Cette règle de prudence tend à une couverture optimale des emplois à moyen et long terme par des ressources stables[328].

L'exigence d'un ratio de couverture des immobilisations à l'établissement de microfinance à hauteur de 100%, paraît judicieux dans la mesure où, les immobilisations corporelles notamment les bâtiments, sont le plus souvent difficilement réalisables par l'établissement. Ceci, compte tenu de la faiblesse de sa structure financière, par rapport aux établissements de crédit classiques. Malgré la similitude des taux dans les deux secteurs d'activité, à savoir 100%, les éléments constitutifs des ressources permanentes ne sont pas les mêmes pour les établissements de microfinance[329] et pour les établissements de crédit classiques[330].

---

[328] C'est ce qui justifierait le non cumul du ratio de couverture des immobilisations et celui de couverture des emplois à moyen et long terme par des ressources stables au niveau de la réglementation CEMAC en matière de microfinance.

[329] Pour les EMF, v. Art. 2 du Règlement COBAC EMF/14.

[330] Aux termes de l'article 1er du Règlement COBAC R-93/05 du 19 avril 1993 relatif à la couverture des immobilisations, modifié par Règlement COBAC R-2001/06, « les établissements de crédit sont tenus de respecter en permanence un rapport minimum, dit rapport de couverture des immobilisations, entre le montant de leurs fonds propres nets et leurs ressources permanentes d'une part et celui de leurs immobilisations corporelles d'autre part.»

Ce règlement instaure un ratio de couverture des immobilisations fixé à un minimum de 100% à l'article 4. Seulement, le contenu de ce rapport est assez distinct de celui exigé pour les EMF.

En effet, pour les établissements de crédit, ce rapport contient au numérateur les ressources permanentes comprenant les emprunts obligatoires et titres de créances négociables à plus de cinq ans de terme initial émis par l'établissement et non affectés à des emplois bancaires. Ainsi que, le cas échéant, l'excédent des emprunts contractés auprès d'établissements de crédit et d'institutions financières sur les prêts accordés de même nature et sur les titres de créances négociables acquis (Art. 2).

148. La limitation de l'utilisation des ressources disponibles pour faire des crédits. La couverture des crédits par les ressources disponibles pour les établissements de microfinance, est un impératif qui est matérialisé, au travers d'un rapport dit *« coefficient de couverture des crédits par les ressources disponibles»*[331]. La norme en question s'applique seulement aux établissements de microfinance de première et deuxième catégorie[332]. L'objectif visé ici, est d'empêcher les établissements de microfinance d'utiliser toutes les ressources disponibles, pour faire des crédits et, ainsi de les obliger à réserver une partie des liquidités pour faire face aux retraits. Pour y arriver, le législateur fixe à soixante dix pour cent (70%), le coefficient de couverture pour les établissements de microfinance exerçant leurs activités de manière indépendante et pour les organes faîtiers. Pour les établissements de microfinance affiliés à un réseau[333], le coefficient de couverture est de 65%. Cela signifie que les établissements de microfinance concernés, ne doivent pas faire des emplois et des engagements à plus de soixante dix pour cent (70%) de leurs ressources disponibles, quand ils sont indépendants ou sont des

---

Au dénominateur, les immobilisations retenues sont nettes des amortissements et des provisionnements. Il s'agit des immobilisations corporelles (à l'exception des immobilisations destinées à être cédées), des titres de participation (à l'exception des participations dans les établissements de crédit déjà déduites des fonds propres) et tous les autres titres détenus par l'établissement (à l'exception des titres de transaction et de placement).

[331] Art. 1er règlement COBAC EMF 2002/12 relatif à la couverture de crédit par des ressources disponibles.

[332] Cette limitation aux EMF de 1ère et 2ème catégorie paraît logique parce que les EMF de 3ème catégorie ont pour mission fondamentale d'octroyer du crédit sans recevoir des dépôts du public

[333] Art. 4 Règlement COBAC EMF 2002/12 précité.

organes faîtiers et, à plus de soixante cinq pour cent (65%) quand ils appartiennent à un réseau[334].

La microfinance est un secteur d'activité au sein duquel les fonds paraissent assez éphémères et les ressources précaires. Cela affecte parfois la pérennité des établissements accomplissant cette activité. Ces particularités influencent la détermination des normes de couverture des immobilisations assez rigoureuses, mais incitent aussi à l'adoption des normes de provisionnement des créances assez adaptées.

3- Les normes de comptabilisation et de provisionnement des créances douteuses

149. Une règlementation tenant compte des aléas dans la comptabilisation et le provisionnement des créances douteuses en microfinance. La comptabilisation et le provisionnement des créances « en souffrance », ne relèvent pas d'un domaine propre à la microfinance, mais ces notions revêtent des spécificités qu'il a fallu prendre en compte dans le cadre d'une réglementation appropriée. Le système de comptabilisation et de provisionnement des créances en microfinance doit être adapté. En effet, le microcrédit étant consenti pour une durée généralement inférieure à un an, la réactivité à la comptabilisation doit être fonction de l'évolution de l'établissement de

[334] Techniquement, le rapport s'écrira ainsi qu'il suit : emplois + engagements / ressources disponibles = 70% maximum ou emplois + engagements = 70% des ressources disponibles maximum.

microfinance, et se faire en temps réel[335]. De même, la comptabilisation et le provisionnement des créances, effectuées par les établissements de microfinance eux-mêmes, ne sont pas toujours satisfaisants parce que ceux-ci ont des capacités techniques assez limitées. En outre, ils sont exposés aux risques de dissimulation de la situation réelle du portefeuille, résultant d'une appréciation délibérément erronée de la situation des établissements[336]. Il faut donc peaufiner les méthodes et les règles utilisées pour ces opérations en microfinance.

150. Méthodes et bases de comptabilisation et de provisionnement en microfinance. En microfinance, la comptabilisation et le provisionnement des créances en souffrance s'effectuent, en principe, de façon globale et forfaitaire. Le législateur COBAC a institué des prudences qui consistent, notamment, à définir les différents types de créances douteuses, à savoir les créances en souffrance, les engagements par signature douteux, les créances irrécouvrables[337]. Il présente les principes de leur comptabilisation et de leur provisionnement qui sont assez particuliers[338]. Par ailleurs, la divergence entre les établissements de crédit classiques et les

---

[335] L. LHERIAU, *Précis de la réglementation de la microfinance, op. cit,* p.181, n°204.

[336] A ce niveau il est impératif de surveiller deux pratiques comptables irrégulières :

- le rééchelonnement de l'échéance initiale d'un prêt
- la compensation d'un crédit remboursé avec un nouveau crédit accordé.

[337] Règlement COBAC EMF 2002/18 relatif à la comptabilisation et au provisionnement des créances douteuses, art. 2 à 7.

[338] Art. 8 et 9.

établissements de microfinance, se traduit par une procédure précise de déclaration à la COBAC, assortie de conditions assez spécifiques.

La particularité du secteur de la microfinance paraît incompatible avec les exigences du système de comptabilisation et de provisionnement, applicable aux établissements de crédit classiques. Ici, il est fait application du principe selon lequel *« le mieux est l'ennemi du bien »*[339]. L'adaptation des règles de provisionnement dans le domaine du microcrédit s'avère pertinente pour plusieurs raisons. L'obligation de comptabilisation et de passation d'une provision de 1% dès le premier jour de retard paraît assez stricte. Ceci, d'autant plus que, dans certains hypothèses, un nombre important de débiteurs défaillants à échéance, arrivent finalement à rembourser avec un à deux mois de retard. C'est d'ailleurs pourquoi une partie de la doctrine estime que le fait de provisionner à hauteur de 20 à 25% des crédits en retard d'un mois, aboutit à provisionner plus que nécessaire et oblige pour ainsi dire, à contre-passer un nombre important d'écritures[340]. Le législateur communautaire quant à lui, édicte des principes de provisionnement relativement stricts, lesquels tiennent compte à la fois de la durée du microcrédit, et de l'exigence des provisions sur créances en souffrance[341].

---

[339] L. LHERIAU, *Précis précité*, n°207, p.184. Selon cet auteur, ce principe signifierait que l'appréciation juste et au cas par cas de chaque créance est un obstacle à l'appréciation globale du portefeuille de crédit.

[340] L. LHERIAU, *Précis précité*, n°207, p. 184.

[341] Art. 9 et 8 Règlement COBAC EMF 2002/18 précité

151. Les règles de comptabilisation et le provisionnement à l'épreuve de la variabilité des parts des EMF de première catégorie. Il importe de noter que la comptabilisation des parts sociales des sociétés coopératives et leur prise en compte dans les fonds patrimoniaux soulèvent le problème relatif à leur variabilité. En effet, les fonds patrimoniaux des sociétés coopératives, établissements de microfinance de première catégorie, peuvent varier à la hausse avec l'arrivée de nouveaux sociétaires, ou par la souscription des parts sociales complémentaires par les sociétaires existants. Ils peuvent également baisser avec le retrait des sociétaires (démission, décès, expulsion), ou le remboursement de parts sociales complémentaires.

Or, selon le droit comptable applicable, les parts sociales pourront être comptabilisées soit dans la rubrique de « capital », soit dispersées à travers différentes rubriques en fonction des conditions mises pour leur remboursement. Ainsi, il peut s'agir de la « dette à vue », dans l'hypothèse d'un remboursement immédiat ou à première demande, ou plutôt de « capital », en cas de remboursement conditionnel.

Au-delà des aspects comptables, l'enjeu ici est fondamentalement prudentiel, ce d'autant plus que les parts sociales des sociétés coopératives sont juridiquement considérées comme le « capital social » de ces sociétés. En effet, si on considère que les parts sociales doivent être comptabilisées en « capital », elles feront partie des fonds propres (patrimoniaux) de base. En revanche, si on les assimile à la « dette » ou à la « dette à court terme », elles ne feront plus partie des fonds propres ou des ressources longues. Ainsi, selon l'une ou l'autre hypothèse, les ratios de solvabilité seront considérés comme respectés ou pas.

152. L'adaptation des règles prudentielles dans le secteur de la microfinance, un enjeu important. Le respect des normes prudentielles, et surtout des ratios de solvabilité est un enjeu majeur pour le secteur de la microfinance. C'est sans doute pourquoi le législateur a adopté une réglementation prudentielle spécifique. Cette exigence est, non seulement perceptible pour les normes concernant l'équilibre financier des établissements de microfinance, mais aussi pour celles relatives à la pérennité du secteur de la microfinance.

Paragraphe 2 - L'édiction des normes specifiques liées à la pérennité du secteur microfinance

153. Les défis de la viabilité et de la pérennité en microfinance. L'un des problèmes majeurs posés par le développement de la microfinance est la viabilité et la pérennité des établissements opérant dans ce secteur d'activité. En réalité, si la création des établissements de microfinance retient davantage l'attention des opérateurs économiques, assurer leur longévité reste une grande préoccupation. Dans le souci de limiter les conséquences néfastes d'une mauvaise manipulation des fonds, le législateur a élaboré un ensemble de normes assurant la protection des établissements de microfinance et de leurs membres, contre les soubresauts résultant d'une crise de capitaux (A). Cependant, eu égard aux capacités techniques limitées, et à l'ingénierie pas toujours suffisante de ces établissements, leurs mouvements de capitaux sont limités (B).

A – Un encadrement rigoureux de la garantie des capitaux en microfinance

154. Malgré un développement important des établissements de microfinance dans la sous-région CEMAC[342], leur viabilité et surtout leur pérennité restent assez précaires. De façon préventive, il est exigé des établissements de microfinance, la constitution des réserves assez importantes afin de protéger l'ensemble des créanciers (1). Les établissements de microfinance doivent toutefois constituer un fonds de solidarité qui vise à garantir leur défaillance éventuelle (2).

---

[342] La capitalisation des EMF de la CEMAC se renforce de façon significative. De F.CFA 22 425 M en décembre 2006, cette capitalisation progresse de 25% en moins d'un an pour se situer à F.CFA 28 142 M en septembre 2007. Ce résultat s'explique par la consolidation de l'assise financière des EMF en activité.

En effet, le capital social est supérieur à F.CFA 100 M pour 52 EMF et à F.CFA 50 M pour 110 EMF. Le nombre d'EMF de 2ème catégorie est passé de 43 à 51 durant la période sous revue. Trois EMF de 3ème catégorie ont été créés au Congo. Il faudrait cependant souligner que plusieurs EMF, agréés pour la 1ère catégorie, effectuent des activités réservées à la 2ème catégorie, d'où la nécessité d'un renforcement de la police administrative. Les deux plus importants EMF de la CEMAC demeurent les MUCODEC au Congo (capital libéré de 893 M, encours de dépôts de 71 Mds et encours de crédits bruts de 13 Mds) et CAMCCUL au Cameroun (Capital libéré de 6 Mds, encours de dépôts de 57 Mds et encours de crédits bruts de 34 Mds). Source : Enquête statistique COBAC sur l'évolution de l'activité de microfinance dans la CEMAC (A fin septembre 2007).

1- L'obligation de constitution des réserves pour les établissements de microfinance

155. L'importance des réserves en microfinance. L'exigence de constitution des réserves est une norme courante dans le domaine financier, et la microfinance ne reste pas en marge de cet impératif. Surtout que les besoins en fonds propres des établissements de microfinance sont souvent assez importants. En outre, la mise en réserve des bénéfices constitue le mode prioritaire de constitution du noyau dur des fonds patrimoniaux des réseaux mutualistes[343].

C'est donc à juste titre que le législateur exige des établissements de microfinance de première catégorie, la constitution d'une réserve obligatoire, représentant vingt pour cent (20%) de l'excédent d'exercice, à affecter sans limitation de durée et de montant[344]. L'objectif visé ici, est de permettre aux établissements de microfinance de renforcer leurs fonds patrimoniaux, au travers de réserves constituées préalablement[345]. En ce qui concerne les établissements de microfinance des deuxième et troisième catégories, outre la réserve légale[346], ils sont tenus de constituer une réserve

---

[343] L. LHERIAU, *Précis précité,* n°240, p. 217.

[344] Art. 1er du Règlement COBAC EMF 2002/06 relatif à la constitution des réserves.

[345] C'est en respectant l'obligation de constitution des réserves que les mouvements mutualistes des pays développés (U.E et USA) ont acquis leur importance et leur envergure au point d'affirmer aujourd'hui une certaine autonomie financière.

[346] Selon l'article 546 1°) de l'AUSC et GIE « il est pratiqué sur le bénéfice de l'exercice diminué, le cas échéant, des pertes antérieures, une dotation égale à un dixième au moins affecté à la formation d'un fonds de réserve dit « réserve légale ». Cette dotation cesse d'être obligatoire lorsque la réserve atteint le cinquième du montant du capital social.»

obligatoire représentant 15% des bénéfices à affecter sans limitation de durée et de montant[347].

156. La double finalité de la règle de réserve obligatoire. L'édiction d'une réserve obligatoire pour les établissements de microfinance, est un impératif de double protection : celle des établissements de microfinance eux-mêmes et celle des tiers.

D'une part, la protection des établissements de microfinance au travers des réserves constituées, vise à assurer leur liquidité permanente. C'est sans doute pourquoi la réserve doit être constituée « *sans limitation de durée et de montant* ». L'application de cette dernière formule traduit, à suffisance, la volonté du législateur de sécuriser les fonds des établissements de microfinance, de telle enseigne qu'une partie des bénéfices acquis lors des périodes prospères, puisse être affectée de façon permanente, à la couverture d'éventuelles crises de trésorerie. En conséquence, les réserves exigées des établissements de microfinance, doivent assurer principalement leur pérennité en leur permettant le cas échéant, de surmonter des mauvais caps financiers.

D'autre part, l'exigence de constitution des réserves est une garantie importante pour les tiers[348] en relation avec les établissements

---

[347] Art. 2 Règlement COBAC EMF 2002/06 précité.

La constitution des réserves en microfinance a une portée assez large. Contrairement au secteur bancaire « classique », le législateur tient compte de la fragilité du secteur la microfinance, c'est pourquoi l'affectation des réserves n'est limitée ni dans le temps ni selon le montant. Cette exigence renforce sans aucun doute l'idée d'un statut assez particulier pour le secteur de la microfinance.

de microfinance. Les réserves constituées devront assurer la protection des intérêts des tiers contractants avec l'établissement en cause, qu'ils soient créanciers ou simples déposants. Ainsi, en cas de besoin, les réserves serviront à désintéresser les tiers en leur permettant de rentrer dans leurs droits.

L'obligation de constitution des réserves est parfois accompagnée de l'exigence d'élaborer des fonds de garantie. Ce qui permet aux établissements de microfinance, de venir en aide, à une entité en difficulté à travers des moyens pré-affectés.

2- L'instauration d'un fonds de solidarité en microfinance

157. Le rôle déterminant du fonds de solidarité en microfinance. L'une des différences fondamentales entre le secteur bancaire classique et la microfinance porte sur des aspects mutualistes. En effet, la spécificité du secteur mutualiste ou coopératif, entraine des adaptations importantes de la réglementation bancaire traditionnelle. Compte tenu de la fragilité du secteur mutualiste dans les pays d'Afrique centrale, la garantie de leur pérennité a donné lieu à l'obligation de constitution d'un « fonds de solidarité », lequel est destiné à faire face aux déficits d'exercice[349].

---

[348] Par tiers, nous entendons aussi bien les membres de l'EMF en tant qu'ils ont une personnalité juridique distincte de celle de l'établissement, que les créanciers et autres salariés de l'établissement.

[349] Art. 1er Règlement COBAC EMF 2002/05 relatif aux conditions de constitution du fonds de solidarité. Il faut préciser que ce règlement est l'application

La norme prudentielle ici, consiste à fixer le seuil du fonds de solidarité, « *en permanence au moins égal à quarante pour cent (40%) du capital constitué après imputation des déficits d'exercices* »[350]. Toutefois, « *lorsque les réserves obligatoires atteignent 40% du capital* », le fonds de solidarité cesse d'être exigé, et peut être distribué entre les membres. Il apparaît donc que, l'affectation des ressources au titre du fonds de solidarité pour les établissements de microfinance de première catégorie, est un souci du législateur d'assurer la pérennité des réseaux mutualistes, lesquels sont encore assez fragiles dans les pays en développement.

158. La généralisation des fonds de garantie en microfinance. Il faut noter que l'institution d'un fonds de garantie n'est pas une nécessité pour les seuls établissements de microfinance de première catégorie. Le législateur ne vise pas expressément les établissements de microfinance de deuxième et troisième catégories, mais il semble judicieux d'instaurer un fonds de garantie pour tous les établissements de microfinance, quelle que soit leur forme juridique ou leur catégorie[351]. La mise sur pied d'un fonds de garantie en microfinance

---

de l'article 9, n° 4 al. 2 du règlement du Comité Ministériel de l'UMAC relatif à l'activité de microfinance.

[350] Art. 3 du Règlement COBAC EMF 2002/05 précité.

[351] A titre de comparaison, soulignons que le législateur COBAC, prévoit déjà un fonds de garantie des dépôts (FOGADAC), destiné à indemniser les déposants d'un établissement de crédit en cas de faillite. Ce fonds de garantie est régi par les textes suivants : Règlement n°01/09/CEMAC/UMAC/COBAC portant création du Fonds de Garantie des Dépôts en Afrique Centrale du 20 avril 2009 ; Règlement COBAC R-2009/03 relatif à l'organisation et au fonctionnement du

doit respecter un certain nombre de principes directeurs, afin d'éviter ou du moins, de limiter les effets pervers, qui découleraient d'un manque de définition ou d'implication des EMF et d'une absence de négociation avec les entités en cause[352].

Au-delà d'un encadrement plus strict de la garantie des capitaux dans le secteur de la microfinance, le maintien de leur pérennité est également poursuivi à travers une rigoureuse réglementation des mouvements de capitaux.

B- Une stricte réglementation des mouvements de capitaux en microfinance

159. Les établissements de microfinance ont le droit de manipuler et de gérer leurs ressources financières en toute liberté. Cette liberté est néanmoins encadrée assez précisément, tant en ce qui concerne le recours aux lignes de financement (1) que pour ce qui est des modalités de prise de participation (2).

1- La limitation de recours aux lignes de financement

160. Notion de ligne de financement et ses fonctions. L'insuffisance des ressources financières, peut amener les établissements de

---

FOGADAC du 15 décembre 2009 ; Décision n°01-11-FGD-CD portant règlement intérieur du Fonds de Garantie des Dépôts en Afrique Centrale.

[352] G. NGUYEN, *Fonds de garantie : Intérêts et limites*, *BIM* n°65, 11 avril 2000.

microfinance, à recourir aux lignes de financement, pour assurer la pérennité de leurs activités. Au sens réglementaire, les lignes de financement correspondent aux ressources autres que les dépôts collectés et faisant l'objet d'un accord explicite de remboursement, entre le prêteur et l'établissement concerné, après autorisation du conseil d'administration ou de l'organe en tenant lieu[353].

161. Les raisons de la restriction des lignes de financement aux EMF. Le recours aux lignes de financement par les établissements de microfinance est rigoureusement encadré. Tout d'abord, la limitation y relatif n'est pas applicable aux établissements de microfinance de troisième catégorie. Cela s'explique simplement par le fait que ces établissements ont pour mission principale d'octroyer du crédit, sans recevoir les dépôts du public. Ensuite, toute ligne de financement assortie d'une clause de remboursement, doit faire l'objet d'une déclaration à la COBAC[354]. Enfin, il est prescrit que le recours à la ligne de financement ne doit pas dépasser les cinquante pour cent (50%) de fonds patrimoniaux pour les établissements de microfinance de première catégorie, et de cinquante pour cent (50%) des fonds propres nets, pour les établissements de microfinance de deuxième catégorie.

L'objectif global de la limitation du recours aux lignes de financement pour les établissements de microfinance, est de les

---

[353] Art. 1er al. 2 Règlement COBAC 2002/13 relatif aux conditions de recours aux lignes de financement.

[354] Art.1er al. 1 Règlement précité.

empêcher d'abandonner la collecte de l'épargne, qui est l'une de leurs fonctions principales pour s'adonner à la recherche des lignes de financement[355].

En plus de la limitation du recours aux lignes de financement, les spécificités du secteur de la microfinance ont justifié un encadrement rigoureux de l'emploi des ressources financières des établissements de microfinance, d'où la détermination conséquente des modalités de prise de participation.

2- La détermination des modalités de prises de participation

162. Une règlementation conséquente des prises de participation. La libre manipulation de leurs capitaux, peut amener les établissements de microfinance à faire des placements en prenant des participations au sein d'autres entreprises financières ou non. Ces participations peuvent être perçues comme des titres conférant au moins dix pour cent (10%) du capital ou des droits de vote, ou qui permettent d'exercer directement, ou indirectement, une influence tangible sur la gestion et la politique financière de l'entreprise[356].

L'encadrement des modalités de prise de participation par les établissements de microfinance vise un double objectif. D'une part, empêcher les établissements de microfinance de se transformer en société de prise de participation, dans le capital d'autres entreprises.

---

[355] Ce sera le cas par exemple pour un EMF bénéficiant d'une ligne de découvert ou d'un crédit revolving auprès d'une banque.

[356] Art.2 Règlement COBAC EMF 2002/16 relatif à la prise de participation des EMF.

D'autre part, obliger les établissements de microfinance à exercer une de leurs activités principales : collecter l'épargne ou octroyer le crédit. Autrement, ils deviendraient des sociétés d'investissement détournés de la lutte contre la pauvreté ou du financement des « initiatives économiques de base ».

La norme prudentielle, ici, se traduit par la limitation de chaque participation à 5% des fonds patrimoniaux, ou fonds propres nets pour les établissements assujettis[357], et l'ensemble des participations à quinze pour cent (15%) des fonds patrimoniaux ou des fonds propres nets[358]. Le législateur soumet, en plus d'une autorisation de la COBAC, une prise de participation par un tiers au capital de l'établissement de microfinance, dès que celle-ci entraîne un certain degré de contrôle de l'établissement. Cela est assimilable à une modification de sa situation juridique[359].

163. Des procédés informatifs pertinents. Dans le même ordre d'idées, les transactions ayant pour résultat de permettre à une personne, ou à plusieurs personnes, agissant ensemble, d'acquérir le dixième de droit de vote dans les établissements assujettis, doivent être notifiés à la COBAC, un mois avant le délai de sa réalisation[360].

---

[357] Art. 3 al.2

[358] A titre d'illustration, si un EMF a des fonds propres de 100 millions, aucune de ses participations ne peut dépasser 5 millions (100 millions x 5%) et l'ensemble de ses participations ne peut pas dépasser 15 millions (100 millions x 15%).

[359] Art. 4 Règlement COBAC EMF/17 relatif aux modifications de situation juridique et aux conditions de prise de participation dans les EMF.

[360] Art. 4 al. 2

Pour mieux assurer le respect de cette règle de prudence, le législateur exige des établissements de microfinance, qu'ils informent la COBAC du franchissement des seuils ci-dessus, par leurs associés ou actionnaires dans le délai de sa réalisation[361].

L'ensemble de ces dispositions a pour objectif majeur d'assurer la pérennité et la viabilité financière des établissements de microfinance, lesquelles sont plus ou moins strictes selon les cas. En outre, la particularité de l'activité de microfinance est traduite au-delà des règles prudentielles sus examinées, au travers d'un ensemble de normes professionnelles.

Section 2 - L'institution des normes professionnelles appropriées pour les établissements de microfinance

164. La professionnalisation du secteur de la microfinance. La microfinance est une activité réglementée, et comme telle, soumise à des normes professionnelles assez spécifiques. Cela se traduit par l'inadaptation, à plusieurs égards, de certaines normes applicables au secteur financier dit classique. En effet, les règles de gestion, d'information et de transparence financière applicables aux banques se sont révélées inefficaces pour les établissements de microfinance, parce qu'inadaptées. C'est ainsi que pour mieux satisfaire les exigences du secteur de la microfinance, on a assisté à l'émergence d'un ensemble de normes relatives au contrôle et à l'encadrement des

[361] Art. 5 du Règlement précité.

taux d'intérêt dévolues spécifiquement à la microfinance (Paragraphe 1).

En outre, la mise en œuvre du double principe secret/transparence[362], reconnue d'utilité pratique dans tout secteur financier, s'est avérée assez complexe. Sinon, comment exiger des établissements de microfinance qui sont des entreprises de tailles parfois très réduites, des standards d'information assez élevés comme c'est le cas pour les banques ? De même, la flexibilité de l'activité de microfinance offre-t-elle des garanties de secret professionnel, si cher

---

[362] En matière financière, les principes de secret et de transparence se côtoient sans être totalement opposés. Le secret est prépondérant dans le domaine bancaire où on parle de secret bancaire dont la portée était très grande avant la survenance de la crise financière internationale en 2008. Selon Mme SOUSI-ROUBI, le secret bancaire renvoie à une information confidentielle dont a connaissance, dans l'exercice de son activité, toute personne qui, à un titre quelconque, participe à la direction, à la gestion ou au contrôle d'un établissement de crédit (ou d'une entreprise d'investissement), ou qui est employée par celui-ci, et qui ne doit pas être révélée sauf l'intéressé ou ses représentants et à certaines autorités (autorités monétaires, administration fiscale, juge pénal, notamment). V. *Lexique de la banque et des marchés financiers, op. cit.,* p. 279.

Pour une étude substantielle du secret bancaire voir entre autres : C. GAVALDA, *« Le banquier français »*, Dr. Prat. Com. Int., 1990. 57, spéc. n°5 p. 59 ; J.-P. BERTEL, *« Obligation au secret professionnel du banquier »,* BRDA n°4, du 31 juillet 1991, p.2. ; F.-J. CREDOT, « Le secret bancaire, son étendue et ses limites, la fourniture des renseignements commerciaux par les banques », *Les Petites Affiches*, n°21-17 fév. 1993 ; M. AUBERT, J.-P. KERNEN, J. SCHÖNLE, *« Le secret bancaire suisse »*, 2e éd., 1982.

La notion de transparence quant à elle peut s'exprimer juridiquement par « une obligation de communiquer l'information mise à la charge du détenteur de celle-ci et pouvant s'opérer selon les modalités variables qui reflètent, d'une part, la diversité de ses destinataires, lesquels peuvent être aussi bien des personnes nommément déterminées, le public en général, de catégories de personnes à protéger ou des administrations publiques, et, d'autre part, la multiplicité des buts poursuivis par le législateur en imposant cette communication. » ; J. HUET, « Le secret commercial et la transparence », *Les Petites Affiches*, n°20, 15 février 1988.

Pour une étude complémentaire de la notion de transparence en droit, v. Les actes du Colloque de Deauville organisé les 19 et 20 juin 1993 par l'association droit et commerce.

au secteur financier, avec la consécration du principe du secret bancaire[363] ? Cette interrogation ne saurait recevoir qu'une réponse relative, compte tenu des aléas affectant la transparence dans le secteur de la microfinance (Paragraphe 2).

Paragraphe 1 - L'encadrement des taux d'intérêt et le contrôle des établissements de microfinance

165. La règlementation des taux d'intérêt et la surveillance des EMF ou le souci d'une supervision utile et efficace. Différentes normes sont applicables aux établissements de microfinance. Toutes s'inspirent de normes de gestion applicables au secteur financier classique, mais dans plusieurs hypothèses, il a fallu les adapter pour tenir compte des spécificités de l'activité de microfinance. Les taux d'intérêt pratiqués dans le secteur de la microfinance doivent par exemple être assez convenables. C'est-à-dire ni trop élevés, au risque de se confondre avec le secteur informel où les taux sont généralement assez prohibitifs, frisant l'usure[364] ; ni plafonné, comme ce qui est fait

---

[363] Il importe de relever que le secret bancaire est pendant longtemps resté un sacro-saint principe applicable en droit bancaire, mais l'avènement de la crise financière et notamment la fraude fiscale facilitée par ledit principe à favoriser de vives critiques contre cette « muraille ». Toutefois, en dépit des récriminations de certaines instances internationales comme le G20 qui a par exemple exigé la levée du secret bancaire à la Suisse, il importe de souligner que celui-ci a encore de longs jours devant lui, si non de beaux restes.

[364] Selon le professeur D. LEGEAIS, « L'interdiction de l'usure, longtemps principe incontournable du droit bancaire, tend à devenir une règle résiduelle. Il est vrai qu'une fois contesté dans ses fondements, un principe a souvent vocation à disparaître. Or, la loi du 1er août 2003 avait fortement ébranlé la législation sur l'usure. Depuis le vote de ce texte, il était désormais admis que la législation n'avait

dans le secteur bancaire, au risque de porter atteinte à la viabilité financière et à la pérennité des entités en cause. La réglementation devra essayer de ménager la chèvre et le chou. Il importe donc de mettre en exergue le régime des taux d'intérêt dans les EMF dans un premier temps (A). Les mesures de contrôle devant régir les EMF doivent être pertinentes pour parer, de façon préventive et curative, à toute dérive des dirigeants des EMF, dans un deuxième temps (B).

A- La problématique des taux d'intérêt en microfinance

166. Afin d'atteindre le seuil de rentabilité, les établissements de microfinance à l'instar de tout prêteur institutionnel, doivent fixer une tarification qui couvre le coût de leurs ressources, les pertes sur créances et les coûts administratifs.

Le principe de l'encadrement des taux d'intérêt créditeurs[365] et débiteurs[366] des entreprises financières avec leur clientèle est très ancien. En zone franc[367], le taux d'usure est le taux effectif global

---

pas à s'appliquer aux entreprises sauf dans des cas exceptionnels.», *« Usure, L. du 2 août 2005 en faveur des petites et moyennes entreprises », RTD Com.* 2005, p. 815.

[365] Le taux d'intérêt créditeur est le taux d'intérêt consenti par les banques aux prêteurs ; il est encore appelé taux d'intérêt prêteur.

[366] Le taux d'intérêt débiteur est le taux d'intérêt consenti par les banques aux emprunteurs ; il est encore appelé taux d'intérêt emprunteur.

[367] Pour mémoire, la zone Franc est constituée de l'ancienne AOF (Afrique Occidentale Française) et de l'AEF (Afrique Equatoriale Française). Créée par décret du 16 juin 1895, un an après le ministère des colonies, l'AOF, fédération de colonies, est une entité qui vise à coordonner la présence française en Afrique de l'Ouest.

A son origine, elle regroupe quatre colonies : le Sénégal, le Soudan, la Guinée et la Côte-d'Ivoire. Elle est placée sous l'autorité d'un gouverneur général

(TEG) maximal d'intérêt admis pour les opérations de crédit. Il est calculé en tenant compte de l'amortissement de la créance, auquel s'ajoutent les frais, les rémunérations de toute nature intervenues dans l'octroi du prêt, ainsi que les coûts d'opportunité des fonds engagés (fonds de garantie, commissions diverses…)[368]. Par la suite, les règles ont été renforcées avec l'encadrement du crédit et la soumission de l'épargne populaire à une rémunération minimale. De façon assez pratique, en microfinance, l'application des taux d'intérêt débiteurs soulève une controverse quant à son pourcentage (1) ; ce qui n'est pas le cas du taux d'intérêt créditeur (2).

1- La controverse relative au taux d'intérêt débiteur maximum (TDM) en microfinance

167. Le problème des taux d'intérêt débiteur maximum. Dans le secteur de la microfinance, le coût administratif est plus élevé pour un microcrédit que pour les prêts bancaires traditionnels, en comparaison avec le montant prêté. A titre d'illustration, il est possible d'octroyer

---

résidant à Saint-Louis du Sénégal, puis à Dakar et coiffant des lieutenants gouverneurs. Le Dahomey, le Niger et la Mauritanie sont successivement rattachés à l'AOF. En 1921, une partie du Soudan devient la Haute-Volta qui sera dissoute en 1932 et reconstituée en 1947.

A la création du Corps de santé colonial, les possessions françaises d'Afrique équatoriale se réduisent à deux colonies, le Gabon et l'Oubangui, administrées par un commissaire général. En 1908, quatre territoires sont créés : Gabon, Moyen-Congo, Oubangui-Chari et Tchad et en 1910, un décret organise le gouvernement général de l'AEF à Brazzaville. Les territoires sont divisés en régions, elles même subdivisées en districts.

[368] D. H. ACCLASSATO, *Les plafonnements de taux d'intérêt en microfinance servent-ils réellement les pauvres et petits opérateurs économiques ?*, *Mondes en Développement* Vol. 36-2008/1-n°141.

un prêt de 20.000.000 FCFA pour un coût administratif de 600 000 (3 pour cent), mais cela n'entraîne pas forcément que le coût administratif d'un prêt de 20 000 FCFA ne s'élèvera qu'à 600 FCFA. Au contraire, le coût du microcrédit est plus élevé que celui des gros crédits bancaires ; secteur dans lequel on enregistre des économies d'échelles importantes ; Donc, plus le crédit est important, moins élevé doit être son coût administratif.

Il est très difficile, voire impossible, pour les établissements de microfinance de fournir durablement des prêts d'un montant infime, à moins de facturer des intérêts[369] et des frais de transaction suffisamment plus élevés que les taux bancaires ordinaires[370]. Pour une partie de la doctrine, il est normal que le risque élevé que constituent la clientèle des établissements de microfinance et les coûts associés aux faibles montants de crédit soient compensés par des taux d'intérêt élevés. Si effectivement cette frange compte parmi les plus risquées du marché, le taux d'intérêt calculé sur leur risque moyen deviendrait plus élevé que celui des banques classiques[371].

---

[369] Pour lire d'autres travaux relatifs à la détermination du taux d'intérêt en microfinance, voir entre autres D.S. GIBBONS et J.W. MEEHAN « *Le défi du sommet du micro crédit : comment obtenir l'autonomie financière tout en préservant l'engagement d'atteindre les familles les plus pauvres ?* », Grameen Trust, Eds (2001), Bangladesh 2001 ; D. LESAFFRE et D. PESCHE, « *Les taux d'intérêt exorbitants* », Bulletin d'information du mardi, CGAP 2002.

[370] R. PECK CHRISTEN et alii, *« Directives concertées pour la microfinance », op. cit.*, juillet 2003, p. 13.

[371] T. BAUDASSE et A. LAVIGNE, *« Pourquoi et comment légiférer sur l'usure ? », Revue d'Économie Financière*, n°58, mars, 163-184, cité par D. H. ACCLASSATO, *« Les plafonnements de taux d'intérêt en microfinance servent-ils réellement les pauvres et petits opérateurs économiques ? », Mondes en Développement,* Vol. 36-2008/1-n°141.

168. La règlementation sur l'usure. Aux termes de l'article 3 du Règlement n°02/CEMAC/UMAC/CM du 02 octobre 2012, portant définition et répression de l'usure dans les Etats de la CEMAC, « *constitue un prêt usuraire, tout prêt ou toute convention dissumulant un prêt d'argent consenti, en toute matière et par toute personne, à un Taux Effectif Global Moyen pratiqué au cours du semestre précédent par les établissements de crédit ou pour des opérations de même nature comportant des risques analogues* »[372]. L'alinéa 2 de cet article précise que : « *le taux d'usure spécifique au secteur de la microfinance est calculé par application d'une marge de 33% au Taux Effectif Global Moyen pratiqué au cours du semestre précédent par les établissements de microfinance pour des opérations de même nature comportant des risques analogues* »[373]. Le taux d'usure déterminé par catégories d'opérations est publié dans chaque Etat au Journal officiel ou dans un Journal d'annonces légales à l'initiative du Conseil National du Crédit[374].

Les autorités réglementaires[375] et le grand public[376], ne comprennent pas toujours l'objectif des taux d'intérêt élevés en

---

[372] En zone CEMAC, le Taux Effectif Global est encadré par le Règlement n°01/CEMAC/UMAC/CM du 02 octobre 2012, portant diverses dispositions relatives aux taux effectif global et à la publication des conditions de banque.

[373] Aux termes de l'article 4 du Règlement n°01/CEMAC/UMAC/CM du 02 octobre 2012, « le Taux Effectif Global d'un prêt ou de toute convention établissant un prêt d'argent de quelque nature que ce soit, est un taux annuel proportionnel au taux de la période calculé à terme échu. Il est exprimé en pourcentage, avec une exactitude de deux décimales ».

[374] Article 3 alinéa 3 du Règlement CEMAC/UMAC/CM portant définition et répression de l'usure dans les Etats de la CEMAC.

[375] CGAP, *"Les taux d'intérêt applicables aux microcrédits"*, Étude Spéciale, n°1, Consultative Group to Assist the Poorest, réédition version 1997 en

microfinance ; ils les jugent d'ailleurs outranciers, bien que lesdits taux ne résultent pas de l'inefficacité, ni des bénéfices excessifs. La pratique des taux d'intérêt élevés a amené beaucoup de décideurs politiques à instaurer leur plafonnement. Environ une quarantaine de pays en développement, ou en transition, ont imposé des contraintes ou des mesures similaires sur les taux d'intérêt[377]. C'est le cas notamment des pays de l'Union Economique et Monétaire Ouest Africaine (UEMOA), où le plafonnement des taux d'intérêt est de l'ordre de 27% pour les systèmes financiers décentralisés et 18% pour les banques. Si les pouvoirs publics décident de contrôler les taux d'intérêt du microcrédit, cela peut empêcher la fixation d'un taux d'intérêt suffisamment élevé, pour permettre le développement de l'offre durable de microcrédit. C'est sans doute pourquoi la réglementation initiale de la CEMAC de la microfinance, ne fixe pas expressément les taux d'intérêt pour ce secteur d'activité[378]. En effet, les mesures de plafonnement des taux d'intérêt ont presque toujours

---

juin 2002 ; CGAP, *Interest Rate Ceilings and Microfinance: The Story so far, Occasional Paper,* n°9, Consultative Group to Assist the Poor, September 2004; CGAP, *Competition and Microcredit Interest Rates*, Focus Notes N°33, February, 2006.

[376] Le problème du prêt à intérêt a suscité l'analyse de plusieurs penseurs. Voir par exemple M. VASSEUR, *L'entreprise et l'argent*, recueil Dalloz Sirey, 1982, 2e cahier – chronique.

[377] D. H. ACCLASSATO, *« Les plafonnements de taux d'intérêt en microfinance servent-ils réellement les pauvres et petits opérateurs économiques ? », Mondes en Développement*, Vol. 36-2008/1-n°141, *op. cit.*, p.1.

[378] Ni le règlement CEMAC du 13/04/2002, ni les 21 règlements COBAC sur les normes prudentielles n'encadrent expressément les taux d'intérêt de l'activité de microfinance.

un impact défavorable pour les pauvres, cette conséquence est nettement plus grave que celui d'une baisse des taux d'intérêt[379].

169. L'appréciation des taux d'intérêt débiteurs maximum par deux théories doctrinales. L'édiction des taux d'intérêt débiteur maximum[380] soulève le problème de leur opportunité et de leur efficacité. La fixation des taux d'intérêt débiteur maximum est moins appréciée des établissements de microfinance, dans la mesure où, ces taux soumettent à des pratiques parfois contraires aux normes internationales. Les Taux Effectifs Globaux (TEG) réels de 20 à 30% sont courants, lesquels taux reviennent relativement moins chers aux bénéficiaires que les taux prohibitifs pratiqués par les usuriers.

Deux thèses se posent, en s'opposant, quant à l'application des taux d'intérêt dans le secteur de la microfinance. La première thèse peut être qualifiée de « légaliste » et vise le plafonnement des taux d'intérêt. Elle a pour principaux défenseurs les autorités réglementaires et le grand public. Cette thèse milite en faveur du plafonnement des taux d'intérêt officiel, au risque de voir lesdits taux friser l'usure. La seconde thèse peut être perçue comme « libérale », et encourage la libre pratique des taux d'intérêt, du moins l'application des taux d'intérêts suffisamment élevés, qui permettent ainsi aux

---

379 Plafonner les taux d'intérêt peut avoir pour conséquence immédiate la limitation, voire le refus des EMF d'octroyer des microcrédits aux personnes très démunies. Cet effet prohibitif aggraverait à coup sûr le sort des pauvres qui espèrent obtenir des petits crédits pour entreprendre des activités génératrices de revenus.

380 En zone CEMAC le TDM a été supprimé le 02 juillet 2008. Ce taux s'appliquait à tous les établissements de crédit éligibles aux concours de la BEAC. Il était égal au taux de pénalité arrêté par le Gouverneur plus une marge fixe.

établissements de microfinance de couvrir leurs charges de fonctionnement, nées de la fourniture du crédit.

Selon la doctrine, « *les auteurs les plus radicaux contre une législation sur l'usure sont les économistes libéraux. L'instauration d'un taux d'usure est contre la liberté des marchés. La fixation d'un taux d'intérêt au-delà duquel il n'est pas possible de prêter l'argent est une intervention dans le mécanisme de marché. Cette intervention est nuisible à deux points de vue. Le premier concerne l'optimum de Pareto*[381] *qui ne pourra plus être atteint. En effet, en interdisant le prêt au-delà du taux d'usure, on réduit non seulement la satisfaction des prêteurs mais aussi celle de l'emprunteur qui se voit interdire l'accès à un emprunt sans qu'un autre prêt à meilleur taux lui soit proposé. Pour le prêteur, l'imposition d'un taux d'usure constitue une barrière à l'entrée sur ce segment de marché plus risqué, et certainement plus profitable pour des institutions de microfinance qui maîtrisent la sélection et le contrôle de risque sur ce segment*»[382]. Dans le même sens, il est précisé que dans la pratique, les institutions de prêt globalisent le risque en proposant un taux couvrant le risque moyen. Ce taux, fixé en dessous du seuil d'usure, a l'avantage de ne

---

[381] La notion d'optimum de Pareto permet de diviser en deux l'ensemble des états possibles de la société. On peut ainsi distinguer : ceux qui sont uniformément améliorables, il est possible d'augmenter le bien-être de certains individus sans réduire celui des autres ; et ceux qui ne sont pas uniformément améliorables : l'augmentation du bien-être de certains individus implique la réduction du bien-être d'au moins un autre individu. Ce sont ces derniers états que l'on désigne comme *optimaux au sens de Pareto*, ou *Pareto-optimaux*.

[382] D. H. ACCLASSATO, *« Les plafonnements de taux d'intérêt en microfinance servent-ils réellement les pauvres et petits opérateurs économiques ? », article précité*, p. 2.

plus exclure les mauvais risques et de compenser les pertes par les excédents des bons risques[383]. En effet, la libéralisation du taux d'intérêt vise à couvrir le risque important pris par le pourvoyeur de fonds. Il apparaît même comme un corollaire au risque élevé de crédit. Ainsi, selon une partie de la doctrine bancaire, sous-tendue par une réforme législative[384], *« plus le risque est important, plus le taux doit être élevé. L'impératif de protection de l'emprunteur passe ainsi au second plan. Celui qui est dans une situation financière précaire, s'il veut avoir du crédit doit accepter d'en payer le prix, même si le crédit alors octroyé peut s'avérer délicat à rembourser»*[385]. Dans le même sens, cette doctrine poursuit que « *cette idée avancée pour justifier des crédits à des jeunes entreprises peut aussi s'appliquer à des particuliers. Les établissements de crédit ont ainsi fait valoir avec succès qu'ils étaient prêts à aider financièrement des chômeurs à créer leur entreprise à la condition de pouvoir leur consentir des crédits à des taux correspondant au risque élevé pris. Pour favoriser la création d'entreprise et le développement du microcrédit, le législateur a ainsi accepté un nouvel assouplissement à la prohibition de l'usure»*[386]. Au regard de cela, il apparait clairement que les établissements de microfinance peuvent tirés profit des mêmes

---

[383] D. H. ACCLASSATO, *idem*.

[384] En France, en effet, aux termes de l'article L. 313-3 du code de la consommation et L. 313-5 et L. 313-5-1 du code monétaire et financier, la législation sur l'usure ne s'applique pas aux prêts consentis aux personnes morales se livrant à une activité industrielle, commerciale, artisanale, agricole ou professionnelle non commerciale à l'exception des seuls découverts en compte.

[385] D. LEGEAIS, article précité.

[386] D. LEGEAIS, article précité, *idem*.

arguments pour justifier leur pratique des taux d'intérêt assez élevé. Car comme le souligne un auteur, « *la modernisation de l'économie passe ainsi par une liberté de la fixation des taux du crédit*»[387].

170. Les politiques monétaires relatives au plafonnement des taux d'intérêt. Il faut noter que de nos jours, on observe une résurgence des politiques monétaires en faveur d'un plafonnement des taux débiteurs maximum pouvant être pratiquées surtout en matière bancaire. Ces politiques ne peuvent pas avoir la même portée en microfinance, car les politiques de crédits bonifiés en faveur des populations exclues du secteur bancaire traditionnel pourraient considérablement affecter le marché, et menacer intégralement la viabilité financière des établissements de microfinance.

La politique de plafonnement des taux d'intérêt semble tirer ses arguments d'une certaine approche de la lutte contre la pauvreté. Elle émanerait des convictions philosophiques, religieuses, et même politiques biens ancrées dans la conscience des populations et non sur des analyses économiques justifiant leur importance[388].

En revanche, la libre pratique des taux d'intérêt trouve un écho plus favorable pour les établissements de microfinance. L'argumentaire primordial tient de ce que le microcrédit nécessite un

---

[387] D. LEGEAIS, article précité, *ibidem*.

[388] L. LHERIAU, *Précis de la réglementation de la microfinance, op.cit*., p. 173 n° 190 et s.

Pour des développements plus élaborés sur les convictions philosophiques, religieuses et politiques des taux d'intérêts, lire L. LHERIAU *« La relation à l'argent dans le judaïsme, le Christianisme et l'Islam dans un cadre de lutte contre la pauvreté », Techniques financières et développement,* n° 91 juin, 2008.

taux d'intérêt suffisamment élevé, qui permet de couvrir les charges et coûts induits[389]. L'octroi du microcrédit à un taux bonifié ne permet pas toujours d'assurer la viabilité financière de l'établissement de microfinance.

Dans sa gestion quotidienne, l'établissement de microfinance supporte un certain nombre de charges, lesquelles doivent être couvertes par des ressources propres, ou résultant de l'exploitation. C'est ce qui justifie l'application des intérêts aux crédits octroyés. Or, dans la pratique, pour assurer, voire maintenir leur rentabilité, les établissements de microfinance pratiquent des taux d'intérêt parfois très élevés.

171. Pour une solution médiane en matière de taux d'intérêt. De notre point de vue, ni l'une ni l'autre thèse n'est parfaite. Le plafonnement des taux d'intérêts peut facilement aboutir à la « répression financière »[390]. Le libéralisme total dans la pratique des taux d'intérêt paraît assez risqué, dans la mesure où, il peut aboutir à la pratique des taux usuraires excessifs, contraires à toute moralité. Aussi, serait-il indiqué pour les autorités réglementaires d'élaborer des

---

[389] Pour certains auteurs, les bénéficiaires de microcrédit ont prouvé et continuent d'apporter la preuve qu'ils sont heureux de se voir accorder des crédits même à des taux d'intérêt élevés. C'est dire que pour la plupart des emprunteurs pauvres, l'accès au crédit est plus important que le coût du crédit. V. R. PECK CHRISTEN, TIMOTHY R LYMAN et R. ROSENBERG, *Directives concertées pour la microfinance, principes directeurs en matière de réglementation et de supervision de la microfinance*, juillet 2003 CGAP, p. 11.

[390] Pour une étude générale sur la répression financière, lire J. TCHUINDJANG POUEMI, *Monnaie Servitudes et liberté, la répression financière en Afrique*, Paris, 1976, éd. Jeune Afrique.

politiques de fixation des taux d'intérêt assez conséquentes, c'est-à-dire qui ne plafonnent certes pas les taux d'intérêts mais, qui limitent voire interdisent la pratique des taux usuraires au-delà d'un certain pourcentage. A cet effet, le taux effectif global (TEG)[391] en microfinance pourrait être un référentiel modulable en fonction des fluctuations du marché par exemple. Cela aura l'avantage d'établir un référentiel commun à tous les acteurs du secteur de la microfinance.

Les problèmes liés à la pratique des taux d'intérêt sont assez importants concernant le TDM, mais une analyse approfondie des TCM permet de déceler aussi quelques faiblesses.

2- La fixation du taux créditeur minimum en microfinance

172. Le taux créditeur minimum : une notion imprécise en microfinance. Le taux créditeur minimum traduit la limite de la rémunération que les établissements de microfinance doivent verser aux prêteurs. Ce taux est fixé à l'avance, pour ce qui est de l'activité bancaire[392] ; ce qui n'est pas le cas de l'activité de microfinance. L'absence de détermination d'un taux créditeur minimum pour le secteur de la microfinance est un risque pour les prêteurs et épargnants des établissements de microfinance. En effet, l'absence d'un taux

[391] C'est « le taux d'intérêt pratiqué pour une opération en tenant compte des frais, commissions ou rémunérations de toute nature. C'est ce TEG qui est retenu pour apprécier si le taux est usuraire. V. SOUSI-ROUBI, *op. cit.*, p. 302.

[392] Le TCM est de 3,25%. Il est fixé par le Gouverneur de la BEAC et s'applique aux petits épargnants qui sont définis comme les détenteurs de livrets d'un montant inférieur ou égale à 5 millions FCFA. V. Site de la BEAC, www.beac.int.

minimum expose les prêteurs à des rémunérations pas toujours équitables. Le fait de laisser les établissements de microfinance fixer, eux-mêmes, le taux de rémunération à attribuer aux épargnants, n'est pas forcément protecteur des droits de ces derniers.

173. La nécessité d'une détermination et d'une harmonisation des taux d'intérêt en microfinance par le législateur. De façon plus claire, il apparaît que la pratique des taux d'intérêt en microfinance soulève d'importants problèmes de cohérence, du moins au regard de ce qui est pratiqué dans le secteur bancaire classique. L'usage des taux débiteurs assez élevés et celle des taux créditeurs non fixés peut être source d'arbitraire pour les opérateurs de la microfinance. Le plafonnement des taux d'intérêt peut être un obstacle à la viabilité des établissements de microfinance, mais il serait judicieux pour les législateurs COBAC et CEMAC, d'adopter des normes globales en matière de taux d'intérêt des établissements de microfinance, constituant des sortes de « *best practices* » pour ce secteur d'activité.

Toutefois, il apparaît que les pays limitant les taux par voie réglementaire, ou par d'autres mécanismes parapublics, sont aussi ceux pour lesquels l'Etat est plus interventionniste dans l'économie. Alors que les pays sans plafonnement des taux d'intérêt, sont ceux où la puissance publique a clairement choisi la voie de l'économie de marché[393]. Les pays de la CEMAC semblent s'inscrire dans cette

[393] L. LHERIAU, *Précis op.cit.* p.179, n°199.

dernière rubrique, du moins pour ce qui est de l'activité de microfinance.

L'adoption d'une règlementation propre pour les établissements de microfinance s'est traduite par l'institution des normes professionnelles assez particulières. Et ces dernières concernent aussi bien la gestion courante des établissements de microfinance, que les modalités d'informations qui paraissent assez spécifiques pour ces établissements. L'information[394] ici, est l'œuvre d'un ensemble de mesures de contrôle perceptibles au niveau global.

B – L'édiction des mesures de contrôle pour les établissements de microfinance

174. Le contrôle effectué au sein des établissements de microfinance doit être assez rigoureux, pour permettre aux partenaires desdits établissements d'avoir une information assez fiable de leur situation[395] ; afin d'atteindre cet objectif, il est exigé un certain nombre de mesures de contrôle interne (1) et externe (2).

---

[394] Pour une étude complète de la place de l'information pour les EMF, lire C. WATERFIELD et N. RAMSING, « *Système d'information de gestion pour les institutions de Microfinance, Guide pratique* », Série « outil technique » n°1, février 1998, 236 pp.

[395] Le contrôle permet par ailleurs aux autorités monétaires de disposer les éléments nécessaires à l'exercice de leurs prérogatives de superviseur des établissements assujettis.

1- Le contrôle interne des établissements de microfinance

175. Le contrôle interne : une mesure opportune pour l'appréciation de la gestion des EMF. Le contrôle interne est un système d'organisation de l'entreprise qui vise la sauvegarde de son patrimoine et l'amélioration de ses performances. Il existe plusieurs définitions du contrôle interne[396]. De façon assez simple, le contrôle interne peut être perçu comme l'ensemble des sécurités, visant la maîtrise des informations comptables, l'adéquation des procédures financières, et le contrôle du respect des procédures comptables et financières. Il comporte, d'une part, les procédures de traitement de l'information comptable qui doivent permettre d'assurer préventivement le contrôle de l'information, et le respect des procédures ; et les procédures financières, devant permettre d'éviter les erreurs et les fraudes, tout particulièrement dans la gestion du crédit. Il comporte d'autre part, les procédures de vérification, de traitement de l'information comptable et financière[397].

Le système de contrôle interne au sein des établissements de microfinance doit être suffisamment efficace, ce qui suppose un système de traitement de l'information efficient, lequel doit permettre aux dirigeants de parer les dérives observées dans le portefeuille de

---

[396] Pour une vue d'ensemble du contrôle interne V. E. EBONDO WA MANDZILA, *La Gouvernance de l'entreprise, une approche par l'audit et le contrôle interne*, Préface de Jacques RENARD, L'Harmattan, 2006, 350 pp., A. MIKOL, *Le contrôle interne*, Coll. Que sais-je ? PUF, 1998.

[397] L. LHERIAU, *Le droit des systèmes financiers décentralisés dans l'UEMOA*, thèse précitée, n° 486.

crédit avant qu'elles ne deviennent insurmontables. L'établissement de microfinance doit adopter des procédures de gestion ne permettant pas la fraude ou l'erreur, ce que doit traduire un contrôle interne assez performant. Cet objectif semble plus perceptible au sein des tontines où chaque membre apporte sa cotisation à l'assemblée périodique de l'association en veillant que l'entièreté de l'argent cotisé est remise au bénéficiaire.

176. L'application des principes de contrôle interne aux EMF. De façon générale, on recense neuf (09) principes fondamentaux du contrôle interne[398], à savoir :

- Le principe de séparation des fonctions, encore appelé principe de la séparation des tâches. Ce principe implique une nette séparation des différentes fonctions relatives au traitement des flux financiers. Ainsi, les établissements de microfinance assujettis, doivent distinguer la fonction de décision, la fonction de détention des finances (avoirs financiers), la fonction de comptabilisation des flux et, le cas échéant, la fonction d'inspection.
- Le principe d'organisation. Il suppose une formalisation des procédures de contrôle définies à l'avance.
- Le principe d'autocontrôle ou principe d'intégration. Il est mis en œuvre par toute vérification des opérations effectuées

[398] A. MIKOL, *Le contrôle interne*, Coll. *Que sais-je ?* PUF, 1998.

pendant le déroulement des procédures. Il est lié au principe de séparation des fonctions.

- Le principe de bonne information qui vise à ce que l'information recueillie, pour le contrôle interne, soit adaptée, c'est-à-dire pertinente et véridique.
- Le principe de la qualité du personnel. Il suppose la compétence et l'intégrité des ressources humaines[399].
- Le principe d'harmonie ou principe d'efficience. Il suppose pour l'établissement de microfinance d'adapter le contrôle interne à ses besoins et à ses capacités.
- Le principe d'universalité quant à lui, suppose que tous les membres de l'établissement de microfinance soient soumis au contrôle interne, aussi bien les dirigeants que les simples employés.
- Le principe d'indépendance. Il implique l'adoption d'un contrôle interne autonome au sein de tout établissement de microfinance, ceci au delà toute considération.
- Le principe de permanence. Les procédures de contrôle interne ne doivent pas être éphémères ou ponctuelles, mais plutôt permanentes et régulières.

177. L'adaptation des normes de contrôle aux formes juridiques de l'établissement. La diversité des formes juridiques des

---

[399] La mise en œuvre de ce principe paraît difficile en zone rurale ou il n'est pas évident pour les EMF de trouver du personnel aux qualifications comptables éprouvées.

établissements de microfinance justifie un encadrement du contrôle interne adapté selon les dispositions statutaires. Ainsi, le contrôle interne des établissements de microfinance indépendants, est différent de celui applicable aux établissements de microfinance organisés en réseau.

Le législateur CEMAC place le contrôle interne au centre des exigences des établissements de microfinance. A ce titre, tout établissement de microfinance est tenu de se doter d'un système de contrôle interne suffisamment efficace, qui lui permet d'atteindre, au moins, un triple objectif[400].

Tout d'abord, le système de contrôle interne doit permettre à l'établissement de microfinance de vérifier que ses opérations, son organisation et ses procédures internes sont conformes à la réglementation en vigueur, aux normes et usages professionnels et déontologiques, ainsi qu'aux orientations de l'organe exécutif et délibérant[401]. Cette mission est généralement exercée par un organe habilité à cet effet par les instances dirigeantes de l'établissement de microfinance. Ce peut être, la direction générale de l'établissement de microfinance, ou l'inspection générale, en fonction de l'organigramme défini au sein de l'établissement. Cet organe de contrôle peut être constitué d'un ou de plusieurs techniciens, selon la taille de l'établissement en cause[402].

---

[400] Art. 50 du Règlement du 13 avril 2002.

[401] Art. 50 al. 2

[402] Il importe de relever que par souci d'efficacité, les EMF de taille importante, gagneraient à affecter au moins une personne spécialement qualifiée à cet effet. Exemple l'inspecteur général de l'EMF. Par contre, lorsque la taille de

Ensuite, il appartient à l'organe de contrôle interne de l'établissement de microfinance, de vérifier le respect des limites fixées en matière de prise de risques, surtout pour les crédits accordés aux membres, ou à la clientèle, ainsi que les opérations avec d'autres établissements[403]. Cette fonction de contrôle est dévolue à un organe assez spécifique. Ce sera généralement, le comité de crédit, habilité à apprécier le bien fondé du crédit en fonction de la personnalité du bénéficiaire[404] et du montant sollicité[405].

Enfin, le système de contrôle interne des établissements de microfinance, doit veiller à la qualité de l'information comptable et financière, en particulier aux conditions de conservation et de disponibilité de cette information[406]. Ici, la fonction de contrôle interne s'apparente beaucoup plus au comité d'audit. Cet organe vise à apprécier la pertinence et la fiabilité de l'information financière et comptable élaborée, puis diffusée par les établissements de microfinance.

En ce qui concerne les établissements de microfinance organisés en réseau, le contrôle interne est dévolu prioritairement à

---

l'EMF ne justifie pas de confier à une personne spécialement désignée l'exercice de la fonction de contrôle, l'organe exécutif peut valablement assurer lui-même cette fonction.

[403] Art. 50 al. 3.

[404] Membre de l'EMF ou pas, dirigeant ou simple membre.

[405] Dans la pratique, le comité de crédit au sein de l'EMF est généralement constitué de certains membres du conseil d'administration. Mais cette approche prête le flanc à plusieurs dérives, notamment à de possibles collusions frauduleuses.

[406] Art. 50 al. 4 du Règlement du 13 avril 2002.

l'organe faîtier[407]. Ce dernier a l'obligation d'élaborer un rapport annuel de la situation des établissements affiliés. Le rôle de l'organe faîtier vient en appoint aux missions de contrôle, effectuées par des organes spécialisés au sein des établissements affiliés.

Les établissements de microfinance qu'ils soient unitaires ou organisés en réseau sont obligés, pour accroître leur efficacité managériale, de se doter en plus du contrôle interne, d'un système de contrôle externe.

2- Le rôle du contrôle externe pour les établissements de microfinance

178. Le contrôle externe effectué au profit des établissements de microfinance peut se décliner en deux modalités principales : la supervision assurée par l'autorité règlementaire (a) et le contrôle proprement dit assuré par les experts externes (b).

a- L'adaptation des règles de supervision au profit des établissements de microfinance

179. La justification de la supervision en microfinance. Les établissements de microfinance, en leur qualité d'intermédiaires financiers, intéressent directement les autorités monétaires qui sont responsables de la stabilité de la monnaie et de la sécurité de l'épargne

[407] Art. 51 du Règlement du 13 avril 2002. L'article 14 du même texte le définit comme un établissement disposant d'un capital ou d'une dotation appropriée et qui assure obligatoirement certaines prérogatives au profit des entités affiliées à un réseau.

publique[408]. Or, le nombre élevé des établissements rend cette supervision assez difficile. De même, l'insuffisance des moyens techniques de la plupart des établissements de microfinance, rend aussi les méthodes ordinaires de supervision bancaires inappropriées. Le cadre réglementaire de la microfinance devrait tenir compte de ces aspects particuliers dans le domaine de la supervision.

La spécificité de l'activité de microfinance implique une adaptation de la fonction de supervision, de la part des autorités intéressées. Il est impérieux de prêter attention, de façon anticipée et réaliste, aux modalités de la supervision prudentielle, compte tenu de la responsabilité fiduciaire assumée par l'Etat, lorsqu'il accorde des agréments à des institutions financières. En effet, le public suppose généralement que la délivrance d'un agrément prudentiel à un intermédiaire financier, en l'occurrence un établissement de microfinance, signifie que les autorités publiques assureront effectivement la supervision prudentielle de cet intermédiaire financier, pour garantir la protection des comptes de dépôt[409].

La supervision des établissements de microfinance soulève d'importants défis et pour les surmonter, les pouvoirs publics doivent

---

[408] La supervision de l'activité de microfinance pose de réels défis. En effet, plusieurs décennies d'expérience d'une multitude d'institutions financières « alternatives » à travers le monde, prouvent que la tentation est forte et quasi universelle de négliger le défi que constitue la supervision surtout prudentielle de ces institutions, visant à assurer la sécurité et la stabilité.

[409] Selon R. CHRISTEN PECK et *alii*, *Directives concertées pour la microfinance*, *op. cit.*, un agrément représente une promesse. Avant de décider de l'accorder, le Gouvernement doit donc déterminer clairement la nature de cette promesse et sa capacité à la satisfaire, CGAP/le Groupe de la Banque Mondiale, juillet 2003, p. 23.

tenir compte, tant des outils de ladite supervision (α), que du coût qui l'accompagne (β).

α) Les outils de la supervision des établissements de microfinance

180. L'insuffisance des moyens classiques pour la supervision des établissements de microfinance. L'adoption d'un statut juridique particulier pour les établissements de microfinance relève d'un impératif d'encadrement de l'activité de microfinance et de politique économique et monétaire[410]. Le cadre réglementaire de l'activité de microfinance pose le principe de la surveillance des établissements par les autorités monétaires[411]. Mais, encore faut-il déterminer clairement les moyens de ladite surveillance[412], en l'absence des précisions du règlement[413].

La plupart des moyens classiques utilisés pour examiner les portefeuilles des établissements de crédit ne sont pas suffisamment efficaces dans l'hypothèse du microcrédit. Il faut noter que les

---

[410] C'est dans ce sens que certains auteurs affirment que l'avenir de la microfinance réside dans un cadre réglementé, car soulignent-ils, c'est le seul cadre qui permettra la fourniture des services financiers aux pauvres à très grande échelle et de manière durable ; R. PECK CHRISTEN et R. ROSENBERG, *Etude spéciale n° 4, La course à la réglementation : établissement de cadres juridiques pour la microfinance*, mai 2000 p. 2

[411] Art. 53 du règlement du 13 avril 2002.

[412] Dans le cadre de cette étude, nous utiliserons à dessein le terme surveillance comme synonyme de supervision des pouvoirs publics en matière de microfinance, indifféremment de la nature prudentielle ou non prudentielle attachée à l'un ou à l'autre concept.

[413] Les articles 53 et s. du règlement précité se contentent d'indiquer que la surveillance des établissements s'exerce à travers des contrôles sur pièces et sur place.

documents relatifs aux prêts ne sont pas un indicateur satisfaisant du risque du crédit. Par ailleurs, l'analphabétisme de la clientèle des milieux ruraux[414] - une frange importante de la population-, n'incite pas à l'envoi des courriers de confirmation aux clients du solde des comptes[415].

Au regard de tout ceci, il serait souhaitable que l'autorité de surveillance/supervision, en l'occurrence la COBAC, fonde sa décision sur une analyse des systèmes de prêts de l'établissement de microfinance, et de leur performance historique. Pour bien mener l'analyse desdits systèmes de prêts, la COBAC devrait avoir une nette connaissance des méthodes et des opérations de microfinance, ceci suppose une expérience réelle[416].

181. Les trois mécanismes prépondérants de la supervision en microfinance. La surveillance des établissements de microfinance par la COBAC peut se faire sur pièces ou sur place[417]. L'une ou l'autre modalité se matérialise au travers des outils divers, dont trois retiennent l'attention au premier chef.

---

[414] L'analphabétisme est un facteur gênant l'exploitation optimale de l'information dans le secteur de la microfinance : le faible niveau d'instructions des populations, la complexité du langage financier et des techniques s'y rapportant sont autant d'effets limitant la pleine croissance de la microfinance, notamment en milieu rural.

[415] Cette limite est d'autant plus perceptible que même dans le secteur bancaire où les intervenants sont mieux – ou supposés – outillés intellectuellement, l'échange des correspondances relatives aux mouvements des comptes n'est toujours pas assuré de façon optimale.

[416] En effet, le personnel de la COBAC se heurtera aux difficultés de la supervision à moins d'avoir reçu une formation adéquate et une certaine spécialisation.

[417] Art. 53 al. 3 du Règlement du 13 avril 2002 précité.

182. La prohibition de l'octroi de nouveaux crédits. Tout d'abord, l'ordre de suspension de l'octroi de crédits. Au terme d'un contrôle sur pièces ou sur place, l'instance de surveillance, la COBAC, peut pour veiller à l'équilibre financier d'une entreprise en difficulté, interdire l'octroi de tout nouveau crédit. Ceci, dans le but de limiter l'aggravation du risque crédit de l'établissement tant que ses difficultés n'ont pas été résolues. Une banque commerciale peut refuser tout nouveau prêt durant une certaine période, sans affecter la capacité de recouvrer les prêts en cours. Cette approche n'est guère satisfaisante pour la plupart des établissements de microfinance. Le non renouvellement de ses prêts par l'établissement de microfinance, peut décourager ses clients, qui peuvent devenir réticents à toute idée de remboursement des crédits en cours, surtout parce qu'ils ne sont plus certains d'obtenir d'autres prêts ultérieurement. Il apparaît donc qu'une interdiction générale d'octroyer de nouveaux crédits prononcés par l'instance de supervision des établissements de microfinance, risque d'avoir pour conséquence la cessation de leurs remboursements par les emprunteurs. Au regard de la portée trop puissante attachée à l'ordre de suspension de l'octroi de nouveaux prêts, il semble indiqué de n'utiliser cet outil que lorsque l'espoir de redresser le portefeuille de l'établissement de microfinance est totalement perdu.

183. Le renflouement des fonds dans les établissements. Ensuite, l'appel de fonds utilisés par les autorités de supervision pour le secteur bancaire n'opère pas toujours dans le domaine de la microfinance ; soit en raison des moyens financiers relativement limités des actionnaires des établissements de microfinance[418], soit plutôt de la lourdeur des procédures internes inhérentes à certains établissements de microfinance. Ces procédures ne permettent pas de répondre à l'appel des fonds dans les délais[419]. La réinjection des fonds préconisée par l'instance de supervision, dans certaines hypothèses, peut s'avérer assez inopérante pour les établissements de microfinance ayant des ressources insuffisantes.

184. Les fonds propres, une assise technique pertinente de la supervision des établissements de microfinance. Enfin, l'appréciation des fonds propres des établissements de microfinance devrait être le critère primordial de leur surveillance. Il est d'ailleurs important de noter que le législateur COBAC utilise à juste titre les fonds propres[420] comme critère d'appréciation des objectifs prudentiels et fondement technique, pour mettre en place un certain nombre de prudences[421]. En réalité, les principes de gouvernance, la viabilité financière et même les potentielles difficultés financières des établissements sont appréciés à la lumière de la consistance de leurs fonds propres, ou de leurs fonds patrimoniaux. C'est à juste titre que

---

[418] Il s'agit dans cette hypothèse des EMF de deuxième catégorie notamment, car les plus habilités à faire appel public à l'épargne.

[419] C'est notamment le cas des EMF de troisième catégorie qui sont généralement des ONG aux procédures lentes.

[420] Appelés fonds patrimoniaux pour les EMF de première catégorie.

[421] V. *Supra*, partie sur les normes prudentielles, n°122 et s.

Pour mémoire, nous relèverons que 10 règlements sur 21, soit près de 50% des règlements COBAC sur les EMF sont influencés par les fonds propres nets.

ceux-ci sont considérés comme la charnière de la règlementation prudentielle, et donc, de la supervision elle-même dans son intégralité.

Il faut rappeler que les fonds propres sont à la fois le moyen d'assurer la continuité de l'activité de l'établissement de microfinance, le moyen de protéger l'épargne des déposants, et un critère important pour la surveillance et le contrôle de l'établissement de crédit par les autorités monétaires. Ils devraient être la première base de toute modalité de surveillance, initiée par les auditeurs internes, externes ou la COBAC.

L'analyse des fonds propres est un outil pertinent pour la surveillance des établissements de microfinance, mais encore faut-il qu'elle s'appuie sur un travail technique effectif, efficient et fiable, effectué en amont par tous les intervenants aux opérations de contrôle, sur pièces et sur place[422]. Toutefois, le tout n'est pas de cerner les outils de la supervision, il est aussi impérieux pour les autorités habilitées, d'en supporter le coût, pour la rendre plus performante.

β) Le coût de la supervision en microfinance

185. Le renchérissement du coût de la supervision en microfinance. La fourniture des services financiers aux exclus du secteur bancaire traditionnel et le coût de la supervision des nouvelles entités, parfois de très petites tailles, sont deux facteurs nécessitant un

[422] Il faut penser ici, indistinctement, aux auditeurs internes, aux auditeurs externes et aux autorités publiques de surveillance.

arbitrage réglementaire. Les coûts relatifs à la supervision ont tendance à être assez faibles dans le cadre du contrôle bancaire, dans la mesure où, ils peuvent être supportés par les banques et/ou leurs clients. Cependant, la surveillance des établissements de microfinance risque d'être bien plus coûteuse, parce que ceux-ci ont une base d'actifs généralement plus réduite, et éclatée entre un nombre très important de comptes clients. En outre, la surveillance du portefeuille des établissements de microfinance nécessite une main d'œuvre autrement plus abondante[423].

186. Modalités de financement de la supervision. Afin d'assurer la surveillance des établissements de microfinance, les pouvoirs publics peuvent décider soit de subventionner les coûts liés à la supervision [424], soit de les faire supporter aux établissements de microfinance[425], ou à leurs clients[426]. Cette dernière solution renchérit à coup sûr, le coût des opérations de microfinance, ce qui peut avoir des effets néfastes sur la concurrence parmi les établissements de microfinance.

---

[423] A titre d'illustration, pour un EMF de première catégorie comptant dix mille clients, on peut facilement supposer des coûts de surveillance se situant dans un rapport de 1 à 5 avec le montant des actifs qui pourront devoir être supporté par l'EMF et ses clients.

[424] La subvention des coûts de la supervision par les pouvoirs publics présente l'avantage de renforcer leur rôle régulateur, surtout avec l'octroi de l'agrément, mais cette approche se heurterait à la faiblesse des ressources desdits pouvoirs publics eux-mêmes.

[425] Faire supporter les coûts de la supervision aux établissements de microfinance peut inciter ceux-ci à se soustraire de cette activité par des mécanismes variés, ou au contraire refacturer ces prestations à la clientèle, ce qui renchérit indubitablement le coût des services de microfinance.

[426] La refacturation des coûts de la supervision aux clients des EMF eux-mêmes risque d'alourdir considérablement la prestation des services financiers, ce qui peut être un facteur bloquant pour une saine éclosion de la microfinance.

En revanche, la subvention étatique des coûts de la supervision des établissements de microfinance, bien que plus indiquée, peut se heurter à l'insuffisance des ressources des pouvoirs publics. L'idéal est, paraît-il, de diviser le coût de la supervision et de le faire partager à la fois entre les autorités publiques et les établissements de microfinance, au travers du coût du microcrédit.

Il faut relever aussi que, même si les autorités étatiques ou les bailleurs de fonds assument les dépenses supplémentaires dues à la surveillance des établissements de microfinance, le temps et l'attention consacrés par les dirigeants de l'instance de surveillance représentent un coût additionnel.

Il importe de souligner, en fin, que les coûts administratifs encourus par les établissements de microfinance supervisés sont aussi substantiels. Il est possible de croire que la mise en conformité pourrait coûter à un établissement cinq pour cent (5%) du montant de ses actifs, durant les deux premières années et, un pour cent (1%) ou plus, par la suite[427]. De même, il est à noter que quelques grands établissements de microfinance, mutualistes ou non, réalisent en général, plus de quatre vingt dix pour cent (90%) de l'activité de microfinance d'un pays, en terme de nombre de personnes atteintes, de volume d'épargne collectée ou de crédits octroyés, ce qui renchérit davantage le coût de la supervision[428].

---

[427] R. PECK CHRISTEN et *alii*, *op. cit.* p. 25.

[428] Cette remarque est d'autant plus pertinente que le volume d'activité des petits EMF, malgré leur nombre important, est parfois très peu représentatif des opérations de microfinance dans un pays.

L'instance de supervision sous régionale, la COBAC, n'a pas toujours une vision claire de ce qui devrait être supervisé dans le secteur de la microfinance. Les superviseurs, d'une manière générale, ne semblent pas concevoir des documents structurés pour exprimer leur vision sectorielle à court, moyen et long terme ; et les outils réglementaires et de surveillance qui seront utilisés pour y arriver. Il est par ailleurs difficile de trouver des documents élaborés par les autorités monétaires qui dépassent les généralités, pour s'appesantir au sens de la réglementation et à la politique économique[429]. Cette situation déteint forcément sur la supervision et affecte sa portée réelle.

Néanmoins, il faut rappeler qu'en plus de la nécessité pour les autorités monétaires et réglementaires, d'adapter la supervision financière aux réalités de la microfinance, il est impérieux de peaufiner les règles de contrôle externe applicables aux EMF. Ceci, afin de rendre leur statut juridique plus apte à satisfaire ses missions réglementaires.

b) Le contrôle assuré par les experts externes

187. Audit et commissariat aux comptes en microfinance. Aux termes de l'article 52 du Règlement du 13 avril 2002, « *le contrôle*

Ceci dans la mesure où l'autorité de supervision se voit obliger d'étendre ses ressources pour surveiller les petites entités dispersés qui ne peuvent d'ailleurs pas toujours supporter le coût de la supervision.

[429] L. LHERIAU, *Précis de réglementation de la microfinance*, AFD 2009, n° 180, p. 161.

exercé par les Commissaires aux comptes ou les auditeurs externes est effectué au moins une fois l'an et permet notamment la certification des comptes... ». Cette disposition, bien que laconique, souligne l'importance du contrôle externe pour tout établissement de microfinance. Cette mission est assignée aux Commissaires aux comptes, à défaut, aux auditeurs externes[430].

De façon concrète, le contrôle externe[431] au sein des établissements de microfinance, est généralement effectué par les Commissaires aux comptes, qui sont soit des experts comptables, soit des comptables agréés. En dépit du monopole reconnu aux experts comptables dans le cadre de leur profession, il se peut que les autorités monétaires habilitent d'autres professionnels à accomplir certaines missions de contrôle. Il peut en être ainsi des auditeurs externes, représentant des bailleurs de fonds dans un EMF de troisième catégorie, constitué sous forme d'ONG.

188. Le statut d'experts comptables et leurs missions en microfinance. Au sein de la CEMAC, la profession d'expert

---

[430] Relevons que les organismes d'appui et de notation ont dans les faits une importance considérable. Ils offrent à la fois un service couvrant l'audit organisationnel et la performance des politiques et stratégies commerciales, et de qualité inférieure à celui effectué par des experts comptables agréés. Notons par ailleurs que l'absence de réglementation des agences de notation en microfinance fait que cette profession ne fournit pas des notes fiables comme le font les agences internationales de notation financière. Pour plus de détails, V. L. LHERIAU, *Précis de la réglementation de la microfinance*, AFD 2009 n° 184, p. 166.

[431] Pour une étude intégrale des problèmes posés par les audits externes et l'application aux EMF des méthodes classiques d'audits ou d'inspection, voire l'ouvrage intitulé : *Audit externe des institutions de microfinance, guide pratique*, série « outils techniques » du *CGAP*, n° 3 Washington, 1998 105 pp.

comptable et de comptable agréé est régie par l'acte UDEAC n° 4/70-UDEAC-133 portant statut des experts comptables et comptables agréés. Ce texte réglementaire à caractère sous-régional, est complété par les textes nationaux. C'est ainsi que pour le cas du Cameroun, la loi n°90/038 du 10 août 1990 relative à l'exercice et à l'organisation de la profession d'expert comptable est entrée en vigueur. Celle-ci a le mérite de préciser les conditions d'accès à la profession d'expertise comptable qu'elle organise, et sanctionne toute personne qui l'exerce irrégulièrement. La rigueur des conditions d'accès à cette profession, et les incompatibilités y relatives, démontrent la volonté du législateur d'en faire une profession indépendante, qui permet à ses membres d'effectuer leur mission de contrôle en toute impartialité.

Dans leur mission de contrôle de l'entreprise, les commissaires aux comptes doivent certifier « *que les états financiers de synthèse sont réguliers et sincères et donnent une image fidèle du résultat des opérations de l'exercice écoulé, ainsi que de la situation financière et du patrimoine de la société à la fin de l'exercice* »[432]. Les commissaires aux comptes accomplissent une mission d'expertise comptable, dans la mesure où, ils apprécient la régularité et la sincérité des états financiers de la société.

189. Les modalités de certification des comptes en fonction de la catégorie de l'établissement de microfinance. La certification des comptes des établissements de microfinance de première catégorie,

[432] AUSC et GIE, Art. 710, relatif à la mission du CAC

dont le total de bilan est compris entre cinquante (50) millions de francs CFA et cinq cent millions (500) de francs CFA, obéit aux mêmes conditions de certification que les établissements de microfinance de deuxième et troisième catégorie, dont le total de bilan est inférieur ou égal à cinq cent millions (500) de francs CFA. Elle est assurée par un commissaire aux comptes, lequel doit être au moins un comptable agréé par la CEMAC[433].

Au-delà de ce seuil, l'établissement est contrôlé par un commissaire aux comptes qui doit être un expert comptable agréé par la CEMAC[434]. Toutefois, la certification des comptes des établissements de microfinance de première catégorie, dont le total de bilan est inférieur ou égal à cinquante (50) millions francs CFA, connaît un grand allègement[435]. Ainsi, le législateur les soumet à l'élaboration annuelle, à la fin de chaque exercice social, des états réglementaires simplifiés, selon les formulaires conçus à cet effet par la COBAC[436]. Lesdits états réglementaires sont transmis aux organes sociaux de l'établissement, lesquels désignent en leur sein, un membre chargé de la certification des comptes. Celui-ci vérifie la fiabilité de la comptabilité de l'établissement, et celle des états réglementaires simplifiés[437], puis adressent aux organes sociaux un compte rendu[438].

---

433 Art. 33 al. 3 du Règlement du 13 /04 /2002.

434 Art. 33 al. 4 précité

435 Art. 33 al. 2 précité

436 Art.1er Règlement COBAC 2002 /20…..relatif aux diligences des EMF de première catégorie ayant un total de bilan inférieur ou égal à 50millions de francs.

437 Selon l'article 2 du Règlement suscité, les états réglementaires doivent comprendre : un état relatif à la situation patrimoniale ; un état relatif aux comptes d'exploitation ; un état reprenant le calcul du fonds de solidarité ; un état donnant le

En ce qui concerne le contrôle des opérations des établissements de microfinance organisés en réseau, la certification des comptes obéit à un double principe. Pour un total de bilan d'un milliard de francs CFA, la certification des comptes du réseau est assurée par au moins un comptable agréé CEMAC[439]. En revanche, pour un total de bilan supérieur à un milliard, la certification des comptes doit être assurée par au moins un expert comptable agréé CEMAC[440].

190. Les raisons de l'assouplissement des règles de contrôle des établissements de microfinance. Il ressort de l'analyse que le contrôle externe exigé aux établissements de microfinance, est variable en fonction du poids financier de l'établissement en cause, et de sa structure (unitaire ou en réseau). Globalement, les modalités de contrôle sont plus assouplies pour les établissements de microfinance, par rapport aux établissements de crédit classiques[441]. Cet allègement du contrôle externe des établissements de microfinance, se justifie par plusieurs raisons. Il importe de relever au moins trois d'entre elles.

---

calcul de la norme de couverture des risques ; un état relatif à la liquidité ; un état des financements reçus ; un état relatif aux engagements des personnes apparentées.

[438] Art. 3 et 4 Règlement précité.

[439]Art.34 al. 2 Règlement du 13 avril 2002.

[440] Art. 34 al. 3 précité.

[441] Pour mémoire, tout établissement de crédit est astreint à faire certifier ses comptes par au moins deux CAC, experts comptables; toutefois les autorités monétaires peuvent ramener le nombre de CAC à un seul en fonction du poids financier de l'établissement de crédit. V. Art. 19 Annexe à la convention portant harmonisation de la réglementation bancaire dans les Etats de l'Afrique Centrale.

191. La difficile implémentation des commissariats aux comptes pour le contrôle des EMF. Tout d'abord, les difficultés liées à la mise en œuvre effective d'un commissariat aux comptes au sein de tous les établissements de microfinance. La faiblesse des moyens des établissements de microfinance, n'est pas toujours favorable à l'enrôlement d'un commissaire aux comptes de haute facture, compte tenu du montant de leurs honoraires qui est généralement assez élevé[442]. C'est sans doute pour pallier cette insuffisance que le législateur CEMAC dispense les établissements de microfinance ayant un total bilan inférieur, ou égal à cinquante millions de francs CFA, de recourir à un Commissaire aux comptes, pour la certification de leurs comptes.

192. La difficile comptabilisation des opérations de microfinance : facteur d'élaboration d'un plan comptable spécifique. Ensuite, les difficultés liées à la certification des comptes des établissements de microfinance pour les commissaires aux comptes. Les exigences inhérentes à l'activité des grands établissements de microfinance, dont le nombre d'opérations traitées est assez élevé, leur faible niveau d'information, ne facilitent pas toujours la tâche des commissaires aux comptes. Il en est de même de l'insuffisante maîtrise de leurs systèmes comptables et de contrôle interne. En effet, la particularité des

---

[442] Dans la pratique, les honoraires d'un Commissaire aux comptes d'une certaine envergure sont très souvent élevés en raison du personnel technique utilisé, des ressources mobilisés pour sa mission, mais aussi des contraintes budgétaires liées à l'accomplissement de sa mission. Tout cela rend le coût de sa prestation assez élevé et difficile d'être couvert par un EMF de petite voire de moyenne taille.

opérations de microfinance nécessite une adaptation de leur comptabilité, étant donné que le plan comptable des établissements de crédit classiques peut ne pas répondre, de façon satisfaisante, à l'activité de microfinance[443]. C'est d'ailleurs ce qui a justifié l'adoption d'un plan comptable spécifique pour les établissements de microfinance[444].

193. La consolidation des comptes des EMF appartenant à un réseau. Enfin, la certification des comptes des établissements de microfinance qui sont organisés en réseau, peut soulever des problèmes relatifs à la fiabilité des comptes consolidés. Cela, d'autant plus que l'information financière répercutée à l'organe faîtier par les établissements affiliés, n'est pas toujours régulière, et parfois ladite information manque de qualité.

---

[443] Nous pouvons relever entre autres, les traductions comptables des opérations courantes des établissements de microfinance (EMF), les opérations de trésorerie et interbancaires, les comptes de tiers et de régulation, les opérations sur titre et cessions d'actifs et enfin la traduction comptable des opérations de crédit-bail.

[444] Pour faciliter la mise en œuvre des normes prudentielles et harmoniser les procédures comptables, la COBAC a publié le Plan Comptable des Etablissements de Microfinance (PCEMF) pour la zone CEMAC. Ce PCEMF a été adopté par la COBAC le 1er avril 2009 à Bata en Guinée Equatoriale et son entrée en vigueur était fixée au 1er juillet 2010, et doit constituer l'instrument privilégié de communication financière des EMF. Selon M. OTHA ONDOUNDOU, représentant du Secrétaire Général de la COBAC à l'atelier de diffusion du PCEMF tenu à Bangui le 29 juin 2010, *«L'élaboration du PCEMF avait pour but non seulement d'asseoir les règles comptables normalisées devant permettre un reporting harmonisé de l'information financière que les EMF adressent aux autorités publiques, mais aussi de favoriser la mise à la disposition du grand public et des marchés une information présentant une image fidèle des activités réalisées par les EMF et des risques drainer par ceux-ci.»*

Somme toute, il apparaît que l'institution du commissariat aux comptes au sein des établissements de microfinance vise à renforcer l'efficacité du contrôle interne. En réalité, faute de pouvoir auditer personnellement l'ensemble des opérations et procédures, le certificateur est tenu de fonder sa certification sur des sondages, lesquels lui permettent d'avoir une assurance raisonnable quant à la régularité, et la sincérité des comptes[445].

Toutefois, afin d'assurer un exercice optimal de l'activité de microfinance, il s'est avéré nécessaire d'édicter au profit des établissements concernés, des normes de gestion assez appropriées. Cela est par ailleurs nécessaire pour les normes de transparence financière, qui doivent gouverner les établissements de microfinance.

Paragraphe 2 - La consécration des normes de transparence financière adaptées aux établissements de microfinance

194. La microfinance doit être exercée dans le respect des normes de transparence financière[446]. Les règles de transparence prévues pour les établissements de crédit classiques s'avèrent assez rigoureuses et donc peu, ou pas propices pour le secteur de la microfinance. La

[445] L. LHERIAU, *thèse précitée*, n°458.

[446] Pour une étude complémentaire de la transparence en matière financière, v. A. SUNKAM KAMDEM, *La transparence des opérations bancaires et financières en zone CEMAC*, thèse univ. Douala, déc. 2012 ; CREDA, *Secret et transparence, le vice ou la vertu ?* Gazette du palais, cahier de la concurrence interne et communautaire, n°196 à 200 du 15-20 juillet 2005 ; C. Lucas de LEYSSAC, *La transparence, Actes du Colloque de Deauville*, 19-20 juin 1993, Association droit et commerce ; J. HUET, « Le secret commercial et la transparence », *Les Petites Affiches*, 15 février 1988, n°20 et 21.

réglementation des EMF doit donc tenir comptes des particularismes de la microfinance, en adaptant les normes de transparence. En effet, le statut des EMF doit intégrer des normes qui soumettent les EMF aux obligations déclaratives propres (A). Il doit en être de même de l'assujettissement des EMF aux règles de lutte anti blanchiment adaptées à ce secteur d'activité (B).

A- La soumission des établissements de microfinance aux obligations déclaratives

195. La portée des obligations déclaratives en microfinance. Le contrôle sur pièces des établissements de microfinance est assuré à travers des obligations déclaratives, lesquelles permettent aux autorités compétentes de le faire en temps réel et utile. L'élaboration et l'envoi des documents comptables suivant une périodicité rapprochée, et avec moult détails, ont un coût de production conséquent. Les établissements de microfinance peuvent ne pas être capables de supporter ce coût, en raison de leurs capacités techniques et financières insuffisantes. Ainsi, est-il apparu nécessaire, par souci d'une gestion saine et efficace, de soumettre les établissements de microfinance à des obligations déclaratives propres. Ces dernières doivent être plus souples, et se faire suivant une fréquence moins régulière que celle en vigueur pour les banques.

L'hétérogénéité des formes juridiques et la diversité de tailles des établissements de microfinance, militent en faveur de certaines adaptations. Cela, afin de limiter les blocages et les paralysies résultant des obligations déclaratives très rigoureuses, du moins, au même titre que celles exigées des banques[447].

Les établissements de microfinance suivant la catégorie à laquelle ils appartiennent, peuvent être des sociétés coopératives/mutualistes[448], des sociétés anonymes[449] ou même des associations et notamment des ONG[450]. Dans l'un ou l'autre cas, l'établissement de microfinance ne sera pas soumis à l'exigence de désignation d'un commissaire aux comptes. Les établissements de microfinance de deuxième catégorie, ont une obligation de nomination de commissaire aux comptes renforcée par le droit commun des sociétés, en raison de leur forme juridique[451]. En dépit de cela, les obligations déclaratives devraient être ici assez souples, compte tenu de la fragilité de ces EMF, par rapport aux établissements de crédit classiques.

Pour les établissements de microfinance de première et troisième catégorie, compte tenu de leur forme juridique et de leur taille, ils n'ont pas l'obligation de nommer un commissaire aux comptes en leur sein. Cela a des conséquences certaines sur la production des états financiers. Cette situation justifie sans doute

---

[447] Selon l'art. 7 du règlement COBAC R-2009/02, les établissements de crédit sont obligatoirement constitués sous la forme juridique de société anonyme dotés d'un Conseil d'Administration. Or, suivant les termes de l'art. 702 al. 1er, AUSC et GIE, la désignation d'un CAC titulaire et un suppléant est une obligation des sociétés anonymes ne faisant pas appel public à l'épargne. En revanche, les sociétés anonymes faisant appel public à l'épargne doivent désigner au moins deux CAC et deux suppléants.

[448] Etablissements de microfinance de première catégorie.

[449] Etablissements de microfinance de deuxième catégorie.

[450] Etablissements de microfinance de troisième catégorie.

[451] Art. 702 AUSC et GIE.

l'allègement des obligations déclaratives pour les établissements de microfinance de ces catégories. Néanmoins, dès que leur total de bilan atteint un certain montant, ils doivent certifier leurs comptes par un Commissaire aux comptes[452].

En outre, il importe de souligner que le contenu des obligations déclaratives des établissements de microfinance[453], indépendamment de la forme juridique, est allégé parce que les EMF ont des aptitudes techniques et financières incomplètes. Par ailleurs, il est intéressant de limiter la fréquence de la production des obligations déclaratives. On pourrait exiger des établissements de microfinance d'une très petite taille, une fréquence de déclaration annuelle, semestrielle pour les petites et moyennes structures, et trimestrielle pour les entités de taille importante[454].

Afin d'assurer une réglementation plus adaptée du secteur de la microfinance, les autorités monétaires peuvent imposer aux établissements de microfinance, des obligations déclaratives plus régulières, indépendamment de leur situation économique. Aussi, faut-il relever que la fréquence des obligations déclaratives imposées aux établissements de microfinance, doit être considérée comme un minimum, le but étant de permettre un suivi conséquent du respect des normes de gestion par les autorités compétentes.

---

[452] V. *Supra* n° 191.

[453] Celles-ci comprennent en général le bilan, le compte de résultat et différents éléments statistiques annexes comme la liste des dirigeants, la liste des crédits aux dirigeants, les plus grands crédits consentis par l'EMF, les indications statistiques sur la qualité du portefeuille…

[454] L. LHERIAU, *Précis précité*, n°212, p. 188.

B – L'assujettissement des établissements de microfinance aux règles de lutte anti-blanchiment

196. La généralisation de la lutte anti blanchiment. Depuis les attentats du 11 septembre 2001, de nombreux pays du monde tendent à adopter de nouvelles mesures, pour lutter contre le blanchiment de capitaux et le financement du terrorisme[455]. Tous les prestataires de services financiers, y compris ceux qui travaillent avec les communautés à faible revenu sont influencés par ces mesures. C'est dans cette lancée que les Etats membres de la CEMAC, ont adopté un règlement[456] édictant les mesures de lutte contre le blanchiment des capitaux et le financement du terrorisme (LBC/FT)[457], et des textes complémentaires.

Tous les pays peuvent adopter, en les adaptant, les normes internationales de lutte contre le blanchiment des capitaux et le

---

[455] Pour une étude plus complète du phénomène de lutte anti-blanchiment et financement du terrorisme. Lire entre autres : C. CUTAJAR, *La prévention du blanchiment et du financement du terrorisme*, *Revue de droit bancaire et financier*, mai-juin 2009, pp.84-95. E. FERJAULT, *Secret professionnel et blanchiment de capitaux*, Mémoire de Magistère de juriste d'Affaires, Université Panthéon Assas, mai 2002, pp. 79 ; M. BRIAUD , *Audit du dispositif de lutte contre le blanchiment, cas des établissements de crédit français*, DESS, Banques et finances, Université René Descartes, Paris V, pp. 142 ; R. EMESSIENE, *La sécurisation financière en zone CEMAC*, Mémoire de DEA, droit privé des affaires, Université de Douala, 2008.

[456] Règlement n° 01/03- CEMAC- UMAC portant prévention et répression du blanchiment des capitaux et du financement du terrorisme en Afrique Centrale.

A côté de ce texte, le Règlement n° 02/00/CEMAC/UMAC/CM portant organisation et fonctionnement du Groupe d'Action contre le Blanchiment d'argent en Afrique Centrale (GABAC).

[457] Règlement COBAC R-2005/01 relatif aux diligences des établissements assujettis en matière de lutte contre le blanchiment des capitaux et le financement du terrorisme en Afrique Centrale.

financement du terrorisme, définit par le Groupe d'Action Financière sur le Blanchiment des Capitaux[458]. En zone CEMAC, le GAFI a pour équivalent le Groupe d'Action contre le Blanchiment des Capitaux (GABAC), institué par acte additionnel n° 9/00/CEMAC – 086/CCE 02.

De façon générale, la mise en œuvre des mesures de LBC/FT nécessite, de la part des intermédiaires financiers[459], un ensemble d'adaptations. Ces dernières tiennent, entre autres, au renforcement de leurs dispositifs de contrôle interne afin de pouvoir maîtriser les risques de LBC/FT. Il s'agit de la surveillance accrue des opérations suspectes[460], de l'élaboration des mesures de vigilance pour tous les clients[461] et, surtout de la déclaration des opérations suspectes aux autorités compétentes[462]. L'ensemble de ces mesures peut renchérir le coût que doivent supporter les intermédiaires financiers, pour se conformer aux normes réglementaires. En plus, le renforcement des

---

[458] Le Groupe d'Action Financière (GAFI) est un organisme intergouvernemental visant à développer et promouvoir les politiques nationales et internationales afin de lutter contre le blanchiment des capitaux et le financement du terrorisme. Fondé en 1989, il s'efforce de susciter la volonté politique nécessaire pour réformer les lois et réglementations dans ce domaine. Le GAFI a publié 40 + 9 recommandations afin de satisfaire cet objectif. V. http: //www.fatf-gafi.org/pages/.

[459] Nous employons l'expression « intermédiaire financier » dans son sens le plus large possible, englobant aussi bien les établissements de crédits classiques, les EMF, les prestataires de services d'investissement entre autres.

[460] Art. 26 et s. du Règlement COBAC R-2005/01 du 1er avril 2005 relatif aux diligences des établissements assujettis en matière de lutte contre le blanchiment des capitaux et le financement du terrorisme en Afrique Centrale

[461] Art. 7 et s. du Règlement COBAC R-2005/01 du 1er avril 2005 précité.

[462] J. ISERN, D. PORTEOUS, R. HERMANDEZ-COSS et CHINYERE EGURAGU, « *Réglementation en matière de lutte contre le blanchiment des capitaux et le financement du terrorisme : Implications pour les intermédiaires financiers servant une clientèle à faible revenu* », Note Focus, n° 29, juillet 2005, CGAP.

mesures de vigilance à l'égard de la clientèle peut limiter l'accès des personnes à faible revenu à des services financiers formels.

La réglementation CEMAC en matière de LBC/FT, édicte un certain nombre de diligences à suivre par tout établissement assujetti[463] ; il s'agit de l'identification de la clientèle[464], l'obligation de surveillance particulière de certaines opérations[465], la déclaration des opérations suspectes[466], la conservation et la communication des documents et pièces[467] entre autres[468].

Au regard de la spécificité de l'activité de microfinance et de la taille des établissements, ceux-ci rencontrent de nombreuses

---

[463] La notion d'assujetti est précisée par l'art. 5 du règlement n° 01/03-CEMAC-UMAC du 04/04/03 et renvoie à toute « *personne physique ou morale qui, dans le cadre de sa profession, réalise, contrôle ou conseille des opérations entraînant des dépôts, des échanges, des placements, des conversions ou tout autre mouvement de capitaux* ».

[464] Art. 17 et s. du Règlement COBAC R-2005/01 du 1er avril 2005 précité.

[465] Art. 4 et s. du Règlement COBAC R-200/01 du 1er avril 2005 précité.

[466] Selon l'article 26 du Règlement COBAC R-2005/01 du 1er avril 2005 relatif aux diligences des établissements assujettis en matière de lutte contre le blanchiment des capitaux et le financement du terrorisme en Afrique Centrale, « tout établissement assujetti est tenu de déclarer à l'Agence Nationale d'Investigation Financière : les sommes ou tous autres biens qui sont en sa possession lorsqu'ils pourraient être liés à un crime ou un délit ou s'inscrire dans un processus de blanchiment de capitaux ; les opérations qui portent sur des sommes ou biens qui pourraient provenir d'un crime ou d'un délit ou s'inscrire dans un processus de blanchiment de capitaux ; toute opération dont l'identité du donneur d'ordre ou du bénéficiaire reste douteuse malgré les diligences effectuées conformément aux dispositions en vigueur en matière d'identification de la clientèle ; les opérations effectuées pour compte propre ou pour compte de tiers avec des personnes morales y compris leurs filiales ou établissements, agissant sous forme ou pour compte de fonds fiduciaires ou de tout autre instrument de gestion d'un patrimoine d'affectation dont l'identité des constituants ou des bénéficiaires n'est pas connue».

[467] Art. 30 et 40 du Règlement COBAC R-2005/01 du 1er avril 2005 précité.

[468] Règlement COBAC R-2005/01 du 1er avril 2005 relatif aux diligences des établissements assujettis en matière de lutte contre le blanchiment des capitaux et le financement du terrorisme en Afrique Centrale.

difficultés dans la LBC/FT qu'il faut mettre en relief (1), mais il est surtout important d'explorer les pistes de solutions leur permettant de participer efficacement à cette lutte (2).

1- Les difficultés liées à la lutte anti-blanchiment et au financement du terrorisme pour les établissements de microfinance

197. La notion de blanchiment des capitaux. Au sens du règlement CEMAC, le blanchiment des capitaux désigne, un ou plusieurs des agissements ci-après énumérés, commis intentionnellement :

- la conversion ou le transfert de biens provenant d'un crime ou d'un délit (au sens des textes applicables dans l'Etat membre ou du présent règlement), dans le but de dissimuler, ou de déguiser l'origine illicite desdits biens, ou d'aider toute personne qui est impliquée dans la commission de ce crime, ou délit à échapper aux conséquences juridiques de ses actes ;

- la dissimulation ou le déguisement de la nature, de l'origine, de l'emplacement, de la disposition, du mouvement ou de la propriété des biens provenant d'un crime ou d'un délit (au sens des textes applicables dans l'Etat membre ou du présent règlement) ;

- l'acquisition, la détention ou l'utilisation de biens provenant d'un crime ou d'un délit ;

- la participation à l'un des actes visés au présent article, l'association pour commettre ledit acte, les tentatives de le perpétrer, le fait d'aider, d'inciter ou de conseiller quelqu'un à le faire ou le fait d'en faciliter l'exécution[469].

198. La notion de financement du terrorisme Le financement du terrorisme est perçu comme le fait pour toute personne de fournir, ou de réunir par quelque moyen que ce soit, directement ou indirectement, illicitement ou délibérément, des fonds dans l'intention de les voir utiliser ou en sachant qu'ils seront utilisés, en tout ou en partie, en vue de commettre : un acte qui constitue une infraction de terrorisme selon la définition de l'un des traités internationaux pertinent régulièrement ratifié par l'Etat membre[470]; tout autre acte destiné à tuer, ou blesser grièvement un civil, ou toute autre personne qui ne participe pas directement aux hostilités dans une situation de conflit armé, lorsque par sa nature ou son contexte, cet acte vise à

---

[469] Art.1. du Règlement COBAC R-2005/01 du 1er avril 2005 précité.

[470] Le Cameroun a ratifié la Convention des Nations Unies du 15 décembre 2000 contre la criminalité transnationale organisée et deux de ses Protocoles additionnels, à savoir le Protocole visant à prévenir, réprimer et punir la traite des personnes, en particulier des femmes et des enfants, et le Protocole contre le trafic illicite des migrants par terre, mer et air.

La lutte contre le crime est une préoccupation permanente du gouvernement camerounais, c'est ainsi que dans le cadre de la coopération avec l'Office des Nations Unies contre la drogue et le crime (ONUDC), les séminaires et ateliers suivants ont été organisés à Yaoundé au Cameroun : l'atelier national pour la ratification et l'incorporation législative des instruments universels de lutte contre le terrorisme en droit camerounais, du 06 au 08 février 2007 ; l'atelier de formation des magistrats en matière de coopération internationale contre le terrorisme, du 25 au 27 mars 2008 ; la réunion régionale d'experts pour renforcer la coopération internationale en matière pénale entre les pays africains de droit civil et de *common law*, du 16 au 18 février 2010 ;

Le Cameroun a en outre participé à l'atelier sous-régional des Etats membres de la CEEAC et de la CEMAC contre le financement du terrorisme et le blanchiment des capitaux qui s'est tenu du 07 au 09 avril 2008 à Libreville au Gabon.

intimider une population ou à contraindre un gouvernement ou une organisation à accomplir, ou à s'abstenir d'accomplir un acte quelconque[471].

199. Les obstacles liés à l'application des normes anti blanchiment[472] et financement du terrorisme. Les principales difficultés rencontrées par les établissements de microfinance en matière de LBC/FT, tiennent à l'exercice du devoir de vigilance à l'égard de la clientèle et au coût que peut impliquer la mise en œuvre de la réglementation. La mise en place des systèmes de surveillance, de contrôle interne et de conservation des documents, peut aussi être source de difficultés pour les établissements de microfinance.

Tout d'abord, l'exercice du devoir de vigilance à l'égard de leur clientèle, peut être source de grandes difficultés, pour les établissements de microfinance. Cela s'explique par le fait qu'une frange importante de la clientèle des établissements de microfinance, n'est pas toujours identifiable par le biais de la carte nationale d'identité[473]. De même, la connaissance du client n'est pas facile à assurer. A titre illustratif, si la réglementation demande un justificatif

---

[471] Art. 2 V. Art. 4 et s. du Règlement COBAC R-2005/01 du 1er avril 2005 précité.

[472] Pour une étude complémentaire des implications du blanchiment d'argent dans les affaires, lire S. ROUQUIE, *L'argent illicite et les affaires*, Montchrestien, juillet 1997, 445 pp., thèse publiée.

[473] Cela est particulièrement vrai pour les EMF de zones rurales où les populations ne disposent pas toujours de carte nationale d'identité. Mais on pourrait pallier l'absence de carte nationale d'identité par des lettres des autorités locales des villages ruraux comme c'est le cas dans certaines zones reculées en Ouganda, Tanzanie et Kenya.

de domicile[474], plusieurs clients ne seront pas capables de remplir cette condition, eu égard à leur niveau de pauvreté ou de leur situation de migrants. Toutes ces pesanteurs rendent la mise en œuvre du devoir de vigilance difficile pour les établissements de microfinance, surtout ceux de taille très modeste[475]. A moins que la présomption de connaissance des individus vivant dans une même zone géographique soit prise en compte[476]. En outre, l'assujettissement des établissements de microfinance aux normes de LBC/FT pourrait renchérir le coût de la prestation des services financiers au profit des personnes démunies. C'est ainsi que la surveillance des transactions suspectes pourrait coûter chère, en l'absence de systèmes automatisés adéquats.

Ensuite, les normes de déclaration et de conservation de documents peuvent astreindre les établissements de microfinance à conserver toutes les pièces matérielles afférentes aux transactions

---

[474] Facture d'eau ou d'électricité à défaut une attestation d'une commune…

[475] Le document du comité de Bâle sur le devoir de vigilance des banques au sujet de la clientèle (BIS 2001) fournit quelques orientations aux institutions financières sur les moyens à mettre en œuvre pour appliquer les normes de vigilance : « les banques et institutions financières devraient définir des politiques et procédures d'acceptation graduées de nouveaux clients, c'est- à- dire qu'elles devraient requérir un renforcement du devoir de vigilance vis-à-vis de la clientèle à hauts risques. Il convient cependant de veiller à ce que la politique d'acceptation des nouveaux clients ne soit pas à ce point restrictive qu'elle empêche le grand public, en particulier les personnes en situation financière ou sociale précaire, d'accéder aux services bancaires ». V. Banques des règlements internationaux, *Customer Due Diligence for Bank*, www.bis.org /publ /bcbs.pdf. Ces principes généraux ont été développés au préalable dans le document du comité de Bâle intitulé *« Genera guide to account opening and customer identification »*, février 2003, www.bis.org /publ /bcbs 85 annex.htm.

[476] En milieu rural, les personnes vivant dans une même localité sont supposées se connaître, ce qui facilite souvent leur identification à travers le recensement par les autorités villageoises. C'est ce qui justifie pour partie, la pratique des prêts solidaires dans de telles localités.

pendant au moins cinq (05) ans[477]. Pour satisfaire cette exigence, les établissements de microfinance devraient se doter de logiciels adaptés, à coût réduit, avec le soutien de leur association professionnelle, le cas échéant[478].

Enfin, la mise en œuvre des systèmes de surveillance et de contrôle interne n'est pas facile pour les établissements de microfinance. En effet, en plus du contrôle interne « classique »[479], exigé des sociétés commerciales et surtout des institutions financières, les établissements de microfinance doivent encore satisfaire à l'obligation d'une surveillance accrue dans le cadre de la LBC/FT. Or, de façon concrète, ces établissements ne disposent pas souvent des moyens efficaces pour assurer cet objectif. Aussi, en l'absence des recommandations du GAFI, les établissements de microfinance doivent collaborer avec les autorités monétaires et/ou réglementaires compétentes, pour formuler des normes adaptées à chaque juridiction nationale; de façon à ne pas léser les clients qui ont un faible revenu. Ou encore, afin que la réglementation ne limite pas l'accès aux

---

[477] Art. 13 Règlement n°01 /03 CEMAC – UMAC du 04 avril 2003 précité.

[478] Pour en faciliter l'obtention, l'association des EMF peut s'adresser par exemple à l'association des banques du pays pour voir s'il existe un logiciel susceptible de faciliter la mise en œuvre des mesures LBC/FT.

[479] Selon un auteur, le contrôle interne est un système d'organisation qui comprend les procédures de traitement de l'information comptable d'une entreprise et les procédures de vérification de cette information comptable. Le contrôle interne a pour but : de sauvegarder le patrimoine, par la mise en œuvre des procédures qui évitent les erreurs et les fraudes ; d'améliorer les performances de l'entreprise, par la mise en œuvre de procédures efficientes ; Ces deux objectifs peuvent s'appliquer à d'autres domaines de l'entreprise mais l'usage est de réserver l'expression contrôle interne aux procédures administratives ayant un lien avec l'établissement des comptes annuels. A. MIKOL, *Le contrôle interne*, Que sais-je, PUF, 1ère éd., fév. 1998, p. 3.

transferts de fonds effectués par les établissements de microfinance, au profit des travailleurs migrants par exemple[480].

Il importe de souligner que les EMF éprouvent d'importantes difficultés à combattre efficacement le blanchiment des capitaux et le financement du terrorisme. Néanmoins, des pistes de solutions existent pour juguler ces fléaux. Ainsi, les établissements assujettis doivent impérativement adopter des règles de « bonne conduite », et les respecter pour l'essor d'une microfinance transparente et efficiente.

2- Les pistes de solution pour la lutte anti blanchiment en microfinance

200. Tentative de solution relative à la lutte anti blanchiment et au financement du terrorisme. La réglementation de la LBC/FT vise à empêcher que les capitaux issus du crime puissent être intégrés dans l'économie, et entraver le développement des affaires[481]. Pour tout établissement de microfinance, l'équilibre entre la liberté, la sécurité et l'efficacité est difficile à réaliser. Il sera donc question pour l'établissement de s'efforcer à se conformer à la réglementation en matière de LBC/FT. Cela, sans pour autant compromettre sa mission

---

[480] J. ISERN et *alii, op. cit.,* p.10.

[481] La lutte contre la criminalité financière et la corruption fait l'objet d'une préoccupation permanente de la part des dirigeants gouvernementaux. Conscient de l'impact négatif de ces fléaux sur l'essor socio-économique du pays, le Gouvernement camerounais tente depuis quelques temps de mettre sur pied un ensemble de mesures afin de les éradiquer. Pour une vision globale de la lutte contre ces fléaux au Cameroun, lire A. TCHOUPIE, « L'institutionnalisation de la lutte contre la corruption et la criminalité financière au Cameroun », *Polis/R.C.S.P./C.P.S.R.* Vol. 13 Numéro 1- 2, 2006, pp. 57-80.

fondamentale, qui est la fourniture des services financiers à une clientèle très diversifiée de personnes à faible revenu, voire exclues du secteur bancaire classique. De même, les établissements de microfinance doivent se prémunir contre toutes utilisations abusives de leurs services par les blanchisseurs de capitaux et les terroristes. Il s'agira donc pour les établissements assujettis, de concilier les objectifs de la réglementation et de viabilité financière d'une part, et les besoins des clients d'autre part. Pour en arriver là, les impératifs s'imposent à toutes les parties intéressées par la LBC/FT, aussi bien les établissements de microfinance, les autorités publiques que les clients.

Dans un premier temps, un travail de concertation et de collaboration serait judicieux entre tous les établissements de microfinance, le cas échéant, via leur association professionnelle et les autorités réglementaires, afin, soit de formuler et de mettre progressivement sur pied de nouvelles normes de LBC/FT, soit d'adapter progressivement l'organisation et l'administration des établissements de microfinance. L'idée étant, dans l'un et l'autre cas, de permettre à tout établissement assujetti de peaufiner ses procédures internes afin de les rendre conformes à la réglementation. Cette approche a l'avantage d'affecter, le moins possible, le fonctionnement des établissements de microfinance, en leur permettant de poursuivre la fourniture des services financiers aux « exclus bancaires ».

Dans un deuxième temps, l'atteinte de l'objectif de LBC/FT semble mieux assurée si les établissements assujettis adoptent une méthode de lutte fondée sur les risques[482]. L'idée consiste par exemple de considérer que les établissements de microfinance de troisième catégorie, sont d'un risque faible parce que n'ayant aucun lien direct avec le système de paiement, parce qu'ils n'acceptent pas de dépôts. Une telle approche est d'ailleurs conforme à la recommandation V du GAFI[483]. Néanmoins, il faudra encore mettre l'accent sur l'origine des fonds utilisés pour les microcrédits octroyés par les EMF de troisième catégorie.

Enfin, il paraît indiqué pour les autorités réglementaires d'autoriser des exemptions appropriées. Selon les recommandations du GAFI, les montants d'un seuil très inférieur peuvent être exonérés de l'application des normes de LBC/FT[484].

201. Synthèse des solutions. Il semble donc finalement que le risque est assez élevé quand les normes de LBC/FT ne sont pas adaptées à la réalité des établissements de microfinance. Il apparaît par exemple que les législateurs CEMAC et COBAC, édictent un ensemble de règles applicables à tout établissement assujetti sans distinction aucune, en ne tenant pas du tout compte de la spécificité de l'activité de

---

[482] Avec les attentats du 11 septembre 2001, les institutions financières sont confrontées à l'exigence de se doter de moyens de lutte anti blanchiment. La réglementation en ce sens se renforce progressivement et s'accompagne de sanctions et d'importantes pénalités qui font du non-respect de ces règlements un véritable risque opérationnel mais aussi un risque d'image. Ainsi, trouve-t-on désormais au sein des entités financières des services dédiés à la LBC/FT dénommés différemment selon les établissements concernés : sécurité financière, déontologie et lutte anti blanchiment, *Anti Monney Laundering* etc.

[483] GAFI, 2003, *« Les quarante recommandations »*, www.o.e.c.d.org/fatf/40recs.en.htm.

[484] Recommandation spéciale IX du GAFI.

microfinance. Or, une telle approche peut introduire une césure au sein du secteur de la microfinance, entre quelques établissements de tailles importantes, qui ont des capacités techniques avérées, et ceux visant à satisfaire une clientèle des pauvres et des ruraux, lesquels auront de grandes difficultés à satisfaire ces normes. Ainsi, peut-on aboutir à un secteur de microfinance dual, l'un respectant les normes mais superficiellement ; l'autre, profond mais exclu par le secteur financier qui refuse de traiter avec les établissements de microfinance qui ne seraient pas mis aux normes[485].

Conclusion du chapitre 2

202. Un statut juridique intégrant les spécificités de la microfinance. La réglementation de l'exercice de l'activité de microfinance doit être faite en tenant compte des particularismes de cette activité. C'est cette mission que vise le statut élaboré par le législateur CEMAC. Celui-ci édicte un ensemble de règles prudentielles et professionnelles auquel est soumis tout établissement de microfinance. En effet, contrairement aux normes prudentielles classiques élaborées pour les banques, la réglementation a édicté des règles particulières pour les EMF. Une telle approche a l'avantage de la souplesse, en évitant que les dispositions parfois très rigoureuses du droit bancaire ne rendent inopérantes les innovations du secteur de la microfinance. Ces normes ne sont généralement pas l'apanage du seul

[485] L. LHERIAU, *Précis précité*, p. 294, n° 327.

secteur de la finance, mais l'adaptation au cas d'espèce, est un corollaire indéniable de l'originalité de l'activité de microfinance. C'est donc à juste titre que la réglementation prudentielle de la microfinance est élaborée en tenant compte des modalités d'intervention des acteurs dans ce secteur d'activité. Dans la même perspective, il est très souhaitable que le statut actuel des EMF, intègre des normes assez adaptées de transparence financière et surtout de lutte anti blanchiment ; car les règles assez générales posées pour le système financier classique, semblent très souvent inadaptées.

Conclusion du titre 1

203. La détermination du cadre d'accomplissement des opérations de microfinance à travers le statut juridique. Elaborer un statut juridique propre aux établissements de microfinance a contribué à encadrer cette activité, en limitant les dérives résultant de l'absence de réglementation. En effet, les EMF sortent progressivement la microfinance du secteur dit informel, pour l'intégrer dans le système financier formel et officiel. Cela présente l'avantage de mieux protéger l'accès à l'activité, en limitant l'intervention des acteurs véreux. Le cadre tracé pour les EMF est aussi une avancée positive dans la mesure où, il régit les actions de tous les acteurs qui, ayant accepté d'entrée dans cette profession, doivent être soumis à des conditions d'exercice assez particulières.

Un tel encadrement a en outre le mérite de distinguer la réglementation bancaire classique de celle de la microfinance. Si dans les principes, les deux types de réglementation sont très similaires, dans la pratique la rigueur avérée de la première, tranche avec la souplesse reconnue à la deuxième. Cette flexibilité de la réglementation de la microfinance se justifie du point de vue social et économique. Car comme le fait remarquer un auteur, le microcrédit et plus généralement la microfinance, « *vise à démocratiser l'accès à la finance pour tous les acteurs économiques* »[486].

---

[486] M. NOWAK, *Le microcrédit en Europe, in Rapport moral sur l'argent dans le monde 2009*, *op. cit.*, p. 389.

TITRE 2

La spécialisation des établissements de microfinance dans la CEMAC

204. Les carences de la couverture de l'intermédiation bancaire classique. La prestation des opérations bancaires est un support indispensable du développement économique. Malheureusement, l'activité des établissements de crédit n'atteint pas l'ensemble des acteurs économiques, encore moins toute la population. Cette situation présente l'inconvénient de priver des franges entières de la population d'un accès aux modes de financement classique. Pour combler ce vide laissé par les banques, un essor des entreprises dédiées à la microfinance se constate, de nos jours. Ces entreprises fonctionnaient malheureusement de façon assez anarchique. Il a donc fallu règlementer le développement des établissements de microfinance tout en déterminant leurs compétences.

205. L'accomplissement de l'intermédiation financière par les établissements de microfinance. Le statut juridique adopté par le législateur de la CEMAC permet de canaliser par les établissements de microfinance, les personnes physiques et morales exclues du secteur bancaire classique (Chapitre 1) ; bien plus, il peut être perçu comme une mesure opportune, voire pertinente, pour le financement des « initiatives économiques de base » par les établissements de microfinance (Chapitre 2).

CHAPITRE 1

La canalisation des exclus du système bancaire classique par les établissements de microfinance

206. La sous-bancarisation et ses conséquences. La prestation des services financiers par les banques n'est ni parfaite ni totale. Elle laisse généralement des franges entières de la population insatisfaites. En zone CEMAC particulièrement, la couverture de la population par les services bancaires est encore assez marginale[487] : on parle de sous-bancarisation[488].

Le phénomène de sous-bancarisation emporte une forte exclusion bancaire[489]. Cette dernière peut être perçue comme le processus par lequel une personne physique, notamment, rencontre des difficultés d'accès ou d'usage des moyens financiers offerts par les banques qu'elle ne peut plus mener une vie sociale normale[490]. La marginalisation à laquelle il est fait allusion porte essentiellement sur

---

[487] Selon certaines estimations, le taux de bancarisation au Cameroun serait d'environ 7%. Lire l'interview du nouveau Président de l'Association professionnelle des établissements de crédit du Cameroun (APECCAM), parue à la page 12 du *Cameroon Tribune*, n°10122/6323, du jeudi 26 juin 2012.

[488] La bancarisation peut être perçue comme le processus visant une forte vulgarisation (voire une utilisation assez populaire) des produits bancaires. Lorsque dans un Etat ou une région donnée, le taux de bancarisation est assez faible on est en présence de la sous-bancarisation.

[489] On peut lire avec intérêt D. VALLAT, *Exclusion et liens financiers de proximité (financement de micro-activités)*, thèse Lyon II, 1999, 525 pp.

[490] G. GLOUKOVIEZOFF, *L'exclusion bancaire et financière des particuliers : Du droit à l'accès à l'autonomie,* Mémoire DEA, 2001, s. dir. de Jean Michel SERVET, Univ. Lumière Lyon 2. - G. GLOUKOVIEZOFF, *De l'exclusion à l'inclusion bancaire des particuliers en France, entre nécessité sociale et contrainte de rentabilité*, thèse de Doctorat en Sciences Economiques, nov. 2008, Université Lumière Lyon 2, p. 10. - S. EBERMEYER, *« Les mécanismes de l'exclusion bancaire », in Economie et humanisme*, Juin – Juillet 2004, pp. 87-89; *"L'exclusion bancaire des particuliers en France", in Exclusion et liens financiers. « L'exclusion bancaire des particuliers », Rapport du centre WALRAS*, Économisa, Paris, 2004, p. 188.

l'accès et l'usage des produits bancaires[491]. Elle frappe davantage les particuliers, en laissant ceux-ci à l'écart des prestations bancaires. Or, l'utilisation des produits bancaires est indispensable dans le contexte actuel d'économie financière. Ce phénomène touche particulièrement les populations de la zone CEMAC, lesquelles subissent une sélection rigoureuse des établissements de crédit.

207. Origine et effets de la crise bancaire sous-régionale. La crise bancaire des années 80-90 en Afrique Centrale, et plus spécifiquement au Cameroun, proviendrait, en grande partie, d'une incapacité des banques à maîtriser leurs risques en raison de l'asymétrie d'information[492] dans les relations banque/client[493]. Cette crise s'est accompagnée d'une importante restructuration du secteur financier de toute la zone CEMAC[494]. Ce qui a eu pour conséquence majeure, une stricte sélection de la clientèle au niveau des établissements de crédit. En analysant les conséquences importantes des défaillances bancaires, un auteur affirme : « *si la défaillance d'un agent de la vie*

---

[491] Par produits bancaires, il faut entendre tous les services commercialisés par les établissements de crédit dans le cadre des prestations qu'ils proposent à leurs clients, y compris le conseil.

[492] Ce terme est utilisé pour désigner une situation où un individu détient plus d'informations qu'un autre sur un bien ou sur les états de la nature, ce qui peut limiter ou empêcher, les transactions entre eux. L'asymétrie d'informations est source des phénomènes tels que l'antisélection et le risque moral ; dans les deux cas, celui qui est moins informé est défavorisé. V. B. GUERRIEN, *Dictionnaire d'analyse économique, microéconomie, macroéconomie, théorie des jeux*, 3e éd. La Découverte, 2002, p. 35.

[493] L. TCHAMANBE DJINE, *Les faillites bancaires en Afrique Subsaharienne*, L'Harmattan 2009, p. 16.

[494] Mise sur pied d'une Commission Bancaire ayant des pouvoirs importants en matière réglementaire, disciplinaire, administrative et juridictionnelle et d'une réglementation bancaire harmonisée.

commerciale peut mener au sinistre, celle d'une banque peut mener au désastre »[495]. Cette affirmation très pertinente pour le secteur bancaire, peut également avoir toute sa signification dans le domaine de la microfinance.

208. L'importance du financement économique et le rôle des établissements de microfinance. Le financement par le crédit étant de plus en plus indispensable, les populations délaissées par les établissements de crédit se tournent vers les circuits informels de financement et les établissements de microfinance. A ce titre, il apparaît que ces derniers jouent un rôle important dans le processus de facilitation d'accès aux services financiers. Il importe donc d'analyser comment l'exclusion bancaire peut être perçue comme un facteur favorisant l'éclosion des établissements de microfinance (section 1) ; de même, il faut mettre en relief l'apport des établissements de microfinance comme solution complémentaire pour l'inclusion financière[496] (section 2).

---

[495] V. P.-G. POUGOUE, « Commentaire de l'ordonnance n°90/003 du 27 avril 1990 modifiant et complétant les dispositions de l'ordonnance n°85/002 du 31 août 1985 relative à l'exercice de l'activité des établissements de crédit », in *Juridis Infos*, n°03, spécial, juill.-août-sept. 1990, p. 77.

[496] Lire à titre complémentaire l'étude de Brigit HELMS, *La finance pour tous. Construire des systèmes financiers inclusifs,* CGAP, éd. St-Martin.

Section 1 - L'exclusion bancaire, facteur d'éclosion des établissements de microfinance

209. Les aspects de l'exclusion bancaire. L'exclusion bancaire revêt plusieurs facettes et touche une diversité de personnes : des plus démunies au moins nanties. Ce phénomène est en outre une donnée dynamique, dans la mesure où l'exclu bancaire d'aujourd'hui peut être le grand client bancaire de demain, et vice versa. Pour mieux cerner cette situation, il paraît indiqué de mettre en relief, dans un premier temps, les critères déterminants de l'exclusion bancaire (Paragraphe 1) et, dans un second temps, d'observer les implications de ce type d'exclusion pour les établissements de microfinance (Paragraphe 2).

Paragraphe 1 - Les critères déterminants de l'exclusion bancaire

210. Critères objectifs et subjectifs de l'exclusion bancaire. L'exclusion bancaire revêt plusieurs formes. Les établissements de crédit procèdent à l'analyse de divers éléments pour déterminer si une personne est apte ou non à bénéficier des produits bancaires. Une telle analyse varie d'un établissement de crédit à l'autre, et est fonction d'une diversité de critères. Il faut examiner les critères objectifs d'exclusion bancaire (A), avant de s'intéresser aux critères subjectifs de ce phénomène (B).

A –Les critères objectifs d'exclusion bancaire

211. Une orthodoxie financière « discriminatoire» ? La promotion de la bancarisation amorcée en zone CEMAC, bien qu'avancée, reste à parfaire. En effet, en dépit de la multiplication des établissements bancaires et de leurs services, une frange importante de la population reste encore privée d'accès aux services bancaires. Cette situation s'explique, d'une part, par l'édiction des conditions sélectives d'entrée en relation avec les banques (1), et d'autre part, par une restriction de la fourniture de certains services financiers (2).

1- L'édiction des conditions sélectives d'entrée en relation avec les établissements bancaires

212. La difficulté de l'identification de la personne physique : source potentielle d'exclusion bancaire. L'entrée en relation avec une banque obéit à des conditions précises, différentes, selon qu'il s'agit d'une personne physique ou d'une personne morale. Dans le cas d'une personne physique, la conclusion d'une convention de compte, par exemple, est conditionnée par la fourniture, par l'intéressé, d'un certain nombre de documents officiels, tels que les photographies, la carte nationale d'identité ou le document en tenant lieu (passeport). La lecture et la validation du contenu de la convention de compte s'impose aussi au client ou prospect particulier. Or, dans la pratique, on rencontre plusieurs personnes ne pouvant fournir tous les documents et informations susmentionnés. Par exemple, à cause de l'illettrisme, certaines personnes sont incapables de valider en connaissance de cause, le contenu de la convention de compte. De même, en raison de leur isolement en campagne, d'autres personnes ne disposent pas des pièces officielles d'identité, ce qui pourrait les exclure, de fait, de la clientèle bancaire. De telles insuffisances pour les personnes physiques sont d'autant plus pénalisantes que la "connaissance" des clients, imposée par les normes de lutte anti-blanchiment implique que la banque, engagée dans les transactions d'un certain montant, soit capable d'identifier et de localiser les clients avec lesquels elle traite.

213. La fourniture insuffisante ou imparfaite de l'information sur la société, un facteur éventuel d'exclusion bancaire. En ce qui concerne les personnes morales, les établissements de crédit exigent généralement la fourniture des documents officiels des dirigeants[497] de la personne morale candidate à l'entrée en relation d'une part, et les documents constitutifs[498] de cette personne morale d'autre part. Or, certaines sociétés moins structurées sont incapables de fournir toutes les pièces attendues par les banques ; ce qui les exclut, de fait, de la clientèle bancaire. C'est dans cette hypothèse que les petites et

[497] Il s'agit généralement des mêmes documents que ceux réclamés à une personne physique entrant en relation avec un établissement de crédit, à savoir la carte nationale d'identité, les photographies…

[498] Il s'agira entre autres des statuts de la société, de l'acte d'immatriculation au RCCM, de la carte de contribuable, du titre de patente, des procès verbaux d'assemblées nommant les dirigeants, des états financiers de synthèse de s trois derniers exercices…

moyennes entreprises mal structurées, sont privées d'un accès régulier au secteur bancaire.

214. Souplesse des conditions des établissements de microfinance dans l'entrée en relation. Dans la plupart des cas, les petites entreprises et un grand nombre de particuliers sont incapables de satisfaire aux demandes, parfois trop contraignantes, des établissements bancaires. Ils se trouvent ainsi exclus du secteur bancaire, et ont tendance à se retourner vers le secteur de la microfinance, plus apte à satisfaire leur demande, avec moins de contraintes administratives et procédurales.

L'exclusion bancaire ne se réduit pas à l'édiction des conditions sélectives. Elle peut aussi être le fait de l'extrême rigueur pratiquée par les établissements bancaires pour fournir certains services.

2- La rigueur avérée dans la fourniture de certains services bancaires

215. Une discrimination pénalisante dans la prestation de certains services bancaires. La fourniture des services bancaires est encore sélective. Toutes les personnes physiques et morales n'ont pas accès à l'ensemble des services bancaires possibles. En plus de l'entrée en relation avec une banque qui est déjà un obstacle en soi, il arrive très souvent, que certaines personnes soient exclues des services comme le crédit ou l'assurance bancaire.

A titre d'illustration, on peut avoir un compte en banque sans pour autant bénéficier de tous les services bancaires. Les services les plus accessibles sont souvent des prestations de base telles que les encaissements et les paiements. Et même, ces services de base ne sont pas toujours garantis auprès de toutes les banques. Conscient de cela, le ministre camerounais des finances a pris le 13 janvier 2011, un arrêté portant institution du service bancaire minimum garanti[499]. Ce texte dispose en son article 3 alinéa 2 que, ce service comprend entre autres l'ouverture des comptes, la délivrance de relevé d'identité bancaire, le retrait d'espèce sur la même place bancaire, la délivrance de chéquiers. Malheureusement, jusqu'à ce jour, cet arrêté n'est pas appliqué par toutes les banques[500]. C'est pourquoi le ministre des finances a signé récemment une circulaire[501], en guise de rappel à l'ordre à tous les directeurs généraux des établissements de crédit qui violent l'article 3 de cet arrêté. Le ministre les invite à se conformer à la stricte application des dispositions de l'arrêté portant institution du service bancaire minimum garanti ; en offrant sans frais tous les services prévus dans cet article. Il les invite en outre, à organiser des campagnes d'information à l'endroit de leurs clients.

---

[499] Arrêté n°000005/MINFI du 13 janvier 2011 portant institution du service bancaire minimum garanti.

[500] Plusieurs clients des banques continuent de se plaindre du prélèvement par leurs banques de certains frais au titre des services qui devraient être normalement gratuits, comme l'information sur les conditions de banque, les retraits d'espèces etc.

[501] Lettre-circulaire n°03/12 du 04 octobre 2012 du Ministre des finances du Cameroun.

En revanche, la fourniture des crédits est plutôt sélective dans les établissements de crédit. En tenant compte que la transaction risque d'avoir lieu dans les conditions désavantageuses pour elles, les banques sont parfois amenées à rationner le crédit, c'est-à-dire à réduire le montant ou en refuser l'octroi aux emprunteurs présentant un risque jugé trop élevé[502]. C'est dire que le bénéfice d'un crédit bancaire n'est pas du tout aisé. Les banques soumettent généralement l'octroi du crédit à des conditions assez rigoureuses, ce qui exclut une partie importante de personnes physiques ou morales. Cela n'est pas forément le cas pour les EMF au sein desquels les conditions de fourniture de crédit semblent plus souples.

216. Une proximité favorable à l'appréciation des risques de crédit en microfinance. Les risques de crédit au sein des EMF paraissent plus réduits que dans les banques, en raison de la proimité que les premiers entretienennent avec leur clientèle. En effet, ceux-ci recourent à divers mécanismes, dont certains sont totalement novateurs. C'est le cas, notamment, des techniques de prêts solidaires[503], du contrat de dette standard par lequel le prêteur propose à l'emprunteur un contrat qui lui permet de relever son type, ou niveau

---

[502] B.S. DIAKITE, *Les fondements théoriques de l'économie de la microfinance*, éd. Menaibuc, t.1., p. 18.

[503] La pratique des prêts de groupes consiste à octroyer des prêts à des emprunteurs organisés en petits groupes, chaque membre du groupe reçoit un prêt individuel à condition qu'il accepte la responsabilité du remboursement des crédits accordés aux autres membres de son groupe, s'ils sont dans l'incapacité ou s'ils refusent d'honorer volontairement leur dette. En ce sens B.S. DIAKITE, *op. cit*, p. 21.

d'effort, parce qu'il n'a plus rien à craindre[504] ; ou enfin du recours aux centrales de risque ou crédit *scoring*. Ce dernier consiste en l'évaluation statistique, c'est-à-dire l'utilisation des informations relatives aux résultats de remboursement et les caractéristiques des prêts remboursés dans le passé pour pronostiquer les possibilités de succès pour les prêts futurs[505]. Tous ces mécanismes d'analyse de risques par les établissements de microfinance, sont favorisés et rendus plus efficaces par la proximité géographique et personnelle, qui existe entre les établissements de microfinance et leurs clients.

217. La flexibilité dans la prestation des services de microfinance. L'énoncé des conditions assez draconiennes pour bénéficier des services bancaires est propice à l'exclusion bancaire. Et la multiplication des exclus bancaires nourrit sans doute le marché de la microfinance, où les conditions d'entrée en relation sont plus abordables et le bénéfice des services financiers moins sélectif, et moins contraignant.

De même, faute d'avoir les ressources relativement importantes et une certaine crédibilité, des franges entières de la population se trouvent en marge du secteur bancaire classique. Et pour bénéficier des prestations financières, elles recourent aux établissements de microfinance, lesquels font des prestations à des modalités plus flexibles, et ouverts sur un grand nombre de personnes.

---

[504] B.S. DIAKITE, *op. cit.*, p. 46.
[505] B.S. DIAKITE, *op. cit.*, p. 58.

L'exclusion bancaire est un phénomène important en Afrique Centrale. En plus des critères objectifs qui la caractérisent, il existe des critères subjectifs.

B – Les critères subjectifs de l'exclusion bancaire

218. L'exclusion bancaire, un phénomène protéiforme. L'exclusion bancaire touche les personnes de diverses manières, selon leur qualité, et parfois leur statut social. Il y a donc l'incidence de l'*intuitu personae* dans la détermination de l'exclusion bancaire (1) ; toutefois, certains aléas révèlent aussi les contours de ce phénomène (2).

1- La prise en compte de l'*intuitu personae* comme source d'exclusion bancaire

219. La subjectivité au cœur de l'analyse du crédit bancaire. Les opérations bancaires sont fort nombreuses. Les crédits, plus spécifiquement, sont divers. On les différencie, très souvent, par la personnalité de l'emprunteur[506]. Ainsi, peut-on distinguer les crédits à la consommation, à la production, aux agriculteurs, à l'industrie immobilière, entre autres. Dans chacune des hypothèses, la personnalité de l'emprunteur est passée au crible. Autrement dit, le crédit est octroyé *intuitu personae* ; c'est dire que la qualité du

---

[506] Mais cette distinction peut également s'appuyer sur la nature de l'opération financée.

demandeur déteint sur son statut, lequel a un impact considérable pour l'octroi du crédit. En effet, selon qu'on retient la conception objective ou subjective de l'analyse du crédit, celui-ci peut être, ou ne pas être accordé à un paysan. Bien plus, il arrive que le prêteur disqualifie un emprunteur en fonction de la nature des relations personnelles pouvant exister entre les parties. Selon que l'établissement de crédit prêteur a une bonne connaissance du demandeur et est bien informé sur sa personne, il peut accorder le crédit ou pas à ce dernier. Vu sous cet angle, le refus du crédit semble être la cause la plus symptomatique de l'exclusion bancaire.

Toutefois, pour d'autres considérations liées à la personne du demandeur, il peut arriver que la banque refuse d'entretenir, ou de maintenir la relation avec une personne. Ce peut être le cas, si la personne est liée à des malversations financières[507], ou aux activités de blanchiment et/ou de financement du terrorisme. L'acceptation d'une telle clientèle serait de nature à affecter l'image de la banque, et plus généralement, avoir un impact négatif sur ses principes de gouvernance.

220. Une connaissance de la clientèle favorisée par *l'intuitu personae* et la proximité en microfinance. Pour limiter l'impact négatif de l'exclusion bancaire liée à la personne, notamment lorsque celle-ci n'a pas commis de délit financier, les établissements de microfinance s'approprient cette clientèle délaissée par les

---

[507] Il s'agit notamment des détournements de biens publics, de l'abus de biens sociaux etc.

établissements de crédit classiques. Lorsqu'une personne ne peut rentrer en contact avec une banque, faute de documents administratifs et de moyens financiers suffisants, elle peut se tourner vers un établissement de microfinance, au sein duquel les conditions d'identification sont plus faciles. Pour recueillir sa clientèle, l'EMF se fondera sur la proximité existant entre les deux parties, et ici, la considération de la personne jouera un rôle plutôt d'inclusion ; ceci, dans la mesure où l'individu n'est pas pris isolément, mais bien au contraire en fonction du groupe ou de la collectivité/communauté auquel il appartient. En clair, l'analyse du crédit bancaire au travers de l'*intuitu personnae* met l'accent sur l'individualisme ; alors que le même critère peut être considéré comme un moyen de collectivisation des crédits en microfinance. C'est ce qui justifie les prêts de groupes ou solidaires en microfinance.

L'exclusion bancaire n'est ni statique, ni figée. L'exclu bancaire d'aujourd'hui peut intégrer le circuit bancaire par la suite. Des évènements incertains et imprévisibles peuvent donc nourrir ce phénomène. Ainsi, au-delà de la considération de la personne, il arrive souvent, que les relations financières entre un établissement de crédit et certains de ces clients, soient affectées par divers aléas.

2- L'incidence des aléas dans les relations (micro) financières

221. La multiplicité des risques, conséquence du rationnement du crédit bancaire. Les établissements de crédit peuvent être amenés à rationner le crédit, c'est-à-dire à réduire le montant ou en refuser l'octroi aux emprunteurs apparemment trop risqués[508]. Ceux-ci sont souvent exposés au risque de crédit pur ou à la sélection adverse[509], mais aussi et surtout à l'aléa moral ou hasard moral[510] dû à l'opportunisme comportemental de l'emprunteur[511]. Dans bien des hypothèses, le rationnement de crédit aggrave les risques pour les emprunteurs. L'insuffisance des ressources incite les emprunteurs à recourir aux sources alternatives de financement résultant des techniques de microfinance, c'est le cas notamment des prêts de groupes solidaires, de l'utilisation des centrales de risque, entre autres.

Il apparaît donc que les rapports financiers sont fortement influencés par différents aléas. Ceux-ci ont pour conséquence l'exclusion de franges importantes de la population des services bancaires. Cette exclusion basée sur des critères subjectifs, tenant à des évènements incertains, est corrigée d'une certaine façon par les établissements de microfinance. En effet, les établissements de microfinance ont pour mission fondamentale de fournir des services

---

[508] Cette opinion est développée par B.S. Diakité dans *Les fondements théoriques de l'économie de la microfinance*, t.1, précité, p. 18.

[509] Selon B.S. DIAKITE, la sélection adverse (anti-sélection) ou risque pur du crédit (souvent lié à l'état de l'économie ou aux états de la nature), résulte de l'absence de distinction parmi les potentiels emprunteurs ceux qui pourront s'acquitter de leurs engagements de ceux qui ne le pourront pas, V. *Les fondements théoriques de l'économie de la microfinance*, t.1, *op. cit.*, p. 18.

[510] L'aléa moral ou le hasard moral est dû à l'opportunisme comportemental de l'emprunteur. En effet, la rationalité limitée du prêteur et l'incomplétude des contrats de prêts ne lui permettent pas de connaître avec précision tous les revenus que générera l'activité à financer par le crédit, et surtout les intentions réelles de l'emprunteur après la signature du contrat. Il subsiste donc des informations non révélées, c'est ce que certains auteurs appellent l'asymétrie d'information post-contractuelle, V. B.S. DIAKITE, *op. cit.*, *idem* ; G. CHARREAUX et *ali,* « *Des nouvelles théories pour gérer l'entreprise* », Economica, Paris, 1987.

[511] B.S. DIAKITE, *op. cit.*, p. 18.

financiers aux populations délaissées par les établissements de crédit classiques.

222. L'incidence des aléas dans l'exclusion bancaire. L'exclusion bancaire, est généralement empreinte d'une bonne dose de subjectivité. Celle-ci est matérialisée par d'innombrables incertitudes, à savoir le temps, l'espace, et la viabilité de l'activité du prêteur.

223. Le temps et l'exclusion bancaire. Le temps peut être source d'incertitude, et donc d'aléa dans les rapports financiers, dans la mesure où la confiance faite à un emprunteur est, par exemple, limitée temporellement. Le prêteur n'ayant pas la pleine mesure de l'avenir peut exclure certaines prestations des services fournis à l'emprunteur. C'est ainsi que certains établissements de crédit sont réticents aux prêts à long terme. Une telle pratique est source d'exclusion, ne serait-ce que partiellement, pour les demandeurs de crédits. Il peut aussi arriver qu'une banque refuse un crédit, même à court terme, au demandeur en raison du manque de confiance portée sur la personne de ce dernier.

Pour PETIT-DUTAILLIS, « *faire crédit, c'est faire confiance, mais c'est aussi donner librement la disposition affective et immédiate d'un bien réel ou d'un pouvoir d'achat, contre la promesse que le même bien ou un bien équivalent vous sera restitué dans un certain délai, le plus souvent avec rémunération du service rendu et du danger couru, danger de perte partielle ou totale que comporte la nature même de ce service »*[512]. Selon J. PRUCHAUD, « *le crédit bancaire est en général l'opération par laquelle la banque met une somme déterminée à la disposition d'un tiers appelé emprunteur moyennant l'engagement pris par ce dernier de payer au banquier les intérêts convenus et de lui restituer à l'époque fixée pour le remboursement, une somme équivalente à celle qui lui a été fournie* »[513]. De ces deux définitions, il faut déduire principalement trois notions inséparables dans l'octroi des crédits : la confiance qui doit exister entre les parties contractantes, le facteur temps qui est extrêmement important dans ce genre d'opération et le risque. En effet, le crédit affecte l'obligation de paiement du prix à une modalité. Ainsi, une opération de crédit crée un décalage dans le temps, porteur de risque potentiel. Elle suppose la confiance du créancier en la capacité du débiteur à honorer sa dette selon les termes prévus.

224. L'exclusion bancaire dans l'espace. L'espace, quant à lui, représente un aléa dans la pratique des relations financières étant donné que la distance entre l'emprunteur et le prêteur peut amener ce dernier à rationner le crédit. Ce rationnement peut être source d'exclusion bancaire ; auquel cas, les établissements de microfinance peuvent par des techniques assez novatrices satisfaire les demandes des populations privées des prestations bancaires. Dans la pratique, les

---

[512] PETIT-DUTAILLIS, *Le risque de crédit bancaire*, Edition scientifique Riber, Paris, 1967, p. 18.

[513] J. PRUCHAUD, *Evolution des techniques bancaires*, Editions scientifiques Riber, Paris, 1960, p. 50.

EMF tissent généralement des relations de proximité avec leur clientèle, ce qui a l'avantage de limiter cet aléa.

225. Situation financière incertaine de l'emprunteur, source d'aléa. La viabilité financière de l'emprunteur représente aussi un aléa pour le prêteur. En effet, ce dernier peut ne pas avoir à sa disposition les indicateurs fiables lui permettant d'apprécier la situation financière du demandeur de crédit. Bien plus, très souvent les prêteurs institutionnels, en l'occurrence les établissements de crédit, exigent des demandeurs de crédit des documents administratifs et financiers assez nombreux tels que le *business plan*, le plan de trésorerie, le plan d'amortissement, avant toute décision d'octroi de crédit. L'absence de ces informations et documents peut avoir pour conséquence le refus d'un prêt; ce qui est source d'exclusion bancaire. Ce mode d'exclusion peut néanmoins être corrigé par la microfinance au travers de techniques assez innovantes et adaptées à la situation du demandeur de crédit. C'est le cas des prêts solidaires[514].

L'exclusion bancaire est l'une des causes de l'émergence de la microfinance ; mais elle présente aussi d'importantes conséquences pour les établissements effectuant cette activité.

---

[514] *Infra* n°218.

Paragraphe 2- Les implications de l'exclusion bancaire pour les établissements de microfinance

226. L'apport des établissements de microfinance face aux conséquences de l'exclusion bancaire. Les difficultés d'accès aux services bancaires emportent d'importantes conséquences au niveau individuel, mais peuvent également affecter la collectivité/communauté dans laquelle vit l'individu. Dans le premier cas, la personne touchée par ce phénomène peut être affectée psychologiquement et nourrir un sentiment de culpabilité, voire d'inutilité pour la société. Dans le deuxième cas, le groupe de personnes exclues du système bancaire peut se trouver stigmatiser et cataloguer par les autres personnes. Ainsi, ces personnes seront considérés comme des « hommes de paille », indigne de toute idée d'entreprise ou de création de valeurs[515]. Les obstacles d'accès aux prestations bancaires, et notamment le crédit, qu'ils concernent un individu ou une collectivité /communauté, ils produisent des effets indéniables au plan juridique, social et économique. Il importe d'examiner de tels effets juridiques pour les établissements de microfinance (A), et analyser les conséquences de l'exclusion

[515] Une telle conception de l'individu est forcément dégradante et pèche par une dose exagérée de subjectivité. C'est dans ce sens que le Professeur YUNUS soutient l'idée de l'entreprenariat des pauvres, au même titre que les riches, sinon avec plus de pugnacité de la part des pauvres. Voir ses publications et notamment dans *Vers un monde sans pauvreté*, Le livre de poche, 1997, 411 pp. ; *Vers un nouveau capitalisme*, Le livre de poche, 2008, 372 pp. ; *Pour une économie plus humaine, Construire le social-business*, édition, JC Lattès, 2011, pp. 308.

bancaire, au plan social et économique pour les établissements de microfinance (B).

A – Les implications juridiques de l'exclusion bancaire pour les établissements de microfinance

227. La garantie des droits d'ordre financier par les établissements de microfinance. La règlementation des EMF participe à leur responsabilisation pour l'accès des pauvres aux services financiers basiques. Cela passe principalement par l'élargissement du droit au compte par les structures de microfinance (1) ; mais aussi ces derniers contribuent à la satisfaction des besoins des personnes exclues du secteur bancaire classique, en accomplissant à leur profit des prestations financières minimales (2).

1- L'éclosion du droit au compte par les établissements de microfinance

228. L'extension du droit au compte par les établissements de microfinance. Le principe du "droit au compte" a été posé par le législateur sous-régional[516] et offre la possibilité à toute personne, physique ou morale, dénuée d'un compte de dépôt, d'en ouvrir un dans un établissement assujetti. La notion d'établissement assujetti

[516] Aux termes de l'article 7 du règlement n° 02/03/CEMAC/UMAC/CM du 4 Avril 2003 relatif aux systèmes, moyens et incidents de paiement, "toute personne physique ou morale domiciliée dans un Etat membre de la CEMAC et dépourvue d'un compte de dépôt, a droit à l'ouverture d'un tel compte dans un établissement assujetti de son choix".

concerne les établissements de crédit classiques, mais aussi "*les autres établissements agréés qui émettent des moyens de paiement*"[517]. C'est le cas des établissements de microfinance[518].

229. Le droit au compte et les services financiers de base. Une personne exclue du secteur bancaire classique peut donc se tourner vers le secteur de la microfinance pour avoir accès aux services financiers élémentaires, c'est-à-dire obtenir l'ouverture d'un compte de dépôt accompagné au minimum des services de base liés aux opérations de dépôt, de retrait et de virement au guichet, au traitement d'avis de prélèvement et à la remise de toute formule de retrait[519].

La conséquence juridique directe de l'exclusion bancaire pour les établissements de microfinance implique donc un renforcement de leur statut juridique, lequel se manifeste au travers de la reconnaissance de l'exercice du droit au compte et de la promotion des services financiers de base. Néanmoins, les EMF jouent également un rôle déterminant dans l'usage des autres services financiers.

---

[517] Art. 2 du règlement n° 02/03/CEMAC/UMAC/CM du 4 Avril 2003 précité.

[518] Aux termes de l'article 11 du Règlement COBAC n° 01/02/CEMAC/UMAC/COBAC du 13 Avril 2002 relatif aux conditions d'exercice et de contrôle de l'activité de microfinance dans la CEMAC, « les établissements (de microfinance) peuvent émettre des moyens de paiement ».

[519] Art. 7 al. 2 du Règlement n° 02/03/CEMAC/UMAC/CM du 04 Avril 2003 précité.

2- La contribution des établissements de microfinance à l'usage des services financiers

230. Encadrement des EMF, facteur de promotion des services financiers. En plus d'accroître l'accès aux services financiers, les établissements de microfinance garantissent un élargissement de l'usage de ceux-ci à travers les prestations qu'ils proposent aux personnes physiques et morales. En effet, ces entreprises sont autorisées à offrir certains services financiers à titre principal, à savoir la collecte de l'épargne, les opérations de crédit, les placements financiers et les autres ressources[520]; et divers services à titre accessoire, comme l'approvisionnement auprès des établissements bancaires en devises et chèques de voyage pour les besoins de leur clientèle; la location de coffre-fort, les actions de formation; l'achat de biens pour les besoins de la clientèle en rapport avec l'activité de celle-ci ; les opérations de crédit-bail[521].

L'élaboration d'une règlementation pour les établissements de microfinance apparaît ainsi, comme un complément nécessaire à la promotion de l'usage des services financiers et par conséquent, un facteur important de lutte contre l'exclusion financière. Juridiquement, on peut dire que l'édiction d'un statut propre pour les établissements de microfinance a permis de combler, pour partie, le vide laissé par la règlementation bancaire classique plus rigoureuse. Cette dernière est

---

[520] Art. 9 du Règlement du 13 Avril 2002 précité.
[521] Art. 10 du Règlement du 13 Avril 2002 précité.

très sélective et donc inadéquate pour la fourniture des services financiers à toutes les personnes physiques et morales.

Au-delà des conséquences juridiques, l'inclusion financière promue par les établissements de microfinance est une réponse pertinente aux conséquences socioéconomiques de l'exclusion bancaire.

B- Les implications socio-économiques de l'exclusion bancaire pour les établissements de microfinance

231. L'exclusion bancaire, un phénomène aux conséquences sociales et économiques importantes. L'exclusion bancaire entraîne de nombreuses conséquences au plan socio-économique que les établissements de microfinance tentent de juguler, au travers de certaines solutions de rechange. En effet, les difficultés d'accès et d'usage des services financiers affectent les personnes, aussi bien au plan économique que social. C'est dire que l'exclusion financière en général, peut être révélatrice d'une forme de pauvreté (2), mais aussi un facteur de fragilisation des liens sociétaires et communautaires (1).

1- L'exclusion financière, facteur de délitement des liens sociaux et communautaires

232. L'effritement des liens sociaux causé par l'exclusion bancaire. Le réseau social d'une personne est constitué d'un ensemble de liens sociétaires et communautaires qui peuvent être affectés par les difficultés d'accès ou d'usage[522] des services financiers.

233. Affectation des « droits politiques » et du statut personnel. Les difficultés financières peuvent affecter les liens sociétaires soit de manière directe lors de leur établissement ; soit de manière indirecte en réduisant les ressources monétaires qui sont mises en circulation[523]. De façon concrète, les difficultés financières influencent relativement les liens politiques qui sont essentiellement conditionnés par des critères de citoyenneté, du niveau de ressources, du statut professionnel. Les difficultés financières peuvent empêcher la conversion de ces droits politiques qui sont formels, en véritables droits. Un auteur considère même que *« le droit au crédit est un volet à part entière des droits de l'homme»*[524]. Pour confirmer l'idée de l'importance du crédit dans la vie humaine de nos jours, un spécialiste des questions de développement affirme que : *« certains ont évoqué parmi les droits fondamentaux de la personne humaine un droit considéré comme nouveau : le droit au crédit »*[525]. Vu sous cet angle, la microfinance permet à plusieurs personnes de vivre de leur travail.

---

[522] G. GLOUKOVIEZOFF, *De l'exclusion à l'inclusion bancaire des particuliers en France, entre nécessité sociale et contrainte de rentabilité*, thèse de Doctorat en Science économique, Univ. Lyon 2, Faculté de Sciences Economiques et de Gestion, Nov. 2008, p. 165.

[523] G. GLOUKOVIEZOFF, *op. cit.*, p. 165.

[524] J. ATTALI, interview accordée à *Le nouvel Observateur* dans sa version en ligne modifiée le 27.04. 2012(leplus.nouvelobs.com/contribution/542623-microfinance-le-droit-au-crédit-est-un-droit-de-l-homme.html), page consultée le 22 août 2012.

[525] J.-M. SERVET, *Banquiers aux pieds nus, La microfinance, op. cit.*, p. 76.

Elle est perçue comme une stratégie efficace de lutte contre l'exclusion, c'est-à-dire la mise à l'écart de l'école, de l'hôpital, du travail, du système bancaire, et plus largement de l'exclusion des droits, notamment démocratiques[526].

234. Fragilisation des « droits économiques ». Les droits de nature économique ou "droits marchands"[527] peuvent être assez affectés par l'existence des difficultés d'accès aux prestations financières. Ces entraves peuvent être stigmatisantes pour les personnes qui en souffrent. C'est à cet égard que le rôle des établissements de microfinance trouve toute son importance, étant donné que l'inclusion financière promue par eux, contribue efficacement à la limitation des difficultés d'accès et d'usage des services financiers. En l'absence des services financiers fournis par les établissements de microfinance, l'exclusion financière serait accrue et les liens sociétaires de certaines catégories de personnes seraient, du moins, assez distendus, sinon estompés, voire effacés.

235. Incidence de l'exclusion bancaire sur les liens communautaires. Les liens communautaires, amicaux et familiaux peuvent être affectés par l'existence des difficultés financières, dans la mesure où, leur rupture peut entrainer l'isolement affectif. Les établissements de microfinance, par leur intervention dans la sphère

---

[526] J. ATTALI, *idem*.
[527] Pour reprendre la formule de M. GLOUKOVIEZOFF.

financière, limitent les conséquences néfastes de l'exclusion, en facilitant l'accès et l'usage des services financiers élémentaires.

En plus de ce qui précède, il apparaît que la contribution des établissements de microfinance dans le système financier est d'autant plus importante qu'elle combat la pauvreté par la financiarisation[528].

2- L'exclusion bancaire, révélatrice d'une forme de pauvreté par la financiarisation

236. Promotion de l'usage des services financiers et pauvreté. L'utilisation populaire des produits financiers encouragée par le législateur de la sous-région d'Afrique Centrale, à travers l'instauration d'un droit au compte[529], et l'obligation de payer par moyen scriptural[530], révèle l'importance, la place - prépondérante - que revêt l'usage des produits financiers dans les sociétés modernes. En effet, de nos jours, les produits bancaires et financiers sont au cœur des modalités d'expression de l'appartenance sociale. C'est ce besoin pressant et quasi incontournable que les établissements de

---

[528] La financiarisation peut être perçue comme le processus par lequel les sociétés contemporaines mettent les produits financiers au cœur de leurs modalités de fonctionnement, de telle sorte que toutes les transactions importantes y recourent nécessairement. Pour le professeur J.-M. SERVET, « par le terme financiarisation, ou plus exactement par l'expression intensification de la financiarisation des rapports sociaux, nous entendons, pour ce qui est de ses formes actuelles, un ensemble de contraintes à l'emploi des moyens de paiement et de règlement, et au recours au crédit et à la protection contre les risques, contraintes qui agissent de façon différente, directe ou indirecte, tant au Nord qu'au Sud », *Banquiers aux pieds nus, La microfinance*, *op. cit*, pp. 38-39.

[529] Art. 7 du Règlement du 4 Avril 2003 relatif aux systèmes, moyens et systèmes de paiement.

[530] Art. 3 du Règlement précité.

microfinance tentent de satisfaire en promouvant l'accès et l'usage des services financiers. En outre, dans les sociétés très financiarisées ou "sociétés de crédit", l'appartenance sociale passe par la possibilité d'accéder aux produits financiers et la faculté de les utiliser de façon adéquate[531].

237. L'importance croissante de la financiarisation. Aujourd'hui, en raison de la place dévolue aux structures financières au sein de l'organisation sociale et de leur mode de régulation, les inégalités de nature économique sont accrues, voire institutionnalisées. A cet effet, la mise sur pied d'un statut juridique pour les établissements de microfinance participe du souci du législateur, de réduire les inégalités sociales et économiques, en favorisant l'accès aux services financiers au plus grand nombre de personnes. Cela est d'autant plus important que, de nos jours, avec le mouvement de bancarisation, voire de financiarisation, la "crédibilité financière" est perçue comme l'un des piliers de la citoyenneté économique. Sa faiblesse, voire son inexistence, et les difficultés financières qu'elle engendre ont des implications sur tout le lien social.

Dès lors, il apparaît que l'augmentation du nombre de personnes frappées d'exclusion bancaire a favorisé l'essor des établissements de microfinance, lesquels contribuent largement à l'inclusion financière en Afrique Centrale.

[531] G. GLOUKOVIEZOFF, *thèse précitée*, p. 193.

Section 2 - L'essor des établissements de microfinance, une solution complémentaire pour l'inclusion financière

238. Le comblement par les EMF du vide laissé par le non usage des services financiers. L'exclusion bancaire affecte une grande frange de la population en Afrique Centrale. De nombreuses personnes n'ont pas accès aux services des établissements de crédit classiques. La microfinance vise à combler ce vide. Dans la pratique, l'émergence des établissements de microfinance est une solution complémentaire pour l'inclusion financière dans la mesure où ces établissements assurent, d'une part, la promotion des systèmes financiers inclusifs (Paragraphe 1) et, d'autre part, l'encadrement des systèmes financiers informels (Paragraphe 2).

Paragraphe 1 – Le développement des systèmes financiers inclusifs par les établissements de microfinance

239. EMF, acteurs déterminants de l'inclusion financière. Les établissements de crédit classiques fournissent des services financiers souvent très sélectifs. Cette sélectivité peut être source d'exclusion d'accès ou d'usage des prestations financières étant donné qu'il y a inadéquation entre les besoins manifestés et les services proposés. La microfinance corrige cette insuffisance en adaptant les structures financières aux besoins économiques (A) ; en outre, l'inclusion financière pour être efficace et optimale, passe par une synergie entre le secteur bancaire et la microfinance (B).

A – L'adaptation des structures financières aux besoins économiques

240. Une variété de formes juridiques pour l'exercice de l'activité de microfinance. La microfinance semble propice à l'inclusion financière. A cet effet, la réglementation communautaire a institué plusieurs formes juridiques relatives à l'activité de microfinance (1). De même, il importe que les établissements de microfinance assurent le défi de la taille du secteur financier à travers la mésofinance (2).

1- L'élaboration d'une diversité de formes juridiques propices à l'activité de microfinance

241. Taille et formes des EMF. L'insatisfaction d'une pluralité de besoins économiques[532] tient notamment au fait que la taille des établissements de crédit classiques, assez grande, n'est pas appropriée à la fourniture des services financiers à toutes les personnes physiques et morales, surtout celles ayant des ressources limitées. Le législateur communautaire a instauré plusieurs formes juridiques[533] afin de

[532] Il s'agit notamment des besoins de crédit, d'épargne, de transfert d'argent, d'assurance entre autres.

[533] V. Règlement COBAC/EMF/2002/21 relatif aux formes juridiques liées à chaque catégorie d'EMF.

permettre aux différents types d'établissements de toucher la population la plus large possible.

A ce titre, les établissements de microfinance de deuxième catégorie ayant la forme de société anonyme, ont des prédispositions à fournir des prestations financières importantes à des populations de divers horizons. En revanche, les établissements de microfinance de première catégorie, de formes coopératives[534] et mutualistes, peuvent toucher des populations plus nombreuses, mais pour des transactions dont les montants sont souvent peu significatifs. Il en va quasiment de même pour les établissements de microfinance de troisième catégorie, dont l'objectif est la fourniture des microcrédits aux personnes sans collecter l'épargne.

242. L'inclusion financière favorisée par les adaptations de taille des EMF. La différenciation des formes d'établissement de microfinance participe à l'inclusion financière en permettant de toucher la clientèle la plus diversifiée possible. C'est tout le contraire des établissements de crédit classiques qui, en raison de leurs modes opératoires, privilégient une clientèle « nantie » et bien sélectionnée. La variété des établissements de microfinance paraît favorable à l'émergence des systèmes financiers inclusifs dans la mesure où, ces établissements sont plus adaptés aux besoins économiques des

---

[534] Il faut relever qu'il existe des banques coopératives et mutualistes en Europe depuis longtemps, même si leur impact dans l'économie globale est diversement apprécié. V. L'article de Pierre DUBOIS et Michel ABERVHE, *« Les banques coopératives. Du pire au meilleur, pour le développement de l'économie sociale »,* http://www.univ-mlv.fr/ecosoc.

populations délaissées par le secteur bancaire traditionnel. La petite dimension des établissements de microfinance tels que conçus actuellement, incite à mettre sur pied des établissements de taille moyenne pouvant disposer des ressources adéquates pour financer l'économie sur de longues périodes : C'est à ce niveau que le concept de mésofinance pourrait trouver toute sa pertinence.

2- Pour une éclosion effective de la mésofinance : Le défi de la taille des structures financières

243. Définition de la mésofinance. Le terme mésofinance renvoie à un segment de l'offre de financement à l'entreprise, généralement plus ou moins développé, dans les établissements de microfinance et dans les banques classiques. Ce segment peut être compris entre le plafond des prêts relevant de la microfinance et le plancher du crédit bancaire. A l'intervalle des deux seuils se trouve un "chaînon manquant" où les petites et moyennes entreprises peinent à se financer et, par ricochet, à se développer[535]. Ce manque est crucial et interpelle les dirigeants politiques et les autorités monétaires au premier chef. Conscient de cela, le gouvernement camerounais par la voix de son

[535] Pour une étude générale sur la microéconomie et le droit, lire Association du notariat francophone, *Microéconomie et sécurité juridique,* 21 sept. 2007, 200 pp. ; Travaux du colloque du 12 juin 2003 sur le thème : *« Nos petites entreprises au seuil du XXIe siècle, De nouvelles réponses juridiques aux défis socioéconomiques »,* spécialement l'exposé introductif général du Pr Claude Champaud, www.creda.ccip.fr.

ministre des finances annonçait en 2011[536], la création d'une banque réservée aux PME. Cette banque relèverait du domaine de la mésofinance et aurait vocation à financer prioritairement les PME et PMI ; ce que ne peuvent efficacement assurer ni les EMF, en raison de leur structure financière assez faible, ni les banques car elles se montrent frileuses à financer les PME. Malheureusement, il faut le souligner pour le regretter, plus d'un an après l'annonce de sa création, cette structure tarde à prendre effectivement corps dans le paysage financier camerounais[537].

244. Les sources de financement des PME. De façon générale, les conditions nécessaires pour le développement des petites et moyennes entreprises, et surtout l'accès au crédit, ne sont pas toujours remplies dans les pays en développement. Entre les grandes entreprises et les microentreprises généralement informelles[538] ; entre le plafond des crédits fournis par les établissements de microfinance et les minimums d'intervention des établissements de crédit classiques, se trouve une frange de l'économie peu ou mal desservie par les services financiers.

---

[536] Le gouvernement camerounais a officiellement annoncé mercredi 1er juin 2011, la création de deux nouvelles banques. La *Cameroon Rural Financial Corporation* (CARFIC) et Banque camerounaise des PME (BC PME S.A) sont les désignations de ces deux institutions. CARFIC s'occupera du financement du secteur agricole et BC PME s'occupera d'apporter son appui aux petites et moyennes entreprises.

[537] Le vendredi 18 janvier 2013, le ministre camerounais de l'économie et des finances a annoncé la disponibilité de 10 milliards de francs CFA pour la création de la BC PME S.A. La nomination des dirigeants devant suivre.

[538] F. M. SAWADOGO, « Aspects juridique de la microentreprise », *in Colloque Microéconomie et sécurité juridique,* Association du notariat francophone, 21 septembre 2007, pp. 97-116.

Ce segment de l'économie est constitué majoritairement des toutes petites entreprises (TPE) et des petites et moyennes entreprises (PME), qui sont parfois contraintes de recourir à des sources informelles de financement, ou à un autofinancement mal structuré et inefficace.

245. Enjeux de la réglementation de l'activité de microfinance. L'élaboration d'un corpus juridique relatif à l'activité de microfinance vise prioritairement l'inclusion financière. Or, cette inclusion financière telle que préconisée par la réglementation, reste parcellaire, sans la prise en compte des besoins financiers des TPE et des PME. La microfinance, encore perçue comme source de financement des PME, pose donc d'importants enjeux juridiques, réglementaires et fiscaux.

246. Défis juridiques du financement des PME par les EMF. Au plan juridique, le financement des PME pose le problème de l'adéquation du cadre tracé pour le secteur financier, et la fourniture effective des opérations financières aux structures de taille moyenne. En effet, le caractère moyen de la taille des PME, soulève le défi de l'adaptation de la norme juridique à la structure économique[539]. A titre

---

[539] Sur l'adaptation du droit à la réalité des faits économiques : Ch. ATIAS et D. LINOTTE, *« Le mythe de l'adaptation du droit au fait »*, *D.* 1977, chron. p. 251 et s. ; E. DU PONTAVICE, *« La part du droit dans la vie économique »*, *RJ com.* 1975, p. 213 ; B. OPPETIT, *« Développement économique et développement juridique »*, *Mélanges A. SAYAG*, Litec, 1997, p. 71 ; G. VEDEL, *« Le droit économique existe-t-il ? »*, *Mélanges VIGREUX*, p.766, articles cités par K. M. AGBENOTO, *Le cautionnement à l'épreuve des procédures collectives*, thèse 2008, univ. Lomé et Maine, note de bas de page 16, p. 10.

d'illustration, il faudrait prendre en compte les aspects liés à la forme juridique des entreprises, à leur taille, à leur mode de gouvernance entre autres. En ce sens, au Cameroun, la loi n° 2010/001 du 13 Avril 2010 portant promotion des petites et moyennes entreprises a été promulguée. En accord avec la charte des investissements du Cameroun[540], ce texte fixe les règles générales de promotion des PME[541]. Il définit la TPE comme une entreprise qui emploie au plus cinq (05) personnes et dont le chiffre d'affaires annuel hors taxes n'excède pas quinze (15) millions de francs CFA. La petite entreprise (PE) est une entreprise qui emploie entre six (06) et vingt (20) personnes et dont le chiffre d'affaires annuel hors taxes est supérieur à quinze (15) millions de francs CFA et n'excède pas cent (100) millions de francs. La moyenne entreprise (ME) est une entreprise qui emploie entre vingt-et-un (21) et cent (100) personnes et dont le chiffre d'affaires annuel hors taxe est supérieur à cent (100) millions de francs CFA et n'excède pas un (01) milliard de francs CFA.

Il faut souligner qu'il n'existe pas de réglementation financière propre au financement des PME. Ce financement emprunte donc les voies tracées par les établissements de crédit et les établissements de

---

[540] Au Cameroun, la Charte des investissements a été instituée par la loi n°2002-004 du 19 avril 2002 modifiée par la loi n°2004-20 du 22 juillet 2004. Cette loi met en relief dans son article 2, la volonté de la République du Cameroun de « bâtir une économie compétitive et prospère par le développement des investissements et de l'épargne.» En outre, elle met l'accent sur les orientations économiques du Cameroun et notamment « la nécessité de disposer d'un système financier adéquat permettant une intermédiation financière efficace et en particulier, assurant une bonne mobilisation de l'épargne et son orientation vers les activités les plus productives et vers les investissements à haut rendement.»

[541] Art. 1. de la loi n° 2010/001 du 13 Avril 2010 portant promotion des petites et moyennes entreprises au Cameroun.

microfinance. L'enjeu ici consiste à trouver les voies et moyens pour inciter les banques commerciales désireuses de le faire, à développer des services financiers en direction des TPE, PE et ME d'une part ; et d'autre part, à accompagner les établissements de microfinance à s'accroître, pour fournir des services aux clients importants. Dans le même ordre d'idées, il est souhaitable de mettre sur pied des banques de développement des PME et d'accompagnement de ces dernières au travers de la mésofinance.

247. Portée fiscale du financement des PME. Au plan fiscal, il est souhaitable d'élaborer des règles adaptées permettant de trouver l'équilibre nécessaire entre la fiscalité de droit commun et les exonérations applicables aux toutes petites structures. Dans la pratique, en effet, il ne paraît pas très convenable de soumettre les petites entreprises à la fiscalité applicable aux grandes entreprises. La fiscalité doit être équitable. A cet égard, les mesures fiscales doivent être appliquées aux personnes, physiques ou morales, en fonction de leur taille, et de leur poids économique. Ce souci d'équité doit nourrir les grandes orientations de réformes fiscales. C'est pourquoi, on peut regretter qu'en dépit de toutes ses bonnes dispositions, la dernière réforme fiscale du Cameroun[542], par exemple, n'ait pris en compte que partiellement, les préoccupations fiscales des PME[543].

---

[542] V. Loi de finances 2009 du Cameroun.

[543] Le régime fiscal particulier des projets structurants pour grandes entreprises et les PME : art 113 N/CGI : il est cumulable avec le régime du réinvestissement et du secteur boursier. Conditions : être un pôle de développement économique, être générateur d'emploi, intervenir dans les secteurs agricole,

248. Financement des PME, apport indispensable à l'essor économique des pays. Le défi du financement de la PME par la microfinance est donc réel. L'absence d'accès au crédit est un obstacle à la croissance des PME, et partant, à l'essor économique des pays en voie de développement. Cette préoccupation est d'autant plus pertinente que les PME servent généralement de levier économique incontournable[544], dans les pays où les grandes entreprises sont surtout les filiales des sociétés multinationales, comme en Afrique centrale.

249. Nécessaire complémentarité des secteurs financiers. En raison de l'importance du financement des entreprises individuelles ou des personnes morales, le raffermissement des liens entre le secteur bancaire et celui de la microfinance semble plus qu'important.

B - Une structuration complémentaire entre secteur bancaire et système de la microfinance

250. Organisation duale du système financier de la CEMAC[545]. L'activité de microfinance et la prestation des services bancaires font

---

industriel, énergétiques, touristiques et de l'habitat social, investissements d'au moins 500 millions pour les PME et 5 milliards pour les grandes entreprises. Cette différenciation de montant participe de cette équité.

[544] Au Cameroun d'après le dernier recensement général des entreprises, réalisé par l'Institut National de la Statistique, 90% des entreprises camerounaises sont des PME, Lire *Cameroon tribune*, n° 10264/6465 du 21 janvier 2013, p. 9.

[545] Par organisation duale du système financier de la CEMAC, nous mettons en relief, exclusivement les secteurs de la microfinance et celui de la banque. A dessein, nous ne faisons pas allusion au marché financier de cette sous-région, en

toutes deux parties du système financier officiel[546] de la sous-région et de chaque pays. A l'origine, la microfinance était reléguée dans le secteur dit informel[547], mais sa prise en compte en droit positif a révélé toute la spécificité de cette activité en permettant l'établissement des liens synergiques entre le secteur bancaire et celui de la microfinance. En effet, on observe de nos jours dans la pratique, l'existence d'une liaison structurelle entre les établissements de crédit classiques et les établissements de microfinance, d'une part (1) ; et, d'autre part, une certaine complémentarité fonctionnelle entre les deux types d'établissements (2).

1- L'existence d'une liaison structurelle entre établissements de crédit et établissements de microfinance

251. Création des filiales de microfinance par les banques et transformation de certains EMF en banque. L'essor de la microfinance a eu pour conséquence la réglementation des institutions destinées à ce secteur d'activité. L'une des finalités de la réglementation de la microfinance consiste à rendre les établissements pérennes, et surtout à les intégrer dans les systèmes

---

raison de son essor encore très moyen et de la délimitation matérielle de la présente thèse.

546 Il faut relever qu'en marge du système financier officiel se développent des circuits financiers non officiels dans le cadre de la finance dite informelle.

547 Selon le professeur M. LELART, l'émergence de la microfinance est une manifestation de la vitalité de la finance informelle, in « *L'évolution de la finance informelle et ses conséquences sur l'évolution des systèmes financiers* », Mondes en Développement -2002- Tome 30 -119-11.

financiers nationaux. Dans cet élan de synergie, certaines banques s'investissent dans la microfinance[548], en créant des filiales chargées de développer et d'accomplir les prestations liées à cette activité. Inversement, dans leur stratégie de modernisation, certains établissements de microfinance sont devenus des banques, pour satisfaire une clientèle plus large et désireuse d'accéder à des services financiers plus importants et mieux structurés[549].

252. Imbrication des deux systèmes financiers. Les établissements de microfinance sont complémentaires d'un point de vue structurel aux établissements de crédit dans la mesure où, ils constituent un "super compte" de dépôts *de facto,* pour les agents économiques qui n'ont pas accès au système bancaire officiel[550]. De même, les établissements de microfinance ont des comptes auprès des banques commerciales sur lesquels ils déposent leurs liquidités excédentaires. En contrepartie, ils pourraient obtenir auprès des banques, des lignes de crédit pouvant leur garantir, le cas échéant, des ressources

---

[548] Au Cameroun, l'intérêt des banques pour la microfinance est assez remarquable. C'est le cas notamment de la participation du groupe des banques populaires à travers la BICEC (Banque Internationale pour le Commerce, l'Epargne et le Crédit) à la création de l'ACEP (Agence de Crédit pour l'Entreprise Privée au Cameroun) ; de la participation de la Société Générale des Banques au Cameroun à la mise sur pied de l'établissement de microfinance de deuxième catégorie *ADVANS* ; de la création de *ACCION EB Microfinance* par le groupe bancaire ECOBANK.

[549] Au Cameroun les établissements de microfinance (mutuelles) du réseau *CAMCCUL* ont créé l'*Union Bank of Cameroon.*

[550] K. SODOKIN, *Les relations complémentaires entre institutions de microfinance et les institutions bancaires officielles dans les pays en développements*, Laboratoire d'Economie et de Gestion, Mémoire Master, Université de Bourgogne, 2006, p. 11.

complémentaires. Il est même possible que les deux types d'établissements nouent un partenariat financier, au travers duquel, les établissements de microfinance prennent la responsabilité de récolter des dépôts, et d'octroyer des crédits pour le compte des banques qui sont moins bien placées qu'eux, pour effectuer des opérations avec les populations locales[551].

253. La synergie des deux secteurs financiers, facteur d'inclusion financière. La complémentarité structurelle entre les établissements de microfinance et les établissements de crédit classiques, permet de limiter l'impact de l'exclusion bancaire, étant donné que toutes ces institutions facilitent l'accès aux services financiers pour toutes les populations. C'est dire qu'une réelle synergie entre établissements de microfinance et établissements de crédit classique est un début de solution à l'inclusion financière.

Bien plus, l'analyse des établissements de microfinance et des établissements de crédit dans une perspective fonctionnelle, permet de déceler une liaison favorable à l'inclusion financière.

---

[551] M. LELART, *De la finance informelle à la microfinance,* 2005, éd. des archives contemporaines, p. 81 ; A. NSABIMANA, « Articulation entre les activités bancaires et micro financières : Une nouvelle sphère d'intermédiaires ? », *Mondes en développement*, n° 126, 2004, pp. 37-49, cité par M. LELART, *op. cit.* , p. 81.

2- La complémentarité fonctionnelle des établissements de crédit et des établissements de microfinance

254. Divergence de formes entre les banques et les EMF. Au plan statutaire, les établissements de microfinance ne se confondent pas aux établissements de crédit classiques. Le législateur de la CEMAC a tenu à faire la distinction entre les deux types d'établissements[552]. Cette distinction est aussi perceptible au niveau des formes juridiques que peuvent revêtir les différents établissements. Tandis que les établissements de crédit ne peuvent avoir que la forme juridique de société anonyme, les établissements de microfinance peuvent avoir une variété de formes juridiques[553]. En dépit de cette catégorisation pour les établissements de microfinance, ceux-ci fonctionnent parfois comme des banques, c'est le cas notamment des établissements de microfinance de deuxième catégorie, qui ont aussi la forme juridique de société anonyme.

255. Le fonctionnement complémentaire des banques et des EMF. De façon générale, les microstructures financières populaires que sont

---

[552] Le Règlement CEMAC du 13 Avril 2002 relatif aux conditions d'exercice et de contrôle de l'activité de microfinance lance les jalons d'un statut pour les établissements de microfinance ; et pour limiter la confusion entre les EMF et les établissements de crédit, le Règlement COBAC R. 2009/02 portant fixation des catégories des établissements de crédit, de leur forme juridique et des activités autorisées précise en son article 8 que les établissements de crédit sont agréés en qualité de banques universelle, banques spécialisées, établissements financier ou sociétés financières. Cette précision met l'accent sur le démarquage existant entre EMF et établissement de crédit.

[553] V. *Infra* chapitre 2, titre 1, de la deuxième partie de la présente étude, n° 411 et s.

les EMF, jouent un rôle déterminant dans le financement des activités génératrices de revenus dans les pays en développement, comme ceux de l'Afrique Centrale. En effet, les services financiers qu'elles fournissent, sont prioritairement destinés aux agents économiques qui sont exclus du secteur bancaire classique. Les établissements de microfinance apparaissent comme fonctionnellement complémentaires aux banques dans le financement de l'activité économique[554].

256. Une assimilation du fonctionnement des EMF de deuxième catégorie aux banques. Les établissements de microfinance de deuxième catégorie fonctionnent comme des « microbanques » et, à ce titre, accomplissent la quasi-totalité des opérations financières effectuées par les banques classiques. Ils sont donc complémentaires aux établissements de crédit du point de vue fonctionnel. Cela présente l'avantage de lutter contre l'exclusion bancaire, et contribue à l'essor des systèmes financiers inclusifs, en rendant accessibles les services financiers à la majorité de population.

Dans la même perspective, l'élaboration d'une règlementation pour les établissements de microfinance renforce l'encadrement des systèmes financiers informels.

---

[554] K. SODOKIN, *op. cit.;* C. MAYOUKOU et E. BLOY , « Le développement d'une complémentarité de l'intermédiation en Afrique Subsaharienne : Le rôle des Tontiniers » *in Entreprises et dynamiques de croissance*, M. LELART et B. HAUDEVILLE, (éd.) AUF, services.

Paragraphe 2 - La domestication des systèmes financiers informels par les établissements de microfinance

257. Le bien-fondé de l'institutionnalisation des entreprises de microfinance. La règlementation des établissements de microfinance vise à institutionnaliser les structures de microfinance, en œuvrant à les sortir du secteur dit informel[555]. Or, dans le secteur financier, en Afrique en général, et en Afrique Centrale en particulier, l'informel joue un rôle assez important aussi bien au niveau individuel que collectif. L'une des finalités du statut juridique des établissements de microfinance consiste donc à sécuriser les pratiques financières informelles individuelles (A); mais aussi à jeter les bases de la réglementation des pratiques financières collectives (B).

A – La réglementation des pratiques financières individuelles informelles

258. Les « informalités financières ». Les pratiques financières informelles prennent plusieurs formes, et sont effectuées suivant différentes modalités. Il peut s'agir des tontiniers encore appelés banquiers ambulants (1) ou plutôt des garde- monnaies (2). Dans l'un et l'autre cas, pour une meilleure inclusion financière, il paraît indiqué de mieux encadrer les dites pratiques, ainsi que leurs acteurs pour les sortir du secteur dit informel.

---

[555] Le secteur informel renvoie prosaïquement aux structures non ou mal organisées qui ne sont pas soumises à la réglementation officielle.

1- L'encadrement des tontiniers ou banquiers ambulants

259. Le mode opératoire des tontiniers. Les populations défavorisées et délaissées par le système financier formel, recourent très souvent aux services financiers proposés par les "banquiers ambulants" encore appelés tontiniers. La pratique ici, consiste à faire des versements identiques et réguliers auprès d'une personne de confiance, laquelle procède à leur remboursement en totalité, à une date connue d'avance. C'est dire que dans cette hypothèse, le collecteur va vers l'épargnant recueillir ses versements, remboursables à une échéance fixée d'avance, sous réserve de la déduction du montant d'un versement, faite au titre du service de sécurité rendu à chacun.

260. Problème de l'application des taux d'intérêt élevé par les tontiniers. Si les prestations financières accomplies par les tontiniers sont d'une grande souplesse, l'application du taux d'intérêt dans ce domaine paraît problématique. D'une part, l'intérêt est payé par celui qui verse l'argent ; ce qui paraît assez paradoxal. D'autre part, le taux effectif, est en réalité, le double du taux apparent, étant donné que les versements sont échelonnés. Ainsi, la périodicité du remboursement des fonds qui est généralement mensuel, contre un versement élève considérablement l'intérêt qui peut avoisiner 80%, si l'épargnant renouvelle des opérations chaque mois. En revanche, le taux d'intérêt baisse si l'épargnant étale ses versements sur une longue période, c'est-à-dire, par exemple, effectuer les 30 "versements mensuels" en un semestre. La pratique des taux d'intérêt par les tontiniers pose de réels problèmes qu'il faut essayer de résoudre.

261. Pistes de solutions à explorer. La réglementation financière doit s'inspirer des dispositions et des usages bancaires classiques, pour régir le phénomène des taux d'intérêts excessifs. C'est l'une des finalités de la réglementation de la microfinance, qui doit efficacement contribuer à limiter les conséquences néfastes des informalités financières. A cet effet, même s'il n'est pas pertinent de ramener les taux d'intérêt de la microfinance aux standards tracés pour le secteur bancaire, il semble davantage néfastes de laisser libre cours à la pratique des taux usuraires, sans fondement et surtout au détriment de l'épargnant.

262. Solution médiane. Il importe de trouver le bon équilibre entre les différents intérêts en présence. Ainsi, faudrait-il mettre en œuvre les normes compatibles avec ce type de pratiques, pour les sortir du secteur dit informel, d'une part ; et, d'autre part, promouvoir l'inclusion financière au travers des règles qui garantissent une réelle sécurité aux épargnants en relation avec les banquiers ambulants. Cette double exigence est vraie pour ces tontiniers, mais l'est davantage pour les gardes-monnaies.

2- La réglementation des « gardes-monnaie »

263. La notion de garde monnaie en microfinance. Les « gardes-monnaies » sont des personnes bénéficiant de la confiance des populations, et auprès desquelles celles-ci versent leur épargne. Ce sont des personnes bien connues, dont l'intégrité ne saurait être mise en doute, et en lesquelles les habitants d'une localité ou région, ont une totale confiance. En retour, les "gardes-monnaie" s'engagent à restituer les versements reçus sur simple demande. La spécificité du service financier rendu dans le cadre des opérations de "gardes-monnaie" tient au fait qu'aucune partie ne paye les intérêts, ni l'épargnant, ni le "garde-monnaie".

264. L'importance d'une réglementation des « gardes monnaies » pour assurer une inclusion financière régulée. L'activité de « garde-monnaie » s'apparente à des prestations bancaires, avec leurs risques -l'insolvabilité- et leurs contraintes -la liquidité-[556]. Cette activité participe à l'inclusion financière des populations; il parait donc nécessaire de l'encadrer à travers des règles adaptées. C'est l'une des missions qui doit être assignée au statut juridique des établissements de microfinance en zone CEMAC. C'est dire que l'élaboration d'un cadre juridique pour la microfinance devrait prendre en compte les pratiques financières informelles, à l'instar des

---

[556] M. LELART, *De la finance informelle à la microfinance, op. cit.*, p. 15.

gardes-monnaie, afin de les sortir du secteur dit informel, pour les intégrer dans la finance formelle.

L'activité des « gardes-monnaie » consiste à recueillir des fonds auprès des épargnants afin de les sécuriser, ce qui est tout le contraire des tontines qui visent une mobilisation de l'épargne collective.

B – La réglementation des pratiques financières collectives : le cas des tontines

265. La tontine, un concept polysémique. La notion de tontine ne renvoie pas à la même réalité. Son acception a connu des fortunes diverses. Elle tire son origine des mécanismes d'assurance tels que perçus par le banquier italien Laurenzo Tonti. Selon la conception héritée de ce banquier napolitain, la tontine renvoie, en droit français, à une opération par laquelle, plusieurs personnes constituent par des versements, un fonds commun, qui sera capitalisé pendant un certain nombre d'années et réparti, à l'échéance convenue, entre les survivants, déduction faite des frais de gestion de la société qui s'est chargée de cette opération (société tontinière). Ainsi entendue, elle constitue l'ébauche de l'assurance-vie[557].

Dans la pratique notariale, la tontine, encore appelée clause d'accroissement ou de réversion, est un pacte conclu entre plusieurs personnes lors de l'acquisition d'un bien et en vertu duquel, seul le

---

[557] R.GUILLIEN et J. VINCENT, *Lexique des termes juridiques*, 17e éd, p. 709.

survivant de tous, sera considéré comme propriétaire, chaque acquéreur conservant la jouissance du bien, sa vie durant[558].

266. Conception financière et régulation de la tontine. Le mot tontine a fait son entrée dans le langage financier, notamment africain, même si ses contours ne sont pas toujours clairs. C'est donc la conception de la tontine au regard de la finance qui sera analysée ici. Il importe de mettre en relief les différentes approches définitionnelles du phénomène tontinier dans la finance africaine contemporaine (1), avant d'analyser la perspective d'une réglementation de cette tontine africaine (2).

1- L'approche définitionnelle de la tontine

267. Pluralité des définitions doctrinales du mot «tontine ». Différents auteurs[559] ont donné des définitions variées, et parfois contradictoires du phénomène tontinier. De nos jours, les tontines sont perçues comme des associations rotatives d'épargne et de crédit (AREC). C'est-à-dire un groupe d'épargnants qui mettent périodiquement en commun des fonds qui sont prêtés à tour de rôle aux différents membres. Cette pratique permet à ceux-ci de réaliser de

---

[558] R.GUILLIEN et J. VINCENT, *Lexique des termes juridiques*, idem.

[559] M. LELART, « L'épargne informelle en Afrique, Les tontines Béninoises », *in Revue Tiers Monde* n°118, Avril-Juin 1989, pp. 271-298. M. LELART et G. GNANSOUNOU, *Tontines et banquiers ambulants sur les marchés africains : Le marché Saint Michel de Cotonou dans la Tontine*, éd. AUPELF-URCEF, pp. 109-133.

grosses dépenses plutôt que de compter sur leur propre épargne qui, isolément se constitue difficilement[560].

Le terme tontine, tel qu'utilisé dans le secteur financier en Afrique, bénéficie de plus en plus d'une reconnaissance officielle. A ce titre, il est perçu comme *« un mode d'épargne collective, où chaque membre d'une communauté affecte à un "pot commun" une somme d'argent, chacun pouvant profiter de la totalité de la somme épargnée à tour de rôle »*[561].

268. Variété d'appréhensions du mot « tontine » en fonction des pays. Au Cameroun, les tontines[562] sont appelées "*Tchoua ah*" ou "*djangui*", "*Esusu*" au Nigeria, "*Kelemba*" en République Centrafricaine, "*Cilimba*" en Zambie, "*Equb*" en Ethiopie. Toutes ces appellations renvoient à la même réalité, à savoir le regroupement d'un nombre de personnes, variant généralement de 4 à 50 personnes maximum, autour d'un objectif de solidarité qui amène les membres à

---

[560] M. NZEMEN, *Tontines et développement ou le défi financier de l'Afrique*, éd. Presse Universitaires du Cameroun, Yaoundé, pp. 19-20 ; et M. NZEMEN, *Théorie de la pratique des tontines au Cameroun*, éd. SOPECAM, 1988, Yaoundé, pp. 152.

[561] B. SOUSI-ROUBI, *Lexique de la banque et des marchés financiers*, 6e éd. DUNOD, 2009, p. 312.

[562] Au-delà des pays sus cités, la tontine est également présente dans plusieurs pays du monde. Ainsi, elle est appelée « *societies* » en Corée, « *susu union* » en Trinité et Tobago, « *chit fund* » en Inde, « *likelimba* » en République Démocratique du Congo. Bien que la notion recouvre des faits assez similaires dans ces différentes zones géographiques, elle revêt tout de même des spécificités par endroit.

s'accorder une aide mutuelle, à l'intérieur de la tontine ou dans leur vie quotidienne[563].

269. Classification des tontines. Plusieurs critères président à la classification des tontines, justifiant ainsi différentes approches définitionnelles[564]. Il peut s'agir de la classification par objectifs principaux, ce qui entraîne la distinction entre les tontines de solidarité[565] ou de subsistance, et les tontines économiques[566]. La classification des tontines par leur forme d'organisation simple ou pyramidale ; celle par la nature financière ou matérielle des cotisations ; selon le mode d'attribution des tours, qui peut être déterminé par l'entente générale, les critères préétablis, le tirage au

---

[563] M. NZEMEN, L. MBOKA et D. TOMBIDAM, *L'organisation des formes traditionnelles d'épargne qui constituent les tontines en République Centrafricaine*, étude du Ministère de la Femme et de l'Action Sociale, projet Dimensions sociales de l'ajustement et du développement, Bangui, Sept. 1994, 34 pp.

[564] C'est dans ce sens que le Professeur C. EBOUE propose une typologie des tontines basée sur la nature du lien qui unit les membres, « *Les logiques financières des comportements d'épargne informelle des femmes en Afrique* » in *Epargne sans frontière*, n°10, Février 1988, pp.6-9.

[565] C'est une tontine dont le mode d'attribution des crédits est fondé sur un tirage au sort, un ordre déterminé, soit en fonction des problèmes sociaux de chaque membre, soit en raison du niveau de rentabilité de chaque projet présenté par un membre, et tout ceci de manière rotative ; aucun taux d'intérêt n'est attaché à l'attribution des tours, V. M. NZEMEN, « *Estimations des flux financiers dans les tontines au Cameroun* », www.dial.prd.fr/dial_publications/STATECO/pdf/60/60_4.pdf, page consultée le 06 juillet 2012.

[566] C'est une tontine dont les règles d'attribution de crédit sont fixées par les lois du marché. Cette catégorie de tontines est dite économique en raison de l'existence d'un prix pour la cession du produit de cotisation (capital), V. M. NZEMEN, *Théorie de la pratique des tontines au Cameroun*, éd. SOPECAM, 1988, Yaoundé, pp. 152.

sort entre autres. La classification par « période tontinale »[567], cette dernière pouvant être journalière, bihebdomadaire, hebdomadaire, mensuelle etc. La différence entre les tontines commerciales et les tontines mutuelles. Quelque soit le critère de distinction choisi, il apparaît que le phénomène tontinier est gouverné par trois principes dominants, fondateurs d'une définition acceptable de la tontine, à savoir : le principe de régularité, le principe de solidarité et le principe de liquidité.

270. Proposition d'une définition de la tontine financière. La tontine peut être perçue de façon générale, comme une association rotative d'épargne et de crédit, régit par les principes de régularité[568], de solidarité[569] et de liquidité[570], entre plusieurs personnes qui épargnent de façon périodique des fonds, lesquels sont prêtés aux différents membres à tour de rôle, en fonction des critères préétablis, afin de leur permettre de faire face à certaines dépenses, auxquelles l'épargne individuelle de chaque membre ne peut satisfaire.

[567] La « période tontinale » est le nombre de jours qui séparent deux réunions pendant lesquelles se déroulent les opérations de cotisation et cession de la tontine, v. M. NZEMEN, « *Estimations des flux financiers dans les tontines au Cameroun* », www.dial.prd.fr/dial_publications/STATECO/pdf/60/60_4.pdf, page consultée le 06 juillet 2012.

[568] C'est-à-dire la constance dans les cotisations et le remboursement des fonds reçus lors de son tour.

[569] Qui incite les différents membres à l'entraide en cas de difficultés.

[570] En vertu duquel la contrepartie d'une prestation tontinière doit être déterminée soit en argent, soit en travail effectif, soit en biens arrêtés.

De façon générale, les tontines se développent plus aisément dans le secteur dit informel, il importe sans doute de les institutionnaliser au travers d'une réglementation appropriée.

2- La perspective d'une réglementation des tontines

271. La tontine, un phénomène imparfaitement régulé. La tontine, encore désignée association rotative d'épargne et de crédit ou pratique financière collective, doit être mieux encadrer pour limiter les dérives, réelles ou éventuelles, des membres. Avec une tontine sans règlementation claire et précise, on est en présence d'un phénomène insuffisamment encadrée et non pas nécessairement « informel » comme le pense une certaine doctrine[571]. En effet, selon cette partie de la doctrine, la tontine obéit a de formes, mais ces formes ne sont jamais les mêmes, et elles ne sont jamais les formes nettes, aux contours précis, établis et faciles à comparer[572]. Toujours selon cette doctrine, il n'existe pas de cadre préétabli s'imposant comme modèle pour la tontine, il n'existe pas non plus de règles formelles qu'il faudrait respecter. En réalité, "ce ne sont pas les personnes qui s'adaptent à un schéma, c'est la tontine qui s'adapte aux besoins de

[571] Notamment, M. LELART, « Les informalités financières : Le phénomène tontinier », *in Les pratiques juridiques, économiques et sociales informelles : actes du colloque international de Nouakchott*, 8-11 Décembre 1988, réunit par Jean-Louis LESPES, Paris, PUF, 1991, Collection Université d'Orléans, p. 251.

[572] M. LELART, *Les informalités financières : Le phénomène tontinier, in Les pratiques juridiques, économiques et sociales informelles : actes du colloque international de Nouakchott*, 8-11 Décembre 1988, réunit par Jean-Louis LESPES, Paris, PUF, 1991, Collection Université d'Orléans, p. 251.

ses membres"[573]. Une telle appréhension du phénomène tontinier semble procéder d'une méprise. Car, dans la pratique, il apparaît que les tontines sont fondées sur un ensemble d'usages et de modes opératoires qui sont la « loi des parties »[574] ou membres. Il semble donc excessif, de méconnaître la moindre normativité à la tontine. Cela, d'autant plus que le degré de coercition exercé sur un membre de la tontine en cas de défaillance, peut être plus élevé que les moyens de recours prévus par la justice étatique.

272. La tontine, une activité en cours d'institutionnalisation. Néanmoins, la régulation de la tontine est très souvent parcellaire, disparate et éclatée. Il est donc important d'améliorer l'encadrement de ce « système financier ». C'est dire que le besoin d'une réglementation des pratiques tontinières est réel, pour mieux régir les relations interpersonnelles qui s'y tissent. La preuve, la multiplication des défaillances aux cotisations et aux remboursements des prêts en dépit du recours de plus en plus régulier des membres de la tontine à la justice pour le règlement des différends, traduisent si besoin est, les lacunes de la simple confiance, et nécessitent le renforcement des bases juridiques[575]. Cette préoccupation confirme effectivement

---

[573] M. LELART, *op, cit.* p. 215.

[574] Par cette expression, nous mettons l'accent sur le caractère contractuel des engagements des membres d'une tontine. Cela est d'autant plus plausible que les membres d'une AREC sont parfois amenés à signer au début de exercice « tontinal » des bulletins d'adhésion voire des chartes d'engagement qui rendent compte de la densité de leurs devoirs respectifs, les uns envers les autres.

[575] E. HATCHEU TCHAWE, *De l'impératif du droit dans les pratiques tontinières en Afrique*, *in* Communication présentée aux XXème journée ATM-CREDES, Droits et développement, Nancy 25-26-27, Mai 2004.

l'exigence qu'il y avait à élaborer un corpus juridique propre pour les établissements de microfinance en zone CEMAC. Elle a été prise en compte par le législateur communautaire à travers les établissements de microfinance de première catégorie, qui doivent avoir la forme juridique de société coopérative ou mutualiste. Cette dernière pouvant être considérée comme un «pendant» de la tontine.

L'institution des établissements de microfinance, de forme coopérative/mutualiste, vise à sortir certaines tontines du secteur dit informel. Cette réglementation bien que très perfectible, constitue les jalons d'un cadre institutionnel pour les tontines, que de nombreux juristes appellent de tous leurs vœux depuis des décennies[576].

Cependant, en dépit des bases réglementaires jetées par le règlement relatif à l'activité de microfinance, il apparaît que des pans entiers du phénomène tontinier restent inexplorés. De même, de nombreuses tontines continuent d'évoluer en marge du système institutionnel.

273. Nécessité d'un raffermissement de l'encadrement des tontines

Il existe dans les tontines un cadre, et des règles supposées orienter les efforts pour la réalisation des objectifs économiques, sociaux et financiers ; mais ce cadre normatif est difficilement assimilable à un

---

[576] E. HATCHEU TCHAWE, *De l'impératif du droit dans les tontines, op. cit* ; O. TOGOLO, *Pour une approche institutionnelle de la tontine*, Faculté des Sciences Juridiques et Politiques, Université de Yaoundé II-SOA, texte révisé d'une Communication aux Premières journées du GEREA/ université de Douala du 5 au 8 mai 1998; J. NGUEBOU TOUKAM et M. FABRE-MAGNAN, *Les enseignements de la tontine*, inédit. – F. TIANI KEOU, « Les tontines au Cameroun : Eléments fondateurs et contraintes internes », *Juridis-Info*, n° 14, p. 85

droit écrit ou à un droit coutumier. Cela rend malaisé l'identification des normes dans les tontines[577]. Bien plus, le système de régulation dans la tontine est parfois imparfait, ce qui laisse souvent apparaître les insuffisances de la police interne et de la justice arbitrale dans ces associations.

La prise en compte du phénomène tontinier dans la réglementation CEMAC relative à la microfinance, traduit une avancée notable de l'institutionnalisation des tontines; malgré tous ces efforts, de nombreuses associations rotatives d'épargne et de crédit restent en marge de la légalité. En effet, plusieurs membres des tontines, semblent redouter la règlementation de leur association, parce qu'elles se méfieraient des intentions cachées d'un législateur au service d'un Etat jugé « gourmand »[578]. Pareille affirmation doit tout de même être nuancée, surtout concernant les pays en développement, quand on sait que ceux-ci dépendent étroitement de leurs revenus budgétaires. Or, les budgets sont alimentés pour une grande partie par les impôts prélevés auprès des populations et des agents économiques par l'Etat.

Il importe donc de noter que les circuits financiers nourris dans le cadre des tontines, contribuent pour une part raisonnable aux recettes budgétaires, au travers de certaines taxes et impositions, fussent-elles encore minimales.

---

[577] O.TOGOLO, *op. cit.*

[578] J.P. KLARNIER, *L'esprit d'entreprise au Cameroun*, Paris, éd. Karthala, 1993, p. 80.

Conclusion du chapitre 1

274. En définitive, il apparaît que la prestation des services financiers au profit des exclus bancaires par les établissements de microfinance participe effectivement, et activement à la "financiarisation" des personnes physiques et morales. Néanmoins, la promotion des services financiers, au travers des tontines, banquiers ambulants et autres structures financières informelles, reste inachevée et imparfaite, en l'absence d'une réglementation appropriée. L'institution des établissements de microfinance, est une solution alternative à l'inadaptation, souvent décriée, de l'intermédiation bancaire classique. Les établissements de microfinance contribuent, considérablement aux prestations financières, au bénéfice des « exclus bancaires ». En effet, grâce au développement de diverses structures financières inclusives, et à la domestication des systèmes financiers informels, les établissements de microfinance jouent un rôle majeur dans l'inclusion financière, et plus généralement, dans l'essor du système financier de la zone CEMAC. Dès lors, afin d'atteindre les missions à eux assignées par la règlementation, il est nécessaire que lesdits établissements participent aussi efficacement au financement de l'économie, en soutenant notamment les entrepreneurs individuels et les très petites, les petites et les moyennes entreprises.

CHAPITRE 2

Le financement des "initiatives économiques de base " par les établissements de microfinance

275. Marginalisation de certaines structures économiques par les banques et poids des « petites transactions non bancarisées »[579]. Les établissements de crédit classiques s'intéressent prioritairement, au financement des projets et des entreprises bien structurées. Ils procèdent à une rigoureuse sélection des risques avant l'octroi du crédit. Cette sélection a pour conséquence la marginalisation, voire l'exclusion, d'un nombre important d'initiatives économiques dont les montants pris isolément, sont parfois peu significatifs, mais dont l'ensemble des fonds globalement générés est assez considérable. C'est pour combler de tels manques qu'un statut juridique propre a été élaboré pour les établissements de microfinance. En effet, les établissements de la microfinance doivent contribuer à la financiarisation de la société, en accomplissant des opérations financières au profit d'une clientèle pas, ou mal desservie par les banques classiques.

276. Le financement des opérations économiques de petits montants. Le règlement qui fixe le statut juridique des établissements de microfinance en Afrique Centrale, distingue trois catégories d'établissements dont la triple mission est de sécuriser l'épargne, accomplir des prestations financières au profit des populations exclues du système bancaire classique, et de contribuer au financement des

---

[579] Par « petites transactions non bancarisées », il faut entendre l'ensemble des petites initiatives économiques non financées par les banques classiques, mais qui génèrent des ressources importantes qu'il est souhaitable d'intégrer dans le système financier officiel.

activités économiques de faible montant[580]. L'intermédiation financière pratiquée par les établissements de microfinance n'obéit pas strictement aux mêmes modalités que celles suivies par les banques classiques. La microfinance est une activité qui a ses spécificités qu'il a fallu prendre en compte dans le cadre d'une règlementation appropriée.

Pour comprendre l'apport de la microfinance dans la construction du tissu économique, il faut apprécier le rôle de l'intermédiation microfinancière dans le financement des initiatives économiques de base (section 1), de même, il convient d'analyser les effets du microfinancement effectué par les établissements de microfinance (section 2).

Section 1 - Les modalités de l'intermédiation microfinancière au profit des initiatives économiques

277. Distinction intermédiation financière et intermédiation microfinancière. L'intermédiation financière désigne l'un des rôles essentiels des établissements de crédit ; elle consiste à recueillir

[580] Le montant des opérations financières est très souvent faible en comparaison des prestations fournies par les banques classiques. Certes les textes ne fixent ni minimum, ni maximum pour l'accomplissement des opérations de microfinance, mais, il apparaît que le fait pour un établissement de microfinance d'accomplir des prestations importantes pour certains de ses clients, peut affectée considérablement ses ratios prudentiels. A titre d'illustration, si un établissement de microfinance reçoit en dépôt 10 millions d'un de ses clients à qui il accorde par la suite un crédit de 15 millions alors que son capital social est de 20 millions, il voit son ratio de division des risques affecté.

l'épargne et à la redistribuer sous forme de crédit[581]. L'intermédiation microfinancière quant à elle peut être perçue comme le fait pour les entreprises agréées d'établir des relations de crédit entre les agents économiques à capacité de financement et les agents économiques à besoin de financement pour des montants, généralement assez faibles.

Dans la pratique, le volume et le montant des prestations financières assurées par les établissements de microfinance varient selon qu'elles sont destinées aux personnes physiques, auquel cas elles sont assez modiques (Paragraphe1), ou alors aux personnes morales, et dans cette hypothèse, elles peuvent être moyennement importantes (Paragraphe 2).

Paragraphe 1 - La prestation des opérations financières de faible montant au profit des personnes physiques

278. Dans leur mission d'intermédiation, les établissements de microfinance sont appelés à fournir des prestations financières à titre principal aux personnes physiques avec lesquelles ils sont en relation (A). Pour mieux jouer leur rôle, le législateur a élargi leur domaine de compétence ; ainsi, ils peuvent également accomplir d'autres opérations à titre accessoire (B).

---

[581] V. sur ce point, B. SOUSI-ROUBI, *Lexique de la banque et des marchés financiers*, 6ème éd., Dunod, 2009, p. 178.

A – L'accomplissement des opérations financières principales par les établissements de microfinance

279. En Afrique Centrale, après la crise bancaire des années 80-90[582], la microfinance a connu un important essor qu'il fallait l'encadrer. Diverses structures, pour la majorité non régulées, accomplissaient des opérations de microfinance au profit de plusieurs personnes physiques et morales. Dans un élan de modernisation de la réglementation financière, et d'institutionnalisation des établissements de microfinance, le législateur a élaboré un ensemble de textes relatifs à l'activité de microfinance. Le statut établi au profit des établissements de microfinance vise à combler un « vide juridique »[583], en édictant un ensemble de règles pour la protection de l'épargne populaire (1), et en posant les jalons nécessaires pour l'octroi de microcrédits (2).

1- La protection de l'épargne populaire par les établissements de microfinance

280. La sauvegarde de l'épargne des déposants des EMF, une préoccupation au cœur du dispositif règlementaire de la CEMAC. La mise en place d'un cadre régissant les prestations de microfinance par le législateur participe du souci de sécuriser l'épargne des populations non, ou mal desservies par les établissements de crédit

---

[582] L.TCHAMANBE DJINE, *Les faillites bancaires en Afriques Subsaharienne,* éd. L'Harmattan, 2009, 364 pp.

[583] Pour une étude complémentaire de la notion de vide juridique : A.-M. HO DINH, *« Le "vide juridique" et le "besoin de loi", pour un recours à l'hypothèse du non-droit »*, L'Année Sociologique, 2007, p. 459-453.

classiques[584]. En effet, avant l'entrée en vigueur du règlement CEMAC régissant les conditions d'exercice, de contrôle de l'activité de microfinance en Afrique Centrale, les structures opérant dans ce secteur d'activité ne mettaient pas toujours la sécurité de l'épargne au centre de leurs préoccupations. C'est ainsi que certaines coopératives d'épargne et de crédit étaient créées et fermaient leurs portes peu de temps après, sans rembourser l'argent des épargnants.

281. Les raisons du renforcement de la protection de l'épargne au niveau des EMF. Pour le cas du Cameroun, d'importants signes de fragilité du secteur de la microfinance sont observées dans la deuxième moitié de la décennie 90, avec la faillite de plusieurs coopératives d'épargne et de crédit emportant avec leur disparition, des dizaines de millions de dépôts des épargnants. Pour combattre ce phénomène, un décret[585] confie la tutelle des coopératives d'épargne et de crédit au ministre en charge de la monnaie, en l'occurrence, le ministre des finances, en lieu et place du ministre de l'agriculture qui coiffait cette activité. Dans le même temps, les gouvernements de la CEMAC ont engagé une réflexion pour une réglementation appropriée de l'activité de microfinance. Cette initiative aboutie le 13 Avril 2002 à l'adoption du règlement 01/02/CEMAC/UMAC/COBAC relatif aux conditions d'exercice et de contrôle de l'activité de microfinance en

---

[584] Préambule du Règlement n° 01-002/CEMAC/UMAC du 13 Avril 2002, alinéa 6 *in fine*.

[585] Décret n°98-300 PM du 9 septembre 1998 fixant les modalités d'exercice des activités des COOPEC modifié et complété par décret n°2001/023/PM du 29 janvier 2001.

Afrique Centrale. Il s'en suit que pour ne pas tomber dans une totale anarchie, les structures opérant dans le secteur de la microfinance devraient désormais se conformer à un ensemble de règles d'entrée dans la profession, et être soumises à des normes bien déterminées.

282. La systématisation de l'encadrement de la microfinance au travers d'une réglementation communautaire. La spécificité du statut prévu pour les établissements de microfinance se justifie sans doute par l'impératif de sécurité juridique qui doit garantir les dépôts des épargnants. Ainsi, contrairement aux textes nationaux[586] applicables à l'activité de microfinance dans certains pays, les textes sous-régionaux semblent mieux garnis pour l'encadrement de cette activité. On peut par exemple relever pour le regretter, l'assujettissement de toutes les coopératives au Cameroun, au même

---

[586] Pour mémoire, au Cameroun les textes encadrant le microcrédit avant l'avènement du Règlement CEMAC du 13 avril 2002, étaient :

Loi n°92-006 du 14 août 1992 relative aux sociétés coopératives et aux groupes d'initiative commune modifiée par l'article 15 de la loi n°98-9 du 1er juillet 1998 portant loi de finance pour l'exercice 1998-1999.

Décret n°92/455/PM du 23 novembre 1992 fixant les modalités d'application de la loi n°92/006 du 14 août 1992 relative aux sociétés coopératives et aux groupes d'initiatives commune modifié et complété par le décret n°2006/0762/PM du 9 juin 2006.

Décret n°98-300 PM du 9 septembre 1998 fixant les modalités d'exercice des activités des COOPEC modifié et complété par décret n°2001/023/PM du 29 janvier 2001.

Pour le cas du Tchad, il s'agit de l'ordonnance 025/PR/92 du 7 décembre 1992 portant création des groupements à vocation coopératives et des sociétés coopératives et son décret d'application n°066/PR/MET/94 du 1er avril 1994 déterminant les modalités de création, de fonctionnement et d'enregistrement des groupements et des sociétés coopératives.

dispositif règlementaire[587]. Cela a eu d'importantes conséquences négatives sur la viabilité financière et institutionnelle des structures coopératives à caractère financier. Qui plus est, le fait de placer initialement toutes les coopératives sous la tutelle du ministère de l'agriculture était forcément contre-productif pour les coopératives financières. Heureusement, les autorités administratives et législatives se sont ravisées en mettant lesdites coopératives, par la suite, sous la surveillance du ministère des finances. En réalité, la situation initiale avait le grand inconvénient de ne guère assurer une sécurité optimale aux dépôts effectués par les épargnants dans le cadre des coopératives financières.

283. L'assujettissement des établissements de microfinance à une double surveillance. Au regard de tout cela, on peut se féliciter de ce que le législateur CEMAC a clairement soumis toutes les entreprises qui sont des coopératives financières, sous la tutelle conjointe de l'autorité monétaire et de la COBAC. Le double contrôle de ces autorités, doit assurer une sécurité plus efficiente des intérêts des épargnants de la microfinance. Ce principe du double degré de contrôle peut aussi s'apprécier comme un motif de crédibilité supplémentaire, et d'efficacité des autorités monétaires régionales et nationales.

---

[587] Il faut souligner que l'Acte Uniforme OHADA de décembre 2010 relatif aux sociétés coopératives, exclut clairement les coopératives financières de son domaine d'application. Ceci, afin de limiter la confusion et les effets pervers pouvant résulter d'une application inappropriée et inopportune des règles financières aux coopératives non financières et vice versa.

La réglementation sous-régionale de la microfinance vise certes à garantir la sécurité de l'épargne, mais aussi à assurer la prestation des opérations de microcrédit.

2- L'octroi de microcrédits par les établissements de microfinance

284. L'adaptation du droit du crédit à l'activité de microfinance. La frange de la population délaissée par le système bancaire classique, pour faire face à ses besoins financiers, a recours à une diversité de modes de financement, ces derniers relèvent pour la plupart du secteur dit informel. Il s'agit, en l'occurrence, du recours aux usuriers, aux banquiers ambulants, aux tontiniers ou aux tontines[588]. De telles solutions n'apportant qu'une satisfaction éphémère, et provoquant parfois une aggravation de la situation de l'emprunteur, il a fallu réglementer les opérations de crédit de petite taille.

De façon concrète, les personnes exclues du système bancaire classique devant faire face à leurs besoins de financement, s'adressaient à des agents économiques dotés d'une capacité de financement pouvant satisfaire leur attente. Malheureusement, dans de nombreux cas, l'opération de crédit était source d'abus et de conflit entre le prêteur et l'emprunteur. A titre d'illustration, la pratique des taux usuraires est très courante dans le secteur informel, tout comme la violation de certains droits de la personne par le prêteur. A l'inverse, ce dernier se trouve très souvent victime de la mauvaise foi

---

[588] V. *Supra* n°261 et s.

de l'emprunteur qui refuse de rembourser son crédit. Il fallait explorer les solutions de ces différents problèmes et comme la réglementation bancaire classique s'est avérée inadaptée pour régir ces différentes situations, l'élaboration d'une règlementation relative à l'activité de microfinance s'est révélée indispensable. En effet, l'inadaptation du microcrédit à l'activité bancaire traditionnelle a justifié une réglementation appropriée des conditions d'accès à cette profession et des modalités de contrôle correspondantes. C'est dire qu'en considération de l'incompatibilité du statut bancaire à l'activité de microfinance, l'élaboration d'un statut propre pour les établissements de microfinance était devenue une nécessité impérieuse.

285. La prestation de microcrédit, une finalité indispensable pour les établissements de microfinance. Le législateur COBAC/CEMAC met l'accomplissement des opérations de microcrédit au cœur du dispositif règlementaire, en reconnaissant la possibilité à toutes les catégories d'établissements d'effectuer de telles prestations. Ainsi, les EMF de première catégorie sont censés faire du microcrédit entre leurs seuls membres[589]. Ceux de deuxième catégorie accordent des crédits aux tiers[590] ; alors que ceux de la troisième catégorie accordent

---

[589] Article 5 alinéa 1 du Règlement COBAC n°01/CEMAC/UMAC/COBAC du 13 avril 2002 relatif aux conditions d'exercice et de contrôle de l'activité de microfinance dans la Communauté Economique et Monétaire de l'Afrique Centrale.

[590] Article 5 alinéa 2 du Règlement COBAC n°01/CEMAC/UMAC/COBAC du 13 avril 2002 précité.

des crédits aux tiers, sans exercer l'activité de collecte de l'épargne[591]. L'élargissement de la règlementation bancaire à l'activité de microfinance peut paraître contreproductif, dans la mesure où le législateur semble assigner, en plus de la fonction de financiarisation, une mission de « lutte contre la pauvreté »[592] aux établissements de microfinance, ce qui n'est pas forcément le cas avec les banques. En effet, contrairement aux banques, l'un des objectifs des EMF est justement de toucher les populations à faible revenus, délaissées par les banques classiques. L'édiction d'un statut propre pour les établissements de microfinance a le mérite d'intégrer toutes les spécificités de la microfinance, en encadrant tous les aspects, les plus variés, tant du point de vue technique que théorique, de cette activité.

Afin d'assurer une intermédiation plus complète entre les différents agents économiques, les établissements de microfinance, en plus d'accomplir les prestations financières principales, doivent également effectuer un certain nombre d'opérations accessoires.

---

[591] Article 5 alinéa 3 du Règlement COBAC n°01/CEMAC/UMAC/COBAC du 13 avril 2002 précité.

[592] Bien que la « lutte contre la pauvreté » puisse être considérée comme une préoccupation majeure pour tous les acteurs économiques, les banques implantées en Afrique centrale semblent plus extraverties et peu enclines à satisfaire toutes les couches de la population, notamment les plus pauvres. En revanche, cet objectif est formellement fixé par le législateur aux EMF, en raison de leur taille et surtout de leur objet. Microfinance, ne signifie-t-elle pas finance des plus petits ?

B - La fourniture des opérations financières accessoires par les établissements de microfinance

286. Microassurance et transfert d'argent : opérations accessoires. Les établissements de microfinance en plus d'accomplir les opérations de crédit principales, peuvent en vertu de la réglementation, effectuer des prestations dans les domaines sociaux. C'est le cas, notamment, de la microassurance[593] visant à pourvoir aux besoins de santé des populations défavorisées (1). Dans une certaine mesure, le transfert des fonds par les établissements de microfinance touchant des populations délaissées par le secteur bancaire et dans les zones les plus reculées, a justifié aussi l'élaboration d'un statut spécifique pour ces entités (2).

1- Le déploiement de la microassurance par les établissements de microfinance

287. Esquisse de définition de la microassurance. La microassurance s'apparente à une adaptation des services d'assurance à des populations non desservies par l'assurance classique. Elle s'adresse aux populations à faible revenu du secteur formel ou informel, qu'elles soient issues du milieu rural, urbain ou périurbain. La microassurance peut être perçue comme un contrat par lequel le

---

[593] Pour faire le parallèle avec d'autres pays africains, voir M. LABIE, M. NYSSENS et P. WELE, *« Microfinance et micro-assurance santé : réflexions sur des articulations possibles à partir de quelques expériences au Bénin et au Burkina Faso »,* Monde en développement 2007/3, n° 139, pp. 57-71.

client ou le membre d'un établissement de microfinance, délaissé par les entreprises d'assurance classiques, se fait remettre contre une petite prime, pour lui-même ou pour un tiers, en cas de réalisation d'un risque, une prestation par ledit établissement, lequel est assureur et prend en charge un ensemble de risques, les compense conformément à la loi de la statistique[594].

288. Typologie d'opérations de microassurance[595]. La microfinance recouvre une importante diversité de pratiques, qu'il s'agisse des produits (santé, vie, invalidité ...), d'acteurs (établissements de microfinance ou compagnies d'assurance) ou de modalités opérationnelles. Dans la pratique, les prestations de microassurance sont surtout assurées par les établissements de microfinance et sont assez distinctes des opérations fournies par les compagnies d'assurance ordinaires, ou encore les opérations d'assurance effectuées par les banques classiques[596]. En effet, contrairement à

---

[594] Cette définition proposée est inspirée de la définition de l'assurance donnée par le *Lexique des termes juridiques*, en vertu de l'article 1964 du Code civil, p. 65, 17e édition.

[595] Pour une étude complémentaire de la microassurance, v. entre autres : M. MILLER et Z. NORTHRIP, « *L'assurance comme produit de microfinance* », Note Technique n° 4, Série Innovations en Microfinance, Bamako, 18 pages, 2000 ; C. POURSAT, « *Micro-assurance santé et microfinance : quelques enseignements du programme pilote du GRET au Cambodge* », *in* Guérin & Servet, *Exclusion et liens financiers*, *Rapport 2003 du Centre Walras*, Paris, Economica, 56-66, 2004 ; M. LAI Conférence virtuelle sur la micro-assurance, *ADA Dialogue,* n° 24, Luxembourg, 29-40, 2000 ; LOUVAIN DEVELOPPEMENT, PROMUSAF, « *Développement des mutuelles de santé, rôles et places des acteurs dans les relations avec les prestataires de soin* », rapport général, 2002, 62 pp.

[596] Le phénomène de développement des conglomérats banques/assurances permet la coopération des réseaux commerciaux. La banque assurance serait apparue en septembre 1965 en Angleterre par la création de Barclays Life. Le terme

l'assurance traditionnelle, la clientèle cible de la microassurance est surtout constituée des personnes ayant de faibles revenus, exclus de l'assurance classique; le montant de la prime est généralement calculé sur la base d'une évaluation de risque d'un groupe et non par individu[597].

289. Stratégies et produits de microassurance adaptés aux destinataires. Les établissements de microfinance doivent concevoir des produits de microassurance adaptés aux populations concernées en tenant compte, entre autres, de la couverture, du montant de la prime, de l'éligibilité, de l'exclusion, de la durée de la couverture, des projections financières. A l'opposé des produits d'assurance classique, la caractéristique primordiale des produits de microassurance est la simplicité[598].

Les établissements de microfinance doivent concevoir et déployer des stratégies intéressantes pour la distribution des produits de microassurance, car celle-ci constitue un enjeu important pour cette

« bancassurance » date de 1980 pour définir la vente des produits d'assurance par l'intermédiaire d'un réseau bancaire, V. S. PIEDELIEVRE et E. PUTMAN, *Droit bancaire*, n° 28, p. 25, éd. Economica, 2011. MICHAUD, *Les aspects juridiques de la distribution des produits d'assurance par les banques*, Banque et droit, janvier-février 1990, 25 ; PELTIER, « Réflexions sur les aspects juridiques de l'exploitation des synergies de la banque et de l'assurance », *Banque et droit*, septembre-octobre 1991 171 ; TARDY-JOUBERT, *Partenariat banque-assurances et service complet en gestion de patrimoine*, Banque, 1992 1076 ; WARTH LE DEROFF, *L'état de la bancassurance en Europe*, Banque, janvier 1997 42.

[597] V. http://www.microfinanegatervay.org/p/site/m/template.rc/1.11.48248/, *Microfinance Gateway, Hot Topics, Microinsurance.*

[598] V. « *Microinssurance* », *in* Focus n°2, conception des produits et gestion du risque, *Microinsurance Network*, 2009 ; Guide pour l'étude de faisabilité de systèmes de microassurance santé, Tome 1 : Démarche, BIT-STEP, 2005.

activité. A cet égard, lesdits établissements sont considérés comme des canaux prioritaires de distribution de la microassurance, en raison notamment de leur proximité géographique avec les populations-cibles[599].

290. Technicité et couverture des risques en microassurance. Bien plus, les établissements de microfinance doivent assurer d'une part, le portage technique de la microassurance en accomplissant de façon optimale les opérations de gestion technique et administrative[600] , et d'autre part, assurer le portage du risque financier, ce qui suppose d'avoir des compétences éprouvées en gestion financière permettant de mieux évaluer les risques afférents aux produits de microassurance proposés[601].

En somme, il apparaît que les prestations de microassurance peuvent être associées aux services financiers des établissements de microfinance, notamment ceux qui entendent diversifier leur portefeuille, fidéliser leur clientèle et limiter le risque de leur activité de crédit. Il peut arriver qu'un produit d'assurance participe à la réduction de l'impact des décès, ou des problèmes de santé dans une zone géographique. Toutefois, avant d'entreprendre une activité de

---

[599] C. CHURCHILL, « *Microinsurance* », *in* Focus n° 3, Coûts de transaction & collections des primes, *Microinsurance Network*, 2006.

[600] Ces opérations sont : le suivi des adhésions et des primes collectées, le renouvellement des contrats, le traitement et le règlement des sinistres, gestion des ressources humaines, gestion des partenariats, trésorerie, comptabilité, entre autres.

[601] V. Indicateurs de performance en microassurance : manuel à l'usage du praticien, ADA, Wipf, J. et Garand, D., 2008 ; « *Microinsurance* » *in* Focus, n° 9, Règlements des sinistres : Commentaires généraux, *Microinsurance Network*, 2009.

microassurance, les établissements de microfinance doivent tenir compte du caractère complexe de l'activité d'assurance, laquelle est totalement différente de l'activité bancaire, et comme tel, requiert des compétences techniques assez spécifiques.

291. Apport de la microassurance dans l'essor économique. Dès lors, il importe de noter que la pertinence d'un produit d'assurance, est fonction des besoins des clients, de l'importance d'éventuels sinistres et de leur probabilité[602]. A cet égard, il apparaît que l'accomplissement des prestations de microassurance par les établissements de microfinance est une source de financement des initiatives économiques de base. Il en est ainsi également des transferts de fonds opérés via les établissements de microfinance.

En plus de la microassurance, le transfert d'argent fait également partie des prestations accessoires pouvant être accomplies par les établissements de microfinance.

2- L'accomplissement du transfert d'argent par les établissements de microfinance

292. L'acception de la notion de transfert d'argent en microfinance. La notion de transfert d'argent n'a pas de définition

602 Pour en savoir plus sur la microfinance et le développement voir M. NABETH, *Annuaire Suisse de politique de développement,* vol. 26, n° 2 *« Financer le développement par la mobilisation des ressources locales »*, article, *« La microassurance : retour sur un besoin essentiel »,* 2007.

légale[603]. Selon le dictionnaire LAROUSSE, le transfert est le fait de déplacer (ou de transmettre) une personne, ou quelque chose d'un lieu à un autre (ou d'une personne à une autre)[604]. De façon assez simple, le transfert d'argent peut être perçu comme le fait pour une personne, expéditeur/donneur d'ordre, de transmettre des fonds à travers un établissement (de crédit ou de microfinance), à elle-même, ou à un tiers (destinataire/bénéficiaire), d'un lieu à un autre, moyennant une commission.

293. Le développement important de l'activité de transfert d'argent. Depuis quelques décennies, le transfert d'argent est devenu une activité très intéressante pour les institutions financières. En effet, le transfert d'argent connaît une forte expansion au niveau international[605]. Celui dont il est question dans ce travail concerne

---

[603] Le transfert d'argent ne doit pas être confondu avec la notion de « transfert de fonds » utilisé en droit bancaire classique. Selon Mme B. SOUSI-ROUBI, le terme « transfert » avant novembre 1984, était employé pour désigner le mode de transmission des titres nominatifs, et consistant à changer le nom du titulaire sur le registre des transfert tenu par l'émetteur. Depuis novembre 1984, le titre nominatif d'une inscription en compte (et non plus d'une inscription sur registre), et par conséquent, il se transmet par virement de compte à compte. V. *Lexique de la banque et des marchés financiers, op. cit.*, p. 313.

[604] *Le Petit LAROUSSE*, Dictionnaire français, éd. 2011, v. ce mot.

[605] L'Institut des Etudes Financières et de Développement (IFIDS), en partenariat avec le Ministère Camerounais des Finances et Radio France Internationale (RFI), a organisé du 23 au 25 novembre 2009 à Yaoundé (Cameroun), la première Conférence africaine sur le transfert d'argent (AREC). Citant des statistiques de la Banque mondiale, le directeur de l'*Institute of financial and developpment studies* (IFDS), Simon AWANCHIRI, a indiqué que pour un total de 250 milliards de dollars américains qui ont traversé les frontières en 2006, 35% de ce montant ont pris la destination de l'Amérique du Sud alors que l'Afrique recevait seulement 7%."D'où la nécessité de mettre en place un cadre de rencontre, de réflexion, de décision et d'action en faveur du transfert d'argent afin d'avoir une

juste les mouvements de capitaux au sein du même pays ; la réglementation de la microfinance interdisant aux établissements de microfinance d'effectuer des opérations à l'international[606]. Ainsi, à côté des opérateurs de transfert d'argent à caractère international, comme *Western Union*[607] et *Monney Gramm*[608], se sont développés au sein des différents Etats de l'Afrique centrale, plusieurs agents de transfert d'argent. A titre d'illustration, au Cameroun, l'opérateur

---

approche commune et globale pour la continent plutôt que de laisser chaque pays envisager ses propres solutions", a-t-il ajouté. A ce sujet, les participants ont émis le voeu que les gouvernements africains, les opérateurs de transfert d'argent, les banques, les sociétés de télécommunications, les institutions de microfinance et académiques soutiennent cette initiative.

[606] Articles 8 et 45 du Règlement du 13 avril 2002 précité.

[607] *Western Union* est une entreprise financière et de communication, spécialisée dans le transfert d'argent (cash to cash). Elle est basée aux États-Unis. Son siège social est situé à Englewood, Colorado. Les virements de particulier à particulier sont le service le plus utilisé de Western Union. Aux Etats Unis et dans certaines régions du Canada, de l'Argentine et d'autres pays, les consommateurs peuvent régler les échéances de remboursement de leurs prêts ou leurs factures. En 2010, *The Western Union Company* a publié les chiffres suivants : Un chiffre d'affaires global de 5,2 milliards USD ; 76 milliards USD de virements transfrontaliers ; un cash flow opérationnel de 1 milliard USD.

Depuis 2001, la Fondation Western Union, en collaboration avec ses Agents et salariés, a donné plus de 45 millions USD aux organisations à but non lucratif dans plus de 70 pays et territoires à travers le monde pour accompagner des projets humanitaires, fournir une aide de secours lors de catastrophes et pour financer des programmes d'éducation, de santé et humanitaires.

Environ 455 000 agences à travers le monde (y compris les emplacements Western Union, Vigo et Orlandi Valuta) 200 pays et territoires, plus de 1 200 au siège ; environ 6 800 dans le monde.

Source : http://fr.wikipedia.org/wiki/Western_Union, page consultée le 21 juin 2012.

[608] Le service de transfert international d'argent MONEYGRAM est disponible dans 119 agences. MoneyGram est un leader mondial dans le service du transfert d'argent international qui collabore avec des partenaires de qualité dans plus de 125 000 points de vente situés dans 170 pays pour offrir un moyen sûr et rapide d'envoyer et de recevoir de l'argent partout dans le monde.

Express Union[609], fourni des services de transfert d'argent à travers la quasi-totalité du territoire national[610].

294. Le rôle croissant du transfert d'argent en microfinance. L'activité de transfert d'argent est de plus en plus effectuée par les EMF. Cela est une opportunité intéressante pour tous les acteurs du secteur économique, et notamment les personnes « exclues » du secteur bancaire classique. En effet, les transferts d'argent effectués par les EMF, au profit des personnes marginalisées par le secteur bancaire classique, leur donne la possibilité d'agir sur le système financier officiel. Bien plus, les sommes reçues du transfert émanant d'une relation ou d'un partenaire d'affaires, peuvent être un déclic pour la création des activités productrices de revenus.

Il apparaît donc que, contrairement aux banques qui limitent généralement la prestation des services de transfert d'argent dans les grandes métropoles et les centres périurbains où sont implantées leurs agences, les établissements de microfinance assurent une couverture plus large des services financiers ; ce, même dans les régions les plus reculées du pays d'implantation. En effet, les EMF ont des structures et des modes de fonctionnement assez allégés. Cela leur permet

---

[609] Express Union est une entreprise camerounaise spécialisée dans l'Envoi Rapide d'Argent. Il propose également des services de microfinance depuis 2006. L'entreprise disposait au 31 août 2009 d'un réseau de plus de 250 agences sur le territoire du Cameroun et de 9 agences au Tchad, sans toutefois oublier l'extension du réseau en RCA, Gabon, RDC, Congo-Brazzaville, et en Côte d'ivoire.

[610] D'autres organismes de transfert d'argent au plan national se sont développés côté d'*Express Union* ; il s'agit notamment de *Money Exchange*, d'*Afriexhanche.*

d'intervenir dans des secteurs comme l'agriculture, l'artisanat, l'élevage etc ; surtout que lesdits secteurs sont très souvent délaissés par le système financier classique.

295. Le transfert d'argent : une activité importante, mais subsidiaire. Les transferts d'argent effectués par les EMF jouent un rôle important dans le développement du tissu économique. Car, en plus de promouvoir l'utilisation des services financiers par les personnes démunies, les sommes transférées peuvent constituées un capital de base pour le montage d'une entreprise individuelle. Encore qu'ici, la prestation d'un service financier est plus importante que le montant de la somme en cause. Dans une heureuse formule, un auteur met en relief l'apport considérable du capital dans le développement humain en soulignant que : *« les êtres humains ont l'infinie capacité d'entreprendre pour autant qu'ils aient accès au capital, facteur indispensable de la création de richesse»*[611]. Toutefois, il faut relever que le transfert d'argent étant une activité surtout accessoire, les EMF doivent se concentrer sur leur cœur de métier qui est l'épargne et l'octroi de microcrédit.

Dans la plupart des cas, la prestation des opérations financières de faible montant par les EMF, s'effectue au profit des personnes physiques, mais l'accomplissement de telles opérations peut également viser certaines personnes morales.

---

[611] M. NOWAK, « *Le Microcrédit en Europe* », *in Rapport moral sur l'argent dans le monde* 2009, *Les enjeux et conséquences de la crise, Entrepreneuriat social et finance plus solidaire*, Association d'économie financière, p. 388.

Paragraphe 2 - L'accomplissement par les établissements de microfinance des prestations financières au bénéfice des personnes morales

296. L'apport des EMF dans l'essor des personnes morales. La contribution des établissements de microfinance au financement, et au développement des entreprises de taille modeste n'est pas négligeable. Bien qu'étant généralement eux-mêmes, des petites et moyennes entreprises, les établissements de microfinance jouent un rôle déterminant dans le financement de certaines structures économiques (A) ; en outre, la microfinance participe activement au financement des projets et à l'essor des sociétés de caution mutuelle (B).

A– Les déterminants du financement des personnes morales par les établissements de microfinance

297. La contribution des établissements de microfinance au financement des entreprises est variée, et fonction de la taille de l'entreprise bénéficiaire des prestations financières. L'apport de la microfinance pour les très petites entreprises et les petites entreprises (1) n'est pas le même que celui effectué au profit des moyennes entreprises (2).

1- Le financement de la très petite et de la petite entreprise par les établissements de microfinance

298. Le rôle déterminant des EMF dans le financement des très petites et petites entreprises. Pour sortir la microfinance du secteur dit informel, et surtout participer activement à l'essor des initiatives économiques de base, le législateur communautaire de l'Afrique Centrale a élaboré un statut propre pour les établissements de microfinance, en leur permettant d'effectuer des prestations au profit des petites, et très petites entreprises généralement marginalisées par les banques classiques.

299. Absence de critères de définition unanimes des catégories d'entreprises pour tous les pays de la CEMAC. En dépit d'une absence de définition de la notion de petite et moyenne entreprise (PME) applicable à tous les pays de l'Afrique Centrale, chaque pays a tendance à adopter des critères de définition de la notion de PME en fonction de son niveau de développement économique, le but étant de sortir les entreprises concernées du secteur dit informel en leur permettant d'accéder aux sources de financement officielles.

300. Critères de définition de la très petite et de la petite entreprise au Cameroun. Au Cameroun, à la suite de la charte des investissements[612], la loi n°2010/001 du 13 Avril 2010 portant promotion des petites et moyennes entreprises au Cameroun est adoptée. Aux termes de son article 4, *« la Très Petite Entreprise en abrégé "TPE" est une entreprise qui emploie au plus cinq (05) personnes et dont le chiffre d'affaires annuel hors taxes n'excède pas quinze (15) millions de francs CFA»*. L'article 5 de cette loi, quant à lui définit la Petite Entreprise en abrégé "PE" comme *« une entreprise qui emploie entre six (06) et vingt (20) personnes et dont le chiffre d'affaires annuel hors taxes est supérieur à quinze (15) millions de francs CFA et n'excède pas cent (100) millions de francs»*[613].

301. Illustration des très petites entreprises. De ces deux définitions, il apparaît que la très petite entreprise renvoie aux structures économiques de taille très modeste, à la lisière du secteur informel, à l'instar des petites échoppes du quartier, des petits commerçants entre autres ; et dont les besoins de financement peuvent être satisfaits par les établissements de microfinance. En effet, de par leur structure financière, les très petites entreprises ont des demandes financières moins élevées; lesquelles peuvent être comblées par les établissements de microfinance, sous réserve de remplir les

[612] Au Cameroun, la charte des investissements a été adoptée par la loi n°2002-004 du 19 avril 2002 modifiée par la loi n°2004-20 du 22 juillet 2004.

[613] Loi n° 2010/001 du 13 Avril 2010 précitée.

conditions exigées pour la demande, et la forme juridique de l'établissement de microfinance pourvoyeur de fonds[614].

302. Exemple de petites entreprises. La petite entreprise telle que définie précédemment, renvoie davantage aux petites industries, aux petites compagnies commerciales et de services qui ont des affaires relativement importantes sans dépasser toutefois le seuil de la moyenne entreprise. De façon concrète, les petites entreprises auront généralement la forme juridique de Société à Responsabilité Limitée (SARL), conformément à l'acte uniforme OHADA relatif aux société commerciales et au groupement d'intérêt économiques[615]. Ces petites entreprises ont très souvent besoin des fonds de roulement et des crédits d'investissement pour assurer leur pérennité. Les établissements de microfinance pourront répondre à leur sollicitation dans la limite de leur possibilité, et dans le respect de la réglementation prudentielle.

303. Les prérogatives d'accès au crédit des très petites et petites entreprises. Au demeurant, il apparaît que l'élaboration d'une règlementation spécifique relative aux établissements de microfinance devenait indispensable dans la mesure où, il permet aux dits établissements de participer activement au financement des très petites et des petites entreprises. Cela a l'avantage de faire chuter le coût de

[614] Dans la pratique, avant de financer, l'établissement de microfinance devra au préalable s'assurer de la qualité du dossier de crédit de la Très Petite Entreprise, et du respect par ses propres soins de la réglementation en vigueur.

[615] La SARL est régie par les articles 311 à 384 de l'AUSC et GIE.

crédit, lequel est prohibitif tel que pratiqué dans le secteur financier informel ; et surtout, en raison de la sélection du crédit en vigueur dans le secteur bancaire classique.

Toutefois, au-delà de la très petite et de la petite entreprise, les établissements de microfinance peuvent également être impliqués dans le financement des moyennes entreprises.

2- La contribution des établissements de microfinance au financement de la moyenne entreprise

304. Définition de la moyenne entreprise selon le législateur Camerounais. La moyenne entreprise en abrégé "ME" peut être perçue comme « *une entreprise qui emploie entre vingt-et-un (21) et cent (100) personnes et dont le chiffre d'affaires annuel hors taxe est supérieur à cent (100) millions de francs CFA et n'excède pas un (01) milliard de francs CFA* »[616]. Il suit de là que la moyenne entreprise a une structure financière assez importante et peut avoir des besoins financiers nettement élevés pour être satisfaits par les établissements de microfinance[617]. Mais, toujours est-il que lorsque la demande de crédit de la moyenne entreprise peut être satisfaite par les établissements de microfinance, cela présente l'avantage d'être fait

[616] Loi n°2010/001 du 13 Avril 2010 portant promotion des petites et moyennes entreprises au Cameroun précitée.

[617] Pour mémoire, les établissements de microfinance peuvent, en fonction de leur forme juridique et de leur capitalisation financière, être classés soit comme de très petite entreprise soit comme petite entreprise soit enfin comme moyenne entreprise.

dans un cadre formel et structuré, contrairement aux financements proposés par le secteur informel dont les taux d'intérêt sont généralement prohibitifs.

305. Possibilité de financement de la PME par les EMF à titre individuel ou via un *pool* financier. La règlementation relative aux EMF permet aux moyennes entreprises, en cas de refus du crédit par les banques classiques, de recourir à un ou plusieurs établissements de microfinance pour le financement de leur activité. En effet, en fonction du montant de crédit sollicité, et en raison du poids financier de l'EMF, celui-ci peut financer un projet ou une demande d'une moyenne entreprise, à titre individuelle ou s'organiser en *pool* financier avec d'autres établissements de microfinance ou de crédit. Dans cette dernière hypothèse, l'EMF pourrait jouer le rôle de tête de file pour obtenir le financement de ses partenaires, ou encore servir de caution pour le financement d'une opération de la PME demanderesse de crédit, qu'il juge rentable et pertinente.

Les établissements de microfinance peuvent donc jouer un rôle assez déterminant dans le financement des moyennes entreprises, en fonction du montant de la demande de crédit. C'est dire qu'au regard des demandes récurrentes de crédit venant des moyennes entreprises, et compte tenu du rationnement du crédit très souvent appliqué par les banques classiques, l'élaboration d'une règlementation pour les établissements de microfinance était devenue indispensable pour sortir les entreprises du piège de l'absence de ressources, et des circuits de financement informels.

306. Insuffisances de la microfinance dans le financement de la PME. Lorsque le montant de la demande de l'entreprise est assez élevé, et à défaut d'un *pool* financier, le crédit sollicité peut ne jamais être octroyé, car les établissements de microfinance ont généralement des ressources de courte durée, inappropriées pour les financements à moyen et long termes. C'est tout l'intérêt de l'encadrement de la mésofinance[618] et des institutions financières dévolues spécifiquement au financement des petites et moyennes entreprises[619], dont les besoins en financement sont considérablement élevés.

La mise en œuvre de la règlementation des établissements de microfinance, présente aussi l'avantage de mettre en exergue l'apport du droit de la microfinance dans le développement des projets, et des sociétés de caution mutuelle.

B – Le rôle des projets et des sociétés de caution mutuelle en microfinance

307. Microfinance, projets et sociétés de cautionnement mutuel. L'activité de microfinance joue un rôle déterminant dans le financement des initiatives économiques primaires. Elle est très souvent à la base du développement de certains projets de développement (2) ; mais peut également participer à l'essor des sociétés de cautionnement mutuel (1).

---

[618] Ici, on proportionne les ressources à la demande et la dimension de l'entreprise en « adaptant la norme juridique aux besoins économiques ».

[619] Au Cameroun, cet objectif avait été assigné à la Banque Camerounaise de Développement et au FOGAPE avant leur dissolution.

1- L'apport de la microfinance dans l'essor des sociétés de cautionnement mutuel

308. Une définition de la société de cautionnement mutuel. Les sociétés de cautionnement mutuel, encore appelées sociétés de caution mutuelle, peuvent être perçues comme des associations à but non lucratif créées par de petits entrepreneurs, hommes et femmes, et/ou par divers organismes de promotion, consistant à offrir aux banques une garantie afin que les microentreprises puissent obtenir un crédit à des conditions favorables[620].

309. Le rôle des sociétés de caution mutuelle dans le financement des entreprises. Le rôle des sociétés de cautionnement mutuel paraît assez déterminant dans les pays où le taux de bancarisation est encore assez faible, et où l'accès au crédit s'avère très sélectif, comme en Afrique Centrale. En raison de la difficulté des petites entreprises d'obtenir un financement auprès des institutions bancaires classiques[621], les sociétés de cautionnement mutuel apparaissent comme des structures indiquées, pouvant garantir les crédits sollicités par les microentreprises. C'est dans ce sens que le législateur reconnaît que les établissements de microfinance de troisième

---

[620] *Vade-mecum*, Les sociétés de cautionnement mutuel, leur nature et leur fonctionnement, Organisation International du Travail (O.I.T), Genève, 10-14 décembre 2001.

[621] Les problèmes d'évaluation des besoins financiers des microentreprises et du coût assez élevé des frais de financement incombant aux petites entreprises pour leurs dossiers, rend difficile l'accès au financement des EMF.

catégorie, peuvent avoir la forme juridique des sociétés de caution mutuelle[622].

Les sociétés de cautionnement mutuel poursuivent d'importants objectifs pour les entreprises et les organismes financiers. A l'égard des entreprises, les sociétés de cautionnement mutuel permettent de favoriser l'accès au crédit et pour des montants suffisants, de réduire le coût du financement en limitant le risque assumé par l'organisme financier, et surtout d'arriver à une certaine transparence, grâce à la conclusion des conventions entre les microentreprises et les organismes financiers. Vis-à-vis des banques, les sociétés de cautionnement mutuel permettent une réduction importante du risque de crédit, une célérité dans l'appréciation des dossiers d'octroi de financement, grâce au travail d'analyse économique et financière et l'évaluation du risque effectué en amont par la société de cautionnement mutuel[623].

310. Une moindre présence des sociétés de caution mutuelle en zone CEMAC. En Afrique Centrale, l'existence des sociétés de cautionnement mutuel est très marginale, voire quasi nulle. Or, dans la pratique, la forme juridique la plus appropriée des sociétés de cautionnement mutuel dans les pays où elles existent est la coopérative[624]. La forme coopérative est privilégiée parce qu'elle

---

[622] Art. 3 du Règlement des établissements de microfinance 2002/20...relatif aux formes juridiques liées à chaque catégorie d'établissement de microfinance.

[623] *Vade-mecum, op. cit.*, p.7.

[624] Voir les cas de la France, l'Italie, l'Espagne, la Suisse entre autres.

permet une participation équitable de tous les associés, l'égalité de tous les associés en droits et en devoirs, chaque associé peut se porter candidat pour assumer les fonctions de responsabilité au sein de ce type de société.

Malheureusement, au sein des pays de l'Afrique Centrale, on observe une quasi inexistence des sociétés de cautionnement mutuel. Cela contraste avec d'importants avantages pouvant résulter de l'émergence de ce type de société pour le secteur financier en général, et pour la microfinance en particulier. Il faut le souligner, l'essor des sociétés de cautionnement mutuel peut paraître comme un levier important dans le financement des initiatives économiques de base par les établissements de microfinance.

Les sociétés de cautionnement mutuel peuvent contribuer au financement économique de base en garantissant les crédits octroyés aux microentreprises par les EMF, mais les projets de développement peuvent également jouer un rôle financier non négligeable.

2- L'apport de la microfinance dans le financement des microprojets

311. Microfinance et financement des projets. L'avènement de la microfinance semble remédier, ne serait-ce que pour partie, aux carences de ressources financières qui affectent des pans entiers du tissu économique, étant donné qu'elle propose des formules et des solutions adaptées au besoin de certains secteurs économiques délaissés par les banques classiques. Elle peut présenter de réelles forces dans l'essor des petits projets initiés par les particuliers, ou les

PME. Contrairement au secteur bancaire classique, la microfinance intègrerait[625] entre autres, une reconnaissance et une prise en compte des inégalités entre hommes et femmes, jeunes et adultes dans l'octroi du crédit ; un accompagnement des services financiers par des services non financiers, une adaptation des stratégies aux réalités. De même, la microfinance participerait[626] à la réduction des risques de détournement des crédits par les bénéficiaires, à la fourniture des produits et services adaptés aux besoins du client, à une amélioration des conditions de vie et de statut socio-économique ; un accès à la formation et à l'information. Elle a également une forte influence sur les partenaires financiers[627] pour les subventions, dons, cautions, legs. Il serait donc plus intéressant que la règlementation de la microfinance intègre tous ces aspects pour atteindre de façon optimale les missions assignées aux EMF.

312. Pesanteurs dans le financement des microprojets. Certaines pesanteurs affectent la contribution des EMF dans le financement des projets[628]. Il en est ainsi notamment de la priorité parfois accordée aux produits à rentabilité évidente et rapide ; de l'absence de refinancement nécessaire à l'augmentation de la capacité financière des caisses de base : crédit à court terme ; du faible niveau de

---

[625] NASSIRI NIKIEMA, *Essai d'analyse de la problématique de financement des projets par les institutions de microfinance au Burkina : cas de la BCB*, Mémoire de gestion, 2006.

[626] NASSIRI NIKIEMA, *op.cit., idem.*

[627] Sur la règlementation des aides publiques en microfinance, v. *infra* n° 592.

[628] *Ibidem.*

compétence dans les aspects techniques et stratégiques des bénéficiaires ; de l'analphabétisme élevé des bénéficiaires pour ne citer que ces quelques unes.

Toutefois, il apparaît que l'intermédiation microfinancière est variée et déterminante pour l'essor économique. Ainsi, produit-elle d'importants effets sur le développement des systèmes financiers.

Section 2 - Les conséquences du financement des initiatives économiques de base par les établissements de microfinance

313. Les établissements de microfinance participent au financement des initiatives économiques élémentaires ce qui est une solution à l'exclusion bancaire. En effet, les modalités de financement proposées par la microfinance paraissent plus appropriées pour satisfaire les besoins financiers des personnes physiques et morales non desservies par les banques classiques. Cette intervention des établissements de microfinance dans l'accomplissement des prestations financières au profit des exclus bancaires emporte d'importantes conséquences au plan politique, juridique, social et économique. Dans un premier temps, nous analyserons les effets du financement opérés par les établissements de microfinance au niveau juridique et politique (Paragrphe1) ; dans un deuxième temps, nous apprécierons les conséquences d'un tel financement dans le domaine socio-économique (Paragraphe 2).

Paragraphe 1 - Les effets juridiques et politiques du financement par les établissements de microfinance

314. L'accomplissement des prestations financières par les établissements de microfinance a une influence considérable sur la réglementation applicable aux institutions dans un pays donné (A), celui-ci produit également d'importantes conséquences relatives à la politique monétaire et financière (B).

A – Les implications juridiques du financement par les établissements de microfinance

315. Le droit du financement classique s'intéresse prioritairement aux activités réglementées telles que l'activité bancaire, l'assurance, les opérations financières effectuées dans un marché. Il ne prend pas suffisamment en compte les opérations financières de petite taille accomplies par les établissements de microfinance. Le développement de la microfinance a eu pour impact l'adaptation de la réglementation financière à la situation économique (1) ; cela a entrainé l'extension du droit du financement classique à des situations assez spécifiques (2).

1- L'adaptation du droit du crédit à la situation économique

316. L'ajustement du droit à la microfinance. Le droit du crédit encadre les relations existantes entre deux ou plusieurs parties à une prestation financière. Dévolu prioritairement aux établissements de crédit classiques, le droit du crédit laissait des franges entières de la population, et certaines opérations financières non, ou mal réglementées. En effet, en l'absence de réglementation, la microfinance tombe sous le coup du secteur dit informel. Concrètement, l'inadaptation de la réglementation bancaire classique rendait certaines structures financières mal encadrées. L'établissement d'un statut juridique propre aux établissements de microfinance vise à *"adapter constamment la norme juridique à la conjoncture économique "* pour reprendre l'heureuse formule de certains auteurs[629].

Le développement de l'activité de microfinance a eu pour effet la multiplication des entreprises se livrant à cette activité, ce qui a justifié à son tour l'élaboration d'une réglementation particulière. Il apparaît donc que l'ensemble des textes applicables, c'est-à-dire le Règlement de base[630] et la réglementation dérivée[631], de l'activité de microfinance a permis de reformer le droit applicable aux institutions financières.

---

[629] J.-L. RIVES-LANGE et M. CONTAMINE-RAYNAUD, *Droit bancaire, op. cit.*, n°4, p.4.
[630] Règlement du 13 Avril 2002.
[631] Les normes prudentielles découlant des 21 textes édictés par les Règlements COBAC 1 à 21.

La prise en compte des spécificités liées à l'activité de microfinance s'est généralisée au point où, la plupart des pays à travers le monde, a tendance à réformer leur réglementation financière. C'est ainsi qu'on a abouti en Afrique Centrale à l'élaboration d'une règlementation propre aux établissements de microfinance[632].

317. Vers un droit de la microfinance ? L'essor de la microfinance est tellement important de nos jours, qu'un auteur sans reconnaître l'autonomie d'un "droit de la microfinance", met en relief les spécificités de la microfinance perceptibles, tant au niveau du droit commercial, du droit fiscal que de la réglementation financière[633]. En clair, avec la microfinance, le droit du financement, et surtout le droit du crédit, doit intégrer des particularités pour un encadrement des plus appropriées des établissements de microfinance : on parlerait alors d'un droit de la microfinance résultant de la spécificité de cette activité[634].

---

[632] A titre de comparaison les pays de l'Union Economique et Monétaire Ouest Africaine (UEMOA) à l'instar du Mali, du Sénégal…ont adopté une approche mutualiste et décentralisées des réglementations intégrées des coopecs dans le cadre de la loi dite PARMEC (Projet d'Appui à la Réglementation des Mutuels d'Epargne et de Crédit). D'autres pays ont privilégié une approche réglementaire mixte, articulant loi bancaire et réglementation dérogatoire, c'est le cas des pays comme la Bolivie, l'Ouganda, le Kenya, Djibouti, les Comores et le Rwanda. En fin un quatrième groupe de pays ont encadré la microfinance en tant qu'activité bancaire résiduelle. Il en est ainsi du Maroc, de la Tunisie et de la France.

[633] L. LHERIAU, *Précis de la réglementation de la microfinance,* p. 48, n° 31, AFD 2009.

[634] L. LHERIAU, *op. cit*, p. 48, n° 33.

2- Les particularismes en microfinance, source des réformes réglementaires

318. Les réformes législatives entrainées par la microfinance. Dans la pratique, plusieurs aspects spécifiques de l'activité de microfinance peuvent influencer la réglementation des institutions financières, au point d'en justifier très souvent des réformes. Contrairement à l'activité bancaire classique, l'activité de microfinance revêt différentes modalités originales, lesquelles ont motivé des réformes juridiques. Il en est ainsi, par exemple, des particularismes relatifs à la gouvernance des établissements de microfinance mutualistes et/ou autogérés. Ces établissements, contrairement aux banques classiques, peuvent laisser la gestion de la personne morale à des individus bénévoles, ou à des élus locaux. Une telle approche a pour conséquence d'assouplir le contrôle de la moralité et de la compétence des intervenants. En pareille hypothèse, le risque est assez élevé d'exposer la gestion de l'établissement de microfinance à des comportements déviants des bénéficiaires de crédit. A l'inverse, les exigences d'une gestion bancaire classique sont plus rigoureuses.

En outre, la spécificité des problèmes de moyens pour les établissements de microfinance, a pour conséquence de rendre inadéquates plusieurs dispositions applicables aux banques classiques. A titre d'illustration, le nombre élevé d'établissements de microfinance dans un pays ou dans une région donnée, rend leur supervision et leur contrôle plus difficiles et plus coûteux. Cela a pour conséquence le manque, voire la mauvaise appropriation des textes en vigueur. Pour faire face à ce phénomène, en Afrique Centrale notamment, le règlement encadrant l'activité de microfinance a été adopté en Avril 2002. Les établissements assujettis avaient un délai de 36 mois (3 ans) pour se conformer à ce règlement, et 60 mois (5 ans) pour se conformer aux normes prudentielles. Cependant, la COBAC qui était chargée d'accompagner les établissements nouvellement agréés, ne semble pas avoir suffisamment fait de descentes sur le terrain, pour apprécier le niveau d'intériorisation et d'implémentation de la réglementation[635]. Ce qui justifierait la multiplication des défaillances dans ce secteur d'activité[636].

Enfin, l'originalité de l'activité de microfinance a produit des conséquences au plan réglementaire, dans la mesure où, les normes prudentielles applicables aux banques classiques étant incompatibles pour le secteur de la microfinance, il a fallu les adapter. Ainsi, l'activité des établissements de microfinance se faisant à court terme, et ceux-ci ayant des capacités de projection très limitées, il aurait été inadéquat de leur imposer les normes de liquidité et de transformation des ressources applicables aux banques classiques. En conséquence, des dispositions réglementaires appropriées ont été adoptées pour mieux encadrer l'activité de microfinance.

---

[635] V. D. KENGNE, Directeur général de *Microfinance Academy*, « La microfinance dans la tourmente : Analyse des responsabilités et propositions à partir du cas Cofinest », *in Horizon+*, mensuel n°43 mars 2011, p. 10 à 20 et notamment p.12.

[636] Au Cameroun, entre 2002 et 2010, on a assisté à la faillite et à la fermeture de plusieurs dizaines d'établissement de microfinance, à savoir entre autres : NISCAM, GEFICAM, SOCEP KAP'LAH, SOCECA, CAMAC, COFIBA, COOPEMIF, CAPITAL UNION, BIZ FINANCE...Depuis fin 2007, avec la mise sous administration provisoire de la COFINEST, qui passait pour être le premier des établissements de microfinance du pays en terme de total de bilan, de volume de dépôts collectés, de crédits accordés.

Au regard de ce qui précède, il apparaît donc que le secteur de la microfinance révèle diverses spécificités. Celles-ci justifient, très souvent, des réformes juridiques et réglementaires assez circonstanciées. On peut donc en déduire qu'en Afrique Centrale, l'élaboration d'un statut juridique pour les établissements de microfinance était devenue, sinon incontournable, du moins nécessaire. Cela dans la mesure où, le nouveau statut, permet d'étendre, en l'adaptant, le droit du financement classique aux situations économiques assez originales. Bien plus, sur un plan idéologique, pourrait-on reconnaître avec le doyen Jean Carbonnier, comme le relève fort remarquablement un auteur que, *« le législateur n'hésite pas à intervenir, comme à contre-courant, pour protéger le petit commerce ou la petite industrie parce que la conservation d'une classe moyenne et, par là, d'un certain équilibre social, lui paraît un objectif digne d'être poursuivi, même au prix d'un non-sens en économie politique »*[637]. C'est cet objectif que semble poursuivre la règlementation de la microfinance en zone CEMAC.

Toutefois, en plus des conséquences de la microfinance au plan juridique, il est évident que cette activité a une certaine influence sur le plan politique.

---

[637] *Flexible Droit, « Pour une sociologie du droit sans rigueur »,* LGDJ, 8e éd., p. 294, cité par H.-D. MODI KOKO BEBEY, *« Aspects juridiques de la micropropriété », in Colloque Microéconomie et sécurité juridique*, 21 sept. 2007, p. 65.

B – L'influence de la microfinance au plan politique

319. La microfinance s'est accompagnée du développement d'un secteur d'activité assez particulier, jetant par la même les bases d'une profession quasi autonome. Pour s'en convaincre, il importe d'apprécier l'impact de la microfinance tant sur la politique législative (1) que sur la politique financière des pays (2).

1- L'impact de la microfinance sur la politique législative des Etats

320. Microfinance et politique législative. Le développement de la microfinance à travers le monde a fortement influencé plusieurs pays qui ont dû modifier leur politique législative[638]. Ainsi, les législations nationales de divers pays ont dû intégrer des dispositions relatives à la microfinance dans leur corpus juridique. Dans la pratique, l'éclosion de l'activité de microfinance a déteint sur la politique législative des pays selon que ceux-ci sont développés, ou, plutôt sous-développés.

Dans la première hypothèse, la politique législative a consisté à concevoir la microfinance, ou plus strictement, le microcrédit comme

---

[638] C'est le cas de la France qui intègre la microfinance dans la réglementation bancaire aux travers de l'article L511-6-1° du COMOFI. En effet, après plus de dix ans d'activité de microfinance à la limite du monopole bancaire, une solution a été trouvée par la loi n° 2001-420 du 15 Mai 2001 ajoutant un alinéa 5 à l'article L511-6-1° du COMOFI. Par la suite, le décret n°2002-652 du 30 Avril 2002 portant application du 5e alinéa de l'article 5 du COMOFI relatif aux associations habilitées à faire certaines opérations de prêts et l'arrêté du 3 Juillet 2002 pris en application du décret n° 2002-652 du 30 Avril 2002 relatif à l'habilitation des associations sans but lucratif mentionnés au 5e alinéa de l'article L 511-6 du COMOFI ont été adoptés.

une activité bancaire résiduelle et accessoire. En conséquence, la réglementation bancaire classique a été élargie [639], en intégrant des adaptations nécessaires.

Dans la deuxième hypothèse, la faible bancarisation de la population et de l'économie, a justifié la promotion des services financiers à travers l'activité de microfinance. Cela a entrainé l'adoption des textes réglementaires applicables à cette activité. Cette approche est la plus répandue et revêt plusieurs variantes. Il peut en être ainsi, du procédé mutualiste et décentralisé des réglementations des coopératives d'épargne et de crédit[640]. C'est la solution retenue en Afrique de l'Ouest dans le cadre de loi PARMEC[641]. Par ailleurs, il peut s'agir d'adopter une approche sectorielle de la microfinance comme l'ont faits les Etats de l'Afrique Centrale[642], à travers le Règlement du 13 avril 2002.

Dès lors, il apparaît que quelque soit la solution retenue, le développement de l'activité de microfinance a fortement influencé les politiques législatives de plusieurs pays à travers le monde. Bien plus, l'essor de la microfinance a des répercussions certaines sur les politiques financières des Etats.

---

[639] V. Cas de la Tunisie, du Maroc et de la France sus évoqué.
[640] V. *Supra*, note 121.
[641] V. *Supra*, note 121.
[642] V. Règlement CEMAC du 13 Avril 2002 précité et ses 21 normes prudentielles.

2- L'incidence de la microfinance au niveau des politiques financières des Etats

321. Microfinance et politique financière. Les réformes entreprises avec le développement de l'activité de microfinance, concernent également la politique financière des Etats. A l'origine, la microfinance faisait partie de la finance dite informelle[643], et donc n'était que peu, ou pas pris en compte par les autorités gouvernementales. Désormais, avec l'institution d'une règlementation propre, relative aux établissements de microfinance, la microfinance est sortie de l'ombre. Les autorités lui consacrent une certaine place dans l'élaboration de leur politique financière. Ainsi, au Cameroun par exemple en Avril 2001, le Premier Ministre, Chef de Gouvernement, a signé une déclaration de politique nationale de microfinance conformément à la politique gouvernementale de lutte contre la pauvreté. Par cette déclaration, le gouvernement entendait *« institutionnaliser, organiser et renforcer le système actuel de la microfinance en l'adaptant aux besoins socio-économique des populations ne pouvant pas accéder aux services du système bancaire classique».* L'objectif de cette déclaration était d'intégrer la microfinance dans la politique financière de l'Etat, au travers d'un ensemble d'initiatives, avec le concours de tous les partenaires au

---

[643] M. LELART, *De la finance informelle à la microfinance*, éd. des archives contemporaines ; M. NOWAK, *L'espoir économique, De la microfinance à l'entrepreneuriat social : Les ferments d'un monde nouveau*, p. 141, éd. J.C. Lattès, 2010; V. art. 40 du Règlement du 13 Avril 2001, et décision n° 00 000 128 du 21 Mai 2010 du Conseil National du Crédit fixant les procédures d'immatriculation, d'ouverture et de fermeture des guichets et agences des établissements de microfinance.

développement. Une décennie après cette annonce, l'intégration de la microfinance au cœur de la politique financière étatique reste toujours d'actualité. La preuve, en décembre 2012, le gouvernement camerounais à initier une vaste camapagne visant la mise en œuvre d'une stratégie nationale de microfinance. Cette initiative poursuit son cours et donnera lieu aux termes des travaux, à un ensembles de résolutions stratégiques pour l'éclosion d'une microfinance efficiente.

Les autres pays d'Afrique Centrale, comme le Gabon ou la République Centrafricaine, avec un relatif dynamisme, tentent aussi de mettre en relief l'activité de microfinance dans leur politique financière.

Toutes ces initiatives concourent à la promotion de la microfinance, laquelle doit se faire dans un cadre bien déterminé. C'est donc à juste titre que la réglementation de la microfinance a été adoptée. Celle-ci doit, néanmoins, être bien implémentée et respectée, car les prestations financières accomplies par les établissements de microfinance ont aussi des conséquences socio-économiques importantes.

Paragraphe 2 - Les conséquences sociales et économiques des financements par les établissements de microfinance

322. La promotion de la microfinance a une forte influence sur le secteur financier. Elle produit des effets indéniables pour toutes les parties prenantes, tant au niveau économique (A) qu'au plan social (B).

A – Les implications économiques du financement par les établissements de microfinance

323. Le financement assuré par les établissements de microfinance est un facteur déterminant de financiarisation de l'économie (1), mais aussi un gage de la citoyenneté économique (2).

1- Le microfinancement, source d'extension de la financiarisation de l'économie

324. Microfinance et financiarisation des rapports sociaux. En ce XXIe siècle, on vit sous l'ère de l'économie financière. L'idéologie néolibérale a mis le capital au cœur des rapports socio-économiques. A cet effet, selon un auteur, l'intensification de la financiarisation des rapports sociaux conduit à des situations où l'accès aux produits financiers est une nécessité pour l'ensemble de la population[644]. Or, en Afrique Centrale, le taux de bancarisation de la population est encore assez faible. Cela, parce que les établissements de crédit classiques qui y sont implantés procèdent au rationnement du crédit et à une rigoureuse sélection de la clientèle[645]. Ces populations, délaissées par les banques, se tournent vers les établissements de microfinance qui

---

[644] V. G. GLOUKOVIEZOFF, *De l'exclusion à l'inclusion bancaire des particuliers en France, entre nécessité sociale et contrainte de rentabilité,* thèse Sciences Economiques, 2008, p. 11.

[645] Pour plus de détails, voir *supra* n°223.

leur fournissent un ensemble de prestations financières[646]. L'intervention de ces établissements dans l'accomplissement des prestations financières participe à la financiarisation de l'économie. Cette dernière pouvant être entendue comme le processus par lequel tous les agrégats économiques et toutes les initiatives économiques sont appréciés à l'aune des données financières.

L'élaboration d'un dispositif règlementaire relatif aux établissements de microfinance a le mérite de sortir une frange importante de la microfinance, du secteur dit informel. Cela entraine l'intensification de la financiarisation de l'économie, et permet aux personnes non desservies par les établissements de crédit classiques, de bénéficier des prestations financières.

Au-delà de l'accroissement de la financiarisation assurée par les établissements de microfinance, les prestations financières accomplies par ces entités sont un facteur de garantie de la citoyenneté économique.

2- La microfinance, une garantie complémentaire de la citoyenneté économique

325. Microfinance et citoyenneté économique. L'utilisation des services financiers est de plus en plus généralisée, au point où les populations non couvertes souffrent d'une grave exclusion bancaire

[646] Pour mémoire, les services financiers assurés par les établissements de microfinance sont entre autres : le crédit, l'épargne, la microassurance, le transfert d'argent etc.

voire financière[647]. Cette exclusion prive les personnes affectées d'un nombre important de prérogatives, telles que : l'accès au crédit, l'ouverture de compte entre autres. A l'inverse, la promotion de la microfinance vise à combler le vide laissé par les banques classiques dans l'accomplissement des prestations financières. En effet, l'apport des établissements de microfinance dans la financiarisation de l'économie se traduit par la fourniture d'une diversité de prestations financières à savoir l'épargne, le microcrédit, le transfert de fonds[648], la microassurance.

De façon concrète, il apparaît de nos jours que l'usage des services financiers est indispensable pour toute personne (physique et morale). L'importance d'un tel usage s'est particulièrement accrue, et pour certains auteurs on doit élever le droit au crédit au rang des droits de l'homme[649]. L'utilisation des services financiers est quasi incontournable dans la société contemporaine, mais il existe encore d'importantes disparités, et des pesanteurs dans l'accès aux services financiers qu'il paraît précoce de parler de droit aux services financiers comme droit fondamental de l'homme. Néanmoins, il faut reconnaître que l'essor d'une microfinance respectueuse des droits de

[647] Pour une nette compréhension de cette notion voir *supra* n° 211 et s.

[648] Sur la question des transferts des migrants, voir thèse d'Ababacar SEYDI DIENG, *Epargne, crédit et migration : le comportement financier des migrants maliens et sénégalais en France*, univ. Lumière Lyon 2, 2000.

[649] Voir à ce propos M. YUNUS, *Pour une économie plus humaine, Construire le social-business*, édition, JC Lattès, 2011, pp. 308 et M. NOWAK, *On ne prête (pas) qu'aux riches : la révolution du microcrédit*, JC Lattès / imp. 2005.

tout humain est une garantie supplémentaire de la citoyenneté économique[650].

Le législateur a assigné la mission de financement des initiatives économiques de base aux établissements de microfinance. Ceux-ci, en plus d'avoir des implications déterminantes au plan économique, produisent des effets sociaux considérables à travers leurs financements.

B – Les effets sociaux du financement par les établissements de microfinance

326. Les prestations financières effectuées par les établissements de microfinance produisent des effets variés au plan social. Le financement de ces établissements peut être vecteur d'*empowerment*[651] ou de « capabilités », selon une certaine doctrine

---

[650] Une éventuelle « citoyenneté économique » trouve ses racines dans les avancées sociales du XIXe siècle. La notion est fréquemment invoquée pour les grandes avancées sociales comme la revendication d'un droit au travail de 1848, la reconnaissance du droit de grève en 1864, et la liberté syndicale en 1884. Après la seconde guerre mondiale, le préambule de la Constitution de 1946 consacre, sur le modèle de la Déclaration de 1789, « le devoir de travailler et le droit d'obtenir un emploi » : tout travailleur participe, par l'intermédiaire de ses délégués, à la détermination de ses conditions de travail, ainsi qu'à la gestion des entreprises. Tout se passe comme si on tentait de transposer dans l'espace économique les modèles de raisonnement du citoyen dans l'espace politique. La création des comités d'entreprise (ordonnance du 22 février 1945), l'élection des délégués du personnel (loi du 16 avril 1946), l'instauration de la participation (ordonnance du 7 janvier 1959), la reconnaissance de la section syndicale d'entreprise (loi du 27 décembre 1968), puis plus tard les lois Auroux de 1982, mais aussi la jurisprudence du Conseil constitutionnel, ont permis de traduire ces principes constitutionnels. On a ainsi assisté à une véritable constitutionnalisation du droit du travail conçu comme une liberté publique.

[651] Le terme anglais « *empowerment* » revêt plusieurs traductions françaises : « attribution de pouvoir » (BISILLIAT J., dir., 1992. pp. 11-23), ou «

(1) ; ou encore source d'insertion sociale des personnes bénéficiaires (2).

1- Le financement des établissements de microfinance, source de« capabilités »

327. Le concept de « capabilité ». Le mot « capabilité » est de plus en plus utilisé dans la littérature économique en parlant des institutions financières[652]. Selon un auteur, *« la capabilité reflète la liberté de mener différents types de vie. Une vie peut se définir de façon large ou étroite. De plus, nous avons aussi des objectifs et des valeurs concernant d'autres choses que les types de vie que nous pouvons mener, et notre aptitude à les réaliser est également une question de liberté au sens large»*[653]. Autrement dit, selon ce penseur, la capabilité renvoie à la capacité qu'a une personne d'accomplir des

obtention de pouvoir » (JACQUET I., 1995), voire « renforcer le pouvoir » ou « renforcement du pouvoir d'action » dans certaines versions françaises de publications de la Banque mondiale et de l'UNIFEM (Fonds de Développement des Nations-Unies pour la Femme - United Nations Development Fund for Women). En se référant à NUSSBAUM et SEN, Jean-Michel Servet propose plus récemment (2006) d'utiliser le terme « capabilisation » – même s'il reste à voir si ce néologisme rencontrera à terme une acceptation plus large dans le monde francophone, et plus particulièrement en France et en Afrique francophone que le terme « *empowerment* », nous le préférons en raison de sa connotation. V. E. HOFMANN et K. MARIUS-GNANOU, « Le microcrédit est-il le faux nez du néolibéralisme ? La microfinance et les femmes pauvres : état du débat », *Les cahiers d'Outre Mer*, 2007/2 n°238, pp. 217-233.

[652] Dans la littérature anglo-saxonne on parle d'*empowerment*, c'est-à-dire le fait de rendre les personnes autonomes (autonomisation) et les habiliter à prendre du pouvoir sur leur destinée. En fait il s'agit d'un concept positif et de partage.

[653] ARMARTYA SEN, *Ethique et économie*, Paris, Presses universitaires de France, 1993 p. 218, cité par GLOUKOVIEZOFF (G.), *thèse précitée*, pp. 17-18.

objectifs nécessaires, à sa réalisation et à son épanouissement personnels.

328. 'Capabilité' et capacité juridique. D'un point de vue pratique, le concept de capabilité peut être rapproché de la notion juridique de capacité. Cette dernière est perçue soit comme l'aptitude à avoir des droits et des obligations (capacité de jouissance), soit le pouvoir de mettre en œuvre soi-même ses droits et ses obligations (capacité d'exercice)[654]. La capabilité semble revêtir un sens plus large. La capabilité pourrait être appréciée comme l'auto-détermination de l'individu dans la jouissance de ses prérogatives économiques. C'est dans ce sens que les financements octroyés par les établissements de microfinance «donne le pouvoir» (*empowerment*) aux bénéficiaires de satisfaire certaines de leurs aspirations, au plan économique.

En outre, la microfinance joue un rôle très déterminant dans le développement socio-économique des individus exclus du secteur bancaire classique. Elle leur permet d'entreprendre des initiatives économiques rentables. C'est dans le même sens qu'un défenseur invétéré de la microfinance estime que *« grâce au microcrédit, les pauvres peuvent conjuguer leur capital humain et leurs capitaux d'investissement, pour améliorer leurs conditions de vie et le monde qui les entoure »*[655].

---

[654] *Lexique des termes juridiques* 2011, 18e éd. Dalloz, s. dir. S. GUINCHARD et T. DEBARD.

[655] M. YUNUS, *Vers un monde sans pauvreté*, le livre de poche, éd. JC Lattès, p. 227.

Dès lors, dans les faits, on s'aperçoit qu'en plus de participer à l'auto-détermination économique des individus, les financements fournis par les établissements de microfinance garantissent une certaine insertion sociale à leurs bénéficiaires.

2- Le financement par les établissements de microfinance, facteur d'insertion sociale

329. L'argent et la personne. L'argent et la personne bien que différents, entretiennent depuis toujours une relation de proximité, voire d'intimité. Comme le souligne un éminent juriste *« l'argent contribue à libérer la personne ; il peut concourir au maintien de sa dignité »*[656]. C'est pourquoi on assiste de nos jours à une importante financiarisation des rapports sociaux, à travers les financements de tout genre, et notamment ceux des banques. Malheureusement, il arrive que tout le monde ne soit pas bénéficiaire des services bancaires, et donc sujet à une certaine exclusion sociale. En effet, les exclus bancaires classiques sont victimes d'une certaine marginalisation sociale. A moins de recourir au système financier alternatif ou à la microfinance, les individus ainsi délaissés subissent de nombreuses frustrations, et évoluent en marge des circuits économiques modernes. Si cette assertion est particulièrement vraie dans les pays développés où l'usage des services bancaires et

---

[656] T. REVET, *« L'argent et la personne »*, in *Archives de Philosophie du* droit, t. 42, p. 43.

financiers est quasi indispensable, elle l'est relativement pour les pays émergents et sous développés.

La financiarisation des économies de l'Afrique Centrale n'a pas encore atteint les taux très élevés, mais le vaste mouvement de bancarisation, et plus globalement de la vulgarisation des services financiers, entrepris par les autorités de la sous-région participe de cette logique. Ainsi, le droit au compte[657] et l'obligation de payer certaines sommes par moyen scriptural[658], qui occupent une place de choix dans la réglementation financière de la sous-région, en sont une parfaite illustration. C'est dire que toute personne privée de l'une quelconque de ces prérogatives, pourrait accuser le coup d'une marginalisation sociale, source de profondes frustrations. Un auteur mentionne d'ailleurs pour le dénoncer que, l'exclusion bancaire peut entrainer l'exclusion sociale[659]. Or, c'est justement le vide laissé par l'exclusion bancaire que la microfinance tente de combler. Pour ce faire, les établissements de microfinance tendent à généraliser leurs prestations, afin de servir le plus grand nombre de personnes possibles, en les intégrant dans la sphère financière officielle. Ce rôle de la microfinance est d'une importance fort remarquable, dans la mesure où, les financements octroyés par les établissements de microfinance, deviennent des facteurs d'insertion sociale des bénéficiaires.

---

[657] Art. 7 du Règlement n° 02/03/CEMAC/UMAC/CM du 04 Avril 2003 relatif aux systèmes, moyens et incidents de paiement.

[658] Art. 3 du même texte.

[659] G. GLOUKOVIEZOFF, *L'exclusion bancaire et financière des particuliers : du droit à l'accès à l'autonomie*, mémoire de DEA d'économie, 2001, s. dir. Jean-Michel SERVET.

Autrement dit, sans les prestations financières des établissements de microfinance, les exclus bancaires sont dépourvus d'une réelle autonomie financière et se résignent à subir les effets du système financier officiel au lieu de l'animer.

Conclusion du chapitre 2

330. Conclusion. En définitive, on constate que l'importance des établissements de microfinance dans le financement des initiatives économiques de base n'est plus à démontrer. L'intermédiation microfinancière est un complément essentiel de l'intermédiation bancaire classique. Cette complémentarité est d'autant plus nécessaire qu'elle influence positivement les bénéficiaires de la microfinance, en leur permettant de s'exprimer de manière efficiente au plan social et économique. La microfinance participe activement à la vulgarisation des prestations financières, mais il reste à espérer que tous les acteurs de ce secteur d'activité s'approprient effectivement les dispositions de la réglementation communautaire. Ceci, afin que l'implémentation des règles encadrant l'activité de microfinance permette d'atteindre non seulement les pauvres, mais aussi les plus pauvres des pauvres.

Conclusion du titre 2

331. L'essor non régulé des pratiques de microfinance, semble être une réponse aux insuffisances observées dans l'intermédiation bancaire classique. Selon un juriste, *« l'exclusion économique de l'agent endogène et de son environnement débouche sur un rejet, traduit par le développement de l'informel, manifestation du refus de l'exclusion et de la marginalisation. Tout se passe alors comme si en réaction à sa mise à l'écart, l'agent africain suit une autre logique d'inclusion et d'identification. Il s'attelle à reconstruire un cadre au sein duquel il redynamise les structures les plus anciennes de son passé et sauvegarde ses intérêts »*[660]. L'encadrement des établissements de microfinance vise à promouvoir les services financiers au profit des exclus bancaires, et le financement des initiatives économiques de base. C'est dire que, contrairement aux banques classiques, les EMF ont vocation à répondre, selon leurs possibilités, aux besoins des couches sociales défavorisées, en appréciant les données économiques à la lumière des considérations sociales. C'est dans ce sens qu'un auteur pense qu'en Afrique, la croissance de la microfinance ainsi que celle de l'informel en général, se justifierait par son « *aptitude à concilier les valeurs sociales et culturelles de l'Afrique avec la nécessaire efficacité économique*»[661].

---

[660] J.L. NOUIND, *La microfinance en Afrique entre tradition et modernité : essai sur la microassurance informelle*, thèse s. dir. de M. Georges VERMELLE, 06 novembre 1999, univ. Tours, p. 44.

[661] J.L. NOUIND, *thèse précitée*, p.11.

Toutefois, le législateur a pris soin de fixer les conditions d'accès et d'exercice de l'activité de microfinance ; dans la même logique, il a manifesté une forte volonté de confiner cette activité en déterminant le domaine de compétence des EMF.

Conclusion de la première partie

332. Une règlementation des établissements de microfinance justifiée à plusieurs égards. En zone CEMAC, la microfinance s'est longtemps développée en marge de toute réglementation. Par la suite, elle a été soumise à des législations nationales parfois inadéquates et parcellaires. Cette situation présentait l'inconvénient de laisser des pans entiers du tissu économique en marge d'une réglementation appropriée. Il a donc fallu, régir, réguler et intégrer la microfinance dans un cadre adapté.

Fait économique par essence, la microfinance doit être encadrée de façon optimale. En Afrique centrale, une réglementation bancaire existe depuis des décennies, mais celle-ci paraît inadaptée pour régir le secteur de la microfinance qui présente plusieurs originalités. Au regard de cela, il apparaît donc que l'instauration d'une règlementation propre à l'activité de microfinance était devenue un impératif. C'est la raison de l'adoption du Règlement n°01/02/CEMAC/UMAC/COBAC relatif aux conditions d'exercice et de contrôle de l'activité de microfinance dans la Communauté Economique et Monétaire de l'Afrique Centrale, et ses Règlements complémentaires qui édictent les normes prudentielles applicables à ce secteur financier. L'institution du statut des EMF est donc une conséquence de l'évolution de la norme juridique pour saisir la réalité économique. Ainsi que le note une éminente juriste, *« l'économie serait de l'ordre de la nature et le droit du construit. L'économie de l'ordre du spontané, du mouvement mécanique et le droit de l'ordre de la volonté et du choix*»[662]. Il existe une interdépendance entre économie et droit. L'économie est un objet important de la science juridique. A l'inverse, le droit subi parfois l'influence de l'économie, au point où cela peut justifier des réformes règlementaires importantes. C'est cette double préoccupation qui est prise en compte dans la règlementation de la microfinance : l'activité de microfinance s'étant grandement développé, il a fallu l'encadrer de façon appropriée.

Toutefois, la seule élaboration du statut des établissements de microfinance n'est pas suffisante. En tant qu'œuvre humaine, ce statut présente sans doutes certaines insuffisances qu'il est pertinent d'apprécier pour en proposer, le cas échéant, des correctifs. Autrement dit, il faut analyser l'adéquation du statut des EMF en zone CEMAC, afin de l'affiner pour améliorer son efficacité à régir le secteur de la microfinance.

[662] M.-A. FRISON-ROCHE, *« Droit et économie », in Regards sur le droit* (s. la dir.), François TERRE, Académie des sciences morales et politiques, *Dalloz 2010*, p.119.

DEUXIEME PARTIE

UN STATUT JURIDIQUE PERFECTIBLE

333. Perfectionnement de la règlementation des établissements de microfinance. L'émergence de la microfinance s'accompagne de nouveaux défis et d'importants enjeux sociaux, économiques et juridiques qu'il faut encadrer. C'est dire que le cadre réglementaire des établissements de microfinance est supposé favoriser l'accomplissement de leurs objectifs. Il importe donc de s'interroger sur l'adéquation du statut juridique défini pour ces établissements en zone CEMAC.

L'élaboration d'une règlementation particulière relative aux établissements de microfinance s'est avérée indispensable, en raison de la spécificité de leur activité. Mais, encore faut-il savoir si ledit statut est conforme aux exigences de cette activité, et surtout approprié pour permettre aux établissements de microfinance d'atteindre leurs missions règlementaires.

L'appréciation de la règlementation des établissements de microfinance en zone CEMAC soulève des préoccupations importantes et variées. Au sein du même cadre réglementaire tracé par le législateur communautaire, on retrouve une multiplicité de formes juridiques : les associations caritatives et lucratives, les sociétés commerciales et coopératives/mutualistes, ayant toutes la qualité d'établissement de microfinance[663]. Ce qui jette le doute sur l'unité du statut des établissements de microfinance. Par ailleurs, le critère primordial de qualification des établissements de microfinance choisi

---

[663] Il importe de noter à titre de comparaison que tous les établissements de crédit ont la forme de société anonyme, V. Règlement COBAC R-2009/02/du 1er avril 2009 portant fixation des catégories des établissements de crédit, de leur forme juridique et des activités autorisées.

par le législateur semble être l'activité. Cela n'élucide malheureusement pas le contenu des dispositions règlementaires applicables aux établissements.

334. Différenciation des EMF. La règlementation des établissements de microfinance est une avancée notable, mais elle reste à parfaire pour atteindre tous ses objectifs. L'analyse des dispositions juridiques actuelles encadrant l'activité de microfinance, laisse apparaître qu'en dépit du cadre commun tracé pour tous les établissements de microfinance, ceux-ci, au regard de leurs formes juridiques, ont des éléments caractéristiques qui les distinguent les uns des autres. Cela incite à parfaire la différenciation devant exister entre les EMF dans le Règlement CEMAC du 13 avril 2002 (Titre 1).

335. Adaptation de la règlementation des EMF à leur contexte socio-économique. Pour savoir si le cadre tracé pour les établissements de microfinance est celui qu'il fallait pour leur éclosion, et l'accomplissement optimal de leur activité, il importe de mesurer la réelle portée de la règlementation. Il faut donc analyser les contours de cette nouvelle réglementation afin de connaître les faiblesses. De façon plus concrète, il est question d'apprécier l'aptitude du cadre tracé par le législateur à permettre aux établissements de microfinance, d'atteindre leurs finalités. Ainsi, l'encadrement préconisé pour les établissements de microfinance en zone CEMAC est une œuvre pionnière, et à ce titre encourageante, mais cette œuvre ne sera satisfaisante que si elle est améliorée, en tenant compte des premières difficultés de ce secteur d'activité ; il faut alors améliorer le régime juridique des établissements de microfinance (Titre 2).

TITRE 1

Vers une meilleure différenciation des établissements de microfinance dans le règlement de la CEMAC

336. L'institution d'une nouvelle catégorie juridique et de plusieurs sous-catégories. Le règlement CEMAC du 13 avril 2002, a pour objet d'encadrer l'activité de microfinance, en regroupant toutes les entreprises se livrant à cette activité dans une profession unique. L'approche du législateur a consisté à créer une nouvelle catégorie juridique, dénommée établissement de microfinance, ayant un critère de rattachement commun, lequel est l'exercice de l'activité de microfinance. Néanmoins, la réglementation différencie par la même occasion, trois sous-catégories d'établissements de microfinance : soit en fonction de leur structure juridique, soit de la qualité de leurs membres, soit enfin des opérations qui leur sont autorisées.

337. Unité statutaire sans uniformisation. La volonté unificatrice du législateur communautaire est assez poussée, mais n'a guère abouti à l'uniformisation. C'est ainsi que les rédacteurs du règlement sur l'activité de microfinance ont respecté la diversité de formes des établissements de microfinance. En effet, ces derniers présentent d'importantes disparités quant à leur dimension, les opérations qu'ils pratiquent, leur clientèle. C'est en considération de ces différences, que le législateur les classe en diverses sous-catégories, auxquelles correspondent des conditions de constitution et de fonctionnement diversifiées.

La règlementation des établissements de microfinance met en relief un statut de base commun, traduisant une unité apparente (Chapitre I). Les distinctions au sein des établissements de microfinance sont faites, entre ceux habilités à recevoir les dépôts du public, et ceux n'y étant pas autorisés d'une part. Les établissements autorisés à traiter avec leurs seuls membres, différents de ceux pouvant traiter avec les tiers, d'autre part. Cette complexité de l'encadrement professionnel de la microfinance, révèle l'importance de prendre en compte la diversité réelle de ces établissements (Chapitre II).

CHAPITRE 1

L'unité apparente du statut juridique des établissements de microfinance

338. Evolution de l'encadrement de la microfinance. La réglementation de l'activité de microfinance en zone CEMAC, a eu prioritairement deux objectifs, à savoir : encadrer de façon unifiée, les opérations de microfinance pour sortir cette dernière du secteur dit informel; et améliorer les relations entre les établissements de microfinance et leur clientèle, à travers la sécurisation des dépôts notamment[664].

Avant la réglementation du 13 avril 2002, on était en présence d'un système non régulé et éclaté, qui ne tenait pas toujours compte de l'originalité de l'activité de microfinance. C'est ainsi que pour la plupart des Etats de la zone CEMAC[665], à l'instar du Cameroun, l'activité de microfinance était réduite à quelques prestations, notamment le microcrédit. Les établissements habilités à l'accomplir étaient soumis à l'autorité du ministère de l'agriculture[666]. Or, ce dernier n'avait ni les moyens techniques, ni les moyens humains pour régir efficacement ce secteur d'activité, d'où une nouvelle

---

[664] C'est dans ce cadre que les vingt et une (21) normes prudentielles COBAC ont été adoptées le 15 avril 2002 et notamment, le Règlement COBAC/EMF/2002/07 relatif à la couverture des risques et le Règlement COBAC/EMF/2002/14 relatif à la liquidité des EMF.

[665] Au Congo, en l'absence de cadre légal adapté, les quelques structures de microfinance qui existaient prennent soit la forme d'association soumise à la loi de juillet 1901, soit la forme de société à responsabilité limitée, soumise au registre de commerce. Après la guerre de 1997 à 2000, d'autres établissements de microfinance naîtront, sans cadre juridique approprié.

[666] V. Décret n°92/455/PM fixant les modalités d'application de la loi n°92/006 du 14 août 1992 relative aux sociétés coopératives et aux groupes d'initiative commune. Art. 42 al. 2.

intervention du législateur, qui soumet les entités effectuant la microfinance à la tutelle des autorités monétaires[667].

Le règlement du 13 avril 2002 a essayé d'unifier le statut des établissements de microfinance, au travers d'un certain nombre de règles applicables à tout établissement de microfinance, et on pourrait qualifier celles-ci de droit commun des établissements de microfinance. Néanmoins, l'unification apparente du statut des établissements de microfinance, n'implique pas une uniformisation.

339. La construction d'un statut unitaire aux conséquences nombreuses. Le règlement encadrant l'activité de microfinance offre la possibilité aux entreprises désireuses d'effectuer cette activité, de se constituer sous diverses formes : sociétaires ou associatives[668]. Il apparaît que la réglementation sous-régionale CEMAC, trace un cadre juridique unique pour l'ensemble des établissements de microfinance, en les soumettant à certaines règles quasi identiques. Cette volonté unificatrice du statut des établissements de microfinance, est perceptible à plusieurs niveaux (section I). Toutefois, ce dessein de rassembler les EMF n'est pas du tout total, en raison de plusieurs facteurs tant internes qu'externes à l'activité de microfinance. Ainsi, la règlementation des EMF sans être éclatée, n'est pas totalement

---

[667] Relevons tout de même que les coopératives agricoles sont restées sous la tutelle du Ministère de l'Agriculture. Ce sont les coopératives d'épargne et de crédit qui ont été soustraites de la tutelle de ce ministère, et sont passées à celle du Ministère des Finances et du Budget (MINFIB). Ceci se justifie par le fait que les fonctions financières (épargne et crédit) doivent être contrôlées par l'Autorité monétaire. Le MINFIB a comme fonction fondamentale de sécuriser l'épargne des citoyens, c'est d'ailleurs la raison du transfert de la charge des coopératives financières du Ministère de l'agriculture vers celui des finances et du budget.

[668] V. *Infra* chapitre 2 du titre 1 de la deuxième partie de la présente étude.

unifiée. Toujours est-il que l'unification du statut juridique des établissements de microfinance voulu par le législateur CEMAC, a des effets importants sur l'essor de cette activité (section II).

Section 1 - Les manifestations de la volonté unificatrice du statut des établissements de microfinance

340. L'unité au centre des préoccupations du législateur. La réglementation communautaire organise, un cadre juridique de droit commun pour la microfinance, sans insister sur les particularités de chaque forme d'établissement. Le statut repose sur une idée principale : la prestation des services de microfinance doit être rigoureusement contrôlée, non seulement en fonction de la nature de l'activité, mais aussi en considération des opérations effectuées. La surveillance des établissements de microfinance, vise ainsi, à protéger les épargnants, et à encadrer une activité nécessaire – ne fusse que partiellement – à la création et à la circulation de la monnaie[669].

Une analyse minutieuse du statut des EMF, laisse transparaître une volonté d'unification indéniable. Cette dernière est perceptible au travers d'un certain nombre de concepts fondateurs (Paragraphe 1), et

---

[669] En faisant circuler l'argent comme les banques, à travers les crédits qu'ils accordent, les EMF participent à une fonction que les Etats ont toujours considérée comme une fonction régalienne : l'émission monétaire. C. GAVALDA et J. STOUFFLET, *Droit bancaire*, 4e éd., Litec, n° 2, p.1.

Pour une approche juridique de la monnaie, Lire R. LIBCHABER, *Recherches sur la monnaie en droit privé*, LGDJ, 1992.

l'instauration des monopoles pour les établissements de microfinance (Paragraphe 2).

Paragraphe 1 - Les concepts fondateurs de l'unité statutaire des établissements de microfinance

341. Les entreprises qui se livrent à l'activité de microfinance sont soumises à un statut de base commun. Pour matérialiser cette idée, le législateur a élaboré des dispositions fédératrices, des termes unificateurs, visant à réunir tous les établissements qui accomplissent les opérations de microfinance, autour d'une règlementation collective. Celle-ci est fondée sur un ensemble de concepts génériques, parmi lesquels émergent principalement deux : le concept de microfinance (A) et celui d'établissement de microfinance (B).

A – La microfinance, un concept fondateur à clarifier

342. La réalité de l'activité de microfinance n'est plus à démontrer, tant celle-ci est de plus en plus présente, et perceptible au plan social et économique. Sa véritable signification ne fait, néanmoins, pas l'unanimité au plan scientifique[670]. Le concept de microfinance est donc différemment perçu au sein de la doctrine, et insuffisamment saisie par le législateur (1) ; pour bien servir la pensée juridique, elle doit être nettement définie (2).

---

[670] Les penseurs qu'il s'agisse des sociologues, des économistes, encore moins les juristes ne s'accordent pas toujours sur une définition unanime de la microfinance.

1- La critique des définitions usuelles de la microfinance

343. La microfinance : une notion plurielle. La microfinance regorge une large gamme de services. L'ensemble des services financiers offerts aux pauvres, aux populations mal desservies par le système financier dit classique.

A l'origine, les services de microfinancement étaient surtout basés sur la fourniture des prêts de petits montants (microcrédit) aux populations très démunies, pour les aider à entreprendre des activités productrices. Avec le développement économique, les prestations de microfinancement se sont répandues, pour couvrir un large éventail de services financiers, afin de répondre aux besoins, de plus en plus croissants, des personnes mal desservies par les établissements de crédit classiques. Or, les besoins de ces personnes ne sont pas seulement des besoins d'argent, mais celles-ci aspirent aussi à des services connexes et annexes au microcrédit. C'est le cas de la micro épargne, la micro assurance[671], la location de coffres et le transfert d'argent[672]. Cette acception de la microfinance est plus perceptible dans les pays dits sous-développés. En revanche, dans les pays

---

[671] M. CADOUX, « *L'assurance au service des microentrepreneurs* », L'Argus de l'assurance, n° 7006, 22 déc. 2006.

[672] M. LELART, *De la finance informelle à la microfinance*, éd. Archives contemporaines, AUF, 2005, p. 53.

industrialisés comme la France, la microfinance se résume pratiquement à l'octroi du microcrédit[673].

344. Essai de définitions des vocables microcrédit et microfinance. Le terme « microcrédit » n'a pas une définition précise en droit, encore moins, unanimement accepté dans les sciences sociales[674]. Toutefois, il peut être considéré comme *« un prêt de faible montant garanti par une relation de proximité et dont l'objet est de permettre à une, ou à des personnes économiquement faibles, normalement exclues du cycle de financement formel, de créer ou de développer sa propre activité économique (microcrédit professionnel), ou de réaliser un projet personnel, en vue de son insertion professionnelle et sociale (microcrédit social) »*[675].

A l'origine, le microcrédit est une notion purement économique puisqu'elle n'a que très peu fait l'objet d'une reconnaissance juridique[676]. Bien que les termes microcrédit et microfinance soient mondialement connus de nos jours, ils n'ont reçu aucune définition unanimement acceptée. Une partie de la doctrine reconnaît d'ailleurs que « *la notion de microfinance recouvre une*

---

673 L. LHERIAU, *Précis de la réglementation, op.cit.*, n°2, p. 24. V. NHEAN, *Le microcrédit en droit français et en droit cambodgien*, Mémoire, Univ. Jean Moulin, Lyon III, p. 16 et s. et n°28 et s.

674 Sciences économiques, sociologie, sciences du développement…etc.

675 NHEAN, *Le microcrédit en droit français et en droit cambodgien, op. cit.*, p. 2.

676 Bien que le microcrédit ne soit pas couramment utilisé dans le langage juridique, l'analyse des caractéristiques du microcrédit permet de constater que certaines dispositions du droit sont consacrées au microcrédit. Il en est ainsi par exemple des articles L 511-6 *in fine* du code monétaire et financier français et 80-III de la loi du 18/01/2005 en France.

grande diversité de réalité ; aussi, aucune définition n'a permis jusqu'ici de donner une représentation de cette réalité complexe»[677]. Il apparaît donc qu'il n'est pas évident de dégager une définition universelle de la microfinance, mais plutôt des caractéristiques principales permettant de dessiner les contours de cette activité. On trouve au sujet de ce secteur les termes *« microfinance, secteur intermédiaire, industrie de la microfinance, économie de la microfinance »* entre autres, précise un auteur[678].

De façon assez simpliste, le microcrédit n'est autre chose que le crédit de petite taille. Or, au sens juridique, constitue une opération de crédit, *« tout acte par lequel une personne, agissant à titre onéreux met ou promet de mettre des fonds à la disposition d'une personne, ou prend dans l'intérêt de celle-ci, un engagement par signature tel qu'un aval, un cautionnement ou une garantie »*[679]. Cette disposition ne définit pas l'opération de crédit, mais se contente d'énumérer les opérations de crédit. Au demeurant, cette énumération n'est pas exhaustive puisqu'elle ne tient pas compte par exemple des crédits interentreprises. Cela montre qu'il n'existe pas de définition légale du crédit, encore moins celle du microcrédit.

La polysémie des notions de microcrédit et plus largement de microfinance, tient à la variété des opérations en cause et à la diversité des opérateurs. Selon un auteur, le microcrédit renvoie à de *« prêt de*

---

[677] B.S. DIAKITE, *Les fondements théoriques de l'économie de la microfinance*, t.1, éd. Menaibuc, p. 9.

[678] B.S. DIAKITE, *op. cit., idem.*

[679] Art. 6 de l'Annexe à la Convention portant harmonisation de la réglementation bancaire dans les Etats de l'Afrique Centrale.

petits montants d'argent à des clients considérés comme trop risqués par des banques »[680]. Cette définition est insuffisante et trop simpliste. D'après une spécialiste de la finance, *« le microcrédit correspond à des prêts de faible montant destinés à des personnes à bas revenu, généralement exclues des banques, parce que leur solvabilité est considérée comme insuffisante et/ou parce que les coûts de gestion de tels prêts sont jugés trop élevés. Ces prêts doivent leur permettre de créer ou de développer les microentreprises ou des activités génératrices de revenus »*[681]. Cette définition tient compte de plusieurs caractéristiques du microcrédit. Elle peut être appliquée, tant aux pays développés qu'aux pays sous développés, même si elle ne rend pas suffisamment compte du microcrédit social.

Dans toutes les définitions évoquées ci-dessus, aucune ne tient intégralement compte des aspects juridiques qui doivent nécessairement sous-tendre l'acception de la réalité de la microfinance en droit positif. Il y a donc nécessité d'élaborer une définition juridique du concept de microfinance.

---

[680] A. OULD NEMINE, *Le rôle des microcrédits dans le financement du développement*, thèse Univ. de Nice, 15 décembre 2004.

[681] M. NOWAK, *in Croissance et cohésion sociale, Le microcrédit et l'Union Européenne, Issue of the finance and the common good/biens communs*, automne 2006, n° 25.

2- Proposition d'une définition juridique plus complète du concept de microfinance

345. L'importance des définitions claires en droit positif. Une bonne définition est un préalable important à l'étude scientifique d'une notion. Le concept de microfinance n'échappe pas à cette exigence. Ce concept est d'apparition assez récente, mais pour mieux intégrer la science juridique, il est impérieux de lui donner un sens précis en droit positif.

En droit, la définition revêt à la fois un aspect substantiel c'est-à-dire qu'elle exprime la consistance matérielle d'un concept, et un aspect formel c'est-à-dire le sens du terme qui le désigne[682].

Selon le professeur Jean DABIN, *« le facteur premier de la praticabilité du droit consiste dans une suffisante définition. Un droit insuffisamment défini n'est point praticable, en ce sens que son application donnera lieu à des hésitations et des controverses génératrices d'insécurité juridique»*[683]. La prise en compte de l'activité de microfinance par la science juridique doit s'accompagner d'une nette conceptualisation, et d'une claire définition, pour un meilleur encadrement.

346. L'ambigüité de la définition règlementaire de la microfinance. L'imprécision de la définition de la microfinance en

---

[682] J.-L. BERGEL, *Théorie générale du droit*, 2e éd. n° 182, p. 195.

[683] J. DABIN, *Théorie générale du droit*, édition Dalloz, 1969, n° 232, cité par J.-L. BERGEL, *op. cit.* n° 183, pp.195 et 196.

ajoute à la complexité de la règlementation des EMF, élaborée par le législateur communautaire de la CEMAC. Le règlement du 13 avril 2002 évoque le concept de microfinance en lui donnant une définition pour le moins ambiguë. L'article premier de ce texte définit la microfinance comme « *une activité exercée par des entités agréées n'ayant pas le statut de banque ou d'établissement financier tel que définit à l'Annexe à la Convention du 17 janvier 1992 portant Harmonisation de la Réglementation Bancaire dans les Etats de l'Afrique Centrale, et qui pratiquent, à titre habituel, des opérations de crédit et ou de collecte de l'épargne et offrent des services financiers spécifiques, au profit des populations évoluant pour l'essentiel en marge du circuit bancaire traditionnel* »[684]. Cette définition réglementaire appelle plusieurs remarques de fond et forme.

347. Le caractère équivoque de la définition règlementaire de la microfinance quant au fond. La définition du législateur communautaire ne décrit pas suffisamment la substance de la microfinance pour en révéler les critères distinctifs. Le législateur exclut expressément les entreprises effectuant la microfinance du

---

[684] Il est intéressant de noter que :

Une des versions de l'avant projet de règlement CEMAC prévoyait l'existence de plafonds pour l'octroi de crédit afin de compléter la définition de la microfinance et d'éviter d'utiliser la qualité d'EMF pour faire concurrence aux banques ;

La terminologie employée initialement par l'avant projet de règlement CEMAC était celle d'établissement de crédit à caractère spécial (ECCS). Le terme d'EMF a été finalement retenu à la demande de la profession pour faire la distinction entre les EMF et les établissements de crédits soumis à la convention bancaire de 1992 en vigueur dans les pays de la CEMAC.

statut bancaire, mais l'énumération de leurs opérations laisse apparaître que celles-ci sont quasi identiques à celles des banques à savoir : les opérations de crédit et/ou de collecte de l'épargne[685]. En outre, l'indication selon laquelle les établissements de microfinance fournissent des *« services financiers spécifiques »* est assez équivoque. Cette mention incite à s'interroger sur la nature de ces services. Sont-ils totalement différents des services financiers classiques fournis par les établissements bancaires ? De notre point de vue, la spécificité des services ainsi évoqués par le législateur, s'inscrit en droite ligne de l'originalité du secteur de la microfinance, laquelle défie parfois les lois de la finance traditionnelle[686]. En outre, l'originalité de la microfinance s'apprécie par rapport au montant du crédit, des sûretés en cause, des moyens de recouvrement, entre autres. Ceux-ci sont parfois assez différents de ce qu'on observe pour les établissements de crédit classiques.

Pour les termes non clairement précisés, on peut partager la pensée d'un célèbre auteur qui estime que c'est au juge qu'il appartient, au nom de son pouvoir d'interprétation des lois et règlements, de fixer le sens des mots et de donner aux concepts leurs définitions[687]. Il peut d'ailleurs être aidé en cela par la doctrine qui,

---

[685] V. Art. 4 Annexe à la Convention Bancaire du 17 avril 1992.

[686] Les lois applicables au système financier dit classique et notamment celles relatives au secteur bancaire. Exemple : les mécanismes de prêts, les moyens de recouvrement, les sûretés.

[687] J.-L. BERGEL, *Théorie générale, op. cit.*, citant Ch. EISENMANN, *« Quelques problèmes de méthodologie des définitions et des classifications en Science juridique », in « La logique du droit », Archives de philosophie du droit,* T. XI, 1966, p. 25 et &, n°4.

par ses effets d'explication du droit positif, par son œuvre de synthèse, par sa force de proposition, dégage des concepts et en suggère les définitions[688].

348. L'indétermination de la définition règlementaire quant à la forme. La définition de la microfinance soulève deux questions. En ce qui concerne les entreprises agréées, l'imprécision *a priori* de la qualité de l'agrément laisse un doute sur la qualité des établissements prestataires de l'activité de microfinance. Ce doute est heureusement effacé par l'article 2 du même règlement qui indique clairement qu'il s'agit des établissements de microfinance (EMF), à l'exclusion des établissements de crédit classiques[689].

En revanche, les destinataires des services de microfinance ne sont pas clairement identifiés par le Règlement. Ce dernier se contente d'indiquer que ce sont *« des populations évoluant pour l'essentiel en marge du circuit bancaire traditionnel »*. D'abord, l'utilisation de l'adverbe « essentiel » indique que toutes les populations ne sont pas forcément concernées. Cela laisse croire qu'on peut être exclu du circuit bancaire traditionnel sans être bénéficiaire de l'activité de microfinance ; mais aussi qu'on peut être bénéficiaire des services bancaires, et recourir aussi à l'activité de microfinance. En effet, aucun critère légal n'interdit expressément à une personne de recourir à la fois aux prestations bancaires, et de microfinance.

---

[688] J.-L. BERGEL, *op.cit.,* pp. 196 – 197.

[689] De façon concrète, pour qu'un établissement de crédit accomplisse l'activité de microfinance, il faut qu'elle dédie expressément cette activité à une filiale agréée comme EMF.

Ensuite, l'exclusion du crédit bancaire[690] n'est ni permanente, ni insurmontable. L'exclu du secteur bancaire d'aujourd'hui peut devenir plus crédible demain et vice versa[691]. Bien plus, il n'existe pas de droit au crédit[692], c'est dire que les banques peuvent refuser le crédit à une personne, lorsqu'elles se rendent compte que celle-ci n'offre pas suffisamment de garantie, pour le recouvrement futur des fonds prêtés. Au regard de toutes ces difficultés et imprécisions, une nette clarification de la définition du concept de microfinance semble indispensable.

349. L'appréciation de la définition de la microfinance à l'aune de la technique juridique. Techniquement, on distingue la définition réelle de la définition terminologique. Un grand auteur préconise une distinction « *entre les définitions qui portent sur le grain des choses et celles qui portent sur la paille des mots..., entre la définition directe*

---

[690] L'expression exclusion bancaire du crédit est sujette à caution puisqu'il n'existe pas de « droit au crédit ». Il vaut mieux parler de l'absence ou de difficulté d'accès au crédit bancaire. E. CONSANS, « *L'exclusion bancaire et financière : outils de mesure et actions nouvelles* » *in Le rapport moral sur l'argent dans le monde*, éd. Association d'économie financière, 2006, p. 364.

[691] A titre d'illustration, une personne démunie, sans ressources financières, sans garanties fiables, ne peut facilement bénéficier des services bancaires ; or, l'amélioration de la situation financière en raison par exemple, d'un gain d'argent inattendu ou l'occupation d'un emploi bien rémunéré peut motiver l'accès aux services bancaires. Inversement, un grand et subit appauvrissement d'une personne jadis nantie, peut lui valoir la réticence, voire le refus de l'accès aux services bancaires, si elle n'offre plus aucune garantie, la confiance qu'on lui faisait s'effrite totalement.

[692] Lire A. PEZARD, *« Droit au crédit : approche juridique et problèmes », in Rapport Exclusion et liens financiers,* 1999-2000, Paris, Economica, 1999, p. 262-274 ; T. SERVET, « La réglementation américaine et la lutte contre la discrimination financière », *in Rapport moral sur l'argent dans le monde*, Paris, AEF, 2001.

des choses et celle des mots »[693]. La première consiste en une détermination substantielle des éléments et des attributs spécifiques du concept envisagé, alors que la deuxième est plutôt l'indication du sens déterminé d'un terme employé dans un texte[694].

La microfinance est originellement une notion économique et financière, mais avec son incursion sur la scène juridique, il est important de préciser le sens réel du terme. Le texte réglementaire indique le sens dans lequel on doit saisir la microfinance, mais cette définition bien que réelle, est très peu satisfaisante[695]. De notre point de vue, la microfinance devrait être définie d'une façon à la fois objective et subjective en tenant compte des éléments caractéristiques de cette activité si particulière.

350. Ebauche d'une définition juridique plus complète de la microfinance. La microfinance peut être perçue comme une activité exercée par des institutions autorisées à cet effet, qui effectuent en leur nom propre et à titre habituel, des prestations telles que les opérations de crédit, de collecte d'épargne, de transfert d'argent, l'assurance ou toute autre prestation financière ; toutes d'un montant relativement faible, au profit d'un ensemble de personnes mis en relation par une certaine proximité temporelle, géographique et/ou spatiale, éprouvant

---

[693] G. CORNU, *in « Les définitions dans la loi et les textes réglementaires »*, *Cahier de méthodologique juridique*, n° 2, p.1179.

[694] J.-L. BERGEL, *Théorie générale du droit*, *op. cit.*, n° 137 et s., p. 201 et s.

[695] La définition terminologique ne constitue qu'un élément accessoire de la loi qui l'énonce et non un élément essentiel de l'ordre juridique auquel la loi se réfère et qui la domine ; J.-L. BERGEL, *op. cit.,* n° 188, p. 202.

les difficultés d'accès aux services bancaires traditionnels, en raison de la faiblesse, ou de l'insuffisance des garanties qu'elles présentent. De cette définition se dégage trois idées forces.

Tout d'abord, le montant des opérations visées par l'activité de microfinance. Il doit être assez faible mais, indiquer précisément un montant aboutirait à figer la définition[696].

Ensuite, la proximité géographique et spatio-temporelle est assez caractéristique des opérations de microfinance, dans la mesure où ce rapprochement est la première garantie de recouvrement. C'est donc à juste titre que les prêts solidaires trouvent un écho particulièrement favorable en microfinance, contrairement au secteur bancaire par exemple.

Enfin, les difficultés d'accès au secteur bancaire distinguent les clients des institutions de microfinance de ceux des banques, pour deux raisons : la population visée par la microfinance n'offre pas de garanties suffisantes pour satisfaire aux exigences du secteur bancaire. En plus, le degré d'information n'est pas le même entre les deux secteurs d'activités. Si l'information semble plus « souple » et plus « proche » dans le secteur de la microfinance, elle est moins élaborée et peu fiable que celle attendue du secteur bancaire.

Tous ces éléments caractéristiques, tout en révélant la spécificité de l'activité de microfinance, mettent en exergue l'hétérogénéité de la règlementation de la microfinance, ce d'autant

---

[696] Nous pensons que la malléabilité de cette expression « permet d'embrasser tous les cas, prévisible ou non, et d'attribuer à chacun un traitement approprié » J. DABIN, *Théorie générale du droit*, n° 545.

plus que toutes les entités concernées ne sont pas habilitées à accomplir le même type d'opérations. Cela est aussi perceptible quand on analyse la notion générique d'établissement de microfinance.

B - Le concept générique d'établissement de microfinance

351. Le terme globalisant d'établissement de microfinance. La notion d'établissement de microfinance est générique, dans la mesure où, elle regroupe sous une dénomination unique, diverses sous-catégories, ou formes d'entreprises exerçant l'activité de microfinance. Aux termes de l'article 2 du règlement du 13 avril 2002 relatif aux conditions d'exercice de l'activité de microfinance, la dénomination « EMF » désigne les entités qui exercent l'activité de microfinance dans la Communauté Economique et Monétaire de l'Afrique Centrale. La notion d'établissement de microfinance est définie à partir de trois éléments : la personne morale, l'activité et la circonscription géographique de l'exercice de l'activité.

L'analyse de la notion d'EMF permet de constater que le législateur communautaire crée une nouvelle catégorie juridique (1), pour laquelle il faut déterminer des critères distinctifs (2).

1- L'établissement de microfinance, une nouvelle catégorie juridique

352. L'importance de la catégorisation en droit. La définition des concepts se prolonge dans leur catégorisation[697]. C'est dans ce sens que la microfinance a motivé l'instauration de la catégorie d'établissement de microfinance. La catégorisation des concepts juridiques obéit aux exigences de classification assez déterminées. Il n'est pas ici question d'étudier chaque phénomène juridique en soi, mais de le comparer aux autres, pour l'en rapprocher ou l'en dissocier[698].

La distinction entre l'activité de microfinance et l'activité bancaire, *stricto sensu*, a justifié l'émergence d'un statut juridique propre pour les EMF. De même, la divergence entre les établissements de crédit classiques et les entités habilitées à exercer l'activité de microfinance a milité en faveur de l'instauration d'une nouvelle catégorie juridique. Comme le relève un auteur, « *il faut regrouper dans une même catégorie, soumise à un régime déterminé, les entités les plus profondément semblables et séparer en catégories différentes, dotées de règles différentes, des entités foncièrement dissemblables*»[699].

L'admission de la notion d'établissement de microfinance comme catégorie juridique nouvelle, est révélatrice de l'originalité de la microfinance. Cette dernière ne peut pas être techniquement

[697] J.-L. BERGEL, *op. cit*, n° 189, p. 202.
[698] J.-L. BERGEL, *idem.*
[699] J.-L. BERGEL, *ibidem.*

intégrer dans la catégorie des établissements de crédit classiques, ou la confondre avec l'activité bancaire, sans dénaturer l'une et l'autre.

Comme toute catégorie juridique, la définition de la catégorie des établissements de microfinance doit être procédée par induction à partir des données connues. Une bonne catégorisation des concepts juridiques doit « *permettre au droit positif un emploi judicieux et sûr de l'analogie* »[700]. L'originalité de l'activité de microfinance est avérée, et celle-ci emprunte certains de ces traits à l'activité bancaire, avec laquelle elle partage, notamment, l'accomplissement d'opérations de crédit et d'épargne. La microfinance, nécessitant une catégorisation, ne doit pas conduire à affecter inutilement la réalité de l'activité bancaire. Il a fallu ainsi sortir des cadres connus et éprouvés des établissements de crédit classiques[701], pour paraphraser le Professeur Paul ROUBIER[702].

353. Le rôle de la catégorisation des établissements de microfinance. Tous les établissements de microfinance peuvent pratiquer une même activité. Leur catégorisation semble traduire une

---

[700] F. GENY, *Sciences et technique en droit positif* (1913), tome 1, n° 52 ; pour une appréciation critique des classifications juridiques ; M. MIAILLE, *Une introduction critique au droit*, éd. F. Maspéro, 1976, p. 159 et s., cité par J.-L. BERGEL, *op. cit,*. n° 190, p. 203.

[701] Pour rappel, la réglementation communautaire CEMAC, classe les établissements de crédit en banques universelles, banques spécialisées, établissements financiers ou sociétés financières. Art. 8 du Règlement COBAC R-2009/02 portant fixation des catégories des établissements de crédit, de leur forme juridique et des activités autorisées.

[702] P. ROUBIER, *Théorie générale du droit* (1951), n° 3, cité par J.-L. BERGEL, *op. cit.*

certaine unité statutaire, et garantir une meilleure connaissance du droit, une amélioration du système juridique.

La consécration de la catégorie d'établissement de microfinance est utile à plus d'un titre. Elle permet de regrouper sous la même bannière, un ensemble d'entités ayant une vocation commune : servir les populations laissées en marge du secteur bancaire traditionnel. Cela permet, pour ainsi dire, de renforcer la rationalité et la cohérence du droit, tout en facilitant son application, car, faut-il le rappeler, l'application des textes bancaires à l'activité de microfinance s'est révélée peu efficace, voire inappropriée.

354. Importance de la catégorisation pour l'encadrement des EMF. Le regroupement de toutes les entités accomplissant l'activité de microfinance sous une catégorie commune, est révélateur de la volonté unificatrice du législateur. Indépendamment de la taille et de la forme juridique, on reconnaît surtout l'établissement de microfinance par la prestation des services de microfinance. Cette unification sous une même catégorie juridique, permet de régir les faits sociaux, en les saisissant plus aisément, sous une qualification claire et à travers des règles déterminées[703].

L'instauration de la catégorie d'établissement de microfinance obéit à la conceptualisation du phénomène de la microfinance, préalable nécessaire à tout bon encadrement. En effet, pour mieux cerner un phénomène, un acte, un fait au plan juridique, il faut le

[703] J.-L. BERGEL, *op. cit.*, n° 191, p. 204.

qualifier. La qualification permet de rattacher à une catégorie juridique existante un fait, voire un phénomène, parce qu'il en a la nature et emprunte donc le régime. C'est cette logique qui a inspiré l'encadrement de la microfinance. C'est ainsi que le refus d'intégrer la microfinance dans la catégorie des établissements de crédit classiques, signifie qu'elle a une nature différente de celle-ci, et obéit donc à un régime spécifique. Ainsi, pouvons-nous conclure avec un éminent auteur que *« toute identité de nature implique une identité de régime et que toute différence de nature implique une différence de régime »*[704].

En zone CEMAC, le législateur communautaire crée un statut propre pour tous les établissements de microfinance, cette volonté unificatrice est traduite par l'instauration d'une catégorie juridique commune. Les critères de détermination de celle-ci renforcent l'idée d'une unité de statut, dont l'examen est nécessaire.

2- Les critères communs de détermination des établissements de microfinance

355. Les critères communs aux établissements de microfinance. La catégorisation en droit suppose de découvrir les traits identiques à toutes les situations qu'une catégorie juridique réunit, indépendamment des divergences qu'elles peuvent avoir. En ce qui concerne les établissements de microfinance, leurs critères de

---

[704] J.-L. BERGEL, *« Différence de nature égale différence de régime »*, *RTD civ.* , 1984, p. 255, n°3.

détermination renvoient à des éléments particuliers que sont la personne morale, l'activité, le lieu d'exercice de l'activité, et les liens qui unissent entre eux les éléments constitutifs de leur définition.

356. Le critère de personne morale. En définissant les établissements de microfinance, le règlement du 13 avril 2002, ne précise pas s'il s'agit des personnes physiques ou des personnes morales. Le terme « entité » employé par le législateur communautaire, n'est pas un concept juridique et ne permet pas non plus de déterminer clairement de quel type de personne – physique ou morale – il s'agit[705]. Un examen minutieux des conditions d'accès à la profession de microfinance[706] révèle néanmoins que le support le plus approprié pour l'exercice de l'activité de microfinance reste la personne morale. En plus, l'analyse de tous les textes encadrant l'activité de microfinance, permet de conclure que les établissements de microfinance sont essentiellement des personnes morales – de formes sociétaires ou associatives – devant être agréées comme telles.

357. Lien existant entre l'établissement de microfinance et la personne morale : appréciation de la thèse de l'identification et la thèse de la distinction. L'application du premier élément distinctif des établissements de microfinance qu'est la personne morale, soulève une interrogation importante. Quel rapport entretient la notion

---

[705] Selon le *Dictionnaire Le Petit Larousse illustré*, une entité est l'essence d'un être, ensemble exhaustif des propriétés qui le constituent, éd. 2005, p.417.

[706] V. *Supra*, chapitre 1er du titre 1er de la première partie de la présente étude.

d'établissement de microfinance avec celle de personne morale ? En d'autres termes, peut-on admettre que l'établissement de microfinance est distinct de la personne morale qui est essentiellement le support juridique, ou bien on peut considérer que le premier se confond, voire s'identifie à la seconde ? En validant la première branche de l'alternative, on en conclut que la disparition de l'établissement de microfinance, n'entraîne pas forcément celle de la personne morale. En revanche, en retenant la seconde branche de l'alternative, il apparaît que la disparition de l'établissement de microfinance entraîne, *ipso facto*, celle de la personne morale. Le choix de l'une ou l'autre branche de l'alternative est source de divergence d'opinions tant en doctrine qu'en jurisprudence[707], relativement à l'appréciation des établissements de crédit.

De notre point de vue, le choix de la thèse de l'identification de la personne morale à l'établissement de microfinance, ou celle de la distinction, doit se faire en fonction de la forme juridique de l'établissement de microfinance.

---

[707] Pour ce qui est de la relation entre l'établissement de crédit et la personne morale en droit bancaire, T. BONNEAU, *Droit bancaire*, 5e éd. Montchrestien, n° 120, pp 83-84, qui mentionne à la note 8 que la distinction entre établissement de crédit et la personnalité morale a été jugée artificielle et théorique par certains auteurs (M. CABRILLAC et B. TEYSSIE, *RTDcom.* 190. 234, n° 8) qui ont fait observer que « comme l'objet social ne peut plus être poursuivi après le retrait d'agrément, la coïncidence entre la dissolution de l'entreprise bancaire et la société paraît constituer la solution la plus adéquate ». Cette opinion est par contre critiquée par d'autres auteurs comme F. PELTIER, « Faillite bancaire. Les pouvoirs des mandataires de la Commission bancaire », *Rev. Dr. bancaire et bourse*, n° 24 mars/avril 1991. 38, spéc. p. 39.

358. Théorie de l'identification. Si l'établissement de microfinance est de forme sociétaire, notamment une société commerciale et dans une certaine mesure une société coopérative, on devrait retenir la thèse de l'identification. Ceci, étant donné que la création de l'établissement de microfinance en tant que personne morale, répond principalement au besoin de l'accomplissement de cette activité. En plus, l'impossibilité de poursuivre l'objet social après le retrait de l'agrément, justifie à plusieurs égards la thèse de l'identification. Ainsi, on est tenté de considérer que la personnalité juridique d'un établissement de microfinance, de forme sociétaire, a disparu dès le retrait de son agrément. Néanmoins, cette personnalité peut subsister le cas échéant, pour des opérations liquidatives de l'EMF en voie de disparition.

359. Théorie de la distinction. En revanche, si l'établissement de microfinance est de forme associative, notamment les établissements de microfinance de troisième catégorie (ONG, associations caritatives), la thèse de la distinction paraît plus plausible. Ceci s'explique par le fait que de tels établissements, peuvent ne pas avoir pour objet exclusif la fourniture des crédits. Ce qui est l'objet principal des établissements de microfinance de troisième degré. En effet, certaines associations caritatives, et ONG, peuvent avoir plusieurs branches d'activités[708], celle de la microfinance n'étant qu'une partie. La disparition de celle-ci, ne devrait pas aboutir à la

[708] Education, formation socioprofessionnelle, santé etc.

disparition de l'association toute entière, mais celle de sa branche microfinance seulement.

Il importe de relever toutefois que, quelle que soit la thèse retenue, la personne morale est un élément de qualification nécessaire de tout établissement de microfinance.

360. Le critère de l'activité. Le second critère de détermination des établissements de microfinance, et le plus important est l'activité. Les EMF accomplissent l'activité de microfinance à titre de profession habituelle. La prestation des services de microfinance constitue une profession à partir du moment où il y a répétition des actes.

L'exercice de l'activité de microfinance renvoie à la prestation des services de crédit, d'épargne, et des activités spécifiques[709]. L'énumération des opérations de microfinance n'étant ni précise ni exhaustive, il est difficile d'opérer une nette distinction entre l'activité bancaire et celle de microfinance. Néanmoins, en se basant sur la spécificité de la microfinance, il apparaît que c'est une activité qu'on ne saurait assimiler totalement à l'activité bancaire, sans risque de se tromper.

La condition principale pour être qualifié d'établissement de microfinance, est d'accomplir l'activité de microfinance, à titre habituel[710]. Autrement dit, seuls les établissements de microfinance doivent accomplir cette activité, tel que le formule le texte

---

[709] V. supra chapitre 1 et 2 du titre 2 de la première partie de la présente étude.

[710] Sur l'habitude, voir POLLAUD-DULIAN, « L'habitude en droit des affaires », *Mélanges SAYAG*, Litec, p. 349.

réglementaire ; et tout établissement assujetti, doit accomplir au moins l'une des opérations de microfinance[711] indiquées par le règlement.

Il importe de noter que la distinction des opérations de microfinance de celle des opérations de banque[712] n'étant pas assez précise, les deux critères primordiaux de catégorisation doivent être cumulatifs. Pour être établissement de microfinance, il faut être agréé comme tel, et accomplir les opérations de microfinance. Ainsi, si on fournit des prestations de microfinance, sans être agréé, on agit dans la clandestinité, et on porte atteinte au monopole des établissements de microfinance[713]. De même, si un établissement est agréé sans accomplir les opérations de microfinance, il ne remplit pas son objet social, et l'agrément doit lui être retiré.

361. Le critère d'espace d'intervention des EMF. Le troisième critère de détermination de la catégorie d'établissement de microfinance, est le lieu d'exercice de l'activité. Le législateur communautaire semble circonscrire la qualité d'établissement de microfinance aux établissements exerçant en zone CEMAC. Dans les faits, la zone CEMAC ne détient pas l'exclusivité des entreprises accomplissant l'activité de microfinance, mais la désignation de ces

---

[711] Articles 1 et 2 du règlement du 13 avril 2002.

[712] Il y a un quasi identité de nature entre les deux types d'opérations, mais une distinction de volume et partant du public-cible qui caractérise surtout les opérations de microfinance

[713] Sur le monopole des EMF, v. *infra* n°363 et s.

entités est toute originale dans cette partie du globe[714]. Dans d'autres zones géographiques, les entités accomplissant l'activité de microfinance revêtent des appellations diverses : Institution de Microfinance (IMF), Système Financier Décentralisé (SFD) en Afrique de l'Ouest etc. Néanmoins, leur activité reste plus ou moins identique.

La consécration d'un statut propre aux EMF, procède d'une volonté unificatrice assez poussée de la part du législateur. Cette unification est perceptible au travers de certaines notions fondatrices, mais aussi avec la consécration des monopoles au profit de tous les établissements de microfinance.

Paragraphe 2 - La consécration des monopoles au profit de tous les établissements de microfinance

362. L'importance des monopoles en microfinance. A l'instar du domaine bancaire, le législateur a instauré au profit des établissements de microfinance un double monopole, celui des opérations, et celui des dénominations. Ces deux monopoles n'ont ni la même signification, ni la même portée. Si le monopole d'activité peut se confondre à celui du secteur bancaire, celui de dénomination semble consacrer davantage la spécificité de l'activité de microfinance.

---

[714] La microfinance est une activité désormais mondialement reconnue. Cette reconnaissance est doublement remarquée avec l'adoption de l'année 2005 comme l'année internationale du microcrédit, et par le sommet global microcrédit tenu du 12 au 15 novembre 2006 à Halifax, nouvelle Ecosse, au Canada d'une part, et d'autre part, par l'attribution le 13 oct. 2006 du prix Nobel de la Paix au Professeur M. YUNUS et à sa banque, la *Grameen Bank*.

Les monopoles du secteur de la microfinance sont réglementés par les articles 1er et 6 du règlement du 13 avril 2002. Les monopoles ne sont pas des privilèges accordés aux établissements de microfinance, mais constituent un moyen dont s'est doté l'Etat pour mieux contrôler toute l'activité de microfinance[715].

Les monopoles concernent tous les établissements de microfinance, indépendamment de leur forme juridique, mais leur portée est différente, selon qu'il s'agit du monopole de l'activité, lequel est partagé entre les établissements de microfinance et les établissements de crédit classiques (A), ou du monopole de dénomination qui consacre davantage l'originalité de la microfinance (B).

A- Le monopole de l'activité, une prérogative partagée entre les établissements de crédit et les établissements de microfinance

363. L'imprécision du monopole d'activité de microfinance. Tous les établissements de microfinance se partagent le monopole de leur activité, quel que soit leur catégorie, ou leur forme juridique. La diversité des opérations contenue dans l'activité de microfinance, et leur similitude avec les opérations du secteur bancaire, est source de réelles difficultés pour la mise en œuvre dudit monopole (1). Cette imbrication d'opérations entre le secteur bancaire et celui de

[715] C'est ce que pense le Professeur T. BONNEAU, du domaine bancaire, V. *Droit bancaire, op. cit.*, n° 35, p. 31.

microfinance, ne facilite pas l'appréciation de la portée du monopole de l'activité au bénéfice des établissements de microfinance (2).

1- Les difficultés de la mise en œuvre du monopole de l'activité au profit des seuls établissements de microfinance

364. La microfinance : une activité similaire aux opérations de banque, induisant un monopole quasi identique. Le concept de microfinance n'a pas été clairement défini par le législateur, ce qui peut être source de confusion avec les opérations de crédit classiques. En effet, les opérations de microfinance ont pour la majorité, quasiment la même nature que les opérations de banque, elles se rapportent toutes, notamment, au crédit et à l'épargne. C'est cette similitude de nature qui rend difficile la mise en œuvre d'un monopole d'activité, au profit des seuls établissements de microfinance.

Toutefois, la spécificité de l'activité de la microfinance, caractérisée notamment par la taille très réduite des opérations (microcrédit, microépargne, microassurance), semble militer en faveur de l'institution d'un monopole d'activité, propre à tous les établissements de microfinance. De façon concrète, la mise en œuvre d'un tel monopole, n'est pas du tout aisée. Cette difficulté se justifie surtout par l'absence de certains critères objectifs de la définition de la microfinance, notamment les limites (seuils) maximales, caractéristiques des opérations de microfinance. Il appartient à la jurisprudence d'apporter plus de précision à cet égard, afin d'éclairer l'opinion et la compréhension de tous les acteurs du secteur de la microfinance[716].

En l'état actuel de la réglementation, il semble assez précoce de mettre en avant un monopole d'activité, clairement défini pour la microfinance, même si une partie de la doctrine penche pour l'émergence d'un droit particulier au bénéfice de ce secteur d'activité[717]. Le monopole de l'activité de la microfinance s'inscrit en droite ligne de celui des opérations de banque, dans la mesure où les établissements bancaires et les établissements de microfinance accomplissent des activités d'une nature identique, lesquelles sont distinctes toutefois de part leur volume, quantité et importance. Pour les deux types d'établissement, une personne ne porte atteinte au monopole d'activité, qu'en accomplissant l'activité règlementée (banque ou microfinance) de façon habituelle, c'est-à-dire de manière répétée dans le temps[718].

Dans la pratique, les incertitudes sur la réalité d'un monopole d'activité au profit des seuls établissements de microfinance,

---

[716] Il faut relever pour le déplorer, le fait que la jurisprudence CEMAC et de chaque pays membre de cette communauté est encore assez peu étoffée, concernant les questions de la microfinance. Il reste à espérer que l'essor de cette activité, avec ses conséquences sociales et économiques, donne de la matière au juge, pour mieux clarifier les contours de cette activité.

[717] C'est le cas notamment de L. LHERIAU qui, dans sa thèse sur *Le droit des systèmes financiers décentralisés en zone UEMOA,* et dans son *Précis de la réglementation de la microfinance,* milite pour l'émergence d'un droit technique de la microfinance assez particulier.

[718] A titre de comparaison, sur la question de savoir si l'habitude implique plusieurs clients, Voir *Rev. Dr. bancaire et financier,* n° 2, mars/avril 2003. 91, Obs. CREDOT et GERARD ; *JCP* 2003, éd. E, 853, note DONDERO ; *RTDCom.* 2003. 334, Obs., D. LEGEAIS.

entraînent d'importantes conséquences relatives à l'encadrement de ces établissements.

2- La portée du monopole d'activité des établissements de microfinance

365. L'instauration d'un monopole d'activité : une initiative aux conséquences importantes. La consécration d'un monopole d'activité au profit des établissements de microfinance, emporte des effets indéniables sur la réglementation sectorielle. Si on considère que les établissements de microfinance se partagent le même type d'activités que les établissements de crédit, il peut y avoir confusion de rôle entre les deux types d'établissements. Cela peut aboutir à une identité d'objet et à une différence de fonctionnement. En revanche, si on perçoit que chaque type d'établissement accomplit des opérations différentes, on est présence d'une différenciation d'objets et de fonctionnement.

366. L'exigence d'une clarification de la notion d' « opérations de microfinance». Le monopole d'opérations de microfinance suppose qu'elles soient clairement définies et distinguées des opérations de banque[719]. Autrement, on se retrouve dans une situation où, les établissements de microfinance violent les monopoles des opérations

[719] Ce n'est pas le cas en l'état actuel de la réglementation.

de banque, et où les établissements de crédit empiètent le domaine du monopole des opérations de microfinance[720].

De notre point de vue, une telle conception du monopole pour la microfinance serait inappropriée et contre productive. Il serait mieux de ranger l'exercice de l'activité de microfinance dans la rubrique des dérogations au monopole des opérations de banque. Ainsi, reconnaîtra-t-on la compétence aux établissements de microfinance, d'accomplir expressément leurs activités sans violer le monopole bancaire. Une telle approche suppose de réviser les textes réglementaires encadrant le secteur bancaire[721].

367. Le maintien du monopole des dépôts à moins de deux ans de terme au profit des seuls établissements financiers. Il est important de souligner que pour la cohésion du système financier, et pour son encadrement adéquat, le monopole des dépôts à moins de deux ans de terme doit rester l'apanage des établissements de crédit, et plus spécifiquement les établissements financiers. La différence tiendrait de ce que les premiers accomplissent les opérations avec les fonds reçus du public, alors que les seconds doivent uniquement utiliser

---

[720] Il faut préciser ici que pour les établissements de crédit, seules les opérations de banque principales tombent sous le coup du monopole, à savoir la réception des fonds du public, l'octroi de crédit, la délivrance de garantie en faveur d'autres établissements de crédit, la mise à la disposition de la clientèle et la gestion des moyens de paiement ; ce qui n'est pas le cas des opérations « connexes » tels que les opérations de change, les opérations sur or, métaux précieux et pièces…etc. V. Art. 4 et 8 de l'Annexe à la Convention bancaire du 17 janvier 1992.

[721] Notamment l'Annexe à la Convention bancaire du 17 janvier 1992 précité.

leurs ressources propres[722]. La règlementation de la microfinance interdit aux EMF de troisième catégorie de recevoir des dépôts du public, ce qui les distinguent assez nettement des établissements financiers qui peuvent recevoir les dépôts du publics, mais pour une période relativement longue, contrairement aux autres établissements qui reçoivent des dépôts à vue. Une telle distinction, tout en limitant le monopole des activités de microfinance, permettrait d'éviter que soient soustrait aux circuits bancaires, contrôlés par les autorités monétaires, les capitaux liquides ou quasi liquides[723].

368. Synthèse des conséquences attachées au monopole d'activité. Le contrôle public de l'accès à la profession des établissements de microfinance, est la suite logique du monopole instauré par la loi, au profit de ces établissements. Le monopole d'activité permet de juger des ressources financières, des garanties de compétence et de moralité suffisante.

Bien que le contenu d'un monopole de l'activité de microfinance ne semble pas clairement élaboré, il apparaît que son institution serait la bienvenue car elle rendrait davantage compte de l'unité du statut des établissements de microfinance. C'est d'ailleurs dans cette perspective d'unification que le monopole de dénomination est instauré au bénéfice de tous les établissements de microfinance, indifféremment de leurs sous-catégories, ou formes juridiques. En plus

---

[722] S. PIEDELIEVRE et E. PUTMAN, *Droit bancaire, op cit.,* n°2.

[723] C. GAVALDA (C.) et J. STOUFFLET, *Droit bancaire, op. cit*, n° 53 p. 29 ; J. STOUFFLET, *Le monopole des banques quant à la réception de fonds en dépôts : Etude Henri CABRILLAC*, 1968, p. 437.

du monopole d'opérations pour les EMF, il est nécessaire de mettre en relief l'existence d'un monopole de dénomination au profit des seuls établissements de microfinance.

B - L'exclusivité du monopole de dénomination des établissements de microfinance

369. Tout comme pour les établissements de crédit classiques, le monopole des établissements de microfinance est double. Il concerne, certes l'activité, mais aussi l'utilisation de certaines dénominations. En effet, le législateur CEMAC instaure un monopole de dénomination au profit de tous les établissements de microfinance (1). Afin de rendre ce monopole plus efficace, le législateur l'a assorti de sanction, en cas de violation par des personnes non habilitées (2).

1- L'institution d'un monopole de dénomination spécifique au profit des établissements de microfinance

370. La finalité opportune de l'instauration d'un monopole de dénomination des EMF. Le monopole de dénomination au profit des établissements de microfinance, vise à éviter que le public soit trompé sur la qualité d'une entreprise qui se livre à des activités financières. C'est dans ce sens que l'article 44 du règlement du 13 avril 2002, interdit à toute entité, autre qu'un établissement de microfinance, d'utiliser une dénomination, une raison sociale, une publicité ou de façon générale, des expressions faisant croire qu'elle est agréée en tant que telle, ou de créer une confusion à ce sujet. La consécration d'un tel monopole de dénomination est assez pertinente. Cela permet d'éviter surtout toute confusion avec les établissements de crédit[724] ; mais aussi, avec toute autre entité qui s'aventurerait à accomplir les opérations pouvant créer l'amalgame avec les établissements de microfinance.

371. Une dénomination unique, mais une distinction catégorielle entre les EMF. L'exigence du respect du monopole de dénomination des établissements de microfinance, est complétée par la prohibition faite à ceux-ci, de laisser croire qu'ils appartiennent à une catégorie, autre que celle au titre de laquelle ils ont obtenu l'agrément, ou de créer une confusion à cet effet[725]. La règlementation institue donc une appellation identique pour tout établissement de microfinance ; mais au sein de cette catégorie d'ensemble, il existe des sous-catégories qui tiennent compte de la forme juridique, et des activités habilitées à être accomplies par chaque établissement. C'est ainsi qu'il est interdit par exemple à un établissement de première catégorie, de se faire passer pour un établissement de deuxième catégorie ; ou à celui de deuxième catégorie, de se présenter comme un EMF de troisième catégorie. Cette catégorisation des établissements de microfinance rend davantage compte de leur monopole de dénomination, car même s'il

---

[724] Il n'est pas rare de trouver les personnes qui par ignorance désignent des EMF comme des banques. Or, si fonctionnellement ces deux types de structure se rapprochent, techniquement elles sont strictement distinctes.

[725] Art. 45 al 2 du règlement CEMAC du 13 avril 2002.

existe des distinctions entre les établissements de crédit classique[726], elles n'obéissent pas à la même logique que la différenciation faite dans le secteur de la microfinance.

L'institution des monopoles au profit de tous les établissements de microfinance renforce l'idée d'une unification de leur statut. C'est à de mêmes fins que le législateur prévoit des sanctions, en cas de violation de l'un quelconque des deux monopoles.

2- La sanction de la violation des monopoles des établissements de microfinance

372. Sanctions pénales. Le législateur communautaire sanctionne rigoureusement la violation du monopole des établissements de microfinance, afin de leur donner plus d'autorité, et les rendre plus efficaces. C'est ainsi qu'il est prévu que, sera puni d'un emprisonnement de trois (03) mois à deux (02) ans, et d'une amende de 100 000 francs CFA à 10 millions de francs CFA, ou seulement de l'une de ces deux peines, quiconque, agissant soit pour son compte, soit pour le compte d'une personne morale, aura contrevenu aux dispositions régissant l'activité de microfinance, pour réalisation illégale d'opérations de microfinance à titre habituel ; et toute autre

---

[726] En se basant sur la règlementation bancaire, les auteurs distinguent habituellement les établissements de crédit soumis au statut bancaire de ceux non soumis à ce statut. Parmi les premiers, on recense notamment les banques et les sociétés financières ; alors que pour les seconds, les établissements soumis partiellement au statut bancaire comme les établissements de monnaie électronique ou les établissements de paiement, sont distincts des établissements totalement exclus du statut bancaire, à l'instar du Trésor public, des services financiers de la Poste. V. S. PIEDELIEVRE et E. PUTMAN, *Droit bancaire, op cit.,* n°40 et s.

violation des interdictions relatives à l'activité de microfinance[727]. Il ressort de cette disposition que, la violation des monopoles d'activité et des dénominations, est sanctionnée pénalement pour décourager tout contrevenant réel ou potentiel[728].

373. Sanctions disciplinaires. Bien plus, le législateur à travers la disposition de l'article 58 du Règlement du 13 avril 2002 précité, reconnaît à la Commission Bancaire le pouvoir d'infliger des sanctions disciplinaires à tout contrevenant du monopole des établissements de microfinance. L'échelle des sanctions va ici de l'avertissement à la radiation, notamment dans l'hypothèse où un établissement de microfinance n'a pas respecté les conditions fixées par son agrément. Il peut en être ainsi du non respect des règles relatives à la catégorie à laquelle l'établissement appartient[729], ou même de l'accomplissement des activités outrepassant le domaine réservé à sa forme juridique[730].

374. Sanctions civiles. Il n'est pas formellement prévu de sanctions civiles pour la violation du monopole des établissements de

---

[727] Art. 58 Règlement du 13 avril 2002 précité.

[728] A titre de comparaison d'importantes sanctions ont été ainsi infligées à des personnes ayant violé le monopole bancaire. Pour illustration Cass. Crim., 21 septembre 1994, *Bull. crim.*, n°301 ; *RTD com.*, 1995 500, obs. BOUZAT ; JCP, éd. E, 1995 I 463, n°5, obs. GAVALDA et STOUFFLET Cass. Crim., 26 février 1998, D. affaires, 1998 1045, obs. AVENA-ROBARDET.

[729] Exemple : un établissement de microfinance de première catégorie qui fonctionne comme un établissement de deuxième catégorie en octroyant des crédits aux tiers.

[730] Il peut en être ainsi d'un EMF de troisième catégorie qui reçoit des dépôts du public, en violation de la règlementation qui le leur interdit.

microfinance[731]. Cela semble se justifier par le fait que la violation du monopole porte surtout atteinte à l'intérêt général[732]. Néanmoins, parce qu'il est nécessaire de sauvegarder à la fois l'intérêt général et l'intérêt particulier du cocontractant, il semble opportun, selon certains auteurs, de considérer l'acte, en l'occurrence la prestation d'une opération de microfinance, comme *« vicié, ne serait-ce qu'en raison de la transgression d'un statut légal impératif»*[733]. Ainsi, poursuivent-ils, *« le fait qu'aucun texte ne prévoit expressément la nullité n'est plus de nature à empêcher le (cocontractant) d'intervenir en ce domaine»*[734]. En conséquence, l'opération de microfinance accomplie en violation du monopole des EMF, peut être frappée de nullité.

375. Finalité des sanctions de la violation du monopole. L'incrimination de la violation de monopoles des établissements de microfinance, se justifie pour partie, par le souci des pouvoirs publics d'assurer un contrôle effectif de l'octroi d'agrément aux entités désireuses d'effectuer une activité financière à titre de profession habituelle.

La prestation des services de microfinance et l'utilisation de la dénomination par une entité font naître une présomption d'obtention d'agrément. Or, l'agrément est une sorte de garantie offerte aux

---

[731] A titre de comparaison avec le secteur bancaire, lire LECLERCQ, *Sanction civile de l'exercice illégal de la profession d'établissement de crédit*, RJDA, 1991 839.

[732] S. PIEDELIEVRE et E. PUTMAN, *Droit bancaire, op cit.*, n°108.

[733] S. PIEDELIEVRE et E. PUTMAN, *Droit bancaire, idem.*

[734] S. PIEDELIEVRE et E. PUTMAN, *Droit bancaire, ibidem.*

partenaires en relation avec les établissements de microfinance par les pouvoirs publics, sur leur fiabilité. La violation d'un monopole s'apparente à la fois à un usage abusif du crédit de l'Etat, et a une concurrence malsaine, irrégulière et déloyale, faite aux établissements de microfinance, par des entités contrevenantes.

Néanmoins, toujours est-il que la consécration des monopoles au profit des EMF contribue à répondre au souci d'unification, assez perceptible chez le législateur. Cette volonté unificatrice a entraîné d'importantes conséquences dans l'encadrement de l'activité de microfinance.

Section 2 - La portée de l'unification du statut des établissements de microfinance

376. Une unification statutaire aux conséquences indéniables. Le législateur à travers certains grands principes[735], a posé les jalons d'un statut unifié pour toutes les entités exerçant l'activité de microfinance. L'unification du statut des EMF a d'importantes implications sur l'encadrement de l'activité concernée. En effet, le souci d'unifier le statut juridique des EMF se traduit par l'assujettissement de tous ces établissements à l'accomplissement d'une activité similaire; même si la nature de celle-ci peut être commerciale ou civile, en fonction du type d'opérations effectivement effectuées par tel ou tel établissement (Paragraphe 1).

---

[735] Par principes, il faut entendre l'ensemble des notions et concepts fondateurs du statut des EMF et révélateurs d'une volonté unificatrice.

De même, afin de la distinguer clairement du secteur bancaire, le législateur règlemente l'activité de microfinance de façon assez spécifique, en la dotant d'une organisation appropriée. Concrètement, les EMF sont assez variés, surtout en raison de leur compétence, laquelle est modulable en fonction de la catégorie à laquelle ils appartiennent, mais leur organisation professionnelle est suffisamment unificatrice. C'est dans ce sens qu'on considère la notion d'établissement de microfinance comme générique[736], car destinée à réunir sous une étiquette commune, toutes les entités exerçant l'activité de microfinance. L'institution d'un statut propre aux établissements de microfinance, a eu pour vocation de regrouper sous la même bannière, un ensemble d'entités ayant en partage une profession commune. Ce statut est assez unificateur, et révélateur d'une organisation professionnelle commune à tous les établissements de microfinance. En effet, sous réserve des spécificités liées, par exemple, à la forme de certains établissements de microfinance, toutes les entités exerçant l'activité de microfinance, ont en partage une même organisation professionnelle (Paragraphe 2).

Paragraphe 1 - L'assujettissement de toutes les opérations de microfinance à un régime commercial similaire

377. Le régime commercial applicable aux opérations de microfinance. Tous les EMF accomplissement la même activité : la

[736] Voir *supra*, n°352.

microfinance. Cette dernière a, en principe, une nature commerciale et est un critère important de qualification de cette catégorie juridique[737]. La microfinance se décline en diverses opérations autorisées à titre principale[738], en l'occurrence la collecte de l'épargne, les opérations de crédit, les placements financiers, la réception d'autres ressources, d'une part ; et d'autre part, les opérations autorisées à titre accessoire[739] : l'approvisionnement auprès des établissements bancaires en devises et chèques de voyage pour les besoins de la clientèle, la location de coffre-fort, les actions de formation, l'achat de biens pour les besoins de la clientèle, les opérations de crédit-bail.

Une analyse minutieuse des différentes opérations de microfinance révèle qu'elles peuvent avoir, soit une nature commerciale propre, soit une nature commerciale par accessoire. Ainsi, qu'elles soient autorisées à titre principal ou à titre accessoire, les opérations de microfinance ont, en principe, une nature commerciale. Cette situation corrobore l'idée d'un statut juridique unitaire pour les EMF. Pour s'en convaincre, il faut souligner la nature commerciale des opérations de microfinance dans un premier temps (A). Dans un deuxième temps, mettre en relief les règles applicables aux établissements de microfinance en tant que commerçants (B).

---

[737] C'est un corollaire du monopole de dénomination posée par l'article 44 du règlement du 13 avril 2002.

[738] Article 9 du règlement du 13 avril 2002.

[739] Article 10 du règlement du 13 avril 2002.

A- L'application de la commercialité aux opérations de microfinance

378. Les critères de la commercialité. La commercialité[740] est généralement déterminée au travers soit d'un critère subjectif, soit d'un critère objectif. Dans le premier cas, la commercialité est calquée sur la forme juridique de la personne morale, et facile à reconnaître. C'est le cas des EMF de deuxième catégorie qui ont la forme de société anonyme, et donc la qualité de commerçant est acquise *a priori*. Dans le deuxième cas, le caractère commercial est inspiré par l'acte ou l'opération accomplie par la personne morale. Il faut analyser l'un ou l'autre pour déterminer sa nature. Il importe donc de préciser la vraie nature des opérations de microfinance pour déduire le régime qui leur est applicable. Ainsi, il est opportun d'apprécier la nature commerciale des opérations principales de microfinance (1), avant d'examiner la qualification des opérations accessoires de microfinance (2).

1- La reconnaissance de la nature commerciale aux opérations principales de microfinance

379. Les critères de la commercialité des opérations par nature. Le caractère commercial peut être reconnu à une grande majorité

---

[740] Pour une étude approfondie de cette notion, voir entre autres, F.X.VINCENSINI, *La commercialité (recherche sur l'identification d'une activité)*, Thèse, Aix-Marseille, 1998 ; M. ASSELAIN, *La distinction des actes civils et de commerce (contribution à l'étude du concept de la commercialité)*, Thèse, Bordeaux IV, 1998.

d'opérations de microfinance, en raison de leur nature propre. Dans la pratique, un établissement de microfinance peut accomplir des actes de commerce à travers son activité quotidienne. Dans ce cas, il aura la qualité de commerçant et celle-ci va s'analyser à la lumière de deux critères essentiels : l'accomplissement d'actes de commerce (a), et ceci, à titre de profession habituelle[741] (b).

a- L'accomplissement d'actes de commerce

380. La notion d'acte de commerce. L'énumération légale des actes de commerce est faite aux articles 3 et 4 de l'Acte Uniforme OHADA relatif au droit commercial général. Elle opère la distinction entre les actes de commerce par nature et les actes de commerce par la forme. Les actes de commerce par nature sont les plus nombreux, et sont qualifiées comme tel, en raison de leur seul objet, ou du statut personnel de celui qui les accomplit, indépendamment du contexte dans lequel ils sont accomplis[742].

381. Opérations de microfinance et actes de commerce. Les opérations de microfinance à travers leur typologie et leurs modalités d'accomplissement, se rapprochent davantage des opérations de

[741] Ces critères sont tirés de la substance de l'article 2 de l'Acte Uniforme OHADA relatif au droit commercial général (AUDCG) précité.

[742] H. B. MODI KOKO, *Droit communautaire des affaires (OHADA-CEMAC), Tome 1, Droit commercial général et droit de la concurrence*, Dianoïa, 2008, p. 24.

banque[743]. Les premières comme ces dernières, consistent principalement, en la réception des fonds du public, l'octroi du crédit, la mise à la disposition de la clientèle et la gestion des moyens de paiement. Or, les opérations de banque sont réputées actes de commerces par le législateur OHADA[744], ce qui confère la qualité de commerçant aux personnes qui les accomplissent à titre habituel[745].

Les établissements de microfinance sont susceptibles d'accomplir surtout les opérations de microfinance. Or, celles-ci sont assimilables aux opérations de banque[746] de part leur objet (octroi de crédit, réception des fonds du public etc.). Il apparaît donc que les EMF accomplissement les actes de commerce. En conséquence, ils revêtent en principe la commercialité de plein droit. Il faut relever que la loi n'exige pas que la personne accomplisse toutes les opérations de banque ou de microfinance pour avoir la qualité de commerçant. C'est dire que l'accomplissement des seules opérations de crédit, ou

---

[743] Le législateur communautaire de la CEMAC, ne définit pas ce que c'est qu'une opération de banque. Il s'est contenté comme son homologue français, d'énumérer lesdites opérations. Ainsi, aux termes de l'article 4 de l'Annexe à la Convention portant harmonisation de la réglementation bancaire dans les Etats de l'Afrique Centrale, les opérations de banques comprennent « la réception de fons du public, l'octroi de crédits, la délivrance de garanties en faveur d'autres établissements de crédits, la mise à la disposition de la clientèle et la gestion des moyens de paiement».

[744] En effet, aux termes de l'article 3 de l'Acte Uniforme OHADA relatif au droit commercial général, « ont notamment le caractère d'actes de commerce par nature :... les opérations de banque, de bourse, de change de courtage, d'assurance et de transit... »

[745] En vertu de l'article 2 de l'Acte Uniforme OHADA relatif au droit commercial général, « est commerçant celui qui fait de l'accomplissement d'actes de commerce par nature sa profession.»

[746] Pour mémoire, l'article 3 de l'AUDCG vise expressément les opérations de banque comme étant des actes de commerce.

d'épargne peut entraîner la qualité de commerçant. De ce point de vue, la commercialité serait reconnue mêmes aux EMF de première ou de troisième catégorie[747], qui n'ont pas la forme juridique de société commerciale[748].

Le même raisonnement peut être développé concernant les actes de commerce par la forme. En effet, ceux-ci sont constitués de la lettre de change, du billet à ordre et du warrant[749]. Or, la réglementation de la microfinance n'interdit pas expressément aux EMF d'effectuer de tels actes. Ainsi, tout EMF qui accomplit les actes de commerce par la forme revêtira la commercialité, et sera considéré comme commerçant. Mais, encore faut-il que l'EMF considéré en fasse une profession habituelle.

b- La réalisation d'actes de commerce à titre de profession habituelle

382. La notion de « profession habituelle». L'accomplissement d'actes de commerce de façon isolée, ne confère guère la qualité de commerçant. Cette dernière suppose l'exercice du commerce à titre habituel et professionnel.

---

[747] Sur les formes juridiques des établissements de microfinance, v. *infra*, Chapitre 2, titre 1, deuxième partie de la présente étude sur la diversité réelle des formes juridiques des EMF.

[748] A titre de rappel, il faut noter que les EMF de deuxième catégorie ont la forme de société anonyme donc sont des sociétés commerciales par la forme.

[749] Article 4 de l'AUDCG.

L'habitude implique la répétition volontaire d'actes de commerce. La profession[750] quant à elle, renvoie à *« une activité présentant une continuité suffisante pour permettre à l'individu d'en retirer les moyens ou une partie des moyens nécessaires à l'existence »*[751]. Ces deux notions ramenées au contexte de la microfinance ne posent pas de difficultés particulières. En réalité, les établissements de microfinance accomplissent de façon habituelle et à titre professionnel leurs opérations [752]. Pour autant, il ne faut pas en déduire que tous les établissements de microfinance ont la qualité de commerçant. L'exemple le plus significatif est celui des établissements de microfinance, constitués sous forme d'organisations non gouvernementales, fournissant des crédits aux populations à taux bonifié ou nul, pour leur permettre d'entreprendre des activités productrices, et les sortir de pauvreté. Fort de cela, on peut arguer que le rattachement des EMF au droit commercial doit se faire de manière objective, en fonction de la nature de l'activité.

383. L'exercice d'une activité commerciale et civile par un même établissement. Toutefois, la distinction est nécessaire dans l'hypothèse de cumul d'une profession commerciale et non

---

[750] Pour une étude détaillée de la notion, V. D. LOUCHARN, *La profession (approche juridique de la notion)*, Thèse, Univ. Jean Moulin-Lyon III, 1998.

[751] Voir en ce sens, Y. GUYON, *Droit des affaires*, t. 1, Paris, Economica, 12e éd., n°74, cité par H. B. MODI KOKO, *Droit communautaire des affaires (OHADA-CEMAC), Tome 1 Droit commercial général et droit de la concurrence, op. cit.*, p. 29.

[752] Sur le développement de la profession de microfinance, voir *infra* n° 392 et s.

commerciale. La reconnaissance de la qualité de commerçant n'est pas subordonnée à l'exercice du commerce de façon exclusive ou à titre primordial. En cas de cumul de l'activité commerciale avec une activité non commerciale, il va falloir déterminer le véritable statut de l'établissement de microfinance accomplissant cette double activité. En pareille hypothèse, trois cas de figure doivent être distingués.

L'activité commerciale constitue la profession principale, en ceci qu'elle est la première source de revenus de l'établissement. Les opérations de ce dernier seront réputées actes de commerce.

L'activité commerciale est accessoire et sans rapport avec la profession civile principale. Ici aussi, les opérations de microfinance auront la qualité d'actes de commerce. En l'absence de lien entre l'activité de microfinance et l'activité civile, la théorie de l'accessoire ne peut pas prospérer. Ce sera le cas notamment, lorsque l'établissement exerce la microfinance en marge de la réglementation.

L'activité de microfinance est complémentaire et accessoire à une activité civile. Les actes de l'établissement dans ce cas n'auront pas la qualité d'actes de commerce, en raison du fait que les opérations de microfinance accomplies par l'EMF, le sont pour les besoins de la profession civile. A titre d'illustration, une association caritative de lutte contre les maladies, qui met à la disposition des malades, de petits crédits sans intérêts, pour leur permettre de se créer des petits commerces et se prendre en charge, n'aura pas la qualité de commerçant. Néanmoins, il faut garder des proportions raisonnables entre les deux types d'activités. Car, si l'activité de microfinance devient plus importante que l'activité civile, la qualité de commerçant peut être retenue à l'association en question.

Au-delà de reconnaissance de la nature commerciale des opérations de microfinance autorisées à titre principale, les opérations de microfinance accessoires peuvent également revêtir la qualification commerciale.

2- La qualification des opérations accessoires de microfinance

384. Nature double éventuelle des opérations accessoires de microfinance. Les opérations de microfinance autorisées à titre accessoire apparaissent surtout comme des activités connexes aux opérations principales. Certaines d'entre elles ont, en principe, une nature commerciale, alors que d'autres sont mixtes. Une distinction est donc nécessaire entre les opérations de microfinance ayant la qualité d'actes de commerce par accessoire (a) et celles ayant une nature mixte (b).

a- Les opérations de microfinance ayant la qualité d'actes de commerce par accessoire

385. L'application de la théorie de l'accessoire en microfinance. Certaines opérations de microfinance peuvent être assimilées aux actes de commerce en vertu de la théorie de l'accessoire. Il en est ainsi de l'approvisionnent auprès des établissements bancaires en devises et chèques de voyage pour les besoins de la clientèle, la location de coffre-fort, les actions de formation, l'achat de biens pour les besoins de la clientèle ayant un rapport avec l'activité de celle-ci[753]. De telles actes ne deviennent commerciaux que parce qu'ils sont l'accessoire de l'activité commerciale principale des établissements qui les accomplissent. Par exemple, un EMF de deuxième catégorie - société anonyme - qui octroi contre le prélèvement des intérêts, des crédits aux particuliers, accomplit un acte de commerce par nature. En revanche, si le même EMF accompli des actions de publicité commerciale pour assurer l'expansion de son activité, ce n'est plus un acte de commerce par nature, mais plutôt un acte accessoirement accompli pour les besoins de l'activité de crédit principale.

Dans la pratique, la présomption de la commercialité reconnue aux actes de commerce par accessoire[754], fait écho à l'application de l'adage *accessorium sequitur principale.* Ainsi, l'analyse des opérations de microfinance autorisées à titre accessoire, doit être faite d'un double point de vue.

Du côté de l'établissement, si l'opération accessoire est la continuité de l'opération principale dont les deux sont d'ailleurs complémentaires, la commercialité de la première déteint sur la deuxième. L'activité principale communique sa condition juridique à

---

[753] Voir article 10 du Règlement du 13 avril 2002.

[754] Il faut le relever pour le regretter que la catégorie d'actes de commerce par accessoire n'a reçu aucune consécration formelle, ni dans le code de commerce applicable en France, ni dans l'AUDCG. Elle résulterait d'une interprétation jurisprudentielle des articles 631, 632 et 638 du code de commerce. V. H. B. MODI KOKO, *Droit communautaire des affaires (OHADA-CEMAC), Tome 1 Droit commercial général et droit de la concurrence, op. cit.*, p. 27.

l'activité accessoire qui s'agglomère à elle, et donc devient un acte de commerce par accessoire.

Du point de vue du client, s'il est commerçant et l'opération de microfinance est accomplie pour les besoins de son activité professionnelle, la commercialité du rapport entre ce client et l'EMF est établie. L'opération sera commerciale, mais subsidiairement à l'activité commerciale principale dudit client. Il peut en être ainsi, de l'achat par un EMF du matériel informatique au profit d'une PME, matériel nécessaire à son développement, et acquis par le mécanisme de crédit-bail.

Néanmoins, dans certaines autres hypothèses, en raison de la qualité des parties à l'opération de microfinance, celle-ci sera plutôt qualifiée de mixte.

b- Les opérations de microfinance ayant une nature mixte

386. Problématique de l'acte mixte en microfinance. L'acte mixte est celui qui présente la caractéristique d'être commercial pour l'une des parties et civil pour l'autre. Il peut en être ainsi d'une opération de crédit effectuée par un EMF de deuxième catégorie au profit d'un particulier non commerçant. En pareille hypothèse, la détermination du régime juridique d'un tel acte peut être problématique.

Tout d'abord, la compétence juridictionnelle peut être double. L'établissement de microfinance commerçant, ne peut assigner son client non-commerçant que devant la juridiction civile et selon les règles du Code civil. En revanche, le demandeur non commerçant peut choisir la saisine de la juridiction civile ou commerciale selon le cas. Dans une telle perspective, il devra faire un bon arbitrage des règles qui lui sont plus favorables.

Ensuite, en ce qui concerne la solidarité, le taux des intérêts moratoires, la forme de la mise en demeure, les règles du droit des affaires sont applicables, pour autant que la dette soit commerciale pour le débiteur, indépendamment de sa nature pour le créancier[755].

Enfin, il faut relever que les solutions jurisprudentielles relatives au régime des actes mixtes ne sont pas homogènes. Elles varient généralement selon l'objet des règles concernées[756]. C'est dire que dans le contexte de la microfinance, une nette appréciation de chaque situation s'impose au juge, au risque de se méprendre sur la qualification des actes accomplis par les opérateurs de ce secteur d'activité. C'est aussi cela l'un des défis posés par l'élaboration du statut juridique pour les établissements de microfinance.

L'analyse des différentes modalités d'exercice des opérations de microfinance, permet de constater que certains établissements de microfinance ont la qualité de commerçant tandis que d'autres n'ont pas cette qualité. Autrement dit, il arrive souvent de reconnaître la commercialité aux EMF, bien que celle-ci n'est pas toujours automatique, ni absolue. Toutefois, dès que cette commercialité est

---

[755] H. B. MODI KOKO, *Droit Communautaire des affaires (OHADA-CEMAC), Tome 1 Droit commercial général et droit de la concurrence, op. cit.*, p. 29.

[756] H. B. MODI KOKO, *Droit Communautaire des affaires (OHADA-CEMAC), Tome 1 Droit commercial général et droit de la concurrence, op. cit.*, p. 28.

retenue, l'établissement de microfinance sera assujetti aux règles applicables à tout commerçant.

B- Les règles applicables aux établissements de microfinance en qualité de commerçants

387. La qualité de commerçant implique un statut juridique, lequel est gouverné par un ensemble de règles, dérogatoires pour l'essentiel aux règles du droit civil[757]. C'est dire que l'établissement de microfinance à qui sera reconnue la qualité de commerçant, sera soumis au droit commercial, tant en ce qui concerne les obligations (1) que des prérogatives spécifiques (2).

1- Les obligations de l'établissement de microfinance commerçant

388. L'assujettissement de l'EMF commerçant à des obligations découlant de cette qualité. Le rattachement des EMF au droit commercial doit se faire de manière objective, c'est-à-dire par la nature de l'activité[758]. En tant que personne morale ayant la qualité de commerçant, l'établissement de microfinance sera soumis à certaines obligations principales, à savoir notamment : l'immatriculation au

---

[757] En effet, parmi les règles applicables aux actes de commerce, on énonce généralement, la présomption de solidarité, l'absence de formalisme de la mise en demeure, le régime de la preuve, la compétence juridictionnelle entre autres. Pour plus de détails concernant ces règles particulières, V. H. B. MODI KOKO, *Droit Communautaire des affaires (OHADA-CEMAC), Tome 1 Droit commercial général et droit de la concurrence, op. cit.*, p. 47-49.

[758] Pour une opinion similaire concernant les établissements de crédit, v. S. PIEDELIEVRE et E. PUTMAN, *Droit bancaire, op. cit.*, n°1, p. 2.

registre du commerce et du crédit mobilier (RCCM), la tenue d'une comptabilité conforme aux dispositions légales[759], l'information comptable des associés.

Tout d'abord, l'immatriculation au registre du commerce a une importance particulière, dans la mesure où elle est parfois considérée comme une condition d'accès au commerce. En effet, l'article 59 de l'AUDG pose le principe de la présomption de commercialité au profit de toute personne immatriculée au RCCM[760]. Ainsi, tous les établissements de microfinance qui accomplissent des actes de commerce doivent être considérés comme des commerçants et donc doivent être immatriculés au RCCM[761], indépendamment de leurs formes sociales, civiles ou commerciales. L'article 35 de l'AUDCG abonde dans ce sens, quand il dispose que *« le RCCM a pour objet de recevoir les demandes d'immatriculation, notamment : des personnes physiques ayant la qualité de commerçant, des sociétés commerciales, des sociétés civiles par leur forme et commerciale par leur objet... »*. Les EMF de première catégorie ayant la forme de sociétés coopératives/mutualistes, rentrent dans cette dernière catégorie et donc peuvent être considérés comme des sociétés civiles par la forme et commerciale par l'objet, c'est-à-dire

---

[759] Pour mémoire, le législateur OHADA prescrit un ensemble de règles applicables à tout commerçant, au travers de l'Acte uniforme portant organisation et harmonisation des comptabilités des entreprises.

[760] Aux termes de l'article 59 de l'AUDCG, « toute personne immatriculée au registre du commerce et du crédit mobilier est présumée, sauf preuve contraire, avoir la qualité de commerçant au sens du présent acte uniforme. »

[761] Des sanctions ont été prévues par les articles 68 et 69 de l'AUDCG à l'encontre de tout commerçant assujetti à la formalité de l'immatriculation au RCCM qui ne l'accomplit pas dans le délai imparti.

l'accomplissement des activités de microfinance. Ils doivent donc être immatriculés au RCCM, au même titre que les EMF de deuxième catégorie qui sont des sociétés commerciales par la forme[762].

Ensuite, au sens de l'article 1er de l'Acte uniforme portant organisation et harmonisation des comptabilités des entreprises, la tenue de la comptabilité est une exigence légale pour toute entreprise[763]. Cette comptabilité est destinée à l'information externe, mais aussi à l'usage interne de la société. Les établissements de microfinance doivent, en tant qu'entreprise, tenir une comptabilité ; laquelle doit être conforme à leur plan comptable sectoriel, en vertu du Règlement COBAC 2010/01 relatif au plan comptable des établissements de microfinance.

La comptabilité exigée des établissements de microfinance doit assurer une bonne information, et donc doit être fiable et sécurisant pour ses destinataires. Cette obligation semble contribuer à l'élaboration d'une information financière plus crédible, émise au profit des utilisateurs tant internes à l'entreprise (dirigeants, associés

---

[762] Pour mémoire, les EMF de deuxième catégorie doivent avoir la forme juridique de société anonyme. Or, celle-ci est l'une des formes sociales règlementée par l'AUSC. Les formes juridiques des EMF seront examinées avec moult détails dans le chapitre suivant.

[763] Les entreprises visées par ce texte sont énumérées à l'article 2 dudit Acte uniforme portant organisation et harmonisation des comptabilités des entreprises. Il s'agit des « entreprises soumises aux dispositions du Droit commercial, les entreprises publiques, parapubliques, d'économie mixte, les coopératives et, plus généralement, les entités produisant des biens et des services marchands ou non marchands, dans la mesure où elles exercent, dans un but lucratif ou non, des activités économiques à titre principal ou accessoire qui se fondent sur des actes répétitifs, à l'exception de celles soumises aux règles de la comptabilité publique.»

etc.) qu'externes (créanciers, fournisseurs, épargnants entre autres). Une telle exigence, parce qu'édictée à l'endroit de tous les EMF, renforce l'idée de l'unité de leur statut juridique.

Enfin, les EMF doivent fournir l'information comptable aux associés. Contrairement à la pratique ancienne, où la comptabilité était perçue davantage comme un mode de preuve en justice entre les commerçants, la comptabilité de nos jours, est considérée comme un vecteur déterminant de l'information financière de l'entreprise. En effet, *« le souci d'assurer la transparence de la gestion des entreprises et la protection des épargnants imposent aujourd'hui une publicité des comptes sociaux, à travers leur diffusion non plus seulement à l'attention du chef de l'entreprise, mais aussi et surtout des créanciers, des associés, des autorités etc»*[764]. Pour satisfaire leurs obligations en tant que commerçant, les établissements de microfinance doivent établir et arrêter les états financiers de synthèse grâce auxquels sera établi le rapport de gestion[765]. Les comptes annuels et le rapport de gestion doivent ensuite être soumis à l'approbation des associés dans le cadre de l'assemblée générale annuelle ordinaire.

Il apparaît donc que quand la qualité de commerçant est reconnue à un EMF, il est soumis à un certain nombre d'obligations, néanmoins celui-ci bénéficie aussi des prérogatives découlant de cette qualité.

---

[764] H. B. MODI KOKO, *Droit Communautaire des affaires (OHADA-CEMAC), Tome 1 Droit commercial général et droit de la concurrence, op. cit.*, p.59.

[765] Articles 137 et 138 de l'AUSC et GIE.

2- Les prérogatives de l'établissement de microfinance commerçant

389. Les avantages liés à la qualité de commerçant. L'une des conséquences positives de la qualité de commerçant est le bénéfice du statut des baux commerciaux, ou plus précisément des baux à usage professionnel. Les établissements de microfinance peuvent donc profiter dudit statut, en raison de la commercialité qui leur est reconnue ou non. L'Acte uniforme OHADA portant sur le droit commercial général, dans sa version révisée du 15 décembre 2010, étend le champ d'application de ce statut à tout bail à usage professionnel[766]. L'extension de cette prérogative à tous les locaux à usage professionnel, implique son bénéfice aux établissements de microfinance. En effet, si la commercialité des EMF peut à certains égards être discutée[767], en dépit de sa pertinence et sa réalité, le caractère professionnel[768] de l'activité de microfinance ne souffre d'aucune contestation.

Le régime des baux professionnels édicté par l'acte uniforme OHADA relatif au droit commercial général, a pour finalité première

---

[766] Article 101 de l'AUDCG. En vertu de cette nouvelle formulation, on ne parle plus de bail commercial, mais plutôt de bail à usage professionnel. Plus qu'une tournure purement sémantique, cette nouvelle désignation vise à étendre l'application des règles de bail professionnel à toute personne ayant conclu un contrat de location d'immeuble en vue d'exercer son activité professionnelle, que celle-ci soit commerciale ou non.

[767] Une certaine doctrine distingue la microfinance commerciale de la microfinance sociale qui n'aurait pas de caractère commercial ; mais cette vision semble réductrice et en contradiction de la nature de la microfinance qui est commerciale, en dépit des formes juridiques qui peut la sous-tendre.

[768] Les établissements de microfinance sont désormais une profession réglementée au même titre que les établissements de crédit.

d'assurer la stabilité de l'activité. Dans le cas d'espèce, cette réglementation ne peut trouver qu'un écho favorable dans le secteur de la microfinance. L'un des objectifs poursuivis par le statut juridique des établissements, étant de fournir des services financiers aux populations marginalisées par le secteur bancaire classique, dans des conditions de stabilité et de sécurité.

En outre, les établissements de microfinance en leur qualité de professionnels, bénéficient du droit au renouvellement du bail. Pour cela, il faudrait que tout établissement preneur du local à usage professionnel, respecte des conditions de fond et de forme[769]. C'est dire que lorsque la commercialité est reconnue aux EMF, à travers les opérations de microfinance, lesquelles sont assimilées aux actes de commerce, les règles de droit commercial leur sont applicables. C'est le principe. Néanmoins, dans certains cas de figure, il est difficile d'appliquer ces règles commerciales aux opérations ou établissements de microfinance dont la nature civile paraît plus prononcée.

L'unification du statut des établissements de microfinance en plus de soumettre tous les EMF à un régime commercial similaire, emporte la mise en œuvre d'une profession indépendante.

---

[769] Ces conditions sont posées par les articles 123 et s. de l'AUDCG. Il s'agit entre autres de la location du local professionnel, depuis au moins deux ans, l'accomplissement de ses obligations contractuelles essentielles (paiement des loyers, entretien courant des locaux, le respect de l'affectation convenue des lieux) par le preneur.

Paragraphe 2 - L'instauration d'une organisation professionnelle autonome pour tous les établissements de microfinance

390. Afin de traduire l'unification du statut des établissements de microfinance dans les faits, le législateur les regroupe au sein d'une profession bien organisée, les distinguant à cet effet des autres activités financières, et des autres professions. La microfinance est une profession réglementée[770], dont l'organisation structurelle nécessite un encadrement assez élaboré. Tous les établissements de microfinance sont regroupés au sein d'une profession unique et à ce titre, ils bénéficient d'une réglementation unifiée, ceci renforce l'idée d'un statut de base commun.

L'activité de microfinance fait partie d'une profession émergente, bien distincte de celle du secteur bancaire. Le statut juridique des établissements de microfinance est révélateur d'une profession organisée pour toutes les entités exerçant l'activité de microfinance; ce, indépendamment de leurs formes juridiques (A).

Bien que la profession de microfinance soit organisée et élaborée sur des bases communes à tous les établissements, elle ne remplit pas toujours efficacement le rôle attendu d'une telle organisation. Afin de mieux s'affirmer comme secteur d'activité

---

[770] La profession réglementée est une profession contrôlée par des lois locales ou étatiques et régie par une association professionnelle qui en fixe les critères d'accès, évalue les qualifications et les diplômes des candidates et candidats, et accorde le certificat, le titre de réserve ou le permis d'exercice aux candidates et candidats qualifiés. Au Cameroun, c'est le cas par exemple avec la profession de banquier, d'assureur, d'expert comptable etc.

prospère, et important sur la sphère socio-économique, cette profession doit voir son rôle renforcée et améliorée (B).

A- L'institution d'une profession organisée pour tous les établissements de microfinance

391. La professionnalisation de l'activité de microfinance. Les établissements de microfinance sont regroupés au sein d'une profession structurée. Ils exercent leur activité soit de manière indépendante, soit à l'intérieur d'un réseau[771]. Un établissement de microfinance indépendant, est celui qui exerce son activité, de façon autonome, sans recourir à l'expérience ou à l'expertise d'un autre établissement, ou d'un groupe d'établissements, exprimé à travers un réseau. Autrement dit, l'établissement de microfinance indépendant est agréé de façon individuelle et entend fonctionner de façon souveraine. Le réseau, au contraire, est un ensemble d'établissements de microfinance agréés, animés par un même objectif, et qui ont volontairement décidé de se regrouper afin d'adopter une organisation, et des règles de fonctionnement communes[772].

Un établissement de microfinance qu'il soit indépendant ou qu'il appartienne à un réseau, est gouverné par une structure organisationnelle similaire (1) ; dans l'un et l'autre cas, tous les établissements sont regroupés au sein d'une association professionnelle unique (2).

---

[771] Art. 12 du Règlement du 13 avril 2002.
[772] Art. 13 du Règlement du 13 avril 2002.

1- La structure organisationnelle des établissements de microfinance

392. L'organisation collective et graduelle des EMF. Tous les établissements de microfinance indépendants ont une organisation commune, gouvernée par des critères quasi identiques. Ainsi, indépendamment de leurs formes juridiques, les établissements autonomes ont chacun, une unité de direction, des objectifs similaires et des règles de fonctionnement déterminées.

Tout établissement de microfinance, qu'il soit indépendant ou connecté à un réseau doit avoir une direction centrale unitaire, chargée de coordonner toutes les opérations et les actions administratives de l'établissement. Cette direction est en charge de la politique générale et dépositaire des principes directeurs de l'entreprise. Autour de cette direction générale d'un établissement de microfinance unitaire, ou de l'organe faîtier pour les établissements organisés en réseau, gravite les autres services.

Dès lors, les établissements de microfinance regroupés en réseau ont des modes d'organisation assez identiques, et des critères unificateurs plus élaborés. C'est dans ce sens qu'il est exigé à tout réseau de se doter d'un organe faîtier[773]. Ce dernier assure la fonction d'unité de direction au profit de tous les établissements adhérents au réseau. A ce titre, l'organe faîtier représente le réseau auprès des tiers,

---

[773] Art. 13 al. 2 précité.

surtout des organes de tutelle et de contrôle[774]. Il assure les pouvoirs administratifs, financiers et disciplinaires au profit de l'ensemble du réseau[775]. Il apparaît ainsi que l'unité d'objectifs des établissements, organisés en réseau est révélatrice d'une certaine volonté d'unification de leur statut. A partir du moment où les établissements de microfinance partagent les mêmes objectifs[776], ils sont soumis à un ensemble de règles communes, et tenues de satisfaire à certaines obligations[777].

L'organisation de la profession de microfinance est structurée graduellement. On distingue à cet effet, les établissements de microfinance indépendants des établissements de microfinance affiliés à un réseau. Lorsque ces derniers atteignent une certaine évolution, ou une importante maturité, ils peuvent créer un établissement de crédit à travers un organe financier[778]. Cette disposition établit clairement la distinction de taille qu'il y a entre un établissement de microfinance et un établissement de crédit. Il en ressort que la microfinance est une profession distincte de la profession bancaire. Cette professionnalisation de l'activité de microfinance est aussi perceptible à travers l'émergence des associations professionnelles sectorielles.

---

[774] Ces organes sont notamment, l'autorité monétaire, la COBAC, les Commissaires aux comptes.

[775] Art. 14 du règlement du 13 avril 2002.

[776] Par « objectif » il faut entendre le type de prestations accomplies par les EMF. Et la typologie retenue par le règlement est fonction de la catégorie, de la forme juridique de l'EMF.

[777] Art. 15 du règlement précité.

[778] Art. 16 du Règlement du 13 avril 2002 précité.

2- La consécration d'une association professionnelle propre à tous les établissements de microfinance

393. La notion d'activité professionnelle. Dans la pratique, on distingue souvent les activités commerciales des activités civiles, les activités professionnelles des activités non professionnelles. Si la distinction des premières est facilement décelable au travers des actes de commerce, le distinguo n'est pas toujours évident entre l'activité professionnelle et celle qui ne l'est pas. En effet, on peut se demander ce que recouvre une activité professionnelle, ou encore si l'association à but non lucratif peut exercer une activité professionnelle[779]. En l'absence d'une définition de la profession, deux thèses doctrinales s'affirment en la matière.

La première thèse argue que l'activité professionnelle est nécessairement lucrative et suppose une rémunération, ce qui exclu l'association en principe[780]. En revanche, une autre thèse estime que le but lucratif ou non ne doit pas être pris en compte pour définir une activité professionnelle[781]. Les tenants de cette dernière thèse, affirment que l'association à but non lucratif peut valablement exercer une activité professionnelle. Ce débat est tranché par la Cour de

---

[779] V. NHEAN, *Le microcrédit en droit Français et en droit Cambodgien*, mémoire, Univ. Jean Moulin Lyon 3, n° 30, p. 24.

[780] Dans ce sens voir : Y. GUYON, *Droit des affaires*, Economica, n°2, éd. 2003, n° 72, p. 67; B. MERCADAL, *Droit commercial*, Francis Lefebvre, 15e éd., 2006, n° 11200, p. 233; G. RIPERT et R. ROBLOT, *Traité de droit commercial*, sous la direction de Michel Germain, LGDJ, 18 éd., 2001,n°118, p.105.

[781] En ce sens voir J. CALAIS-AULOY et F. STENINMETZ, *Droit de la consommation*, Dalloz, 2006, 7e éd., n°4.

Cassation française qui a décidé qu'une association est exclue du bénéfice des dispositions du droit de la consommation, parce qu'elle exerce une activité professionnelle et non pas parce qu'elle est une personne morale[782]. C'est dire que toutes les entités effectuant l'activité de microfinance exercent une activité de nature professionnelle, même les associations de microfinance à but non lucratif. Il faut relever tout de même que la profession implique une certaine organisation et une certaine expérience. Cela suppose une habitude qu'on retrouve dans l'exercice de l'activité de microfinance effectué par tout établissement régulièrement constitué.

394. Le regroupement associatif et professionnel en microfinance : missions et implications. Aux termes de l'article 20 du règlement du 13 avril 2002, les établissements doivent adhérer à l'association professionnelle des établissements de microfinance de leur Etat. Cette disposition pose l'exigence d'une organisation commune de la profession, en précisant qu'il n'existe qu'une association professionnelle des établissements de microfinance par pays.

L'association professionnelle des établissements de microfinance a pour objet d'assurer la défense des intérêts collectifs de ses membres, d'informer ses adhérents et le public. Comme toute association professionnelle, elle vise la sauvegarde des intérêts communs de tous ses membres. Cette coordination des intérêts assurée

---

[782] Civ. 1ère, 23 mars 1999, Comm. 166, Obs. G. Raymond ; D. 2000, somm. n°4, p. 39, note J.P. PIZZIO ; V. Civ. 1ère 10 juin 1997, n°157, note G. Raymond.

par l'association, renforce l'idée d'un statut unitaire pour tous les établissements de microfinance. En outre, pour consolider davantage l'idée d'une unité pour le statut des établissements de microfinance, le législateur communautaire oblige les associations professionnelles des pays membres de la CEMAC, à adhérer à la fédération des associations professionnelles des établissements de microfinance. Cette fédération est chargée de poursuivre les mêmes objectifs, que les associations professionnelles auprès des institutions à caractère sous régional[783].

L'association représente l'ensemble de la profession, indifféremment de toute considération subjective, liée à la forme juridique ou à la catégorie d'établissement de microfinance. Il apparaît ainsi que les établissements de microfinance en zone CEMAC, ont un statut quasi unifié. L'organisation professionnelle de la microfinance améliore la cohésion de la profession, et allège le travail des autorités de surveillance, de supervision et de l'Etat, lesquels trouvent ainsi des interlocuteurs outillés, en l'occurrence les dirigeants des associations professionnelles de microfinance. Ainsi, pour résoudre certains problèmes liés à la profession, ces dirigeants peuvent, au niveau supérieur, défendre les intérêts de leurs adhérents, auprès des institutions communautaires de la CEMAC. C'est en raison de cela que l'association nationale des établissements de microfinance du Cameroun (ANEMCAM), de concert avec ses consœurs des autres

---

[783] Art. 20 al. 5 Règlement du 13 avril 2002 précité. A titre illustratif, on a assisté au Cameroun à la création de l'établissement de crédit *Union Bank of Cameroon* par le groupement d'établissements de microfinance du réseau *CAMCCUL (Cameroon Cooperative Credit Union league).*

pays, a initié les démarches auprès de la BEAC, afin que les établissements de microfinance aient accès à la chambre de compensation de la Banque Centrale de la sous région.

Par ailleurs, l'instauration d'une association professionnelle de tous les établissements de microfinance, à l'exclusion des établissements de crédit classiques, traduit la différence d'intérêts catégoriels qui gouvernent chaque secteur d'activité. En pratique, contrairement aux associations professionnelles des établissements de crédits qui bénéficient de plus d'expérience et parfois de plus d'expertise pour le secteur bancaire, les associations professionnelles des établissements de microfinance ne brillent pas toujours par la qualité et l'efficacité de leur intervention, d'où le nécessaire renforcement du rôle de la profession.

B – Le nécessaire renforcement du rôle de la profession de microfinance

395. La profession de microfinance est certes organisée, mais son organisation est encore assez faible. Elle laisse transparaître plusieurs failles et lacunes qu'il est souhaitable de corriger. En effet, malgré les efforts d'encadrement de la profession, l'activité de microfinance est encore accomplie à travers une structure professionnelle perfectible (1), et celle-ci n'atteint pas toujours ses missions, lesquelles semblent insuffisamment définies (2).

1- Une structure professionnelle perfectible

396. Les difficultés liées à la professionnalisation de l'activité de microfinance. La profession de microfinance fait désormais partie des études juridiques, sans que son objet soit clairement défini et circonscrit. Cette situation soulève deux types de difficultés, qu'il importe de résoudre : la clarification de la profession de microfinance et sa consolidation.

D'une part, au plan interprofessionnel, la distinction de la profession de microfinance et celle de la profession bancaire, n'est pas toujours facile à déterminer. Si au plan structurel et parfois fonctionnel, la confusion est faible entre l'organisation du secteur bancaire et celui de la microfinance, du point de vue de la nature des opérations accomplies la distinction n'est pas facile[784].

La profession de microfinance est structurée, sur quasiment le même modèle que la profession bancaire. Toutefois, contrairement à la profession bancaire, qui a acquis ses marques grâce à sa pérennité, le secteur de la microfinance nécessite de gros réaménagements, parce que son organisation est assez récente et a des bases encore fragiles. Il est donc nécessaire de déterminer clairement les modes opératoires de la profession de microfinance.

D'autre part, en raison du caractère assez récent du secteur de la microfinance, il importe d'améliorer les moyens et les outils de tous

---

[784] Sur le partage du monopole de l'activité entre les établissements de crédit et les établissements de microfinance, V. supra n°364 et s.

ses acteurs, pour le rendre plus solide et mieux aguerri pour satisfaire ses missions. Toute organisation professionnelle pour être efficace, doit avoir des fondements assez solides. Ainsi, pour la microfinance, les pouvoirs publics doivent adopter les mesures d'orientation, de coordination et de supervision assez adaptées, afin d'encadrer plus efficacement ce secteur d'activité. A l'origine, l'émergence d'un statut juridique propre aux établissements de microfinance, vise à sortir la microfinance - du moins en grande partie - du secteur dit informel, où on rencontre les acteurs financiers parfois véreux et aux desseins inavouables. En dépit de cette évolution, il subsiste un grand désordre au sein de ce secteur d'activité[785].

397. Le nécessaire raffermissement du rôle de la profession de microfinance. Afin d'asseoir un statut unitaire et adapté à ce secteur d'activité, les trois règles suivantes semblent s'imposer aux pouvoirs publics: tout d'abord contrôler efficacement l'entrée dans la profession, en n'octroyant l'agrément qu'aux entités remplissant les conditions objectives et subjectives requises. Cela nécessite de la part des pouvoirs publics, un sens très élevé du professionnalisme, de l'indépendance et de l'impartialité, avant la décision d'octroi d'agrément.

---

[785] A titre d'illustration, malgré un encadrement des règles d'entrée et de sortie dans cette profession, on enregistre encore un nombre important des EMF qui font faillite après quelques mois, ou quelques années d'existence seulement.

Ensuite, surveiller voire superviser[786], à intervalles réguliers, le mode d'administration/gestion des établissements de microfinance, le respect des règles de gouvernance et des normes prudentielles, par tout établissement. Cela suppose que les autorités publiques aient les moyens matériels, techniques et humains pour ce faire. Au regard du nombre élevé des établissements de microfinance, il serait de bonne méthode pour les pouvoirs publics, de déléguer une partie importante de leurs tâches de supervision à des organes appropriées[787], ou à des organes professionnelles rompues à la tâche, comme les associations professionnelles des établissements de microfinance.

Enfin, les pouvoirs publics devraient apprécier avec la plus grande clairvoyance, le fonctionnement des EMF; procéder à leur restructuration, ou le cas échéant, les fermer s'ils sont en faillite, en évitant que leur disparition n'entraine de risque systémique[788].

Ainsi, pour éviter les dérapages réguliers dans le secteur de la microfinance, il paraît indiqué d'accorder des pouvoirs assez importants aux associations professionnelles des établissements de microfinance, en contrepartie d'une responsabilité accrue.

---

[786] Sur la distinction entre surveiller et superviser en matière de microfinance V. R. PECK CHRISTEN, TIMOTHY R. LYMAN et R. ROSENBERG, « *Directives concertées pour la microfinance, Principes directeurs en matière de réglementation et de supervision de la microfinance* », juillet 2003, p. 7.

[787] Organes faîtiers, auditeurs externes, auditeurs internes etc.

[788] C'est le risque de propagation du manque de liquidités d'un établissement de crédit à l'ensemble des acteurs du secteur financier et, de proche en proche, à l'ensemble de l'économie. Voir B. SOUSI-ROUBI, *Lexique de la banque et des marchés financiers*, p. 275, 6 éd., Dunod.

2- Le raffermissement des missions assignées aux associations professionnelles des établissements de microfinance

398. La consolidation du rôle de l'association professionnelle des établissements de microfinance. L'objectif principal de l'association professionnelle des établissements de microfinance, est la représentation des intérêts collectifs des établissements, surtout auprès des autorités de tutelle, des autorités monétaires ; de l'information de ses adhérents et du public. Par ailleurs, elle peut réaliser toute étude, et élaborer toute recommandation en vue, le cas échéant, de favoriser la coopération entre membres, ainsi que l'organisation et la gestion des services d'intérêt commun[789]. Cette disposition fixe les missions principales, voire générales, de l'association professionnelle. De façon plus pointilleuse cependant, il apparaît que l'association professionnelle des établissements de microfinance, doit également jouer un rôle de formation permanente, et d'information auprès de ses adhérents et du public. Il revient à l'association, par exemple, de vulgariser le concept de microfinance, et des prestations fournies à travers des séminaires, conférences et ateliers[790].

399. Illustration. Au Cameroun, les statuts de l'association professionnelle des établissements de microfinance du Cameroun

---

[789] Art. 20, al. 2 et 3 du Règlement du 13 avril 2002 précité.

[790] A ce titre, l'initiative du club Finance Emergence qui organise depuis 2007 le salon Camerounais de la microfinance est à saluer.

(l'ANEMCAM)[791] prévoient la poursuite des objectifs spécifiques suivants :

- la promotion de l'esprit de solidarité et de coopération ;
- la promotion des échanges d'expérience ;
- la représentation de la profession auprès des autorités de tutelle, des autorités monétaires et des tiers ;
- la création d'un cadre de concertation ;
- le renforcement des capacités des structures membres ;
- la participation à la formulation des propositions, visant à définir ou à améliorer le cadre juridique et réglementaire, en fonction de l'environnement ;
- la promotion des activités des établissements de microfinance auprès de l'administration publique et du secteur privé ;
- le renforcement de l'articulation entre les établissements de microfinance et les établissements de crédit ;
- la lutte contre la pauvreté[792].

Les objectifs énumérés par l'ANEMCAM marquent une volonté affirmée d'élaborer une profession ambitieuse et agissante. Seulement, cette association comme ses autres consœurs de la sous-région, souffre de faiblesses structurelles, de l'insuffisance de moyens et d'une organisation aux bases encore fragiles. Il arrive parfois que

---

[791] ANEMCAM : Association Nationale des Etablissements de Microfinance du Cameroun a été créée le 23 mai 2003.

[792] Art. 5 des statuts de l'ANEMCAM.

les membres soient incapables de satisfaire leurs obligations financières, ce qui fragilise sans doute la profession[793].

De même, il est intéressant que les associations professionnelles de microfinance peaufinent leurs modes opératoires, en créant des organes techniques dynamiques et spécialisés, pour des questions requérant des connaissances éprouvées, ou du moins, une forte expérience. Il peut en être ainsi, de la mise sur pied au sein desdites associations, des commissions de ressources intellectuelles, chargées d'initier les cadres d'échanges entre les acteurs de différentes régions du monde ; les commissions de veille réglementaire, des commissions de lutte contre la pauvreté, d'appréciation de la croissance économique etc[794]. Bien plus, les associations professionnelles devront instaurer parmi leurs membres la culture de bonnes pratiques ; mieux, un code déontologique doit être adopté au sein desdites associations[795].

---

[793] En 2010 déjà, l'opinion publique regrettait l'absence de l'ANEMCAM à la 9e assemblée générale annuelle du Réseau Africain de Microfinance (AFMIN selon l'acroyme anglais), tenu à Accra et réunissant près de 400 délégués venant de 22 pays membres. V. *Le Messager* n°3199 du jeudi 7 octobre 2010.

[794] Nous partageons à plusieurs égards l'opinion de F. TIANI KEOU qui pense que pour consolider le décollage de la microfinance en tant que outil de lutte contre la pauvreté, il est nécessaire voire impérieux de renforcer les capacités des dirigeants des EMF, adapter les produits et les services de microfinance aux besoins de la population, distinguer la microfinance de lutte contre la pauvreté de la microfinance de croissance économique. V. Communication au 1er salon camerounais de la microfinance du 13 au 17 mars 2007, à Douala, inédit.

[795] V. M. David KENGNE, expert en microfinance, dans le Journal *Paroles* n°031 du mardi 04 septembre 2012, p. 8.

Conclusion du chapitre 1

400. Conclusion. Le statut juridique consacré aux établissements de microfinance révèle un ensemble de règles applicables à tous ces établissements. Le dessein d'unifier les entreprises se livrant à l'activité de microfinance est marqué à travers un certain nombre de concepts fondamentaux et la consécration des monopoles au profit des EMF. Les concepts dont il s'agit sont surtout génériques comme la microfinance et établissements de microfinance. Les monopoles quant à eux sont celui de dénomination, qui est assez précis et celui d'activité qui, en l'absence d'une nette clarification, peut être confondu avec celui des opérations de banque. Cette unification emporte deux conséquences majeures : la soumission de tous les établissements de microfinance à des règles commerciales quasi-identiques et l'instauration d'une organisation professionnelle propre. En effet, le même régime commercial est applicable aux opérations de microfinance ; tandis que la qualité de commerçant n'est pas forcément reconnue à tous les établissements de microfinance. Si la commercialité est facilement reconnue aux EMF de deuxième catégorie, en raison de leur forme de société anonyme et de leurs opérations, cette commercialité sera difficilement applicable aux EMF de première catégorie et à ceux de troisième catégorie. De même, le législateur semble mettre sur pied une profession autonome et organisée pour tous les acteurs de la microfinance. Néanmoins, cette profession ne s'est pas encore démarquée par son efficacité, d'où l'intérêt voire l'impératif de renforcer son rôle.

Somme toute, au-delà de l'unité perceptible du statut des EMF, une meilleure différenciation des EMF dans le règlement CEMAC du 13 avril 2002, commande de mettre en relief, la diversité réelle des formes juridiques des établissements de microfinance.

CHAPITRE 2

La diversité réelle des formes juridiques des établissements de microfinance

401. L'absence d'uniformisation des établissements de microfinance. La réglementation a érigé un statut de base commun des établissements de microfinance. Cette tentative d'unification n'a pas abouti à l'uniformisation. Il subsiste des disparités propres à chaque forme d'établissements de microfinance. En effet, le législateur communautaire distingue trois catégories d'établissements de microfinance : la première catégorie où l'activité est tournée exclusivement vers ses membres. La deuxième catégorie au sein de laquelle l'établissement de microfinance collecte l'épargne et accorde des crédits à tous ses membres y compris les tiers. Enfin, la troisième catégorie pour laquelle l'établissement accorde des crédits aux tiers, sans effectuer la collecte de l'épargne.

Bien que tous les établissements soient regroupées sous la même catégorie juridique, appelée établissements de microfinance, la réglementation les classe en trois sous-catégorie selon des objectifs déterminés. Cette classification réglementaire en fait une nomenclature éclatée des sous-catégories d'établissements de microfinance, selon les critères propres et variés (Section 1).

Toutefois, il apparaît qu'en prônant une unité apparente, en dépit d'une diversité de formes juridiques pour tous les établissements de microfinance, le législateur tient compte de la nécessaire spécialisation de certains d'entre eux. Aussi, est-il judicieux de relever l'importance des conséquences résultant de la classification opérée par la réglementation CEMAC. Cette classification des établissements de microfinance, en diverses sous-catégories, produit des effets considérables, lesquels influencent forcément, l'unification de principe du statut desdits établissements (section 2).

Section 1 - Une nomenclature éclatée des catégories d'établissements de microfinance

402. Variété des traits caractéristiques des EMF. La catégorie juridique correspond à une notion abstraite qui se caractérise par la réunion d'éléments constants et nécessaires[796]. Elle présente un certain degré de variabilité. Certaines notions sont fixées en droit avec une grande précision[797], alors que d'autres ayant un contenu vague, sont indéterminées, mais déterminables[798].

403. La catégorisation des EMF. Selon un auteur, *« les catégories juridiques sont les compartiments de base de la science du droit. Elles sont la matière élémentaire du système juridique »*[799]. En ce qui concerne la microfinance, le législateur a maintenu un degré considérable de diversité afin d'assurer le respect des caractéristiques propres à certains établissements, en dépit du statut de base commun. Les établissements de microfinance, présentent une grande différenciation, en fonction de leur dimension, de leur forme juridique, voire de la nature des opérations auxquelles ils se livrent. Les textes

---

[796] G. CORNU, *Droit civil, introduction au droit*, 13e éd., Montchrestien, p.104.

[797] Exemple les notions de société commerciale, opérations de crédit, d'actes de commerce etc.

[798] Les notions d'opération financière, de microfinance etc.

[799] G. CORNU, *Droit civil, introduction au droit,* 13e éd., Montchrestien, p.104.

les encadrant élaborent une nomenclature fondée sur des critères très variés. Cette multiplicité de critères de classification des établissements, est révélatrice de l'imparfaite unité de leur statut juridique (Paragraphe 1). Au-delà des imperfections liées à toute opération de classification, celle effectuée au profit des établissements de microfinance, a des avantages indéniables (Paragraphe 2).

Paragraphe 1 -La multiplicité des critères de classification des établissements de microfinance

404. La différenciation des catégories juridiques en fonction de la divergence des faits sociaux. La prolifération et l'hétérogénéité des situations nouvelles résistent parfois au classement de celles-ci dans les catégories existantes. La pression des faits et les orientations nouvelles du droit peuvent conduire à repenser les catégories établies[800]. C'est dans ce sens que la catégorie des établissements de crédit s'est révélée insuffisamment adaptée pour englober l'activité de microfinance. Cela a favorisé la naissance de la catégorie des établissements de microfinance.

L'activité de microfinance obéit à une classification complexe compte tenu de son caractère hétérogène[801]. Ainsi, pour la ranger dans

---

[800] J.-L. BERGEL, *Théorie générale du droit*, 2e éd., Dalloz 1980, n° 198, p. 209. Il paraît en effet que l'existence de la catégorie juridique dénommée « établissement de crédit » s'est révélée insuffisante à rassembler en son sein des entités se livrant à l'activité de microfinance, parce que cette dernière a des spécificités incompatibles avec le secteur bancaire : c'est l'une des raisons de l'émergence d'un statut propre au profit des établissements de microfinance.

[801] La doctrine distingue la classification simple ou monovalente, de la classification complexe ou plurivalente. La première consiste à qualifier une

une catégorie juridique donnée, on a fait recours à des critères de classification objectifs (A) ; mais l'insuffisance de ceux-ci justifie, la prise en compte des critères subjectifs de classification, afin de rendre compte de toute l'hétérogénéité de l'activité de microfinance (B).

A- L'existence des critères objectifs de classification des établissements de microfinance

405. L'établissement de microfinance se distingue de tout autre établissement, par son objet[802]. Or, l'activité de microfinance se décline par la prestation de certaines opérations notamment la collecte de l'épargne, l'octroi de crédit et l'accomplissement des services financiers spécifiques. Il apparaît que la qualification et la classification des établissements de microfinance, répondent à des critères objectifs quasi classiques d'une part (1), il existe, d'autre part, des critères objectifs assez particuliers qui permettent de parfaire cette classification (2).

1- Les critères classiques de classification des établissements de microfinance

406. L'appréciation des critères ordinaires de classification des établissements de microfinance. L'établissement de microfinance est

---

situation en fonction des critères qui permettent de l'intégrer dans une catégorie déterminée, ou dans la catégorie opposée. La classification complexe ou plurivalente quant à elle, tente de qualifier un phénomène hétéroclite sous ses différents aspects. Voir notamment J.-L. BERGEL, *Théorie générale du droit*, 2e éd. n° 182 p. 195.

[802] L'activité de microfinance en l'occurence.

caractérisé par l'accomplissement de l'activité de microfinance qui consiste, notamment, en l'octroi du crédit et la collecte de l'épargne. La fourniture de ces deux prestations n'étant pas l'apanage des seuls établissements de microfinance, il faut distinguer les opérations de microfinance des opérations « classiques» de banque[803].

Deux critères traditionnels permettent de qualifier les établissements de microfinance : la nature des opérations (la collecte de l'épargne et l'octroi de crédit) et leur montant. Les opérations de microfinance ont une nature similaire à celle des opérations de banque; mais ces deux types d'opérations se distinguent par leurs acteurs et leur montant. Pour éviter toute confusion avec les opérations similaires accomplies par les établissements de crédit classiques, il faut préciser que les opérations de microfinance sont d'un montant assez faible. Néanmoins, pour une différenciation assez claire des opérations de microfinance, il eût été préférable que le législateur fixât un montant maximal, pour les distinguer de toute autre opération financière. C'est dire que les deux critères objectifs de classification des établissements de microfinance doivent être cumulés pour bien qualifier les entités exerçant l'activité de microfinance.

---

[803] La distinction entre les opérations de banque et les opérations de microfinance s'estompe de plus en plus en zone CEMAC ; en raison de la tendance des banques à assouplir leurs conditions de fourniture de prestations, qu'il s'agisse de l'ouverture du compte bancaire où le montant exigé a considérablement baissé, atteignant parfois les 25 000 FCFA pour certaines banques ; ou encore de l'octroi des crédits de petits montants. Inversement, certains EMF ayant une capacité financière assez importante peuvent parfois accomplir des prestations pour des montants relativement élevés.

La nature des opérations accomplies par les établissements de microfinance étant insuffisante pour les qualifier, il importe d'associer le critère de montant. Ainsi, contrairement aux établissements de crédit classiques, les établissements de microfinance ont la particularité d'accomplir les opérations de crédit ou de collecte d'épargne de faibles montants. En l'absence de précision réglementaire, il appartiendra à la jurisprudence d'apporter plus de clarté sur le montant maximal d'une opération de microfinance.

L'éventuelle confusion entre les opérations de microfinance et celles des banques classiques est atténuée par la prise en compte de certains critères particuliers de qualification de l'activité de microfinance.

2- Les critères spécifiques de classification des établissements de microfinance

407. L'examen des conditions spéciales de classification des établissements de microfinance. Selon la réglementation, les établissements de microfinance, en plus des opérations de crédit et la collecte de l'épargne, offrent des services financiers spécifiques aux populations évoluant, pour l'essentiel en marge du circuit bancaire traditionnel[804]. Cette disposition permet de comprendre que l'autre critère de classification des établissements de microfinance est l'accomplissement des *« services financiers spécifiques »*.

[804] Art. 1er du Règlement du 13 avril 2002.

Cette dernière formule utilisée par le texte réglementaire, doit être nettement clarifiée, pour permettre la distinction entre les établissements de microfinance et les établissements de crédit. Le règlement encadrant l'activité de microfinance n'indique pas la liste des opérations ou des prestations entrant dans la rubrique *« services financiers spécifiques».* Il semble cependant, qu'il s'agit des prestations connexes et annexes à l'activité de microfinance à savoir notamment : la microassurance, le transfert d'argent, la location des coffres. Toutefois, à y regarder de prêt, il apparaît que les établissements de microfinance n'accomplissent pas des opérations nouvelles. Elles sont similaires à toutes celles qui sont accomplies par les établissements de crédit. Elles s'en distinguent tout de même par l'originalité des méthodes employées par les EMF.

Pour rendre compte des conditions particulières permettant de déterminer la catégorie d'établissement de microfinance, il importe de mettre en relief les procédés spéciaux utilisés dans ce secteur d'activité. Il peut en être ainsi entre autres, des voies d'exécution, des sûretés utilisées par les EMF[805].

La multiplicité des critères de classification au profit de ces EMF, n'est pas favorable à l'uniformisation de toutes les entités accomplissant l'activité de microfinance. C'est dire qu'en dépit d'une ferme volonté unificatrice du statut des établissements de microfinance, il subsiste entre ceux-ci une grande diversité, matérialisée surtout par des critères subjectifs de classification.

---

[805] Pour plus de détails relatifs aux procédés originaux utilisés par les EMF, voir *infra* n° 553 et 554.

B- La prise en compte des critères subjectifs de classification des établissements de microfinance

408. La classification des établissements de microfinance se fonde sur des critères objectifs, mais l'insuffisance de ces derniers a justifié la prise en compte des critères subjectifs. En effet, si les critères objectifs rendent la classification des établissements de microfinance plus homogène, en leur conférant un statut quasi unitaire, les critères subjectifs quant à eux, reflètent une diversité d'entités matérialisant la particularité de chaque forme d'établissement. Au-delà de leur statut de base commun, les établissements de microfinance présentent une grande diversité, voire des sous-catégories[806], déterminées à travers deux critères principaux de classification : la taille de l'établissement (1) et sa forme juridique (2).

1- La taille de l'établissement de microfinance

409. La petitesse de la taille des EMF, élément de distinction. La taille d'un établissement de microfinance varie d'une forme juridique à une autre. Ce qui permet de distinguer les établissements de microfinance entre eux, et c'est également une source de différenciation importante avec les établissements de crédit.

D'une part, la taille d'un établissement de microfinance est un élément distinctif, permettant de différencier celui-ci d'un

[806] Le législateur classe les EMF en trois sous-catégories à savoir la première, la deuxième et la troisième catégorie

établissement de crédit classique. Contrairement à ce dernier, l'établissement de microfinance est de taille plus petite. Cela se vérifie tant au niveau de sa constitution que de son mode de fonctionnement, où on note une grande souplesse des conditions et des règles applicables. La taille des établissements de microfinance est variable en fonction de la catégorie, ce qui est révélateur d'une spécificité par rapport aux établissements de crédit classiques, lesquels ont tous la forme de société anonyme[807].

Conscient de la particularité des missions assignées aux établissements de microfinance, le législateur communautaire ne leur impose pas des contraintes de tailles importantes. Parce que leur activité est tournée vers les personnes démunies, la taille des entreprises de microfinance est assouplie, en fonction de la catégorie de l'établissement à laquelle les promoteurs peuvent satisfaire. Ainsi, une entité devra être constituée comme un établissement de microfinance, faute de pouvoir satisfaire les exigences liées à la constitution d'un établissement de crédit traditionnel. Néanmoins, même constituée en tant qu'établissement de microfinance, le critère de taille ne permet pas de les loger à la même enseigne, d'où une classification interne mettant en relief la disparité au sein même des établissements de microfinance.

D'autre part, il importe de noter qu'en fonction de leur taille, tous les établissements de microfinance ne sont pas classés sous la

---

[807] En vertu de l'article 7 du Règlement COBAC R-2009/02 portant fixation des catégories des établissements de crédit, de leur forme juridique et des activités autorisées, « un établissement de crédit est obligatoirement constitué sous la forme juridique d'une société anonyme dotée d'un conseil d'administration.»

même rubrique, ce qui révèle, l'insuffisance d'un statut unitaire pour tous. La sous-catégorisation des établissements de microfinance, opérée par le législateur, se fonde également sur leur taille, notamment leur poids financier. S'il n'est exigé aucun capital ou dotation minimum pour les établissements de microfinance de première catégorie[808], ceux de deuxième catégorie en revanche doivent avoir un capital minimum de 50 millions de francs CFA[809], et ceux de troisième catégorie doivent avoir un capital de 25 millions de francs CFA[810]. Concrètement, au-delà de l'ensemble de règles applicables à tous les établissements de microfinance, il existe pour chaque sous-catégorie, des règles particulières, révélatrices d'un régime particulier.

En dépit de la volonté unificatrice du législateur, le statut des établissements de microfinance révèle des disparités justifiées par la variété des formes juridiques.

2- Les formes juridiques des établissements de microfinance

410. La classification des établissements de microfinance en fonction de leur forme juridique. La sous-catégorisation des établissements de microfinance obéit à un autre critère de classification : la forme juridique. En effet, la forme juridique des EMF est variable et est distincte selon chaque catégorie. Ainsi, les établissements de microfinance de première catégorie sont de types

---

808 Art. 7 al. 1 du Règlement du 13 avril 2002.
809 Art. 7 al. 2 du Règlement précité.
810 Art. 7 al. 3 du Règlement du 13 avril 2002 précité.

associatif, coopératif ou mutualiste[811]. Ceux de deuxième catégorie doivent nécessairement être constitués sous forme de société anonyme[812]. Tandis que ceux de troisième catégorie, sont soit des projets, soit des sociétés accordant des crédits filières, soit enfin les sociétés de caution mutuelle[813].

L'absence d'uniformisation des établissements de microfinance n'est pas favorable à l'émergence d'un statut totalement unitaire[814]. Ainsi, il apparaît qu'en plus des règles communes applicables à tous établissements de microfinance, il s'est avéré impérieux de prendre en compte les spécificités liées à chaque forme juridique d'établissement. Or, il eût été contreproductif et inopérant de classer tous les établissements de microfinance sous la même forme juridique. Sinon, comment aurait-on pu reconnaître la forme de société anonyme à des entités exerçant une activité coopérative voire mutualiste ? Était-il indiqué d'exiger la forme sociétaire, aux organismes accomplissant l'activité de microfinance, alors qu'ils sont des associations à la base[815]? Répondre à ces questions par

---

[811] Art. 3 du Règlement EMF 2002/21… relatif aux formes juridiques liées à chaque catégorie d'EMF.

[812] Art. 3 al. 2 du Règlement précité.

[813] Art. 3 al. 3 du Règlement précité.

En vertu de l'article L515-4 du Code Monétaire et Financier de la France, « Des sociétés de caution mutuelle peuvent être constituées entre commerçants, industriels, fabricants, artisans, sociétés commerciales et membres des professions libérales. Elles ont pour objet de cautionner leurs membres à raison de leurs opérations professionnelles.»

[814] Il faut rappeler que les établissements de crédit, en zone CEMAC notamment, ont tous le statut de société anonyme ce qui plaide en faveur d'une unification statutaire.

[815] Une certaine doctrine met en relief la convergence des règles applicables aux associations et aux sociétés. V. entre autres, J.-B. MOMNOUGUI,

l'affirmative semble procéder d'une grave confusion, source de mauvaise qualification, et donc de classification inappropriée.

L'encadrement sous la même bannière des sociétés coopératives ou commerciales, des associations, surtout à but lucratif, révèle la disparité des formes des établissements de microfinance en zone CEMAC. En réalité, sans être uniforme, il apparaît qu'au-delà de toute volonté d'unification, les des établissements de microfinance sont suffisamment distincts les uns les autres, en fonction de leur catégorie. Il paraît vraisemblable, en raison de la diversité des formes juridiques des EMF, et de la nature même des opérations, de parler plutôt de la pluralité des formes juridiques pour les établissements de microfinance. Si non, comment comprendre qu'une même catégorie juridique puisse revêtir diverses formes juridiques : allant des sociétés commerciales et mutualistes, aux associations à but lucratif, mais aussi à des associations caritatives. Ces dernières complètent la liste des formes juridiques opérant dans le secteur de la microfinance ; ce qui renforce davantage, la thèse d'un système disparate de microfinance en zone CEMAC.

L'application du droit des sociétés aux associations, Mémoire 2007, Université Montesquieu - Bordeaux 4, 80 pages ; E. ALFANDARI, *Associations et sociétés : points de rencontre*, LPA 1996, n°50, p. 47 ; Y. CHARTIER, « *L'association, contrat dans la jurisprudence récente de la Cour* de cassation » *in* Mélanges en l'honneur de Yves GUYON, *Aspects actuels du droit des affaires, Dalloz* 2003 ; D. RANDOUX, *Vers un droit commun des groupements*, JCP, 1996, éd. G, I, 3982.

Paragraphe 2- L'intérêt de la classification des établissements de microfinance

411. Typologie et valeur de la classification. En droit, les faits et les situations sont classés selon deux variables : la classification simple et la classification complexe. La classification selon qu'elle est simple ou complexe n'a pas la même importance. Dans le premier cas, la classification permet de qualifier une situation, afin de l'intégrer dans une catégorie déterminée, ou dans la catégorie opposée. Dans le second cas, la classification vise à qualifier un phénomène hétérogène sous ses différents aspects[816].

La classification des établissements de microfinance, procède à la fois de la détermination de leur caractère, et de leur typologie. Il faut observer que les établissements de microfinance sont une catégorie juridique souple, en raison de leur nécessaire adaptation à l'évolution sociale; mais, la détermination de leur typologie n'est pas toujours évidente. Une classification adéquate des établissements de microfinance voudrait qu'on clarifie nettement leur typologie (A). Toutefois, la méthode de classification permet de découvrir le régime juridique d'une catégorie juridique. Grâce à la conjonction des différents éléments, auxquels se rattachent une même situation, et les conséquences juridiques y relatives[817], il est important de mieux cerner les effets des qualifications multiples (B).

---

[816] J.-L. BERGEL, *Théorie générale du droit*, 2e éd. n° 199, p. 210.
[817] J.-L. BERGEL, *op. cit.*, n° 202, p. 212.

A – La détermination des types de classification pour les établissements de microfinance

412. La typologie des classifications en microfinance. Contrairement aux classifications monovalentes ou simples, qui permettent de qualifier une situation à partir des critères l'intégrant dans une catégorie précise ou dans une catégorie contraire[818], la classification d'un phénomène hétéroclite comme la microfinance, parce qu'elle doit tenir compte des divers aspects de cette activité, relève des classifications plurivalentes ou complexes.

La complexité, voire l'hétérogénéité du phénomène de microfinance, répond à une double logique de classification : les établissements de microfinance sont des catégories alternatives et pas nécessairement cumulatives (1), ils sont aussi des catégories hiérarchisées et non équivalentes (2).

1- Les établissements de microfinance, catégories juridiques alternatives

413. Le rapport alternatif pour les établissements de microfinance. Les établissements de microfinance sont des catégories alternatives. Ils sont des établissements caractérisés par leur taille modeste[819], contrairement aux établissements de crédit classique, dont

[818] Dans ce sens les entités effectuant à titre de profession habituelle seront soit les établissements de crédit soit des EMF.

[819] Micro, petite entité financière contrairement aux banques

la taille est plus importante[820]. En outre, ils sont des catégories alternatives, parce que dans leur subdivision interne, ils s'excluent les uns les autres. Ainsi, un établissement de microfinance sera soit de première catégorie, soit de deuxième catégorie, soit enfin de troisième catégorie. Par conséquent, aucun établissement ne peut appartenir à plus d'une catégorie à la fois. Ce caractère alternatif des établissements de microfinance met davantage l'accent sur la diversité des formes juridiques de ces derniers. En effet, la sous-catégorisation des établissements de microfinance opérée par le législateur communautaire rend les trois catégories d'établissements de microfinance exclusives les unes les autres. Selon le statut juridique, l'appartenance à une catégorie exclut du même fait l'autre catégorie[821].

En revanche, un phénomène juridique peut simultanément appartenir à plusieurs catégories relevant de diverses classifications, pour autant que celles-ci soient compatibles. A titre d'illustration, selon la réglementation, une entité peut être à la fois un établissement de microfinance de deuxième catégorie, et une société anonyme. De même, un établissement de microfinance de première catégorie est à la fois une société coopérative/mutualiste. Un établissement de microfinance de troisième catégorie peut être une association caritative.

---

[820] Volume d'activité, structure du capital, mode de financement etc.

[821] Certes par abus de langage, l'imaginaire populaire assimile encore les EMF aux banques, mais techniquement ces deux types d'établissements ne sont pas du tout identiques, c'est d'ailleurs ce qui justifie la différence des statuts juridiques.

L'aspect alternatif de la classification des établissements de microfinance, renforce l'idée d'une hétérogénéité de leurs formes juridiques. Au-delà de la volonté unificatrice affichée par le législateur CEMAC, il subsiste de réelles disparités au sein même du statut des établissements de microfinance qu'il faut clarifier davantage. Cela est vrai autant pour la classification alternative, que pour leur classification hiérarchisée des établissements de microfinance.

2- Les établissements de microfinance, catégories juridiques hiérarchisées

414. La hiérarchisation des établissements de microfinance. La réglementation de l'activité de microfinance a opéré par sédimentation, pour classer les établissements de microfinance. C'est ainsi qu'elle a fait, de prime abord, une distinction entre établissements de crédit classiques[822] et les établissements de microfinance. Par la suite, au sein des établissements de microfinance mêmes, elle a procédé à une sorte de catégorisation hiérarchisée. Ainsi, un établissement de microfinance sera par exemple de deuxième catégorie, sous forme de société anonyme avec un capital minimum de 50 millions.

Toutefois, il faut noter que la hiérarchie des catégories entre elles ne correspond pas nécessairement à une échelle objective et constante d'importance. C'est d'ailleurs pourquoi, il n'est pas indiqué de penser que les établissements de microfinance de première

[822] Art. 1er du Règlement du 13 avril 2002.

catégorie, sont supérieurs à ceux de deuxième catégorie et ces derniers, à ceux de troisième catégorie. En effet, la classification est fonction du but poursuivi, du problème qu'on tente de résoudre. A cet effet, la classification des établissements de microfinance en trois catégories, procède surtout du type d'opérations effectuées, et du public ciblé. Selon que l'établissement est introverti, il sera classé en première catégorie alors que s'il est extraverti, il fait partie de la deuxième, ou de la troisième catégorie. Bien plus, entre ces deux dernières catégories, la distinction tient à la limitation du type d'opérations pour les établissements de microfinance de troisième catégorie, contrairement à ceux de deuxième catégorie. Les établissements de deuxième catégorie, peuvent collecter l'épargne du public, alors que la réglementation n'autorise pas les établissements de troisième catégorie à collecter l'épargne.

La hiérarchie opérée au sein des établissements de microfinance, permet de constater, qu'au-delà de leur qualification commune, tous ces établissements ne peuvent pas être logés à la même enseigne. Cette hiérarchisation met en relief l'absence d'unité totale pour le statut des établissements de microfinance.

Indépendamment de toute catégorisation, il apparaît que la classification des établissements de microfinance, trouve davantage son importance dans l'analyse des effets induits de celle-ci.

B –La détermination du régime à travers la catégorie juridique

415. La classification permet de déterminer la catégorie à laquelle appartient une situation donnée. La détermination de cette catégorie facilite la découverte du régime juridique d'une notion, au travers des qualifications adéquates (1). L'insuffisance de la méthode de classification, nécessite des aménagements pour un encadrement optimal de l'activité de microfinance (2).

1- L'incidence de la détermination de la catégorie juridique sur le régime

416. Catégorie et régime juridiques des structures financières. Tout rattachement d'une situation, d'une personne, d'une chose, d'une institution à une catégorie juridique a pour effet de la soumettre à certaines règles, liées à cette catégorie[823]. En zone CEMAC, une entreprise financière qualifiée par exemple d'établissement de crédit sera soumise à la Convention du 17 janvier 1992 et ses Annexes. Au contraire, une entreprise qualifiée d'établissement de microfinance, sera soumise au règlement du 13 avril 2002 et ses textes complémentaires.

L'incidence de la catégorie d'appartenance d'une notion sur son régime est importante, et différente selon qu'il s'agit des catégories alternatives ou cumulatives, équivalentes ou hiérarchisées.

---

[823] J.-L. BERGEL, *op. cit.*, n° 203, p. 212.

417. Le régime juridique des catégories alternatives. Dans les catégories alternatives, comme les établissements de microfinance, il est de principe que la qualification dans l'une des sous catégories, exclut l'application des règles propres à l'autre sous catégorie. Par exemple, la qualification et la classification des établissements de microfinance de première catégorie, justifient l'application des règles relatives aux sociétés coopératives. Cela empêche, du même coup, celles liées aux sociétés commerciales *stricto sensu* comme les sociétés anonymes, forme juridique indiquée pour les établissements de microfinance de deuxième catégorie. Ainsi, les règles de fonctionnement et les principes coopératifs universels[824] seront appliqués aux EMF de première catégorie, tandis que les EMF de deuxième catégorie seront soumis à l'acte uniforme relatif aux sociétés commerciales et le GIE[825].

418. Le régime juridique des catégories hiérarchisées. De même, selon la catégorisation hiérarchisée des établissements de microfinance, les règles propres à chaque catégorie d'établissement doivent, en principe, se cumuler, à moins qu'en cas de conflit, la règle spéciale l'emporte sur la règle générale[826]. A cet effet, pour

---

[824] M. DEQUEKER, *Les principes coopératifs : leurs effets sur la gestion des coopératives,* thèse, Lille, 1969.

[825] Sur la distinction entre les deux types de sociétés, v. B. SAINTOURENS, *« Sociétés coopératives et sociétés de droit commun », Rev. des sociétés*, 1996, p.1 ;

[826] Il est de règle constante qu'entre le droit commun et le droit d'exception, c'est le dernier qui est d'application résiduelle en ce qu'elle n'a vocation à régir que les situations non prévues par le premier. Cette présentation fait résonance à la maxime latine « *specialia generalibus derogant* » qui signifie que les lois spéciales

déterminer le régime d'un établissement de microfinance de deuxième catégorie par exemple, il faut ressortir les règles applicables aux sociétés anonymes, celles relatives à cette catégorie d'établissement et plus globalement celles relatives à tout établissement de microfinance. C'est dire qu'il y aura superposition des règles à la lumière de la catégorie rattachée à l'établissement de microfinance en cause.

L'analyse des conséquences de la catégorisation des EMF sur leur régime juridique, permet de constater une certaine disparité des règles potentiellement applicables à chaque établissement de microfinance. L'imperfection de la méthode de classification appelle sans doute des aménagements, tenant compte de la catégorisation des établissements de microfinance.

2- Les nécessaires aménagements à la classification des établissements de microfinance

419. Apport des procédés de raisonnement juridiques à la classification des EMF. Bien qu'occupant une place de choix parmi les méthodes juridiques, la classification n'est pour autant pas parfaite. Ainsi, doit-on recourir à des techniques du raisonnement juridique comme l'analogie, la dialectique, la logique formelle, la déduction (induction entre autres...). Dans le cadre de la microfinance, l'apport de ces différentes techniques paraît très pertinent. L'analogie par exemple est un procédé qui consiste à étendre la solution édictée par

---

dérogent aux lois qui ont une portée générale. V. *Lexique des termes juridiques, op. cit.*, p. 677.

un texte pour un cas à une situation semblable, non prévu par le texte, en montrant que la raison d'appliquer la règle a la même force dans les deux cas[827]. Dans le domaine de la microfinance, on pourrait s'inspirer de certaines règles applicables aux établissements de crédit pour régir les EMF. C'est dans ce sens que pour clarifier davantage la classification des établissements de crédit, le Règlement COBAC R-2009/02/ du 1er Avril 2009 portant fixation des catégories des établissements de crédit, de leur forme juridique et des activités autorisées, précise en son article 8 que : « *les établissements de crédit sont agréés en qualité de banques universelles, banques spécialisées, établissements financiers ou sociétés financières*». Le législateur communautaire peut s'en inspirer pour mieux fixer les formes juridiques et les catégories des EMF. Car le règlement COBAC relatif aux formes juridiques liées à chaque catégorie d'EMF[828] est assez ambigu quant aux véritables formes juridiques des EMF de première catégorie et de troisième catégorie[829]. L'article 3 alinéa 1er de ce texte se contente d'indiquer que les EMF de première catégorie sont notamment de « type associatif, coopératif ou mutualiste». Cette disposition appelle deux remarques, l'usage de l'adverbe notamment indique que les formes listées ne sont pas exhaustives ; et le type associatif reste assez vague. S'agit-il des associations caritatives, ou ces EMF peuvent également être des associations à but lucratif ? Il

---

827 G. CORNU, *Vocabulaire juridique*, v. ce mot, p. 64.

828 Il s'agit précisément du Règlement COBAC EMF 2002/21 du 15 avril 2002 relatif aux formes liées à chaque catégorie d'EMF.

829 La deuxième catégorie des EMF semble plus précise dans la mesure où, l'alinéa 2 de l'article 3 du Règlement précité affirme clairement que cette catégorie ne concerne que les EMF sous forme de société anonyme.

appartient au législateur de clarifier sa pensée, à moins qu'une jurisprudence bien élaborée vienne fixer l'interprétation de cette disposition.

Dans le même ordre d'idées, l'alinéa 3 du même article 3 du Règlement cité ci-dessus, parlant des formes juridiques des EMF de troisième catégorie, indique qu' *« il peut s'agir notamment d'établissements de microcrédit, de projets, de sociétés qui accorderaient des crédits filières ou des sociétés de caution mutuelle »*. Cette énumération semble équivoque sur deux points. Elle est non limitative, ce qui suppose l'intégration éventuelle d'autres formes juridiques. Elle énonce des formes juridiques assez imprécises au regard du droit OHADA. En effet, ni les sociétés de crédit filières ni celles de caution mutuelle ne sont formellement encadrés par le législateur OHADA et souvent, même par les législateurs nationaux. Ces équivoques doivent être levées par le législateur sous-régional, à travers des textes plus précis, complémentaires à ceux relatifs aux formes juridiques des EMF.

Le but de la démonstration juridique est d'établir qu'une thèse est fondée en droit[830]. Le syllogisme juridique vise à renforcer le raisonnement juridique[831]. Il consiste en l'affirmation du droit, l'établissement du fait, la qualification des faits et actes en cause. En ce qui concerne la classification des EMF, le législateur peut recourir avec efficacité au syllogisme, à la déduction ou à l'induction, si ces

---

[830] G. CORNU, *Droit civil, introduction au droit,* 13e éd., Montchrestien, p.106.

[831] Le syllogisme est particulièrement observé dans l'énoncé des décisions judiciaires, on parle alors de syllogisme judiciaire.

procédés contribuent à clarifier la réelle place de chacune des catégories des EMF dans le corpus juridique.

L'opération de classification des EMF est d'une importance indéniable, surtout qu'elle emporte d'importantes conséquences dans l'encadrement des structures de microfinance, et plus généralement dans l'essor d'une microfinance soucieuse du financement effectif de l'économie.

Section 2 - La portée de la classification réglementaire des établissements de microfinance

420. Les conséquences relatives à la classification des établissements de microfinance. La classification des établissements de microfinance en une catégorie juridique nouvelle, et en plusieurs sous-catégories, entraîne des conséquences remarquables sur la réglementation des activités financières et des intermédiaires financiers. L'effet principal de la classification opérée par le législateur est la distinction entre les établissements de microfinance et les établissements de crédit classiques[832]. Au-delà de cette distinction, justifiée par le souci d'un encadrement efficace de l'activité de microfinance, la classification réglementaire de ces derniers, vise par ailleurs un double objectif à savoir : le respect des spécificités liées aux formes juridiques des différents établissements

---

[832] L'absence d'intégration des EMF parmi l'une des catégories d'entités effectuent l'intermédiation financière indique à suffisance qu'il faut distinguer les deux types d'établissement.

de microfinance (Paragraphe 1) ; mais aussi, la nécessité de prendre en compte la dynamique institutionnelle des établissements de microfinance (Paragraphe 2)

Paragraphe 1 - Le respect des caractéristiques propres des différents établissements de microfinance

421. Les implications liées aux formes juridiques des établissements. Les entreprises effectuant les opérations de microfinance ont deux formes juridiques principales : les formes sociétaires et les formes associatives. Au sein même de chaque forme, il existe plusieurs disparités. C'est ainsi que parmi les formes sociétaires, on distingue les sociétés commerciales des sociétés coopératives/mutualistes. Les formes associatives peuvent être soit caritatives, soit des associations à but lucratif. Au regard de cette diversité, il eût été inopérant de loger tous les EMF à la même enseigne. C'est ce qui a justifié la structuration des établissements de microfinance en trois sous-catégories, en fonction de la forme juridique, et du type d'opérations habilitées à y être effectuées[833].

Par souci d'efficacité et d'adaptabilité, la réglementation relative à l'exercice de l'activité de microfinance, met en relief la particularité des formes sociétaires (A), et celle des formes associatives (B).

---

[833] V. Art. 1er du Règlement EMF 2002/21...relatif aux formes juridiques liées à chaque catégorie d'EMF.

A – Les spécificités des formes sociétaires des établissements de microfinance

422. Les effets induits des formes sociétaires en microfinance. La réglementation des EMF procède d'une volonté unificatrice du statut de toutes les entités effectuant, à titre habituel, les opérations de microfinance. Cette tentative d'unification n'est guère achevée, et ne donne pas lieu à une uniformisation des différents établissements[834].

Les sociétés en microfinance connaissent une grande disparité, laquelle rend difficile l'institution d'une seule forme juridique pour tous les EMF. En effet, les formes sociétaires en microfinance, sont distinctes suivant que l'établissement recherche prioritairement le profit, ou plutôt qu'il vise la satisfaction des besoins de ses membres. Aussi, est-il indiqué de mettre en relief la spécificité des sociétés commerciales opérant dans le secteur de la microfinance (1). Par ailleurs, il faut tenir compte de la place de choix qu'occupent les sociétés coopératives/mutualistes dans ce secteur d'activité[835] (2).

---

[834] V. infra chapitre 2 du titre 1 de la deuxième partie de la présente étude.

[835] Il importe de relever que les sociétés commerciales et les sociétés coopératives sont les principales formes sociétaires opérant dans le secteur de la microfinance, mais il existe des formes sociétaires résiduelles telles que les sociétés de caution mutuelles et celles accordant les crédits filières dont l'une et l'autre peuvent être classées parmi les deux formes sociétaires principales. C'est dire que ces deux formes commerciales et coopératives constituent une sorte de *summa divisio* des sociétés dans le secteur de la microfinance.

1- La place des sociétés commerciales en microfinance

423. La société commerciale : un cadre justifié pour l'exercice de l'activité de microfinance. Pour permettre aux entreprises exerçant l'activité de microfinance d'atteindre leurs objectifs, la réglementation communautaire a prévu plusieurs habillages juridiques. En effet, selon la réglementation sous-régionale, les établissements de microfinance de deuxième catégorie ne peuvent être constitués que sous forme de société anonyme[836]. Cette disposition rend compte de la place importante qu'occupent les sociétés commerciales dans le secteur de la microfinance, en dépit des misions sociales dévolues à ce secteur d'activité. De prime abord, l'existence des sociétés commerciales en microfinance paraît inopportune, voire opportuniste, si on s'en tient aux missions sociales originelles assignées à cette activité.

Toutefois, une analyse plus approfondie de l'économie capitaliste contemporaine, semble justifier une telle approche. En effet, la société anonyme apparaît comme la forme la plus développée de la société commerciale. Sa constitution nécessite une certaine assise financière, matérialisée au travers d'un capital minimum, généralement assez élevé. Les actionnaires s'associent en vertu de l'apport de chacun, indépendamment de la considération de la personne. Vue sous cet angle, la société anonyme peut paraître comme

---

[836] V. Art 3, al. 2 du règlement EMF 2002/21 relatif aux formes juridiques liées à chaque catégorie d'EMF

un support juridique pertinent pour les EMF, notamment ceux qui ont une vocation commerciale. En outre, les règles de gouvernance et de contrôle de la société anonyme, parce que mieux élaborées et adaptées à l'économie capitaliste peuvent être considérées, en principe, comme plus propices à assurer la viabilité financière. C'est l'une des raisons de la multiplication, parfois observée, des EMF de deuxième catégorie[837] au détriment des autres catégories.

424. L'application du droit des sociétés commerciales aux EMF de deuxième catégorie. Le choix de la société anonyme, comme forme juridique des établissements de microfinance de deuxième catégorie, a pour conséquence l'application du droit des sociétés commerciales[838] à cette catégorie d'établissements[839]. En plus, en fonction de leur forme juridique, il apparaît que les établissements de microfinance de deuxième catégorie, accomplissent les opérations commerciales : c'est ce qu'une partie de la doctrine appelle la microfinance commerciale[840].

---

[837] Le Cameroun compte de nos jours 47 EMF de deuxième catégorie (société anonyme), ce nombre n'est pas supérieure à celui des autres formes juridiques notamment les sociétés coopératives ; mais il traduit tout de même une percée importante des sociétés commerciales au sein de la microfinance.

[838] L'acte uniforme OHADA relatif aux sociétés commerciales et le GIE.

[839] Il importe de rappeler que l'EMF de deuxième catégorie est celui qui se rapproche le plus des établissements de crédit classiques, lesquels doivent nécessairement être des sociétés anonymes aussi.

[840] On la qualifie comme telle par opposition à la microfinance sociale qui vise essentiellement la prestation des services financiers au profit des « exclus bancaires » sans recherche de profit.

425. Mission sociale et mission commerciale en microfinance : complémentarité ou antinomie ? L'institution des établissements de microfinance sous forme de société commerciale, soulève une interrogation importante : Comment la réglementation peut-elle concilier la mission sociale de la microfinance et la recherche du bénéfice qui est la caractéristique des sociétés de capitaux[841] ? De notre point de vue, ces deux objectifs a priori contradictoires, trouvent tout leur sens par la volonté de satisfaire une population plus large et diversifiée. Cette population est constituée non seulement des actionnaires de l'EMF, mais aussi des particuliers, et notamment les démunis exclus du secteur bancaire classique. C'est d'ailleurs pourquoi le législateur a opté pour la catégorisation des EMF. Car l'uniformisation des établissements de microfinance, aurait l'inconvénient de priver ce secteur d'activité, des entreprises plus capables de lever les fonds sur la base de leur poids financier et des liens capitalistiques. C'est dans ce sens qu'un auteur affirme que : *« l'orientation commerciale de la microfinance ne peut pas être considérée comme une déviance mais comme un repositionnement normal, voire salutaire de cette activité dans une logique d'entreprise, c'est-à-dire de centre de profit»*[842].

Néanmoins, il faut relever que la prise en compte des sociétés de capitaux dans la réglementation, met en relief la réelle diversité des

---

[841] V. ALBERTOLLI, *La recherche de bénéfice à partager, élément constitutif de la société*, thèse, Paris, 1969.

[842] J. MBOUOMBOUO NDAM, *Mission sociale contre mission commerciale : Faux débat ou choix crucial de la microfinance ? in La microfinance à la croisée des chemins*, s. dir. MBOUOMBOUO NDAM, L'Harmattan, 2011, p. 53.

formes juridiques des EMF. Donc, au-delà d'un cadre juridique apparemment commun, certaines spécificités liées à la nature des opérations accomplies, mais surtout à la forme juridique des entités en cause, traduisent à suffisance l'hétérogénéité des établissements de microfinance. Cette variété se vérifie, malgré l'adoption d'un statut commun, tant pour les sociétés commerciales que pour les sociétés coopératives, opérant dans le domaine de la microfinance.

2- Le rôle prépondérant des sociétés coopératives en microfinance

426. Exclusion des sociétés coopératives financières du champ d'application de l'acte uniforme relatif au droit des sociétés coopératives. De prime abord, il faut noter que les sociétés coopératives dont il est question ici, sont essentiellement les coopératives financières. Et non celles non financières qui sont régies par l'Acte Uniforme OHADA relatif au droit des sociétés coopératives[843]. En effet, cet acte uniforme, adopté le 15 décembre 2010 à Lomé au Togo, exclut en son article 2 alinéa 2, les coopératives qui ont pour objet l'exercice d'activités bancaires ou financières de son champ d'application. Le terme « objet » utilisé par le législateur OHADA doit s'analyser *in concreto* et a une portée assez importante dans la détermination du champ d'application de

[843] Aux termes de l'acte uniforme relatif au droit des sociétés coopératives, « la société coopérative est un groupement autonome de personnes volontairement réunies pour satisfaire leurs aspirations et besoins économiques, sociaux et culturels communs, au moyen d'une entreprise dont la propriété et la gestion sont collectives et où le pouvoir est exercé démocratiquement et selon les principes coopératifs. »

l'acte uniforme en question. En réalité, une analyse stricte de la notion d'« objet » amène à considérer que toutes les autres coopératives ayant une activité autre que les services bancaires et financiers, tombent sous le coup dudit Acte uniforme[844]. En revanche, lorsque la coopérative a un objet agricole, culturelle, ou tout autre[845], elle est soumise à l'acte uniforme OHADA relatif au droit des sociétés coopératives. En ce qui concerne la portée de l'exclusion édictée par l'article 2 de l'acte uniforme. Il faut se demander si elle concerne juste l'application des règles matérielles ou aussi les règles de fonctionnement. En l'absence de distinction légale[846], on est tenté de croire que l'exclusion est d'ordre général. Néanmoins, il importe de relever que toutes les sociétés coopératives sont soumises aux principes coopératifs universels[847] quelque soit leur objet, et aux règles de fonctionnement quasi identiques.

---

[844] L'article 1er alinéa 3 de l'acte uniforme OHADA relatif au droit des sociétés coopératives, précise que « nonobstant les dispositions des articles 1er (relatif au champ d'application de l'AUSC et GIE) et 6 (détermination du caractère commerciale de la société) de l'AUSC et GIE, les sociétés coopératives qui exercent une activité commerciale sont soumises aux dispositions de l'acte uniforme OHADA relatif au droit des sociétés coopératives.

[845] Aux termes de l'article 5 de l'acte uniforme OHADA relatif au droit des sociétés coopératives, « les sociétés coopératives exercent leur action dans toutes les branches de l'activité humaine.»

[846] Selon un adage ancien, il ne faut pas distinguer là où la loi ne distingue pas.

[847] Au sens de l'article 6 de l'acte uniforme relatif au droit des sociétés coopératives, « la société coopérative est constituée et gérée selon les principes coopératifs universellement reconnus, à savoir : l'adhésion volontaire et ouverte à tous ; le pouvoir démocratique exercé par les coopérateurs ; la participation économique des coopérateurs ; l'autonomie et l'indépendance ; l'éducation, la formation et l'information ; la coopération entre organisations à caractère coopératif ; l'engagement volontaire envers la communauté. Toute discrimination

427. La place de choix de la coopérative et du mutualisme en microfinance. Le secteur coopératif/mutualiste semble être, le domaine d'émergence favori de la microfinance. On n'est même tenté de dire que le mutualisme et la coopérative sont les parents de la microfinance. En réalité, le secteur mutualiste est *« l'ossature historique de la microfinance»,* selon un auteur[848]. Ainsi, mieux que les sociétés commerciales, les sociétés coopératives trouvent en la microfinance, un terrain d'implantation très fertile.

Compte tenu de l'intérêt de la microfinance pour le domaine coopératif, le législateur CEMAC, prévoit[849] que « *sont classés en première catégorie les établissements qui procèdent à la collecte des épargnes de leurs membres, qu'ils emploient en opération de crédit ; exclusivement au profit de ceux-ci* ». Cette disposition renvoie surtout aux établissements de microfinance de types coopératifs ou mutualistes. Il ressort de cette disposition que, la coopérative financière est une société tournée vers ses membres, qui vise essentiellement la prestation de services au profit de ceux-ci. Contrairement à la société commerciale, dans la société coopérative[850], la propriété et la gestion sont collectives, et le pouvoir

---

fondée sur le sexe ou sur l'appartenance ethnique, religieuse ou politique est interdite.»

[848] L. LHERIAU, *Réglementer la microfinance : un état des lieux, TFD* 78/mars 2005, p. 69.

[849] L'article 3 du Règlement EMF/21 sur les formes juridiques liées à chaque catégorie d'établissement de microfinance.

[850] A titre de comparaison, voir C. BERARD, *La place de la structure juridique coopérative dans les stratégies du secteur bancaire français*, thèse, s. dir. B. SAINTOURENS, Univ. Bordeaux IV, 2006.

est exercé démocratiquement selon les principes coopératifs[851]. Il importe de relever que la société coopérative est mutualiste si de par ses statuts, ses membres sont des usagers exclusifs[852].

La prépondérance de la structure juridique coopérative dans le secteur de la microfinance révèle, si besoin était, l'insuffisance de la société commerciale à satisfaire pleinement certains besoins sociaux. Tandis que la société coopérative a une finalité surtout sociale, la société commerciale a un but plus intéressé, et orienté par le profit. Cette différence d'objectifs[853] entre les sociétés commerciales et les sociétés coopératives/mutualistes, justifie la diversité des formes juridiques des EMF.

L'enjeu de l'adoption de la structure juridique coopérative par les entreprises du secteur de la microfinance est de mesurer, voire de favoriser, le mélange subtil, l'alchimie, entre ces deux réalités. Ceci, afin de *« rechercher dans chacun des systèmes ce qu'il a de meilleur »*, et ainsi bénéficier du « *meilleur des deux mondes* », celui des sociétés commerciales *stricto sensu* et celui des sociétés coopératives[854].

---

[851] L'article 6 de l'Acte Uniforme relatif aux sociétés coopératives rappelle les sept (07) principes coopératif universellement reconnus.

[852] L'art. 4 alinéa 3 l'Acte Uniforme relatif aux sociétés coopératives.

[853] V. B. SAINTOURENS, *« Sociétés coopératives et sociétés de droit commun », Rev. des sociétés*, 1996, p.1.

[854] Nous paraphrasons ici René Carron qui faisait le parallèle entre le secteur coopératif et le secteur bancaire, dans la tribune du 13 février 2004, cité par C. BERARD, dans le résumé de sa thèse intitulée, *La place de la structure juridique coopérative dans les stratégies du secteur bancaire français*, sous dir. B. SAINTOURENS, Univ. Bordeaux IV, 2006.

428. Distinction entre société coopérative/mutualiste et société commerciale. La structure juridique coopérative diffère suffisamment de la société commerciale. La société anonyme fonde cette différenciation entre la forme coopérative et la forme de société de capitaux. L'organisation mutualiste revêt d'importantes spécificités, notamment à trois niveaux, à savoir :

- la dimension géographique (extension), commerciale (taux de pénétration) et même financière (total de bilan et croissance du compte de résultat) ;
- la dimension institutionnelle, avec les phénomènes de structuration et de complexification progressive pour faire face aux défis de la croissance ;
- la dimension organisationnelle, avec un nécessaire renforcement interne tenant compte de la taille, et de l'évolution institutionnelle[855].

La réglementation de l'activité de microfinance créée un cadre commun à tous les établissements, sans mettre suffisamment l'accent sur les spécificités des formes juridiques des différentes entités, qui peuvent opérées dans ce secteur. Or, l'analyse des schémas institutionnels des différentes formes juridiques, habilitées à accomplir l'activité de microfinance, laisse apparaître d'importantes disparités. A titre d'illustration, contrairement aux sociétés de capitaux,

[855] L. LHERIAU, *Précis de la réglementation de la microfinance*, n° 150, p. 135, AFD 2009.

l'organisation mutualiste va du schéma le plus simple[856], au plus complexe, avec des mouvements transversaux, voire multinationaux.

Bien plus, au-delà de leur différenciation, laquelle justifie des spécificités, il existe une sorte de complémentarité entre le secteur mutualiste et le secteur financier. Ainsi, un regroupement d'établissements de microfinance de première catégorie peut favoriser la création d'une société anonyme exerçant dans le secteur de la microfinance. Mais surtout, il est possible qu'un réseau d'établissements de microfinance créé un organe financier ayant la qualité d'un établissement de crédit[857]. Cette disposition permet de comprendre que le secteur mutualiste, au travers des réseaux d'établissements, après une certaine évolution, peut accéder au secteur bancaire classique[858]. Il apparaît dès lors que la différence entre la structure juridique coopérative et la société de capitaux, révèle l'absence d'une uniformisation pour tous les établissements de microfinance. Cette variété de formes juridiques pour les EMF se justifie par ailleurs par l'existence d'une diversité de formes associatives.

---

[856] Exemple d'une société coopérative et de crédit réalisant des opérations avec ses membres dans une localité déterminée.

[857] Art. 16 du Règlement du 13 avril 2002.

[858] A titre d'illustration, le développement du réseau CAMCCUL au Cameroun a donné naissance à la banque *Union Bank of Cameroon,* devenue *Oceanic Bank.* Au Congo, l'essor des MUCODEC est si important qu'elle a donné lieu à la création récente de la SCI MUCODEC, une société civile immobilière dont la mission principale est de gérer le patrimoine immobilier des MUCODEC ; à la prise de participation dans la société d'Ingénierie Informatique des Mutuelles d'Epargne et de Crédit (SIIMEC) et surtout à la création prochaine de la Banque du Crédit Mutuel d'Afrique Centrale (BCMAC), en remplacement de l'actuelle Caisse Fédérale.

B- La nécessaire prise en considération des formes associatives pour les établissements de microfinance

429. Associtions en microfinance. En plus des formes sociétaires, le secteur de la microfinance regorge différentes formes associatives. Avant toute organisation sociétaire structurée, la microfinance trouvait un cadre d'expression très favorable au travers des associations telles que les tontines[859], les associations à but lucratif, les associations caritatives entre autres. L'analyse du statut juridique des EMF amène à s'interroger sur la place des associations à but lucratif dans la réglementation des activités de microfinance (1), et celle des associations à but non lucratif dans ce secteur d'activité (2).

1- La place des associations à but lucratif en microfinance

430. La lucrativité des associations en microfinance. La réglementation indique que les établissements de microfinance de première catégorie, peuvent être de type associatif, sans préciser ni la nature, ni la finalité de telles associations. Dans la pratique, il apparaît que deux formes associatives peuvent revêtir la qualité d'établissements de microfinance : les associations à but non lucratif et les associations à but caritatif. Certains établissements de microfinance de première catégorie ont un mode de fonctionnement

---

[859] O. TOGOLO, « *Pour une approche institutionnelle de la tontine* », Communication aux Premières Journées Scientifiques du GEREA/Univ. de Douala du 5 au 8 mai 1998.

qui correspond le plus à ces dernières. Une analyse minutieuse de cette catégorie d'établissements, permet de constater qu'il s'agira surtout des établissements opérant sous forme de tontine, encore appelée association rotative d'épargne et de crédit.

431. Tontines et microfinance[860]. Les tontines[861] de part leur mode d'organisation, et de fonctionnement, basé sur la prestation des opérations de microcrédit au profit des membres, poursuivent parfois un but désintéressé[862]. C'est le cas notamment des tontines d'aide et de solidarité[863] qui font usage d'argent dans des hypothèses exceptionnelles pour soutenir un membre affecté ou pour réaliser un projet d'intérêt commun. Les tontines financières quant à elles s'apparentent à des associations rotatives d'épargne et de crédit qui ont pour mission de satisfaire, en fonction des tours, les besoins de

---

[860] Pour les interactions entre tontines et banques, lire A. HENRY, G. H. TCHUENTE, Ph. GUILLERME-DIEUMEGARD, *Tontines et banques au Cameroun. Les principes de la société des amis.* Paris, Karthala, 1991.

[861] On lira avec intérêt, B. BEKOLO EBE, *« Le système des tontines : liquidité, intermédiation et comportement d'épargne »*, *Revue d'économie politique*, 1989 n°4, pp. 616-638.

[862] Mme O. TOGOLO reconnaît quatre fonctions aux tontines à savoir : la fonction socialisante, la fonction occultante, la fonction sécurisante et la fonction financière. Cette dernière permettant de mesurer la concurrence que la tontine livre aux banques dans la collecte et la distribution de l'épargne. Car conclut-elle, « réseau d'épargne infra formelle, la tontine perturbe le monopole de la finance que détient l'Etat même si tôt ou tard, l'argent qui y est collecté réintègre toujours les circuits officiels d'une manière ou d'une autre.», V. *Pour une approche institutionnelle de la tontine*, Communication précitée. Voir aussi, C. MAYOUKOU, *Le système des tontines en Afrique – Un système bancaire informel*, Paris, L'Harmattan, 1994, p. 3.

[863] Pour une étude complémentaire sur la solidarité en microfinance, on peut lire avec intérêt S. DJEFAL, *Les ressorts de la microfinance, entre marché et solidarité. Impacts et pérennité des système financier décentralisés : Etude de cas en Afrique de l'Ouest* (1980-2000), thèse en sciences éco., Univ. Lyon-II, 2004, 633 pp.

financement posés par les membres. La pratique des taux d'intérêt, et la « vente des fonds » est à la base de l'intéressement des associations tontinières de ce type. Toutefois, il faut relever que toutes les tontines[864] n'ont pas un but lucratif, à l'inverse cela est le cas lorsque l'objet de celles-ci est tourné vers une certaine profitabilité de l'activité[865]. Ainsi, est posé le problème de leur orientation et viabilité financière[866].

2- Le rôle déterminant des associations caritatives en microfinance

432. La finalité sociale des associations caritatives en microfinance. Les associations caritatives devraient constituer, à plusieurs égards, la cheville ouvrière du secteur de la microfinance. Cette dernière trouve, dans la forme associative caritative, un habillage juridique propice pour atteindre sa finalité sociale. Il existe ainsi des organismes[867] dont le but est de participer aux financements des activités génératrices de revenus, sans être basés sur une quelconque profitabilité. Les associations caritatives peuvent

---

[864] Pour étude complémentaire des tontines, on peut se référer avec intérêt à J. NSOLE, *Techniques et pratiques populaires de l'épargne et du crédit, origine de la tontine en Afrique noire*, Univ. Lyon-II, thèse de troisième cycle, 1984, 394 pp.

[865] C'est le cas avec l'octroi des crédits à taux très élevé, la vente des « tours » de la tontine, l'acquisition des fonds de commerce au profit des membres…etc.

[866] Il faut relever que sous d'autres cieux, en France notamment, la principale association française de microcrédit, l'ADIE (Association pour le Droit à l'Initiative Economique) compte 291 salariés pour 800 bénévoles. .

[867] Organisations non gouvernementales (ONG) et les fondations notamment.

intervenir dans le secteur de la microfinance suivant deux modes opératoires.

D'une part, elles peuvent octroyer directement des microcrédits aux personnes physiques et morales marginalisés par le secteur bancaire classique, afin de leur permettre de créer des activités génératrices de revenus. Une telle orientation intéresse le plus souvent les couches de population les plus faibles, et notamment les femmes pour leur permettre de se prendre en charge[868].

D'autre part, les associations caritatives peuvent se contenter de jouer l'intermédiation financière, entre les agents économiques à besoin de financement que sont les « exclus bancaires », et les agents économiques à capacité de financement, que sont les structures financières. En pareille hypothèse, l'association caritative en tant qu'intermédiaire financier, ne manipule normalement pas des fonds, ou du moins pour son propre compte[869].

La réglementation de l'activité de microfinance, sans l'avoir indiqué expressément, laisse une place de choix aux associations caritatives, pour exercer dans ce secteur d'activité. Une telle réalisation se ferait normalement par les établissements de microfinance de troisième catégorie, pour lesquels le législateur indique qu'ils octroient le crédit, sans collecter l'épargne du public.

---

[868] Ce type d'association contribue surtout à *« l'empowerment »* des femmes c'est-à-dire leur « responsabilisation », leur « capabilisation », mieux, leur émancipation pour reprendre le Professeur Jean Michel SERVET.

[869] Mettant en relief une convergence de la pratique d'intermédiation, L. LHERIAU fait le parallèle entre l'intermédiaire en opération de banque (IOB), la société de caution mutuelle et l'association de microcrédit, v. *Précis, op.cit*, n°172, p. 149.

La diversité de toutes ces structures de microfinance, révèle l'absence d'uniformisation et partant, de l'insuffisance d'un statut unitaire pour tous les établissements de microfinance. Cela est vrai, ce d'autant plus qu'aucune entité de microfinance n'est une structure figée. Tous les établissements de microfinance peuvent être soumis à une dynamique, en raison de l'évolution, soit de l'activité, soit de la structure juridique : cela apparaît comme la dynamique institutionnelle des EMF.

Paragraphe 2 -L'exigence de prise en compte de la dynamique institutionnelle des établissements de microfinance

433. Les changements institutionnels en microfinance. La microfinance est un secteur d'activité qui connaît de perpétuelles mutations. La régularité, voire l'importance des évolutions institutionnelles des établissements de microfinance, par rapport à d'autres secteurs d'activités traduit son originalité. Il en est ainsi, tout particulièrement, des entités qui débutent leurs activités sous forme de projet pour devenir par la suite des EMF à part entière. En pareille hypothèse, il s'agit de l'institutionnalisation. En effet, la transformation d'un projet en établissement de microfinance, obéit au changement de modèle expérimental mis sur pied par un opérateur économique, en une entreprise autonome ; laquelle est dotée d'une personnalité juridique propre, et bénéficie de tous les attributs d'une structure financière à savoir : un agrément et les caractéristiques juridiques d'une personne morale.

434. Les facteurs liés à la modification institutionnelle des EMF. La microfinance n'est pas un secteur d'activité statique. Les mutations qui peuvent toucher ce domaine d'activité et les opérateurs qui y évoluent, relèvent de plusieurs aspects[870]. Ces mutations peuvent être fonction de l'évolution de la microfinance dans une région donnée, du volume d'activités, du poids financier, de la taille des structures opérant dans ce secteur etc[871].

Le dynamisme des acteurs de ce secteur, s'accompagne le plus souvent la modification de la structure de la personne morale. En effet, plusieurs variables peuvent sous-tendre le changement de forme juridique d'une entreprise opérant, ou désirant intervenir dans le secteur de la microfinance. Il peut s'agir, tout d'abord de la contrainte réglementaire, qui voudrait que pour exercer son activité en toute légalité, une personne morale change de forme juridique en l'adaptant aux normes et standards posés par la réglementation. Ensuite, ce peut être l'adaptation d'une forme juridique préexistante aux besoins réels de l'entité concernée. Enfin, il peut s'agir de l'adéquation à

---

[870] A savoir : l'institutionnalisation d'un projet ; la transformation d'une association participative en EMF ; la cession et location- gérance d'un EMF ; la fusion/scission des EMF ; la filialisation des activités de microfinance ; la transformation d'un EMF en établissement de crédit ; la création d'un organe financier de réseau mutualiste.

[871] Il importe de relever que la dynamique institutionnelle opérant dans le secteur de la microfinance renvoie à différents domaines juridiques et notamment : le droit des personnes morales – associations et sociétés commerciales ou mutualistes - ; le droit financier encadrant les autorisations d'exercer et les activités financières ; le droit fiscal réglementant le transfert de propriété et le changement de forme juridique ; le cas échéant les aspects juridiques relatifs à la gestion des ressources humaines, en cas de différenciation de conventions collectives entre le secteur de la microfinance et celui de la banque par exemple. L. LHERIAU, *Le droit des systèmes financiers décentralisés dans l'UEMOA, thèse précitée*, n°1197.

l'évolution structurelle et organisationnelle de l'entreprise résultant de sa croissance.

De façon concrète, au-delà des différentes mutations pouvant affecter le secteur de la microfinance, et les entreprises y évoluant, il apparaît que les EMF ne peuvent pas être uniformes. Pour tenir compte de cette variabilité des structures, il importe dans un premier temps de mettre en relief les aspects juridiques de l'institutionnalisation d'un projet en établissement de microfinance (A). Dans un deuxième temps, s'appesantir sur les modifications des structures et les mouvements de capitaux en microfinance (B).

A - L'institutionnalisation d'un projet en établissement de microfinance

435. Projets et microfinance. Différents projets peuvent être mis en œuvre dans le secteur de la microfinance. Il peut s'agir des projets sociaux et/ou caritatifs[872], ou encore des projets économiques ou lucratifs[873]. Les finalités de la microfinance peuvent sensiblement varier suivant que l'établissement poursuit un but lucratif ou non.

L'évolution des EMF est très souvent fonction des paramètres antinomiques. Ainsi, la distinction doit être faite entre un projet étatique et un projet non étatique (1) ; il en est de même de

---

[872] C'est le cas notamment de la microfinance dite sociale basée sur une activité de microcrédit à taux bonifié orienté surtout vers les personnes démunies.

[873] Ceci renvoie à la microfinance dite commerciale où il existe une bonne dose de mercantilisme.

l'hétérogénéité observée suivant que l'institutionnalisation concerne un projet caritatif ou plutôt lucratif (2).

1- La nécessaire distinction entre l'institutionnalisation d'un projet étatique et un projet non étatique

436. La différenciation de régime juridique selon l'origine du projet en microfinance. La réglementation CEMAC relative à la microfinance n'opère pas de distinction entre l'institutionnalisation d'un projet selon qu'il est étatique ou pas. Or, une telle différentiation aurait l'avantage de prendre en compte les spécificités liées à chaque type de projet. Le transfert des fonds d'un projet étatique à une entité financière d'un réseau mutualiste, ne présente pas d'originalité par rapport à un établissement de microfinance unitaire ; mais, tous les types de projets ne peuvent pas être classés dans la même rubrique, d'où l'exigence d'une prise en compte des caractéristiques particulières de chaque type de projet.

Il y a lieu de distinguer le régime d'un projet étatique, de celui d'un projet non étatique, dans le secteur de la microfinance. Dans le premier cas, avec le transfert des fonds à une entité financière, le projet étatique est réduit à la seule structure faîtière, union ou fédération[874]. Dans le second cas, un projet ne peut pas être la

---

[874] Ce modèle peut surtout être expérimenté pour les EMF de troisième catégorie pour lesquels l'Etat peut mettre des fonds à disposition afin de leur permettre d'atteindre leur finalité sociale. Au Cameroun, le Projet Intégré d'Assistance aux Acteurs du Secteur Informel (PIASI) correspond effectivement à la

propriété de l'Etat, mais plutôt celle d'un opérateur privé. Ce sera le cas notamment des organisations non gouvernementales (ONG), intervenant dans le financement des projets. En pareille hypothèse, le transfert du patrimoine d'un projet non étatique à un établissement de microfinance, peut s'effectuer lors de la constitution de la société, à travers les apports faits par les associés à l'établissement de microfinance créé. En outre, il existe une réelle différence entre l'institutionnalisation d'un projet étatique, pour laquelle la fiscalité semble généralement plus souple, et celle d'un projet non étatique avec une fiscalité relativement plus contraignante.

Dans la pratique toutefois, la divergence entre l'institutionnalisation des projets est beaucoup plus perceptible, selon que le projet a un but lucratif ou caritatif.

2- L'exigence d'une différentiation des projets caritatifs et des projets lucratifs en microfinance

437. La divergence de régime juridique selon la finalité du projet. L'institutionnalisation d'un projet se fait différemment selon que celui-ci poursuit un but caritatif, ou pas.

Dans la première hypothèse, il s'agira plus souvent d'une association ou organisation qui octroie des financements à un taux assez faible, aux personnes - physiques ou PME/PMI – afin de leur

finalité des EMF de troisième catégorie. Il en est de même du PAJER-U (Programme d`Appui à la Jeunesse Rurale et Urbaine).

permettre de sortir de la pauvreté[875]. Le régime de telles organisations paraît plus allégé, et sous-tendu par des conventions et accords de partenariat, qui visent à aider les personnes démunies et exclues du secteur bancaire, de profiter des prestations financières[876].

Dans le deuxième cas, le projet ayant un but lucratif, ses promoteurs peuvent être assimilés à des associés, qui ont constitués une société créée de fait. Pareil recours à la notion de société créée de fait, a l'avantage de pallier l'absence de la personnalité morale[877]. De même, la finalité lucrative d'un tel projet est plutôt favorable à l'application d'un régime formel, et plus rigoureux que celui qui doit être appliqué aux projets caritatifs.

En clair, il apparaît que la différenciation de l'institutionnalisation des projets sous-tend l'idée d'une dynamique institutionnelle, en raison de la particularité de chaque type de projet. En effet, on ne saurait soumettre à un régime identique tous les projets qui ont vocation à se transformer pour exercer en tant que établissement de microfinance.

De façon concrète, le dynamisme des entreprises désireuses d'accomplir les opérations de microfinance, est très poussé au point

[875] C'est le but poursuivi par diverses ONG œuvrant dans la microfinance comme l'association du Développement International Desjardins, …

[876] A titre d'illustration, en France, les organisations comme GREST, CITAD, ou IRAM ont participé à la création des Institution de micro Finance(IMF). Aux Etats Unies, des réseaux comme *ACCIONO opportunity International* ou *FINCA* ont participé à la création des institutions de microfinance, avec des financements venant de la coopération internationale

[877] L'article 864 de l'AUSC et GIE défini la société commerciale de fait comme une structure dans laquelle « deux ou plusieurs personnes se comportent comme des associés sans avoir constitué entre elles l'une des sociétés reconnues par l'acte uniforme ».

où, il peut donner lieu à la modification de la situation juridique d'un EMF, ou plutôt à la filialisation d'une branche d'activité.

B - Les modifications de la situation juridique et mouvements des capitaux en microfinance

438. Les EMF ne connaissent pas forcément une évolution linéaire, c'est ce qui amène le législateur à consacrer tout un règlement aux modifications de leur situation juridique[878]. Ce texte prévoit, en effet, la soumission des modifications de certains éléments des EMF à des conditions bien déterminées[879] (1). Le développement de l'activité de microfinance justifie aussi la prise en compte des mouvements de capitaux, lesquels peuvent affecter la situation d'un EMF (2).

1- Les modifications de la situation juridique dans les établissements de microfinance

439. Les mutations des établissements de microfinance. La réglementation soumet à l'autorisation préalable de la COBAC, quatre hypothèses de modifications de situations d'un EMF à savoir : le changement de la catégorie dans laquelle l'établissement a été agréé, la forme juridique, le type d'activité, le montant de capital des EMF de deuxième et troisième catégories[880].

---

[878] Règlement COBAC EMF/ 17 relatif aux modifications de situation juridique et aux conditions de prise de participation dans les EMF.

[879] Art. 1er du Règlement précité.

[880] Art. 2 du Règlement précité.

Le régime d'autorisation préalable de la COBAC, auquel sont soumises de telles modifications, démontre s'il en était encore besoin, que tous les EMF ne sont pas identiques. Ce qui justifie sans doute une hétérogénéité des formes juridiques des EMF, en dépit du dessein de créer un statut unitaire, affiché par le législateur.

Le règlement soumet à la déclaration auprès de la COBAC, les modifications portant sur les règles de calcul des droits de vote, à la composition des conseils d'administration ou de surveillance, à l'adresse du siège social et aux dénominations sociale et commerciale des établissements. De telles mesures visent deux objectifs majeurs. Pour les EMF, elles démontrent la volonté du législateur à faire respecter la catégorie liée à chaque forme d'établissement, en lui assurant l'exercice de l'activité, dans le respect des règles de la profession. Autrement dit, il apparaît que la notion d'établissement de microfinance n'est qu'un « standard » - notion générique - qui doit tenir compte des spécificités de chaque forme et sous-catégorie d'établissement. L'exigence d'une prise en compte des spécificités et des modifications affectant la situation d'un EMF est révélatrice d'une diversité de formes juridiques. C'est d'ailleurs la raison pour laquelle le non respect des principes relatifs aux modifications de la situation juridique d'un EMF est assorti de sanctions[881].

Au-delà des modifications de la situation juridique d'un EMF, les mouvements de capitaux au sein des EMF peuvent avoir pour

---

[881] Art. 6 et 7 du Règlement précité.

conséquence, le changement de la forme juridique ; ce qui donne lieu à des régimes juridiques différents.

2- Les mouvements de capitaux affectant la situation d'un EMF

440. La « restructuration financière » des établissements de microfinance. La dynamique des EMF est parfois sous-tendue par d'importants mouvements de capitaux tels que les cessions, les fusions/scissions, la filialisation. Dans l'un et l'autre cas, les EMF en question, peuvent voir leur régime sensiblement modifié, ce qui révèle des spécificités.

Tout d'abord, la cession du patrimoine d'un EMF peut concerner l'entièreté, ou une partie de l'actif dudit EMF. Il peut s'agir de la cession des biens meubles ou immeubles, ou encore des titres de l'entreprise. Cela permet surtout aux EMF de mêmes catégories, de se passer des éléments du patrimoine. Il importe de relever que seule la cession de créances présente des avantages, surtout en cas de faillite d'un EMF. La location – gérance d'un fonds de commerce en microfinance, paraît peu favorable, compte tenu de son instabilité résultant de son caractère temporaire et contractuel.

Ensuite, la dynamique des EMF se manifeste au travers des opérations de fusions ou de scissions. La scission[882] des EMF peut apparaître comme la conséquence logique des entreprises ayant atteint

---

[882] Pour une définition de la scission en droit des sociétés, voir les articles 190 et 191 AUSC et GIE.

un degré de croissance considérable. Il peut s'agir ainsi du processus d'implantation d'un EMF de type mutualiste qui s'étend sur une ou plusieurs autres localités. Dans ce cas, le nombre de membres peut justifier la scission, en vue de la création d'une structure nouvelle. La fusion[883] quant à elle, peut être justifiée par l'idée de faire des économies d'échelle, en jumelant plusieurs petites entités, pour leur permettre d'atteindre l'équilibre financier. Dès lors, plusieurs EMF peuvent également se réunir avec la volonté des dirigeants, afin de rendre le fonctionnement des entités plus professionnel, et mieux adapté aux exigences d'une gestion plus concentrée, et plus équilibrée.

La fusion et la scission sont deux mouvements de capitaux pouvant affecter la situation juridique d'un EMF. Elles doivent toutes les deux, en principe, respecter la règle de la spécialisation posée en matière d'octroi d'agrément. C'est dire que les entités concernées par ces opérations, doivent tenir compte à la fois de la catégorie et de la forme juridique, afin de respecter les spécificités de chaque EMF. Cette position conforte l'idée de diverses formes juridiques, donc de plusieurs sous-catégories au sein des EMF.

Enfin, la filialisation des activités en microfinance se heurte à la diversité de formes présentes dans ce secteur d'activité. A titre d'illustration, la distinction, voire l'opposition, des finalités et des formes juridiques de l'association et de la société commerciale révèle l'absence d'homogénéité de régime pour les EMF. Ceci, même en considération d'une éventuelle filialisation. En effet, on ne saurait

---

[883] Pour une définition de la fusion en droit des sociétés, V. l'article 189 AUSC et GIE.

transformer une association en société anonyme par le simple jeu d'une modification des statuts. On devrait plutôt créer une entreprise nouvelle, ayant la forme juridique la plus adaptée aux opérations qui sont projetées d'être accomplies.

En revanche, il est régulier et il semble même très opérationnel, de transformer une association en GIE, sans création d'une nouvelle personne morale ni dissolution[884] de la première, à condition qu'il y ait concordance entre l'association et le GIE[885].

Un autre mécanisme relatif aux mouvements des capitaux des EMF consisterait à filialiser l'activité de microfinance à travers un apport partiel d'actifs[886]. L'ensemble des pistes explorées pour les mouvements de capitaux, concernant l'activité de microfinance, permet de comprendre que toute opération y relative doit tenir compte de la spécificité de chaque EMF.

Conclusion du chapitre 2

441. Résumé sur la pluralité des formes juridiques des établissements de microfinance. En définitive, il apparaît qu'au-delà de l'apparente volonté unificatrice du législateur sous-régional, les EMF comporte des formes diverses, qu'il serait mal aisé de procéder à leur uniformisation. Cela révèle des spécificités certaines, dont la prise

---

[884] Art. 882 AUSC et du GIE.

[885] Art. 869 AUSC et du GIE.

[886] Pour une définition de l'apport partiel d'actif en droit des sociétés, V. Art.195 AUSC et du GIE.

en compte est nécessaire, pour mieux cerner les contours de la règlementation des EMF.

L'analyse du statut juridique des EMF en zone CEMAC, révèle plusieurs particularités au niveau de sa composition. La volonté d'unifier le statut des entités accomplissant les opérations de microfinance, s'est traduite par l'élaboration d'un cadre commun pour tous les EMF. Toutefois, un examen minutieux de ce statut permet de constater que les EMF ont des formes juridiques hétérogènes voire hétéroclites. Qu'il est difficile, et mal aisé, de regrouper tous les EMF sous la même bannière. Bien plus, il existe un ensemble d'éléments divergents, voire contradictoires, qui mettent en relief une réelle disparité du cadre élaboré par le législateur de la CEMAC.

En apparence, tous les EMF sont soumis à un ensemble de règles pouvant constituer ce qu'on appellerait « le droit commun de la microfinance». Mais concrètement, il existe une diversité de formes juridiques pour les EMF que le législateur a bien voulu prendre en compte. La réglementation a amorcé une œuvre très importante, en initiant l'encadrement de l'activité de microfinance, mais l'élaboration du statut des EMF au-delà de son unité voulue, est heurtée à de réelles spécificités, lesquelles traduisent plutôt un système hétérogène. En outre, pour que le statut des EMF trouve toute sa pertinence, il serait intéressant de proposer des pistes de réflexion visant à le parfaire pour le rendre plus efficace et efficient. Pour y arriver, tous les praticiens du droit que sont les législateurs nationaux et sous régionaux, les juges étatiques et communautaires[887], les juristes de doctrine d'une part, et d'autre part les sujets de droits[888] doivent conjuguer leurs efforts pour bâtir une œuvre plus adéquate.

[887] Pour mémoire, il est crée une Cour de Justice Communautaire au sein de la CEMAC.

[888] Il faut notamment penser aux agents économiques à capacité de financement et ceux à besoin de financement.

Conclusion du titre 1

442. Absence d'uniformisation des établissements de microfinance. Le statut juridique des établissements de microfinance en zone CEMAC révèle un ensemble de règles applicables à tous ces établissements. Il permet de déterminer pour l'essentiel la condition et le régime juridique qui leur applicable. C'est un statut de base commun. Les spécificités liées aux formes juridiques des établissements doivent être analysées afin de rendre compte de l'hétérogénéité du système de la microfinance. En effet, le législateur prône l'unification du statut des EMF, au travers d'un certain nombre de concepts fondateurs : le concept polysémique de microfinance et le concept générique d'établissement de microfinance. Cette unification a pour corollaire l'application, en principe, de la commercialité à tous les établissements se livrant à l'activité de microfinance. Néanmoins, cette unité de principe n'a pas abouti à l'uniformisation. C'est pourquoi, il existe diverses formes juridiques pour les établissements de microfinance. Dans la pratique, en plus des formes sociétaires, lesquelles peuvent être commerciales (EMF de deuxième catégorie ayant la forme de société anonyme) ou civiles (EMF de première catégorie ayant la forme de société coopérative), il existe parmi les EMF, les formes associatives (caritatives ou lucratives). Cette disparité d'éléments révèle un contenu non homogène pour le statut juridique des EMF. Cela justifie des correctifs réglementaires qui visent à parfaire et à peaufiner la réglementation de la microfinance en Afrique centrale ; non seulement pour ce qui est de la consistance de la microfinance, mais également en ce qui concerne du régime juridique des EMF.

Titre 2

L'amélioration du régime juridique des établissements de microfinance dans la zone CEMAC

443. L'enrichissement des règles d'implémentation de la règlementation de la microfinance. L'instauration d'une règlementation propre pour les établissements de microfinance est une belle initiative, elle régit cette activité et ses acteurs, et permet de les sortir du secteur dit informel. Néanmoins, une telle œuvre n'a d'importance que si la mission d'encadrement qui lui est assignée est effectivement et efficacement atteinte. Or, en l'état actuel de la situation, la réglementation du secteur de la microfinance laisse transparaître quelques faiblesses. Ainsi, pour parfaire sa mise en œuvre, il est nécessaire de raffermir le cadre institutionnel, en régissant clairement tous les intervenants dans le domaine de la microfinance (Chapitre 1). Dans la même logique, toutes les dispositions applicables aux opérations de microfinance, aux garanties de crédit et aux modalités de recouvrement doivent être appropriées ; c'est dire qu'il faut en outre peaufiner le cadre opérationnel des établissements de microfinance, pour assurer une heureuse finalité à la règlementation élaborée (Chapitre 2).

CHAPITRE 1

L'amélioration du cadre institutionnel des établissements de microfinance

444. Le nécessaire renforcement des institutions intervenant dans le secteur de la microfinance. Les jalons d'une règlementation de l'activité de microfinance ont été jetés par le législateur communautaire, au travers d'un ensemble de Règlements[889]. Cette règlementation comporte des avantages considérables, étant donné qu'il encadre les prestations et les acteurs de ce secteur d'activité. Toutefois, en dépit de l'importante avancée réglementaire, le cadre institutionnel des établissements de microfinance révèle encore de nombreuses faiblesses, qu'il est impérieux de corriger, pour le rendre plus adapté, mieux élaboré, assez efficace et efficient.

445. Définition des institutions juridiques. Les institutions juridiques peuvent être perçues, selon un auteur, comme un ensemble d'« *éléments constituant la structure juridique de la réalité sociale ; un ensemble de mécanismes et structures juridiques encadrant les conduites au sein d'une collectivité*»[890]. Pour un autre auteur, ce sont « *des ensembles de règles de droit organisées autour d'une idée centrale formant un tout systématiquement ordonné et permanent*»[891]. A travers la notion juridique unique d'institution se cache une réalité multiple, pour paraphraser un auteur[892]. Plusieurs études ont été consacrées à cette notion, mais c'est dans la pensée du doyen

---

[889] V. Règlement CEMAC du 13 avril 2002 relatif à l'exercice de l'activité de microfinance et les 21 Règlements relatifs aux normes prudentielles applicables au secteur de la microfinance.

[890] G. CORNU, *Vocabulaire juridique*, Puf, 2011, p. 553.

[891] J. BRETHE de la GRESSAYE, *Rep. Civ.* Dalloz, n°2, cité par J.-L BERGEL, *Théorie générale de droit, op. cit.*, p. 177.

[892] J.-L BERGEL, *Théorie générale de droit, op. cit.*, p. 186.

HAURIOU que le classement des institutions juridiques se trouve le plus convenable[893]. L'éminent juriste distingue les institutions-mécanismes qui renvoient à des *« ensembles organisés de règles créées par le droit objectif »,* des institutions-organismes, qui se rapportent à l'idée d'un *« ensemble individualisé, une organisation interne s'équilibrant elle-même de manière objective et conformément au droit positif »*[894].

446. Institutionnalisation de la microfinance. La microfinance, jadis plongée dans le secteur dit informel, s'institutionnalise avec l'adoption d'une règlementation spécifique. A la lumière de la distinction faite par le doyen HAURIOU, et pour parfaire le statut juridique des établissements de microfinance en zone CEMAC, il paraît indiqué de renforcer les mécanismes institutionnels intervenant dans le secteur de la microfinance (Section 1). Dans le même ordre d'idées, le raffermissement des organes institutionnels intervenant dans le secteur de la microfinance, semble être une impérieuse nécessité (Section 2).

Section 1 - Le renforcement des mécanismes institutionnels intervenant dans le secteur de la microfinance

447. Mécanismes institutionnels dans le domaine de la microfinance. L'importance des mécanismes institutionnels dans la

[893] J.-L BERGEL, *idem.*
[894] J.-L BERGEL, *ibidem.*

microfinance est variable et s'apprécie en fonction des situations. Lorsqu'un établissement de microfinance est normalement constitué et fonctionne dans le respect des normes de gestion auquel il est soumis, sous réserve des contrôles intermittents, il pourrait rapidement atteindre la viabilité institutionnelle[895]. En revanche, il arrive souvent qu'un établissement de microfinance soit confronté à de réelles difficultés, lesquels peuvent générées une crise au sein dudit établissement, et partant, dans tout le secteur de la microfinance[896]. Dans cette dernière hypothèse, les pouvoirs publics ont le devoir[897]

[895] Cette hypothèse renvoie à un fonctionnement des EMF et comme tel, n'appelle pas de développements particuliers dans cette partie de l'étude où il est surtout question de traiter des difficultés réelles ou éventuelles des établissements de microfinance.

[896] Dans la pratique, il apparaît que les établissements de microfinance comme toute autre entreprise, naissent, vivent dans la prospérité ou dans les difficultés suivant les cas, et parfois même disparaissent de la scène économique lorsque lesdites difficultés s'avèrent insurmontables. En réalité, les difficultés d'une entreprise peuvent provenir de plusieurs causes. Il peut en être ainsi des causes tenant à l'évolution de l'environnement et de la conjoncture nationale ou internationale. Ca peut être l'hypothèse d'un accroissement de la concurrence, de la transformation des facteurs locaux de commercialité, de la défaillance d'un partenaire important. Il peut également s'agir des causes accidentelles comme le sinistre non couvert par une assurance appropriée, les malversations, les grèves régulières. Enfin, ces causes peuvent être liées à l'exploitation et à la gestion de l'entreprise comme : la comptabilité non tenue, mal tenue ou non élaborée, le personnel pléthorique ou les avantages salariaux exorbitants ; l'inadaptation de la politique commerciale ; l'insuffisance des fonds propres. Pour des développements substantiels relatifs aux financements des entreprises en difficulté, V. B. PYM, *Le banquier et le financement d'une entreprise en difficulté*, Mémoire de DEA, droit des affaires, Univ. Douala (Cameroun), 2003-2004.

[897] Si de nos jours, dans plusieurs pays dont ceux de la CEMAC, les pouvoirs publics ont un rôle de régulation économique important, ce rôle est particulièrement accru dans les secteurs règlementés comme la microfinance, où l'octroi de l'agrément est très souvent considéré par la population comme une sorte de caution morale donnée aux dirigeants des établissements de microfinance.

d'adopter des mesures adéquates dans la perspective de résorber la crise.

Pour assurer efficacement leur mission de surveillance du secteur financier, les autorités publiques doivent anticiper sur les crises au travers des mécanismes institutionnels assez efficaces (Paragraphe 1). Néanmoins, si pour une raison quelconque la crise survient, ces pouvoirs publics doivent la traiter efficacement pour l'annihiler, ou à défaut, accompagner l'établissement défaillant dans ses opérations de liquidation, en respectant les différents intérêts en présence (Paragraphe 2).

Paragraphe 1 - Le renforcement des mécanismes de prévention des difficultés des établissements de microfinance

448. Crise de certains EMF. De nos jours, on assiste au sein de la CEMAC et plus particulièrement au Cameroun, à la défaillance de quelques établissements de microfinance importants[898]. Cette situation peut à moyen ou long terme, engendrer une crise du secteur de la microfinance. Pour éviter d'en arriver là, tous les acteurs de la microfinance ont intérêts à prendre des mesures fortes afin de juguler tout dérapage.

---

[898] Il en est ainsi de la défaillance de la Compagnie Financière de l'Estuaire (COFINEST) l'un des plus importants établissements de microfinance du Cameroun, v. *Le Jour* du 25 février 2011, « Aux sources de l'affaire COFINEST. La COFINEST en bref » ; *Mutations* du 7 avril 2011, « Les fossoyeurs de COFINEST ont bénéficié de complicités », Pierre ABANDA KAPNA; Lire le dossier de la rédaction de *Cameroon Tribune* du 13 septembre 2012, *« Microfinance : Quand le client est floué »*, pp. 11-14.

449. Nécessité de la prévention des difficultés. Comme dans toute entreprise, les causes des crises[899] peuvent être diverses et variées. L'idéal est de les détecter très tôt pour les juguler. L'une des faiblesses de la règlementation actuelle des établissements de microfinance est qu'elle n'envisage pas des règles suffisamment préventives permettant d'anticiper sur les difficultés des EMF. Il importe donc d'améliorer le dispositif de détection des problèmes au sein des EMF, afin de pouvoir proposer des solutions d'avance (A). Un contrôle effectif et efficace des EMF permet également de déceler très tôt les indicateurs d'une éventuelle défaillance (B).

A- L'amélioration des modalités de détection des difficultés au sein des établissements de microfinance

450. Les difficultés d'un établissement de microfinance doivent être détectées de façon assez rapide, afin d'anticiper sur les solutions à prendre et remédier au risque de défaillance de l'EMF en crise. Cette mission de détection peut être assurée à la fois par des organes internes à l'établissement (1) que des organes externes (2).

---

[899] La crise est une situation trouble (souvent conflictuelle) qui, en raison de sa gravité, justifie des mesures d'exception, G. CORNU, *Vocabulaire juridique*, *op. cit.*, p. 285. Une crise renvoie à des dysfonctionnements ou à des blocages pouvant entrainer la paralysie de l'entreprise. Parmi la longue liste des crises susceptibles d'affecter une entreprise, certaines sont communes à toutes, d'autres sont plus spécifiques à certaines industries. Pour chercher à décrire les stratégies à mettre en place selon les secteurs de crises, une typologie proposée par Thierry LIBAERT semble assez pertinente : crises structurelles, crises sectorielles, crises sociales, crises liées aux rumeurs, crises accidentelles, crises liées aux produits, crises financières. V. http://www.com2crise.com/article.php3?id_article=199.

1- Le raffermissement du système de détection interne des difficultés

451. Dans la pratique, la découverte des difficultés de l'établissement peut relever des organes proprement internes (a), et dans une certaine mesure des organes quasi-internes (b).

a- La détection des difficultés par les organes proprement internes

452. La détection par le contrôle interne avec le support des organes sociaux. Lorsqu'un établissement de microfinance est en crise, en principe les organes internes sont censés être les premiers informés, grâce à leur position au sein de l'établissement en cause. Ainsi, les organes du contrôle interne doivent valablement jouer leur rôle pour déceler à temps tous les risques de défaillance auxquels s'expose l'établissement auquel ils appartiennent. Pour atteindre ses objectifs de façon efficiente, le contrôle interne se doit d'être vigilant et diligent afin d'anticiper sur les risques. Pour cela, il a besoin d'un grand soutien des organes sociaux qui doivent valoriser le travail du contrôle interne en soumettant tout le personnel, y compris les dirigeants, au respect des procédures internes. Ces dernières doivent être clairement définies pour être efficacement appliquées.

453. L'implication des salariés à la détection des difficultés de l'établissement. Il importe d'impliquer les salariés des établissements de microfinance au décèlement des difficultés. Cette mesure bien que pertinente, semble difficile à mettre en œuvre dans certains établissement, en raison soit de la taille[900] de ceux-ci, soit de la connaissance approximative des méthodes de contrôle de la plupart des salariés[901]. Pour éviter qu'un tel mécanisme ne débouche sur des abus ou des mouvements de panique injustifiée, on peut confier la mission de détection à un comité de salariés, expressément mandaté à cet effet, en fonction de leurs compétences, ou même aux délégués du personnel. Dans toutes ces hypothèses, il est nécessaire que le mandat des représentants des salariés en charge de la détection des difficultés, soit bien défini dans une sorte de charte, émanant de la majorité, voire de l'ensemble du personnel.

Au-delà du rôle important que doivent jouer les organes internes au contrôle des risques de défaillances des établissements, le commissariat aux comptes qui est un organe quasi permanent dans la plupart des établissements de microfinance, doit également occuper une place importante dans l'accomplissement de cette fonction.

---

[900] Lorsque l'EMF est de très petite taille, il n'est pas aisé de lui imposer des procédures de contrôle assez rigoureuses, car celles-ci ont un coût que l'EMF peut ne pas supporter en raison de la faiblesse de sa surface financière.

[901] Les petits EMF ont tendance à recruter un personnel aux connaissances techniques assez moyennes, ce qui ne facilite pas l'analyse des procédures et l'appréciation de leur respect.

b- La détection des difficultés par les organes quasi-internes : Le rôle des commissaires aux comptes

454. Commissaires aux comptes. De part la régularité et la permanence de leur mission légale, les commissaires aux comptes peuvent être considérés comme des partenaires internes à l'entreprise[902]. A ce titre, ils doivent jouer un rôle important dans la prévention des difficultés de l'établissement de microfinance audité. En effet, les comptes qu'ils élaborent jouent un rôle très déterminant dans l'appréciation de la situation financière de toute entreprise. C'est la raison pour laquelle, la loi prévoit que : *« le commissaire aux comptes certifie que les états financiers de synthèse sont réguliers et donnent une image fidèle du résultat des opérations de l'exercice écoulé ainsi que de la situation financière et du patrimoine de la société à la fin de cet exercice»*[903]. En outre, il ressort du droit comptable que : « *la comptabilité doit satisfaire, dans le respect de la règle de prudence, aux obligations de régularité, de sincérité et de transparence inhérente à la tenue, au contrôle, à la présentation et à la communication des informations qu'elle a traitées»*[904]. Pour atteindre cette visée du commissariat aux comptes, les pouvoirs publics règlementent strictement la mission de commissaires aux

---

[902] A. KENMOGNE, *La protection des établissements bancaires contre la défaillance en Afrique noire francophone*, Univ. Dschang (Cameroun), 2004, p. 111.

[903] Article 710 de l'AUSC et GIE.

[904] Article 3 de l'Acte uniforme OHADA du 24 mars 2000 portant organisation et harmonisation des comptabilités des entreprises.

comptes. Bien plus, l'intervention d'un commissaire aux comptes dans le secteur de la microfinance, est soumise à l'obtention d'un agrément préalable.

Il arrive parfois que l'agrément seul ne suffise pas à garantir l'efficience et l'objectivité totale de la mission du commissaire aux comptes, mais ce préalable semble indispensable dans une profession règlementée comme la microfinance. Néanmoins, à côté de l'agrément, il est intéressant de raffermir l'efficacité de la mission du commissaire aux comptes et de renforcer l'indépendance de celui-ci.

455. L'efficacité du commissariat aux comptes. L'histoire du commissariat aux comptes montre que la recherche d'une plus grande efficacité du contrôle légal des sociétés ne date pas d'aujourd'hui[905]. Malgré cela, la solution parfaite n'a pas encore été trouvée de nos jours[906]. Dans le domaine financier et bancaire notamment, on a assisté à l'instauration de deux commissaires aux comptes[907] par

---

[905] J. MONEGER et Th. GRANIER, *« Le commissaire aux comptes »*, *Dalloz*, 1995, p. 3 et s., cité par A. KENMOGNE, *thèse précitée*, n°274.

[906] Ces dernières années, des dirigeants se sont livrés avec la complicité des auditeurs à des ruses, manipulations et tromperies comptables qui ont provoqué des faillites retentissantes à *Wall street* (Enron, Word.com, Tyco, Xerox…) et ailleurs (Vivendi en France). Depuis la crise de confiance provoquée par ces faillites, le problème des missions et du rôle des commissaires aux comptes reste assez actuel.

[907] Aux termes de l'article 702 de l'AUSC et GIE « les sociétés anonymes ne faisant pas publiquement appel à l'épargne sont tenues de désigner un commissaire aux comptes et un suppléant. Les sociétés anonymes faisant publiquement appel à l'épargne sont tenues de désigner au moins deux commissaires aux comptes titulaires et deux suppléants». Il ressort de cette disposition que les EMF, notamment de deuxième catégorie sous forme de SA, doivent nommer en leur sein aux moins deux commissaires aux comptes titulaires et deux suppléants. Cette pratique est déjà observée dans le secteur bancaire au sein duquel les établissements de crédit ont la forme juridique de sociétés anonymes.

établissement de crédit, mais cela n'est pas toujours suffisant pour anticiper efficacement sur les risques de défaillances. L'obligation d'alerte classique dévolue à tout commissaire aux comptes[908] devrait être renforcée; et la mission du commissaire aux comptes, dans le domaine de la microfinance, peut s'étendre à la vérification des informations, à des obligations de communication ou d'information au profit des autorités monétaires ou judiciaires. Dans la pratique, il faut regretter que l'efficacité des commissaires aux comptes soit encore entamée par de multiples pesanteurs. Il en est ainsi par exemple, de l'octroi de l'agrément au même commissaire aux comptes pour certifier les états financiers de plusieurs établissements de microfinance.

456. L'indépendance du commissariat aux comptes. En outre, l'indépendance des commissaires aux comptes[909] doit être renforcée pour leur permettre d'accomplir sereinement leur mission. Cet objectif bien que très important, semble pourtant assez difficile à réaliser. Son importance tient de ce que sans indépendance, la fiabilité et l'efficacité du contrôle des comptes peuvent être facilement remises en cause. La délicatesse de la mission quant à elle tient à un double aspect : le commissaire aux comptes doit non seulement être indépendant, mais aussi le paraître. Car comme le souligne un

---

[908] Il faut relever que même en cours d'exercice, le commissaire aux comptes a l'obligation de déclencher en cas de nécessité la procédure d'alerte prévue par les articles 153 à 156 de l'AUSC et GIE.

[909] Pour plus de développement à ce sujet, lire Y. GUYON, *« L'indépendance des commissaires aux comptes »*, *JCP* éd G, 1977, I, 2831.

auteur, l'indépendance doit se traduire « *non seulement par une attitude d'esprit qui s'exprime dans l'intégrité, l'objectivité, la compétence mais aussi dans le fait d'éviter toute situation qui par son apparence pourrait conduire les tiers à la remettre en cause* »[910].

457. Synthèse. En clair, le commissariat aux comptes institué au sein des établissements de microfinance vise à assurer le contrôle de la régularité, et de la fiabilité de l'information financière. En plus de cette mission classique, le commissaire aux comptes doit jouer un rôle fondamental dans la mission d'alerte pour prévenir les risques de défaillances des établissements de microfinance. Pour cela, il est impérieux de raffermir l'efficacité et l'indépendance des commissaires aux comptes dans leur mission de contrôle des établissements de microfinance.

Bien plus, il paraît opportun de mettre sur pied un système externe assez alerte de détection des difficultés au sein des EMF.

2- L'exigence de l'élaboration d'un système de détection externe plus performant

458. Les difficultés des établissements de microfinance doivent être anticipées par des organes internes, mais aussi par des organes externes pour ces derniers, il s'agira pour les autorités monétaires de

---

[910]A. KENMOGNE, *thèse précitée*, n°277, citant un extrait de l'article 4 du code de déontologie professionnelle en France, qui vise à montrer que le commissaire aux comptes, un peu comme la femme de César, doit être au dessus de tout soupçon.

jouer un rôle très déterminant (a), avec l'appui, quelquefois, des autorités judiciaires (b).

a. La détection des difficultés par les autorités monétaires

459. La surveillance des EMF par la COBAC : contrôle technique. La commission bancaire doit jouer un rôle de première importance dans la surveillance des établissements de microfinance. Aux termes de l'article 53 du règlement du 13 avril 2002, *« la Commission bancaire est chargée de veiller au respect par les établissements des dispositions règlementaires édictées par le Comité Ministériel, par l'Autorité Monétaire, par la Banque des Etats de l'Afrique Centrale ou par elle-même, qui leur sont applicables et de sanctionner les manquements constatés »*. Il ressort de cette disposition que la mission de surveillance est dévolue prioritairement à la COBAC. La surveillance des établissements de microfinance s'exerce à travers des contrôles sur pièces et sur place[911]. Il s'agit d'un contrôle technique dont la périodicité n'est pas clairement définie par les textes. Il importe donc que le législateur prenne des dispositions circonstanciées visant à mieux encadrer le contrôle des EMF par la COBAC.

---

[911] Article 53 alinéa 3 du règlement du 13 avril 2002 relatif à l'exercice de l'activité de microfinance précité.

460. L'administration provisoire[912] : statut et missions à préciser. Aux termes de l'article 63 alinéa 1er du Règlement du 13 avril 2003 relatif aux conditions d'exercice et de contrôle de l'activité de microfinance dans la CEMAC, *« en cas de carence constatée dans l'administration, la gérance ou la direction d'un établissement, la Commission bancaire est habilitée à lui désigner un administrateur provisoire »* ; l'alinéa 2 de cet article d'ajouter : *« cette désignation peut également intervenir si la gestion de l'établissement ne peut plus être assurée dans des conditions normales ou lorsque la démission d'office des dirigeants est prononcée ou encore lorsque la sauvegarde des intérêts des membres de l'établissement l'exige»*. Ces deux paragraphes indiquent, les conditions dans lesquelles un administrateur provisoire peut être nommé au sein d'un EMF. Le législateur CEMAC met en relief six cas d'ouverture de nomination de l'administrateur provisoire[913]. Malheureusement, l'étendue de ces cas reste parfois très imprécise. La notion de carence utilisée par la disposition sus citée est assez floue. Que renferme-t-elle exactement ? De quel type de carence s'agit-il ? Il paraît inopportun de l'assimiler à l'insolvabilité d'un débiteur. En revanche, elle pourrait être considérée comme un manque par un dirigeant à son devoir. Il faudrait donc que

---

[912] Pour une étude générale de la notion d'administrateur provisoire, lire B. NJOYA NKAMGA, *L'administrateur provisoire des sociétés dans l'espace OHADA*, éd. Véritas, Septembre 2012, 540 pp.

[913] R. NEMEDEU, *« L'administrateur provisoire dans les établissements de microfinance (EMF) en 10 questions », in Juridis Périodique*, n°91, pp.114-115.

le dirigeant d'un EMF assume valablement ses devoirs au risque de tomber sous le coup de la carence[914].

Dans tous les cas, la décision portant désignation d'un administrateur provisoire doit être motivée[915]. Venant aux missions de l'administrateur provisoire, le titre VIII[916] du Règlement du 13 avril 2002 précité, lui consacre un seul alinéa[917]. Il ressort de ce texte que : « *outre les attributions nécessaires à l'administration et à la direction de l'établissement et le pouvoir de déclarer la cessation des paiements, la décision portant nomination de l'administrateur provisoire peut préciser l'étendue des pouvoirs, les obligations, la durée du mandat et la rémunération de l'administrateur provisoire* ». Ainsi, il apparaît que l'administrateur provisoire se substitue au(x) dirigeants déchu(s); son mandat doit être déterminé tant dans son contenu que sa durée[918]. Néanmoins, il est assez surprenant de constater que la limitation des pouvoirs de l'administrateur provisoire

---

[914] R. NEMEDEU, *op.cit., idem.*

[915] Art. 63 al. 3 du Règlement du 13 avril 2002 précité.

[916] Il faut relever que tout le titre VIII de ce Règlement ne comporte qu'un seul article consacré à l'administrateur provisoire. Cela semble traduire une certaine insuffisance de la règlementation. Le caractère laconique de ce titre ne rend malheureusement pas compte du statut de l'administrateur provisoire, encore moins de toute l'étendue de ses pouvoirs et de leurs limites.

[917] Alinéas 4 de l'article 63 précité.

[918] Il est important, voire impératif de circonscrire la mission de l'administrateur provisoire dans son domaine et dans le temps, au risque d'aboutir à des nominations d'administrateurs provisoires « définitifs » ou encore « administrateur provisoire permanent». Cette crainte est justifiée quant on sait que dans le secteur bancaire par exemple, on a assisté à la nomination d'un administrateur provisoire d'une banque, en l'occurrence la *Commercial Bank*-Cameroun, depuis novembre 2009, jusqu'à nos jours. V. Décision COBAC D-2009/204/portant mise sous administration provisoire de *Commercial Bank*-Cameroun.

est une faculté de la COBAC[919]. Bien plus, d'importantes imprécisions demeurent quant au domaine d'action de l'administrateur, l'étendue de sa responsabilité et la résolution des conflits pouvant naître de sa nomination[920].

Il faut le relever pour le regretter, les difficultés qu'éprouve la COBAC à assurer efficacement sa mission de surveillance ; ceci, faute de ressources humaines et matérielles suffisantes. Pour stigmatiser cette situation assez préoccupante, un responsable en charge de l'encadrement de la microfinance au Cameroun [921], reconnaissait que le nombre élevé[922] des établissements de microfinance dans ce pays n'est pas de nature à faciliter un travail de surveillance auprès de tous les établissements agréés. Or, la surveillance ne peut avoir sa pleine portée que si elle est effective et efficace.

Le contrôle voire la supervision des EMF par la COBAC pourrait être amélioré et repensé. Ainsi, la Commission bancaire mettrait l'accent sur le contrôle des EMF de deuxième catégorie et délèguerait la supervision des EMF de première et de troisième

---

919 R. NEMEDEU, *op.cit.,* p. 116.

920 Pour des tentatives de réponses, voir B. NJOYA NKAMGA, *L'administrateur provisoire des sociétés dans l'espace OHADA*, éd. Véritas, Septembre 2012, 540 pp. ; R. NEMEDEU, *« L'administrateur provisoire dans les établissements de microfinance (EMF) en 10 questions », op. cit* ;

921 Voir interview de M. Sylvester MOH TANGONGHO, Directeur général du Trésor, de la coopération financière et monétaire au ministère des finances du Cameroun, parue dans le *Cameroon tribune* du 13 septembre 2012, dans laquelle il soulignait qu'il faudrait en principe cinq (05) ans à la COBAC pour assurer la surveillance effective de tous les EMF exerçant au Cameroun.

922 Au Cameroun, au 30 juin 2012, on dénombrait 149 EMF de première catégorie, 42 EMF de deuxième catégorie, 5 EMF de troisième catégorie, 252 EMF agréés sous forme de divers réseau, soit un total de 450 EMF disséminés à travers toute l'étendue du territoire. Source : Encart du *Cameroon tribune* du 06 septembre 2012.

catégorie à d'autres personnes. Les EMF de première catégorie seraient supervisés par les organes faîtiers, tandis que les EMF de troisième catégorie seraient soumis à la transparence financière sous le regard exercé de l'autorité monétaire. Cette souplesse se justifierait parce que ces EMF de troisième catégorie ne collectent pas l'épargne du public et donc n'ont pas besoin d'être soumis à des exigences prudentielles assez renforcées.

461. Le contrôle administratif du ministre des finances. En plus du contrôle technique de la COBAC, le ministre des finances doit assurer un contrôle administratif des établissements de microfinance ; question de se rassurer que les EMF exerçant sur son territoire, respectent toutes les normes administratives auxquelles ils sont soumis. De nos jours, ce contrôle paraît assez insuffisant. Pour le renforcer, il semble plus pertinent que la COBAC délègue une partie importante de sa surveillance au ministre des finances qui est plus proche des établissements et lequel doit se doter d'un personnel plus important pour mieux assurer les contrôles sur place.

En outre, il paraît impérieux de redimensionner les EMF en relevant le capital minimum des EMF de deuxième de 50 millions à 500 millions et celui des EMF de troisième catégorie de 25 millions à 100 millions. Cela aura l'avantage de concentrer les EMF, en mettant l'accent sur le poids financiers des établissements et non sur leur nombre[923].

b. La détection des difficultés par les autorités judiciaires avec le concours de certains spécialistes ou des associés

462. L'intervention éventuelle des autorités judiciaires dans la détection des crises des EMF. En principe, en vertu des règles de la gouvernance d'entreprise, les autorités judiciaires ne devraient pas s'ingérer dans l'administration courante d'une société. Néanmoins, lorsque les circonstances l'exigent, il semble justifier de faire intervenir les autorités judiciaires dans la prévention des risques de défaillance des EMF. La règlementation peut par exemple, autoriser toute personne ayant qualité et intérêt, à saisir les autorités judiciaires et surtout le président de la juridiction compétente du lieu de situation de l'établissement en cause, d'une demande visant à apporter des informations précises sur les risques de défaillances de l'établissement. A charge pour le président de nommer un ou plusieurs experts, chargés de présenter un rapport sur une ou plusieurs opérations de gestion de l'établissement en cause : on parle dans ce cas en droit des sociétés commerciales de l'expertise de gestion[924]. Toutefois, pour qu'un tel procédé soit efficient, il faut que l'instruction du dossier de risques de défaillances se fasse par les juges

---

[923] Cette proposition est inspirée du projet de texte du ministre camerounais des finances relatif au secteur de la microfinance, V. *Paroles,* 04 septembre 2012, p. 6.

[924] Article 159 de l'AUSC et GIE.

dont les compétences techniques sont éprouvées dans le domaine financier, et plus précisément celui de la microfinance. Pour atteindre cet objectif, une spécialisation de certains juges et des greffes dans le contentieux financier est indispensable.

463. Apport des de certains experts dans la détection des difficultés. Dans le même ordre d'idées, il est souhaitable que la détection des risques de défaillances au sein des établissements de microfinance se fasse par certains spécialistes. Il peut en être ainsi des responsables d'agences de notation ou les experts en microfinance.

464. Agences de notation en microfinance. La notation peut être perçue comme étant « *l'évaluation par une agence spécialisée et indépendante du risque de non-paiement en temps et en heure de la totalité du principal et des intérêts relatifs à une obligation financière* »[925]. Elle peut être faite à la demande d'un établissement, ou spontanément par l'agence elle-même. En dépit de quelques dérives qu'on peut observer dans la notation faite par certaines agences, il paraît indiqué de maintenir l'opération de notation. Néanmoins, il faut renforcer l'indépendance des agences et la fiabilité des informations recueillies afin de ne pas tomber dans les dérives de

---

[925] A. KENMOGNE, *thèse précitée*, n°309 citant la définition donnée par l'agence Standard and Poor's dans sa plaquette *La notation des entreprises* concernant la notation financière, laquelle est la plus pratiquée à l'heure actuelle dans le monde.

partialité, et de précipitation qu'on leur reproche assez ces derniers temps[926].

465. L'apport des experts en microfinance. Les experts quant à eux peuvent avoir une contribution pertinente dans l'analyse des performances des établissements de microfinance, dans la mesure où les informations recueillies pourront éclairer l'opinion publique sur la réelle situation financière des établissements[927]. Mais, encore faudrait-il que les experts qui se livrent à cette activité d'appréciation des performances des établissements, soient neutres, professionnels et aient un statut qui leur confère une certaine indépendance. Le développement de la profession de notation et de l'expertise financière en microfinance peut se faire dans un cadre de collaboration et de concertation entre tous les acteurs du secteur de la microfinance ; c'est-à-dire les promoteurs des EMF, les associations professionnelles, les pouvoirs publics et les personnes compétentes ayant des connaissances éprouvées dans le domaine de la microfinance. Il est intéressant de détecter très tôt les difficultés pouvant affecter le

---

[926] B. SEGRE, *« L'ère des patrons contre les agences de rating », in La Tribune,* 27 sept. 2002, p. 2 et s. ; V. SEGOND, *« Grand'peur et misère des marchés de notes », in La Tribune,* 22 nov. 2002, p. 28 ; E. FLEURY, *« La polémique enfle sur les agences de notation », Option Finance,* n° 717, 23 déc. 2002, p. 25 ; CM, *« Agences de notation : les entreprises contre-attaquent », Option Finance,* n° 720, 20 janv. 2003, p. 15 et s. et H.-H KOTZ, *« Les certitudes fragiles des agences de notation », Option Finance,* n° 739, juin 2003, références citées par A. KENMOGNE, *thèse précitée,* note 623.

[927] De nos jours les statistiques des experts du Microfinance Information Exchange (MIX) sont assez révélatrices à ce sujet.

fonctionnement des EMF, il est davantage encouragent de mettre en relief les indicateurs d'une défaillance éventuelle de l'EMF.

B- La révélation des indicateurs de défaillance

466. indication de la défaillance. L'efficacité du redressement d'un EMF en difficulté est fonction de la rapidité avec laquelle les causes de défaillances sont détectées. C'est dire qu'en plus de clairement déterminer les personnes devant procéder à l'opération de détection des défaillances éventuelles ou avérées, il importe de peaufiner les mécanismes de ladite détection. De façon concrète, il est nécessaire de renforcer l'alerte formelle au sein des EMF (1), mais aussi développer une alerte informelle assez efficace (2).

1- Le renforcement de l'alerte formelle

467. La mise en œuvre de l'alerte légale en microfinance. La procédure de l'alerte légale peut être entreprise à l'initiative des commissaires aux comptes ou des associés. Aux termes de l'article 150 de l'AUSC et GIE, *« le commissaire aux comptes dans les sociétés autres que les sociétés anonymes, demande par lettre au porteur contre récépissé ou par lettre recommandée avec demande d'avis de réception des explications au gérant qui est tenu de répondre..., sur tout fait de nature à compromettre la continuité de l'exploitation qu'il a relevé lors de l'examen des documents qui lui* *sont communiqués ou dont il a connaissance à l'occasion de l'exercice de sa mission»*. Cette disposition contenue dans l'AUSC et GIE, peut valablement être dupliquée et appliquée à toutes les entreprises opérant dans le secteur de la microfinance ; notamment les EMF de 1ère et de 3e catégories.

Selon l'article 157 de l'AUSC et GIE, *« dans les sociétés autres que les sociétés anonymes, tout associé non gérant peut, deux fois par exercice, poser par écrit des questions au gérant sur tout fait de nature à compromettre la continuité de l'exploitation. Le gérant répond par écrit, dans le délai d'un mois, aux questions posées en application de l'alinéa précédent. Dans le même délai, il adresse copie de la question au commissaire aux comptes, s'il en existe un »*. En vertu, de ce texte, il apparaît clairement que tout associé a le droit de s'informer de la marche de l'entreprise. Sous réserve des critiques pouvant être formulés contre ce procédé d'alerte[928], il paraît indiqué d'étendre son application à toute entreprise et notamment aux établissements de microfinance. On peut entrevoir, le risque de distraire le gérant de ses missions essentielles de gérance pour répondre aux questions à lui posées par les associés. Dans la pratique toutefois, on peut aménager de façon plus flexible les modalités de cette alerte, à travers des dispositions statutaires ou une charte de déontologie *ad hoc*. Dans la même veine, il serait souhaitable que le

---

[928] L'une des faiblesses majeures reconnues au mécanisme d'alerte tel que posé par l'AUSC et GIE consiste en sa banalisation, à tel point que si le commissaire aux comptes ou les associés en font un usage abusif, en posant chacun des questions au cours de l'exercice, le travail des dirigeants pourrait se réduire à donner des réponses aux questions qui leur sont posées sans pouvoir s'occuper efficacement des problèmes cruciaux liés au fonctionnement de la société.

législateur organisant l'alerte formelle au sein des établissements de microfinance, encadre clairement la suite à donner à cette modalité de contrôle. Sinon, que se passerait-il si le gérant ne répond pas ou alors ne donne pas une réponse satisfaisante ? Il appartient au législateur avec le soutien de la jurisprudence de baliser les suites possibles à donner à l'alerte formelle en matière de microfinance.

2- La mise sur pied d'une alerte informelle

468. Le développement d'une alerte informelle. A côté des mécanismes légaux d'alerte visant à s'informer et à informer sur la situation de l'entreprise de microfinance, les acteurs de ce secteur d'activité peuvent utilement développer des procédés non formels pour s'assurer de la bonne marche de l'EMF. Il s'agira ainsi, d'utiliser les fortes relations de proximité existant dans le domaine de la microfinance pour avoir des informations sur le sort réel de ses partenaires et, de prendre la décision qui s'impose. A travers une réelle connaissance des bénéficiaires de crédit, qui sont par ailleurs les promoteurs des PME/PMI, tout intéressé[929] peut enclencher une alerte informelle et discrète pour se faire une opinion de la situation de l'EMF. Dans cette hypothèse, on peut s'appuyer sur les informations

[929] La notion d'intérêt ici devra s'apprécier à la fois objective et subjective. Dans le premier cas, il faut s'informer de façon concrète, de son objet, de sa situation de trésorerie, le cas échéant, avant de prendre position. Dans le second cas, il sera question d'analyser le mode de fonctionnement de l'entreprise, de ses règles de gouvernance… pour pouvoir en déceler les signes de faiblesses ou de défaillance éventuelle.

détenues par les chefs traditionnels, qui parfois servent de collecteurs d'impôts dans les lieux reculés.

Néanmoins, les procédés d'alerte informels doivent être utilisés avec précaution et de façon objective, au risque de tomber sous le coup de la délation, voire des dénonciations calomnieuses. Des situations qui seraient de nature à fragiliser davantage l'accès aux prestations de microfinance, au lieu de prévenir des dangers de la défaillance des EMF que l'alerte est supposée assurer. En clair, les auteurs de l'alerte surtout informelle, doivent s'armer de prudence et d'honnêteté pour éviter des dérapages préjudiciables à un secteur de la microfinance fiable et prospère.

Toujours est-il que, parfois, en dépit des procédés de prévention des difficultés des EMF, ceux-ci pourraient connaître des crises assez graves. Alors, il va falloir leur administrer des thérapies adaptées, soit pour les redresser si c'est encore possible, soit simplement pour les liquider dans le respect des droits de tous les acteurs.

Paragraphe 2 - Le traitement de difficultés avérées des établissements de microfinance

469. La détection des difficultés des établissements de microfinance doit s'accompagner des mesures adaptées visant soit leur redressement, soit leur liquidation. Lorsque les établissements en crise offrent en dépit de leurs anicroches, des garanties réelles de survie, on doit les aider à se relever (A). En revanche, si la situation de l'établissement de microfinance est « irrémédiablement compromise », il importe de la liquider dans le respect des droits de tous les partenaires (B).

A- Le redressement des établissements de microfinance viables

470. L'acte uniforme portant organisation des procédures collectives d'apurement du passif vise le sauvetage des entreprises, lorsque celles-ci ne sont pas dans une situation irrémédiablement compromise. Selon l'article 2-2 de cet acte uniforme, le *« redressement judiciaire est une procédure destinée à la sauvegarde de l'entreprise et à l'apurement de son passif au moyen d'un concordat de redressement »*. Il ressort de cette disposition, que pour redresser une entreprise en difficulté, il importe d'élaborer un plan de redressement (1), qu'il faudra exécuter minutieusement (2).

1- L'élaboration d'un plan de redressement

471. La règlementation actuelle de l'exercice de l'activité de microfinance est silencieuse quant à la restructuration des établissements de microfinance. Ce vide juridique doit être comblé par le législateur en s'inspirant de la règlementation bancaire[930] et du droit

[930] Voir par exemple l'Ordonnance camerounaise 96/03 du 24 juin 1996 relative à la restructuration des établissements de crédit.

commun des procédures collectives[931]. Ainsi, peut-on proposer que la charge de l'élaboration du plan de redressement des établissements de microfinance en crise, soit laissée à des personnes déterminées et sous le contrôle des autorités publiques (a) ; et que son contenu soit pertinent et le plus clair possible (b).

a. Une élaboration contrôlée du plan

472. L'élaboration du plan de redressement par les acteurs. Le plan de redressement doit être élaboré par les dirigeants de l'établissement de microfinance en cause, qu'ils soient nommés par les associés ou par les autorités publiques[932]. En vertu de l'article 27 de l'AUPC, « *le débiteur doit déposer une offre de concordat précisant les mesures et conditions envisagées pour le redressement de l'entreprise*». Il ressort de cette disposition que le concordat émane par principe de l'établissement à travers ses dirigeants. Dans la pratique financière, il peut également arriver que ce soit le ou les administrateurs provisoires nommés, en lieu et place des dirigeants ordinaires qui propose une offre de concordat.

473. Le contrôle du plan de redressement par les autorités. Quelle que soit l'hypothèse à laquelle on fait face, l'élaboration du plan de

---

[931] L'Acte uniforme OHADA du 10 avril 1998 relatif à l'organisation des procédures collectives d'apurement du passif (AUPC).

[932] Il faut relever que la nomination des dirigeants encore appelés « administrateurs provisoires » par les autorités monétaires, dessaisit les organes dirigeants ordinaires de leurs pouvoirs.

redressement par les dirigeants ou par les administrateurs provisoires, l'ensemble de l'opération doit être minutieusement contrôlée par les autorités monétaires voire judiciaires.

b. La nécessaire clarification du plan de redressement élaboré

474. Le contenu du plan de redressement. Le plan de redressement élaboré par les dirigeants, sous le contrôle des autorités, doit avoir un contenu assez précis et indiquer les modalités de sa mise en œuvre. Il est question de mettre en relief dans le plan de redressement, toutes les mesures et conditions envisagées pour le sauvetage de l'entreprise. Il peut s'agir entre autres des modalités de continuation de l'entreprise, telles que la demande ou l'octroi de délais et remises ; la cession partielle d'actif avec l'indication précise des biens à céder ; la cession ou la location-gérance d'une branche d'activité formant un fonds de commerce[933]. On pourrait également envisager le changement des dirigeants, les informations relatives aux personnes tenues d'exécuter le plan, et tous les engagements souscrits par elles et nécessaires au redressement de l'entreprise entre autres[934].

475. Acteurs intervenants et leurs rôles. Pour clarifier le contenu du plan de redressement, les rôles et les acteurs intervenants doivent être identifiés avec précision. En clair, tous les partenaires de

---

[933] Article 27 AUPC
[934] Article 27 AUPC

l'établissement de microfinance (dirigeants, associés, créanciers, salariés…) doivent être associés à l'élaboration du plan ; et les missions de chaque acteur doivent être le plus clairement déterminées. Cela peut être fait à travers un protocole d'accord, un mémorandum ou un pacte entre les différents acteurs de l'établissement en cause. Il sera donc question pour les intervenants de ménager la chèvre et le chou, c'est-à-dire dans le cas d'espèce, préserver les intérêts de chacun de façon raisonnable, tout en se préoccupant de la survie de l'établissement de microfinance. Car, comme le note un auteur, si les procédures collectives sont généralement présentées comme des procédures de sacrifice[935], cela doit être aussi vrai en matière de microfinance.

Toutefois, que le plan de redressement est élaboré, il doit être exécuté de façon méticuleuse pour atteindre ses objectifs.

2- L'exécution efficace du plan de redressement

476. Le plan de redressement élaboré et adopté n'a d'intérêt que s'il est respecté (a), mais ce respect doit être adapté, au risque de dévoyer la finalité de sauvetage de l'entreprise qui le sous-tend (b).

---

[935] Y. GUYON, *Droit commercial* (règlement judiciaire, liquidation des biens, suspension provisoire des poursuites, faillite), Les cours de droit, 1978-1979, p. 75, cité par A. KENMOGNE, *thèse précité*, n°469.

a- Une rigueur mesurée du plan de redressement

477. L'intérêt d'une clarification des modalités de redressement. La rigueur du plan de redressement implique le respect de ses termes et de son contenu. Autrement dit, toute mesure contenue dans le plan doit être suivie ; et en principe, seules les modalités indiquées dans le plan s'imposent aux acteurs du redressement. En outre, l'exécution du plan de redressement doit être soumise à la surveillance des autorités monétaires et judiciaires. Car, si la surveillance des engagements pris dans le plan n'est pas effective, les acteurs peuvent se détourner de leurs missions pour spolier davantage l'établissement de microfinance en crise et précipiter sa liquidation.

b- Une flexibilité conséquente du plan de redressement

478. L'adaptation du plan de redressement. La mise en œuvre du plan de redressement de l'établissement peut se heurter à des obstacles de terrain, nécessitant l'adoption des mesures nouvelles. Bien que non prévues par le plan de redressement initial, ces obstacles doivent être appréciés par les acteurs du redressement, et faire l'objet d'une proposition aux autorités monétaires pour avis préalable, avant toute implémentation. Il peut en être ainsi de l'opportunité de fermer une agence non rentable, ou de la décision de suspendre la prestation de certains services.

Le redressement d'un établissement de microfinance en difficulté est une œuvre très louable, laquelle doit être empreinte d'une dose considérable de bonne volonté ; mais lorsque malgré tous les efforts fournis, les chances de survie de l'établissement sont nulles, il faut être réaliste et le liquider.

B- La liquidation des établissements de microfinance non viables

479. A l'instar des banques, il est difficile d'envisager la liquidation des établissements de microfinance sans émoi[936]. Le pragmatisme invite tout de même à fermer tout établissement de microfinance dont la survie est impossible. Il faut comme le notait fort opportunément un auteur, se résoudre à *« débarrasser le milieu économique et juridique de ses cellules mortes »*[937]. La liquidation d'un EMF peut être amiable ou judiciaire. Seule, cette dernière sera examinée dans le cadre de cette étude. Ainsi, dès qu'on a décidé de liquider un EMF, le nettoyage doit se faire suivant certaines normes. Il est question, à travers les opérations liquidatives, de réaliser l'actif de l'établissement de microfinance moribond (1), afin d'apurer son passif (2)

---

[936] Un auteur dit à ce sujet : « si la défaillance d'un agent de la vie commerciale peut mener au sinistre, celle d'une banque peut mener au désastre », cf. P.-G. POUGOUE, Commentaire de l'ordonnance n° 90/003 du 27 avril 1990 modifiant et complétant les dispositions de l'ordonnance n° 85/002 du 31 août 1985 relative à l'exercice de l'activité des établissements de crédit, *in Juridis Infos*, n° 03, spécial, juill.-août-sept. 1990, p.77, cité par A. KENMOGNE, *thèse précitée*, note 43.

[937] V. F. PEROCHON, *Entreprises en difficultés. Instruments de crédit et de paiement, op. cit.*, p. 285, n° 371.

1- La réalisation de l'actif de l'EMF en liquidation

480. Les difficultés des EMF. Ces récentes années, les difficultés[938] persistantes de certains établissements de microfinance ont amené la commission bancaire à prononcer leur liquidation[939]. Au cours de cette dernière, les organes en charge de la liquidation doivent prendre toutes les mesures nécessaires à la réalisation de l'actif de l'établissement en liquidation. De façon simple, il s'agira de recenser et poursuivre tous les débiteurs de l'EMF, puis de réunir l'intégralité de l'actif de l'établissement.

481. L'identification et la localisation des débiteurs. La poursuite des débiteurs de l'établissement de microfinance en liquidation nécessite une identification claire des débiteurs et leur localisation. Ces deux opérations matérielles se heurtent très souvent à diverses pesanteurs liées à la mauvaise foi de certains débiteurs, qui auront tendance à dissimuler leur identité et leur domicile, en raison de la situation de l'EMF. Il reste tout de même à espérer que la proximité qui caractérise les relations microfinancières soit un atout pour surmonter de tels obstacles.

[938] Il faut relever que les difficultés ne constituent pas la seule raison de la fermeture des EMF, au 30 juin 2012, le ministre des finances du Cameroun a dû prononcer la fermeture de 28 EMF pour absence d'agréments et non respect de la règlementation.

[939] Il s'agit notamment de quelques EMF basés au Cameroun dont la fermeture la plus retentissante reste celle de la Compagnie Financière de l'Estuaire (COFINEST).

482. Actions en renflouement de l'actif de l'EMF en liquidation. Après le recensement des débiteurs, les liquidateurs doivent initier toutes les actions pertinentes permettant de renflouer l'actif de l'établissement. Cette opération est aussi délicate que périlleuse. Sa délicatesse tient de ce que très souvent, les débiteurs de l'EMF ne sont pas solvables, ce qui est une difficulté considérable à la réalisation de l'actif. L'opération est aussi périlleuse dans la mesure où, généralement, les procédés de recouvrement utilisés par les liquidateurs, ne sont pas toujours respectueux des droits de l'homme. C'est ainsi, que faute de disposer des garanties consistantes, certains dirigeants des EMF, voire certains liquidateurs, vont se livrer à des abus pour tenter de recouvrer les créances[940].

2- L'apurement du passif de l'établissement de microfinance en liquidation

483. Le paiement des dettes. La finalité première de la réalisation de l'actif de l'établissement de microfinance en difficulté est de pouvoir payer ses dettes. Or, le désintéressement des créanciers de l'établissement n'obéit pas forcément à des règles claires et précises. Il importe d'analyser ces règles pour mettre en relief leurs faiblesses et d'en proposer des esquisses de solutions (a). Bien plus, lorsque l'actif réalisé est insuffisant pour désintéresser tous les créanciers, le problème de leur sort se pose (b). De même, il importe d'analyser la situation des dirigeants de l'EMF en liquidation (c).

---

[940] Pour plus de détails sur les potentiels abus observés e matière de recouvrement de créances des EMF, voir infra n°551 et s.

a- L’analyse des règles présidant à l’apurement du passif de l’EMF en liquidation

484. La notion d’apurement du passif. L’apurement du passif est une opération qui consiste à partager les sommes résultant de la réalisation de l’actif entre les divers créanciers de l’EMF. Il s’agit de satisfaire le plus grand nombre de créanciers possible. Pour y arriver, doit-on traiter tous les créanciers de la même façon ? Autrement dit, doit-on les mettre sur un même pied d’égalité ? Si le droit commun des procédures collectives a tendance à moduler la réponse à cette question, en tenant compte des garanties dont disposent les créanciers, ses solutions ne sont pas totalement satisfaisante, d’où l’intérêt d’explorer des pistes de solutions plus avantageuses.

485. Les règles d’apurement du passif du droit des procédures collectives. En vertu du droit commun, après la réalisation de l’actif de l’établissement, le liquidateur devrait déterminer l’ordre de désintéressement, et en aviser le juge-commissaire qui devrait ordonner la répartition. Cette dernière tiendra compte de la nature des créances, privilégiées ou non. La priorité étant accordée aux créances munies de sûretés[941]. De ce point de vue, les déposants de l’EMF en leur qualité de créanciers chirographaires n’auront que de minces chances d’être payés. Contrairement aux créanciers garanties qui ont

[941] Voir les articles 166 et 167 AUPC. Il faut relever que l’article 168 permet au créancier muni d’une sûreté qui n’a pas été désintéressé intégralement sur le prix de vente du bien sur lequel porte sa sûreté de concourir pour le reste, en qualité de créancier chirographaire.

des montants généralement assez élevés et aux charges de la liquidation qui seront réglées au fur et à mesure de la liquidation[942]. Cette situation est assez insatisfaisante et porte atteinte même à la philosophie de la microfinance qui vise la financiarisation des pauvres ; car, si à l'issue des difficultés de l'établissement de microfinance, les petits déposants ne sont pas rentrés dans leurs droits, leur sort risque d'être pire qu'avant l'entrée en relation avec l'établissement défaillant.

486. Examen des solutions nouvelles. L'apurement du passif des EMF doit tenir compte à la fois des créanciers externes à l'établissement, mais aussi des déposants. Il est souhaitable que le législateur fasse preuve d'imagination et d'inspiration dans l'exploration des solutions nouvelles permettant d'apurer le passif des EMF[943]. Il faudrait par exemple tenir compte de ce que les établissements réalisent de positfs, entrevoir des solutions de substitution avant de décider de leur fermeture. De même, on pourrait instaurer un fonds de garantie des dépôts des établissements de

---

[942] Cette situation est d'autant plus regrettable que très souvent les indemnités des liquidateurs sont doublées, voire triplées par rapport aux rémunérations des anciens dirigeants. En pareille hypothèse, on a peur que le liquidateur ne soit pas lui-même un facteur aggravant du passif de l'établissement en liquidation. Pour éviter de telles dérives, on pourrait imaginer la nomination des liquidateurs dont les missions sont précises et contrôlées ; et dont les indemnités ont une partie fixe et une partie variable adossée à l'efficacité des opérations liquidatives (*success fees*), et à régler à la fin de liquidation.

[943] Le Ministre malien des investissements, dans un débat sur les ondes de Radio France Internationale, "Le débat africain" du 11 juin 2003, cité par MBOUOMBOUO NDAM, *Banque contre microfinance, op. cit.*, p. 32.

microfinance[944], voire instaurer un privilège du déposant, comme le propose fort opportunément un auteur[945].

Dans la pratique, lorsque la liquidation est clôturée et que tous les créanciers sont désintéressés, le boni éventuel de liquidation est partagé entre les associés de l'entreprise. Ce cas est extrêmement rare. Très souvent, on assiste à la clôture de la liquidation pour insuffisance d'actifs[946] ; cela invite à s'interroger sur le sort des droits des créanciers non remboursés, mais aussi à celui des dirigeants déchus avant le prononcé de la liquidation.

b- Le sort des créanciers non désintéressés

487. Action des créanciers non désintéressés contre le débiteur. A l'issue de la procédure collective, il convient de savoir si tous les créanciers ont été entièrement désintéressés. Si c'est le cas, le dénouement de la procédure est heureux. En revanche, lorsque tous les créanciers ne sont pas totalement satisfaits, le droit OHADA, leur

[944] Le fonds de garanties de dépôts bancaires est régi par le Règlement n°01/09/CEMAC/UMAC/COBAC portant création du fonds de garantie des dépôts en Afrique Centrale ; le Règlement COBAC R-2009 du 15 décembre 2009 relatif à l'organisation et au fonctionnement du Fonds de Garantie des Dépôts en Afrique Centrale et la Décision n°01/11-FGD-CD du 21 février 2011 portant règlement intérieur du Fonds de Garantie des Dépôts en Afrique Centrale.

[945] A. KENMOGNE, *thèse précitée,* n°580.

[946] F. M. SAWADOGO, *Droit des entreprises en difficulté*, coll. Droit uniforme africain, p. 308, n° 325, cité par A. KENMOGNE, *thèse précitée*, note 1002.

offre le droit de poursuite individuelle du débiteur[947]. Ainsi, en vertu de l'article 170 alinéa 3 de l'acte uniforme OHADA relatif aux procédures collectives, à la fin des opérations de liquidation des biens, l'union est dissoute de plein droit et « *les créanciers recouvrent l'exercice individuel de leurs actions* ». Dans le même sens, l'article 174 du même acte uniforme, prévoit que « *la décision de clôture pour insuffisance d'actif fait recouvrer à chaque créancier l'exercice individuel de ses actions»*. Bien que l'hypothèse d'un retour à meilleure fortune ne soit pas totalement exclue, il y a lieu de s'interroger sur la pertinence de cette solution législative. Dans la pratique cependant, la procédure collective est très souvent clôturée pour insuffisance d'actif. Ce qui est de nature à aggraver le sort des déposants des établissements de microfinance.

488. Le régime de protection du déposant. La protection des déposants doit être au cœur des opérations liquidatives. Le déposant, bien qu'étant créancier chirographaire, doit cesser d'être le parent pauvre de la liquidation des EMF. Le législateur peut s'inspirer de ce qui est fait dans le secteur bancaire et même le perfectionner. Il devra par exemple, instaurer un privilège du déposant. Même si les privilèges n'ont de sens que pour autant qu'elles sont réalisables et que la consistance du patrimoine du débiteur permet de payer les créanciers privilégiés. Dans le même ordre d'idées, on peut instituer

[947] Contrairement au droit OHADA, certaines législations étrangères libèrent le débiteur à la fin de la procédure collective. Il en est ainsi notamment du droit français et américain relatifs aux procédures collectives.

un fonds de garantie des dépôts des établissements de microfinance[948]. En effet, bien que la mise sur pied d'un tel fonds ne soit pas sans inconvénient[949], son existence semble plus protectrice des intérêts des déposants. Ainsi, en cas de défaillance d'un établissement de microfinance, le fonds assurerait l'indemnisation des déposants à l'issue de la procédure collective close pour insuffisance d'actifs.

489. Le problème de la création d'un fonds de garantie de dépôt en microfinance. La mise sur pied d'un fonds de garantie des dépôts implique une question importante : Comment procéder pour assurer l'équilibre financier audit fonds ? Une réponse pertinente à cette question suppose qu'on peaufine le statut du fonds de garantie et que ce dernier ait un fonctionnement efficient. En ce qui concerne le statut, il y a lieu de relever que le fonds de garantie des dépôts en microfinance pourrait avoir une nature mixte ; c'est-à-dire un organisme de droit privé, dans lequel peuvent intervenir les représentants des pouvoirs publics. L'instauration d'un fonds purement privé pourrait avoir un effet pervers, dans la mesure où il

---

[948] La mise sur pied d'un tel fonds présenterait plusieurs avantages, à condition que tous les acteurs publics et privés de la microfinance reconnaissance son importance et respecter clairement ses objectifs.

[949] Une partie de la doctrine trouve de nombreux inconvénients à la mise sur pied d'un fonds de garantie en matière bancaire notamment. Il s'agit principalement du laxisme que ce fonds peut faire naître chez les acteurs à savoir banquiers (dirigeants et administrateurs), des déposants et des autorités publiques. Voir Gillian GARCIA, « Depositor protection and banking soundness », *in* C. ENOCH, J. H. GREEN (ed.), *op. cit.*, note 27, p. 467 et DEMIRGUÇ-KUNT, ASLI and Enrica DETRAGIACHE, « *The determinants of banking crisis : evidence from developed and developing countries* », WB, Development research group, Washington, D.C., 1997, cité par A. KENMOGNE, *thèse précitée*, n°1015.

pourrait être soumis à une forte influence des leaders de la corporation de microfinance. De même, un fonds à capitaux exclusivement publics serait de nature à diluer la responsabilité des établissements de microfinance, ce qui peut induire un laxisme nocif de la part des dirigeants des établissements de microfinance.

Quant au fonctionnement du fonds de garantie des dépôts, l'idéal est qu'il ait le maximum d'indépendance tant à l'égard des professionnels de la microfinance que vis-à-vis des autorités politiques. Il semble indiqué que le fonds soit alimenté par les contributions des établissements de microfinance, avec un soutien éventuel des ressources provenant des pouvoirs publics.

c-Le sort des dirigeants de l'EMF en liquidation

490. Action contre les dirigeants fautifs de l'EMF défaillant. L'action en comblement du passif peut être exercée par le syndic, ou par l'un quelconque des créanciers non désintéressé. En effet, aux termes de l'article 189 alinéa 1er de l'AUPC, « *en cas de redressement judiciaire ou de liquidation des biens d'une personne morale, peut être déclaré personnellement en redressement judiciaire ou liquidation des biens, tout dirigeant qui a, sans être en cessation des paiements lui-même : exercé une activité commerciale personnelle, soit par personne interposée, soit sous le couvert de la personne morale masquant ses agissements ; disposé du crédit ou des biens de la personne morale comme les siens propres ; poursuivi abusivement, dans son intérêt personnel, une exploitation déficitaire* *qui ne pouvait conduire qu'à la cessation des paiements de la personne morale*». L'alinéa 2 de cet article poursuit : « *la juridiction compétente peut également prononcer le redressement judiciaire ou la liquidation des biens des dirigeants à la charge desquels a été mis tout ou partie du passif d'une personne morale et qui n'acquitte pas cette dette* ». L'article 183 alinéa 1 du même Acte uniforme prévoit que : « *lorsque le redressement judiciaire ou la liquidation des biens d'une personne morale fait apparaître une insuffisance d'actif, la juridiction compétente peut, en cas de faute de gestion ayant contribué à cette insuffisance d'actif, décider, à la requête du syndic ou même d'office, que les dettes de la personne morale seront supportées en tout ou en partie, avec ou sans solidarité, par tous les dirigeants ou certains d'entre eux* ». Enfin, l'article 191 dispose que : « *les créanciers admis dans la procédure collective ouverte contre une personne morale sont admis, de plein droit, dans le redressement judiciaire ou la liquidation des biens du dirigeant. Le passif comprend, outre le passif du dirigeant, celui de la personne morale*». Cette solution paraît assez raisonnable dans la mesure où c'est le passif de la personne morale qui entraine l'ouverture de la procédure contre le dirigeant. Néanmoins, il y a lieu de regretter que l'action exercée par les créanciers non désintéressés s'avère dans bien des cas illusoire.

Le perfectionnement du cadre des établissements de microfinance passe par le renforcement des mécanismes institutionnels, mais aussi par une forte réaffirmation du rôle des organes intervenants dans ce secteur d'activité.

Section 2 - Le renforcement des organes institutionnels intervenant dans le secteur de la microfinance

491. Le cadre tracé pour l'accomplissement des prestations de microfinance traduit déjà en lui-même un réel progrès d'institutionnalisation des entreprises de microfinance. Néanmoins, les faiblesses observées des différents partenaires de la microfinance, justifient un renforcement des capacités institutionnelles de certains acteurs, voire un réaménagement des modes opératoires des autres.

Pour s'en convaincre, il sera examiné dans un premier temps, les faiblesses des organes supranationaux intervenant dans la microfinance, en y proposant des correctifs (Paragraphe 1). Dans un deuxième temps, les failles avérées des organes nationaux d'encadrement de l'activité des établissements de microfinance seront relevées, en mettant l'accent à chaque fois sur les solutions envisageables, pour renforcer l'efficacité des différents types d'intervenants (Paragraphe 2).

Paragraphe 1 - Les correctifs aux faiblesses observées des organes supranationaux intervenant dans la microfinance

492. L'intervention en demi-teinte des institutions internationales en microfinance. Au niveau international, avec l'essor exponentiel de la microfinance ces dernières décennies, plusieurs acteurs interviennent dans ce secteur d'activité avec des résultats mitigés. Les acteurs intervenants dans la microfinance ne jouent pas tous le même rôle. Certains apportent leurs concours financiers aux établissements de microfinance désireux d'améliorer leur viabilité financière. D'autres en revanche, soutiennent techniquement ces établissements pour assurer leur viabilité institutionnelle. Dans l'une et l'autre hypothèse, les apports sont généralement assez limités et n'aboutissent pas très souvent à l'essor d'un cadre institutionnel plus efficace pour la microfinance.

Il apparaît donc que les bailleurs de fonds jouent un rôle déterminant dans l'éclosion de la microfinance. Ce rôle reste incomplet, donc susceptible d'être amélioré (A). Les organismes financiers communautaires ont aussi une importante responsabilité dans le renforcement des institutions de soutien à la microfinance (B).

A- Le rôle perfectible des bailleurs de fonds internationaux dans l'essor de la microfinance

493. De nombreux bailleurs de fonds interviennent dans le financement de l'activité de microfinance. Néanmoins, la plupart n'a pas de cellule de liaison, ni de service central pour leurs activités de microfinance[950]. Cette situation est de nature à affecter le cadre institutionnel des établissements de microfinance ; cela justifie qu'on perfectionne le cadre juridique de ces entités. Pour mieux cerner l'importance des organismes acteurs de l'institutionnalisation desdits

---

[950] *Consultative Group to Assist the Poor* (CGAP), Focus n° 11 Janvier 1998, *« Comment les organismes bailleurs de fonds membres du CGAP financement-ils les institutions de microfinance ? »*

établissements, il faut mettre en relief, dans un premier temps, l'apport des bailleurs de fonds multilatéraux (1). Dans un deuxième temps, il est intéressant de s'appesantir sur la contribution des bailleurs de fonds bilatéraux (2).

1- L'apport limité des bailleurs de fonds multilatéraux dans le domaine de la microfinance

494. Une grande variété des bailleurs de fonds multilatéraux participe à l'essor de la microfinance, mais leur intervention n'est pas toujours assez efficace pour la structuration et l'institutionnalisation des entreprises accomplissant cette activité. Cela est vrai, tant en ce qui concerne les bailleurs de fonds multilatéraux à caractère continental (a), que pour ceux à dimension mondiale (b).

a. L'efficacité atténuée de l'aide en microfinance des organismes multilatéraux à caractère continental

495. Le support des banques continentales de développement à l'éclosion de la microfinance. La contribution des bailleurs de fonds multilatéraux dans le développement du secteur de la microfinance à travers le monde est plus que remarquable. Elle peut être différente d'un organisme à un autre. Malheureusement, de façon générale, cet apport souffre de certaines insuffisances. En effet, une pluralité d'organismes continentaux s'impliquent dans l'institutionnalisation du secteur de la microfinance, mais sont affectés, pour la plupart, des lacunes similaires. Il en est ainsi notamment, de la Banque Africaine de Développement (BAD)[951], de la Banque Asiatique de Développement, qui dispose d'une division du développement social dédiée aux questions de microfinance, et de la Banque Internationale de Développement (BID)[952]. Ces trois banques de développement couvrent des régions différentes. Néanmoins, elles utilisent des instruments quasi-identiques pour permettre aux établissements de microfinance d'atteindre une certaine viabilité institutionnelle. C'est le cas des dons, prêts, fonds propres et garanties accordés par ces organismes aux EMF.

496. Modalités et procédures d'intervention des banques de développement dans le soutien de la microfinance. L'intervention des banques de développement dans le domaine de la microfinance connaît généralement deux sortes de faiblesses majeures : le type d'intervention auprès des établissements de microfinance, et l'inadaptation des procédures y relatives. Selon que l'organisme de développement intervient directement ou indirectement dans la structuration du secteur de la microfinance, cela n'a pas le même impact. Pour le cas de la Banque Africaine de Développement, elle semble privilégier une intervention directe au niveau des

---

[951] Le Conseil d'Administration de la BAD a autorisé la vice-présidence Opérations, à créer une petite unité sous le nom d'AMINA (Initiative de microfinance pour l'Afrique du Fonds Africain de Développement).

[952] Le service microentreprise de la BID coordonne toutes les opérations d'aide aux microentreprises. Les départements opérationnels régionaux et les antennes de la BID sur le terrain sont responsables du financement des entités effectuant la microfinance.

établissements de microfinance, au travers des prêts, dons et garanties. Cela n'est pas toujours évident et ne donne pas souvent des résultats escomptés, au regard des insuffisances structurelles de plusieurs établissements de microfinance.

De même, l'absence, voire l'inadaptation des procédures relatives à l'assistance des établissements de microfinance, est de nature à fragiliser leur éclosion. En Afrique centrale, cela se vérifie notamment au niveau de certains établissements dont la viabilité financière et institutionnelle reste très approximative. Cela est d'autant plus vrai que les établissements de microfinance, comme la plupart des microentreprises, sont affectés par des problèmes de gouvernance, de transparence financière[953] entre autres. Ces problèmes démontrent que la viabilité des établissements de microfinance est un idéal, qui trouve son écho dans la mise sur pied d'un cadre institutionnel plus efficient, que celui actuellement existant dans la sous-région CEMAC.

Cette exigence d'amélioration du cadre institutionnel de la microfinance en Afrique Centrale, est d'autant plus nécessaire que même les organismes multilatéraux à dimension internationales, révèlent des faiblesses qui sont un frein au développement plus harmonieux du secteur de la microfinance.

---

[953] Mettant l'accent sur la transparence financière au sein des EMF, le ministre camerounais des finances a adressé à tous les Directeurs généraux des établissements de microfinance, une lettre circulaire leur rappelant l'obligation d'affichage des conditions tarifaires applicables à la clientèle, ce, conformément à l'article 65 du règlement n°01/02/CEMAC/UMAC/COBAC relatif aux conditions d'exercice et de contrôle de l'activité de microfinance dans la zone CEMAC.

b. Les insuffisances des organismes internationaux en microfinance

497. L'apport perfectible des bailleurs de fonds multilatéraux en microfinance. Les activités de microfinance offrent des exemples de réussite un peu partout dans le monde. Cependant, l'appui des bailleurs internationaux aux établissements de microfinance en Afrique Centrale, bien qu'appréciable reste à parfaire. Dans la pratique, plusieurs bailleurs de fonds multilatéraux apportent sous diverses formes, leurs aides à la microfinance[954]. Cette aide, quoiqu' importante, ne paraît pas toujours suffisante pour la mise sur pied d'un cadre institutionnel efficient du secteur de la microfinance dans la sous région Afrique Centrale. A cet égard, la portée de l'appui des organismes comme la Banque Mondiale, le Bureau International du Travail (BIT) et les organisations apparentées aux Nations-Unies reste assez relative.

498. Le cas de la Banque mondiale. La Banque mondiale semble connaître une efficacité globale assez moyenne dans l'implémentation des normes régissant les institutions de microfinance à travers le monde en général, et en Afrique Centrale en particulier. La majorité des projets de microfinance de cette Banque sont structurés, et suivis

---

[954] Pour une étude détaillée de la contribution des bailleurs de fonds en microfinance, lire le rapport de *Planet Finance* relatif à Conférence internationale de Paris, tenu le 20 juin 2005, sur le thème « *Elargir l'accès à la microfinance. Le rôle catalyseur des bailleurs de fonds*».

par des « généralistes »[955], ou par des spécialistes d'autres secteurs, qui n'ont pas la pleine maîtrise des normes de bonnes pratiques, relatives à la microfinance, et qui ont des difficultés à apprécier convenablement des résultats[956].

En outre, les autres faiblesses structurelles du cadre de la microfinance en Afrique Centrale, se traduisent par le fait que l'instrument de financement privilégié de la Banque Mondiale est l'octroi de larges prêts aux Etats. Ce qui implique que les pouvoirs publics participent souvent aux décisions de gestion de l'établissement de microfinance à soutenir. Or, l'idéal est de mettre sur pied un cadre institutionnel grâce auquel les établissements de microfinance peuvent bénéficier de l'appui des bailleurs, au travers d'une plate-forme technique sans recourir forcément à l'Etat.

499. L'exemple du Bureau International du Travail. Le cadre institutionnel actuel de la microfinance en Afrique Centrale peut être plus performant et efficient, si les organismes comme le Bureau International du Travail (BIT) adaptent leur intervention aux besoins réels des établissements ciblés. Les divisions régionales du BIT, et les équipes pluridisciplinaires interviennent sur les questions de

---

[955] Les « généralistes » sont des personnes aux compétences assez larges, mais insuffisamment pointues pour répondre aux préoccupations du secteur de la microfinance. Ce sera le cas notamment des économistes monétaires ou des personnes compétentes en économie bancaire, leurs compétences ne leur permettent pas toujours d'avoir une claire vision de la microfinance qui relève d'un secteur assez spécifique.

[956] K. BARLET, *L'efficacité de l'aide en microfinance : La Banque Mondiale et le PNUD en question, BIM,* n° 24 Avril 2007, p. 2.

microfinancement au travers des programmes de réduction de la pauvreté, de création d'emplois et d'intégration sociale. Néanmoins, il est plus judicieux que le Département en charge de la microfinance au niveau de la COBAC, et les cellules dédiées à la microfinance au niveau des ministères de tutelle de chaque pays de la CEMAC, mettent sur pied des cadres de concertation entre les établissements de microfinance et le BIT. Cela, afin de peaufiner et de rendre plus optimale l'intervention du BIT. Pour y parvenir, certains aspects sociaux comme la gestion des ressources humaines devraient être pris en compte. Très souvent, on observe avec regret le traitement salarial médiocre des personnels agissant en microfinance, ce qui les exposent à la fuite des compétences et rend ce secteur moins concurrentiel que les autres segments financiers[957].

500. Organismes apparentés de l'ONU. Les organismes des Nations-Unies qui interviennent dans le secteur de la microfinance comme la CNUCED[958], le FENU[959] et le PNUD[960] sont confrontés à un problème majeur : les subventions qu'ils consentent passent

---

[957] L. LHERIAU, *Le droit des systèmes financiers décentralisés dans l'UEMOA*, thèse précitée.

[958] La Conférence des Nations Unies pour le Commerce et le Développement (CNUCED) a une division SITE (Service, Infrastructure et Efficience Commerciale) qui apporte son appui au Fonds privé pour le microfinancement.

[959]Fonds d'Equipement des Nations-Unies (FENU) apporte son appui aux activités de microfinancement à travers un réseau d'antennes par pays, responsable de la programmation avec l'appui technique de l'USM. Les aides financières aux pays les moins avancées (PMA) et la mise en œuvre d'un programme pilote (Micro-Start).

[960] Programme des Nations-Unies pour le Développement.

généralement par l'Etat. Or, ce dernier a tendance à s'impliquer de manière excessive dans les projets de crédit, ce qui serait un obstacle à l'émergence d'un cadre institutionnel plus pertinent et plus efficace pour les établissements de microfinance. Il faut le souligner, l'Etat n'a pas toujours les moyens techniques, matériels et humains nécessaires à la valorisation de la microfinance. En conséquence, son intervention devrait être axée sur la régulation, de manière à assurer l'équilibre[961] du secteur et assurer la sécurité aux différents acteurs[962] qui y interviennent.

En revanche, l'amélioration du cadre institutionnel de l'activité de microfinance en Afrique Centrale, nécessite la mise sur pied des partenariats solides entre les représentations régionales et nationales de microfinance et les agences de développement. Partenariats qui pourraient cantonner l'Etat au rôle d'arbitre, de régulateur du secteur de la microfinance et non plus d'acteur, au travers duquel transitent les fonds liés à l'assistance financière des agences de développement.

En plus des bailleurs de fonds multilatéraux, les organismes bilatéraux jouent un rôle déterminant dans le domaine de la microfinance. Celui-ci doit être mieux recentré pour peaufiner et améliorer le cadre institutionnel de la microfinance en Afrique Centrale.

---

[961] L'équilibre renvoie ici à la stabilité du secteur mais aussi à la sauvegarde contre le risque systémique notamment.

[962] La protection des acteurs concerne aussi bien, les déposants et les établissements de microfinance à travers une clarification des règles de la concurrence, en assurant la sécurité de leurs dépôts par exemple.

2- La contribution des bailleurs de fonds bilatéraux en microfinance

501. De nos jours, un grand nombre de bailleurs de fonds bilatéraux interviennent dans le secteur du microfinancement. Tous n'ont pas la même visée et ne couvrent pas forcément les mêmes zones géographiques. Ainsi, pour ce qui est de l'Afrique Centrale, il faut mettre en relief le rôle de la France, en tant que partenaire de référence pour l'encadrement des activités de microfinance d'une part (a) ; d'autre part, souligner l'intervention d'autres pays dans le domaine de la microfinance au niveau de cette sous-région (b).

a- La France, partenaire important dans la réglementation de la microfinance en Afrique Centrale

502. Le soutien multiforme de la France dans l'implémentation de la microfinance en Afrique centrale. De tous les pays qui interviennent dans le secteur de la microfinance en Afrique Centrale, le rôle de la France paraît le plus déterminant. En effet, à travers la coopération française, la France a participé dans un premier temps à l'adoption d'une règlementation relative à la microfinance en Afrique Centrale[963]. Dans un deuxième temps, il apparaît que la Caisse Française de Développement, apporte une aide financière aux établissements de microfinance via ses divisions implantées dans les

[963] Il s'est agi de soutenir l'élaboration et l'adoption du Règlement du 13 Avril 2002 relatif à l'exercice de l'activité de microfinance et les 21 Règlements relatifs aux normes prudentielles applicables au secteur de la microfinance.

pays. Le Secrétariat d'Etat et la Caisse Française de Développement, donnent la priorité aux renforcements des capacités administratives des établissements de microfinance. Bien plus, les services centraux du Secrétariat d'Etat français, sont responsables des actions de formation, de concertation et de communication avec les bailleurs de fonds, pour tout ce qui se rapporte au microfinancement[964].

De même, dans une certaine mesure, les ONG[965] françaises peuvent obtenir une aide dans le domaine de la microfinance en s'adressant au guichet dédié à cet effet, au niveau du Secrétariat d'Etat à la Coopération Française, à Paris. Les établissements de microfinance peuvent également s'adresser aux antennes locales de la Caisse Française de Développement, mais la décision finale ne peut être prise qu'au niveau du siège à Paris. Ainsi, les fonds obtenus sont directement versés aux établissements de microfinance[966]. Toutes ces initiatives ont pour instruments : les dons aux établissements de microfinance[967] et Etats, les prêts concessionnels et des apports de

---

[964] V. Focus n° 11 Janvier 1998, *« Comment les organismes bailleurs de fonds membres du CGAP financent-ils les institutions de microfinancement ? »*

[965] Organisation Non Gouvernementale.

[966] Exemple, en décembre 1998, une convention d'ouverture de crédit est signée entre la République du Cameroun et l'Agence Française de Développement (AFD) pour un montant de 2,25 milliard de francs CFA avec 656 millions comme subvention de l'Union Européenne. Le but de cette convention est de financer la création d'une institution financière spécialisée dans le financement des très petites entreprises (TPE). Le projet prend forme en février 1999 par la signature du contrat d'opérateur entre le gouvernement camerounais et M. Nicolas ROFE, Président d'ACEP Développement.

[967] Dans la même logique, il faut relever l'apport de l'Agence Française de Développement à l'essor de la microfinance. En effet, le 22 juin 2012 par exemple, cet organisme a octroyé une subvention de 320 millions de FCFA à l'établissement de microfinance ACEP Cameroun (Agence de crédit pour l'entreprise privée au Cameroun). La convention y afférente a été paraphée à Yaoundé, entre le directeur

fonds propres visant à renforcer les capacités institutionnelles des établissements de microfinance voire du secteur de la microfinance globalement.

L'apport de la coopération française dans le secteur de la microfinance, en Afrique en général, et dans la sous région d'Afrique Centrale en particulier, peut être amélioré. Les axes d'amélioration de la coopération française en microfinance devraient concernés le renforcement de la viabilité institutionnelle des établissements de microfinance, au travers des séminaires de formation et d'informations de toutes les ressources humaines, matérielles et logicielles affectées au secteur de la microfinance. Le partage des savoirs, d'expérience, voire d'expertise entre différents acteurs de la microfinance. Car, faut-il le rappeler, l'octroi des dons et des prêts aux Etats et aux établissements de microfinance n'atteint généralement pas les objectifs escomptés. La satisfaction des objectifs est

---

de l'AFD, Giles Chausse, et le directeur général d'ACEP Cameroun, Jean Roger ZOMBO, sous le regard du ministre en charge des PME, Laurent Serge ETOUNDI NGOA, et de l'ambassadeur de France au Cameroun, Bruno Gain. Cette cagnotte comporte, a-t-on appris, une subvention de 320 millions de FCFA devant permettre, entre autres choses, la rémunération d'une assistance technique ayant pour but d'adapter les produits financiers d'ACEP Cameroun aux contraintes des zones rurales, dans la perspective du lancement des activités de cette institution de microfinance dans ces lieux reculés. Les 656 millions de FCFA restants, quant à eux, sont un prêt à taux préférentiel que l'AFD octroie à ACEP Cameroun, afin d'accorder des crédits à ses clients des zones rurales. Depuis sa cession aux privés en 2005, ACEP Cameroun, souligne son Directeur Général, a accordé plus de 45.000 crédits pour un montant de 75,3 milliards de FCFA, avec une moyenne mensuelle de 2 milliards de FCFA distribués aux très petits entrepreneurs tels que les vendeurs de beignets, les cordonniers, les vendeurs à la sauvette… Cette performance représente une hausse des capacités de financement et du volume d'activité de près de 700%, puisqu'avant sa privatisation, cette structure n'avait pu accorder que 12.500 crédits pour un montant total de 11,9 milliards de FCFA. Ceci entre 1999 et 2005.

malheureusement fragilisée par plusieurs pesanteurs : la France étant elle-même encore[968] à l'apprentissage des meilleurs pratiques pour l'essor d'un cadre réglementaire et institutionnel de la microfinance au niveau national[969].

En dehors de la France, d'autres bailleurs de fonds bilatéraux participent à l'éclosion de la microfinance en Afrique ; mais comme la France, leur apport paraît très souvent insuffisant voire inefficace, en dépit de toute la bonne volonté.

b- L'apport des autres bailleurs de fonds bilatéraux dans l'institutionnalisation des établissements de microfinance

503. Le rôle croissant des pays nord américains[970] dans l'implémentation de la microfinance en Afrique. Les autres bailleurs de fonds bilatéraux qui interviennent dans le secteur de la microfinance sont nombreux et variés[971]. Il ne sera examiné que ceux

---

[968] J.-F.MAYSTADT, *Microfinance au Nord : Un effet de mode importé du Sud ?,* Monde en développement 2004/2, n° 126, p. 69-82.

[969] Voir dans ce sens B. HARDEMARE et F. COURANT, « *Microfinance, la France à l'école africaine* », CAPAFRIQUE, Document de travail, Mars 2006, p. 26.

[970] Il faut relever que la microfinance connaît un réel dynamisme en Amérique du Sud en raison de la nature des économies peu développées de la plupart des pays, et de la couverture marginale des systèmes financiers classiques ; mais du point de vue du soutien apporté aux Etats africains, c'est surtout l'Amérique du Nord qui se distingue à travers ses aides financières et techniques.

[971] Il s'agit entre autres de l'Allemagne à travers le Ministère de la Coopération Economique et du Développement (BMZ), dont les bras séculiers sont le GTZ pour l'assistance technique et la KFW pour l'assistance financière (en plus la DEG fournit des fonds aux établissements de la microfinance) ; de la Norvège où

qui paraissent les plus prégnants à savoir : le Canada et les Etats-Unis[972].

504. L'apport du Canada. Le Canada joue un rôle assez important en microfinance dans un grand nombre de pays, dont ceux de l'Afrique Centrale. En effet, dans la pratique, les activités de microfinance de l'Agence Canadienne de Développement International (ACDI), sont placées sous la responsabilité de trois structures.

Tout d'abord, le Département des Programmes bilatéraux[973], qui dispose à travers ses départements géographiques, des spécialistes de la microentreprise au sein des services-pays et des services techniques. L'implémentation des activités de microfinance est faite via les programmes pays déterminés par l'ACDI, les Etats clients et les autres parties prenantes.

Ensuite, les ambassades Canadiennes peuvent recourir au fonds canadien, pour affecter de petits volumes d'aide à des activités de microfinancement. Néanmoins, cette aide est généralement financière, et ne permet pas toujours aux établissements de microfinance d'atteindre une certaine viabilité institutionnelle, pour devenir pérennes,

---

le microfinancement relève du Ministère des Affaires Etrangères) et du Royaume Uni à travers le Département du Développement international (DFID).

[972] Ce choix peut être contesté, mais il vise surtout à meubler de façon concrète la présente étude.

[973] Il a 3 départements régionaux à savoir Afrique et Moyen Orient ; Amériques et Caraïbes, et Asie.

Enfin, le Canada a mis sur pied un programme de partenariats qui permet aux organisations canadiennes, qui travaillent dans les pays en développement, d'obtenir des financements pour les établissements de microfinance. Il est tout de même regrettable que toutes ces initiatives d'aide à l'émergence de la microfinance, mettent l'accent sur le financement au détriment des actions concrètes de formation technique, lesquelles visent le renforcement des capacités des établissements de microfinance, et des autres acteurs de ce secteur.

505. Le rôle des Etats-Unis. Les Etats-Unis, à traves leur Agence pour le Développement International (*USAID*), participent activement à l'essor de la microfinance de par le monde[974]. En 1994 déjà, l'*USAID* a crée à Washington un service central de la microfinance afin de mettre en œuvre une stratégie spéciale pour les activités de

---

[974] Selon une partie de la doctrine, Aux Etats-Unis, depuis l'an 2000 déjà, le gouvernement, en signant le "*Microenterprise for Self Reliance Act*", a demandé à ce que 50% des ressources allouées à la microentreprise à travers les fonds de l'USAID (*United States Agency for International Development*) soient ciblées sur les entrepreneurs très pauvres. Jusque-là, l'indicateur utilisé était la taille moyenne des prêts ($1,000 ou moins en Europe et au Moyen-Orient, $400 ou moins en Amérique latine et $300 ou moins dans le reste du monde). En juin 2002, le renouvellement de l'acte a précisé que l'USAID, en consultation avec les institutions de microfinance et d'autres organisations, devait développer au moins deux méthodes qui puissent mesurer le niveau de pauvreté des clients des IMF financées par l'USAID. Ces méthodes doivent être appliquées au 1er octobre 2005 afin d'assurer que les IMF ciblent au moins 50% des très pauvres, définis comme ceux qui vivent avec moins d'un dollar par jour ou qui sont parmi les ménages situés à moins de la moitié du seuil de pauvreté national, v. C. LAPENU, M. ZELLER, M. GREELY, CHAO-BEROFF et K. VERHAGEN, « *Performances sociales : Une raison d'être des institutions de microfinance et pourtant encore peu mesurées. Quelques pistes* », *Monde en développement,* 2004/2, n°126, p. 51-68.

microfinancement[975]. Le service central de la microfinance dispose d'un budget annuel conséquent pour financer les structures de microfinance ; ce, à travers le programme compétitif de dons, des travaux de recherche dans le cadre de la recherche axée sur les pratiques de microfinance optimales, et un programme d'études d'impact (*AIM*).

Par ailleurs, la microfinance fait partie des activités des antennes locales de l'USAID. La majorité de l'aide de l'USAID, soit environ soixante pour cent, va au microfinancement. De façon concrète toutefois, cette aide ne permet pas toujours aux établissements de microfinance d'être plus pérennes et aux institutions d'être plus viables, car elle est très souvent mal adaptée aux besoins réels du secteur de la microfinance.

En définitive, il apparaît que l'aide internationale pour la microfinance reste insuffisante, car la nature des interventions et les stratégies, sont trop dispersées pour être efficace, selon un auteur[976]. Ce dernier estime à juste titre que, la microfinance est souvent considérée comme une composante d'autres programmes, tels que le développement rural ou social, l'émancipation des femmes entre autres. Les ressources des bailleurs de fonds ne sont pas dirigées vers

---

[975] Pour plus d'informations, voir le site internet d'*USAID* : http://www.mip.org/

[976] J. ATTALI, *« Le rôle catalyseur des bailleurs de fonds, conférence internationale de Paris : Elargir l'accès à la microfinance »,* Présentation Planet Finance, 20 Juin 2005.

les marchés non servis, et ne permettent même pas d'effet de levier sur des ressources privées[977].

Pour corriger ces lacunes, l'environnement de la microfinance doit être amélioré par des actions fortes, comme la mise en place de centrale des risques, des centres de formations académiques et sectorielles. Ceci, grâce à des appuis techniques et financiers des bailleurs de fonds multilatéraux ou bilatéraux.

Au-delà des apports des bailleurs de fonds, les organismes financiers de la sous-région d'Afrique Centrale, doivent eux-mêmes participer plus activement au développement d'un cadre institutionnel viable et efficient dans leur zone géographique.

B- Les insuffisances des organismes communautaires intervenant dans le domaine de la microfinance

506. Spécialisations des institutions communautaires en microfinance. Au sein de la CEMAC, différents organismes interviennent dans le secteur de la microfinance. Leur rôle et le poids de leur contribution sont fonction de leurs missions statutaires. En principe, aucun organisme financier communautaire n'est spécialement créé pour l'activité de microfinance. Dans la pratique cependant, les autorités financières classiques participent à la structuration et à l'amélioration du cadre institutionnel de ce secteur d'activité.

---

[977] J. ATTALI, *idem*.

En effet, l'apport des structures financières comme la Banque des Etats de l'Afrique Centrale (BEAC) ou l'Union Monétaire de l'Afrique Centrale (UMAC) (1), doit être distingué des exigences attendues de l'organe de contrôle qu'est la Commission Bancaire des Etats de l'Afrique Centrale (COBAC) (2).

1- L'intervention perfectible des organismes financiers sous-régionaux

507. En Afrique centrale, plusieurs organismes financiers contribuent à l'encadrement du secteur de la microfinance. Pour le besoin de la cause, nous insisterons exclusivement sur le rôle joué par la banque centrale et l'union monétaire. Ainsi, après avoir mis en exergue l'apport de la BEAC en matière de microfinance (a), il paraît indiqué d'analyser la contribution de l'UMAC dans le développement et l'encadrement institutionnel de ce secteur d'activité (b).

a- L'apport de la BEAC en matière de microfinance

508. Les missions classiques de la BEAC. La BEAC est un établissement public international, régi par la convention de l'Union Monétaire de l'Afrique Centrale, la Convention de coopération monétaire passée entre la France et les Etats membres de cette union et les statuts de cette banque centrale[978]. La Banque centrale émet la monnaie et en garantit la stabilité. Sans préjudice de cet objectif, elle apporte son soutien aux politiques économiques générales élaborées dans l'Union[979].

Bien plus, aux termes de l'alinéa 3 des mêmes statuts, la Banque centrale a pour missions de :

- émettre les billets de banque et les monnaies métalliques qui ont cours légal[980] et pouvoir libératoire[981] dans l'Union Monétaire ;
- conduire la politique de change de l'Union ;
- détenir et gérer les réserves officielles de change des Etats membres ;
- définir et conduire la politique monétaire de l'Union ;
- promouvoir le bon fonctionnement des systèmes de paiement et de règlement.

L'énumération ci-dessus révèle que la BEAC accomplit les missions classiques de toute banque centrale. Les deux dernières prérogatives sus énoncées intéressent aussi, au premier chef, l'exercice de l'activité de microfinance. En effet, l'élaboration de la

---

978 Article 1er alinéa 1 des Statuts de la BEAC, selon la version du 02 octobre 2010.

979 Article 1er alinéa 2 des Statuts de la BEAC précités.

980 Selon B. SOUSI-ROUBI, « le cours légal est un système dans lequel la monnaie d'un pays a, dans ce pays, un pouvoir libératoire illimité, c'est-à-dire que tout créancier est obligé de l'accepter en paiement. », *Lexique de la banque et des marchés financiers*, 6e éd., Dunod, 2009, p. 95. Ainsi, en zone CEMAC, c'est le franc CFA qui a cours légal.

981 « Le pouvoir libératoire est la qualité d'une monnaie qui peut être remise en paiement par le débiteur sans que le créancier puisse s'y opposer. Les monnaies ayant cours légal ont un pouvoir libératoire. », B. SOUSI-ROUBI, *op. cit.*, p. 246.

politique monétaire et la promotion du bon fonctionnement des systèmes de paiement et de règlement qui incombent à la BEAC, participent à l'éclosion d'un secteur financier intégrateur et fédérateur des aspirations des gouvernements communautaires dans le domaine financier. C'est dans cette perspective que la microfinance peut être considérée comme un chaînon intéressant du système financier de la sous-région Afrique centrale.

Récemment intégrée dans le système financier formel, la microfinance revendique progressivement une place de choix dans la réglementation financière sous-régionale. Or, il semble que la BEAC n'a pas encore totalement pris la pleine mesure de ce segment de la finance, pour moderniser et adapter en conséquence, ses organes et structures. On peut ainsi regretter que malgré l'entrée en vigueur de la réglementation de la microfinance depuis une décennie, les missions et les objectifs primordiaux de la BEAC, restent orientés prioritairement pour l'encadrement du secteur bancaire classique.

509. L'intérêt d'une modernisation des textes statutaires de la BEAC. L'analyse des textes relatifs à la microfinance permet de constater que ceux-ci ne font référence à la BEAC que de façon incidente[982]. Cette rare mention de la BEAC dans le droit positif a l'inconvénient de faire minimiser l'apport réel, ou potentiel de cette banque centrale, dans l'encadrement du secteur de la microfinance. En revanche, de notre point de vue, la mise en exergue de la contribution

---

[982] Voir notamment l'article 66 du Règlement du 13 avril 2002.

de la BEAC dans ce secteur d'activité, doit emprunter une double direction.

D'un côté, les textes relatifs à l'activité de microfinance doivent réserver une place d'envergure à la BEAC, afin de montrer qu'en plus de la COBAC, la Banque centrale a des missions importantes pour l'essor de la microfinance. C'est dans ce cadre que doit s'inscrire le mécanisme de compensation des EMF auprès de la BEAC, que les acteurs de la microfinance appellent de tous leurs vœux.

De l'autre côté, les textes fondateurs de la BEAC et ses statuts doivent être modernisés, en prenant en compte les spécificités du secteur de la microfinance. En effet, au risque de s'exposer à un anachronisme bloquant et contreproductif, le corpus de règles créateur de la BEAC, doit être amendé en intégrant tous les aspects de la microfinance. Cette dernière devant être considérée comme un maillon essentiel pour le système normatif. Il en va ainsi, par exemple, des missions originelles assignées à la BEAC, lesquelles doivent être améliorées, pour intégrer la microfinance[983].

Dans le même ordre d'idées, il semble aussi intéressant de reconnaître à la Banque centrale, la possibilité d'ouvrir dans ses livres, des comptes au profit des établissements de microfinance[984] ; ceci, sur autorisation du Conseil d'administration de la BEAC, tel que le

---

[983] A cet égard, il faut noter qu'une révision des missions de la BEAC, telles que déclinées à l'article 1er de ses Statuts paraît indispensable.

[984] Dans cette hypothèse, il doit s'agir des EMF dont la viabilité institutionnelle et financière est consolidée ; ou encore, des organes faîtiers ou financiers des EMF.

prévoit ses statuts[985]. En tant que banque centrale, la BEAC doit renforcer son rôle dans l'élaboration de la politique financière en générale, et microfinancière en particulier. C'est dans ce sens qu'un auteur recommande aux banques centrales africaines de renforcer leur indépendance vis-à-vis du pouvoir politique. Cette indépendance devant être à la fois organique et fonctionnelle[986].

En plus de la BEAC, le renforcement de l'autorité de l'UMAC dans le domaine de la microfinance doit améliorer le cadre institutionnel des établissements de microfinance.

b- La contribution de l'UMAC à l'essor de la microfinance

510. L'UMAC : création et missions. L'Union Monétaire de l'Afrique Centrale est sortie des fonts baptismaux, il y a environ une douzaine d'années[987]. Elle édicte, entre autres, les règles génératrices de l'émission monétaire, la mise en commun des réserves de changes, la libre circulation des signes monétaires et la liberté des transferts entre Etats membres, les procédures de mise en cohérence des politiques économiques et les mesures d'harmonisation des législations monétaire, bancaire et financière, et du régime de change[988].

---

[985] Article 8 des statuts de la BEAC.

[986] TCHETCHE N'GUESSAM, *Banques d'Afrique*, n°18/19 p. 56, mars 1999, cité par L. LHERIAU, *thèse précitée*, n°119.

[987] Juridiquement, l'UMAC existe depuis le 23 juin 1999, date d'entrée en vigueur de la Convention de Libreville du 05 juillet 1996, qui régit l'Union. Cette Convention a été modifiée le 25 juin 2008.

[988] Article 5 de la Convention du 25 juin 2008 régissant l'UMAC.

Au plan financier, l'Union Monétaire[989] a notamment pour objectifs, d'adopter des règles harmonisées du secteur bancaire et de la microfinance, de renforcer la réglementation commune existante en matière bancaire, monétaire et financière et d'en assurer le contrôle[990].

Cette réglementation et ce contrôle concernent entre autres, les règles relatives à la collecte et l'affectation de l'épargne financière ; le régime de change et les systèmes de paiement ; les règles relatives aux activités des institutions de microfinance. C'est dans ce cadre que le Règlement n°01/02/CEMAC/UMAC/COBAC du 13 avril 2002 relatif aux conditions d'exercice et de contrôle de l'activité de microfinance dans la CEMAC a été adopté[991].

Dans l'accomplissement de ses missions, l'Union Monétaire est aidée par l'un de ses organes institutionnels à savoir le Comité Ministériel. Ce Comité Ministériel peut prendre toutes autres dispositions qu'il juge utiles, en vue de renforcer la réglementation

---

[989] Pour une étude complémentaire de l'UMAC, lire N. KOMBI MOUELLE, *Les aspects juridiques d'une union monétaire, l'exemple de l'Union Monétaire de l'Afrique Centrale (UMAC)* ; http://www.afrilex.u-bordeaux4.fr. Cette étude fait une analyse de l'UMAC selon sa version de juillet 1996, avant sa révision du 25 juin 2008.

[990] Art. 29 al.1er de la Convention du 25 juin 2008 précitée.

[991] Les dispositions de l'article 10 de la Convention du 25 juin 2008, prévoient des organes à compétence générale, pour l'Union Monétaire à savoir : la Conférence des chefs d'Etat ; le Comité Ministériel ; l'Institut d'émission dénommé « Banque des Etats de l'Afrique Centrale » (BEAC) ; la Commission Bancaire de l'Afrique Centrale (COBAC) ; et tout autre organe approprié, créé par la Conférence des chefs d'Etats dans le cadre de l'UMAC.

A côté de ces organes, il existe des institutions spécialisées de l'Union Monétaire qui sont : la Commission de Surveillance du Marché Financier de l'Afrique Centrale (COSUMAF) ; le Groupe d'Action contre le Blanchiment d'Argent en Afrique Centrale et toute autre institution spécialisée créée par la Conférence des chefs d'Etat dans le cadre de l'UMAC. »

commune en matière de législation monétaire, bancaire et financière. De façon générale, l'intégration va de pair avec un projet d'unification ou d'harmonisation juridique. En Afrique centrale, l'UMAC apparaît comme le laboratoire institutionnel de ce projet, pour reprendre la formule d'un auteur[992].

Fédératrice des organes institutionnels dans le secteur financier, l'UMAC est aussi intégratrice des aspirations économiques communes. Consciente de cette double mission, elle a du subir un toilettage en 2008, afin de permettre aux visées et aux dispositions de l'UMAC de cadrer avec la réalité sociale, économique et financière. Ainsi, l'UMAC a fait sienne la réglementation et la promotion des établissements de microfinance. Il faut noter que la microfinance ne doit plus être réduite à une activité marginale et informelle. En revanche, celle-ci doit intégrer les sphères de la finance formelle, afin d'œuvrer à la satisfaction des populations délaissées par le secteur bancaire classique. A cet effet, il apparaît de nos jours que l'activité de microfinance fait partie des prestations encadrées par l'UMAC. La prise en compte de la microfinance dans le corpus règlementaire de l'UMAC est assez pertinente, mais elle doit être davantage au centre de la stratégie de la règlementation de la COBAC.

Il ressort du dispositif réglementaire communautaire que c'est à la COBAC que revient les plus importantes prérogatives dans le contrôle de l'activité de microfinance.

---

[992] N. KOMBI MOUELLE, *Les aspects juridiques d'une union monétaire*, *op. cit.*, p. 21.

2- Les prérogatives de la COBAC dans la réglementation financière

511. Création et missions de la COBAC. La COBAC a été créée par la Convention du 16 octobre 1990. Elle fait suite à la nécessité ressentie par les Etats membres de la CEMAC, de « *renforcer la surveillance exercée sur les établissements de crédit* »[993]. En raison de sa création, la COBAC doit remplir certaines missions d'ordre général pour le système financier de la CEMAC (a). Avec l'avènement et l'essor de la microfinance, la COBAC doit accomplir d'importantes prérogatives et obligations nécessaires à l'encadrement de ce secteur d'activité (b).

a- Les missions classiques de la COBAC pour le secteur financier

512. Les quatre fonctions principales de la COBAC. Aux termes de l'article 1er bis de la Convention du 16 octobre 1990, « *la Commission Bancaire est chargée (...) de veiller au respect par les établissements de crédit des dispositions législatives et réglementaires édictées par les Autorités, par la Banque ou par elle-même et qui leur sont applicables, et de sanctionner les manquements constatés».* Il ressort de cette disposition que la COBAC est le gendarme de l'activité monétaire ; et à ce titre elle accompli quatre fonctions

[993] Préambule de la Convention du 16 octobre 1990.

principales : une fonction administrative, une fonction législative, une fonction juridictionnelle et une fonction de contrôle.

Au plan administratif, la COBAC a le pouvoir d'autorisation préalable sur tous les actes essentiels à la vie des établissements de crédit et des établissements de microfinance. Aucune banque ou établissement de microfinance ne doit s'implanter sans son avis conforme. Il en est de même pour la désignation des Directeurs généraux et adjoints ainsi que des commissaires aux comptes de ces établissements.

Au niveau règlementaire, la COBAC a toutes les compétences pour définir le plan et les procédures comptables applicables aux établissements de crédit et de microfinance, et les normes prudentielles de gestion (ratios de solvabilité, de liquidité, de division de risques, de transformation, de couverture des immobilisations par les ressources permanentes, etc.). Elle est également habilitée à établir la liste, la teneur et les délais de transmission des documents et des informations que les assujettis sont tenus de lui adresser.

La COBAC organise et exerce la surveillance, sur place et sur pièces, des établissements de crédit et ceux de microfinance. Elle est habilitée à diligenter toutes les vérifications décidées par ses soins ou commandées par l'urgence. Les autorités monétaires nationales sont simplement informées du déclenchement et du résultat des enquêtes sur place, alors que la COBAC garde l'entière maîtrise du déroulement des missions. Dans le cadre des enquêtes diligentées, les commissaires aux comptes et tout autre organisme public ou privé sont tenus de satisfaire aux demandes motivées des missions, sans pouvoir invoquer le secret professionnel.

La COBAC est enfin un organisme juridictionnel et peut intervenir à titre disciplinaire, sans préjudice des sanctions que pourront prendre du même chef les autorités judiciaires nationales. Lorsqu'un établissement n'a pas déféré à une injonction ou tenu compte d'une mise en garde ou a enfreint gravement la réglementation, et après que ses dirigeants aient été invités à formuler leurs observations, la COBAC peut prononcer une ou plusieurs des sanctions suivantes [994] : avertissement, blâme, interdiction d'effectuer certaines opérations ou toute autre limitation dans l'exercice de l'activité, suspension ou révocation des commissaires aux comptes, suspension ou démission d'office des dirigeants responsables, retrait d'agrément de l'établissement.

b- Les missions spécifiques de la COBAC en matière de microfinance

513. Missions de la COBAC en matière de microfinance. La COBAC est au centre de l'encadrement de l'activité de microfinance. La mise en œuvre d'une réglementation spécifique procède de sa volonté. Elle doit remplir ses missions classiques ici avec plus d'acuité. En effet, la COBAC doit réglementer, administrer, contrôler le secteur de la microfinance et le cas échéant, sanctionner les mauvais agissements des acteurs véreux. Aux termes de l'article 53 du

---

[994] Article 13 de l'Annexe à la Convention du 16 octobre 1990, créant la COBAC.

Règlement du 13 avril 2002 relatif à l'exercice de l'activité de microfinance, *« la Commission bancaire est chargée de veiller au respect par les établissements des dispositions règlementaires édictées par le Comité Ministériel, par l'autorité monétaire, par la banque des Etats de l'Afrique centrale ou par elle-même, qui leur sont applicables et de sanctionner les manquements constatés».* Cette disposition est une reprise de l'article 1er bis de l'annexe à la convention du 16 octobre 1990. Cela veut dire que les attributions classiques de la COBAC lui sont également reconnues en matière de microfinance, *mutatis mutandis*. Ainsi, les fonctions administrative, règlementaire, disciplinaire et juridictionnel de la COBAC, doivent également être remplies en matière de microfinance.

513. COBAC et règlementation prudentielle de la microfinance. Toute la règlementation dérivée de la microfinance est édictée par la COBAC. Les vingt et un règlements relatifs aux normes prudentielles de gestion émanent effectivement de la Commission bancaire. C'est dire que c'est à la COBAC que revient l'encadrement des établissements de microfinance, aussi bien en ce qui concerne les normes spécifiques relatives à l'équilibre financier des établissements de microfinance, que pour ce qui est des règles liées à la pérennité du secteur de la microfinance.

En plus de l'édiction des normes prudentielles, il revient à la COBAC d'assurer un suivi régulier du respect de l'ensemble de la règlementation. La commission bancaire apparaît donc comme le « fer de lance » de la règlementation de la microfinance. Sa double mission législative et de contrôle est une charge très importante. Pour la remplir efficacement, elle doit se doter de ressources humaines, matérielles et logicielles nécessaires.

Toutefois, une refonte des textes organiques de la COBAC semble judicieuse afin de permettre à cet organe de jouer pleinement les missions qui lui sont assignées. L'appelation Commission bancaire pour le secteur bancaire et celui de la microfinance, paraît même quelque peu problématique ; en raison de sa référence à l'activité bancaire. Il semble plus opportun de rebaptiser cet organe en *« Commission de Surveillance Bancaire et Microfinancière d'Afrique Centrale »* (COSUBAMAC), pour rendre compte de son intervention dans le secteur bancaire et celui de la microfinance.

Afin d'atteindre efficacement ses missions, la règlementation de la microfinance doit aussi renforcer le rôle des organes nationaux en charge de l'encadrement de ce secteur d'activité.

Paragraphe 2 - Les faiblesses perceptibles des organes nationaux d'encadrement des établissements de microfinance

514. La diversité des institutions nationales œuvrant dans le domaine de la microfinance. Au niveau national, plusieurs organes participent à l'encadrement de la microfinance. Ils présentent de grandes similitudes d'un pays à l'autre, même si pour certains on peut noter de légères disparités. D'ailleurs, pour la plupart de ces organes, c'est la réglementation elle-même qui prévoit leur création.

Dans le cas d'espèce, nous mettrons l'accent sur le modèle institutionnel camerounais[995] en matière de microfinance ; lequel modèle peut être dupliqué, *mutatis mutandis,* aux cinq autres Etats de l'Afrique centrale[996]. Dès lors, au vu de la structuration du secteur de la microfinance et de ses acteurs institutionnels, plusieurs défaillances remarquables pourraient être corrigées dans ce domaine. Il importe donc d'examiner les insuffisances des organes étatiques intervenant dans la microfinance (A), avant d'analyser la faiblesse des organes corporatistes de microfinance (B).

A- Les insuffisances des organes étatiques dans le domaine de la microfinance

515. Dans le domaine financier en général, et celui de la microfinance en particulier, deux types d'autorités interviennent pour un encadrement harmonieux des questions liées à la monnaie, à l'épargne, au crédit. Il s'agit d'une part des organismes tutélaires sous la houlette desquelles les problèmes bancaires, financiers et de la microfinance doivent être réglés (1). D'autre part, la contribution des organes consultatifs qui émettent des avis assez importants ne peut être ignorée des opérateurs de la microfinance (2).

---

995 Pour mémoire, le Cameroun a le plus ancien, voire le plus développé des systèmes de la microfinance en Afrique Centrale. L'expérience acquise en ce domaine peut servir de source d'inspiration aux autres pays de la zone CEMAC.

996 A savoir : le Congo, le Gabon, la Guinée Equatoriale, la République Centrafricaine et le Tchad.

1– Le rôle perfectible des autorités de tutelle en microfinance

516. Le règlement du 13 Avril 2002 place les établissements de microfinance sous la tutelle de l'autorité monétaire. A ce titre, cette dernière est en charge d'importantes missions (a), lesquelles doivent être améliorées, d'où l'intérêt d'y apporter quelques correctifs (b).

a- Les missions de l'autorité monétaire nationale en matière de microfinance

517. Rôles principal et accessoire de l'autorité monétaire. L'autorité monétaire est le ministre chargé de la monnaie et du crédit de l'Etat[997]. Dans la plupart des Etats de l'Afrique Centrale, c'est le ministre de l'économie et/ou des finances[998]. L'autorité monétaire nationale doit accomplir dans le domaine de la microfinance des missions principales, mais aussi à titre accessoire d'autres prestations.

L'accomplissement des missions principales en microfinance par l'autorité monétaire nationale renvoie surtout à l'instruction des dossiers d'agrément. Qu'il s'agisse des agréments des établissements

[997] V. Art. 3 du Règlement du 13 Avril 2002 précité.

[998] Pour le cas du Cameroun l'Autorité monétaire nationale était le Ministre de l'Economie et des Finances, mais depuis la récente réforme des départements ministériels, le Ministère de l'économie et des Finances a été scindé en deux départements ministériels à savoir le Ministère des Finances et le Ministère des Finances et du Budget. Au Tchad, a été créé pour la première fois au sein du Gouvernement, un Ministère Chargé du Portefeuille du microcrédit : Le Ministère de la Solidarité et des Microcrédits à la suite d'un Remaniement gouvernemental, ce Ministère devint le Ministère du Développement Associatif des Microcrédits et de la Lutte contre la Pauvreté.

de microfinance[999], ou des organes sollicitant adhérer à un réseau[1000], de ceux des organes faîtiers[1001], ou encore de ceux des dirigeants d'établissement de microfinance et des commissaires aux comptes[1002], l'autorité monétaire de chaque pays a le devoir d'examiner minutieusement les dossiers qui lui sont adressés avant de prendre la décision d'octroi, ou de refus de l'agrément. Cette mission est essentielle et fondamentale dans la mesure où, il appartient à l'autorité monétaire de vérifier la pertinence des projets de microfinance qui sont portés à son appréciation. La Commission Bancaire dans sa mission de régulation et de supervision du secteur financier doit émettre un avis conforme ; c'est-à-dire un avis qui lie l'autorité monétaire nationale.

L'autorité monétaire nationale accomplit subsidiairement la mission de contrôle et de surveillance des établissements de microfinance. Cette mission incombe au premier chef à la COBAC, mais de façon accessoire certains aspects de la surveillance sont dévolus à l'autorité monétaire. Dans ce cadre, elle examine les rapports de contrôle fournis par les commissaires aux comptes[1003] et peut proposer à la Commission bancaire des sanctions à infliger aux établissements contrevenants.

En outre, l'autorité monétaire nationale peut édicter des normes visant un encadrement plus strict et harmonieux des acteurs de

---

999 Art. 22 à 23 du Règlement du 13 Avril 2002 précité.
1000 Art. 25 et 26 du Règlement précité.
1001 Art. 27 et 28 du Règlement précité.
1002 Art. 29 à 37 du règlement précité.
1003 Art. 51 et 52 du Règlement précité.

la microfinance[1004]. A ce titre, elle devra émettre des arrêtés, des instructions nécessaires à une régulation plus fluide du secteur de la microfinance[1005]. Dans la pratique toutefois, le rôle de l'autorité monétaire nationale paraît encore assez insuffisant d'où l'intérêt d'apporter des aménagements conséquents à ses missions.

b- Les aménagements nécessaires aux missions de l'autorité monétaire nationale

518. Clarification et affinement des missions de l'autorité monétaire. La réglementation communautaire destinée à la microfinance accorde un rôle important à l'autorité monétaire nationale dans l'encadrement de ce secteur d'activité. Cette mission reste évasive sur certains points. Il est judicieux de renforcer l'apport de cette autorité, et de lui assigner des missions complémentaires plus pointues.

L'imbrication du champ de compétences entre l'autorité monétaire nationale et la COBAC, est parfois de nature à éclipser l'apport de la première au profit de la deuxième. C'est notamment le cas en matière d'instruction des dossiers d'agrément. L'importance de l'avis conforme de la COBAC, déteint sérieusement sur le travail

---

[1004] Art. 53 du Règlement précité.

[1005] C'est dans ce sens que le Ministre des Finances du Cameroun a adressé en 2011 à tous les Directeurs généraux des établissements de microfinance, la lettre circulaire relative à l'affichage des conditions tarifaires applicables à la clientèle.

d'instruction préalablement effectué par l'autorité monétaire nationale.

Bien plus, certaines dispositions réglementaires peuvent être source de confusion quant à la compétence de la COBAC, ou de l'autorité monétaire. Il peut en être ainsi de l'appréciation des rapports de contrôle des commissaires aux comptes par les deux organes, ou encore de l'édiction des dispositions réglementaires, telles que prévues à l'article 53 du règlement du 13 Avril 2002.

Une clarification des missions précises des deux acteurs est indispensable, pour une saine régulation du secteur de la microfinance. On pourrait par exemple, indiquer expressément que l'appréciation de la COBAC, l'emporte sur celle de l'autorité monétaire nationale en cas de divergence[1006].

En plus des missions d'instructions d'agréments et de surveillance reconnues, à titre subsidiaire, à l'autorité monétaire, il serait judicieux d'assigner d'autres prestations plus pratiques à celle-ci. A cet effet, il paraît assez intéressant et pertinent de parfaire les attributions de cette autorité, de telle sorte qu'elle assure un suivi efficace de l'activité de microfinance. Mieux, il est nécessaire que cet organe de tutelle devienne un partenaire de référence des acteurs de microfinance, grâce à des actions appropriées d'information, de formation et de régulation. On peut regretter que les initiatives des autorités monétaires nationales qui visent l'implémentation et

---

[1006] Une telle précision est *a priori* redondante eu égard à la primauté du droit communautaire sur le droit national, mais elle paraît assez importante dans la pratique afin de renforcer l'opérationnalité de certaines prérogatives réglementaires au profit de la COBAC ou de l'Autorité monétaire.

l'appropriation de la réglementation de la microfinance, soient plutôt sporadiques et peu innovantes[1007].

Hormis l'autorité monétaire nationale, qui est un organe de tutelle assez présent dans le secteur de la microfinance, le Conseil National de Crédit peut également jouer un rôle déterminant pour l'essor de la microfinance.

2-La place dévolue au Conseil National du Crédit en microfinance

519. Au Cameroun, le Conseil National du Crédit a été institué par le décret n° 96/198 du 24 Juin 1996. L'article 2 de ce texte précise que c'est *« un organisme consultatif, chargé de donner des avis sur l'orientation de la politique d'épargne et de crédit, ainsi que sur la réglementation bancaire »*. Il apparaît clairement dans cette disposition que le Conseil National du Crédit a des missions assez générales, quant aux orientations de la politique monétaire d'un pays (a). En ce qui concerne la microfinance, c'est la réglementation y afférente qui jette des jalons d'un ensemble de prestations dévolues spécifiquement à cet organe (b).

[1007] Un acteur du secteur de la microfinance regrettait déjà à juste titre que depuis Avril 2002, date d'adoption de la réglementation de la microfinance, les descentes sur le terrain de la COBAC sont plutôt rares. Voir D. KENGNE, Directeur général de la *Microfinance Academy*, interview accordée à *Horizon plus*, n° 43 mars 2011, p. 10-16.

a- Les missions générales du Conseil National du Crédit

520. Le CNC, un organe aux objectifs financiers importants. Dans le cadre de ses attributions, et dans les matières ne relevant pas de la compétence de la COBAC, le Conseil National de Crédit peut être saisi pour avis de tout projet législatif, ou réglementaire relatif à l'activité des organismes financiers, à savoir les établissements de crédit et les établissements de microfinance[1008]. Ce Conseil peut-il se prononcer entre autres sur la classification des établissements en différentes catégories, le capital minimum, la forme juridique, les activités autorisées pour ces établissements, les conditions de concurrence, l'organisation des services communs à la profession.

A l'examen, il ressort que le Conseil National de Crédit est un organe consultatif assez important dans le domaine de la monnaie et du crédit ; du moins tel que ses attributions sont énoncées dans le décret l'instituant, pour le cas du Cameroun[1009]. En réalité, ce Conseil est une force d'information et de proposition très déterminante dans la politique financière et monétaire des pays. Cependant, il est tout de même gênant de savoir qu'en dépit de l'élargissement des attributions du Conseil National du Crédit, les textes régissant celui-ci semblent plutôt anachroniques. C'est notamment le cas au Cameroun. Une modernisation de la composition, de l'organisation et des modalités de

---

[1008] Certes l'art. 5 du décret n° 96/198 du 24 Juin 1996 renvoie essentiellement aux établissements de crédit ; mais il semble indiqué d'élargir le champ d'application de ce décret avec l'adoption de la réglementation de la microfinance.

[1009] Décret n° 96/198 du 24 Juin 1996 précité.

fonctionnement dudit Conseil s'impose pour chaque pays de l'Afrique Centrale. C'est grâce à cela que cet organe pourra jouer pleinement sa partition, dans le secteur de la microfinance. Autrement dit, en l'absence d'un ajustement profond des textes organiques de ce Conseil, ses attributions continueront de satisfaire prioritairement le secteur bancaire au détriment de la microfinance.

Or, même si la réglementation de la microfinance reconnaît certaines prérogatives au Conseil Nationale de Crédit ; celles-ci doivent être le corollaire d'un cahier de charges clairement identifiées pour ce secteur d'activité.

b- Les missions particulières du Conseil National du Crédit pour la microfinance

521. Les trois axes de perfectionnement des missions du CNC dans le domaine de la microfinance. Le Conseil National de Crédit joue un rôle déterminant dans l'organisation de la profession de microfinance, dans l'émission des avis relatifs aux fonctionnements de certains établissements, et dans l'application des sanctions aux établissements contrevenants.

Tout d'abord, en ce qui concerne l'organisation de la profession de microfinance, la réglementation exige que les établissements soient classés et immatriculés au registre spécial du Conseil National du Crédit[1010]. L'immatriculation au registre spécial du Conseil National du Crédit, permet à ce dernier de centraliser les

[1010] Art. 21 al. 1 du Règlement du 13 Avril 2002.

statistiques relatives aux organismes financiers opérant dans un pays donné. De même, on peut estimer que cette deuxième immatriculation[1011] renforce la qualité d'établissement de microfinance ou de crédit, le cas échéant. Mieux, les relations entre les établissements de microfinance et leur clientèle relèvent de la compétence du Conseil National du Crédit. Celui-ci joue un rôle régulateur visant à assurer à tous les acteurs, le respect du libre jeu de la concurrence ; ceci, afin de garantir la régularité des transactions et la sécurité juridique.

Ensuite, le Conseil National de Crédit est appelé à émettre un avis consultatif pour l'ouverture d'un guichet ou d'une agence par les établissements de microfinance de deuxième catégorie. Cette condition tend aussi à assurer le respect des règles de la concurrence parmi plusieurs établissements de microfinance. Il en est d'ailleurs de même de la déclaration devant être faite au Conseil National de Crédit, pour l'ouverture d'un guichet, ou d'une agence, par les établissements de microfinance de première et troisième catégorie. De l'abandon de tout projet de microcrédit ne comportant pas de volet épargne ; la cessation des fonctions de dirigeants et de Commissaires aux comptes ; et la mise en place de crédits filières et de projet de microcrédit sans volet épargne, et qui résultent d'une convention entre l'Etat et les bailleurs de fonds[1012]. Dans ces différentes hypothèses aussi, le rôle du Conseil National du Crédit est d'assainir

---

[1011] Après celle préalable au registre de commerce et du crédit mobilier au titre du droit commercial général ou au registre des coopératives, au titre de la réglementation sur ces dernières.

[1012] Art. 42 du Règlement du 13 avril 2002.

le secteur de la microfinance, au travers des mécanismes de régulation adéquats et transparents.

Enfin, le Conseil National du Crédit peut intervenir dans l'application des sanctions aux établissements contrevenants. Il en sera ainsi, notamment, lorsqu'un établissement de microfinance est condamné à une astreinte. Dans un cas pareil, la réglementation précise que *« l'établissement teneur du ou des comptes de l'établissement défaillant est tenu de procéder au débit de ce compte et d'en porter le montant au compte du Conseil National du Crédit »*[1013]. C'est dire que ce Conseil, participe aux côtés de la COBAC, et de la BEAC, à la liquidation des astreintes prononcées contre les établissements de microfinance défaillants.

En dépit de ces missions des organes étatiques, dont l'importance est indéniable, des structures corporatistes jouent aussi un rôle assez appréciable pour le secteur de la microfinance ; même si ce rôle doit être nettement amélioré.

B- La faiblesse des organes corporatistes dans l'encadrement de la microfinance

522. L'émergence d'un corporatisme peu dynamique en microfinance. La microfinance est une profession organisée autour de certains organes corporatistes comme les associations professionnelles, les fédérations et les confédérations. Certains de ces organes ont une compétence nationale, alors que d'autres jouent un

---

[1013] Article 62 al. 3, *in fine*.

rôle étalé à des zones géographiques plus étendues. Dans chacune de ces hypothèses, les missions des organes corporatistes consistent à animer, dynamiser et encadrer l'activité de microfinance, pour la rendre plus structurée et mieux institutionnalisée. Or, en dépit de leur apport, les structures corporatistes intervenant en microfinance, révèlent des faiblesses qu'il importe de corriger, afin de rendre ce secteur d'activité plus fiable et mieux organisé.

Ainsi, est-il nécessaire d'améliorer le rôle joué par les associations nationales des établissements de microfinance (1). Dans le même ordre d'idées, il est impérieux de mieux orienter la contribution des entités fédératives intervenant dans le secteur de la microfinance afin de parfaire le cadre institutionnel de cette activité (2).

1- L'apport insuffisant des associations nationales de microfinance

523. L'institution d'une association professionnelle des établissements de microfinance par Etat. Les établissements de microfinance doivent adhérer à l'association professionnelle des établissements de microfinance de leur Etat[1014]. Il n'existe qu'une association professionnelle par Etat[1015]. Cette disposition oblige chaque Etat de la sous-région à mettre sur pied une association professionnelle, chargée d'assurer les intérêts des établissements de

[1014] Article 20 al. 1 du Règlement du 13 Avril 2002.
[1015] Al.2 de l'article 20 précité.

microfinance. En dépit de cette exigence, la création des associations professionnelles de microfinance, bien qu'effective n'a toujours pas atteint tous ses objectifs réglementaires. Cela se vérifie au niveau de l'association professionnelle camerounaise[1016] de microfinance dont plusieurs finalités restent à améliorer (a) ; mais aussi au niveau de l'association tchadienne de microfinance dont les réalisations restent largement en-dessous des attentes (b).

a- L'association nationale des établissements de microfinance du Cameroun (ANEMCAM)

524. L'exigence du raffermissement des attributions de l'ANEMCAM. Au Cameroun, les établissements de microfinance ont créé l'association nationale des établissements de microfinance du Cameroun (ANEMCAM), dont l'objet est d'assurer la défense des intérêts collectifs de ses membres. Elle a la charge du respect des dispositions règlementaires relatives au secteur financier, de la loi sur le secret bancaire[1017]. De même, elle peut réaliser toute étude et élaborer toute recommandation en vue, le cas échéant, de favoriser la coopération entre les membres ; ainsi que l'organisation et la gestion des services d'intérêt commun[1018].

[1016] Signalons que le choix de l'association professionnelle de microfinance du Cameroun obéit à des critères à la fois objectifs et subjectifs. Le secteur camerounais de la microfinance apparaît comme le moteur de cette activité dans la sous-région CEMAC. En outre, le Cameroun est le pays d'origine de l'auteur de la présente étude ; pays pour lequel, il a rassemblé des données relativement importantes pour cette étude.

[1017] Au Cameroun, la loi n°2003/004 du 21 avril 2003 relative au secret bancaire vise tous les acteurs du système financier.

[1018] Article 5 des statuts de l'ANEMCAM.

Dans le cadre de son objet défini par les statuts, l'ANEMCAM poursuit les objectifs particuliers suivants :

- la représentation de la profession auprès des autorités de tutelle, des autorités monétaires et des tiers ;
- la promotion de l'esprit de solidarité et de coopération;
- la promotion des échanges d'expérience ;
- la création d'un cadre de concertation ;
- le renforcement des capacités des structures membres ;
- la participation à la formulation des propositions visant à définir ou à améliorer le cadre juridique et réglementaire en fonction de l'environnement ;
- la promotion des activités des établissements de microfinance auprès de l'administration publique et du secteur privé ;
- le renforcement de l'articulation entre les établissements de microfinance et les établissements de crédit ;
- la lutte contre la pauvreté.

Il ressort des dix (10) objectifs statutaires relevés ci-dessus que, l'ANEMCAM s'est assignée d'ambitieuses visées. Malheureusement, celles-ci ne sont pas totalement atteintes. En effet, au niveau théorique, l'ANEMCAM s'est fixée des objectifs assez louables ; mais concrètement, elle ne dispose pas de tous les moyens pertinents pour les atteindre.

A titre d'illustration, certaines missions d'envergure comme le "*renforcement des capacités des structures membres ou le renforcement de l'articulation entre les établissements de microfinance et les établissements de crédit*", restent assez difficiles à mettre en œuvre ; faute de ressources humaines disponibles et qualifiées ; de ressources matérielles et logicielles suffisantes, au niveau de l'ANEMCAM[1019]. Cette insuffisance est d'autant plus grave que les cotisations et les contributions des membres ne sont ni assez consistantes, ni très régulières pour assurer un fonctionnement optimal à l'association professionnelle des EMF du Cameroun. Cette dernière ne saurait miser exclusivement sur d'éventuelles subventions des partenaires et des bailleurs de fonds[1020], lesquelles sont très souvent octroyées sous des conditions assez rigoureuses ou sélectives.

525. La composition de l'ANEMCAM. Au plan organique, l'ANEMCAM est constituée de quatre (04) structures: l'Assemblée Générale, le Bureau Exécutif, le Secrétariat Exécutif et les Organes Techniques[1021].

L'assemblée générale est l'organe suprême[1022] ayant les pouvoirs les plus étendus dans la détermination de la politique générale et des objectifs prioritaires de l'association. Elle approuve les comptes, élit les membres du bureau exécutif, adopte le budget de

---

[1019] On peut ainsi regretter l'absence du Cameroun à la 9e assemblée générale annuelle du Réseau Africain de microfinance (AFMIN selon l'acronyme anglais) qui s'est tenue du 05 au 08 Octobre 2010 à Accra, V. Quotidien camerounais, *Le Messager*, n° 3199.

[1020] Sur le rôle des bailleurs de fonds dans l'essor de la microfinance, voir supra n° 493 et s.

[1021] Titre III des statuts de l'ANEMCAM.

[1022] Art. 14 des statuts de l'ANEMCAM.

l'association professionnelle entre autres. L'assemblée générale peut se réunir en session ordinaire ou extraordinaire[1023].

Le Bureau Exécutif est l'organe d'administration et de gestion de l'association[1024]. Il est composé de 12 (douze) membres représentants les établissements de microfinance indépendants, les organes faîtiers des réseaux d'établissement de microfinance ou les établissements agréés affiliés à un réseau[1025].

Le Secrétariat exécutif est dirigé par un Secrétaire Exécutif recruté et nommé par le Bureau Exécutif, et responsable devant lui. Il est chargé de l'exécution des décisions du Bureau Exécutif, et reçoit à cet effet une délégation de pouvoirs sur des questions bien déterminées[1026].

Les organes techniques de l'ANEMCAM sont la commission de contrôle, la commission de fiscalité et des innovations économiques ; la commission de renforcement des capacités, des relations avec les banques commerciales et la BEAC[1027].

Au niveau théorique, structurellement et fonctionnellement, l'ANEMCAM affiche d'heureuses ambitions. Toutefois, dans la pratique, elle ne réussit pas encore, à dérouler effectivement ses différents plans d'action, ce qui est de nature à affaiblir le cadre institutionnel des EMF.

[1023] Art. 14.3 des statuts de l'ANEMCAM.
[1024] Art. 16.1 des statuts de l'ANEMCAM.
[1025] Art. 17.1. des statuts de l'ANEMCAM.
[1026] Art. 21 des statuts de l'ANEMCAM.
[1027] Art. 20 des statuts de l'ANEMCAM.

L'appréciation du cadre des établissements de microfinance révèle effectivement d'importantes faiblesses, lesquelles sont perceptibles même au niveau de l'association tchadienne des établissements de microfinance.

b- L'association professionnelle tchadienne des établissements de microfinance (APT-EMF)

526. L'association professionnelle des établissements de microfinance au Tchad : de la création et des missions. A l'origine, les institutions de microfinance se sont développées au Tchad dans un contexte peu réglementé. Les premières institutions de services financiers de proximité sont apparues au Tchad au cours de la décennie 80. Mais, c'est au cours de la décennie 90 que les institutions de microfinance connaissent un certain essor[1028]. L'Association Professionnelle Tchadienne des établissements de microfinance (APT-EMF) a été créée, le 23 Novembre 2002, à la suite du Règlement du 13 avril 2002. Cette association a été mise sur pied par six membres à savoir : l'Union Régionale des Coopecs (URCOOPEC), l'Union des Clubs d'Epargne et de Crédit (UCEC), le projet d'appui au réseau des coopératives d'épargne et de crédit (PARCEC), *Volunteers in Technical Assistance Chad* (VITA), l'Association pour le développement de l'épargne et du crédit (ASDEC) et le centre d'études pour la promotion et la rentabilisation des initiatives

---

[1028] L. GUEMDJE, « *Cadre institutionnel et juridique des établissements de microfinance du Tchad, Programme d'entreprenariat coopératif* », p. 2, 2008.

communautaires (CEPRIC), lors d'une assemblée générale constitutive.

L'APT-EMF sert d'intermédiaire entre les autorités monétaires, les bailleurs de fonds et les établissements de microfinance. Au plan organique, l'APT-EMF est composée de l'assemblée générale, du comité de coordination et du comité de surveillance[1029].

En outre, l'APT-EMF a élaboré et adopté un code déontologique qui est un recueil de principes éthiques. Ce code éthique devrait raviver le professionnalisme des acteurs de la microfinance ; prévenir les risques et favoriser l'autodiscipline des établissements, des partenaires financiers et de tous les opérateurs du secteur de la microfinance. Ledit code déontologique a un caractère obligatoire, et est applicable à tous les établissements de microfinance exerçant sur le territoire du Tchad, mais la mise en œuvre des sanctions qu'il édicte n'est pas toujours efficace. C'est dire que les sanctions de l'APT-EMF n'ont pas facilement une force contraignante à l'égard de tous les membres. Elles peuvent être prononcées mais leur mise en œuvre n'est pas assez évidente.

Enfin, l'APT-EMT comme ses consœurs de l'Afrique Centrale, et notamment l'ANEMCAM, souffre de l'insuffisance des ressources humaines, matérielles et logicielles, lesquelles doivent permettre une opérationnalisation optimale des directives relatives à la microfinance. Afin d'améliorer le cadre institutionnel des

---

[1029] En 2008, le nombre des membres de l'APT-EMF était de 193 établissements de microfinance.

établissements de microfinance, il paraît impérieux de peaufiner le rôle des associations professionnelles de microfinance, en la dotant de plus de ressources, indispensables à l'implémentation des dispositions réglementaires.

De même, il est nécessaire d'apprécier à sa juste valeur la contribution des organes fédératifs au perfectionnement du cadre institutionnel des établissements de microfinance.

2- Le rôle insuffisant des organes fédératifs en microfinance

527. La communautarisation des associations professionnelles de microfinance. Aux termes de l'article 20 alinéa 7 du règlement du 13 Avril 2002, *« les associations professionnelles des pays membres, sont tenues d'adhérer à la fédération des associations professionnelles des établissements de microfinance de la CEMAC »*. Cette disposition soumet chaque association professionnelle nationale, à l'adhésion à la fédération sous-régionale des associations professionnelles des établissements de microfinance. La fédération est chargée de poursuivre les mêmes objectifs que les associations professionnelles, au niveau des institutions à caractère sous-régional[1030]. En conséquence, il apparaît clairement que la fédération des associations professionnelle est une représentation plus importante des associations professionnelles nationales au niveau sous-régional.

1030 Art. 20 al. 8 du règlement précité.

La réglementation reste, cependant assez vague et sommaire sur les missions assignées à cette fédération.

Néanmoins, à l'analyse, il ressort que la fédération est le pendant de l'association professionnelle de chaque pays. A ce titre, elle veille à la défense des intérêts de l'ensemble des associations professionnelles nationales au niveau des autorités de tutelle, des autorités monétaires et des autres autorités communautaires. Toutefois, comme ses démembrements au niveau national, elle souffre d'une forte carence de ressources. Cette situation est assez handicapante pour une protection efficace des intérêts de la profession.

En plus des fédérations, les confédérations doivent jouer un rôle déterminant dans l'éclosion de la microfinance sous régionale, malheureusement comme les premières, elles souffrent des faiblesses qu'il faut absolument corriger, pour voir la microfinance assumer pleinement son rôle d'outil de lutte contre la pauvreté.

528. Le renforcement du rôle des organes fédératifs. Pour résoudre le problème assez lancinant du déficit de ressources des associations professionnelles, les autorités monétaires nationales et communautaires peuvent davantage s'impliquer, en soumettant tous les établissements de microfinance agréés à des contributions régulières annuelles, lesquelles permettront de financer les activités des associations et leur fonctionnement. On peut même décider que les établissements de microfinance qui ne s'acquittent pas de leurs contributions, s'exposent à des sanctions disciplinaires ; ou même conditionner l'accès à la compensation au niveau de la BEAC, à l'acquittement de tout EMF de ses contributions en qualité de membre de l'association professionnelle.

Au-delà de ces mesures, il serait tout de même de bon aloi que la corporation de microfinance prenne ses responsabilités en matière de financement de ses associations. Les statuts des associations nationales de microfinance peuvent mieux organiser le régime de leurs contributions, de telle sorte que l'intervention de l'autorité monétaire ici ne soit que marginale. Cette autorégulation des sociétaires serait de nature à renforcer leurs capacités, et propice à l'acquisition d'une certaine autonomie financière, gage de l'essor d'un secteur de microfinance fort et prospère.

Conclusion du chapitre 1

529. Conclusion. Le développement du secteur de la microfinance a laissé apparaître d'importantes faiblesses institutionnelles.

D'une part, les moyens institutionnels mis en œuvre pour encadrer les EMF ont révélé que les dispositions juridiques sécuritaires sont encore insuffisantes pour parer à certaines éventualités de crise. Ainsi, lorsqu'un EMF traverse une zone de turbulence, il n'est pas toujours aisé de prévenir les difficultés pouvant l'affecter. Cela peut entrainer malheureusement l'EMF en cause dans une situation de cessation de paiement, sans que les pouvoirs publics aient des moyens efficaces de se prémunir contre la défaillance de la structure. Pire, lorsque cette défaillance de l'EMF devient effective, les intérêts des déposants, ou membres de l'EMF, se trouvent assez menacés. Il importe donc que les autorités publiques s'arment de diligence et de vigilance pour anticiper sur les difficultés des EMF, et leur administrer des thérapies adaptées lorsque les difficultés deviennent insolubles.

D'autre part, il est désormais impérieux que tous les organes intervenant dans le secteur de la microfinance aient une juste connaissance de leur rôle afin d'éviter des dérapages. A cet égard, les bailleurs de fonds doivent axer leur intervention sur le renforcement des capacités institutionnelles, au travers des actions de formation, et éviter des subventions à tout-va, qui ne rendent pas forcément services aux populations ciblées. Les pouvoirs publics, quant à eux, doivent raffermir leurs missions de contrôle et surveillance pour limiter les abus, et le cas échéant, corriger les écarts pouvant être commis par les autres acteurs de la microfinance. Cet ensemble de mesures suppose sans doute que le cadre opérationnel des EMF soit aussi clairement établi et peaufiné.

Chapitre 2

L'amélioration du cadre opérationnel des établissements de microfinance

530. Une typologie d'opérations induite par la forme juridique de l'établissement de microfinance. La nature et le type d'opérations accomplies en microfinance, sont fonction de la forme juridique de l'EMF, c'est-à-dire de la catégorie à laquelle il appartient[1031]. La réglementation sous-régionale CEMAC, encadre différemment la prestation des services de microfinance, en limitant parfois aux EMF le type d'opérations (EMF de troisième catégorie) qui peuvent être accomplies, ou les bénéficiaires du crédit (EMF de première catégorie). En permettant aux EMF de deuxième catégorie d'accomplir tout type d'opérations, et au profit de toute personne, cette réglementation reconnaît à cette catégorie d'EMF la qualité d'intermédiaire financier[1032]. En effet, les EMF de deuxième catégorie peuvent « rapprocher » les agents économiques à besoin de financement avec les agents à capacité de financement[1033], sans enfreindre la loi : c'est de l'intermédiation financière[1034].

[1031] Pour la classification des EMF en catégorie V. l'article 5 du Règlement du 13 avril 2002 précité.

[1032] Un intermédiaire financier est une institution financière qui collecte l'épargne et l'utilise pour accorder des prêts ou effectuer des investissements financiers. Les intermédiaires financiers sont les banques commerciales, les caisses d'épargne, les compagnies d'assurances, les fonds de pensions, les sociétés financières, les fonds mutuels etc. J.et M. PEYRARD, *Dictionnaire de finance*, p.145, 2e éd., Viubert, 2001.

[1033] Selon J. MBOUMBOUO NDAM, au Cameroun, trois types de structures financières peuvent prétendre à la qualité d'intermédiaire financier. Deux sont du secteur officiel : les banques commerciales et les établissements de microfinance dûment agréés par l'Autorité monétaire. Le troisième est du secteur informel : il s'agit des groupes de tontines qui occupent une place de choix dans le paysage financier du Cameroun, *in Banque contre microfinance*, *op. cit.,* p.16.

[1034] L'intermédiation financière désigne le rôle des établissements financiers qui reçoivent l'épargne des ménages et qui la redistribuent sous forme de crédits. J. et M. PEYRARD, *op. cit.,* p.144.

531. La nature contractuelle des opérations de microfinance. L'activité de microfinance prend la forme de contrats conclus surtout avec les clients, et d'autres établissements. De même que les opérations de banque[1035], les opérations de microfinance, sont des contrats. A ce titre, les parties font recours à la liberté contractuelle, pour adapter le contenu de leurs opérations à leur convenance, en respectant la technique financière. Les contrats en microfinance, comme dans le domaine bancaire, sont de nature assez variée[1036] (dépôt, mandat, prêt, fourniture de services...) et soumis au droit

---

A l'origine, on distinguait techniquement l'intermédiation bancaire de l'intermédiation financière. Il ya intermédiation bancaire parce que les établissements de crédit recueillent l'épargne afin de la redistribuer sous forme de crédit : ils sont le lien entre les déposants et les emprunteurs. Les établissements de crédit agissent pour leur propre compte, en ce sens que ce sont eux qui disposent à leur guise des fonds déposés par leur clientèle et qui sont en relation avec celle-ci sans que leurs clients aient un lien de droit entre eux. Autrement dit, alors même que l'argent d'un dépôt servirait à octroyer un crédit, c'est l'établissement de crédit qui a une relation bilatérale avec le déposant et une relation bilatérale avec l'emprunteur sans qu'il y en ait une entre le déposant et l'emprunteur. V. T. BONNEAU, *Droit Bancaire*, n°3, p. 6, 5e éd., Montchrestien, 2003.

Il apparaît que l'intermédiation bancaire implique que l'établissement de crédit agit pour son propre compte et a une relation bilatérale avec chacun de ses clients. En revanche, l'intermédiation financière, exclut que celui-ci agisse pour son propre compte, ce qui a pour conséquence l'établissement d'une relation directe entre les apporteurs de capitaux et les demandeurs de capitaux. T. BONNEAU, *Droit bancaire, op. cit.*, n°21, p. 20.

Du point de vue économique, la notion d'intermédiation financière est systématisée en tenant compte de tous les aspects. BIALES définit les intermédiaires financiers comme « les institutions qui réalisent l'adéquation quantitative et qualitative entre l'épargne disponible des prêteurs et les besoins de financement des emprunteurs...en apportant une garantie qui repose sur leur notoriété, leur surface financière et la division des risques à laquelle ils procèdent.» J. MBOUMBOUO NDAM, *Banque contre microfinance*, *op. cit.*, p.16.

[1035] Pour la reconnaissance de la qualité de contrats aux opérations de banque, V. J.-L. RIVES-LANGE et M. CONTAMINE-RAYNAUD, *Droit bancaire, op.cit.*, n°156, p.145.

[1036] J.-L. RIVES-LANGE et M. CONTAMINE-RAYNAUD, *ibidem.*

commun. Il existe néanmoins, quelques dispositions qui infléchissent ou altèrent les règles du droit civil et/ou commercial[1037].

532. Adaptation des règles financières traditionnelles au secteur de la microfinance. L'intermédiation financière et bancaire est soumise à une pluralité de règles juridiques ; dans le cadre de la microfinance, la spécificité de l'activité rend très souvent inadapté le droit commun, régissant le secteur bancaire. Ainsi, pour rendre la règlementation des EMF plus adéquate, donc plus apte à régir sereinement le secteur de la microfinance, un enrichissement de l'encadrement de l'activité de microfinance semble très important, faute de quoi, les règles générales du droit commun peuvent s'avérer sinon inopérantes, du moins inefficaces (section I).

Bien plus, afin de parfaire la réforme des EMF, d'assurer ainsi la pérennité et la viabilité financière de ceux-ci, la réglementation du secteur de la microfinance doit mieux encadrer les procédés de refinancement des EMF et élaborer à leur profit des régimes fiscaux adaptés (section II).

Section 1 - L'enrichissement de l'encadrement de l'activité de microfinance

533. Adaptation du droit commun du crédit. L'activité de microfinance revêt des spécificités qui rendent parfois inopérante

---

[1037] Il en est ainsi des règles, assez spécifiques, applicables au compte courant. La règle de l'anatocisme, ou capitalisation des intérêts, règle selon laquelle les intérêts, intégrés au capital, produisent eux-mêmes des revenus, ce qui tend à augmenter rapidement le poids de la dette. *Contra*, C. civ., Art. 1154 et 1155.

l'application du droit commun du crédit. En effet, les mécanismes contractuels utilisés par les établissements de microfinance, s'inspirent fortement des contrats bancaires classiques, mais revêtent certaines particularités qui impliquent des adaptations nécessaires. A l'origine, la microfinance se réduisait surtout à la prestation des services de microcrédit[1038]. De nos jours, cette activité se décline en octroi de crédit, en la collecte de l'épargne et dans la fourniture des services financiers spécifiques[1039]. Dès lors, pour rendre le statut des EMF plus approprié aux missions réglementaires à lui assignées, il importe de faire son appréciation critique en adaptant les règles du droit du crédit à la réalité socio-économique. Une telle initiative trouve tout son sens, et son plein effet, au travers d'un ensemble d'aménagements portant sur le cœur du métier des établissements de microfinance (Paragraphe 1).

Par ailleurs, dans le cadre de leurs activités, les EMF accomplissent un ensemble de services spécifiques qui, pour être

---

[1038] O. B. NGAFI DJOMO, mentionne à juste titre la confusion qui persiste entre la microfinance et le microcrédit. Ainsi selon elle, Pour beaucoup de personnes et pour le grand public en particulier, la microfinance se confond avec le microcrédit. Elle désigne les dispositifs permettant d'offrir de très petits crédits («microcrédit ») à des familles pauvres pour les aider à mener des activités productives ou génératrices de revenus leur permettant ainsi de développer leurs très petites entreprises. Avec le temps et le développement de ce secteur particulier partout dans le monde, la microfinance s'est élargie pour inclure désormais une gamme de services plus large (crédit, épargne, assurance, transfert d'argent etc.) et aussi une clientèle plus étendue. Or, la microfinance ne se limite donc plus aujourd'hui à l'octroi de microcrédit aux pauvres mais bien à la fourniture d'un ensemble de produits financiers à tous ceux qui sont exclus du système financier classique ou formel. V. *Etat des lieux de la microfinance et du système bancaire camerounais*, Mémoire de Master en Sciences de gestion, Faculté Universitaire Catholique de Mons (Belgique), p. 29.

[1039] Art. 1er du règlement du 13 avril 2002.

effectifs et mieux encadrés, doivent être soumis à des correctifs appropriés, c'est-à-dire en tenant compte de l'originalité de la microfinance (Paragraphe 2).

Paragraphe 1 - Les aménagements portant sur le cœur de métier des établissements de microfinance

534. Le cœur de métier des EMF. Par cœur du métier, il faut entendre les opérations principales de microfinance, à savoir l'octroi de crédit et la collecte de l'épargne. Tout établissement qui se revendique de la microfinance doit être agréé pour accomplir au moins l'un des deux types d'opérations. Ce qui n'empêche pas un tel établissement d'effectuer d'autres prestations accessoires.

535. Les supports des opérations de microfinance. Les activités de microfinance peuvent être faites « par caisse » ou « par compte », comme les opérations de banque[1040]. Elles sont faites par caisse lorsqu'elles sont isolées et réglées à l'immédiat en espèces[1041]. C'est le cas, lorsque le porteur d'un chèque l'encaisse au guichet de l'établissement tiré. En pareille hypothèse, l'opération est isolée et réglée sur le champ.

Les opérations de microfinance peuvent être faites par compte dans deux cas. Il peut s'agir dans un premier cas, d'une opération isolée, mais nécessitant d'être retracé dans un compte ouvert au nom

---

[1040] J.-L. RIVES-LANGE et M. CONTAMINE-RAYNAUD, *Droit bancaire, op. cit.*, n°181.

[1041] J.-L. RIVES-LANGE et M. CONTAMINE-RAYNAUD, *idem.*

de celui qui effectue l'opération. A l'issue de l'opération, ledit compte sera clos : on parle de « compte d'attente » ou « compte de passage ».

Dans un deuxième cas, il s'agit des opérations multiples et répétitives, ce qui suppose des relations permanentes entre l'établissement et le client. De telles relations sont généralement matérialisées au travers des comptes courants[1042] ou comptes de dépôts[1043] ouverts au profit du client.

Selon certains auteurs, *«les comptes sont le support par excellence des opérations bancaires»*[1044]. Cette assertion peut également être vérifiée dans le secteur de la microfinance, dans la mesure où, les comptes jouent également un rôle déterminant dans l'accomplissement des opérations de microfinance.

[1042] Le compte courant est un contrat par lequel deux personnes qui sont périodiquement créancières et débitrices réciproques, font figurer leurs créances et leurs dettes en articles de compte indivisible, seul le solde étant dû après clôture. V. *Lexique des termes juridiques, op. cit.,* p. 157. Pour la doctrine bancaire, le compte courant est la convention par laquelle deux parties appelées « correspondants en compte », en pratique généralement un banquier et son client, conviennent de porter en compte par des remises réciproques la généralité de leurs opérations et d'en reporter le règlement à la clôture du compte, qui en dégagera le solde. V. entre autres S. PIEDELIEVRE et E. PUTMAN, *Droit bancaire*, Economica, 2011, n°252, p. 263 ; C. GAVALDA et J. STOUFFLET, *Droit bancaire, op. cit.,* n°244 et s. ; J.-L. RIVES-LANGE et M. CONTAMINE-RAYNAUD, *Droit bancaire, op. cit.*, n°227 et s. ; T. BONNEAU, *Droit bancaire*, op.cit., n°333 et s.

[1043] Le compte de dépôts est celui ouvert par un établissement de crédit et en particulier par une banque à une personne, commerçante ou non commerçante, qui dépose les fonds et les retire par chèque ou par virement. V. *Lexique des termes juridiques*, *op. cit.*, p. 158. Pour la doctrine bancaire, le compte de dépôts est généralement présenté comme un compte qui a pour objet l'enregistrement des opérations de caisse qui augmentent ou diminuent un dépôt initial. v. T. BONNEAU, *Droit bancaire, op.cit.,* n°344 et s. entre autres. V. entre autres S. PIEDELIEVRE et E. PUTMAN, *Droit bancaire*, Economica, 2011, n°264 et s.; C. GAVALDA et J. STOUFFLET, *Droit bancaire, op. cit.,* n°337 et s. ; J.-L. RIVES-LANGE et M. CONTAMINE-RAYNAUD, *Droit bancaire, op. cit.*, n°276 et s.

[1044] S. PIEDELIEVRE et E. PUTMAN, *Droit bancaire*, Economica, 2011, n°222, p. 229.

Afin de parfaire la règlementation des EMF édictée par le législateur sous-régional, il paraît indiqué d'améliorer les dispositions relatives aux conventions de comptes en microfinance (A) ; de même, il faut mieux encadrer les opérations principales de microfinance (B).

A- Le renforcement des supports d'opérations : l'encadrement des conventions de comptes en microfinance

536. Dans la pratique, les activités de microfinance sont exécutées à travers des comptes[1045] ouverts au nom des clients ou des correspondants. Au même titre que les comptes bancaires[1046], les comptes en microfinance obéissent à un ensemble de règles communes qui constitue la théorie générale des comptes[1047]. Ainsi, les établissements de microfinance doivent respecter la théorie générale applicable à tout compte (1). En outre, le mécanisme contractuel du compte invite à s'interroger sur le régime général applicable aux comptes en microfinance (2).

[1045] Pour une étude complémentaire de la notion de compte, v. A. CHAVANNE, *Essai sur la notion de compte en droit civil*, thèse 1947, LGDJ ; D. R. MARTIN, *De l'idée de compte, Mélanges AEDBF-France II*, 1999, Banque éditeur, p. 285 et s. ; F. GRUA, *Qu'est-ce qu'un compte en banque* ?, D. 1999 chr. p. 255.

[1046] Pour une analyse approfondie de cette théorie dans le secteur bancaire, v. VASSEUR et MARIN, *Les comptes en banques*, t. I, 1966 ; R. ROBLOT, t. II, 17e éd. N°2285 et s. ; J. PRIEUR, *Le contrat de banque* : J.-Cl. Banque et Crédit, fasc. 130 ; GRUA, *Qu'est-ce qu'un compte en banque* ?, D., 1999 2555 ; D. R. MARTIN, *De l'idée de compte, Mélanges AEDBF*, II, Banque 285 ; BOULOC, *Les comptes bancaires*, RJ com., 1977 320 ; M.-Th. RIVES-LANGE, *Le compte courant en droit français*, Sirey 1969.

[1047] V. AYMERIC, *Essai sur une théorie générale du compte en droit privé*, éd. Panthéon-Assas, 2008.

1- Le respect de la théorie générale applicable aux conventions de compte

537. La notion de compte : généralités et effets. Le mécanisme du compte n'est pas exclusivement utilisé dans le secteur bancaire et financier[1048]. Il est aussi utilisé dans les autres aspects de la vie courante[1049]. L'ouverture d'un compte coïncide avec la conclusion d'une convention cadre dans laquelle viendront s'insérer toutes les opérations effectuées pour le client[1050]. Dans la pratique, diverses règles générales gouvernent les comptes ; Il s'agit notamment de la liberté d'ouvrir des comptes[1051], à toute personne en respectant les exigences d'information du client[1052], et celles liées aux contrôles[1053] et formalités de cette convention. De façon générale, deux caractéristiques se dégagent du mécanisme du compte : l'effet novatoire et l'indivisibilité.

538. L'effet novatoire du compte. La novation est une *« convention par laquelle une obligation est remplacée par une obligation nouvelle.*

[1048] Matériellement, la notion de compte peut être perçue comme un tableau des créances et de dettes de deux personnes l'une envers l'autre. V. C. GAVALDA et J. STOUFFLET, *Droit bancaire, op. cit.,* n°200.

[1049] C'est le cas du compte de récompenses établi pour les rapports entre les époux communs en biens, les comptes entre cohéritiers, entre indivisaires etc.

[1050] C. GAVALDA et J. STOUFFLET, *Droit bancaire, op. cit.,* n° 201.

[1051] La liberté d'ouvrir le compte donne la possibilité au client d'ouvrir un compte au lieu de son choix. Le banquier quant à lui a le droit de refuser d'ouvrir un compte si la confiance faite à l'autre partie est discutée.

[1052] La règlementation bancaire impose au banquier des informations minimales sur son activité et ses modalités, telles que les conditions générales de banque, les conditions d'utilisation de certains services entre autres.

[1053] Le contrôle va porter surtout sur l'identité, l'adresse, la profession, la moralité du client pour ne citer que ces exemples.

La nouveauté peut résider dans un changement de débiteur, ou de créancier ou de la dette »[1054]. Ce mécanisme contractuel est assez présent dans les comptes, et notamment des comptes bancaires. En effet, l'effet novatoire est une caractéristique commune de tous les comptes bancaires[1055] et mêmes ceux des établissements de microfinance. C'est dans ce sens qu'on a relevé que lorsqu'une personne verse des espèces à un établissement, elle ne devient pas créancière pour le montant du versement, mais plutôt pour le montant du solde nouveau de son compte[1056]. Ainsi, on a déduit que toute créance remise en compte est transformée en un article de ce compte. Cette créance perd son individualité selon un mécanisme de type novatoire[1057]. En réalité, l'effet novatoire est assez caractéristique de la théorie juridique du compte courant. Il permet que le compte assure sa fonction de règlement, dans la mesure où, la remise en compte courant emporte extinction de la créance, considérée comme payée[1058].

539. L'indivisibilité du compte. L'indivisibilité quant à elle renvoie aux obligations dont l'exécution partielle est impossible en raison, soit de la nature de l'objet de l'obligation, soit de la volonté des parties[1059].

1054 *Lexique des termes juridiques*, 17e éd., p. 488. C. civ., art. 1271 s.

1055 S. PIEDELIEVRE et E. PUTMAN, *Droit bancaire*, op.cit., n°225, p. 232.

1056 DIDIER, *Monnaie de compte et comptes bancaires*, *Mélanges FLOUR*, Défrenois, p.139, cité par S. PIEDELIEVRE et E. PUTMAN, *op. cit., idem.*

1057 La jurisprudence a adopté le qualificatif de « novatoire » pour le compte courant depuis longtemps. V. Cass. Civ., 25 avril 1910 : S. 1913,1, 265.

1058 C. GAVALDA et J. STOUFFLET, *Droit bancaire, op. cit.,* n° 302.

1059 *Lexiques des termes juridiques*, 17e éd., p. 385. C. civ., art. 1217 s.

En droit bancaire, la notion d'indivisibilité est systématisée à travers une formule de référence de la jurisprudence en ces termes : « *les opérations d'un compte courant, se succédant les unes les autres jusqu'au règlement définitif, forment un tout indivisible qu'il n'est pas permis de décomposer ni de scinder ; tant que le compte est ouvert, il n' y a ni créance ni dette mais seulement des articles de crédit et de débit et c'est par la balance finale que se détermine le solde à la charge de l'un ou l'autre des contractants et par conséquent les qualités de créancier et de débiteur, jusque-là sont en suspens* »[1060]. En microfinance, comme dans le domaine bancaire, l'indivisibilité vise à simplifier les règlements entre les correspondants en compte. Ainsi, les créances qu'ils remettent en compte réciproquement ne sont pas considérer comme des créances distinctes les unes des autres, mais comme des éléments d'un compte unique, indivisible[1061].

Au même titre que les banques, les établissements de microfinance, doivent respecter les principes de l'effet novatoire et de l'indivisibilité, afin de rendre compte d'une théorie générale des comptes applicable au secteur financier. En outre, il paraît intéressant d'améliorer le régime général applicable aux comptes au sein des EMF.

[1060] Cass. Civ., 24 juin 1903 : *D.* 1903,1,472 ; S. 1904, I , 220, cite par C. GAVALDA et J. STOUFFLET, *Droit bancaire, op. cit.,* n° 201. Rappr. J. GATSI, *Le contrat-cadre,* préf. M. BEHAR-TOUCHAIS, LGDJ 1996, n° 16, p. 18 : D'après cet auteur, le contrat de compte courant est l'une des applications du contrat-cadre de services bancaires. V. Aussi les actes du CREDA, *Le contrat-cadre, 1- Exploration comparative*, Litec 1994, spéc. n° 48 et s., p. 39.

[1061] S. PIEDELIEVRE et E. PUTMAN, *Droit bancaire*, *op.cit.,* n°226, p. 232.

2- L'enrichissement du régime général applicable aux comptes en microfinance

540. L'assimilation de la convention de compte à un contrat cadre. L'ouverture d'un compte s'apparente à une convention cadre[1062] dans laquelle s'intègreront l'ensemble des opérations effectuées pour le client[1063]. Les comptes sont des conventions soumis au droit commun des contrats[1064]. En raison des spécificités de l'activité financière, et notamment de l'activité de microfinance, le régime général des comptes ouverts auprès des établissements de microfinance, nécessite des adaptations. Ces dernières concernent la forme et le fond de la convention de compte.

541. Conditions de forme. Au niveau de la forme, il paraît judicieux de renforcer le formalisme de la convention de compte en microfinance. Celle-ci ne doit pas être un contrat consensuel soumis aux seuls articles 1108 et suivants du Code civil. Elle doit davantage être un contrat, non pas solennel, mais un contrat soumis à un formalisme informatif en faveur du client, pour paraphraser certains auteurs[1065]. En principe, avant d'être lié par la convention de compte,

---

[1062] J.-L. RIVES-LANGE et M. CONTAMINE-RAYNAUD, *Droit bancaire, op. cit.*, p.173 ; C. GAVALDA et J. STOUFFLET, *Droit bancaire, op. cit.*, p. 173 ;

[1063] C. GAVALDA et J. STOUFFLET, *Droit bancaire, op. cit.*, n° 201.

[1064] Les conditions de formation du contrat sont énumérées à l'article 1108 du Code civil qui énonce : le consentement de la partie qui s'oblige, la capacité de contracter, un objet certain qui forme la matière de l'engagement et une cause licite de l'engagement.

[1065] S. PIEDELIEVRE et E. PUTMAN, *op. cit.*, n°229, p. 236.

le client doit recevoir une copie du projet de convention, ou une information quant à la teneur des conditions générales tarifaires.

La mise en œuvre de ces mesures protectrices du client n'est pas facile, surtout dans le contexte de la microfinance, où les clients n'ont pas toujours, tous les moyens[1066] leur permettant d'apprécier la réelle portée de leur engagement. Néanmoins, bien qu'étant généralement un contrat d'adhésion, la convention de compte en microfinance doit être la plus claire, la plus précise et la plus concise possible, afin de préserver les intérêts des différentes parties et notamment ceux du client.

Le renforcement du formalisme applicable aux conventions de compte en microfinance, est une mesure de sécurité juridique, mais en considération des spécificités de cette activité, ce formalisme doit être *ad probationem* et non *ad validitadem.* Autrement, la visée de protection des clients, que le formalisme tend à assurer, sera difficilement atteinte par les clients illettrés, par exemple.

542. Conditions de fond. En ce qui concerne le fond, les conventions de compte en microfinance doivent répondre à certains particularismes. En effet, les conditions classiques de formation de contrat doivent être aménagées, pour être adaptées à la situation des parties. Dans la pratique, les clients des EMF ne remplissent pas toujours les conditions nécessaires pour ouvrir des comptes. Même si

---

[1066] Le manque de moyens des clients pour apprécier la portée de leurs engagements peut surtout être intellectuel, eu égard aux problèmes d'alphabétisation.

la réglementation consacre le droit au compte[1067] au profit de toute personne intéressée. De façon concrète, la mise en œuvre de ce droit n'est pas chose aisée ; encore faut-il adapter les conditions de formation du contrat aux réalités des parties prenantes à une convention de compte en microfinance. Une telle adaptation peut concerner l'objet, le consentement et la capacité des clients signataires de la convention.

Tout d'abord, l'objet doit être assez précis. Il doit s'agir d'une convention portant sur une opération de microfinance. C'est-à-dire une opération de microcrédit, de microépargne, ou de toute autre activité de microfinance annexe comme la microassurance ou le transfert d'argent. L'intérêt d'une telle précision serait de ne pas confondre les opérations de microfinance qui doivent être, en principe, de petits montants, couvertes par des garanties assez spécifiques et destinées à des personnes exclues du système bancaire traditionnel, contrairement aux opérations de banque classiques dont les montants sont plus élevés et les modalités sont plus organisées.

Ensuite, le consentement du client à ouvrir un compte, ou plus généralement à être partie à une opération de microfinance doit être éclairé. Cette exigence paraît parfois difficile à atteindre en raison soit du déficit d'information dont dispose l'établissement de microfinance sur la situation réelle du client ; soit en vertu de la position de

---

[1067] Le droit au compte en zone CEMAC est posé par l'article 7 du Règlement n°02/03-CEMAC-UMAC-CM du 04 avril 2003 relatif aux systèmes, moyens et incidents de paiement. Aux termes de l'alinéa 1er de cet article « toute personne physique ou morale domiciliée dans un Etat membre de la CEMAC et dépourvue d'un compte de dépôt, a droit à l'ouverture d'un tel compte dans l'établissement assujetti de son choix».

faiblesse du client qui l'amène à contracter sans pouvoir protéger sereinement ses intérêts. Le besoin de financement ou d'intégrer le système financier officiel se faisant plus pressant que les effets réels attachés à la relation contractuelle.

Enfin, la capacité des parties doit être appréciée à travers une connaissance effective du client. En effet, le client sollicitant l'ouverture du compte, en plus d'être avisé sur la nature et l'étendue de son engagement, doit se faire identifier clairement. Or, dans la pratique, en dépit de la proximité géographique et des liens interpersonnels pouvant exister entre les clients et les établissements de microfinance, l'identification des clients habitants les zones rurales n'est pas très souvent aisée. Les populations des milieux ruraux n'ont pas toujours des pièces d'identité officielles, et se contentent parfois de se faire enregistrer sur les registres tenues auprès des chefferies traditionnelles, et dont la fiabilité des informations n'est pas toujours garantie.

B- Les aménagements portant sur les opérations principales de microfinance

543. Les opérations principales en microfinance. Les opérations principales de microfinance consistent en l'octroi de crédit de petits montants et en la collecte de l'épargne. Ces deux activités constituent le cœur du métier de l'activité des établissements de microfinance[1068]. Ces deux types d'opérations sont aussi accomplis par les banques.

[1068] V. supra n° 533.

Néanmoins, il faut raffermir les règles qui gouvernent la collecte de l'épargne en microfinance (1) ; par la suite, il importe de sécuriser davantage les modalités d'octroi du crédit en microfinance (2).

1- Le raffermissement des conditions de la collecte de l'épargne en microfinance

544. La collecte de l'épargne est une opération par laquelle les EMF reçoivent des fonds auprès des épargnants au titre de dépôts[1069], afin de les rendre dès la première demande de leurs propriétaires. Selon la réglementation, tous les EMF n'ont pas la possibilité de collecter de l'épargne[1070]. Lorsque cette possibilité est reconnue aux EMF, elle est restrictive aux seuls membres de l'EMF, ou extensive même au profit des tiers, selon que l'EMF appartient à la première ou à la deuxième catégorie[1071]. Mais toujours est-il que si le pouvoir de collecter l'épargne est reconnu aux EMF, il est nécessaire de mieux déterminer

[1069] La notion de dépôt ici renvoie à celle de dépôt bancaire classique. Selon les Professeurs GAVALDA et STOUFFLET, « il s'agit de toute remise de fonds à charge de restitution assortie de la liberté pour le récepteur d'en disposer. Peu importe la nature juridique du contrat : dépôt, prêt, mandat, souscription d'un titre négociable (bon de caisse). La conservation de la chose qui est essentielle dans le contrat de dépôt, n'est pas forcément, dans le dépôt bancaire, l'objectif premier des parties. Mais l'obligation de restitution doit exister.», *Droit bancaire*, n°25, p. 16, éd. Litec.

[1070] L'al. 4 de l'art. 5 du Règlement du 13 avril 2002 interdit en effet la collecte de l'épargne aux EMF de troisième catégorie. Il faut relever que cette prohibition n'est pas une originalité de la microfinance puisque la réglementation bancaire interdit aux établissements financiers de recevoir des dépôts à vue à moins de deux ans de terme.

[1071] Alinéas 2 et 3 de l'art. 5 du Règlement précité.

son domaine (a), afin d'apprécier à leur juste valeur les intérêts en présence, pour bien assurer la protection des épargnants (b).

a- Le domaine de la collecte de l'épargne des EMF

545. L'étendue de la collecte de l'épargne. Le domaine de la collecte de l'épargne est double pour les EMF accomplissant leurs opérations dans la sous-région CEMAC. La collecte de l'épargne peut aussi bien intéresser les EMF coopératives ou mutualistes de première catégorie que les EMF de deuxième catégorie ayant la forme juridique de société anonyme. Dans l'un et l'autre cas, le régime de la collecte de l'épargne n'est pas identique.

Lorsque l'EMF collecte l'épargne de ses membres qu'il emploie en opérations de crédit exclusivement au profit de ceux-ci, la notion de « collecte de l'épargne » revêt un sens plus restrictif, ceci, dans la mesure où, les opérations effectuées par l'EMF en question sont tournées exclusivement vers les membres. C'est dire que toute personne étrangère n'ayant pas la qualité de membre de l'EMF n'est pas affectée par les opérations accomplies par l'EMF, qu'il s'agisse de la collecte de l'épargne ou de l'octroi du crédit.

En revanche, lorsque l'EMF collecte l'épargne indistinctement de la qualité de membres, et accorde des crédits à toute personne et même aux tiers, la notion de « collecte de l'épargne » revêt un sens plus extensif et s'apparente à la notion de *« réception des fonds du public »*[1072] utilisé en droit bancaire[1073]. L'EMF dans ce cas recueille des fonds d'un membre ou d'un tiers, sous forme de dépôt, peut en disposer pour son propre compte, mais à charge pour lui de les restituer[1074]. Cette opération est quasi identique de l'opération de dépôt en droit bancaire[1075].

Il ressort de cette analyse que la notion de collecte de l'épargne ne revêt pas la même portée selon qu'il s'agit d'un EMF de première ou de deuxième catégorie. Cette différence d'appréciation, traduit sans doute la nécessité de prendre en compte toutes les formes juridiques opérant comme établissements de microfinance. Pour mieux bâtir le statut des EMF, il était important d'insister sur cette différenciation. Cela est nécessaire, ce d'autant plus que la protection des épargnants n'aura pas les mêmes effets dans les deux hypothèses.

[1072] La doctrine a apporté d'importantes précisions à la notion de « public ». Ainsi, le Professeur T. BONNEAU, systématisant les idées de Michel VASSEUR et HAMEL, estime que, « le public est défini à travers la notion de tiers pour indiquer que proviennent du public tous les fonds recueillis de personnes dotées d'une personnalité juridique distincte de celle de la personne qui reçoit les fonds : à partir du moment où le « banquier reçoit les fonds d'une personne autre que lui-même, il reçoit les fonds du public.», *Droit bancaire*, n°46, pp. 39-40, 5e éd., Montchrestien, 2003.

Les Professeurs RIVES LANGE et CONTAMINE-RAYNAUD abondent dans le même sens en affirmant que : « toute personne fait partie du public dès lors qu'elle a une personnalité juridique distincte de celle du réceptionnaire.», *Droit bancaire*, n°28, p. 28, 6e éd., 1995.

[1073] Cette comparaison se justifie par le fait que les EMF de deuxième catégorie s'apparentent davantage aux banques.

[1074] Il faut relever que le dépôt ici n'est pas le contrat de dépôt du code civil, mais revêt une acception plus large, donc tout contrat permettant la mise à disposition des fonds à l'établissement.

[1075] A titre comparatif, v. J. STOUFFLET, *Le monopole des banques quant à la réception de fonds en dépôt*, Mel. H. CABRILLAC, p. 437, spéc. p. 441.

b- La protection des épargnants des EMF

546. Mécanismes de protection des épargnants : faiblesses et améliorations. La collecte de l'épargne des membres d'un EMF et leur emploi en opérations de crédit exclusivement au profit de ceux-ci est caractéristique des EMF de première catégorie. Ici, les épargnants et les emprunteurs étant les seuls membres, la protection est davantage assurée par une relation de proximité fondée sur la confiance mutuelle de tous les membres[1076]. C'est dire que la protection des épargnants des sociétés coopératives/mutualistes est axée surtout sur la confiance, laquelle découle du respect de la parole donnée. Les membres d'un EMF coopératif/mutualiste, sont liés par une sorte de contrat dont chaque membre est tenu de respecter les termes. Cette exigence renvoie à la maxime *« pacta sunt servanda »*[1077], en vertu de laquelle, toutes les parties sont tenues au respect du contrat[1078], même si ce dernier est verbal. Toutefois, par mesure préventive, les sociétés coopératives peuvent exiger de leurs membres avant l'octroi de tout crédit, le versement d'une somme représentant une fraction du crédit, moins de dix pour cent, au titre de la garantie de ce crédit. Bien plus, afin de limiter les conséquences fâcheuses du non respect de l'échéance en cas de crédit, les EMF à caractère coopératif/mutualiste,

---

[1076] C'est le contraire avec le domaine bancaire où les relations clients-banques sont plus impersonnelles.

[1077] Locution latine affirmant le principe selon lequel les traités et, plus généralement les contrats doivent être respectés par les parties qui les ont conclues.

[1078] C'est dans ce sens que dans certaines tontines, afin de mettre en relief la valeur de la parole, il est stipulé entre les membres que « la tontine ne tombe pas malade, elle ne voyage ni ne meurt ».

peuvent exiger la constitution des « cautions solidaires »[1079] avant l'octroi de tout crédit. Un tel mécanisme permet de recourir à la caution[1080] en cas de non respect de l'échéance par le membre débiteur principal.

Parce que la collecte de l'épargne des EMF coopératifs renvoie davantage à la « microfinance sociale »[1081] où la spéculation n'occupe qu'une place marginale, les épargnants ne sont que très peu exposés à la perte de leurs fonds ce qui n'est pas le cas de la « microfinance commerciale » où les EMF de deuxième catégorie, constitués sous forme de sociétés anonymes, ont la possibilité de collecter l'épargne des tiers pour octroyer des crédits.

Les épargnants des EMF de deuxième catégorie s'apparentent à des déposants bancaires. Or, la souplesse de ce secteur d'activité et la proximité sont des prérogatives parfois exploitées malicieusement par d'espiègles opérateurs économiques, pour appâter des citoyens désireux d'ouvrir un compte[1082].

[1079] Selon l'article 20 de l'Acte Uniforme OHADA portant organisation des sûretés, selon sa version révisée le 15 décembre 2010, « le cautionnement est réputé solidaire. Il est simple lorsqu'il en est ainsi décidé, expressément, par la loi de chaque Etat partie ou la convention des parties. »

[1080] Aux termes de l'article 13 de l'Acte Uniforme OHADA portant organisation des sûretés, selon sa version révisée le 15 décembre 2010, « le cautionnement est un contrat par lequel la caution s'engage envers le créancier qui accepte, à exécuter une obligation présente ou future contractée par le débiteur, si celui-ci n'y satisfait pas lui-même. »

[1081] La microfinance est dite sociale quand elle revêt une finalité de lutte contre la pauvreté en motivant les financements solidaires, contrairement à la microfinance commerciale qui est plus spéculative et à une visée beaucoup plus lucrative.

[1082] A. MOUNDE, « *On n'épargne pas les Coopecs* », supplément *Mutations* du mercredi, n° 498, du 13 juin 2001, p. 7.

Dans la pratique, on observe une forte instabilité dans le secteur de la microfinance. En plus des EMF créés en toute illégalité, il existe d'autres qui amorcent l'activité et « ferme boutique » sans crier gare, en laissant des dizaines voire des milliers d'épargnants aux abois. C'est ainsi qu'au lendemain du décret ministériel du 22 décembre 2005 annonçant la fermeture de 205 EMF, un observateur affirmait, avec raison, que des efforts juridiques doivent être effectués pour assainir le secteur de la microfinance[1083].

Au regard des multiples défaillances observées dans le secteur de la microfinance et afin de parfaire l'encadrement des EMF, des dispositions juridiques sécuritaires doivent être prises pour une protection optimale des épargnants. En plus de la protection préventive et curative résultant du droit commun, il paraît indiqué et même urgent que les législateurs sous- régional et national, adoptent des mesures spécifiques plus protectrices des intérêts des épargnants. L'institution des fonds de garanties[1084], le renforcement en amont et en aval des mesures de contrôle, peuvent rendre effectif et efficace la protection des épargnants.

Le statut des EMF est donc perfectible ; pour le rendre plus adéquat et afin de limiter les défaillances des EMF, et leurs conséquences fâcheuses sur le système financier, une protection

---

[1083] J. MBOUOMBOUO NDAM, « *La carotte doit suivre le bâton* », le supplément *Mutations* n° 1568 du mercredi 11 janvier 2006.

[1084] Lire G. NGUYEN, *Fonds de garantie : Intérêts et limites*, *BIM,* n°65, 11 avril 2000.

optimale des épargnants est indispensable[1085]. Cependant, l'épargne n'est pas la seule opération pouvant fragiliser le secteur de la microfinance, l'importance des intérêts en jeu dans l'octroi de crédit, mérite également l'attention du législateur pour des adaptations utiles et équitables dans le domaine de la microfinance.

2- Pour une sécurisation adéquate des opérations de crédit en microfinance

547. L'intérêt pour les établissements de microfinance de se prémunir contre le risque de crédit. L'octroi du crédit[1086] est au centre de l'activité de microfinance. Le risque d'octroi de crédit est l'une des menaces importantes du secteur de la microfinance. Il faut l'encadrer afin de limiter les effets pervers de la multiplication des faillites des EMF.

Limiter les risques liés à l'octroi de crédit suppose que les établissements de microfinance, fournisseurs de microcrédits, s'entourent d'importantes précautions, afin de s'assurer d'un paiement

---

[1085] Certes le volume d'activités des EMF est nettement inférieur à celui des banques, mais l'accroissement important des EMF en nombre et en chiffre d'affaires peut raisonnablement faire craindre un risque systématique.

[1086] En reconnaissant l'importance du crédit dans la vie, Benjamin FRANKLIN dans ses préceptes utilitaristes relatifs à la question monétaire exhortait déjà en 1736 un de ses contemporains en ces termes : « souviens toi que le crédit, c'est de l'argent. Si quelqu'un laisse son argent entre mes mains alors qu'il lui est dû, il me fait présent de l'intérêt ou encore de tout ce que je puis faire de son argent pendant. Ce qui peut s'élever à un montant considérable si je jouis de beaucoup de crédit et que j'en fasse bon usage», *Œuvres*, éd. Sparks II, cité par Marianne PAILLARD DE CHENAY, *« L'argent. Approche systémique », in Archives de Philosophie du droit*, t. 42, 1997, p. 11.

effectif à échéance. L'inadaptation des garanties classiques et des voies d'exécution, utilisées dans le secteur bancaire traditionnel, exige que la règlementation des EMF intègre les garanties spécifiques utilisées dans le secteur de la microfinance (a), et en adapte certaines voies d'exécution aux réalités de la microfinance (b).

a. La prise en compte des garanties spécifiques utilisées par les EMF

548. Garanties légales classiques et les garanties propres au secteur de la microfinance. Les professionnels de la microfinance accordent une importance particulière aux garanties utilisées par les EMF. Ceci, en raison de leur complexité, et surtout de leur impact sur la viabilité financière des établissements. Il existe une réglementation de droit commun des garanties de crédit[1087], en plus des règles générales prévues par le code civil[1088]. Ces deux réglementations sont très générales, et ne tiennent pas toujours compte des spécificités de la microfinance. Pour corriger cela, il paraît utile de mettre en relief le rôle déterminant des garanties pour les EMF (α); mais aussi d'apprécier la validité des garanties originales utilisées par ceux-ci (β).

[1087] V. L'Acte Uniforme du 17 avril 1997 portant organisation des sûretés, modifié le 15 décembre 2010 à Lomé au Togo. Le terme de garantie doit s'entendre dans un sens assez large englobant les sûretés régies par l'Acte Uniforme du 17 Avril 1997, tel que révisé le 15 décembre 2010 à Lomé au Togo, celles prévues par le Code Civil, mais aussi tout procédé technique, régulièrement constituée, permettant au créancier d'assurer le recouvrement de sa créance.

[1088] V. Notamment les articles 2092 et 2093, du Code civil.

α) Le rôle déterminant des garanties pour les EMF

549. Notions de sûreté et de garantie. Aux termes de l'article 1er de l'Acte Uniforme OHADA relatif aux Sûretés (AUS) : *« une sûreté est l'affectation au bénéfice d'un créancier d'un bien, d'un ensemble de biens, ou d'un patrimoine afin de garantir l'exécution d'une obligation, ou d'un ensemble d'obligations, quelle que soit la nature juridique de celles-ci, et notamment qu'elles soient présentes ou futures, déterminées ou déterminables, conditionnelles ou inconditionnelles, et que leur montant soit fixe ou fluctuant».*

La garantie quant à elle peut être considérée comme un ensemble de moyens juridiques permettant de garantir le créancier contre le risque d'insolvabilité du débiteur[1089] ; ou encore une technique juridique visant à assurer au créancier une plus grande sécurité du paiement[1090]. Il faut tout de même relever que techniquement, il existe une différence de degré entre les sûretés et les garanties[1091]. D'après certains auteurs, tandis les garanties regroupent tous les avantages spécifiques à un créancier visant à le prémunir contre l'insolvabilité du débiteur ; la sûreté quant à elle procède de l'affectation d'un bien ou d'un patrimoine ainsi que de l'adjonction d'un

[1089] *Lexique des termes juridiques*, 17e éd., p. 351.

[1090] B. SOUSI-ROUBI, *Lexique de la banque et des marchés financiers, op. cit.*, p. 158.

[1091] P. A. PETIPE, *La garantie des créances des coopecs : Le cas du réseau CAMCCUL*, Mémoire DESS, Univ. Yaoundé 2008.

droit d'action accessoire au droit de créance[1092]. Selon d'autres auteurs en revanche, la distinction tient de ce que les sûretés confèrent au créancier un second débiteur, ou un droit de préférence sur le prix d'un ou de plusieurs biens, ou encore un droit de suite, alors que les garanties visent toute mesure destinée à assurer la formation ou l'exécution des transactions[1093].

On peut tout de même dégager des critères plus distinctifs. Selon un auteur, trois caractéristiques principales se rattachent aux sûretés : leur *finalité* est d'améliorer la situation du créancier en remédiant aux insuffisances de son droit de gage général sur le patrimoine du débiteur; leur *effet* est la satisfaction du créancier par la réalisation ; elles procèdent - leur *technique* - par adjonction d'un droit accessoire à celui résultant de la position de créancier. Les garanties seraient plus génériques et se caractériseraient essentiellement par leur caractère fonctionnel, que l'on retrouve aussi bien dans les sûretés que dans de nombreuses techniques du droit des obligations[1094]. Les sûretés ne sont donc qu'un « sous-ensemble » des « garanties », et ce n'est que par « commodité » que ces deux notions sont souvent utilisées comme synonymes[1095]. Autrement dit, toute sûreté est une garantie, mais toute garantie n'est pas forcément une sûreté. C'est dans ce sens qu'une partie de la doctrine relève que les banques ont

[1092] Y. PICOD, *Leçons de droit civil, Tom III/1er Vol, Sûretés Publicité foncière*, 7ème éd., Montchrestien, 1999, p. 2.

[1093] J. ISSA-SAYEG, (Coord), *OHADA -Sûretés*, Bruylant, Bruxelles, 2002, p.1.

[1094] P. CROCQ, *Propriété et garantie*, LGDJ, 1995, cité par Y. PICOD, *Op. Cit.*, pp 11 et 12.

[1095] Y. PICOD, o*p. cit.*, p. 12

imaginé , à côté des sûretés proprement dites, des formes de garantie inédites propres à faciliter, à titre principal ou complémentaire, le remboursement des crédits[1096].

550. La couverture du risque crédit par les garanties. L'objet et la portée des garanties consistent, soit à donner au créancier un droit de priorité sur le bien d'un débiteur, par rapport à d'autres créanciers, soit de rendre une autre personne corresponsable de la dette du débiteur[1097]. Si de manière générale, les banques sont considérées comme les principales utilisatrices des sûretés[1098], celles-ci intéressent aussi considérablement les EMF. En effet, en tant que pourvoyeur de fonds, les EMF conditionnent généralement l'octroi d'un prêt, à la fourniture par le débiteur, d'une garantie adaptée. Très souvent, la garantie est constituée par exemple, par une portion de terrain[1099], des bijoux, des fruits d'une récolte, entre autres. Faute pour le débiteur de posséder un bien meuble ou immeuble, qui puisse garantir un prêt, le créancier peut lui exiger un cautionnement mutuel[1100].

[1096] C. GAVALDA et J. STOUFFLET, *Droit bancaire, op. cit..*, n° 658, p. 329.

[1097] Pour une étude complète sur les sûretés OHADA, J. ISSA SAYEGH, *OHADA, Acte Uniforme portant organisation des sûretés,* éd. Edicef FFA, Ernst & Young.

[1098] C. GAVALDA et J. STOUFFLET, *Droit bancaire,* 4e éd., n° 658, p. 329, éd. Litec.

[1099] Sur l'importance des actifs immobiliers en microfinance et notamment les coopératives du réseau CAMCULL au Cameroun, lire C.TEKU OBEN, «*The incidence of the implementation of the OHADA law in the recovery of debts by MFIs in Cameroon*» , interview réalisée par L. EKOLLO, *in* Inter-Cooperation (publication trimestrielle du réseau CamCCUL), n° 0001 May - July 2007, p. 12.

[1100] Il importe de relever qu'une telle garantie concerne généralement des prêts de faibles montants – 100 000 FCFA et en dépit de l'application commune

Les sûretés occupent une place de choix dans la sécurisation des prêts octroyés par les EMF, et permettent à ces derniers d'assurer leur pérennité, et leur viabilité financière. Comme le note fort opportunément un auteur, « *l'importance du crédit dans l'exercice des activités économiques n'est plus à démontrer, quelle que soit d'ailleurs la forme du crédit ou le sens que l'on donne à ce mot. En effet, le crédit est souvent décrit comme "l'un des moteurs essentiels de l'économie"*[1101] *et, étymologiquement, crédit ou credere signifie croire, avoir confiance. L'idée de sécurité est donc inhérente au crédit. Mais, la sécurité du créancier ne sera véritablement assurée que si le droit aménage des voies qui lui permettront d'être payé, au besoin par le recours à l'exécution forcée* »[1102]. Dans le même ordre d'idées, un autre auteur mentionne l'importance du crédit dans l'espace OHADA en soulignant que : *« les enjeux économiques et les exigences de la société de consommation, hier comme aujourd'hui et, notamment dans l'espace OHADA trouvent leur force dans le crédit»*[1103]. En clair, un crédit octroyé par un EMF sans garantie, accroît le risque de non paiement à échéance. Ce crédit peut affecter

---

d'aval attachée à une telle opération, il s'agit en réalité d'un cautionnement devant remplir toutes les conditions nécessaires à la validité.

[1101] Ph. Simler et Ph. Delebecque, *Droit civil, les sûretés - la publicité foncière*, Dalloz 3è éd. 2000, n°3 p. 6.

[1102] H.-D. MODI KOKO BEBEY, *« La réforme du droit des affaires de l'OHADA au regard de la mondialisation de l'économie »*, p. 9. Cet article est le texte d'une conférence donnée par l'auteur à la Maison des Sciences de l'Homme Ange Guépin de Nantes, le 16 mai 2002. Le thème général des conférences était, "la Mondialisation vue d'Afrique. "

[1103] K. M. AGBENOTO, *Le cautionnement à l'épreuve des procédures collectives*, thèse 2008, univ. Lomé et Maine, n°1.

les ratios de liquidité et de solvabilité dudit EMF, cela peut l'entraîner éventuellement à la faillite.

551. Les faiblesses des sûretés légales pour les EMF. Certes, *« les sûretés ont pour but d'éliminer ou, du moins de réduire le risque de perte que court tout créancier, en lui octroyant une garantie supplémentaire qui renforce la relative sécurité du droit de gage général de l'article 2093 du Code civil »*[1104], mais dans la pratique, les EMF n'utilisent que très peu les sûretés légales[1105], en raison de la lourdeur des procédures attachées aux unes, la rigueur des conditions de formation et le coût prohibitif liés aux autres[1106]. Néanmoins, lorsqu'elles sont utilisées par les EMF, les sûretés ont pour objectif principal, de faciliter, voire d'accélérer le processus de recouvrement, soit par le moyen de la pression[1107], soit parce que la sûreté dûment enregistrée permet de passer directement à la saisie[1108], soit parce qu'elle permet de poursuivre les débiteurs secondaires[1109].

[1104] Ph. Simler et Ph. Delebecque *ibid.* n° 2 p. 5, cité par H.-D. MODI KOKO BEBEY, *« La réforme du droit des affaires de l'OHADA au regard de la mondialisation de l'économie »*, *op. cit.* p. 10.

[1105] Pour mémoire, les sûretés légales comprennent les sûretés personnelles – le cautionnement et la lettre de garantie, les sûretés réelles mobilières : le droit de rétention, le gage, les nantissements sans dépossession, les privilèges et enfin les hypothèques.

[1106] C'est le cas par exemple du cautionnement qui est un engagement écrit ce qui suppose un minimum d'alphabétisation de la caution ; il en est de même pour la constitution de l'hypothèque qui exige une formalité de publicité à la conservation foncière ce qui n'est pas toujours favorable aux populations rurales dont les terrains ne sont pas généralement immatriculés.

[1107] Exemple : le gage de bien meuble corporel.

[1108] C'est le cas de l'hypothèque enregistrée valant titre exécutoire.

[1109] Exemple : le cautionnement.

Les sûretés jouent sans doute un rôle déterminant dans la sécurisation des crédits octroyés par les EMF, mais l'insuffisance des sûretés légales, justifie des adaptations nécessaires. En mettant en relief l'apport des sûretés issues du droit OHADA, un auteur a pu écrire qu'elles *« sont en effet essentielles pour faciliter les opérations de crédit liées aux grands projets et aux financements structurés liés aux investissements en matière d'énergie, d'infrastructures, de télécommunications ou de transports en Afrique »*[1110]. Ainsi, les autorités publiques de chaque pays, doivent initier des réflexions afin d'améliorer le régime des sûretés légales déjà existantes[1111]. En outre, elles doivent tenir compte du développement des sûretés « spécifiques » utilisées en microfinance, de mieux les encadrer, pour les rendre juridiquement valables et économiquement efficaces.

β) La problématique de la validité des garanties utilisées par les EMF

552. La difficile mise en œuvre des garanties par les établissements de microfinance. Les sûretés pratiquées en microfinance posent deux types de problème : le premier a trait à la

[1110] B. MARTOR, « *Comparaison de deux sûretés personnelles : le cautionnement et la lettre de garantie* », *Semaine Juridique, JCP Cahiers de Droit de l'Entreprise*, n° 5 2004, p. 21.

[1111] Le 15 décembre 2010, on a assisté à Lomé au Togo à la révision de l'Acte Uniforme OHADA portant organisation des sûretés; mais de notre point de vue, il est judicieux d'aller encore plus loin dans la réforme de cette matière en intégrant dans le corpus règlementaire certaines sûretés spécifiques utilisées en microfinance.

validité des sûretés légales, et le second, porte sur l'opportunité et la régularité des « sûretés originales » employées par certains EMF.

553. La nullité éventuelle des sûretés irrégulièrement constituées par les EMF. Dans le premier cas, le problème de la validité des sûretés légales, se rapporte au non respect des conditions de constitution de certaines sûretés[1112] par les EMF. A titre d'illustration, le recours par un EMF au cautionnement, ou à des techniques voisines[1113], en marge des conditions de formation de cette garantie, telles que posées par les articles 14 à 19 de l'AUS, rend celui-ci inefficace, car nul[1114]. De même, la pratique de certains EMF, qui consiste à garder les biens mobiliers du débiteur insolvable, à titre de droit de rétention ou de gage, est parfois contraire à la loi. En réalité, la mise en œuvre du droit de rétention telle que posée par les articles 67 et s. obéit à des règles de forme et de fond assez précises, et concerne des hypothèses bien déterminées[1115]. Dans le même sens, le

---

[1112] La constitution des sûretés légales réelles ou personnelles obéit à des conditions de forme et de fond clairement définies par la loi. Et généralement, le non respect de l'une des conditions entraine la nullité de la sûreté prise, sous réserve d'une possibilité de régularisation offerte aux parties.

[1113] Il faut relever que les mécanismes de garantie comme la lettre d'intention, la promesse de porte fort se rapprochent du cautionnement sans en avoir le même régime juridique.

[1114] Ces dispositions précisent entre autres que « le cautionnement ne se présume pas, quelle que soit la nature de l'obligation garantie. Il se prouve par un acte comportant la signature de la caution et du créancier ainsi que la mention, écrite de la main de la caution, en toutes lettres et en chiffres, de la somme maximale garantie couvrant le principal, les intérêts et autres accessoires». Pour une étude complémentaire des conditions de formation du cautionnement, Y. KALIEU, *La mention manuscrite dans le cautionnement OHADA*, Ohadata D-03-02.

[1115] Le droit de rétention ne peut s'exercer que si la créance du rétenteur est certaine, liquide et exigible ; s'il existe un lien de connexité entre la naissance de la

gage qu'il soit légal ou conventionnel, doit respecter certaines dispositions d'ordre public, tel que, être constaté dans un écrit contenant la désignation de la dette garantie, la quantité des biens donnés en gage ainsi que leur espèce ou leur nature[1116]. Dans ces différentes hypothèses, la sûreté irrégulièrement constituée sera frappée de nullité, ce qui affecterait sans doute le crédit[1117]. Cette nullité sera absolue, ou relative, selon que la condition non respectée intéresse l'ordre public ou plutôt se rapporte à l'intérêt d'une des parties.

La gravité des abus observés lors de la constitution et la réalisation de certaines garanties par les EMF, notamment en milieu rural, est révélatrice des lacunes de certaines d'entre elles. Sinon, comment expliquer par exemple, l'impossibilité de constituer régulièrement une hypothèque, dans certaines régions de l'arrière pays[1118]? Il faut relever que la réalisation d'une hypothèque est difficile, même pour les établissements de crédit qui opèrent en milieu urbain, en raison du formalisme assez rigoureux et lourd applicable aux biens immeubles, mais aussi des coûts généralement assez élevés pour la vente d'un immeuble hypothéqué[1119]. *A fortiori*, en milieu

---

créance et la détention de la chose retenue ; et si le bien n'a pas été saisi avant d'être détenu par le rétenteur.

[1116] Article 96 de l'AUS.

[1117] Le lien entre sûreté et crédit fait dire à L. M. MARTIN « *sûretés traquées, crédit détraqué* » (c'est le titre de l'article) *in Banque* 1975, p. 1138.

[1118] En de pareilles hypothèses, l'analphabétisme des populations rurales peut couvrir des abus des EMF créanciers. Mais en cas d'action contre eux, ils sont exposés au risque d'annulation des sûretés irrégulièrement constituées.

[1119] La règlementation camerounaise prévoit que tous actes constitutifs, déclaratifs, translatifs, extinctifs des droits réels immobiliers doivent se faire en la

rural, en l'absence de titre de propriété[1120] régulier pour le titulaire du terrain, il est malaisé de constituer et de réaliser les hypothèques sur les biens des clients de campagne.

554. Le problème des garanties spéciales utilisées par les établissements de microfinance. Il apparaît que faute pour les EMF de pratiquer certaines sûretés légales, jugées parfois inopportunes et inadaptées, lorsqu'ils opèrent en milieu rural notamment, ceux-ci développent très souvent des procédés originaux de garantie tels que « le cautionnement solidaire », le fonds de garantie[1121], le « crédit stockage »[1122], l'épargne bloquée[1123]. Les sûretés légales OHADA, présentent l'avantage d'être formalistes, et à ce titre paraissent plus protectrices des intérêts des parties prenantes.

---

forme notariée. V. Loi n°61-20 du 27 juin 1961 relative aux actes notariés et ses textes subséquents. Cette situation n'est pas assez facile pour les populations rurales qui ont de réelles difficultés à supporter les coûts des actes notariés et sont très souvent confrontées à l'éloignement des notaires.

[1120] Pour le cas du Cameroun, aux termes de l'article 1er du Décret n°76-165 du 27 avril 1976 fixant les conditions d'obtention du titre foncier, « le titre foncier est la certification officielle de la propriété immobilière.» Or, les populations des milieux ruraux se réclament souvent la propriété des terrains qu'elles exploitent alors qu'elles n'ont aucun acte juridique leur conférant la propriété de façon inattaquable, intangible et définitif, comme le ferait un titre foncier.

[1121] Pour une étude complémentaire de cette notion en microfinance, G. NGUYEN, *Fonds de garantie : Intérêts et limites*, BIM n°65-11 avril 2000, pp. 1-8.

[1122] Le crédit stockage est un procédé de garantie et/ou de crédit faisant intervenir trois parties : la banque, l'agriculteur et l'entreposeur. L'agriculteur identifie un entrepôt et y porte ses produits pour les y stocker. Le responsable de l'entrepôt procède à une évaluation de ses produits et lui remet un reçu certifiant le dépôt en indiquant le volume et la qualité des biens entreposés. L'agriculteur peut ensuite utiliser le reçu comme garantie.

[1123] Selon un auteur, le mécanisme de l'épargne bloquée du réseau CamCCUL est essentiellement basé sur un principe de garantie financière devant représenter 30% du risque encouru en opérations de crédit, v. P. A. PETIPE, *La garantie des créances des coopecs : Le cas du réseau CAMCCUL, op. cit.* p. 62.

En revanche, elles présentent deux types de lacunes pour les EMF[1124] : les sûretés réelles prévues par la loi OHADA englobent imparfaitement certains biens (récoltes, bétail…), en imposant les formalités d'inscription au RCCM. En outre, la constitution des sûretés personnelles, est soumise à des conditions rigoureuses, qu'il s'agisse de la formation du cautionnement ou de celle la lettre de garantie[1125].

L'inadaptation de certaines sûretés légales OHADA à l'activité de microfinance milite en faveur d'une réforme de cette matière. Au cours d'un séminaire tenu à Dakar en 2002 déjà, les participants émettaient un grand vœu pour « *l'élaboration d'un Acte uniforme relatif au droit des sociétés coopératives et mutualistes et autres formes de Systèmes Financiers Décentralisés* »[1126]. Ils ont relevé deux catégories de difficultés relativement à la mise en œuvre des Actes uniformes OHADA par les *Systèmes Financiers Décentralisés* : la non prise en compte de leurs formes juridiques dans le secteur de la microfinance, et les difficultés de constitution et de réalisation des garanties[1127]. Cette préoccupation a été reprise au cours d'une autre rencontre tenue à Yaoundé en 2007 relativement à la même question[1128].

1124 L. LHERIAU, *thèse précitée*, n° 1409, p.460.

1125 Art. 14 à 19 et 40 à 49 de l'AUS révisé précité.

1126 Le « Relevé des conclusions et recommandations du séminaire » tenu du 24 au 26 avril 2002 au Centre Ouest-Africain de Formation et d'Etudes Bancaires (COFEB),_*www.bceao.int.*, cité par P. A. PETIPE, *La garantie des créances des coopecs : Le cas du réseau CAMCCUL, op. cit.* p. 22.

1127 P. A. PETIPE, *ibidem.*

1128 V. Les « recommandations » d'un séminaire organisé à Yaoundé du 22 octobre au 2 novembre 2007 sur le « Développement des secteurs financiers

La révision des sûretés opérée le 15 décembre 2010, apporte plus d'efficacité et de consistance au droit des garanties de l'OHADA. Mais, on peut toujours aller plus loin dans la règlementation des sûretés et la raffermir en faveur des EMF. Conscient de l'originalité de certains domaines, le législateur OHADA, dans l'acte uniforme portant règlementation des sociétés coopératives et mutuelles, consacre un chapitre aux sûretés et aux recouvrements des créances par les professionnels de la finance. Cet encadrement concerne notamment les établissements de microfinance et les établissements de crédit[1129].

Cette approche libérale du régime des sûretés démontre, si besoin est, la nécessité de parfaire la réforme de l'encadrement des EMF, en prenant en compte certains procédés de garantie assez originaux, utilisés par les EMF. Une telle initiative aura le mérite de sortir certaines techniques de garantie de l'informel, pour les intégrer dans le droit positif. En outre, les professionnels de la microfinance peuvent tirer profit des règles de droit commun, applicables en matière de sûretés, pour les adapter à leur activité, afin de se prémunir contre la défaillance de leurs débiteurs.

555. L'essor des nouveaux mécanismes de garantie pouvant bénéficier aux EMF. Conscients des faiblesses des sûretés

---

inclusifs et d'instruments juridiques comme moyens de lutte contre la pauvreté », *FinanceEco,* n° 005 - Novembre 2007.

[1129] V. Chapitre 3 du titre 3 de la IIIe partie. Les dispositions de ce texte préconisent des adaptations du droit commun pour les opérations n'excédant pas 500 000 FCFA, l'écrit ne serait même plus nécessaire pour la constitution d'un gage de moins de 100 000 FCFA.

traditionnelles à bien sécuriser les transactions, certains auteurs appellent de tous leurs vœux de nouvelles sûretés, plus protectrices des intérêts des créanciers[1130]. C'est d'ailleurs dans ce sens qu'un auteur préconise *« l'admission certaine de la propriété comme moyen de garantie »,* même s'il relativise lui-même l'efficacité de la *« propriété-sûreté»*[1131].

Cependant, il importe de relever que même s'il faut encourager l'utilisation des techniques de garanties originales[1132] dans le domaine de la microfinance, en pratique, on observe de nombreux abus résultant de ces techniques. Il en est ainsi, notamment de la saisie de l'ensemble des biens du débiteur, afin de garantir le paiement d'une dette. L'engagement d'une personne à titre de caution, sans que celle-ci sache la pleine mesure des conséquences de son engagement etc.

En clair, l'utilisation de nouveaux procédés de garanties en microfinance est encourageante, mais encore faut-il que ceux-ci se développent dans le respect des droits de toutes les parties prenantes à l'opération de crédit, à savoir, le créancier, le débiteur et le cas échéant, le garant. La doctrine bancaire met d'ailleurs en relief l'exigence du respect du principe de proportionnalité dans le contrat

---

[1130] V. Colloque sûretés et insécurité, *JCP,* 1987, éd. E., suppl. n° 511989, P.3 ; B. OPPETIT, *Les tendances régressives dans l'évolution du droit contemporain in Mélanges D. HOLLEAUX*, Litec, 1990, p. 227 et s. note 235.

[1131] Y. KALIEU, *« Réflexions sur les nouveaux attributs du droit de propriété : à propos de la propriété utilisée aux fins de garantie des crédits », Annales de la Faculté des sciences Juridiques et Politiques*, Dschang, t.1, vol.1, 1997, pp. 193-205.

[1132] Pour une lecture relative au développement des sûretés *sui generis*, v. D. ABARCHI, *« L'introduction du 'tolme' ou 'djinguina' dans le nouveau code de commerce nigérien : une tentative de valorisation d'une sûreté traditionnelle aux suites incertaines », in Revue nigérien de droit,* p. 55, Ohadata ; D-30-11.

du crédit avec garantie[1133]. Ce principe permettrait, « *en limitant les droits du créancier de se "surgarantir", d'éviter le gaspillage du crédit au détriment du débiteur. L'idéal est en effet qu'une personne puisse obtenir un crédit égal à la valeur de l'actif net réalisable de son patrimoine*»[1134]. Pour une meilleure règlementation de l'activité de microfinance en zone CEMAC, il est impérieux de mieux encadrer les sûretés originales utilisées par les EMF, en ne retenant que celles qui respectent les conditions de droit commun des contrats[1135], mais aussi sauvegardent, de façon équitable, les intérêts de toutes les parties.

Au-delà des garanties prises par les EMF dans le cadre de leur activité, la réglementation doit tenir compte de leur validité, en plus de la fiabilité/régularité des méthodes de recouvrement utilisées, ceci afin de se prémunir contre la défaillance du débiteur à échéance.

b-L'adaptation des voies d'exécution aux réalités des EMF

556. L'appréciation des voies d'exécution à travers le prisme de la microfinance. Les voies d'exécution sont de véritables procédures par lesquelles, un créancier impayé, saisit les biens de son débiteur, afin de les vendre et se payer sur le prix de vente ou se faire attribuer

---

1133 D. LEGEAIS, *« Le principe de proportionnalité : cas du contrat de crédit avec constitution de garantie », Petites affiches,* 30 septembre 1998 n° 117, p. 38.

1134 D. LEGEAIS, *« Le principe de proportionnalité : cas du contrat de crédit avec constitution de garantie », op. cit.*

1135 Lesquelles conditions sont fixées par l'article 1108 du code civil, à savoir : l'objet certain, la capacité d'exercice, le consentement libre et éclairé et la cause licite.

lesdits biens. En droit OHADA, les voies d'exécution sont principalement constituées par la saisie-vente de biens meubles corporels, la saisie-attribution des créances, la saisie conservatoire et la saisie immobilière[1136]. Toutes ces voies d'exécution sont généralement d'un coût élevé, lequel paraît même prohibitif pour certains EMF. En effet, la procédure de recouvrement judiciaire d'une créance doit être compatible avec les impératifs de rentabilité économique des EMF, ce qui n'est pas toujours facile à concilier[1137]. Compte tenu du double inconvénient des voies de recouvrement de l'OHADA, à savoir : le coût élevé et l'inefficacité à contraindre le débiteur à payer rapidement, certains EMF ont développé des procédés de saisie plus directs, lesquels paraissent plus efficaces, même si leur légalité peut être remise en cause.

Pour améliorer l'encadrement des EMF, il est important de prendre en compte des procédés de recouvrement spécifiques utilisés par ces établissements. Les EMF tendent à adapter les voies d'exécutions existantes à leur activité, et à développer des moyens de recouvrement assez originaux.

[1136] Pour une étude intégrale des voies d'exécution OHADA lire entre autres F. ANOUKAHA, A. D. TJOUEN, *Les procédures simplifiées de recouvrement et les voies d'exécution en OHADA*. Yaoundé : Presses Universitaires d'Afrique, 1999 ; A.M. ASSI-ESSO, N. DIOUF, *OHADA Recouvrement des créances. Collection droit uniforme africain.* Bruylant 2002.

[1137] A titre d'illustration, on observe parfois dans la pratique que le coût de recouvrement d'une créance, frais d'avocat et frais de justice, est le double du montant de la créance à recouvrer.

557. L'ouverture de la profession d'agent d'exécution à d'autres personnes que les huissiers de justice. Les spécificités de l'activité de microfinance révèlent l'inadaptation des voies d'exécution classiques élaborées par le législateur OHADA, et même des acteurs en charge de l'exécution. Il est donc nécessaire de mieux encadrer la profession d'agent d'exécution, en reconnaissant à des personnes habilitées, et spécialement assermentées à cet effet[1138], la compétence d'exécuter les décisions de justice au même titre que les huissiers de justice dans les localités assez reculées et dépourvues d'huissiers. C'est dire qu'il faudra par exemple, créer une nouvelle profession juridique constituée des personnes reconnues par la loi, en charge de mettre en œuvre les voies d'exécutions au profit des justiciables éloignés des centres urbains, ou dépourvus de moyens. Une telle profession juridique aurait le mérite de faire face à l'absence des huissiers de justice dans les localités dépourvues dans l'arrière-pays.

558. Débiteurs et tiers saisis en microfinance. En matière de voies d'exécution, une attention particulière doit être portée sur les personnes dont les biens sont saisissables. En principe, les EMF peuvent saisir les biens de leurs débiteurs, dès que leurs créances sont certaines, liquides et exigibles. Dans la pratique toutefois, on observe que les EMF saisissent, en cas d'insolvabilité avérée de leurs

---

[1138] Abondant dans le même sens, L. LHERIAU défend dans sa thèse l'idée de la création d'une nouvelle profession juridique constituée des agents d'exécution particuliers au service des EMF opérant en milieu rural où il n'existe pas des huissiers de justice, v. *thèse précitée*, n° 1439 et s. pp. 460-470.

débiteurs, leurs « cautions »[1139], ou les héritiers de leurs débiteurs. Une saisie opérée à l'égard de ces personnes peut être confrontée à de sérieuses difficultés. D'une part, les « cautions » du débiteur doivent avoir pris leur engagement par écrit ou en présence de deux témoins[1140], ce qui n'est pas toujours évident en milieu rural. D'autre part, la saisie initiée contre les héritiers du débiteur de l'EMF, se heurterait sans doute à la réticence desdits ayants cause, car dans plusieurs hypothèses, le décès de l'emprunteur s'accompagne d'une diminution des ressources financières de la famille, ce qui rend l'opération délicate et très malaisée.

559. L'essor des procédés spéciaux de recouvrement en microfinance. L'adaptation des voies d'exécution aux réalités[1141] des EMF peut concerner la procédure de saisie directe, celle de saisie semi-directe et celle de vente directe. Dans le premier cas, la procédure de saisie directe pourrait être autorisée pour les EMF en deçà d'un montant à préciser[1142]. Une telle procédure s'apparente à la saisie directe pratiquée par un huissier de justice, à la seule différence qu'ici, la saisie aurait pour unique objet, la mise sous séquestre des

---

[1139] Par caution, il faut entendre toute personne qui s'oblige à payer en lieu et place du débiteur en cas de défaillance de ce dernier ; ce, indépendamment du respect ou non des conditions légales parfois très rigoureuses pour les EMF.

[1140] Art. 14 al. 3 AUS.

[1141] L'adaptation des voies d'exécution doit être faite tant au niveau des faits que de l'organisation judiciaire des Etats parties au traité OHADA. Pour le cas du Cameroun, Lire A. NDZUEUNKEU, « *L'OHADA et la reforme des procédures civiles d'exécution en droit africain : l'exemple du Cameroun* », in *Juridis Périodique*, n° 50, avril, mai, juin 2002, pp. 113 à 119.

[1142] Il peut en être ainsi pour tout montant inférieur à FCFA 100 000, c'est-à-dire 150 euros.

biens saisis, sous la responsabilité de l'EMF[1143]. Dans le second cas, la procédure de saisie semi-directe serait permise en deçà d'une somme un peu plus élevé, à déterminer[1144]. Dans le troisième cas, la procédure de vente directe par l'EMF des biens mis sous séquestre serait possible après un certain délai, sur autorisation judiciaire.

En outre, les EMF développent parfois des procédés de recouvrement[1145] assez originaux, et dont la validité n'est pas toujours assurée. Il s'agit notamment de la saisie directe « à l'amiable », de l'affichage des photos du débiteur[1146], le recours aux autorités coutumières traditionnelles, entre autres. Il faut relever tout de même qu'en saisissant des biens contre la volonté du débiteur, les EMF se rendent coupable de soustraction frauduleuse de la chose d'autrui, ce qui est constitutif de l'infraction du vol[1147]. De même, l'affichage des

[1143] L. LHERIAU, *thèse précitée*, n° 1438, p. 468.

[1144] Par exemple pour les sommes comprises entre FCFA 100 001 et 500 000, c'est-à-dire entre 151 et 750 euros.

[1145] Pour le recouvrement des créances des EMF en difficultés et à titre de comparaison, Lire entre autres B. D. PYM, *Le banquier et le financement d'une entreprise en difficulté*, Mémoire de DEA, droit des affaires, Université de Douala, 2003-2004 ; J. GATSI, « *Le recouvrement des créances bancaires en droit OHADA* », *in L'effectivité du droit OHADA,* pp. 129-162.

[1146] L'affichage des photos du débiteur insolvable vise à faire pression sur ce dernier et son entourage afin de l'amener à s'acquitter de son engagement. Le revers d'une telle pratique est qu'elle porte atteinte au droit de la personnalité du débiteur.

[1147] Selon une jurisprudence constante et ancienne de la chambre criminelle de la Cour de cassation française, un créancier ne puise pas dans son droit de créance celui de s'emparer d'une chose appartenant à son débiteur, à l'encontre duquel les voies légales lui étaient ouvertes, pour le contraindre à lui payer son dû et ce, quand bien même la soustraction n'aurait pas été commise avec clandestinité et que l'auteur ait simplement voulu se procurer un gage pour sa créance (Cass. crim. 08, juin 1939, Bull. crim. n° 126 ; cass. Crim. 20 novembre 1947, Bull. crim. n° 227, Sirey 1948. 1. 176, Revue de science criminelle 1949.347 obs. BOUZAT). L.

photos des débiteurs est un moyen de pression sur ceux-ci, mais une telle publication porte sans doute atteinte aux droits de l'homme, étant donné qu'il s'agit de la violation du droit à l'image et à la vie privée.

En revanche, l'intervention des autorités traditionnelles peu s'avérer opportune et efficace. En effet, en recourant au droit coutumier[1148], les justiciables aptes pourraient trouver des solutions adéquates à certains problèmes des voies d'exécution, dans les localités rurales où le recours à la justice moderne est difficile, voire inefficace. Aussi, est-il nécessaire que les législateurs nationaux de la zone CEMAC, puissent créer des synergies qui permettent l'application du droit écrit dans le respect du droit coutumier et *vice versa*.

Dès lors, en dépit de la place importante qu'on peut reconnaître aux procédés originaux de recouvrement qui peuvent être mis en œuvre par les EMF de zones rurales notamment, il importe de relever que lesdits EMF doivent respecter les procédures légales, qui sont d'ordre public, d'une part ; et d'autre part, les clients des EMF doivent se souvenir, comme le rappelle fort opportunément Benjamin FRANKLIN dans un sermon que : *« le bon payeur est le maître de la*

LHERIAU, *Précis de la réglementation de la microfinance AFD*, 2009, p. 263 note 514.

[1148] Selon le Professeur Gérard CORNU, le droit coutumier est une véritable règle de droit d'origine non étatique, que la collectivité a fait sienne par habitude dans la conviction de son caractère obligatoire (*opinio necessatis*), v. *Vocabulaire juridique,* 8e éd., PUF, Paris p. 280.

bourse d'autrui »[1149]. Car, dans le domaine de la microfinance mieux que dans les autres secteurs financiers, *« celui qui est connu pour payer ponctuellement et exactement à la date promise, peut à tout moment et en toutes circonstances se procurer l'argent que ses amis ont épargné»*[1150].

L'activité de microfinance nécessite un enrichissement du droit applicable aux opérations accomplies par les EMF. Néanmoins, il importe aussi d'apporter des correctifs aux autres prestations fournies par les EMF.

Paragraphe 2 - Les correctifs liés aux services rendus par les établissements de microfinance

560. Une nécessaire amélioration du cadre de prestation des services en microfinance. De façon subsidiaire, les EMF accomplissent un ensemble d'opérations et de prestations, qui sont annexes aux activités principales susvisées. Le dispositif règlementaire des EMF doit intégrer un ensemble de correctifs pour rendre le cadre opérationnel des EMF plus propice à leurs missions originelles.

[1149] B. FRANKLIN, *Œuvres*, éd. Sparks II, cité par Marianne PAILLARD de CHENAY, *« L'argent. Approche systémique », in Archives de Philosophie du droit,* t. 42, 1997, p. 12.

[1150] B. FRANKLIN, *Œuvres, idem.*

Les prestations de services occupent, en principe, plus de place que le commerce de l'argent dans le secteur de la microfinance[1151]. Néanmoins, les services de microfinance ne bénéficient pas encore d'une réglementation optimale. Il est donc indiqué, d'apporter d'utiles aménagements, à la fourniture des services communs de base en microfinance (A); mais aussi la même attention doit être portée à la prestation des services annexes (B).

A – Les aménagements à la fourniture des services communs de base en microfinance

561. Paiement et encaissement : deux types de services à parfaire. La réglementation doit mieux cerner les services de paiement, mais aussi ceux d'encaissement. Ces deux services renvoient à l'emploi des systèmes et des moyens de paiement par les EMF et leurs clients.

L'utilisation des systèmes et moyens de paiement est soumise à une même réglementation, au niveau de la CEMAC[1152]. L'encadrement de l'usage des instruments, vise particulièrement les établissements de crédit, mais le législateur sous-régional, soumet également cette réglementation aux *« autres établissements agréés qui émettent les moyens de paiement »*[1153]. Selon l'article 11 du règlement

---

[1151] Cette remarque avait déjà été faite, par certains auteurs, concernant le secteur bancaire. V. C. GAVALDA et J. STOUFFLET, *Droit bancaire,* 4e éd., n° 717, p. 368, éd. Litec.

[1152] V. Règlement N° 02/03/CEMAC/UMAC/CM du 04 avril 2003 relatif aux systèmes, moyens et incidents de paiement.

[1153] Article 2 *in fine* dudit Règlement.

COBAC n° 01/02/CEMAC/UMAC/COBAC du 13 avril 2002[1154], les EMF peuvent émettre des moyens de paiement.

Or, le corpus de règles relatif aux systèmes, moyens et incidents de paiement s'adresse prioritairement aux établissements de crédit, et se trouve parfois en déphasage avec le secteur de la microfinance. Cela nécessite des aménagements, voire des adaptations. En effet, pour tenir compte des spécificités de la microfinance, la règlementation des EMF devrait connaître des correctifs tant en ce qui concerne l'usage des moyens de paiement (1) que la répression des incidents de paiement (2).

1- L'encadrement approprié de l'usage des moyens de paiement en microfinance

562. Notion de moyens de paiement. Sont considérés comme des moyens de paiement, tous les instruments qui permettent, à toute personne de transférer des fonds, quelque soit le support ou le procédé technique utilisé[1155]. Cette définition est assez large, dans la mesure où, elle permet d'envisager plusieurs sortes de moyens de paiement. Au niveau de la CEMAC toutefois, on distingue principalement comme moyens de paiement : le chèque, la lettre de change, le billet à ordre, le virement, le prélèvement, la carte de paiement, la monnaie

---

[1154] Pour mémoire, ce règlement est relatif aux conditions d'exercice et de contrôle de l'activité de microfinance dans la CEMAC.

[1155] Art. 12 alinéa 1 du Règlement N° 02/03/CEMAC/UMAC/CM du 04 avril 2003 relatif aux systèmes, moyens et incidents de paiement.

électronique[1156]. Cette énumération n'est pas exhaustive, et tous ces moyens de paiement ne peuvent pas être utilisés par tous les EMF, compte tenu de leurs capacités techniques et financières, généralement très limitées[1157]. Ainsi, dans le cadre de cette étude, le chèque (a) et la carte de paiement[1158] (b) seront examinés en tant que moyens de paiement, devant bénéficier d'un encadrement qui tienne compte de l'originalité de la microfinance.

a- La réglementation du chèque en microfinance

563. Le chèque : définition et utilisation en microfinance. Le chèque est un titre par lequel une personne appelée le tireur, donne l'ordre à un banquier (ou à un établissement assimilé, en l'occurrence un EMF) appelé tiré, de payer une certaine somme à une troisième personne appelée bénéficiaire ou à son ordre[1159].

Les EMF peuvent fournir à leur clientèle des formules de chèques ; mais ces dernières ne sont payables que sur la même place, c'est-à-dire sur le lieu de domiciliation du compte du tireur, ou le

---

[1156] Art. 12 alinéa 2 du Règlement N° 02/03/CEMAC/UMAC/CM du 04 avril 2003 relatif aux systèmes, moyens et incidents de paiement.

[1157] Sous réserve du respect des différents textes règlementaires, rien n'interdit aux EMF de promouvoir tous les moyens de paiement sus énumérés.

[1158] Aux termes de l'article 166 alinéa 1er du Règlement n°02/03/CEMAC/UMAC/CM du 04 avril 2003 relatif aux systèmes, moyens et incidents de paiement, « constitue une carte de paiement toute carte émise par un établissement assujetti et permettant à son titulaire de retirer ou de transférer des fonds.»

[1159] B. SOUSI-ROUBI, *Lexique de la banque et des marchés financiers, op.cit.*, pp. 56-57.

siège des EMF affiliés au même réseau[1160]. Par ailleurs, la réglementation exige que les chèques délivrés à la clientèle, ou aux membres des EMF, indiquent outre les mentions obligatoires du chèque[1161], le lieu d'émission et de paiement. Toutes ces limitations, visent à circonscrire la portée des formules de chèques utilisées au sein des EMF. En effet, la circonscription du champ d'intervention des chèques en microfinance peut aussi être *ratione personae* et *ratione loci.*

Dans la première hypothèse, les limitations porteront sur la catégorie d'EMF, et surtout leur forme juridique. Le législateur ne le dit pas clairement, mais la délivrance des formules de chèque devrait être autorisée en fonction de la catégorie à laquelle appartient l'EMF. De par leur forme juridique de société anonyme, le principe d'autorisation de la délivrance des formules de chèque, peut être acquis aux EMF de la deuxième catégorie. Et dans une certaine mesure, à ceux de la première catégorie aussi. En revanche, la reconnaissance d'une telle prérogative aux EMF de troisième catégorie, semble plus problématique. Ces derniers ne pouvant octroyer que les crédits, sans collecter l'épargne, il ne paraît pas

---

[1160] Articles 1 et 2 du règlement COBAC EMF 2002/15 fixant les règles d'émission des chèques.

[1161] Aux termes de l'article 13 du Règlement n°02/03/CEMAC/UMAC/CM du 404 avril 2003 précité, le chèque contient : la dénomination de chèque, insérée dans le texte même du titre et exprimée dans la langue employée pour la rédaction de ce titre ; le mandat simple de payer une somme déterminée ; le nom de celui qui doit payer dénommé tiré ; l'indication du lieu où le paiement doit s'effectuer ; l'indication de la date et du lieu de création du chèque ;la signature de celui qui émet le chèque, dénommé tireur.

indispensable de les autoriser à délivrer les formules de chèques à leurs usagers.

Dans la seconde hypothèse, les restrictions *ratione loci* de la délivrance des formules de chèques par les EMF, est un souci du législateur de cantonner l'exercice de l'activité de chaque établissement au niveau national. Cette limitation, est un corollaire de l'interdiction des opérations internationales aux EMF[1162]. Bien plus, la limitation de l'émission des chèques des EMF à la même « place », c'est-à-dire au lieu de domiciliation du compte du tireur, où le siège des EMF affiliés au même réseau, est une mesure visant à respecter ou faire respecter les spécificités de la microfinance.

La règlementation des EMF aborde insuffisamment les règles encadrant l'utilisation des instruments de paiement. A titre illustratif, en ce moment, aucun texte n'apporte des précisions sur l'organisation des mécanismes de compensation relatifs aux moyens de paiement émis par les EMF. Le développement important des EMF, et la délivrance de plusieurs formules de chèque par ceux-ci, paraît favorable à la création d'une chambre de compensation spécifique pour les EMF[1163]. La même logique devrait guider la règlementation des cartes de paiement en microfinance.

[1162] V. Règlement du 13 avril 2002.

[1163] La création d'une telle chambre fait partie des revendications constantes des acteurs du secteur de la microfinance.

b- L'encadrement des cartes de paiement en microfinance

564. L'intérêt de la carte de paiement en microfinance. La notion de carte de paiement est générique, et englobe à la fois les cartes de paiement *stricto sensu*, les cartes de crédit et les cartes de retrait[1164]. Dans la pratique, les différentes cartes peuvent être mises à la disposition de leur clientèle, et de leurs membres, par les EMF. Il semble important que la réglementation indique clairement les possibilités offertes aux différentes catégories d'EMF, dans la délivrance des cartes de paiement. Il paraît que tous les types de cartes peuvent être délivrés par les deux premières catégories des EMF ; cela en raison de leurs formes juridiques (société coopérative et société anonyme) et de la nature de leurs opérations (épargne et crédit). Toutefois, les émetteurs et les utilisateurs des cartes, doivent s'assurer qu'il en est fait un bon usage. Autrement, comme pour tout instrument de paiement, les fautifs peuvent s'exposer à des sanctions pour tout usage abusif, frauduleux ou irrégulier. Il en va de même des sanctions applicables en cas d'incident de paiement.

[1164] L'article 166 du règlement N° 02/03/CEMAC/UMAC/CM du 04 avril 2003 précité, définit les différentes cartes. Ainsi, selon l'alinéa 1er : « constitue une carte de paiement toute carte émise par un établissement assujetti et permettant à son titulaire de retirer ou de transférer des fonds. »

L'alinéa 2 quant à lui affirme que : « constitue une carte de crédit, toute carte de paiement qui en vertu d'une stipulation expresse du contrat conclu entre l'émetteur et le titulaire de la carte, donne lieu notamment à un débit différé du compte du titulaire ou à toute autre forme de crédit. »

L'alinéa 3 enfin dispose que : « une carte de retrait confère exclusivement à son titulaire la possibilité de retirer des espèces dans les distributeurs automatiques de billet, les guichets automatiques de banques ou auprès de l'organisme émetteur. »

2- La répression des incidents de paiement en microfinance

565. Application des règles répressives aux responsables d'incidents de paiement. En principe, tous les EMF doivent être soumis aux règles générales de prévention et de centralisation des incidents de paiement. La souplesse actuelle de la règlementation de l'activité de microfinance paraît cependant peu favorable au respect par ceux-ci, de la mise en œuvre des règles préventives et curatives assez rigoureuses prévues dans le Règlement relatif aux systèmes, moyens et incidents de paiement[1165]. Comme sus indiqué, il apparaît que l'analphabétisme de certains clients et membres des EMF, n'est pas très propice à une utilisation judicieuse des formules de chèque. En outre, les insuffisances de bon nombre d'EMF, ne facilitent pas souvent la mise à jour auprès des établissements concernés, des fichiers d'incidents de paiement ; en raison de leurs faibles capacités techniques, et de l'interdiction des opérations internationales. Les EMF doivent être concernés, surtout par la mise en œuvre des fichiers nationaux des incidents de paiement[1166]. Cette exigence doit encore être modulée, en fonction des capacités techniques et financières de l'EMF. L'astuce peut consister, par exemple, à autoriser la délivrance par les EMF, des formules de chèque en fonction de leurs réelles aptitudes techniques et financières. Autrement dit, la réglementation de la microfinance doit envisager d'importants aménagements se

[1165] V. Art. 196 à 209 du Règlement du 04 avril 2003 précité.
[1166] Art. 210 du Règlement suscité.

rapportant aux activités annexes des EMF, quand il s'agit des moyens de paiement. Ceci est également nécessaire pour l'encadrement des prestations de services accessoires.

B -L'encadrement adapté des prestations de services annexes en microfinance

566. Adaptation des règles générales relatives au transfert d'argent et à la microassurance. Parmi les services annexes pouvant être effectuées par les EMF, il existe surtout le transfert d'argent et les opérations de microassurance. La plupart des textes encadrant ces activités correspondent au secteur bancaire classique. Des aménagements réglementaires sur le transfert de fonds et l'accomplissement de la microassurance, par les EMF, paraissent nécessaires (1). En plus, l'amélioration du cadre opérationnel des EMF, passe par une fourniture appropriée des renseignements financiers et commerciaux à des personnes habilitées (2).

1- Les aménagements à l'exercice de l'activité de transfert d'argent et de microassurance par les établissements de microfinance

567. Un souci d'organisation justifie qu'on analyse les améliorations qui doivent être apportées aux opérations de transfert d'argent par les EMF (a), avant de s'intéresser aux correctifs nécessaires à l'encadrement de la microassurance (b).

a- Les améliorations de la réglementation des opérations de transfert d'argent en microfinance

568. La délimitation géographique des transferts de fonds effectués par les EMF. Le transfert suppose le déplacement (ou la transmission) d'une personne ou de quelque chose d'une place à une autre [1167]. L'opération de transfert d'argent nécessite un donneur d'ordre, un ou plusieurs exécutants, et un bénéficiaire. Pour le compte de leur clientèle, l'envoi ou la réception de l'argent, les EMF accomplissent à coup sûr des opérations de transfert de fonds. De telles prestations relèvent de la gestion, voire de la mise à disposition au profit de la clientèle, des moyens de paiement.

De prime abord, il importe de souligner que la réglementation des changes de la CEMAC, n'est pas applicable aux EMF[1168] exerçant leur activité dans cette sous-région. En revanche, le transfert de fonds qui participe de la gestion d'un moyen de paiement, s'inscrit en droite ligne des missions des EMF. Toutefois, ceux-ci ne peuvent faire des transferts qu'à l'intérieur du seul Etat d'implantation, c'est-à-dire que les EMF ne peuvent effectuer des opérations, ni avec les autres Etats membres de la CEMAC, ni avec les Etats non membres. En d'autres

---

[1167] V. *Dictionnaire, Le nouveau Petit Robert de langue française*, 2009, p. 2601.

[1168] Selon l'article 1er du règlement n° 02/00/CEMAC/UMAC/CM du 29 avril 2000 sur l'harmonisation de la réglementation des changes, celle-ci ne s'applique pas entre les Etats membres de la CEMAC. En outre, l'interdiction faite aux EMF d'accomplir les opérations à l'international vient confirmer l'inapplication de la règlementation CEMAC en matière des changes.

termes, pour les opérations de transfert avec l'extérieur, les EMF sont tenus de s'adresser aux banques classiques[1169].

L'une des faiblesses de l'encadrement actuel de l'activité de transfert de fonds par les EMF, tient à l'obligation de ne réaliser les transferts qu'entre EMF[1170]. L'interrogation demeure de savoir si cette exigence réglementaire concerne aussi les transferts de fonds, parmi les différentes catégories d'EMF. En l'absence de précision règlementaire, une réponse négative paraît indiquée.

569. Les habilitations règlementaires pour l'accomplissement des transferts d'argent. En zone CEMAC, l'exercice régulier de l'activité de transfert d'argent s'apparente à la mise à la disposition de la clientèle des moyens de paiement, ce qui relève du monopole. C'est dire que, conformément à la réglementation, le transfert d'argent est de la compétence exclusive des établissements expressément agrées à cet effet : établissements de crédit et établissements de microfinance.

Lorsque l'activité de transfert de fonds est réalisée par un établissement agréé, pour son propre compte et dans le cadre d'un mandat, les risques potentiels sont à la charge de l'établissement en cause. A l'inverse, l'exercice de l'activité de transfert par les agences de voyage, ou autres sociétés de transport, expose celles-ci aux conflits, en cas de non dénouement de l'opération. C'est le cas notamment lorsque les fonds expédiés à un destinataire, via une agence ne lui parviennent pas.

[1169] Article 8 du règlement du 13 avril 2002 sur l'activité de microfinance.
[1170] Article 11 al.3 règlement précité.

570. Les insuffisances à combler. Le dispositif règlementaire des EMF laisse transparaître d'importantes failles dans l'encadrement de l'activité de transfert d'argent. En plus des opérateurs économiques véreux, et non agréés, qui profitent des lacunes de la réglementation, il apparaît que certains EMF, se permettent de violer la règle de la limitation territoriale en accomplissant des opérations de transfert à l'international[1171].

Le développement exponentiel de l'activité de transfert de fonds par les EMF, exige que le législateur s'y attarde, pour apporter des solutions idoines à cette branche d'activité. L'urgence est telle que parfois, certaines entreprises faisant la messagerie financière, s'adosse aux EMF pour l'exécution des prestations même à l'international[1172].

Il apparaît clairement qu'il existe un certain déphasage entre la règlementation des EMF et l'exercice de certaines opérations. La prise en compte de telles insuffisances, doit se faire dans le cadre des réformes réglementaires, lesquelles doivent viser à renforcer le cadre juridique actuel des EMF, pour le rendre plus efficace et mieux adapté.

Les mêmes impératifs d'amélioration de la réforme de l'encadrement des EMF concernent la réglementation de la microassurance.

[1171] Le cas de l'EMF *Express Union* qui effectue des transferts de fonds au Cameroun, en Centrafrique, au Congo, au Gabon, au Tchad et en Côte d' Ivoire, est très significatif.

[1172] *Klestern Union* et *Monney Gramm* qui ont signé des partenariats avec certains EMF comme GEFIC à Douala (Cameroun), SEPI etc.

b- Pour une amélioration de la réglementation de la microassurance au niveau des EMF

571. De l'assurance à la microassurance. L'assurance est une opération par laquelle une partie, l'assuré, se fait remettre moyennant une rémunération (la prime), pour lui ou pour un tiers, en cas de réalisation d'un risque, une prestation par une autre partie, l'assureur, qui, prenant en charge un ensemble de risques, les compense conformément à la loi de la statistique[1173]. Trois idées se dégagent de l'opération d'assurance ainsi définie : la fourniture d'une prestation prédéfinie à une personne, la survenance d'un risque, et la perception d'une cotisation ou « prime ».

La microassurance est à l'assurance classique ce que la microfinance est à la finance bancaire. *« A l'instar de la microfinance, le terme "microassurance" désigne l'adaptation de services d'assurance à des clients, essentiellement à faible revenu, n'ayant pas accès à des services d'assurance classique. Plus précisément, la microassurance permet de protéger des populations à faible revenu, contre des risques spécifiques, en échange du versement régulier de primes, dont le montant est proportionnel à la probabilité, et au coût du risque concerné »*[1174].

[1173] V. *Lexiques des termes juridiques*, p. 65.

[1174] Cette définition est donnée par le portail francophone de la microfinance V. http://www.lamicrofinance: org. ou http : //la microfinance.org/ressource-centers/microassurance/assurance 1# Q1.

572. Les habilitations règlementaires pour l'exercice des prestations d'assurance. Les textes encadrant l'activité de microfinance, ne font pas expressément allusion à la microassurance, en tant qu'activité pouvant être exercée par les EMF. Or, de plus en plus, les EMF et certaines entités financières informelles[1175], la tontine notamment, sont tournés vers la microassurance.

Il importe néanmoins, de relever que, même lorsque l'assurance est liée au crédit[1176], il s'agit toujours de deux métiers différents. En effet, l'activité d'assurance ou de microassurance relève d'un autre domaine réglementé, que celui de la banque. Les activités d'assurance, quelles qu'elles soient, relèvent en principe d'un domaine propre. En outre, la clientèle intéressée par la microfinance n'est pas forcément identique à celle de la microassurance, cela n'est pas forcément favorable aux économies d'échelle dans ce dernier secteur d'activité. Aussi, paraît-il nécessaire de toujours séparer juridiquement, 'comptablement', et financièrement, les activités de microfinance de celle de microassurance.

573. Un vide juridique à combler pour la règlementation de la microassurance : deux approches règlementaires. Les considérations ci-dessus, ont sans doute justifié une prise en compte modérée de la microassurance, lors de la réglementation de la

---

[1175] S. NGASSAM BERTELET, relève l'importance de la microassurance dans les tontines en soulignant que celle-ci est une prestation à part entière et à prendre en compte dans la définition de la tontine au même titre que l'épargne et le crédit, *in « A propos d'une composante négligée et oubliée : la micro-assurance dans l'Ouest du Cameroun », TFD* n° 78/mars 2005. pp. 116-127.

[1176] Assurance-décès couvrant un EMF.

microfinance. Toutefois, pour parfaire la réforme de l'encadrement des EMF, faute de règlementer la microassurance, il eût été plus indiqué de relever la place de cette activité pour les EMF, en renvoyant le cas échéant, à la réglementation du secteur d'assurance[1177]. Le silence du législateur dans le domaine de la microassurance, n'est pas sécurisant pour les EMF désireux d'accomplir des prestations d'assurance de petite taille. Pour combler ce vide, et améliorer l'actuel corpus juridique applicable aux EMF en zone CEMAC, deux montages juridiques sont envisageables : l'approche « contractualiste » et l'approche « intégrée »[1178].

574. L'approche « contractualiste ». Elle est celle mettant en œuvre des acteurs indépendants, afin de créer une organisation capable d'effectuer des prestations d'assurance, au profit des populations non couvertes par des compagnies d'assurance et/ou des procédés de sécurité sociale. La mise en œuvre d'un tel schéma institutionnel, peut consister à conclure des partenariats entre les EMF et les entités légalement autorisées à effectuer des prestations d'assurance. Dans une telle hypothèse, l'EMF peut, le cas échéant, apporter une assistance technique à l'entité de microassurance. En outre, il peut lui

---

[1177] Pour mémoire, l'activité d'assurance dans la zone CEMAC, comme dans 11 autres pays d'Afrique subsaharienne est encadrée par le code CIMA, Conférence Internationale du Marché d'Assurance, adopté par 17 pays dont les 6 Etats de la CEMAC (Cameroun, Centrafrique, Congo, Gabon, Guinée Equatoriale et Tchad) et Bénin, Burkina Faso, Comores, Côte d'Ivoire, Guinée, Guinée-Bissau , Mali, Niger, Sénégal, Tchad et Togo.

[1178] L. LHERIAU, *Précis de la réglementation de la microfinance*, n° 356, p. 331, AFD 2009.

apporter une clientèle intéressée, des services de caisse et de paiement. De même, l'EMF par une habilitation réglementaire, peut distribuer des produits d'assurance, pour le compte d'une compagnie d'assurance agréée. Ce schéma institutionnel a l'avantage d'élargir le champ d'activité des compagnies d'assurance agréées, tout en évitant la création de petites entités, dont la viabilité n'est pas toujours garantie.

575. L'approche « intégrée ». Elle vise, quant à elle, au contrôle de l'assurance par l'EMF. C'est dans ce sens que l'activité assurantielle peut être gérée par l'EMF, sous forme de fonds de garantie interne. C'est l'hypothèse où l'EMF exige une assurance décès aux clients pour l'octroi du crédit[1179]. En outre, l'EMF peut créer une compagnie de (micro) assurance, en tant que filiale. Il pourrait en être ainsi, de la création par les réseaux financiers mutualistes d'une compagnie d'assurance, filiale de la structure faîtière.

576. Synthèse des approches. Au regard de ce qui précède, il ressort que les montages institutionnels permettant la fourniture des prestations de microassurance par les EMF existent, mais sont insuffisamment pris en compte par les textes régissant l'activité de microfinance en zone CEMAC. Pour améliorer la réglementation de la microassurance, en tant qu'activité accessoire des EMF, le statut

---

[1179] A titre d'illustration, les EMF peuvent opérer un prélèvement de 1% sur le montant du crédit, afin d'alimenter un fonds de garantie interne qui libère les héritiers du défunt du remboursement du solde restant dû sur le crédit. Mais un tel mécanisme relève probablement du monopole des entreprises d'assurance.

juridique de ces derniers doit se révéler incitatif, en encadrant l'activité de microassurance, dans le respect du monopole reconnu aux entreprises d'assurance par le code CIMA. C'est tout le bien fondé de l'approche « contractualiste » des opérations d'assurance, qui peuvent être accomplies par les EMF.

Le vœu d'améliorer l'encadrement de la prestation des services de transfert d'argent et de microassurance, est capital pour parfaire la réforme règlementaire des EMF. Il en va de même, de la prestation de certains services annexes à l'accomplissement de l'activité de microfinance.

2- L'accomplissement de certains services accessoires à l'activité de microfinance

577. A travers leurs interventions et les moyens dont ils disposent, les établissements de microfinance possèdent d'importantes informations. Pour parfaire le cadre d'exercice de leur activité, les EMF peuvent être amenés à communiquer certaines informations aux diverses personnes habilitées[1180], en dépit du secret professionnel. Il s'agit d'une part de la communication des renseignements financiers et commerciaux (a), et celle de conseils aux clients (b).

[1180] Il s'agit des autorités de tutelle, la COBAC, la BEAC, le MINFI, certaines autorités judiciaires comme le procureur de la république notamment.

a- La fourniture des renseignements financiers et commerciaux par les établissements de microfinance

578. Le devoir d'information des établissements de microfinance. Les établissements de microfinance, comme les banques, peuvent être amenés à communiquer aux autorités de tutelle, les informations permises par la réglementation, nonobstant le secret bancaire[1181]. En effet, le secret auquel l'EMF est soumis ne sera pas opposable aux autorités de tutelle, en raison de la qualité et du statut desdites autorités. On estime que les autorités de tutelle sont des acteurs déterminants du système financier, et à ce titre, doivent avoir des informations satisfaisantes pour mieux régir voire réguler, ce secteur d'activité.

579. Le respect du secret professionnel. En outre, l'échange d'informations entre professionnels du secteur financier, est un usage très ancien, il semble raisonnable de le maintenir entre les différents EMF, mais aussi entre ceux-ci et les établissements de crédit. Toutefois, mêmes dans ces relations entre les autres professionnels, le principe du secret professionnel, est applicable. Néanmoins, le secret professionnel couvre seulement des informations confidentielles, et non des informations d'ordre général[1182].

[1181] Pour le cas du Cameroun, voir Loi n°2003/004 du 21 avril 2003 relative au secret bancaire.

[1182] T. BONNEAU, *Droit bancaire, op. cit.*, n°413 et s. et n°788 et s.

580. L'obligation de discrétion pesant sur les EMF. Enfin, il faut relever que l'EMF comme le banquier, sera tenu à une obligation de simples moyens[1183], quant à la communication des informations aux clients ou aux tiers. Néanmoins, par prudence, l'EMF fournisseur de renseignements doit assortir les informations données de réserves, ou au besoin agir avec la plus grande circonspection. Au-delà du secret professionnel qui est sanctionné civilement et pénalement, les EMF sont également liés par une obligation générale de discrétion. Ainsi, ils ne doivent fournir, sauf accord exprès du client, que des renseignements généraux et de formuler un avis global économique ou financier[1184].

581. Obligations d'information et responsabilité des EMF. Dans toutes ces hypothèses, l'EMF doit agir avec mesure, vigilance et diligence le cas échéant, au risque d'engager sa responsabilité pour fourniture de renseignements inexacts, ou violation du secret professionnel[1185]. La nature de la responsabilité de l'EMF sera contractuelle ou délictuelle, en fonction des situations. Elle est délictuelle si l'établissement fournit des renseignements à un client à titre gratuit, ou encore si lesdits renseignements sont fournis à un tiers. Dès lors, *« on peut observer, qu'en répondant à la demande,*

[1183] Paris 15e ch. A, 3 déc. 1986 : *RTD com.* 1987, 562, cité par C. GAVALDA et J. STOUFFLET, *Op. cit.*, n° 744, p. 394.

[1184] C. GAVALDA et J. STOUFFLET, *op. cit.*, n° 742, p. 393.

[1185] Pour une étude complémentaire de la fourniture des renseignements en matière financière, v. notamment PIOT, *Les renseignements bancaires et le secret professionnel : Journal des agréés* 1977, 349. F. GRUA, *Contrats bancaires, t.1, Contrats de service*, Economica, 1990, 1990, n°220 et s.

l'établissement exprime une volonté qui vient rencontrer celle de l'auteur de la demande»[1186]. Alors, on peut partager l'opinion de certains auteurs, qui semblent considérer que la responsabilité est *« contractuelle en cas de fourniture de renseignements à un client et quasi-contractuelle si le service est rendu à un tiers»*[1187].

En plus de fournir d'utiles informations aux clients et tiers demandeurs, les EMF peuvent également, donner de précieux conseils à leurs clients.

b- La fourniture des conseils par les établissements de microfinance

582. L'existence d'un devoir de conseil des établissements de microfinance ? Les établissements de microfinance dans le cadre de leur activité, peuvent fournir d'importants conseils[1188] à leurs partenaires, et notamment leurs clients. Bien que n'ayant pas la même capacité financière que les établissements de crédit, les EMF peuvent aider leurs clients, personnes physiques ou morales, à la création des microprojets ou à la gestion de trésorerie notamment.

Dans le premier cas, les EMF, à travers des microcrédits et des formations adéquates, peuvent aider les particuliers à créer des activités productrices. Il en sera ainsi, par exemple, du financement de

---

[1186] T. BONNEAU, *Droit bancaire, op.cit.,* n°789, p.567.
[1187] C. GAVALDA et J. STOUFFLET, *op. cit.,* n° 744, p. 394.
[1188] Pour un examen approfondi de la question, v. R. SAVATIER, « *Les contrats de conseils professionnels en droit privé* », D.1972, chr. 23, 137, n°9.

l'artisanat, des cordonneries, des ateliers de coutures individuels entre autres.

Dans le deuxième cas, les EMF participeront à la gestion de trésorerie des entreprises, c'est-à-dire à la gestion des liquidités dont disposent les entreprises clientes. Cela suppose que ces liquidités soient placées en divers produits financiers. Cette hypothèse concerne surtout les EMF de première et de deuxième catégorie, au regard de leurs formes juridiques. Il semble toutefois, qu'en raison de la proximité existante entre les EMF et leurs clients, la fourniture des conseils relatifs à l'essor de telle ou telle autre activité, semble plus propice ; car les différentes parties partagent très souvent, une vision assez proche de l'activité économique.

Le cadre opérationnel de l'activité de microfinance doit être amélioré afin de permettre aux EMF d'atteindre pleinement et efficacement leur rôle. Cette amélioration est nécessaire pour le droit du crédit applicable aux EMF. Il importe sans doute aussi, de rendre plus adéquats les régimes de financements des EMF, et la fiscalité applicable à ces entités.

Section 2 - L'amélioration des régimes de refinancement et la fiscalité applicables aux établissements de microfinance

583. Regimes fiscaux et refinancement. La règlementation actuelle des EMF révèle certaines insuffisances au niveau des régimes fiscaux et de refinancement. Les EMF, en fonction de leurs formes juridiques, ont vocation à poursuivre deux objectifs principaux : la viabilité ou la pérennité financière et la lutte contre la pauvreté. Pour accomplir ces missions, lesdits établissements voient parfois leur structure financière, être affectée, au point d'affaiblir leurs capitaux propres. Cela justifie très souvent une recapitalisation des EMF, laquelle peut être faite au travers de divers mécanismes de refinancement. Toutefois, parce que la microfinance est une activité spécifique, la réglementation des refinancements qui relève du droit bancaire commun, s'avère souvent insuffisante, voire inappropriée. Ainsi, importe-il de mettre en œuvre, un ensemble de régimes de refinancement adaptés au secteur de la microfinance (Paragraphe 1). En outre, la diversité des formes juridiques des EMF et la différence de finalité, sociale ou capitaliste, sont révélatrices de l'inadaptation d'un régime fiscal unitaire pour tous les EMF, d'où la nécessité de l'adaptation des régimes fiscaux aux différentes formes juridiques des EMF (Paragraphe 2).

Paragraphe 1 - L'importance d'une réglementation circonstanciée du refinancement des établissements de microfinance

584. Le refinancement, un atout à exploiter pour les EMF. Les établissements de microfinance font généralement face au problème de ressources financières. Dans la pratique, la diversité de leurs formes juridiques impose une différenciation de leurs modes de recapitalisation. Le refinancement[1189] des EMF peut être adossé sur deux types de critères : la forme juridique ou la finalité. Généralement, la finalité des EMF influence leur forme juridique. Ainsi, la microfinance sociale dont la finalité principale est la lutte contre la pauvreté, est assurée par les EMF à caractère coopératif, ou mutualiste, ou par les associations caritatives. En revanche, la microfinance commerciale, parce qu'elle a un caractère spéculatif, revêt très souvent la forme de société anonyme. Compte tenu de cette divergence, les procédés de refinancement des EMF ne sont pas identiques. Il faut alors apprécier les modalités sélectives de refinancement des EMF (A), avant d'examiner les autres moyens de refinancement plus souples (B).

A – Les modalités sélectives de refinancement des établissements de microfinance

585. Différences de capacités financières entre EMF. Il est donc possible d'envisager des procédés de refinancement de droit financier, au profit des seuls EMF qui peuvent remplir certaines conditions supplémentaires, à savoir les EMF de deuxième catégorie[1190]. L'une

---

[1189] Encore assimilé à la titrisation, le refinancement est, de façon générale, le fait d'incorporer une créance dans un titre. La titrisation est utilisée soit comme une technique de financement lorsqu'elle consiste pour une banque ou une entreprise à émettre des titres garantis par un ensemble de créances ; soit comme une technique de gestion de bilan permettant à un établissement cédant, de céder des créances à une structure *ad hoc* qui émet des titres pour financer l'achat des créances. V. B. SOUSI-ROUBI, *op. cit.*, p. 311.

[1190] Pour mémoire, les EMF de deuxième catégorie ont la forme juridique de société anonyme. A ce titre, il bénéficie généralement d'une surface financière assez importante.

des faiblesses de la règlementation actuelle des EMF, est son silence quant aux procédés de recapitalisation de ces entités à travers le marché[1191]. Ni l'accès au marché monétaire, ni l'accès au marché financier des EMF n'est encadré[1192]. Combler un tel vide juridique, passe par un encadrement de l'ouverture de certains EMF au marché monétaire (1). Par ailleurs, en fonction de leur taille, du volume de leurs opérations, et de leur capacité financière, on pourrait admettre le refinancement des EMF de deuxième catégorie à travers le marché financier (2)

1- Pour une ouverture de certains EMF au marché monétaire

586. Le silence de la règlementation quant à l'accès des EMF au marché monétaire. La cohésion entre le secteur bancaire et le secteur de la microfinance connaît encore d'importantes entraves structurelles, institutionnelles, et réglementaires[1193]. A ce jour, ni la réglementation

[1191] La notion de marché n'est pas propre au droit financier et intéresse tant les économistes que les juristes. Elle connait plusieurs acceptions. Pour une étude complémentaire de la notion de marché, V. T. BONNEAU et F. DRUMOND, *Droit des marchés financiers*, 3e éd., n°5 et s. p. 5. J.-J. DAIGRE, *Evolution de la notion de marché financier*, Liber Amicorum Jacques Malherben, Bruylant, Bruxelles, 2006, p. 233 et s.

[1192] Le marché financier, qui est le marché de l'argent à moyen et long terme, se distingue traditionnellement du marché monétaire, qui est le marché de l'argent à court terme, ces deux marchés formant le marché de capitaux. V. T. BONNEAU et F. DRUMOND, *Droit des marchés financiers*, 3e éd., n°6 et s. p.7.

[1193] Rappelons que les EMF luttent encore pour leur admission à la chambre de compensation de la BEAC, laquelle admission leur permettrait de mieux coordonner l'utilisation de leurs moyens de paiement.

bancaire classique[1194], ni celle de la microfinance ne sont favorables à l'accès des EMF au marché monétaire. Ce dernier est perçu comme, *« le marché sur lequel les agents économiques négocient entre eux leurs besoins et leurs excédents de capitaux à court et moyen terme. Il comprend le marché interbancaire réservé aux établissements de crédit et le marchés de titres de créances négociables ouvert à tous les agents économiques»*[1195]. Au regard de cette définition, il apparaît que même si les établissements de microfinance sont exclus du marché interbancaire, encore que cette exclusion soit discutable vu la nature de ces établissements, il est souhaitable de leur ouvrir les portes du marché de titres de créances négociables. Dans l'un et l'autre cas toutefois, cela doit respecter des conditions bien précises.

587. Les conditions de refinancement des EMF à travers le marché monétaire. Le refinancement des EMF via le marché monétaire, paraît à ce jour, assez prohibitif au regard de la réglementation bancaire de la zone CEMAC. Il semble nécessaire de modifier, de façon conséquente, les dispositions qui encadrent le refinancement des banques et établissements financiers, afin de permettre aussi aux établissements de microfinance de se refinancer

---

[1194] Les principes généraux et fonctionnels du marché monétaire de la BEAC sont édictés par les décisions de la BEAC et notamment :

-Décision du gouverneur n° 002/MIM/94 du 29 juin 1994 réorganisant le refinancement et instituant le Marché Monétaire dans les six Etats membres de la BEAC ;

-Décision du gouverneur n° 003/DCMM/96 du 21 février 1996 : Convention relative aux opérations de marché monétaire (Guichets A et B).

[1195] B. SOUSI-ROUBI, *Lexique de la banque et des marchés financiers, op. cit.*, p. 201 ; J. et M. PEYRARD, *Dictionnaire de finance,* 2e éd., Viubert, p. 162.

auprès de la banque centrale. Il est en effet de l'intérêt d'une banque centrale, de concourir au refinancement du système financier national, ou régional, en fonction de ses besoins, quelque soit le type de crédit consenti[1196]. Ainsi, en Afrique centrale, la BEAC doit tenir compte de l'encadrement de la politique monétaire générale, de la maîtrise de l'inflation, et de la saturation du marché financier dans l'élaboration de ses règlements. De même, elle doit s'assurer de la sécurité de ses créances, avant l'ouverture des EMF au refinancement, au travers du marché monétaire.

A ce titre, il semble plus intéressant de mettre l'accent sur le respect des normes prudentielles pour les entités concernées, banques et EMF, la supervision de la COBAC, l'obligation de certification des comptes par deux Commissaires aux Comptes et l'analyse de la qualité du crédit à refinancer. Ce type de refinancement devrait être étendu, surtout aux EMF de deuxième catégorie, parce qu'ils ont la forme juridique de société anonyme, sous réserve de leur pérennité et de leur viabilité financière, mais aussi du respect des conditions nécessaires d'une gestion optimale et efficace.

En revanche, l'admission des EMF à caractère coopératif/mutualiste devrait obéir à des conditions plus rigoureuses, telles que l'obligation pour les EMF intéressés de respecter un ratio de solvabilité supérieur à 25%, la limitation du montant des crédits mobilisables à 35% du portefeuille de l'EMF, ou la possibilité pour la BEAC de contrôler sur pièce, ou sur place les comptes de l'EMF,

---

[1196] L. LHERIAU, *Le droit des systèmes financiers décentralisés dans l'UEMOA,* thèse précitée, n° 1659, p. 517.

entre autres. Dans toutes ces hypothèses, la banque centrale devra faire une claire et rigoureuse appréciation de la situation de l'établissement demandeur de prestations de refinancement, au risque de s'exposer à d'importantes crises de trésorerie.

Dans le même sens, afin de faciliter la recapitalisation dc certains EMF, on pourrait admettre leur intervention sur les marchés financiers.

2- La potentielle admission des EMF de deuxième catégorie au marché financier

588. L'accès exceptionnel des EMF au marché financier. Le marché financier peut être perçu comme *« le marché des capitaux disponibles à long terme. La demande sur le marché financier peut émaner : soit des entreprises qui recueillent des fonds dont elles ont besoin, par l'émission d'actions ou d'obligations ; soit de l'Etat ou des collectivités publiques qui émettent des emprunts »*[1197]. C'est dans le même sens que certains auteurs le définisse comme : *« un marché de capitaux de longue durée, qui représente l'ensemble des offres et des demandes de capitaux, pour des souscriptions au capital social des entreprises et des placements à long terme »*[1198]. En zone CEMAC, il existe deux marchés financiers, à savoir la Bourse des Valeurs Mobilières d'Afrique Centrale (BVMAC) qui a son siège à

[1197] B. SOUSI-ROUBI, *Lexique de la banque et des marchés financiers, op. cit.*, p.199.
[1198] Y. KALIEU et E. D. KEUFFI, « *L'émergence des marchés financiers dans l'espace OHADA* », *Afrilex* n° 4, p. 39.

Libreville[1199] et la Douala stock Exchange (Bourse des valeurs de Douala)[1200].

L'émission des valeurs mobilières[1201], qu'il s'agisse de titres donnant accès au capital de la société[1202], ou qui attribuent un droit de créance sur celle-ci[1203], est susceptible de constituer une source de refinancement pour les EMF. Ceci, dans la mesure où ces établissements, sous réserve du respect de certaines conditions spécifiques[1204], peuvent faire appel public à l'épargne[1205]. En effet, les EMF de deuxième catégorie, étant constitués sous forme de société anonyme, peuvent, par l'émission des actions ou des obligations,

---

[1199] Ce marché a été créé le 14 décembre 2000 par les chefs d'Etats de la CEMAC réunis à N'djamena et le siège (Libreville au Gabon) a été choisi par Acte additionnel n° 11/00-CEMAC-VVE-02.

[1200] Créé par la loi n° 99/015 du 22 décembre 1999 portant création et organisation d'un marché financier au Cameroun, lequel a été inauguré le 23 avril 2003 par le Premier Ministre du Cameroun.

[1201] Les valeurs mobilières sont définies par l'AUSC et GIE à l'article 744 comme des titres émis par les sociétés anonymes qui « confèrent des droits identiques par catégorie et donnent accès directement ou indirectement à une quotité de capital de la société émettrice, ou à un droit de créance générale sur son patrimoine. Elles sont indivisibles à l'égard de la société émettrice.»

[1202] Il s'agit des actions ou des apports en numéraire qui sont réalisés par le transfert à la société de la propriété des sommes d'argent. V. Art. 41 de l'AUSC et GIE.

[1203] Ce sont des obligations ou des titres négociables qui dans une même émission, confèrent les mêmes droits de créance pour une même valeur nominale. V. Art. 779 de l'AUSC et GIE.

[1204] V. Art. 823 à 853 de l'AUSC et du GIE.

[1205] Aux termes de l'article 81 de l'AUSC et GIE, « sont réputées faire publiquement appel à l'épargne : les sociétés dont les titres sont inscrits à la bourse des valeurs d'un Etat partie, à dater de l'inscription de ces titres ; les sociétés qui, pour offrir au public d'un Etat partie des titres, quels qu'ils soient, ont recours soit à des établissements de crédit ou agents de change, soit à des procédés de publicité quelconque, soit au démarchage. Il y a également appel public à l'épargne, dès lors qu'il y a diffusion des titres au-delà d'un cercle de cent (100) personnes. Pour l'appréciation de ce chiffre, chaque société ou organisme de placement collectif en valeurs mobilières constitue une entité unique. »

élargir leurs sources de financement, en empruntant à d'autres institutions que les établissements de crédit. Une telle émission des valeurs mobilières peut contribuer à la désintermédiation[1206] du système financier camerounais et sous-régional.

En outre, il faut noter que les valeurs mobilières qui ne donnent pas accès au capital, à savoir les obligations, contrairement aux actions, qui sont des titres donnant accès au capital, pourraient intéresser les EMF de forme associative. En l'absence d'une interdiction formelle de la loi[1207], on pourrait considérer que les EMF sous la forme associative, qui sont dotés de la personnalité morale, peuvent effectuer des emprunts et émettre des obligations. A condition de respecter les dispositions réglementaires spécifiques, relatives aux obligations ou encore des modalités particulières de l'appel public à l'épargne[1208].

A l'examen, il ressort que les EMF, quelque soit leur forme juridique, peuvent se refinancer à travers les marchés financiers. Toutefois, il faut qu'ils respectent les conditions assez rigoureuses liées à des opérations sur titres. Ainsi, s'agissant des EMF sous forme de société anonyme par exemple, ils doivent remplir les multiples

---

[1206] « La désintermédiation est la première composante du principe dit des 3D (désintermédiation, déréglementation, décloisonnement des marchés), le terme illustre la tendance des agents économiques à se financer sans recourir au système bancaire. On parle également de marchéisation.» V. B. SOUSI-ROUBI, *op. cit.*, p.116.

[1207] La loi dont il est question est celle du 1er juillet 1901 régissant les associations dans la plupart des Etats de la CEMAC. Pour le cas du Cameroun, loi de 1990 sur la liberté d'association.

[1208] Art. 823 à 853 de l'AUSC et du GIE.

conditions posées par l'AUSC et du GIE[1209], et les textes réglementaires encadrant les activités sur les marchés financiers sous-régional[1210] et national[1211]. La prise en compte de ces impératifs enrichirait sans doute le statut juridique des EMF, en le rendant plus apte à atteindre les missions réglementaires qui lui sont assignées.

Néanmoins, il faut relever que faute pour les EMF d'avoir accès aux marchés bancaire et/ou financier, ils peuvent recourir à d'autres modes de refinancement, moins complexes.

B- Les autres modes de refinancement possibles des établissements de microfinance

589. La réglementation actuelle de l'activité de microfinance, reste très évasive sur plusieurs modalités de refinancement des EMF ; cela corrobore l'idée que l'encadrement de l'activité de microfinance n'est pas achevé. Si la question des prises de participation est évoquée par

---

[1209] Art. 823 et s. de l'AUSC et du GIE.

[1210] En ce qui concerne la BVMAC, il s'agit surtout de :

Règlement n°06/03-CEMAC-UMAC du 12 novembre 2003 portant Organisation, Fonctionnement et Surveillance du Marché Financier de l'Afrique Centrale

Règlement Général de la COSUMAF du 28 avril 2010

Instruction n°02-10 du 28 avril 2010 relative à la convention d'ouverture de comptes titres.

[1211] Pour le Cameroun, concernant la Douala Stock Exchange, il s'agit notamment de : la loi n°99/015 du 22 décembre 1999 portant création et organisation d'un marché financier, le Décret n°94/611/PM du 30 décembre 1994 portant réglementation de l'émission et de la gestion des effets publics négociables, le Décret n°2007/045/PM du 04 avril 2007 modifiant et complétant certaines dispositions du décret n°94/611/PM du 30 décembre 1994 portant réglementation de l'émission et de la gestion des effets publics négociables, le Décret n°2001/213 du 31 juillet 2001 précisant l'organisation et le fonctionnement de la Commission des Marchés Financiers

les textes réglementaires, elle est assez parcellaire et insuffisante (1). En revanche, la problématique des aides en microfinance[1212], est passée quasiment sous silence dans le corpus réglementaire régissant cette activité (2).

1- Le refinancement des établissements de microfinance à travers les liens capitalistiques

590. Les prises de participation en microfinance. La réglementation de l'activité de microfinance paraît assez évasive sur la question des liens de capital entre EMF. Or, au regard des besoins financiers importants que peut connaître le développement des EMF, il eût paru plus indiqué que le législateur insistât sur leur refinancement au travers des liens capitalistiques. Deux modalités de refinancement, par le biais des liens de capital, peuvent être opérées au profit des EMF : il peut s'agir du refinancement des EMF par les établissements de crédit à travers les prises de participation[1213]. A l'inverse, il peut également arriver que les EMF, prennent des participations dans les établissements de crédit, ce qui peut leur permettre de se recapitaliser.

[1212] Pour une vision complémentaire des aides en microfinance, v. K. P. PADMANABAHN, « La pauvreté, le microcrédit et les enseignements de MAHATMA GANDHI : Un exemple à suivre pour les donateurs », *Revue internationale de sciences sociales,* 2001/1, n°169, pp. 533-544.

[1213] Pour une étude complémentaire de la participation des banques dans les entreprises, v. L. LEPETIT, *Banques universelles et participations des banques dans le capital des entreprises. Quelles conséquences sur le risque bancaire ? Revue économique*, vol. 54, n°4, juillet 2003, p. 857-886.

591. Participation des établissements de crédit dans le capital des EMF. Dans la première hypothèse, lorsque les établissements de crédit participent au capital des EMF, certains aspects réglementaires doivent être respectés pour que l'opération soit validée[1214]. Les établissements de crédit désireux d'entrer dans le capital d'un EMF, doivent respecter un certain nombre de normes prudentielles et comptables.

En vertu des normes prudentielles, *« les participations des établissements de crédit dans des entreprises doivent respecter l'une et l'autre des limites suivantes : chaque participation ne pourra excéder 15% des fonds propres nets de l'établissement assujetti ; l'ensemble des participations ne pourra excéder 45% des fonds propres nets de l'établissement assujetti»*[1215].

Cette disposition limite le pourcentage de participation d'un établissement de crédit dans les entreprises, fussent-elles des établissements de microfinance. La prudence ici, consiste à éviter que lesdits établissements de crédit, au lieu de faire de l'intermédiation bancaire, deviennent de simples entreprises de prise de participation. Une telle limitation encadre, de façon assez pertinente, l'étendue des éventuelles participations des établissements de crédit au sein des EMF. Il s'en suit que les établissements de crédit, participants potentiels au capital de l'EMF, doivent être soumis aux normes

---

[1214] Règlement COBAC R-93/11 du 19 avril 1993 relatif aux participations d'établissements de crédit dans le capital d'entreprises.

[1215] Art. 3 du Règlement COBAC R-93/11 du 19 avril 1993 relatif aux participations d'établissements de crédit dans le capital d'entreprises, précité.

prudentielles de limitation des participations[1216], et au ratio des fonds propres[1217].

Quant aux normes comptables, il s'agira d'élaborer et de produire des états financiers consolidés dans le respect de la réglementation en vigueur[1218]. A cet effet, la consolidation pourra être effectuée selon la méthode de l'intégration globale ou proportionnelle, ou encore de la mise en équivalence. C'est dire qu'en cas de contrôle exclusif de l'EMF par l'établissement de crédit, celui-ci devra établir les comptes consolidés, sur la base de la méthode d'intégration globale. En revanche, en cas de contrôle conjoint avec une autre société, l'établissement de crédit procédera par la méthode de la consolidation proportionnelle. Enfin, si l'établissement de crédit est la société mère, qui détient une influence importante sur l'EMF, il utilisera la méthode de la consolidation par mise en équivalence[1219].

[1216] Règlement COBAC R-93/11 relatif aux participations d'établissements de crédit dans le capital d'entreprises du 19 avril 1993 et Règlement COBACR-93/05 relatif à la couverture des immobilisations et ses modifications subséquents.

[1217] Règlement COBAC R-93/02 relatif aux fonds propres nets des établissements de crédit et ses modifications subséquentes.

[1218] Pour mémoire, la comptabilité des Etats de la CEMAC, est régie par l'Acte Uniforme du 24 mars 2000 portant organisation et harmonisation des comptabilités des entreprises.

[1219] La méthode de l'intégration globale consiste à substituer les titres figurant au bilan de l'entreprise mère, par chaque élément du patrimoine et du résultat de l'entreprise consolidé, après élimination des opérations et comptes réciproques.

La méthode de l'intégration proportionnelle est celle substituant au montant des titres figurant au bilan de l'entreprise mère, proportionnellement à la fraction des intérêts détenus, chaque élément du patrimoine de l'entreprise consolidée, après élimination des opérations et comptes réciproques.

La méthode de la mise en équivalence est le fait de substituer au montant des titres figurant au bilan du groupe, la quote part détenue des capitaux propres de l'entreprise consolidée.

Il faut cependant noter, qu'en vertu de la règlementation actuelle des EMF, seuls ceux de la deuxième catégorie, peuvent normalement faire l'objet de prise de participation, par les établissements de crédit. Les EMF de première catégorie, étant surtout des sociétés coopératives, dont le capital est essentiellement détenu par les membres, et non par les partenaires financiers. Ceux de la troisième catégorie sont surtout de formes associatives, et donc non soumis aux prises de participation. Il apparaît clairement que la recapitalisation des EMF, par la participation des établissements de crédit au capital, est soumise au respect d'un ensemble de normes réglementaires, lesquelles résultent à la fois de la réglementation bancaire et de celle des EMF.

592. Participation des EMF dans le capital des établissements de crédit. Il peut arriver que les EMF participent au capital des établissements de crédit, ce qui est susceptible de contribuer, indirectement, à leur refinancement[1220]. Le refinancement des EMF, par leur participation au capital des établissements de crédit est possible, et peut emprunter deux modalités principales. La première modalité renvoie au cas où les EMF entrent dans le capital des établissements de crédit, en devenant simples actionnaires au même titre que d'autres actionnaires, sans acquérir son contrôle. La seconde possibilité consiste à ce qu'un groupe d'établissements de microfinance crée leur propre établissement de crédit. C'est

[1220] Exemple : la création au Cameroun de l'établissement de crédit *Union Bank of Cameroon* par les EMF affiliés au réseau *CAMCCULL*.

l'hypothèse où les EMF créent une société commune, dans laquelle ils seront actionnaires. Ce peut être le cas, lorsque les EMF indépendants s'allient à d'autres, pour créer un établissement de crédit, sous réserve du respect de certaines normes réglementaires[1221].

De notre point de vue, une seule hypothèse parait économiquement intéressante : la création d'une banque ou d'un établissement financier, à travers l'organe financier d'un réseau mutualiste[1222]. L'avantage pour l'ensemble des EMF affiliés à une même union, fédération ou confédération, de mettre sur pied un organe financier, agréé en tant que banque, est de leur offrir la possibilité de bénéficier de tous les privilèges liés au statut bancaire. Il s'agira ainsi d'accéder à des refinancements de la BEAC, à l'émission des obligations, éventuellement à l'appel public à l'épargne, voire cotée à l'une des bourses de valeurs de la sous-région[1223].

Dans la pratique, en plus des modalités de recapitalisation des EMF, les aides financières fournies aux EMF peuvent également jouer un rôle important dans leur refinancement.

[1221] Il s'agit principalement de la forme juridique, le capital social minimum, les normes prudentielles.

[1222] Cette possibilité est prévue par l'article 16 du Règlement du 13 avril 2002.

[1223] Pour mémoire, il existe deux bourses de valeurs opérationnelles en zone CEMAC : la Douala Stock Exchange dont le siège est à Douala (Cameroun) et la Bourse des Valeurs Mobilières d'Afrique Centrale dont le siège est à Libreville (Gabon).

2- Le refinancement des projets de microfinance à travers les aides autorisées

593. La diversité des aides en microfinance. La recapitalisation d'un EMF peut être effectuée par différentes sortes d'aides : publiques[1224] ou privées[1225], nationales [1226] ou internationales[1227]. Selon qu'il s'agit de l'une ou de l'autre sorte d'aide, le régime peut varier, afin de permettre aux établissements concernés de revaloriser leur capacité financière.

Les organismes de développement[1228] peuvent octroyer des crédits à taux bonifiés aux EMF pour leur permettre de faire face à des tensions de trésorerie. Leurs actions ne portent pas atteinte au monopole bancaire, mais sont déterminées par la signature des accords de partenariat, qui visent le développement économique et social dans un pays ou dans une région.

De façon plus épisodique, les EMF peuvent bénéficier des subventions des organismes nationaux privés encourageant l'éclosion

---

[1224] Par aides publiques, il faut entendre les différents types de soutiens (techniques, financiers, économiques) que les pouvoirs publics d'un ou plusieurs pays peuvent apporter pour le développement du secteur de la microfinance.

[1225] Les aides privées quant à elles renvoient aux soutiens multiformes apportés par les acteurs privés tels que les fondations, ONG etc. au développement du système de la microfinance, ou simplement aux bénéficiaires des opérations de microfinance.

[1226] Une aide en microfinance est nationale quand elle s'opère dans le cadre d'un seul pays, sans incidence réelle sur un ensemble de pays assez large.

[1227] En revanche, une aide est internationale lorsqu'elle est faite par un ou plusieurs pays étrangers et au profit d'un ou plusieurs bénéficiaires sans limitation de circonscription géographique.

[1228] A l'instar du Développement International Desjardins qui est un organisme canadien œuvrant dans le secteur de la microfinance.

de l'économie solidaire[1229]. C'est ainsi que généralement, les fondations et autres associations caritatives, peuvent subventionner les EMF dont la vocation sociale est assez affirmée.

Les crédits publics et parapublics consentis aux EMF, peuvent tomber sous le coup de la prohibition, en raison de la menace qu'ils peuvent faire peser sur le jeu de la libre concurrence[1230] ou sur l'éthique, nécessaires au secteur de la microfinance[1231]. En réalité, afin de rendre les aides publiques et parapubliques aux EMF plus adaptées, il paraît de bon aloi de les consentir exclusivement dans le respect des conditions normales du marché.

[1229] Le terme d'économie sociale et solidaire (économie sociale en Belgique francophone et au Québec) regroupe un ensemble de coopératives, mutuelles, association, de syndicat et fondations, fonctionnant sur des principes d'égalité des personnes (1 homme 1 voix), de solidarité entre membres et d'indépendance économique. Toutefois, le premier terme de l'expression se réfère plutôt à des organisations identifiées par leur statut et occupant une place importante dans la vie économique (banques, mutuelles, etc.) et le second terme, renvoie à des activités visant à expérimenter de nouveaux "modèles" de fonctionnement de l'économie, tel le commerce équitable ou l'insertion par l'activité économique. C'est par analogie avec le Tiers état ou le Tiers monde, que ce secteur est désigné comme le tiers secteur, le premier secteur étant ici le commercial, et le deuxième le secteur public et parapublic.

De nos jours, on défini l'économie solidaire ou sociale selon des critères qui font consensus, à savoir : libre adhésion, lucrativité limitée, gestion démocratique et participative, utilité collective ou utilité sociale du projet, et mixité des financements entre ressources privées et publiques.

Pour en savoir plus, v. M.-L. CRUMI, *L'économie sociale et solidaire en Bretagne. Critérisation pour la construction d'un outil de promotion*, Mémoire de DESS Economie sociale et Développement solidaire, s. dir. de A. EVEN, Univ. Rennes 2, Collège coopératif en Bretagne, 2002.

[1230] Pour une étude complémentaire du droit communautaire CEMAC de la concurrence, V. H.B. MODI KOKO, *Droit Communautaire des Affaires (OHADA-CEMAC), t.1, Droit commercial Général et Droit de la Concurrence*, Dianoïa, pp. 122 à 158.

[1231] M. HUDON, *Ethique et politique publique en microfinance,* thèse sciences économiques et Management, Univ. Libre de Bruxelles, mai 2007, s. dir. André FARBER.

Bien plus, l'aide à un EMF, même à vocation sociale, doit être propice, opportune et mesurée. La pratique des subventions « à-tout-va » au profit des EMF, peut être source de gabegie et d'inefficacité de la part des dirigeants des EMF. Il est alors important que dans son élan de perfectionnement de la règlementation des EMF, le législateur précise clairement les conditions des subventions aux EMF, en encadrant clairement leur domaine d'intervention. Afin de rendre l'encadrement des aides plus performant, il semble pertinent d'envisager une réglementation sous-régionale uniformisée sur la gestion des aides publiques et parapubliques notamment ; auquel cas, il paraît judicieux de dégager des critères uniformes d'autorisation et d'utilisation des fonds publics. Une telle politique réglementaire peut être fondée sur une règle d'interdiction des aides susceptibles d'affecter le jeu d'une saine concurrence, la pertinence de l'investissement, et de dévoyer la finalité des fonds octroyés[1232].

Un réaménagement du dispositif règlementaire des EMF, en plus de bien encadrer les modalités de refinancement de ces entités, doit adapter les régimes fiscaux qui leur sont applicables.

Paragraphe 2 - L'adaptation des régimes fiscaux applicables aux établissements de microfinance

594. Le rôle prépondérant de la fiscalité dans les recettes budgétaires des Etats sous-régionaux. La fiscalité joue encore un

[1232] Il faut relever que très souvent, les débiteurs des EMF, se montrent réticents à rembourser les sommes qui leur sont prêtées, quand il ne s'agit ni de leur épargne ni des emprunts devant être remboursés par les EMF.

rôle fondamental dans la collecte des ressources budgétaires des Etats de la sous-région CEMAC[1233]. Pour le cas du Cameroun, une partie de la doctrine indique que « *les prélèvements effectués sur les activités économiques et industrielles constituent à n'en point douter la part la plus importante des recettes fiscales* »[1234].

La fiscalité des EMF[1235] est une importante préoccupation de tous les acteurs du secteur de la microfinance[1236] et des administrations fiscales[1237] des pays de la sous-région CEMAC. Dans le secteur de la microfinance, l'Administration fiscale doit rechercher l'équilibre entre les contraintes budgétaires visant l'élargissement de l'assiette fiscale, et les éventuelles exonérations fiscales temporaires

---

[1233] La fiscalité est une importante source de revenus pour les Etats modernes et pas seulement les Etats des pays sous-développés. Pour rendre compte de cette réalité, le Professeur Maurice COZIAN schématisait en indiquant ceci : « on peut dire que les Français travaillent le lundi, le mardi, le mercredi pour financer leurs besoins personnels, le jeudi, le vendredi et le samedi matin pour payer les impôts et leurs cotisations sociales. » lesquels impôts et cotisations constituent la pierre angulaire des ressources budgétaires, *Précis de fiscalité des entreprises*, n°1, Paris, Litec, 32e édition 2008.

[1234] R. ATANGA FONGUE et A. TOCKE, *Eléments de la fiscalité des affaires au Cameroun*, l'Harmattan, 2011, n°10, p. 12. Ces auteurs affirment par ailleurs que les prélèvements d'impôts constituent en 2010, près de 83% des recettes générées par la fiscalité interne au Cameroun.

[1235] La volonté de mener des études appropriées pour la fiscalité applicable au secteur de la microfinance n'est ni une nouveauté ni une particularité de cette sous-région, des réflexions similaires sont menées dans d'autres zones géographiques pour résoudre ce problème. V. MBAYE DIOUF, « Contribution à la réflexion pour l'avènement d'un régime fiscal de promotion des structures de financement de proximité », *ADA Dialogue*, n°32, juin 2003, pp. 36-45.

[1236] Selon un acteur du secteur, « la fiscalité applicable aux EMF n'est pas seulement préjudiciable aux EMF mais aussi à l'administration fiscale », v. David KENGNE, *in* journal *Paroles* n°031, du mardi 04 septembre 2012, p. 6.

[1237] M. KENGNE, estime en effet que la fiscalité des EMF « contribue à réduire l'assiette fiscale. », article précité, *idem* .

ou non, dont la finalité est le développement ou l'accroissement d'une entreprise.

La fiscalité peut influencer négativement ou positivement la viabilité financière des EMF, selon qu'ils sont assujettis à une multitude d'impôts et taxes, ou alors qu'ils bénéficient des exonérations fiscales. De même, selon le niveau de crédit ou le lieu d'implantation d'un EMF, celui-ci peut dégager des bénéfices, donc susceptible d'être assujetti à une forte imposition ou non[1238].

A ce jour, différents régimes fiscaux sont applicables à l'activité de microfinance. Lesdits régimes s'alignent parfois sur le droit fiscal commun applicable aux établissements de crédit. Il s'agit de divers droits et taxes. Dans le cadre de cette étude l'accent sera mis sur les éléments fondamentaux de la fiscalité des EMF, étant entendu que ni le choix institutionnel, ni celui d'une forme juridique ne sont indifférents aux régimes fiscaux applicables aux EMF. Il serait intéressant de mettre en relief, sans être exhaustif, la variété des régimes fiscaux auxquelles sont soumises les entreprises se livrant aux activités de microfinance (A). Cette multitude de régimes fiscaux même si elle se justifie parfois, en raison de la spécificité de certaines situations, elle crée des distorsions dans le secteur de la microfinance à tel point que le jeu de la concurrence entre les EMF s'en trouve biaisé : une harmonisation s'impose donc dans ce secteur. Aussi, peut-

[1238] Dans la pratique, les EMF implantés en zone urbaine et ceux implantés dans les zones rurales riches sont censés faire des bénéfices, contrairement aux EMF des zones rurales enclavées et peu peuplées qui se contentent très souvent de la pérennité financière faute de pouvoir dégager des bénéfices substantiels.

on ébaucher certaines propositions visant à assainir quelque peu l'application de la fiscalité aux EMF (B).

A –L'existence d'une diversité de régimes fiscaux en microfinance

595. La fiscalité bancaire peut être perçue comme celle relative aux diverses opérations réalisées par les établissements de crédit notamment : le placement, la souscription, l'achat, la gestion, la garde et la vente de valeurs mobilières et de tous produits financiers (y compris le crédit-bail). Cette fiscalité ne fait pas appel à des impôts spécifiques, mais résulte d'une application particulière et provisoire de la fiscalité directe et indirecte de droit commun, selon certains auteurs[1239]. Pour s'en convaincre, on peut mettre en relief quelques régimes fiscaux susceptibles d'être appliqués aux EMF de façon générale (1), mais relever également les avantages fiscaux particuliers que peuvent tirés les EMF des textes de lois spécifiques (2).

1- Les régimes fiscaux généraux applicables aux EMF

596. Soumission des établissements de microfinance à la fiscalité de droit commun ? Dans cette partie de l'étude, nous ne prétendons guère à l'exhaustivité, nous essaierons de mettre en lumière quelques régimes fiscaux pouvant être appliqués aux EMF. L'idée étant de

[1239] R. ATANGA FONGUE et A.TOCKE, *Eléments de la fiscalité des affaires au Cameroun*, l'Harmattan, 2011, n°373 et 374, p. 85.

relever l'aspect prohibitif de certains impôts, défavorables à l'émergence d'un statut juridique unitaire, cohérent et efficace pour tous les EMF.

En droit commun, plusieurs régimes fiscaux sont applicables aux personnes morales en raison de leur forme juridique, du type d'activités exercées, de la taille de l'entreprise, entre autres. Le secteur financier et plus précisément celui de la microfinance n'échappe pas à cette différenciation. On peut ainsi recenser les principales contributions fiscales exigées dans le secteur financier à savoir notamment : la contribution de la patente, la taxe sur la valeur ajoutée (TVA), les droits d'enregistrement, l'impôt sur le revenu des capitaux mobiliers (IRCM), l'impôt sur les sociétés (IS).

597. Application de la TVA aux EMF. La TVA est un prélèvement qui peut concerner les biens et services achetés par l'entreprise, mais aussi le refinancement des EMF par les banques. Concrètement, puisqu'elles sont réputées accomplies dans le cadre d'une activité économique effectuée à titre onéreux, au sens de la loi fiscale[1240], les opérations de banque sont assujetties à la TVA. Il s'agit notamment des intérêts sur crédits, des intérêts sur comptes débiteurs, des loyers de crédit-bail, des autres produits des comptes, des commissions diverses, commission de transfert de fonds, des locations de coffres, du conseil et de l'assistance en gestion, des produits sur moyens de paiement entre autres. Ces opérations étant des prestations de services,

---

[1240] V. Article 126 du Code Général des impôts du Cameroun.

le fait générateur de la TVA est constitué par l'exécution de la prestation (intérêts courus) et l'exigibilité par l'échéance des intérêts ou de loyers[1241]. Néanmoins, elles sont soumises au taux zéro lorsqu'elles sont réalisés auprès des non résidents (personnes physiques ou morales), des entreprises situées en zones franches[1242] et des points francs industriels[1243].

598. Les droits d'enregistrement en microfinance. L'enregistrement est une *« formalité fiscale qui a une triple finalité : donner date certaine aux actes sous seing privé contre les tiers, permettre la perception des droits qui frappent la convention constatée dans l'acte, assurer la conservation des actes»*[1244]. Les actes passés par les

---

[1241] V. Articles 133 §1b et 134§ 1 e du Code Général des impôts (CGI) du Cameroun.

[1242] Une zone franche est une zone géographique d'un pays bénéficiant d'avantages tels que l'exonération de charges fiscales. Les règlementations sociales, environnementales et de l'emploi y sont favorables à certains types de projets économiques. Les entreprises qui s'y installent bénéficient d'un régime de faveur par rapport à celles qui travaillent dans l'environnement fiscal et règlementaire normal. Au Cameroun l'ordonnance N°90/001 du 29 janvier 1990 a créé le régime des zones franches et points francs industriels pour les entreprises à vocation exportatrice et l'arrêté N° 51/MINDIC du 28 décembre 1990 en a fixé les modalités d'application. Une zone franche industrielle désigne une aire géographique ou un parc industriel délimité et clôturé, comprenant un accès contrôlé au sein de laquelle le régime de la zone franche industrielle est applicable. Les parcs industriels de la Mission d'Aménagement et de Gestion des Zones Industrielles (MAGZI) de Bassa et Bonabéri situés dans la ville de Douala sont des zones franches industrielles. Lorsque cette zone franche est réduite à une seule entreprise, on parle de point franc industriel. C'est généralement le cas des entreprises agréées en zone franche et devant s'installer à proximité de leurs sources de matières premières. Ainsi, on dira par exemple que la société PROLEG SA de Bandjoun est située sur un point franc industriel. V. E. DJOMENI KOLOKO, *La fiscalité des investissements et l'optimisation fiscale : cas du Cameroun*, Mémoire Master 2, Univ. Dshang, 2008.

[1243] V. Article 142 § 4 du CGI du Cameroun.

[1244] *Lexique des termes juridiques, Op. cit.*, p. 301.

établissements de crédit en général, et les établissements de microfinance en particulier, sont en principe soumis aux droits d'enregistrement, parce qu'ils sont souvent considérés comme des actes de commerce. Il s'agit notamment des contrats de crédits et/ou les sûretés telles que les hypothèques, les nantissements entre autres. Toutefois, afin de limiter le renchérissement du coût de crédit, le législateur fiscal camerounais a prévu que ces actes sont soit enregistrés gratis[1245], soit exemptés de la formalité d'enregistrement [1246]. Il en est de même des actes accessoires pris dans le cadre de l'exécution des contrats de prêts comme des reconnaissances de dettes et les protocoles d'accord. En revanche, les actes de constitution, de prorogation et d'augmentation du capital sont assujettis aux droits d'enregistrements.

599. L'application des impôts sur le revenu des capitaux mobiliers aux EMF. Au même titre que les banques, les établissements de microfinance sont tenus de retenir et de reverser l'impôt sur le revenu des capitaux mobiliers (IRCM) sur les intérêts, et tous autres produits provenant :

[1245] V. Article 546 §A du CGI précité. Initialement adoptée au profit des établissements de crédit, cette disposition relative à l'enregistrement gratis des prêts sur nantissement et hypothèques, a été formellement étendue aux établissements de microfinance, dans la loi n°2012/014 du 21 décembre 2012 portant loi de finances de la République du Cameroun pour l'exercice 2013.

[1246] Article 546 §B du CGI précité.

- des comptes d'épargne pour les placements dépassant 10 millions de francs CFA[1247] ;
- des dépôts de sommes d'argent à vue ou à échéance fixe, quel que soit le dépositaire et quelle que soit l'affectation du dépôt ; à l'exclusion toutefois des intérêts rémunérant les dépôts des professionnels du secteur financier qui restent passibles de la TVA ;
- des cautionnements en numéraire ;
- des plus-values nettes globales réalisées à l'occasion de la cession d'actions, d'obligations et autres parts de capital effectuée par les particuliers, à titre occasionnel ou habituel ;
- des comptes courants.
-

600. L'assujettissement des EMF à l'impôt sur les sociétés. Au Cameroun, depuis le 1er janvier 2011, les établissements microfinance sont tous imposables à l'impôt sur les sociétés ; ce, en vertu de la loi n°2010/015 du 21 décembre 2010 portant loi de finances pour l'exercice 2011. L'impôt sur les sociétés est un impôt adossé sur le chiffre d'affaires constitué par des produits financiers[1248].

601. Synthèse. Toutes ces formes de contributions fiscales peuvent influencer les EMF dans la mesure où elles peuvent renchérir le coût

[1247] La base de calcul de l'IRCM dans ce cas est constituée des intérêts générés par la quotité du placement supérieur à FCFA 10 000 000.

[1248] Pour une étude plus détaillée de la fiscalité des établissements de crédit et des établissements de microfinance, R. ATANGA FONGUE et A.TOCKE, *Eléments de la fiscalité des affaires au Cameroun*, l'Harmattan, 2011, n°373 à 447, pp. 85-103.

des opérations, et de ce fait, affecter la viabilité financière ; ce qui aura sans doute des conséquences sur les fonds propres des EMF. En conséquence, il apparaît qu'une fiscalité mal adaptée au secteur de la microfinance affecterait le fonctionnement des entreprises œuvrant dans ce domaine, et obligerait d'ailleurs les EMF existant à fournir des prestations à des conditions assez élevées. Tout ceci n'est pas toujours favorable à l'essor d'une microfinance viable et pérenne.

2- Les avantages fiscaux particuliers au profit de certains établissements de microfinance

602. La règlementation des prérogatives fiscales accordées aux EMF. Différents textes édictent des avantages fiscaux spécifiques au profit de certaines entreprises comme celles spécialisées dans la microfinance. Il s'agit entre autres des codes, des chartes des investissements, de certaines dispositions des lois de finances.

L'élaboration des régimes fiscaux de faveur pour les EMF s'explique par plusieurs raisons. Tout d'abord, le secteur de la microfinance est dominé par les bailleurs de fonds qui considèrent que l'aide qu'ils apportent ne doit pas être soumise à une taxation. En effet, il semble inopportun que l'Etat taxe un projet d'aide qui bénéficie au pays et dont le promoteur ne tire aucun profit. Dans le même ordre d'idées, il apparaît très souvent que la vocation première de certains EMF est de permettre au plus grand nombre de (plus) pauvres d'accéder au crédit. C'est la mission primordiale des EMF mutualistes/coopératives et de ceux de troisième catégorie qui n'ont pas de vocation lucrative ou ne font que des profits très limités.

Ensuite, en dépit de l'essor des EMF, ces derniers ont une faible rentabilité. Une taxation pourrait être prohibitive, en ce qu'elle entraverait le développement du secteur de la microfinance, et découragerait les investisseurs privés.

Enfin, les EMF ont généralement des taux d'intérêt assez élevé, et une taxation élevée serait mal venue en ce qu'elle renchérirait le coût du crédit.

603. Différenciation des régimes fiscaux. Les régimes fiscaux applicables au secteur de la microfinance sont parfois très variés et disproportionnés. Il faut distinguer le régime applicable aux entités de formes sociétaires de celui des associations d'une part, et d'autre part, mettre en relief la différence existant entre la fiscalité des associés et celle des clients des EMF.

604. Fiscalité des coopératives et fiscalité des sociétés de capitaux. Dans le premier cas, en microfinance, on différencie généralement les sociétés de capitaux et les sociétés coopératives/mutualistes, ce qui s'accompagne très souvent de deux sortes de régimes fiscaux. La fiscalité des sociétés coopératives est souple contrairement à celle des sociétés de capitaux. En effet, la fiscalité des coopératives et mutuelles tient sa flexibilité du souci des Etats à promouvoir l'économie sociale développée au travers d'une microfinance dont la finalité première serait la lutte contre la pauvreté[1249]. En revanche, les sociétés de capitaux opérant dans le secteur de la microfinance, sont en principe soumises à la fiscalité des opérations de crédit de droit commun. A ce titre, les EMF de deuxième catégorie seraient assujettis à l'ensemble des impôts et taxes applicables aux établissements de crédit classiques. Toutefois, selon les pays et les époques, les sociétés de capitaux spécialisées dans la microfinance, les EMF de deuxième catégorie, peuvent bénéficier des exonérations fiscales temporaires.

605. Fiscalité des associations. La fiscalité du secteur associatif et des fondations est très souvent assez allégée, en raison de la finalité généralement caritative (non lucrative) de ces organisations. Une telle flexibilité participe très souvent de la promotion de l'économie solidaire; souplesse qui est accrue lorsque l'entité en cause est une association d'utilité publique ou une fondation[1250]. C'est d'ailleurs pourquoi certains opérateurs préfèrent parfois choisir la forme associative pour leur entité, au détriment de la forme sociétaire et commerciale, jugée assez prohibitive, tout au moins en matière fiscale, pour les EMF.

[1249] L'assouplissement des règles fiscales à l'égard des sociétés coopératives/mutualistes relève d'une histoire ancienne, même si de nos jours, cette fiscalité a connu une certaine évolution tendant à une imposition « raisonnable », L. LHERIAU, *Précis de la réglementation de la microfinance, op. cit.,* pp. 234-236.

[1250] Pour une étude complémentaire de la notion de fondation en droit, Lire la thèse de Madame Valérie GUEDJ, *Essai sur le régime juridique des fondations*, 22 novembre 1999, Univ. Panthéon-Assas (Paris II), s. dir. Laurent LEVENEUR.

606. Distinction fiscalité des associés de celle des clients. Dans le second cas, la fiscalité des associés et clients des EMF peut s'avérer plus ou moins lourde selon que ces entités ont effectué un volume important d'activités ou non. Cette fiscalité se rapporte entre autres à la cession des titres dans le capital de l'EMF, la rémunération des créances et du capital détenu par les membres. Elle peut se décliner en impôt sur les revenus des capitaux mobiliers, impôt sur le revenu des personnes physiques[1251], en droits d'enregistrement entre autres.

Enfin, on peut noter que la fiscalité douanière est appliquée aux EMF de la même façon que les impôts, droits et taxes. Cela a un coût supplémentaire, lequel peut affecter le compte de résultat des entités en cause. Certes cette fiscalité douanière s'applique surtout à certains matériels importés dans la zone CEMAC, tels que les véhicules, le matériel informatique, le matériel des télécommunications. Mais toujours est-il que, les droits et taxes résultant des importations de produits, renchérissent le coût des opérations de microfinance. Il paraît donc plus indiqué et plus intéressant que les EMF bénéficient des exonérations fiscales leur permettant d'importer les matériels d'équipement.

En plus de la variété des régimes fiscaux applicables aux EMF et inspirés du droit commun, certains textes de loi aménagent des avantages fiscaux particuliers au profit desdits établissements. Il semble donc intéressant d'harmoniser les différents régimes fiscux

[1251] Art. 24 et s. du CGI du Cameroun

applicables aux EMF pour ne pas affecter leur viabilité ou leur pérennité.

B – Proposition pour une fiscalité efficiente en microfinance

607. La fiscalité applicable actuellement aux EMF en zone CEMAC connaît plusieurs disparités au niveau sous-régional, national et au sein du même secteur, entre différents types d'EMF. Cette situation créé d'importantes distorsions et peut même affecter le jeu de la libre concurrence parmi les EMF. La variété des types d'EMF incite à une différenciation des régimes fiscaux. Néanmoins, toute différence de régime doit être gouvernée par une certaine différence de nature[1252] et doit être sous-tendue par des critères de distinction suffisamment identifiés.

On ne peut pas soumettre indistinctement tous les EMF à un régime fiscal identique. Il semble tout de même que pour rendre la fiscalité des EMF assez efficace, on doit tenir compte de deux paramètres : concilier la pérennité des EMF[1253] à la nécessité des recettes fiscales pour les EMF d'une certaine taille. Ce double objectif parait a priori contradictoire, mais peut être atteint si on respecte

---

[1252] J.-L. BERGEL, « Différence de nature égale différence de régime », *RTD Civ.*, 1984, n°3, p. 255.

[1253] Pour une étude complète sur la pérennité des EMF, voir C. NENTA NDJOUKOUE, « La problématique de la pérennité des établissements de microfinance dans la CEMAC », *in « Gérer et décider », Rev. Facultés des Sciences Sociales et de Gestion (UCAC),* vol. 1, n°1, janvier 2005.

l'équité fiscale (1) ; et au besoin, qu'on harmonise la fiscalité de la microfinance au niveau de tous les Etats de la zone CEMAC (2).

1- Plaidoyer pour l'équité fiscale

608. Notion d'équité fiscale. L'équité fiscale telle qu'évoquée ici, ne renvoie pas à l'égalité arithmétique mais plutôt géométrique. L'élaboration des lois fiscales doit tenir compte des particularités liés au secteur de la microfinance d'une part, et, d'autre part dans le secteur de la microfinance même, le législateur fiscal doit mieux cerner les formes juridiques des différentes entités, du volume des affaires de celles-ci, de la vocation sociale ou commerciale des établissements avant l'élaboration de sa politique fiscale.

La complexité et les incertitudes liées à la fiscalité des EMF devraient être traitées à travers des régimes fiscaux adaptés. L'ampleur des charges fiscales des banques et des établissements financiers n'est pas favorable à l'émergence des EMF, si elles devraient être appliquées au même titre à ceux-ci. Il est donc souhaitable qu'au travers de leur statut, les EMF bénéfice d'un régime fiscal général assez démarqué de celui de droit commun applicable aux établissements de crédit classiques. Une telle mesure devrait tenir compte des spécificités du secteur de la microfinance et conforterait l'idée, assez justifiée, d'une réforme de la règlementation actuelle de la microfinance. Car, selon une forte recommandation des spécialistes de la fiscalité, la modération dans la fixation des impôts vise à assurer la pérennité de sa perception. Ne dit-on pas très souvent « que trop d'impôts tue l'impôt » ?

609. L'application de la théorie de l'abus de droit en microfinance. Au sein du secteur de la microfinance même, on peut recourir à une théorie fiscale fondamentale pour rendre compte de l'importance de la fiscalité pour les établissements exerçant une activité financière, à savoir : la théorie de l'abus de droit[1254]. L'abus de droit se décline en deux types de comportements irréguliers : la simulation et la fraude à la loi[1255].

La mise en œuvre de l'équité fiscale peut se heurtée à plusieurs obstacles. A titre d'illustration, certains Etats[1256] pratiquent très souvent une politique fiscale allégée au profit des entités de microfinance, ce qui peut être un facteur motivant la création des EMF. C'est le cas de la règlementation fiscale congolaise qui exonère les EMF d'un certain nombre d'impôts et taxes [1257] durant trois

---

[1254] Pour une étude approfondie de cette théorie lire M. COZIAN, « La notion d'abus de droit en matière fiscale », *Gaz. Pal.* 17-19 janv. 1993 ; M. COZIAN, *Précis de la fiscalité des entreprises*, Litec Fiscal, 1994.

[1255] En matière fiscale, la simulation s'identifie à un mensonge juridique du contribuable à l'administration fiscale ; alors que la fraude à la loi est un montage juridique artificiel et contre-nature justifié par la volonté de contourner une règle fiscale contraignante.

[1256] V. Arrêté n°7236/MEFB-CAB de novembre 2007 accordant un régime fiscal préférentiel aux établissements de microfinance en République du Congo.

[1257] Aux termes de l'article 3 de l'arrêté n°7236/MEFB-CAB de novembre 2007 accordant un régime fiscal préférentiel aux établissements de microfinance en République du Congo précité, « les établissements de microfinance sont exonérés des impôts et taxes suivants : l'impôts sur les sociétés et l'impôt sur le revenu des personnes physiques dans la catégorie des bénéfices industriels et commerciaux ; l'impôt sur le revenu des valeurs mobilières ; la contribution foncière des propriétés bâties et non bâties ; la taxe forfaitaire sur les salaires ; la taxe spéciale sur les

ans[1258]. Or, dans le même temps, on observe certains EMF pérennes accomplir des opérations de crédit sans limitation de montant[1259] pour des intérêts considérables. Une telle situation peut motiver des opérateurs économiques à recourir à la réglementation relative à la microfinance afin de bénéficier de sa flexibilité, et le cas échéant, des exonérations fiscales. Sur un plan strictement fiscal, le recours aux privilèges éventuels accordés par la règlementation de la microfinance pour l'accomplissement des opérations de crédit de valeur importante pourrait être considéré comme une fraude à la loi[1260]. Ainsi, au regard du réalisme du droit fiscal[1261] et de son indépendance à l'égard du droit financier, l'administration d'un pays pourrait considérer l'utilisation du statut de l'EMF comme un abus de droit. Une telle qualification n'étant pas figée, elle peut être réfutée par l'administration fiscale d'un autre pays de la zone CEMAC.

Pour faire face aux distorsions des volumes d'activités entre les secteurs bancaire et microfinancier, en l'absence du plafonnement des montants des microcrédits par les autorités monétaires, les

---

sociétés ; la taxe sur la valeur ajoutée ; les intérêts versés sur l'épargne collectée ; les intérêts des produits octroyés ; les intérêts des opérations de refinancement entre établissements de microfinance ou entre ceux-ci et les banques ; les cotisations des sociétaires et des membres ».

[1258] Article 2 de l'arrêté sus visé.

[1259] Rappelons que la réglementation CEMAC ne fixe aucun plafond du montant des crédits pouvant être octroyés par les EMF. La seule limite à cette pratique est le respect des normes prudentielles.

[1260] Selon le professeur COZIAN, d'après « le dogme du réalisme, le droit fiscal appréhende moins des situations juridiques que des états de fait ; il n'hésite pas par ailleurs à débusquer la réalité sous un habillage juridique trompeur. L'imposition des situations de fait et la répression des abus de droit sont généralement présentées comme des manifestations du réalisme du droit fiscal. », *Précis de la fiscalité des entreprises, op. cit.*, p. 9.

[1261] M. COZIAN, *Précis de la fiscalité des entreprises, op. cit.*, p. 9.

administrations fiscales des différents pays de la CEMAC, pourraient, chacun, fixer des montants maximum au-delà desquels tout établissement assujetti peut se voir appliquer un régime fiscal de droit commun. Les régimes fiscaux de faveur accordés à certains EMF sont considérés comme des aides publiques susceptibles d'affecter le libre jeu de la concurrence parmi les différentes entreprises exerçant des activités de microfinance. Il semble donc important d'harmoniser les régimes fiscaux des EMF, à travers un règlement adopté par le Conseil des Ministres de la CEMAC.

2- Pour une fiscalité harmonisée de la microfinance en Afrique centrale

610. L'harmonisation de la fiscalité en microfinance : les thèses en présence. De nos jours, deux thèses sur les régimes fiscaux applicables à la microfinance s'affrontent en zone CEMAC[1262] : la thèse « conservatiste » prônant l'application de la fiscalité de droit commun aux EMF, et la thèse « réaliste » encourageant l'octroi des faveurs fiscales, notamment aux EMF à but non lucratif.

611. La thèse « réaliste ». La théorie réaliste considère la microfinance comme un outil de lutte contre la pauvreté par essence,

---

[1262] A titre de comparaison, on peut relever pour s'en inspirer que le texte des articles 30 et 32 du chapitre III de la réglementation PARMEC en zone UEMOA, intitulé « incitations fiscales», jette les bases des régimes fiscaux favorables à la promotion de la microfinance. V. dans ce sens, MBAYE Diouf, « *Contribution à la réflexion pour l'avènement d'un régime fiscal de promotion des structures de financement de proximité* », *in* ADA Dialogue, n°32, juin 2003.

et à ce titre, de par sa vocation sociale, la microfinance favoriserait l'émergence d'une classe moyenne et donc doit bénéficier d'une fiscalité allégée[1263]. Cette approche peut paraître favorable à l'émergence des EMF dans des zones reculées grâce à des incitations fiscales. Elle semble en outre incitative pour les EMF de première et de troisième catégorie. Ici, il parait contradictoire de fiscaliser fortement les EMF donc ni la viabilité financière, ni la pérennité ne sont garanties.

612. La théorie « conservatiste ». La théorie conservatiste quant à elle, considère la microfinance comme une source de recettes fiscales à part entière soumise au régime fiscal de droit commun. Cette approche met les recettes fiscales de l'Etat au centre de ses préoccupations. On doit élargir l'assiette fiscale afin de faire face aux importantes charges publiques, mais aussi pour ne pas dissuader ceux qui sont assujettis aux prélèvements obligatoires et donc, mêmes les EMF doivent être assujettis au régime fiscal de droit commun.

613. Synthèse des approches théoriques. Le législateur CEMAC peut adopter une position médiane quant à la règlementation fiscale applicable au secteur de la microfinance, en allégeant la fiscalité des EMF de forme associative et en assujettissant les EMF de forme sociétaire, et notamment la société anonyme, à un régime fiscal de droit commun. L'enrichissement du droit matériel applicable aux

---

[1263] L. LHERIAU, *Précis de réglementation de la microfinance, op. cit,* n° 255, p. 231.

EMF doit donc aussi se traduire par une politique fiscale harmonisée. Les autorités monétaires doivent collaborer avec les administrations fiscales, afin que les exonérations fiscales soient axées sur les impôts et taxes réduisant la rentabilité des EMF avant la distribution des bénéfices[1264]. L'assouplissement de la pression fiscale en amont permettrait d'atteindre l'équilibre financier et l'émergence des entités de microfinance susceptibles d'alimenter les PME/PMI et les particuliers, en flux financiers. Il faut relever que les exonérations fiscales ciblées telles que préconisées ci-dessus, participent d'un différé d'imposition, étant entendu que l'accroissement des bénéfices réalisés grâce aux exonérations ont pour conséquence l'augmentation future des recettes fiscales[1265].

Les lacunes inhérentes à la fiscalité des EMF nécessite de trouver des solutions adaptées au secteur de la microfinance et pouvant être appliquées à tous les pays de la sous région. En réalité, comme le souligne un auteur, *« l'arbitrage des priorités ne semble pas évident entre la nécessaire augmentation des recettes fiscales et l'octroi d'avantages permettant d'accélérer le développement du secteur en diminuant le coût des services des populations démunies »*[1266].

1264 L. LHERIAU, *thèse précitée*, n° 1541.
1265 IS, BIC, IRCM etc.
1266 V. L. LHERIAU, *Précis de la réglementation*, *op. cit.*, n° 268, p. 245.

Conclusion du chapitre 2

614. Les opérations de microfinance, une chaine de contrats à encadrer pour limiter les éventuelles dérives. Qu'il s'agisse des opérations de crédit ou d'épargne, de la prestation des services principaux ou accessoires, les EMF doivent être mieux règlementés ; c'est-à-dire s'inspirer des mécanismes contractuels de droit commun et de droit bancaire, en tenant compte des spécificités et des réalités de la microfinance. Il s'agira ainsi de peaufiner les contrats de crédits, les garanties et les sûretés utilisées par les EMF.

En outre, les mécanismes de refinancement des établissements de microfinance doivent être repensés pour leur permettre de se recapitaliser et renforcer leurs fonds propres, le cas échéant. Il serait intéressant que le législateur ouvre l'accès des EMF à la compensation auprès de la banque centrale, sous réserve du respect des conditions bien déterminées. Ce serait une opportunité intéressante pour l'accès de ces entités au marché monétaire. Dans le même sens, il semble important dans certaines hypothèses, que le législateur autorise l'accès au marché financier à certains EMF, en fonction de leur taille et leur capitalisation financière.

Enfin, le perfectionnement de la réforme de la règlementation de l'activité de microfinance passe par une harmonisation de la fiscalité applicable aux EMF. Cela éviterait des distorsions susceptibles de fausser le jeu d'une saine concurrence entre ces établissements, et entre ceux-ci et d'autres entreprises financières implantées en Afrique centrale. C'est fort de ces améliorations du cadre opérationnel de la microfinance que les EMF pourront valablement assumer leur rôle d'acteurs déterminants de lutte contre la pauvreté, et complément important du système bancaire classique.

Conclusion du titre 2

615. Bilan de la première décennie d'application de la règlementation de la microfinance en zone CEMAC. Après une décennie d'application, la règlementation de la microfinance laisse transparaître certaines faiblesses qu'il faut corriger. Les insuffisances du dispositif règlementaire actuel des EMF tiennent à deux aspects majeurs : une efficacité relative des institutions et un encadrement perfectible des mécanismes contractuels utilisés par les EMF.

Les institutions qui interviennent dans ce secteur d'activité n'accomplissent pas parfois pleinement leur rôle, ou encore manque des moyens nécessaires pour être efficients. C'est le cas de certains bailleurs de fonds qui ne comprenne pas souvent le vrai rôle que doit jouer la microfinance, et la considère comme un appendice des aides au développement[1267]. Afin d'améliorer le rôle des bailleurs de fonds dans la mise sur pied des stratégies nationales de microfinance, un auteur[1268] formule cinq (05) importantes recommandations à leur égard, à savoir :

- *« **Investir dans un diagnostic complet du secteur.** Un diagnostic exhaustif est essentiel. Cet exercice doit porter sur le secteur financier au sens large et comprendre une analyse approfondie avec des*

[1267] K. BARLET, *Le stratégies nationales de microfinance : conseils aux bailleurs de fonds*, *BIM* n° - 09 mars 2010.

[1268] K. BARLET, *Le stratégies nationales de microfinance : conseils aux bailleurs de fonds*, *idem.*

informations sur la santé financière des institutions. Des experts possédant des compétences techniques variées en matière de développement des systèmes financiers doivent être recrutés (un seul consultant est rarement suffisant).

- ***Analyser le climat politique****. On ne saurait ignorer la dimension politique des stratégies nationales de microfinance. Il est donc important de comprendre le contexte politique dans lequel elles s'inscrivent. Les bailleurs de fonds doivent disposer des compétences nécessaires dans le domaine financier pour négocier des processus complexes. Ils doivent également procéder à une évaluation complète des capacités, de l'intérêt, du mandat et de l'autorité de tous les types d'acteurs gouvernementaux pour défendre et mettre en œuvre la stratégie.*
- ***Veiller à ce que les acteurs locaux s'approprient la stratégie****. Les bailleurs doivent s'assurer que tous les acteurs indispensables, comme le secteur privé, tous les types de bailleurs et d'investisseurs, les organismes gouvernementaux compétents, mais aussi les ministères qui peuvent avoir des approches différentes en matière d'accès aux services financiers, participent au processus consultatif. Le cas échéant, ils doivent également appuyer le renforcement des capacités des*

décideurs locaux qui contribuent à l'élaboration et à la mise en œuvre de la stratégie.

- ***Évaluer les résultats****. Les bailleurs de fonds doivent mesurer les résultats et la performance des stratégies nationales de microfinance qu'ils financent.*
- ***Demeurer ouverts aux changements de cap****. En raison de l'émergence rapide de nouveaux acteurs publics et privés dans le milieu de la microfinance, les bailleurs de fonds doivent assouplir le mode d'élaboration et de gestion des stratégies nationales de microfinance ».*

  C'est également le cas de la COBAC qui manque souvent de ressources matérielles et humaines, pour assurer avec efficacité ses missions de contrôle sur pièces et surtout sur place. Cela dénature et déprécie parfois considérablement l'intervention de ces acteurs sur le secteur de la microfinance.

Les contrats conclus pour l'accomplissement de l'activité de microfinance souffrent quelquefois d'importantes lacunes liées à la mauvaise information des acteurs, voire aux pratiques irrégulières de certains cocontractants. L'originalité de la microfinance fait prospérer des procédés atypiques en matière de garanties ou des voies d'exécutions qu'il faut mieux encadrer en les adaptant. Enfin, la règlementation actuelle de l'activité de microfinance a permis de déceler certaines difficultés qu'il est nécessaire de prendre en compte dans le cadre des réformes appropriées. Car, comme le relève à juste titre un remarquable juriste, *« la mise en place du cadre juridique de la microfinance en Afrique, assurera également un meilleur développement de la micropropriété en lui faisant jouer un rôle moteur dans l'économie formelle»*[1269].

[1269] H.-D. MODI KOKO BEBEY, « Aspects juridiques de la micropropriété », *in Colloque Microéconomie et sécurité juridique,* 21 sept. 2007, p. 67.

Conclusion de la deuxième partie

616. La réforme du secteur financier entrepris en zone CEMAC, à travers la règlementation de l'exercice de l'activité de microfinance est une avancée positive. Elle a permis d'encadrer la microfinance, de régir ses acteurs pour les sortir du secteur informel en les intégrant dans le système financier formel et structuré. Cet encadrement bien qu'intéressant doit être affiné. Autrement dit, il ressort de l'examen minutieux du dispositif règlementaire applicable au secteur de la microfinance que cette activité doit être mieux encadrée. Les entreprises qui accomplissent l'activité de microfinance sont distinguées sous l'appellation générique d'établissement de microfinance. Le législateur semble instaurer un statut unitaire pour tous ces établissements. A l'analyse toutefois, il ressort que les EMF revêtent une diversité de formes juridiques à savoir : les formes sociétaires et les formes associatives. Ces formes peuvent être commerciales ou civiles, coopératives ou mutualistes. Pour une pertinente mise en œuvre de cette règlementation, il est nécessaire de procéder à une meilleure différenciation des EMF dans le Règlement CEMAC du 13 avril 2002 qui les institue. De même, il est impérieux de trouver des solutions juridiques idoines aux premières difficultés du secteur de la microfinance, au risque de le décrédibiliser et de pousser les acteurs et opérateurs économiques à son rejet. Il semble donc urgent de parfaire la réforme entreprise des règles applicables au secteur de la microfinance, tant du point de vue institutionnel qu'opérationnel.

Conclusion générale

617. Au terme de cette étude, il est apparu que le statut juridique des établissements de microfinance doit être raffermi et amélioré. Le raffermissement du statut juridique des EMF passe par une application effective et efficace des dispositions prévues par la règlementation ; son amélioration suppose des aménagements adéquats visant à sauvegarder les intérêts de tous les acteurs du secteur de la microfinance. En effet, on a pu constater que l'encadrement de l'activité des établissements de microfinance était plus que nécessaire, il était indispensable. Cette œuvre a été entreprise avec détermination par le législateur de la sous-région CEMAC à travers le Règlement du 13 avril 2002. Il s'est avéré que le développement spontané des pratiques et des structures de microfinance fait suite aux insuffisances de l'intermédiation bancaire classique. Par souci de sécurisation, le législateur a élaboré un ensemble de normes applicables au secteur de la microfinance. Il a organisé les conditions d'accès à l'activité de microfinance en édictant un certain nombre de barrières règlementaires et économiques, pour limiter l'intervention fantaisiste des opérateurs économiques peu ou pas qualifiés, pour agir au sein du système financier formel. De même, la règlementation encadre le fonctionnement des établissements de microfinance en les assujettissant à un ensemble de normes prudentielles et professionnelles.

En outre, la loi régit strictement l'activité de microfinance et semble confiner le domaine de compétence des EMF en leur reconnaissant des attributions précises. A cet égard, le Règlement du 13 avril 2002 assigne deux missions fondamentales aux établissements de microfinance : la canalisation des exclus du système bancaire et le financement des initiatives économiques de base. L'exclusion bancaire a motivé l'essor des EMF, car ces derniers apparaissent comme une solution complémentaire de l'inclusion financière. En plus, les EMF doivent participer au financement des initiatives économiques primaires à travers des prestations financières adaptées.

Toutefois, bien que le législateur ait procédé à la règlementation de l'activité de microfinance, le dispositif juridique mis sur pied reste incomplet, et a révélé certaines faiblesses, source de difficultés pour l'essor d'un secteur de la microfinance prospère, viable et pérenne. Il est donc nécessaire de poursuivre l'encadrement de la microfinance en procédant à une meilleure différenciation des EMF dans les textes organiques. En dépit de l'élaboration d'un statut de base commun pour les structures de microfinance, il ressort de l'analyse que les EMF ont des formes juridiques assez distinctes. Les uns peuvent revêtir les formes sociétaires, commerciales ou civiles, coopératives ou mutualistes ; les autres peuvent être de formes associatives, caritatives ou lucratives. Pour éviter l'amalgame entre les différentes catégories d'établissements de microfinance, le législateur doit donc davantage clarifier leurs formes juridiques, à travers une catégorisation plus perceptible et mieux élaborée.

Dans le même ordre d'idées, il est impérieux de bien cerner les pesanteurs qui affectent l'activité de microfinance et les corriger en conséquence. A cet effet, il est urgent d'améliorer principalement les cadres d'expression de l'activité de microfinance sous un double aspect.

D'une part, il faut peaufiner le cadre institutionnel des établissements de microfinance ; cela suppose que la loi raffermisse à la fois les mécanismes de prévention et de traitement des difficultés des EMF, afin de se prémunir contre une crise sectorielle et le cas échéant, le risque systémique. De même, la loi doit renforcer le rôle des institutions internationales, communautaires et nationales, intervenant dans l'encadrement des EMF. En réalité, faute par exemple pour les bailleurs de fonds de mieux cerner la portée de leurs aides en microfinance, des distorsions qui portent atteinte au libre jeu de la concurrence, ou qui sont un obstacle à la viabilité financière et/ou institutionnelle des EMF soutenus, peuvent apparaître. Egalement, à défaut pour la COBAC de disposer des ressources humaines, matérielles et logicielles suffisantes, et sagement déployées, le contrôle des EMF ne sera qu'imparfaitement garanti, ce qui porterait préjudice à la crédibilité du secteur et à la fiabilité des agréments délivrés en amont par l'autorité monétaire.

D'autre part, il est important de parfaire le cadre opérationnel des EMF. Techniquement, les opérations de microfinance sont des contrats qui doivent être mieux structurés pour sauvegarder les intérêts de toutes les parties. Du côté de l'établissement de microfinance, les procédés contractuels relatifs au crédit notamment, doivent être bien pensés pour protéger l'EMF. En plus du contrat de microcrédit, par exemple, qui doit être adapté aux circonstances et à la situation du bénéficiaire du crédit, l'EMF doit s'offrir des garanties adaptées et faire recours à des voies de recouvrement qui respectent les droits humains. Bien plus, les EMF font parfois usage des techniques originales qui doivent être bien règlementées pour limiter les abus. Du côté du client, déposant ou membre, en relation avec l'EMF, il faut sauvegarder leurs intérêts afin d'éviter qu'on tombe dans des excès incontrôlables. En situation normale, la protection des intérêts de tous les « partenaires » des EMF passe par le respect scrupuleux des règles d'une saine gouvernance d'entreprise, la transparence des conditions tarifaires, l'observation scrupuleuse des droits humains entre autres. En temps de crise, la sécurité des partenaires des EMF justifie souvent l'adoption des mesures d'exception, en fonction de la gravité de la crise, voire une adaptation des règles de procédures collectives d'apurement du passif, en tenant compte des spécificités de l'activité et des formes juridiques des EMF. Mieux, il est urgent de mettre sur pied dans le secteur de la microfinance, un fonds de garantie de dépôts pour parer aux conséquences néfastes éventuelles de la défaillance des entreprises de microfinance, en assurant ainsi aux petits déposants et membres, une chance de rentrer dans leurs droits.

Bien plus, il est important de régir efficacement les opérations de refinancement des EMF, à travers l'ouverture, le cas échéant, du marché monétaire aux uns, et celle du marché financier aux autres, sous réserve du respect des conditions minutieusement élaborées par les textes. Dans la même perspective, les législateurs sous-régional et national, doivent s'intéresser à l'harmonisation des régimes fiscaux applicables au secteur de la microfinance ; de telle sorte qu'on n'ait plus de disparités pour la fiscalité relative aux établissements de microfinance de mêmes formes juridiques, et de catégories identiques dans un même pays, voire au niveau de la sous-région CEMAC.

Somme toute, l'affinement du statut juridique des établissements de microfinance en Afrique centrale, passe par l'adoption de nouveaux textes, complémentaires à la règlementation originelle et dérivée des EMF. Une telle impulsion législative devrait permettre à l'activité de microfinance de jouer un rôle à part entière dans la financiarisation des populations et des économies de toute la Communauté des Etats de l'Afrique Centrale, et d'éviter de tomber dans les mêmes déviances qui ont entrainé la crise bancaire des années 80 en Afrique Centrale, et justifiées d'importantes réformes dès les années 90. L'une des pistes pertinente pour y parvenir semble être le renforcement de la prévention des difficultés des EMF et le traitement adéquat de ces dernières, car si « la microfinance est une macro idée » elle révèle sans doute d'importants défis juridiques.

BIBLIOGRAPHIE

I- OUVRAGES GENERAUX

A- DICTIONNAIRES ET ENCYCLOPEDIES

ARNAUD (A.-J.)

- Dictionnaire encyclopédique de la théorie et de la sociologie du droit, LGDJ, 2e éd., 1993.

ASSOCIATION Henri CAPITANT

- Vocabulaire juridique, s. dir. **CORNU (G.)**, 9e éd. PUF 2011.

BARLET (K.)

- Glossaire de microfinance, français-anglais, Gret/CIRAD, mai 2003.

BRIMO (A.),

- Les grands courants de la philosophie du droit et de l'Etat, Paris, éd. Pedone, 1978, 574 pp.

CABRILLAC (R.) (s. dir.)

- Dictionnaire du vocabulaire juridique, Litec, 2012.

DUCLOS (Th.)

- Dictionnaire de la banque, SEFI, 2e éd., Québec, 1999.

GUINCHARD (S.) et **MONTAGNIER (G.)**

- Lexique des termes juridiques, Dalloz, 20e éd. 2013.

PEYARD (M. et J.)

- Dictionnaire de finance, Viubert, 2e éd., 2001, 305 pp.

NICOLEAU (P.),

- Dicojuris, Lexique de droit privé, ellipses 1996, 382 pp.

ROLAND (H.) et **BOYER (L.),**

- Locutions latines du droit français, 4e éd., Litec, 1998
- Adages du droit français, 4 e éd. Litec, 1999

SOUSSI-ROUBI (B.),

- Lexique de banque et des marchés financiers, 6e éd. Dunod, 2009, 325 pp.

B- TRAITES ET MANUELS

ATIAS (C.),

- Philosophie du droit, Thémis, PUF, 1999, 352 pp.

AUBERT (M.), KERNEN (J-L), SCHÖNLE (H.)

- « Le secret bancaire suisse », 2e éd. Staempli & Cie, 1982, 503 pp.

BERGEL (J.-L.),

- Théorie générale du droit, Dalloz, 2 éd., 1989, 342 pp.

BONNEAU (T.) et DRUMOND (F.),

- Droit de marchés financiers, Economica, 3e éd., 2010, 1202 pp.

CABRILLAC (M.) et **Christian MOULY (C.)**

- Droit des sûretés, 5 éd. Litec, 1999, pp. 771

CALAIS-AULOY (J.) et STENINMETZ (F.)

- Droit de la consommation, Dalloz, 7e éd., 2006.

CAPITANT (H.), TERRE (F.) et **LEQUETTE (Y.)**

- Les grands arrêts de la jurisprudence civile, Tome2, Obligations- Contrats spéciaux- Sûretés, Dalloz, 12e éd.

CARBONNIER (J.),

- Droit et passion du droit sous la Ve République, éd. Flammarion, 1996, 276 pp.
- Flexible droit, Pour une sociologie du droit sans rigueur, 10e éd. L.G.D.J., 2007, 493 pp.
- Sociologie juridique, éd. PUF, 2008,416 pp

COQUELET (M-L.), COURET (A.), GRANIER (T.), LE NABASQUE (H.),

PORACCHIA (D.), RAYNOUARD (A.), REYGROBELLET (A.), ROBINE (D.)

- Droit financier, Précis Dalloz, 1ere éd., 2008.

COZIAN (M.) et DEBOISSY (Fl.)

- Précis de fiscalité des entreprises, 34e éd., Litec, 2010/2011, 744 pp.

KELSEN (H.)

- Théorie pure du droit, 2e éd., Dalloz, 1962, Traduction de Charles EISENMANN, 495 pp.

KAMTO (M.)

- Droit administratif processuel du Cameroun, P.U.C, 1990

MIKOL (A.)

- Le contrôle interne, Coll. Que sais-je ? PUF, 1998

MINKOA SHE (A.)

- Droit Des Sûretés Et Des Garanties Du Crédit Dans L'espace Ohada - Tome 2, Les Garanties Réelles, Dianoia, 398 pp.

OWONA (J)

- Le contentieux administratif de la République du Cameroun, l4harmattan 2011, 230 pp.

PEROCHON (F.) et BONHOMME (R.)

- Entreprises en difficultés ; Instruments de crédit et de paiement, LGDJ, 8e éd., 2009

PONS (N.)

- Cols blancs et mains sales, économie criminelle, mode d'emploi, Odile Jacob, 2006, pp. 319.

PUTMAN (E.)

- Moyens de paiement et de crédit, PUF, 1ere éd., 1995 ;

RIPERT (G.)

- La règle morale dans les obligations civiles, L.G.D.J., 4 éd., 1949.

RIPERT (G.) et **ROBLOT (R.)**

- Traité de droit commercial de Ripert et Roblot, Tome 2, Effets de commerce-banque-Contrats commerciaux et procédures collectives, 17e éd., L.G.D.J, 2004, 1323 pp. par DELEBECQUE (Ph.) et M. GERMAIN (M.).

ROUTIER (R.)

- Obligations et responsabilité du banquier, Dalloz, 3e éd., 2011.

SAWADOGO (F.M.)

- Acte Uniforme relatif aux Procédures Collectives d'Apurement du Passif, éd. Edicef, FF

SERLOOTEN (P.)

- Droit fiscal des affaires, 10e éd., Précis Dalloz, 2011/2012, 736 pp.

SUPIOT (A.)

- Homo juridicus, Essai sur la fonction anthropologique du droit, Seuil 2006, 330 pp.

SZRAMKIEWICZ (R.)

- Histoire du droit des affaires, Montchrestien, 1989, 242 pp.

TERRE (Fr.) (s. dir.)

- ARCHIVES DE PHILOSOPHIE DU DROIT, L'argent et le droit, publié avec le concours du C.N.R.S., Tome 42, édition Sirey, pp. 465.
- ARCHIVES DE PHILOSOPHIE DU DROIT, Droit et économie, publié avec le concours du C.N.R.S., Tome 37, édition Sirey, pp. 426.

TIGER (Ph.)

- Le droit des affaires en Afrique-OHADA, Que sais-je, PUF, 1999.

TIMSIT (G.)

- Théorie de l'Administration, Economica, janvier 1986, 375 pp.

II- OUVRAGES SPECIAUX

ANOUKAHA (F.) et TJOUEN (A.D.)

- Les procédures simplifiées de recouvrement et les voies d'exécution en OHADA. Yaoundé : Presses Universitaires d'Afrique, 1999.

ASSI-ESSO (A.-M.) et DIOUF (N.)

- OHADA Recouvrement des créances. Collection droit uniforme africain. Bruylant 2002.

ATANGA FONGUE (R.) et TOCKE (A.)

- Eléments de la fiscalité des affaires au Cameroun, l'Harmattan, 2011

BALBENHOL (B.)

- Banques et petites entreprises en Afrique de l'Ouest : Problèmes et possibilités liés à leur rapprochement, Harmattan 1996, 192 pp

BAKANDEJA WA MPUNGU (G.) et **REMICHE (B.)** (s. la dir.),

- D'une économie populaire à une économie fiscalisée, INEADEC, Actes du Colloques international de Kinshasa du 19 septembre 2008, édition Larcier, pp.222

BASS (J.) et HENDERSON (K.)

- Crédit bail : une nouvelle option pour les institutions de microfinance, Wendemann Associates Inc., 2000, 15 pp.

BEKOLO EBE (B.) (s. dir.),

- Intermédiation financière et financement du développement en Afrique, PUY, mars 2002, 398 pp

BERNET-ROLLANDE (L.)

- Principes de techniques bancaires, 19 éd., Dunod, Paris, 1997, 363 pp.

BONNEAU (T.)

- Droit bancaire, éd. Montchrestien, 7eme éd., Paris 2007, 669 pp

BOUDINOT (A.) et **FRABOT (J.C.)**

- Technique et pratique bancaire, Sirey, 4e éd., 1982 ;

CABRILLAC (H.)

- Introduction au droit bancaire, Dalloz, 1964,

CASSOU (P.H.)

- La réglementation bancaire, SEFI, 1997

DE COUSSERGUES(S.),

- Gestion de la banque, Collection Dunod, 2e éd., Paris 1996, 295 pp.

DE JUGLART (M.) et **IPPOLITO (B.)** par **L.M. MARTIN**

- Traité de droit commercial, t.7, Banques et bourses, 3e éd., Montchrestien, 1991

DEKEUWER-DEFOSSEZ (F.),

- Droit bancaire, Dalloz, 3e éd., 1991

DEKEUWER-DEFOSSEZ (F.) et MOREIL (S.)

- Droit bancaire, Dalloz-Sirey, 2010, 200 pp

DIAKITE (B.S.),

- Les fondements théoriques de l'économie de la microfinance. Tome 1, éd. Edilac : Menaibuc / DL 2008
- Les fondements théoriques de l'économie de la microfinance. Tome 2, éd. Edilac : Menaibuc / DL 2008
- Les fondements théoriques de l'économie de la microfinance. Tome 3, éd. Edilac : Menaibuc / DL 2008

DUPUIS-DANON (M.-C.),

- Finance criminelle, PUF, 2004, 232 pp

FAVRE ROCHEX (A.) et COURTIER (G.)

- Fonds d'indemnisation et de garantie, Droit des affaires, LGDJ, Juin 2003, 202 pp

GATSI (J.)

- Le droit OHADA des sociétés coopératives, l'Harmattan, 200 pp.

GAUDU (F.)

- Entreprise et établissement in *Prospectives du droit économique*, Dialogue avec M. JEANTIN, D.1999, p. 47 à 55

GAVALDA (C.) (s. dir.)

- Les défaillances bancaires, Analyse des modalités de prévention et de traitement des difficultés des établissements de crédit, Cahiers Finance éthique confiance, Association d'économie financière, 1995, pp. 248 ;

GAVALDA (G.) et J. STOUFFLET (J.),

- Droit du crédit, t.1, les institutions, Litec, 1ere éd., 1991;
- Droit bancaire, Litec 1999, 4e éd., 446 pp.

GRUA (F.)

- Contrats bancaires, Tome 1. Contrats de services, Economica, 1990, pp.327 ;
- Les contrats de base de la pratique bancaire, Litec, 1ère édition, 2000

IKIEMI (S.)

- La microfinance au Congo-Brazzaville : Instrument de paupérisation ou moyen de lutte contre le sous-développement ?, Comptes Rendus ECONOMIE AFRIQUE NOIRE Congo Bazzaville, L'Harmattan, 2008, 234 pp.

ISSA –SAYEGH (J.)

- OHADA, Acte Uniforme relative au Droit des Sûretés, éd. Edicef, FFA

KERFALLA (Y.)

- Le contrôle de l'activité bancaire dans la zone franc, LGDJ/NEA, 1984.

LAMY par **DEVEZE, COURET** et **HIRIGOYEN**

- Droit du financement, Lamy 2010.

LE CANNU (P.), GRANIER (T.) et ROUTIER (R.)

- Instruments de paiement et de crédit, Titrisation, Dalloz, 8e éd., 2010

LELART (M.)

- Le système monétaire international, Collection Repères, éd. La découverte & Syros, Paris, 2000.

- De la finance informelle à la microfinance, Ed. des archives contemporaines : Agence universitaire de la Francophonie / cop. 2005, pp.

LHERIAU (L.)

- Précis de réglementation de la microfinance, Tome1 et 2 juin 2005, collection notes et docs, édités par l'AFD.

MARTIN (L.M.)

- La pratique bancaire et le droit, 12 ans de jurisprudence (1971--1982), banque éditeur, 1984, 649 pp.

MARTIN (R.-D.)

- Eléments de droit bancaire, collection ITB, 1998, 5e éd., 463PP

MATTOUT (J.-P.),

- Droit bancaire international, éd. Banque édition, 4e éd. 2009, 528 pp.

MBOUOMBOUO NDAM (J.) (s. la dir.)

- La microfinance à la croisée des chemins, études africaines, éd. l'Harmattan, 291pp.
- Banque contre microfinance, les enjeux de l'intermédiation financière dans la CEMAC, clé, Yaoundé, 130 pp.

MODI KOKO (H. B.),

- Droit communautaire des Affaires (OHADA – CEMAC), t.1, Droit Commercial Général et Droit de la Concurrence, Dianoïa, 2008, pp. 207.

MOSCHETTO (B.) et J. ROUSSILLON (J.)

- La banque et ses frontières, Que sais-je ?, éd. PUF, 2004, 128 pp.

NEAU-LEDUC (P.)

- Droit bancaire, Dalloz, 4e éd., 2010 ;

NOWAK (M.)

- L'espoir économique, De la microfinance à l'entreprenariat social : les ferments d'un monde nouveau, éd. JC Lattès, 2010, 297 pp.
- On ne prête pas qu'aux riches : la révolution du microcrédit, JC Lattès / imp. 2005

NOYER (C.)

- Banques : la règle du jeu, Dunod, 1992.

NYAMA (J. M.),

- Droit bancaire et de la microfinance en zone CEMAC, Vol. 1, La profession, CERFOD, 2006, 481 pp.
- Droit bancaire et de la microfinance en zone CEMAC, Tom 2, Les instruments bancaires, CERFORD, édition 2006, 395 pp.

NZEMEN (M.)

- Théorie de la pratique des tontines au Cameroun, Yaoundé, SOPECAM, 1988,
- Tontines et développement ou le défi financier de l'Afrique, Yaoundé, SOPECAM, 1993.
- Monnaie, franc CFA et tontines – La monnaie dans les réalités africaines, Yaoundé, Mandara, 1997, p. 86

PICOD (Y),

- Leçons de droit civil, Tom III / 1er Vol, Sûretés Publicité foncière, 7ème édition, Montchrestien, 1999.

PIEDELIEVRE (S.)

- Instruments de crédit et de paiement, Dalloz cours, 6e éd., 2010 ;

PIEDELIEVRE (S.) et **PUTMAN (E.)**

- Droit bancaire, Economica, 2011, pp. 808 ;

PHILON (D.)

- La monnaie et ses mécanismes, Collection Repères, éd. La découverte & Syros, Paris, 2001.

POUGOUE (P.-G.) et FOKO (A.)

- Le statut du commerçant dans l'espace OHADA, PUF, 2006, 263 pp.

RIVES LANGE (J.-L.) et **M.CONTAMINE-REYNAUD (M.)**

- Droit bancaire, 6e éd. Précis Dalloz, 816 pp.

RIVOIRE (J.)

- Histoire de la banque, Que sais-je ? PUF, 1984.

ROBERT (V.)

- L'irrésistible montée de l'économie sociale, un projet, une culture, des valeurs, édition Autrement/Monde d'aujourd'hui, 97 pp.

TAILLEFER (B.)

- Guide de la banque pour tous, éd. Karthala 1998

TCHUINDJANG POUEMI (J.)

- Monnaie, Servitude et Liberté. La répression monétaire de l'Afrique, éd. JA, 285 pp.

SERVET (J.-M.)

- Banquiers aux pieds nus, La microfinance, éd. Odile Jacob, 2006,511 pp.

YANSANE (K.)

- Contrôle de l'activité bancaire dans les pays africains de la zone Franc, L.G.D.J., 1984

YUNUS (M.)

- Vers un monde sans pauvreté, Le livre de poche, 1997,411 pp.
- Vers un nouveau capitalisme, Le livre de poche, 2008, 372 pp.
- Pour une économie plus humaine, Construire le social-business, édition, JC Lattès, 2011, pp. 308 ;

III- THESES, MONOGRAPHIES, MEMOIRES

AGBENOTO (K.M.)

- Le cautionnement à l'épreuve des procédures collectives, thèse 2008, univ. Lomé et Maine, 457 pp

AYINDA (J. M.)

- La restructuration du secteur bancaire au Cameroun, thèse de Doctorat, Université de Paris V, 1996

AZARIAN (V. H.),

- Sociétés coopératives, associations et groupement d'intérêt, thèse Paris V, 2000.

BERARD (C.)

- La place de la structure juridique coopérative dans les stratégies du secteur bancaire français, thèse, s. dir. B. SAINTOURENS (B), Université de Bordeaux IV, 2006

BRIAUD (M.)

- Audit du dispositif de lutte contre le blanchiment, cas des établissements de crédit français, DESS, Banques et finances, Université René Descartes, Paris V, pp. 142

CRAMAS (C.)

- Perspectives d'institutionnalisation des instruments de microfinancement en Afrique de l'Ouest : le cas du Sénégal, thèse de doctorat en droit soutenu le 13 juin 2001 à l'université de Paris 5.

CROCQ (P.)

- Propriété et garantie, thèse, biblio. De droit privé, Tome 248, préface GOBERT (M.), L.G.D.J., 1995.

DIAKITE (B.S.)

- Structuration de la microfinance et développement de l'UEMOA, Thèse Université René Descartes – Paris V, juillet 2007.

DJEFAL (S.),

- Les ressorts de la microfinance, entre marché et solidarité. Impacts et pérennité des système financier décentralisés : Etude de cas en Afrique de l'Ouest (1980-2000), thèse en sciences éco., Univ. Lyon-II, 2004, 633 pp.

DJINE épse TCHAMAMBE (L.)

- Crise et faillites bancaires en Afrique subsaharienne : le cas du Cameroun, thèse, Université Montesquieu – Bordeaux IV, octobre 2001

EMESSIENE (R.)

- La sécurisation financière en zone CEMAC, Mémoire de DEA, droit privé des affaires, Université de Douala, 2008

FERJAULT (E.)

- Secret professionnel et blanchiment de capitaux, Mémoire de Magistère de juriste d'Affaires, Université Panthéon Assas, mai 2002, 79 pp.

FOKAM KAMOGNE (P.)

- La problématique du financement de la PMI : le cas du Cameroun, Thèse de sciences économiques, Bordeaux I, 1989

FOKO (E.)

- Le système d'épargne rurale, une analyse du fonctionnement et des performances dans l'Ouest Cameroun, thèse de doctorat, Univ. Lumière Lyon2, 1998, 356pp

FOTSING (J.B.) Le pouvoir fiscal en Afrique : la résistance du système traditionnel au système moderne : cas de l'Ouest Cameroun, LGDJ, 1995, 348 pp

GLOUKOVIEZOFF (G.)

- L'exclusion bancaire et financière des particuliers : Du droit à l'accès à l'autonomie, mémoire DEA, 2001, sous la direction de Jean Michel SERVET, Université Lumière Lyon 2.

- De l'exclusion à l'inclusion bancaire des particuliers en France, entre nécessité sociale et contrainte de rentabilité, thèse de Doctorat en Sciences Economiques, Nov. 2008, Université Lumière Lyon 2, P. 10.

GNIMPIEBA TONNANG (E.)

- Droit matériel et intégration sous-régionale en Afrique centrale (Contribution à l'étude des mutations récentes du marché intérieur et du droit de la concurrence CEMAC), thèse mars 2004, univ. Nice-Sophia antipolis, 557 pp.

GUEDJ (V.)

- Essai sur le régime juridique des fondations, thèse soutenue le 22 novembre 1999, Université de panthéon-Assas (Paris II)

GUERIN (I.)

- Pratiques monétaires et financières des femmes en situation de précarité. Entre autonomie et précarité, thèse en sciences économiques, sous la direction de Jean-Michel SERVET, Université de Lyon II, 2000, pp 588.

GUILLAUMEAU (C.)

- Le risque du prêteur, étude de droit bancaire, thèse sous la direction du Pr SAINTOURS (B), Université de Bordeaux IV, 2003

HIRAM (S.)

- Le rôle du système bancaire des pays en voie de développement, thèse Paris II, 368 pp.

HUDON (M.)

- Ethique et politique publique en microfinance, thèse de doctorat en sciences économiques et Management, Univ. Libre de Bruxelles, mai 2007, sous dir. André FARBER.

KENMOGNE SIMO (A.)

- La protection des établissements bancaires contre la défaillance en Afrique noire francophone, thèse, Univ.Dschang, 2004, 306 pp

KOUAME GBANNY (S.)

- L'analyse du prêt en droit de la microfinance : L'exemple de l'espace UEMOA, thèse Aix-Marseille, 09 décembre 2011.

KWEMO (S.)

- L'OHADA et le secteur informel, l'exemple du Cameroun, éd. Larcier, 2012.

LEGUEVAQUES (Ch.)

- Les difficultés individuelles des établissements de crédit, Mémoire de DEA, Toulouse 1995
- La prévention et le traitement des « faillites » bancaires, thèse univ. de Toulouse, Décembre 2000

LHERIAU (L.),

- Le droit des systèmes financiers décentralisés dans l'UEMOA, thèse soutenue en juillet 2003 à l'Université de Picardie Jules Verne, 689 pp.

LIBCHABER (R.)

- Recherches sur la monnaie en droit privé, LGDJ, 1992.

MEZIANE (S.)

- *La réforme du ratio COOKE, Mémoire de DESS en Banque et Finance*, Paris V, 1999/2000.

MODI KOKO BEBEY (H.D.)

- Le régime des investissements privés au Cameroun, thèse de doctorat en droit, université de Paris 1, 1989, pp.580.

MONEGER (J.)

- Le contrôle de la constitution de l'entreprise, facteur de sa viabilité initiale, th. doct. Paris 1, 1976, s. dir. A. TUNC.

MOULENDA FOUDA (T.)

- Les mécanismes de financement en milieu rural camerounais : une analyse de s déterminants de la demande de services financiers des ménages, thèse sciences économiques, univ. Saint-Quentin en Yvelines, 2003, 378 pp.

NANDJIP (S.)

- Réflexion sur le cadre juridique des coopératives, Université de Yaoundé, Juillet 2003, Yaoundé II-SOA.

NDIR NGOM (A.)

- Les banques sénégalaises peuvent-elles contribuer efficacement au financement d'une économie en développement ?, Mémoire de DESS , Banque et Finance, Faculté de droit, université René Descartes, Paris V.

NEMBOT NDEFFO (L.)

- La restructuration du système bancaire des pays africains de la zone franc : une analyse du cas du Cameroun, thèse, Université de Yaoundé II, janvier 1997.

NGAFI DJOMO (O. B.)

- Etat des lieux de la microfinance et du système bancaire camerounais, Mémoire de Master en Sciences de gestion, Faculté Universitaire Catholique de Mons (Belgique).

NHEAN (V.)

- Le microcrédit en droit français et en droit cambodgien, université jean Moulin Lyon 3, DEA de droit des affaires 2006

NOUIND (J.L.)

- La microfinance en Afrique entre tradition et modernité : essai sur la microassurance informelle, thèse sous la direction de M. Georges VERMELLE, soutenue le 06 novembre 1999 à l'université de Tours.

NOUPOYO (G.)

- Les banques centrales africaines et la conduite de la politique budgétaire nationale (aspects juridiques et financiers) : la BEAC et la BCEAO, thèse, sous la direction du Pr DUPRAT(JP), Université de Bordeaux IV, 2004

NSABIMANA (A.)

- Organisation, régulation et efficacité économique du système d'intermédiation financière en Afrique, Thèse Université catholique de Louvain, 2002.

NSOLE (J.)

- Techniques et pratiques populaires de l'épargne et de crédit, origines de la tontine en Afrique noire, thèse de doctorat de 3e cycle en sciences éco., Univ. Lumière Lyon2, 1984, 398pp

ONOMO (C.)

- Mécanismes de gouvernance en microfinance : apport sur la performance des institutions de microfinance au Cameroun, thèse en sciences de gestion, soutenue en 2010, Université de Douala (Cameroun).

OPPETIT (B.)

- Les tendances régressives dans l'évolution du droit contemporain, *in* Mélanges D. Holleaux, Litec, 1990

OULD NEMINE (A.)

- Le rôle des microcrédits dans le financement du développement, thèse de l'Université de Nice, 15 décembre 2004

PETIPE (P.A.)

- La garantie des créances des coopecs : Le cas du réseau CAMCCUL, Mémoire DESS, Univ. Yaoundé 2008.

PYM (B.D.)

- Le banquier et le financement d'une entreprise en difficulté, Mémoire de DEA, droit des affaires, Université de Douala, 2003-2004

ROUQUIE (S.)

- L'argent illicite et les affaires, Montchrestien, juillet 1997, 445 PP, thèse publiée.

SODOKIN (K.)

- Banques et microfinance dans les pays en voie de développement, Thèse Université de Bourgogne, Dijon, mars 2007.

SCHRICKE (A.)

- La notion d'établissement de crédit en Europe (droit européen, droit français et autres droits nationaux), DESS « BANQUES ET FINANCES », 2000, univ. Paris V, 61 pp.

SUNKAM KAMDEM (A.),

- La transparence des opérations bancaires et financières en zone CEMAC, thèse univ. Douala, déc. 2012

TCHUINDJANG POUEMI (J.)

- Monnaie, Servitude et Liberté, Paris, 1976, éd. Jeune Afrique, thèse publiée.

TIANI KEOU (F.)

- L'intégration des banques dans l'économie du Cameroun, thèse Lyon II, 1992.

VALLAT (D.)

- Exclusion et liens financiers de proximité (financement de micro-activités), thèse Lyon II, 1999, 525 pp.

IV- ARTICLES, COLLOQUES, CHRONIQUES, ATELIERS,

ABARCHI (D.)

- « L'introduction du 'tolme' ou 'djinguina' dans le nouveau code de commerce nigérien : une tentative de valorisation d'une sûreté traditionnelle aux suites incertaines », in Revue nigérien de droit p.55, Ohadata ; D-30-11

ABDELMOUMNI (F.)

- Paradoxe de la microfinance. Plaidoyer pour la récupération de la microfinance par les banques et pour le retour des ONG au développement, TFD 78 Mars 2005,p7-11.

ADECHOUBOU (M.A.)

- La construction des secteurs financiers inclusifs : le rôle des politiques et stratégies nationales de microfinance, TFD/ N°78 pp 61-63.

ADELLE (J.-F.)

- L'agent des sûretés en droit : pour une clarification des régimes de l'article 2328-1 du Code civil et de la fiducie de sûretés in *Revue de droit bancaire et financier*, sept.-oct. 2010.

ALIBERT (J.)

- « Le cas original des tontines camerounaises : phénomène de société », Marchés Tropicaux et méditerranéens, août 1990, 2375-2377

ARNAUD (F.)

- « Fonds de garantie pour l'Afrique : utilité et impact » , *Revue Techniques Financières et Développement*, n° 36, septembre/octobre 1994, pp. 3-6.
- « L'expérience française de fonds de garantie pour l'Afrique », *Revue Techniques Financières et Développement*, n° 36, septembre/octobre 1994, pp. 24-28.

ARSENAULT (N.)

- Réussir son projet d'informatisation en microfinance, TFD78 Mars 2005 p204-218.

ASSIDON (E.)

- « L '"approfondissement financier" : Epargne et crédit bancaire », *Revue Tiers-Monde*, 1996, 145, 153-171.

ATTALI (J.)

- Le rôle catalyseur des bailleurs de fonds, conférence internationale de Paris : Elargir l'accès à la microfinance, Présentation Planet Finance, 20 Juin 2005

BARLET (K.)

- Le point sur la réglementation et la supervision de la microfinance, BIM, n° 30 septembre 2003

BASS (J.) et HENDERSON (K.)

- *Crédit bail : une nouvelle option pour les institutions de microfinance*, Wendemann Associates Inc., 2000, 15 pp. ;

BEKOLO EBE (B).

- « Le système de tontines : liquidité, intermédiation et comportement d'épargne », Revue d'économie politique, 99(4), juillet-août 1989, pp. 616-638
- « Communication au séminaire sur la restructuration et la supervision des systèmes bancaires en zone BEAC », 26 au 30 octobre 1992, Yaoundé, in Synthèse des travaux, pp. 188-198.
  - « Contrats, Agence et Tontines : une application de la théorie des contrats à l'analyse des tontines camerounaises », *Mondes en Développement*, 1996, 94, 29-37.
  - « Dynamique nouvelle de financement et sortie de crise au Cameroun », *Mondes en Développement*, Tome XX, n° 77/78, pp. 101-118.

BERENBACH, SHARI et CHURCHILL (G.)

- « Réglementation et supervision : expériences d'Amérique latine, d'Asie et d'Afrique », Etude Spéciale n° 1, 1997, the microfinance Network Washington

BERGEL (J.-L.)

- Différence de nature égale différence de régime, RTDciv., 1984-255

BERTEL (J-P)

- « Obligation au secret professionnel du banquier », BRDA n°4, du 31 juillet 1991

BLOCH (P.)

- Vers un renforcement de la cession de créance à titre de garantie ? *in Mélanges Daniel TRICOT*, Litec, Dalloz 2011, pp. 3-20.

BOTZUNG (B.) et LE BISSONNAIS (A.)

- « Appui et financement des micro et petites entreprises en Afrique : Comparaison, analyse et perspectives », Ministère des affaires étrangères coopération et francophonie, Paris, 107 pp

BOUQUET (E.)

- Microfinance et lutte contre la pauvreté, Normes et référentiels en matière d'études d'impact, BIM n°1 mars 2006.

CANAC (J.-M.) et NEAU-LEDUC (Ph.)

- L'influence des frontières sur le droit bancaire et financier in *Revue de droit bancaire et financier*, janv.-fév. 2010.

CCIM

- Retour sur 25 ans de construction de la microfinance, CCIM, 17pp.

CERCLES (A.)

- La propriété, nouvelle reine des sûretés ? in Mélanges Michel Vasseur, s. dir. BONNEAU (T.), préface VEDEL (G.), Banque Editeur, p. 39-50.

CGAP

- Microfinance et lutte antiblanchiment, Port folio, 02 juin 2005

CHEVALIER –FORAT (Th.)

- « Pourquoi les banques ? » Rev. d'éco. Pol., n°5, Oct. 1998, pp 635-678.

CONNING (J.)

- « Prêt de groupe, aléa moral et création d'une garantie sociale » in Revue éco, du développement, n° 2 juin 1997,

COQUART (Ph.)

- La microfinance : enjeux et avenir, TFD 78 Mars 2005 pp 2531.

CONSANS (E.)

- « L'exclusion bancaire et financière : outils de mesure et actions nouvelles » in Le rapport moral sur l'argent dans le monde, éd. Association d'économie financière, 2006

CORNUT (C.)

- Les tribulations de la personne morale d'une banque ou comment une petite banque de l'Aveyron se rendit célèbre, malgré elle, au Parlement in Mélanges Michel Vasseur, s. dir. BONNEAU (T.), préface VEDEL (G.), Banque Editeur, 51-60 pp.

COUET (A.)

- Comment financer la microfinance ? Un parcours de 10 ans, PROFUND, TFD 78 Mars 2005, 204-218 pp.

CREDOT (F-J)

- « Le secret bancaire, son étendue et ses limites, la fourniture des renseignements commerciaux par les banques », les Petites Affiches, n°21-17 fév. 1993

CREUSOT (A.-C.)

- Impact et performances sociales : un état des lieux, BIM N° 10 Janvier 2006.
- L'état des lieux de la microfinance au Cameroun, BIM n°9 mai 2006.

CROCQ (P.)

- **Sûretés et proportionnalité in** *in Mélanges Philippe SIMLER*, Litec, Dalloz 2006, pp. 291-314.

CUTAJAR (C.)

- La prévention du blanchiment et du financement du terrorisme, revue de droit bancaire et financier, mai-juin 2009 pp.84-95

DAUBERT (P.)

- Un exemple de réussite en microfinance rurale, Karthala 2007.

DELEBECQUE (Ph.)

- Garanties et contre-garanties in Mélanges Christian GAVALDA, Propos impertinents de droit des affaires, Dalloz 2001, pp. 91-99.

DEUVATRIPONT, MATHIAS et J. TIROLE,

- « La réglementation prudentielle des banques » conférences Klarlas- Pareto à l'école des Hautes études commerciales, Université de Lausanne, Londres, Mit Press, 1994.

DJEFAL (S.)

- Après 20 ans de pratique de la microfinance, un catalyseur du développement économique ? TFD 78 Mars 2005, pp 32-44.

DUPUY (C.)

- « Les associations villageoises au Sénégal : fonction économiques et modalités de financement » in *Tiers monde,* 1990, t.31, n°122, pp. 351-375

EBERMEYER (S.)

- Les mécanismes de l'exclusion bancaire, in Economie of humanisme, Juin – Juillet 2004, PP. 87-89; "L'exclusion bancaire des particuliers en France", in Exclusion et liens financiers. L'exclusion bancaire des particuliers, Rapport du centre WALRAS, Economica, Paris, 2004, P. 188.

EBOUE (C.)

- « Finance, déclin et condition de relance des économies africaines », *Revue Etudes et* Statistiques de la BEAC, n° 229, août-septembre 1996, et n° 230, octobre 1996.
- Les logiques financières des comportements d'épargne informelle des femmes en Afrique in Epargne sans frontière, n° 10, Février 1988.

Equipe de CAPAF

- Le renforcement des capacités en microfinance : l'expérience de CAPAF en matière de formation des formateurs, 11pp.

ESSOMBA-AMBASSA (C.) et UM-NGOUEM (M.-T.)

- Comportement d'intermédiaire bancaire et financement de la PME camerounaise

ESSOMBE EDIMO (J.-R.)

- Dynamique financière des tontines : quels enseignements pour le financement des petites entreprises en Afrique, Revue Tiers Monde 1998, vol. 39, n°156, pp. 861-883.

FELLONI (F.) et DIETER SEIBEL (H.)

- Commercialisation de la microfinance : une expérience basée sur le modèle de la Grameen Bank aux Philippines, Quel impact pour la microfinance ? TFD73 Décembre 2003 pp 20-27.

FONE (A.M.)

- Le secteur informel camerounais au regard du droit commercial, annales de la FSJP Unv de Dschang, T2, Ydé, 1992, P 119-134

FORESTIER (P.)

- Les nouveaux enjeux de la microfinance, TFD78 Mars 2005, p143-151 .

FOR JANSSON et MARK WENNER (D.)

- Financial regulation and its signifiance for microfinance in latin America and the carabbean (banque interaméricaine de développement)

GATSI (J.)

- Le recouvrement des créances bancaires en droit OHADA, in L'effectivité du droit OHADA, P. 129-162

GAVALDA (C.)

- « Le banquier français », Dr. Prat. Com. Int., 1990. 57.

GENTIL (D.) et FOURNIER (Y.)

- « Coopec et voies alternatives au financement du développement rural en Afrique francophone » notes et études, 1998, n° 18, CCCE, 22pp et annexes t)

GENTIL (D.) et Ph. HUGON (Ph.)

- « Le financement décentralisé, pratique et théories » revue tiers monde, n° 145, PUF, Paris, 238 pp

GENTIL (D.) et SERVET (J.M.)

- Microfinance : Petites sommes, grands effets ? Puf 2003, 966 pp.

GIBBONS (D.S.) et MEEHAN (J.W.)

- Le défi du sommet du micro crédit : comment obtenir l'autonomie financière tout en préservant l'engagement d'atteindre les familles les plus pauvres ? Grameen Trust, Eds (2001), Bangladesh 2001

GRANGER (B.)

- La microfinance risque de renier son inspiration humaniste, Asso.Micfin, Paris , Finance & The common Good, N°25 Automne 2006.

GRIAGES

- Les institutions de microfinance au Cameroun : Approche théorique et pratique de l'organisation, AMA, Ydé 2000

GUBERT (F.)

- La microfinance est-elle un outil de réduction de la pauvreté ? Etat de la recherche, TFD N°78 Mars 2005,p52-58,7pp.2.

GUBERT (F.) et ROUBAUD (F.)

- Le financement des TPE urbaines : étude d'impact d'un projet de microfinance à Antananarivo, TFD Décembre 2003,p8-19,12pp.

HANE (B.) et LAMINE GAYE (M.)

- Les pratiques du marché parallèle du crédit au Sénégal : leçons pour le système bancaire, Systèmes financiers et allègement de la pauvreté, Document de travail N°5, BIT, 34 pp.

HARDEMARE (B.) et COURANT (F.)

- Microfinance, la France à l'école africaine, CAPAFRIQUE, Document de travail, Mars 2006, pp. 26

HATCHEU TCHAWE (E.)

- De l'impératif du droit dans les pratiques tontinières en Afrique, in Communication présentée aux XXème journée ATM-CREDES, Droits et développement, Nancy 25-26-27. Mai 2004.

HATCHEU TCHAWE (E.) et NZOMO TCHEUNTA (J.)

- De l'informel au formel : Le défi de la bancarisation des tontines en Afrique, JACAD Cameroun, univ. Dschang, n°07-78, 22 pp.

HELMS (B.),

La finance pour tous. Construire des systèmes financiers inclusifs, CGAP, éd. St-Martin.

HENRY (A.), TCHENTE (Gh.) et GUILLERME (P.)

- Tontines et banque au Cameroun : le principe de la société des amis, paris, Katharla, 1991, 166 pp

HO DINH (A-M.)

- « Le "vide juridique" et le "besoin de loi", pour un recours à l'hypothèse du non-droit », *L'Année Sociologique,* 2007, p. 459-453

HOUIN-BRESSAND (C.)

- Fiducie-sûreté, clause de réserve de propriété, crédit-bail : quelle protection pour le banquier propriétaire ? in *Revue de droit bancaire et financier*, mars-avril 2010.

HUGON (Ph.)

- Les micro-unités et les PME : entre tissus d'entrepreneurs émergents et activités de survie ? TFD/ Septembre 2003, 11pp

ISERN (J.), PORTEOUS (D.), HERMANDEZ – COSS (R.) et CHINYERE EGURAGU

- Réglementation en matière de lutte contre le blanchiment des capitaux et le financement du terrorisme : Implications pour les intermédiaires financiers servant une clientèle à faible revenu, Note Focus, n° 29, juillet 2005

ISSA SAYEGH (J.)

- « Quelques aspects techniques de l'intégration juridique : l'exemple des Actes uniformes OHADA », Rev. Dr. Unif. 1999-1, pp.30.
- L'intégration juridique des Etats Africain de la Zone franc", Receuil penant, 1997, n° 823, PP. 125 et S

JACQUAND (M.)

- Quel rôle pour les bailleurs de fonds publics dans un contexte de privatisation de la microfinance ? TFD78 Mars2005, p140-142 ;3pp.

KALIEU (Y.)

- « Le contrôle bancaire dans la zone de l'union monétaire de l'Afrique centrale », Penant, 841, oct.-déc. 2002, pp. 445-472.

KALIEU (Y.) et KEUFFI (E.D.)

- L'émergence des marchés financiers dans l'espace OHADA, Afrilex n° 4

KAMDEM BUKAM (E.)

- Tontines ou Schwa, banque des pauvres, Abidjan, Edilis, 1995, 132 pp

KLARNIER (J.P.)

- L'esprit d'entreprise au Cameroun, Paris, éd. Karthala, 1993, p. 80.

KLEMM (C. de)

- « Les éléments de l'environnement en droit positif » dans Alexandre KISS (Dir.), L'écologie et la loi. Le statut juridique de l'environnement, Paris, éd. L'Harmattan, 1989, P.51

KOMBI MOUELLE (N.)

- Les aspects juridiques d'une union monétaire : l'exemple de l'union monétaire de l'Afrique centrale (UMAC) in http://www.afrilex.u-bordeaux4.fr .

KOROTOUMOU OUATTARA, GONZALEZ-VEGA (C.) et G. DOUGLAS (G.)

- Les « Villages banks », les caisses villageoises et les mutuelles de crédit : les leçons des organisations autogérées de microfinance, Ohio state university

LABIE (M.)

- Microfinance, l'ambition de la modestie, TFD78 Mars2005, p21-24 ;4pp.

LAMANDA (V.)

- La responsabilité du banquier dans la délivrance du crédit *in Mélanges Daniel TRICOT*, Litec, Dalloz 2011, pp. 21-38.

LARGUIER (J.)

- La nature juridique de l'interdiction d'exercer la profession bancaire, Mél. CABRILLAC (H.), Précis Domat, 1968.

LASSERE CAPDEVILLE (J.)

- L'extension légale du droit au compte par la loi de simplification du droit du 17 mai 2011 in Petites affiches, n°144 du 21 juillet 2011, pp. 16-19.

LEGEAIS (D.)

- « Le crédit responsable » : Les dangers d'un slogan *in Mélanges Daniel TRICOT*, Litec, Dalloz 2011, pp. 39-48.

LELART (M.)

- L'évolution de la finance informelle et ses conséquences sur l'évolution des systèmes financiers, Mondes en Développement, 2002, Tome 30, 119, 12 pp.

- Les informalités financières : le phénomène tontinier, CNRS-U. Orléans.
- La tontine : pratique informelle d'épargne et de crédit dans le pays en voie de développement, éd. John Libbey, Eurotext, 1990, 356PP (www.bibliothèque,refer,org)

LEPES (J.I.)

- les pratiques juridiques, économiques et sociales informelles : actes du colloque international de Nouakchott, 8-11 déc.1988, Paris, PUF,1991 collection Univ. d'Orléans.

LE NOIR (A.)

- La restructuration nécessaire des systèmes bancaires africains », Epargne sans frontière (ESF), septembre 1989, pp. 13 et 14.
- « Les systèmes financiers actuels sont-ils adaptés aux besoins de l'Afrique ? », ESF, n° 38-39.
- « La situation et les perspectives d'évolution des systèmes financiers d'Afrique noire francophone », *Rapport moral sur l'argent dans le monde 1997. Ethique financière face à la mondialisation,* Association d'Economie financière, Montchrestien, Paris, Janvier 1998.

LESAFFRE (D.) et PESCHE (D.)

- Les taux d'intérêt exorbitants, bulletin d'information du mardi, CGAP 2002

LHERIAU (L.)

- La microfinance commerciale en zone urbaine : Quelles possibilités et quelles perspectives en zone franc ? ESF, 2000.

- « La microfinance commerciale en zone urbaine : quelle possibilités et quelles perspectives en zone franc ? », Techniques financières et développement n° 68, sept.2002 (www.esf.ass.fr)
- Précis de la réglementation de la microfinance, Tome 1 : Le droit technique de la microfinance, Epargne Sans Frontière,2004.
- Précis de la réglementation de la microfinance, Tome 2 : Le droit financier et la microfinance, Epargne Sans Frontière, 2004.
- Journées francophones de la microfinance : Cadre juridique réglementaire et fiscal, 10 pp et Réglementer la microfinance : un état des lieux, 14pp, Tunis 27-28 Octobre 2005.
- Documents de synthèse, Forum professionnel de microfinance, 26-27-28 septembre 2005
- Microfinance et développement réglementer la microfinance, master 2 TPE, 29 et 30 mars 2006, 80PP
- Réglementation de la microfinance : un double manuel fait le point, BIM N° -19Juillet 2005
- Microfinance et développement, stratégies institutionnelles et financières, Master 2 TPE, 31 mars et 03 avril 2006, 47 pp

LHERIAU (L.) et L. HART (L.)

- Séminaire Banque Mondiale-Commission bancaire sur la supervision bancaire, Module microfinance, 69 pp.

LITTLEFIELD (E.) et ROSENBERG (R.)

- Le microfinancement et les pauvres : la démarcation entre microfinancement et secteur financier s'estompe, TFD78 Mars 2005, p45-51.

MAANEN (G.V.)

- L'avenir du financement du microcrédit, TFD78 Mars 2005, p152-168,17pp.

MACHARIA (G.) et ATTOUMANE (A.S.)

- Renforcement des capacités des IMF en Afrique : enjeux et perspectives, TFD78 Mars 2005, p193-203.

MAKIRIMI ABISSOLA (A.) et S.N. TOMETY (S.N.)

- Les banquiers ambulants au Bénin, Systèmes financiers et allègement de la pauvreté, Document de travail N°4, BIT, 55 pp.

MARTOR (B)

- « *Comparaison de deux sûretés personnelles : le cautionnement et la lettre de garantie* », Semaine Juridique, JCP- Cahiers de Droit de l'Entreprise, n°5, 2004.

MAYOUKOU (C.)

- Le système des tontines en Afrique, un système bancaire informel, l'harmattan, coll. Logique éco, 2000, Préf. (M.) Lelart, 143pp

MBADIFFO KOUIAMO (R.)

- « Collecte, mobilisation de l'épargne et valeurs socio-culturelles du Cameroun », Juris Info n° 16 oct – déc.1993, pp 66

MBAYE (D.)

- Contribution à la réflexion pour l'avènement d'un régime fiscal de promotion des structures de financement de proximité, *in* ADA Dialogue, n°32, juin 2003.

MEES (M.)

- L'expérience de SOS Faim, TFD78 Mars 2005, p28-32 ;5pp

MENGUE MENGUE (J.)

- Analyse critique et évaluation de la restructuration bancaire au Cameroun

MEYER (P.) et WATTEYNE (A.)

- Pratiques informelles au burkina faso : description et essai d'interprétation.

MODI KOKO BEBEY (H-D.)

- La réforme du droit des affaires de l'OHADA au regard de la mondialisation de l'économie, in 'Mondialisation vue d'Afrique', conférence, Maison des Sciences de l'Homme Ange Guépin de Nantes, 16 mai 2002.
- La réforme du droit des sociétés commerciales de l'OHADA, Revue des sociétés, n° 2, avril – juin 2002, p. 255.
- Aspects juridiques de la micropropriété, *in* Colloque Microéconomie et sécurité juridique, 21 sept. 2007, pp 57-67.

MORDUCH (J.)

- *The microfinance promise, Jounal of Econmic Litterature*, vol.37, 1999, pp. 1569-1614.

MPONDO MBOKA (G.R.)

- Réflexions sur le nouveau droit du nantissement de créance de l'espace OHADA, Petites Affiches, 8 juin 2011, n°113, 3-7 pp.

NABETH (M.)

- Annuaire Suisse de politique de développement, vol. 26, n° 2 « Financer le développement par la mobilisation des ressources locales », article, « La microassurance : retour sur un besoin essentiel », 2007.

NDAM MBOUOUMBOUO (J.)

Banque contre microfinance, 130pp

NDZUEUNKEU (A.)

- L'OHADA et la reforme des procédures civiles d'exécution en droit africain : l'exemple du Cameroun, in Juridis Périodique, n° 50, avril, mai, juin 2002, P. 113 à 119.

NGASSAM BERTELET (S.)

- A propos d'une composante négligée et oubliée : la microassurance dans l'Ouest du Cameroun, Techniques financières et développement, n°78, mars 2005, pp. 116-127

NGUEBOU TOUKAM (J) et M. FABRE-MAGNAN (M.)

- Les enseignements de la tontine, 12 pp.

NGUYEN (G.)

- Fonds de garantie : Intérêts et limites, BIM n°65, 11 avril 2000

NOWAK (M.)

- Le microcrédit et l'Union Européenne, *Issue of the finance and the common good*/biens communs, in croissance et cohésion sociale ? automne 2006, n° 25

NZEMEN (M.)

- Théorie de la pratique de la tontine au Cameroun, Sopecam, Ydé, 1998,163pp
- Tontines et développement ou défi financier de l'Afrique, Presse Universitaires de Ydé 1993, 234PP
- Monnaie, franc CFA et tontines, la monnaie dans les réalités africaines, ydé, mandara, 1997,89pp

NZEMEN (M.), MBOKA (L.) et TOMBIDAM (D.)

- L'organisation des formes traditionnelles d'épargne que constituent les tontines

OUEDRAOGO (A.)

- Le développement des produits et services financiers et systèmes financiers coopératifs en Afrique de l'ouest, 5p

OSSIE (W. A.)

- « Pour une restructuration en profondeur du système bancaire en zone franc », BEAC, *Etudes et Statistiques*, n° 225, mars 1996.

PAILLARD CHENAY (M.)

- L'argent. Approche systémique, *in* ARCHIVES DE PHILOSOPHIE DU DROIT, L'argent et le droit, publié avec le concours du C.N.R.S., Tome 42, édition Sirey, pp. 11-17.

PAIRAULT (T.)

- « Approches tontinières (première partie) – De la France à la Chine par la Cochinchine et autres lieux », études chinoises, vol. IX, n°1, printemps 1990, P.7-34

PARANQUE (B.)

- Quelle « Intermédiation informationnelle » pour les PME ? Conférence des Nations Unies sur le commerce et le développement – Genève 28-30 Octobre 2002, 136 pp.

PECK CHRISTEN (R.), TIMOTHY R LYMAN et ROSENBERG (R.)

- Directives concertées pour la microfinance, Principes directeurs en matière de réglementation et de supervision de la microfinance, CGAP, 2003

PEZARD (A.),

- « Droit au crédit : approche juridique et problèmes », in : Rapport Exclusion et liens financiers 1999-2000, Paris, Economica, 1999, p. 262-274.

PEYRARD (M.)

- « La restructuration des systèmes bancaires et financiers », note de la cellule bancaire du cabinet du MINEFI du Cameroun, sept. 1996.

POLLAUD –DULIAN (F.)

- L'habitude en droit des affaires, Mélanges SAYAG, Litec, pp. 349.

POUGOUE (P.-G.)

- « Commentaire de l'ordonnance n°90/003 du 27 Avril 1990 modifiant et complétant l'ordonnance n°85/002 du 31 Août 1985 relative à l'exercice de l'activité des établissements de crédit », Juridis Infos, n°3, Spécial, Juillet-Août 1990, P 77

POUIT (J.)

- La mise en place d'un système d'information et de gestion pour la microfinance, TFD78 Mars 2005, pp 219-233.

REVET (T.)

- L'argent et la personne, *in* ARCHIVES DE PHILOSOPHIE DU DROIT, L'argent et le droit, publié avec le concours du C.N.R.S., Tome 42, édition Sirey, pp. 43-52.

ROCHETEAU (F.) et CHEN (C.W.)

- « Analyse juridique des groupements rotatifs d'épargne et de crédit en Asie : la houei », Revue internationale de droit comparé, n°1, 2001, PP. 83-124.

SAINT-ALARY (V.R.),

- « Eléments distinctifs de la société coopérative », RTDCom, 1952.485.

SAINTOURENS (B.)

- « Sociétés coopérative set sociétés de droit commun », Rev. des sociétés, 1996.

SANDRETTO (R.) et TIANI KEOU (F.)

- « La faillite du système bancaire africain : autopsie et implication d'un désastre : l'exemple camerounais », *Informations et commentaires*, n° 83, avril-juin 1993.

SAWADOGO (F.M.),

- « Aspects juridique de la microentreprise », in Colloque Microéconomie et sécurité juridique, Association du notariat francophone, 21 septembre 2007.

SERVANT (P.)

- « Les programmes de restructuration des systèmes financiers d'Afrique Subsaharienne », *Afrique Contemporaine*, n° 157, janvier-mars 1991

SERVET (J.-M.)

- Le besoin d'objectifs nouveaux pour la microfinance : lutter contre les inégalités et faire face aux risques, TFD78 Mars 2005, p12-20 ; 9pp.
- Le lien de confiance : fondement nécessaire dans la relation financière et la mobilisation de l'épargne, ESF, n°38-39.
- Risque, incertitude et financement de proximité en Afrique, Revue Tiers Monde, tome xxxvii, n°145, janvier-mars 1996

SERVET (T.),

- « *La réglementation américaine et la lutte contre la discrimination financière* », in Rapport moral sur l'argent dans le monde, Paris, AEF, 2001.

SEYI NDIONE (E.)

- L'économie urbaine en Afrique, le don et le recours, Katharla & Enda conf sahel, 2002, 208 pp.

SINZOGAN (C.)

- Le secteur de la microfinance au Bénin : cadre institutionnel et développement récent, CAPE, novembre 2001

SODOKIN (K.)

- Les relations complémentaires entre institutions de microfinance et les institutions bancaires officielles dans les pays en développements, Laboratoire d'Economie et de Gestion : Université de Bourgogne 2006, pp 64

- Banques et microbanques dans les Pays en voie de développement: analyse de leur complémentarité et perspectives de réformes, / [s.n.] / 2007

SOUSASHIELDS (M.), FRANCKIEWICZ (C.) et BONNEAU (I.)

- Le financement des IMF : Le chemin vers l'investissement privé, TFD78 Mars 2005, pp 169-181.

SOW OUSSENYOU

- « Les banques sous contrôle ? particularisme bancaire et AU-OHADA sur les sociétés commerciales » Jeune Afrique n° 269 du 03 Août 1998, pp58

STOUFFLET (J.)

- Le monopole des banques quant à la réception de fonds en dépôts : Etude Henri CABRILLAC, 1968, p. 437

- Les exceptions opposables au bénéficiaire d'une garantie bancaire autonome ou d'un crédit documentaire *in Mélanges Daniel TRICOT*, Litec, Dalloz 2011, pp. 49-57.

TAMBA (I.) et TCHAMANBE DJINE (L.)

- De la crise à la réforme des institutions bancaires africaines : l'exemple du Cameroun, Revue Tiers Monde, 1995, 144, pp. 813-835

TCHOUPIE (A.)

- L'institutionnalisation de la lutte contre la corruption et la criminalité financière au Cameroun, Polis/R.C.S.P./C.P.S.R. Vol. 13 Numéro 1- 2, 2006, P.57-80.

TIANI KEOU (F.)

- Les tontines au Cameroun : Eléments fondateurs et contraintes internes, Juridis-Info n° 14, P. 85
- Les Etats de la CEMAC : Comprendre les normes prudentielles COBAC applicable aux EMF, communication présentée au 3e salon Camerounais de la microfinance, du 7 au 10 avril 2009, inédit.

TOGOLO (O.)

- Pour une approche institutionnelle de la tontine, Communication aux premières journées du GEREA, université de Douala, 5-8 mai 1998.

TOHON (C.)

- La représentation juridique du commerce « informel », cahiers d'anthropologie du droit, revue droit et cultures, HS.20004/4pp.355-362

TRICHET (J.-C)

- Le métier de banque centrale, ses évolutions et ses contraintes, Bull.BDF, N°79, Juillet 2000, P.51-56

VADE-MECUM

- Les sociétés de cautionnement mutuel, leur nature et leur fonctionnement, Organisation International du Travail (O.I.T), Genève, 10-14 Décembre 2001.

VASSEUR (M)

- L'entreprise et l'argent, recueil Dalloz Sirey, 1982, 2e cahier – chronique.

VOGEL (R.C.) GOMEZ (A.) et FITZGERALD (T.)

Régulation et supervision en microfinance : cadre conceptuel,

WAMPFLER (B.)

- Le financement de l'agriculture familiale dans le contexte de la libéralisation. Quelle contribution de la microfinance ? Séminaire pour ouvrir le débat,TFD/CIRAD N°72 Septembre 2003, pp 48-54.
- La microfinance : Un outil de développement durable ? CGAP, 08 septembre 2004, 5pp.

WATERFIELD (B.) et N. RAMSING (N.)

- Système d'information de gestion pour les institutions de Microfinance, Guide pratique, Série « outil technique » n°1, février 1998, 236 pp.

V- TEXTES DE LOIS, REGLEMENTS ET ACTES UNIFORMES

A- TEXTES INTERNATIONAUX ET COMMUNAUTAIRES

- Règlement 01/11-CEMAC-UMAC relatif à l'exercice de l'activité d'émission de la monnaie électronique du 18 septembre 2011
- Instruction n°01/GR relative à la surveillance par la BEAC des systèmes de paiement par monnaie électronique du 31 octobre 2011
- Référentiel de Surveillance de la monnaie électronique
- Règlement CEMAC du 13 avril 2002 relatif aux conditions d'exercice et de contrôle de l'activité de la microfinance
- Règlement COBAC EMF 2002/01… relatif au champ d'application des règlements COBAC sur les normes prudentielle des EMF
- Règlement COBAC EMF 2002/02… relatif à la limitation des opérations autorisées à titre accessoire

- Règlement COBAC EMF 2002/03... relatif aux fonds patrimoniaux
- Règlement COBAC EMF 2002/04... relatif aux fonds propres nets
- Règlement COBAC EMF 2002 /05... relatif aux conditions de constitution du fonds de solidarité
- Règlement COBAC EMF 2002/06... relatif à la constitution des réserves
- Règlement COBAC EMF 2002/07… relatif à la couverture des risques
- Règlement COBAC EMF 2002/08… relatif à la division des risques
- Règlement COBAC EMF 2002/09… relatif à la couverture des immobilisations par les EMF
- Règlement COBAC EMF 2002/10... relatif aux engagements des EMF en faveur de leurs actionnaires, dirigeants et personnel
- Règlement COBAC EMF 2002/11... fixant le nombre des sociétaires et le maximum des parts détenues par un même membre
- Règlement COBAC EMF 2002/12… relatif à la couverture des crédits par les ressources disponibles
- Règlement COBAC EMF 2002/13... relatif aux conditions de recours aux lignes de financement
- Règlement COBAC EMF 2002/14... relatif à la liquidité des EMF

- Règlement COBAC EMF 2002/15... fixant les règles d'émission des chèques.
- Règlement COBAC EMF 2002/16… relatif à la prise de participation des EMF
- Règlement COBAC 2002/17 ... relatif aux modifications de situation juridique et aux conditions de prise de participation dans les EMF
- Règlement COBAC EMF 2002/18… relatif à la comptabilisation et au provisionnement des créances douteuses
- Règlement COBAC EMF 2002/19… relatif à la liste, à la teneur, à la publicité et aux délais de transmission des documents destinés aux organes de contrôle des EMF
- Règlement COBAC EMF 2002/20… relatif aux diligences des EMF de la première catégorie ayant un total de bilan inférieur ou égal à 50 millions de francs
- Règlement COBAC EMF 2002/21… relatif aux formes juridiques liées à chaque EMF
- Règlement n°02/CEMAC/UMAC/CM du 02 octobre 2012, portant définition et répression de l'usure dans les Etats de la CEMAC
- Code OHADA annoté et commenté, éd. Juriscope, 2012.
- Code CIMA et ses modifications subséquentes.
- Convention portant création d'une Commission bancaire de l'Afrique centrale.
- Annexe à la Convention portant création d'une Commission bancaire de l'Afrique centrale.

- Convention portant harmonisation de la réglementation bancaire dans les Etats de l'Afrique centrale.
- Annexe à la Convention portant harmonisation de la réglementation bancaire dans les Etats de l'Afrique centrale.
- Règlement COBAC R-92/02 du 22 décembre 1992 relatif à l'agrément des commissaires aux comptes des établissements de crédit.
- Règlement COBAC R-93/09 relatif aux modifications de situation des établissements de crédit.
- Règlement COBAC R-93/10 fixant les règles de représentation du capital minimum des établissements de crédit (modifié par le règlement COBAC R-2001/04).
- Règlement COBAC R-93/12 relatif à l'exercice d'activités autres que celles visées aux articles 4A7 de l'annexe à la Convention du 17 janvier 1992.
- Code CIMA

B- TEXTES NATIONAUX

Cameroun

- Loi n°92-006 du 14 août 1992 relative aux sociétés coopératives et aux groupes d'initiative commune modifiée par l'article 15 de la loi n°98-9 du 1er juillet 1998 portant loi de finance pour l'exercice 1998-1999.

- Décret n°92/455/PM du 23 novembre 1992 fixant les modalités d'application de la loi n°92/006 du 14 août 1992 relative aux sociétés coopératives et aux groupes d'initiatives commune modifié et complété par le décret n°2006/0762/PM du 9 juin 2006.
- Décret n°98-300 PM du 9 septembre 1998 fixant les modalités d'exercice des activités des COOPEC modifié et complété par décret n°2001/023/PM du 29 janvier 2001.
- Loi n°2003/004 du 21 avril 2003 relative au secret bancaire.
- Loi camerounaise de 2004 portant Charte des investissements au Cameroun.
- Décision n°000001 du 21 mai 2010 fixant les procédures d'immatriculation, d'ouverture et de fermeture des guichets et agences des établissements de microfinance.
- Décision n°00000127 du 21 mai 2010 portant publication et diffusion des conditions de banque.
- Lettre circulaire du Ministre Camerounais des Finances adressée aux Directeurs généraux des établissements de microfinance, relative à l'affichage des conditions applicables à la clientèle.

Congo

- L'ordonnance n°017/89 du 12 juin 1989
- Décrets n°90-264 et 90-265 du 06 juin 1990
- Arrêté n°7236/MEFB-CAB du novembre 2007 accordant un régime fiscal préférentiel aux établissements de microfinance

Tchad

- Loi n°009/PR/95 du 19 mai 1995 portant règlementation du secret professionnel bancaire.
- L'ordonnance 025/PR/92 du 7 décembre 1992 portant création des groupements à vocation coopératives et des sociétés coopératives.
- Décret n°066/PR/MET/94 du 1er avril 1994 déterminant les modalités de création, de fonctionnement et d'enregistrement des groupements et des sociétés coopératives.

France

- La loi n° 2001-420 du 15 Mai 2001
- Décret du n°2002-652 du 30 Avril 2002 portant application du 5e alinéa de l'article 5 du COMOFI relatif aux associations habilitées à faire certaines opérations de prêts
- L'arrêté du 3 Juillet 2002 pris en application du décret n° 2002-652 du 30 Avril 2002 relatif à l'habilitation des associations sans but lucratif mentionnés au 5e alinéa de l'article L 511-6 du COMOFI
- Code monétaire et financier (et spécialement l'alinéa 5 de l'article L511-6-

Index alphabétique

Les numéros renvoient aux paragraphes, les numéros entre parenthèses renvoient aux notes

V

Z

Table des matières

L'HARMATTAN ITALIA
Via Degli Artisti 15; 10124 Torino
harmattan.italia@gmail.com

L'HARMATTAN HONGRIE
Könyvesbolt ; Kossuth L. u. 14-16
1053 Budapest

L'HARMATTAN KINSHASA
185, avenue Nyangwe
Commune de Lingwala
Kinshasa, R.D. Congo
(00243) 998697603 ou (00243) 999229662

L'HARMATTAN CONGO
67, av. E. P. Lumumba
Bât. – Congo Pharmacie (Bib. Nat.)
BP2874 Brazzaville
harmattan.congo@yahoo.fr

L'HARMATTAN GUINÉE
Almamya Rue KA 028, en face
du restaurant Le Cèdre
OKB agency BP 3470 Conakry
(00224) 657 20 85 08 / 664 28 91 96
harmattanguinee@yahoo.fr

L'HARMATTAN MALI
Rue 73, Porte 536, Niamakoro,
Cité Unicef, Bamako
Tél. 00 (223) 20205724 / +(223) 76378082
poudiougopaul@yahoo.fr
pp.harmattan@gmail.com

L'HARMATTAN CAMEROUN
BP 11486
Face à la SNI, immeuble Don Bosco
Yaoundé
(00237) 99 76 61 66
harmattancam@yahoo.fr

L'HARMATTAN CÔTE D'IVOIRE
Résidence Karl / cité des arts
Abidjan-Cocody 03 BP 1588 Abidjan 03
(00225) 05 77 87 31
etien_nda@yahoo.fr

L'HARMATTAN BURKINA
Penou Achille Some
Ouagadougou
(+226) 70 26 88 27

L'HARMATTAN SÉNÉGAL
10 VDN en face Mermoz, après le pont de Fann
BP 45034 Dakar Fann
33 825 98 58 / 33 860 9858
senharmattan@gmail.com / senlibraire@gmail.com
www.harmattansenegal.com

L'HARMATTAN BÉNIN
ISOR-BENIN
01 BP 359 COTONOU-RP
Quartier Gbèdjromèdé,
Rue Agbélenco, Lot 1247 I
Tél : 00 229 21 32 53 79
christian_dablaka123@yahoo.fr

Achevé d'imprimer par Corlet Numérique - 14110 Condé-sur-Noireau
N° d'Imprimeur : 128266 - Dépôt légal : avril 2016 - *Imprimé en France*

www.ingramcontent.com/pod-product-compliance
Lightning Source LLC
LaVergne TN
LVHW010017081026
849535LV00016B/14
* 9 7 8 2 3 4 3 0 9 0 1 2 2 *